EL FÉNIX RENACIENTE

El Fénix Renaciente

Construcción, destrucción y restauración de la Tradición católica

H.J.A. SIRE

Edición en español de
Phoenix from the Ashes:
The Making, Unmaking, and Restoration of Catholic Tradition
(Angelico Press, 2015)
Traducido por Augusto Merino Medina
© H.J.A. Sire, 2025

Todos los derechos reservados.
Hecho el depósito que dispone la Ley.

Prohibida la reproducción parcial o total
de este libro, su tratamiento informático y
la transmisión por cualquier forma o medio,
ya sea electrónico, mecánico, por fotocopia,
por registro u otros métodos, sin el permiso
previo y por escrito del titular del copyright.

Os Justi Press
P.O. Box 21814
Lincoln, NE 68502
USA
info@osjustipress.com

En rústica 978-1-965303-33-7
Tapa dura 978-1-965303-34-4
Libro electrónico 978-1-965303-35-1

Diseño de libros: Michael Schrauzer
Diseño de la cubierta: Julian Kwasniewski

CONTENTS

Prefacio a la edición española   ix
Introducción   xi

PARTE I: Construcción de la Tradición católica   1

1 La Iglesia contra las herejías   3
La Iglesia perseguida • 3; La crisis arriana • 6; El cristianismo y la civilización romana • 10; Los Papas "herejes" • 13

2 Los logros de la Edad Media   19
La Edad Oscura del papado • 19; La Alta Edad Media: espiritualidad e intelecto • 22; El espíritu científico de la Edad Media • 26; Una civilización de fe, esperanza y caridad • 29

3 La Inquisición: Mito y realidad   31
Iglesia y tolerancia • 31; Inquisición y catarismo • 33; Iglesia y brujería • 39; La Inquisición española • 43; Lo malo y lo bueno de la Inquisición • 46

4 El quiebre de la unidad católica   48
El conciliarismo confunde a la Iglesia • 48; La corrupción del papado • 51; Europa en vísperas de la Reforma • 53; La rebelión de los ricos contra los pobres • 55; El legado intelectual del protestantismo • 59; La razón y las Tradiciones cristianas • 65

5 El punto de inflexión   69
I. • 69; El declinar del protestantismo • 70; El punto álgido de la Contra Reforma • 73; La Guerra de Treinta Años • 80; La importancia de la Guerra de Treinta años • 90; II. El lamentable caso del papa Urbano VIII • 92; La condena de Galileo • 98

6 La Edad de la Falsa Razón   107
El ascenso de Francia • 107; El surgimiento de las economías protestantes • 111; Se enferma el alma europea • 114; Las supersticiones del racionalismo • 118; La supervivencia de la civilización católica • 122; Los déspotas ilustrados y la supresión de los jesuitas • 126; La apoteosis de la Ilustración • 132

7 La caída del orden cristiano   138
El sometimiento napoleónico de la Iglesia • 138; La destrucción de la Europa católica • 140; La recuperación de la Iglesia católica • 145; Modernismo e integrismo • 148; La arremetida de la barbarie • 151; La constante fortaleza de la Iglesia • 153; Una época de grandeza deficiente • 157

8 El desafío del mundo moderno   161
La nueva Edad Obscura de Europa • 161; La ilusión de la civilización moderna • 166; El reino de Mammon contra el reino de Cristo • 169; La impostura de la democracia • 173; El control del pensamiento en la sociedad liberal • 177; Igualdad y jerarquía cristiana • 180; El mundo moderno y la Iglesia católica • 185

PARTE II: Destrucción de la Tradición católica   189

9   El Concilio Vaticano Segundo   191
    La Iglesia católica en la víspera del Concilio • 191; La preparación del Concilio • 196; Captura del Concilio por parte de los Países Liberados • 201; Juan XXIII y Pablo VI • 208; Las tres últimas sesiones del Concilio • 215; El Concilio Vaticano Segundo como traición a la fe • 219

10 La inmutabilidad de la doctrina católica y la autoridad de los Concilios   225
    La inmutabilidad de la doctrina católica • 225; No hay salvación fuera de la Iglesia • 226; La usura • 229; Otros problemas • 234; La autoridad de los Concilios • 237

11 La destrucción de la Misa   247
    El carácter de la liturgia católica • 247; El surgimiento del Movimiento Litúrgico • 253; La revolución litúrgica • 266; El carácter espurio de la reforma litúrgica • 277; La Misa de Pablo VI como rechazo de la Tradición • 297; La Misa de Pablo VI como expresión de herejías • 304; El estatuto jurídico de los ritos antiguo y nuevo • 310

12 La destrucción del sacerdocio   316
    El rechazo modernista de las Escrituras • 316; La tergiversación del sacerdocio primitivo • 321; El asalto del feminismo • 337; La traición oficial del sacerdocio • 351; El colapso del sacerdocio en la Iglesia post-conciliar • 356

13 El repudio del Reino de Cristo   365
    "Dignitatis Humanae Personae" • 365; Los derechos humanos y la dignidad humana • 368; Conciencia y libertad • 374; Imposición y preservación de la fe • 377; Tolerancia y Escritura • 379; La autoridad de "Dignitatis Humanae Personae" • 382; Los Modernistas y la libertad • 385; La religión de la Humanidad • 389; Las reivindicaciones del reino de Cristo • 393

14 Por sus frutos los conoceréis   397
    Las secuelas del Concilio Vaticano Segundo • 397; El papado de Pablo VI • 401; La devastación espiritual de la Iglesia • 412; La perversión del ecumenismo • 417; Esta temporada se usará el rojo • 430; Los jesuitas: un paradigma del colapso religioso • 437; Una torre edificada sobre arena • 442

15 La restauración de la Tradición   454
    El testimonio de Monseñor Lefebvre • 454; Los movimientos conservadores al interior de la Iglesia • 476; Los institutos tradicionalistas dentro de la Iglesia • 480; Benedicto XVI y los comienzos de la convalescencia • 492; Un papado provisorio • 499; "Yo he vencido al mundo" • 502

PREFACIO A LA EDICIÓN ESPAÑOLA

LOS ALBORES DEL PONTIFICADO DE LEÓN XIV SON tal vez un momento oportuno para publicar una edición en castellano de mi libro *Phoenix from the Ashes*, cuya primera edición fue hecha por Angelico Press en 2015. Esa edición misma vio alterado accidentalmente el momento de hacerse pública. El libro ya estaba terminado en 2013, antes de que se anunciara -o incluso se sospechara- la abdicación del Papa Benedicto XVI, pero un conjunto de circunstancias imprevistas impidieron su publicación hasta luego de dos años de iniciado el pontificado de Jorge Bergoglio. Incluí, por ello unos pocos párrafos de evaluación del pontificado de éste, tal como se veía en aquella época, los cuales quedaron desfasados por los diez años de crecientes infidelidades transcurridos desde entonces.

El título original que yo había elegido para el libro era *La Enfermedad de la Iglesia Católica*, pero el editor optó por *Phoenix from the Ashes*. Este pareció optimista en aquella época, y lo parecía cada vez más con los diez años que siguieron. En 2013 finalizábamos un período de ocho años de renacimiento católico con Benedicto XVI, y había suficientes motivos para esperar que se prolongara ese impulso en la Iglesia. Nadie preveía que Benedicto truncaría su propio apostolado por una trágica abdicación, y mucho menos que aquel error habría de lanzar a la Iglesia a las manos del partido que le era más opuesto. Con el pontificado de Francisco, hemos sido testigos de los últimos braceos de náufrago de la generación de los años sesenta y setenta, empoderada por él para renovar el caos que produjo durante Pablo VI. El laborioso trabajo de reconstrucción católica que tuvo lugar durante Juan Pablo II y Benedicto fue destruído, y nos vimos de vuelta en la sima a que la Iglesia fue impelida en 1978. El tema de la enfermedad de la Iglesia católica parece ahora más relevante que nunca.

Pero hoy hay una gran diferencia. En la década de 1970 la revolución de Pablo VI fue apoyada por casi toda la jerarquía y el clero, y por la oleada de Modernismo que dominó al pensamiento teológico y eclesial. Actualmente la situación se ha revertido. Los esfuerzos del Papa Francisco por revivir las ilusiones de la época postconciliar han provocado una poderosa sensación, en la Iglesia de hoy, de cuán superficial es el Modernismo en teología y en liturgia. En las etapas finales del pontificado de Francisco, la nota predominante era una de errores de juicio y de fracasos. Es temprano para saber si su sucesor procurará continuar con sus políticas o si oirá la voz de una Iglesia que despierta; pero lo que sí es seguro es que esa voz está presente y será la voz dominante en la próxima generación. Hoy está claro que los católicos más jóvenes luchan por recuperar la vía de regreso a la sabiduría intemporal, y su consciencia ha sido agudizada por el régimen de secularismo y de traición de los últimos doce años. En la superficie, el pontificado de Francisco ha dado al traste con la obra de restauración de Benedicto XVI pero, en lo más profundo, ha dado a ésta una mayor fuerza. Los católicos más jóvenes buscan una Iglesia que reafirme su tradición espiritual, y se puede predecir que, cuando alcancen la madurez, la habrán encontrado, doctrinalmente pura, con una liturgia y una devoción recuperadas. Con esta firme convicción es que ofrezco a un público nuevo esta versión castellana.

INTRODUCCIÓN

LA HISTORIA DE LA REDENCIÓN HUMANA ES LA historia de la frustración de los propósitos de Dios. Comienza con una calamidad tan radical que no podemos siquiera imaginar lo que habría sido el estado de la humanidad si el plan de Dios hubiera sido obedecido y el pecado no hubiera entrado en el mundo. Continúa con las reiteradas caídas del pueblo escogido por Dios para su obra salvadora, y luego con su doble rechazo del Cristo, tanto durante su ministerio de predicación como cuando su resurrección le fue predicada por sus apóstoles. La nación escogida por Dios para ser su testigo falló en la prueba más esencial.

Tres siglos de persecuciones tuvieron lugar antes de que el nuevo Pueblo de Dios fuera aceptado por el mundo. Los siguientes mil doscientos años contemplaron la gradual construcción del reino de Cristo en la tierra, a medida que la palabra divina fundaba una sociedad que llegó a carecer de oposición en Europa y comenzó a llevar su misión a tierras remotas. Luego, esa carrera de victorias se revirtió. Los cinco últimos siglos han contemplado un progresivo alejarse su primera lealtad de aquello que se conoció como Cristiandad.

A través de la historia, las más importantes razones de estos retrocesos han sido fallas al interior de la misma Iglesia. Las épocas de salud han sido seguidas por episodios de enfermedad, de los cuales se destacan cinco. Dos de ellos son períodos de decadencia moral: la época de la corrupción del papado en la Edad Obscura, y el declinar de la Edad Media tardía. Los otros tres han sido períodos en que la vida de la Iglesia ha sido amenazada por corrientes intelectuales de su época: la crisis arriana del siglo IV, la invasión del pensamiento racionalista que antecedió a la Revolución Francesa y, finalmente, la falla más grave de todas, que la ha corrompido en nuestra época: la rendición de la Iglesia al mundo moderno.

Mi propósito en este libro es analizar la última de estas fallas, comparándola con las que la han precedido. Comienzo, por tanto, con una narrativa histórica por dos particulares razones. La primera es proporcionar el encuadre a una serie de puntos doctrinales que tienen una dimensión histórica. La segunda se refiere al hecho de que debiendo ser la historia de la Iglesia la primera prueba de la acción de Dios en los asuntos humanos, la cultura moderna ha desarrollado una versión de la historia católica que la ha convertido en lo opuesto: un escándalo por el que algunos católicos se esfuerzan en pedir perdón y otros ven como un invencible obstáculo. Es necesario, pues, enfrentarse con las diversas partes del mito histórico anti-católico a medida que surgen.

En épocas más felices, un defensor de la Iglesia podría haberse dado por satisfecho con semejante propósito; hoy, enfrenta la poco apetecible tarea de tener que argumentar contra aquello en que la Iglesia se ha convertido. El tema de este libro es la traición de la tradición católica en el Concilio Vaticano Segundo, y la catástrofe histórica que ha sido su resultado. La naturaleza de esta catástrofe puede ser compendiada con una sencilla comparación. Hace setenta años, teníamos en la Iglesia un papa que era venerado y obedecido, un magisterio doctrinal y moral universalmente aceptado, un sacerdocio respetado, un florecimiento de vocaciones, seminarios y órdenes religiosas prósperos, un sistema educacional católico que imprimía un sello en sus alumnos, de modo que abandonar la fe era la excepción más que la regla, una característica vida espiritual centrada en la tradicional devoción a la Misa, al Santísimo Sacramento, a la Virgen María, a los santos, y prácticas piadosas de muchos siglos de antigüedad. Ahora vemos lo contrario de todo esto: autoridad asediada, enseñanza moral ignorada, teólogos que se proponen como tarea atacar las enseñanzas de la autoridad apenas se toma conocimiento de ellas, clero manchado por los mayores males morales, huída precipitada del sacerdocio y de la vida religiosa, eclipse de la enseñanza católica en las escuelas, abandono multitudinario de la fe, desaparición de la vida devota y sacramental de la Iglesia tal como la conocieron nuestros antepasados. No necesitamos remontarnos a remotas épocas heroicas para percibir nuestra decadencia; nos basta con echar una mirada a un período que todavía recuerdan muchos que viven actualmente.

Los observadores ubicados en cualquier otra época de la historia de la Iglesia no tendrían dificultad para darse cuenta de nuestra situación, y menos dificultad todavía para reconocer el abandono de la ortodoxia. Incluídos en esa ortodoxia están tanto el principio de que la tradición es, junto con la autoridad y las escrituras, uno de los tres pilares de la doctrina cristiana, como también el principio conexo de que la enseñanza de la Iglesia es inalterable. Una visión del catolicismo que rechaza la tradición es, por tanto, herética, tal como lo sería el rechazo de la autoridad o de las escrituras.

Contra esos principios tenemos ahora la escuela que se ha instalado durante los últimos sesenta años, que se gloría en modernizar la Iglesia y en adaptarla al mundo moderno. Esta escuela será descrita en este libro como Modernismo, por razones obvias. Es el nombre obvio que uno asignaría a una ideología de la modernidad, y es también el nombre de la herejía condenada por San Pío X cuando emergió a comienzos del siglo XX. Algunos defensores del *statu quo* quieren negar que el actual clima de pensamiento pueda identificarse con el del Modernismo, y se muestran píamente escandalizados por este nombre, con sus implicancias heréticas, que se está aplicando a la teología contemporánea. Se trata por lo general de las mismas personas que deploran la estrechez de criterio de Pío X al condenar lo que ellos admiran como un movimiento ilustrado. Analizaremos este punto en su momento, y aquí sólo tomaré en préstamo la observación que hizo Jacques Maritain en su evaluación de la escena post-conciliar: "comparada con ella, el Modernismo de la época de Pío X no fue más que una modesta fiebre de heno"[1].

Hoy hay muchos católicos que se desconciertan cuando oyen decir que la Iglesia moderna está en decadencia. Ellos no han conocido otra cosa y no ven nada adverso en la actual situación. Tales personas no debieran molestarse en leer este libro. Tampoco me dirijo a aquellos que creen que la Iglesia católica necesita una constante remodelación, y que las novedades de nuestra época se deben sencillamente a la ilustración moderna. Semejante punto de vista otorga poco peso a las escrituras y a la autoridad, y menos todavía a la tradición, en el diseño de sus proyectos de mejoras. Sus partidarios disfrutan de la aprobación de la cultura contemporánea, pero se auto-condenan según los criterios de las enseñanzas cristianas. El caso que me interesa analizar es el del que admite las premisas católicas -las premisas de la autoridad, de las escrituras y de la tradición- y quiere pensar que el actual estado de la Iglesia es compatible con ellas. Quienes defienden esta postura sostienen que no existe herejía ni menoscabo en la Iglesia moderna, y que las aberraciones que vemos en nuestro entorno son perfectamente compatibles con la tradición católica. Reprenden a los tradicionalistas por su ignorancia, en la doctrina y en la práctica, de la historia de la Iglesia, cuyo conocimiento, dicen, nos haría ver la actual desolación como algo normal. Es esta interpretación de las cosas la que necesita ser puesta a prueba. Cuando hayamos comparado la herencia de la Iglesia con lo que existe hoy en lo relativo a culto, doctrina, cultura y filosofía, podremos hacer un balance de ambas situaciones, juzgar de su compatibilidad y decidir sobre sus respectivos méritos.

Esa tarea conlleva una obvia limitación. Una adecuada presentación de la tradición católica en la historia requeriría hacer una relación mucho más exhaustiva que el esquema que doy en los primeros siete capítulos. Sin embargo, esa tradición necesita ser descrita, porque el conocimiento de ella no se puede hoy dar por supuesto. Los católicos que conocieron a la Iglesia antes del Concilio Vaticano Segundo adquirieron, por propia experiencia, una familiaridad con la enseñanza y la espiritualidad de la tradición. Para los que crecieron después, se trata de un mundo no

---

[1] Jacques Maritain, *Le Paysan de la Garonne* (Desclee de Brouwer, 1966).

familiar, que la influencia de la cultura moderna, con su desdén por los logros del pasado, hace todavía más difícil entender. Un libro como éste, si se hubiera escrito hace cuarenta o cincuenta años atrás, podría haberse sumergido derechamente en los años 1960, dando por conocido lo anterior; pero hoy no se puede argumentar en favor de la tradición católica sin explicar dónde estamos parados histórica y culturalmente. Al ofrecer ese esquema, me propongo presentar algo que hubiera sido considerado conocimiento común hace dos generaciones, algo propio de la corriente mayoritaria del pensamiento católico. El hecho de que éste parezca hoy poco familiar e incluso exótico da una idea de cuán lejos la Iglesia se ha apartado de su tradición intelectual.

Para evaluar el actual estado de la Iglesia necesitamos volver la mirada hacia atrás, hacia las alturas y los abismos de la historia católica, para poder observar los paralelos y contrastes. Los abismos presentan una triste historia de debilidades humanas, que obscurecen el destino divino de la Iglesia; pero también nos enseñan que las debilidades humanas no construyen -lo que no debe sorprender- estructuras durables. Cada uno de sus fracasos históricos demostró en su momento ser un desastre para la Iglesia, porque fueron una desviación respecto de su propia naturaleza, y se recuperó de ellos volviendo a esa naturaleza mediante la vuelta a la tradición. Tal es el predicamento en que nos encontramos hoy día. El movimiento de renovación que se supuso habría de fluir del Concilio Vaticano Segundo ha arrastrado a la Iglesia al punto más bajo de toda su historia, y aumenta la toma de conciencia de que la única vía de escape es repudiar esa falsa guía y volver a los caminos de la salud tradicional. Mi propósito en este libro es demostrar por qué el regreso es necesario, y describir los movimientos de restauración que anuncian la nueva dirección de la Iglesia.

Las lecciones del colapso moderno de la Iglesia han sido iluminadas con mayor crudeza por los acontecimientos desde 2013. El papa Benedicto XVI sorprendió al mundo al abdicar de su cargo, mencionando problemas en el gobierno de la Iglesia que él ya no se sentía con fuerzas para enfrentar, y deseando traspasar la tarea a un hombre más joven. La elección que tuvo lugar a continuación no cumplió sus deseos; podemos esperar ahora otro pontificado corto que, a pesar de los entusiastas comentarios que se le han hecho, no ha de fijar un curso duradero y puede que haga más prominentes los males de la Iglesia. Su misma transitoriedad hace más oportuno exponer perspectivas de más largo alcance, que aprovechen las lecciones de los dos mil años de historia de la Iglesia y sean una motivación para el futuro.

PARTE I
Construcción de la Tradición católica

1
La Iglesia contra las herejías

LA IGLESIA PERSEGUIDA

Existe una visión romántica de la Iglesia primitiva -que ha probado ser útil para los Modernistas en su espurio regreso a las fuentes-, según la cual los primeros cristianos vivían en un estado de democracia carismática, ajenos a diferencias dogmáticas y con poca necesidad de autoridad. Un estudio pormenorizado sugiere una visión diferente. En la cristiandad primitiva abundaban las herejías de todo tipo, y se las excluía drásticamente de la Iglesia organizada. Se insistía en la autoridad del clero como garantía de unidad. Clemente de Roma, en el siglo I, compara el clero con los generales, tribunos y centuriones del ejército romano, y enseña que quienes rechazan su autoridad son culpables de un grave pecado (*I Clement*, capítulo 40 et al.). Ignacio de Antioquía, escribiendo en el año 107, pone énfasis en la autoridad de los obispos como único criterio de legitimidad de una iglesia cristiana (Epístolas a los Magnesios, a los Esmirneanos, et al.). Quienes han esperado hallar un gobierno suave y nebuloso entre los primeros cristianos se han sorprendido con lo que encontraron. Edward Gibbon que, como muchos liberales después de él, creyó que la función del obispo debía seguir el modelo de un felpudo, comenta del siguiente modo el lenguaje de San Cipriano, que ocupó la sede metropolitana de Cartago entre 248 y 258: "Creeríamos, a veces, estar oyendo a un cónsul romano afirmar la majestad de la república y declarar su inflexible decisión de aplicar el rigor de la ley. "Si se tolera tales irregularidades con la impunidad" (así es como el obispo de Cartago reprende la lenidad de su colega), "si se tolera tales irregularidades, se pone fin al vigor episcopal, al poder sublime y divino de gobernar la Iglesia, al propio cristianismo""[1].

Antes de que, a partir del siglo IV, surgiera la jerarquía más alta, los obispos fomentaban la unidad escribiendo cartas doctrinales y, como en el caso de Cipriano, amonestaciones a sus hermanos de rango. Se mantenía así un frente contra la heterodoxia, y las herejías eran opción de individuos y grupos marginales. El cristianismo evidenció en esto un contraste con el judaísmo, el cual incluía no sólo las sectas de los saduceos, fariseos y esenios, con sus diversas doctrinas y prácticas, sino que

---

[1] Edward Gibbon, *The History of the Decline and Fall of the Roman Empire* (London, 1776), Vol. 1, Chap. 15.

se abrió a una fuerte influencia helenística, especialmente en la diáspora. El cristianismo, diseminado como estaba, e inmerso en el mundo pagano, no conoció partidos ni tendencias sincréticas al interior de su comunión. Impacta el que por más de dos siglos -hasta la deposición del obispo Pablo de Antioquía, hacia 270- no exista ningún caso de un obispo condenado por sus iguales por herejía doctrinal.

Ello no se debió a ningún provincianismo mental por parte de los creyentes. En la generación siguiente a la muerte de San Pedro, el mártir Justino enseñaba el cristianismo como filosofía en Roma, junto con otros maestros de escuelas filosóficas; y el pensamiento de escritores como Tertuliano y Origen demuestra la disposición de los cristianos a adentrarse en las implicaciones intelectuales de sus creencias. En un clima así, tanto entonces como hoy, el cristianismo se vio expuesto a peligros provenientes de las ideologías del mundo circundante. Entre ellas estuvo el gnosticismo, tendencia religiosa de quienes creían tener acceso a una sabiduría superior. La misma convicción ha sido ampliamente compartida por los herejes a lo largo de los siglos, pero durante la infancia de la Iglesia la hicieron explícita en la descripción de sí mismos. Una tendencia del pensamiento gnóstico fue elaborar varios grados entre Dios y la creación material. A comienzos del siglo II, Basilides concibió una cantidad de divinidades intermedias y 365 cielos. Poco después de él, Valentín enseñaba que el Intelecto y la Verdad nacen de Dios Padre y del Silencio, y siguen engendrando pares hasta que forman ocho Eones superiores, y a partir de ahí nuevamente hasta un total de treinta, llamados el Pleroma. El Intelecto y la Verdad producen a continuación un décimo sexto par de Eones, Cristo y el Espíritu Santo, y los treinta y dos Eones se unen para producir un trigésimo tercero, Jesús. Armado con esta doctrina, Valentín esperaba ser elegido obispo de Roma alrededor de 140. No tuvo éxito.

Puede que la precisión numérica de las enseñanzas gnósticas nos hagan sonreír; pero se las tomó en serio porque reflejaban el pensamiento religioso de la época: el gnosticismo no fue un fenómeno puramente cristiano. Todo intelectual cristiano que se jactara de estar al día, rechazaba la simplista enseñanza tradicional y procuraba una visión que le ganara el aplauso de las clases parlanchinas de Roma o de Atenas. Si la Iglesia hubiera escuchado a estos progresistas, la doctrina cristiana estaría hoy envuelta en un aparataje de Eones, Pleromas y otros conceptos atrayentes para la mentalidad del tiempo de los Flavios. En cambio, la Iglesia fijó el canon del Nuevo Testamento, con los cuatro evangelios auténticos y las enseñanzas de los apóstoles, y dio la espalda a las peticiones de la *intelligentsia* de mantenerse al día en el pensamiento del siglo II.

Además del inmovilismo doctrinal, otro rasgo de los primeros cristianos fue su resistencia al ethos moral de su época. El compromiso cristiano era una cuestión no solamente de fe sino de comportamiento. Todo candidato al bautismo pronunciaba su renuncia al mundo, es decir, su repudio al paganismo contemporáneo y a sus autoindulgentes estándares. El cristiano que abandonaba la estricta moralidad a la que se había comprometido por su bautismo, podía ser reconciliado, después de estricta penitencia, por un perdón especial de su obispo; pero había algunos pecados que se consideraba una traición demasiado grande incluso para esa indulgencia. Así, se excluía absolutamente el adulterio y el divorcio. Cuando el Papa Calixto (217-222) decidió, por su poder de perdonar sacramentalmente, readmitir a la comunión a los adúlteros arrepentidos, provocó un cisma en Roma y en Africa. Así era el rechazo por los cristianos de las costumbres contemporáneas en materias que ese mundo suyo tomaba tan a la ligera. En esto se apegaban a las enseñanzas de Jesús, que con tajantes frases hizo aún más estrictas las ya estrictas enseñanzas judías en materias sexuales (Mateo 5, 27-32; 19, 3-12). En cuanto a otras prácticas, como la sodomía y el infanticidio -sustituto del aborto en el mundo antiguo-, no era siquiera imaginable que los cristianos pudieran contemplar tales abominaciones.

Así, pues, no sólo por su intolerancia de la idolatría, que los llevaba a menudo a la prueba del martirio, los cristianos rehusaban configurarse con el mundo. Seguían fieles a la enseñanza establecida en los primeros días de su fe: "La religión pura e intachable ante Dios es ésta: (...) guardarse incontaminado de este mundo" (Santiago 1, 27), y al mandato de San Pablo "no participéis en las obras estériles de las tinieblas, antes bien combatidlas (...) redimiendo el tiempo, porque los días son malos" (Efesios 5, 11, 16). Educados en estas doctrinas, los cristianos no daban ni un paso por encontrarse a medio camino con el mundo, por lo que, cuando llegó la madurez del tiempo, se encontraron con que era el mundo el que se movía hacia ellos.

A comienzos del siglo III, el cristianismo había prosperado lo suficiente como para llegar hasta los círculos imperiales. El niño emperador Alejandro Severo (222-235) guardaba estatuas de Abraham y de Cristo en su panteón, en tanto que su madre hablaba con Orígenes de los misterios cristianos. El emperador Filipo (244-49), de breve vida, fue él mismo cristiano, y Valerio (253-260) dio empleo a tantos fieles que se decía que su palacio era casi como una iglesia. Luego siguió, a partir de 257, un período de colapso político, en que por un tiempo el Imperio Romano se desintegró por los ataques de los bárbaros del Oriente y del Norte. La Ciudad misma vio un enemigo extranjero por primera vez desde los tiempos de Aníbal, y tuvo que rodearse de una muralla fortificada. Si alguien hubiera profetizado que, un día, el imperio se volvería cristiano y que caería poco después, podría haberse creído que la profecía se estaba cumpliendo en aquellos años. La recuperación del poder romano fue acompañada por el más duro episodio de persecución experimentada por los cristianos; pero cuando se restableció la paz con Constantino, le correspondió a una Iglesia bien preparada por su historia el exhibir una doctrina clara y sin ambigüedades. Muestra este hecho la primera de las grandes herejías, el arrianismo, que durante un período de cuarenta años provocó desunión y confusión en la Iglesia.

LA CRISIS ARRIANA

Arrio, presbítero de Alejandría, dio origen, hacia el año 318, a la teoría de que el Logos no era el Hijo Eterno del Padre sino una creatura a quien el Padre dio el ser con vistas a la creación del mundo. Su herejía puede ser considerada como un gnosticismo muy modificado, que muestra la tendencia de ese sistema a introducir mediadores semi divinos entre Dios y el hombre. Al cabo de dos años, Arrio fue repudiado por un concilio local en Egipto. En 324 fue condenado por un concilio oriental más amplio en Antioquía; y al año siguiente, el primer concilio universal de la Iglesia, reunido en Nicea, procedió también, sin pérdida de tiempo, a definir la doctrina tradicional contraria a Arrio, adoptando definiciones que siguen siendo familiares en el Credo actual, como que el Hijo "es Dios verdadero de Dios verdadero", "engendrado, no hecho" y "consubstancial con el Padre". El término *homoousion*, que denota que Cristo es un Ser con Dios Padre, se convirtió en la piedra de toque de la ortodoxia nicena.

La recepción que se dio a las ideas de Arrio demuestra el error de la idea protestante de que el Nuevo Testamento fue pensado como una exposición completa de la enseñanza cristiana. La respuesta de la Iglesia a Arrio no consistió en buscar una doctrina de la Trinidad entre las inciertas indicaciones de la escritura, sino en reafirmar una ya bien entendida enseñanza contra una teoría novedosa. Porque los Evangelios, desde el principio, constituyeron la doctrina pública del cristianismo, abierta a todos; aquéllos que eran iniciados en la Iglesia pasaban a través de varios años de catecumenado, en que se les enseñaba las doctrinas interiores de la Trinidad, la Eucaristía y otras materias -los "misterios", llamados así no tanto por su dificultad cuando porque eran enseñados sólo a los iniciados-. De ahí que todos los bautizados, y *a fortiori* el clero, estaban fundados sobre una plena ortodoxia, que se había expuesto durante tres siglos de unidad de la Iglesia. La crisis arriana tuvo lugar no porque la doctrina no estuviera desarrollada sino porque los ideólogos propusieron sus nuevas teorías con el fin de mejorar la enseñanza de la tradición.

La ciudad que vio nacer a Arrio fue la que con mayor fuerza lo rechazó. En 328 su obispo, Alejandro, que había sido su primer opositor, murió, y fue sucedido por un devoto abogado de la Trinidad, Atanasio, elegido para la sede cuando era todavía joven, siendo su obispo hasta su muerte en 373. En el curso de una lucha de toda la vida contra el arrianismo, fue vilipendiado, desautorizado por el resto de la Iglesia y cinco veces exiliado de Alejandría. Atanasio es el prototipo del intransigente defensor de la ortodoxia, odiado por quienes quieren ver a la Iglesia plegarse y amoldarse; esa escuela, tan bien conocida hoy día, era ya activa en el siglo IV. La mundanidad espiritual no era una culpa nueva en la Iglesia. Un siglo antes, Orígenes, al parecer recordando a un obispo bastante rangoso de Alejandría, se había quejado de los obispos a cuyas casas sólo les faltaba una guardia militar para ser igualmente pomposas que la del emperador. Pero fue sólo con la institucionalidad constantiniana que la corrupción alcanzó a la doctrina. Eusebio, zalamero clérigo, aprovechando su conexión con la familia imperial, llegó a ser obispo de Nicomedia, la ciudad que, desde los tiempos de Diocleciano, había sido la capital del Imperio de Oriente[2]. Eusebio, un consumado político, logró soslayar una sentencia imperial de exilio e influir sobre Constantino durante toda la vida de éste, bautizándolo en su lecho de muerte. Hacia el final de su carrera, Eusebio había logrado exiliar a sus enemigos y promover a sus amigos a los cargos más altos en la Iglesia.

Eusebio era representante de una escuela a la que la actividad filosófica de Arrio ofrecía un camino para re-educar a la Iglesia. Por eso saludó a dicho teórico como discípulo, igual que él mismo, de Luciano de Antioquía -un muy recordado experto en tendencias gnósticas- y, por ende, como miembro de una misma autoproclamada élite intelectual. Como le pareció una lástima que semejante académico hubiera sido excluído de la Iglesia, Eusebio ofreció a Arrio términos muy convenientes para reconciliarse. Hacia 330, Eusebio escribió a Atanasio a Alejandría pidiéndole que aceptara de nuevo a Arrio a la comunión eclesial; la ambigua confesión de ortodoxia hecha por Arrio, que evitaba las definiciones de Nicea, podía ser aceptada por cualquier persona de buena voluntad. Pero Atanasio se negó. Eusebio manipuló al emperador y, al poco tiempo, el obispo de Alejandría sufría su primer exilio.

Durante los siguientes cuarenta años, la Iglesia en el Imperio de Oriente iba a mostrar a Arrio una ternura acompañada de una dolorida desaprobación de la intransigencia de Atanasio. En una serie de acciones, comenzadas en el Sínodo de Tiro de 335, los arrianizantes se las

---

[2] No debe confundirse a Eusebio de Nicomedia con su contemporáneo, el historiador de la Iglesia.

arreglaron para obscurecer el dogma que había sido declarado en Nicea, y para engatusar a la mayoría de los obispos de Oriente y hacerlos tragar el caramelo. Se adoptó, en lugar de *homoousion*, la doctrina de *homoiousion*, el Hijo es de naturaleza como la del Padre: ¿a quién iba a complicar una iota? Pero la postura asumida por Atanasio tenía su base en una clara visión del problema doctrinal. La herejía arriana era, en parte, una racionalización, un intento de escapar de la paradoja de la doctrina trinitaria, pero al hacer a Cristo un intermediario sub-divino, era también un ejemplo de la tendencia, común en las herejías, de esconderse de Dios, de resistir a la inmediatez de la revelación de Dios. Atanasio insistió en la naturaleza divina de Cristo como garantía de la plena presencia de Dios en la humanidad. Aunque él mismo había estado presente en el Concilio de Nicea como diácono, asistiendo al obispo de Alejandría, lo que menos le importaba era la fórmula verbal de *homoousion*: lo que lo motivaba no era la inmutable defensa de una declaración conciliar, sino la energía de una aguda inteligencia, que exponía la esencia de la enseñanza tradicional. Su *De Incarnatione Verbi*, escrito hacia 335, cuando los arrianizantes comenzaban a lograr sus primeros triunfos, explica con profundidad filosófica la encarnación de Dios Hijo contra las teorías que se estaba elaborando en oposición a ella.

Desde 340 a 350, el Imperio Romano se dividió políticamente entre los dos hijos de Constantino, Constante en el gobierno de Occidente y Constancio en el Oriente. Así como Eusebio se había ganado hábilmente al padre, su ascendiente fue todavía mayor sobre Constancio, que accedió al trono de Oriente a la edad de veinte años. En 339, agarrándose a las faldas del poder, Eusebio se trasladó a la sede de Constantinopla, la nueva capital, y desde esas alturas trabajó por imponer su política a la Iglesia. En su segundo exilio a comienzos de los años 340, Atanasio se refugió en Roma, donde tenía el apoyo del Papa Julio I. Ahí no necesitaba convertir a nadie, porque en Occidente no había dos opiniones respecto de la querella arriana. Atanasio se convirtió en confidente de Constante, el emperador de Occidente, firmemente católico (y cristiano bautizado, a diferencia de su hermano). En 350, sin embargo, Constante perdió el trono y la vida a manos de un usurpador. Tres años le llevó a Constancio restaurar en Occidente el gobierno legítimo, y cuando lo consiguió, pudo gobernar sobre un imperio reunificado y proceder a institucionalizar la religión imperial. Un concilio eclesiástico reunido en Milán en 355 condenó a Atanasio. Cuando Liberio, el nuevo obispo de Roma, se negó a firmar la fórmula del concilio, fue exiliado a Tracia. La victoria de los arrianizantes fue coronada en 358 por el Concilio de Sirmio, cuyas definiciones representaron un ambiguo equilibrio entre las doctrinas de Nicea y de Arrio. Como hemos visto en nuestros días, en el Concilio Vaticano II, el éxito de las fórmulas equívocas da rienda suelta a francas herejías. Habiéndose escudado hasta entonces tras el ambiguo *homoiousion*, los arrianos declararon ahora que la naturaleza del Hijo *no era como* la del Padre. Esto llevó a un alinearse no tras la ortodoxia sino tras una semi-ortodoxia. Incluso Liberio sostuvo aparentemente la fórmula *homoiousion* con el fin de derrotar a los arrianos plenos, o anomoeanos, y se le permitió regresar a Roma. En 359, dos concilios, en Occidente y Oriente, declararon la semi verdad de *homoiousion*, y al año siguiente un concilio general en Constantinopla llegó a acuerdo sobre la misma doctrina. En palabras de San Jerónimo, "el mundo entero gimió al descubrirse arriano".

La presión imperial cesó con la muerte de Constancio en 361. El programa de su sucesor, Juliano el Apóstata, era la restauración del paganismo, pero un efecto colateral fue el cese del apoyo a los dos partidos doctrinales en la Iglesia. Inmediatamente tuvo lugar un resurgimiento de la ortodoxia en Occidente y, en Oriente, Atanasio regresó por poco tiempo a su sede. Pero los problemas de la Iglesia no terminaron. Juliano fue vencido en una batalla; de 364 a 378, por una particular desventura, el mundo romano vio repetirse la coyuntura de los años 340, con un emperador católico, Valentiniano, en Occidente, en tanto que su hermano arriano, Valente, gobernaba en Oriente y perseguía a los ortodoxos. Sólo con la muerte de Valente se reunió un concilio oriental en Constantinopla (381) y restauró la ortodoxia de Nicea. Nunca más hubo un emperador arriano en ninguna de las dos partes del imperio.

Conviene hacer aquí algunos comentarios sobre la experiencia arriana entre 355 y 381. El primero es que la ortodoxia se salvó por la integridad de un solo hombre, que enfrentó a toda la Iglesia: *Athanasius contra mundum*. Sin los efectos morales de la firmeza de Atanasio, se habría perdido la causa de la ortodoxia. Un segundo comentario se refiere a la fuente de la fuerza de la herejía. Hay quienes, queriendo exculpar a la Iglesia por los concilios arrianos, desechan la crisis por ser producto de la presión imperial; pero el arrianismo no surgió de la obstinación de Constancio: nació dentro de la Iglesia, como teoría de un presbítero de Alejandría; adquirió poder por el ascendiente del obispo Eusebio sobre Constantino y su hijo; fue aceptado por cientos de obispos y teólogos diletantes en la Iglesia de Oriente, cuyos argumentos sumergieron la doctrina de la Trinidad en la jerga y la cháchara. Constancio lo adoptó porque pareció tener de su parte a la sección más amplia e intelectual de la Iglesia. El poder imperial fue el medio material por el que un partido en la Iglesia pudo remodelar la doctrina para sus propios fines.

Un tercer comentario es que, aun en su mayor debilidad, la Iglesia nunca adoptó formalmente una definición herética; el pecado de los concilios arrianizantes fue no haber proclamado la verdadera doctrina, haber permitido que la herejía floreciera gracias a definiciones ambiguas. Y el cuarto comentario sobre el arrianismo es que fue efímero. La herejía mantuvo su influencia durante algún tiempo pero, al cabo, perdió aceptación. Hacia 381, cuando el concilio ortodoxo de Constantinopla revirtió la traición de su predecesor, la doctrina tradicional había recuperado el gobierno en la Iglesia.

Un comentario adicional que hay que hacer pertenece a un plano más filosófico. Así como la doctrina de la Trinidad constituye la prueba más clara de que el cristianismo es una religión dada por Dios, así la preservación de ella por la Iglesia durante la crisis arriana es la mejor prueba de la continua guía de la Iglesia por Dios. Hoy día, crece la intuición de que la verdad de ser Dios más de una Persona fluye lógicamente de la verdad de que Dios es amor, de modo que, lejos de ser esto algo contrario a la razón, es precisamente la concepción unitarista de Dios lo que se puede decir que es incoherente. Pero en el siglo IV no se había alcanzado todavía esta intuición. La doctrina de un Dios que es verdaderamente tres Personas pero un solo Ser parecía completamente misteriosa, algo que sólo se podía aceptar por tradición y por fe. La fidelidad a esta doctrina, contraria a las racionalizaciones de Arrio, sólo pudo ser preservada por una institución guiada por Dios, que rechazó la presión de revisiones humanas a fin de conservar la verdad que le había entregado el Creador.

EL CRISTIANISMO Y LA CIVILIZACIÓN ROMANA

Como ha ocurrido siempre a lo largo de la historia, un período de crisis de la Iglesia es seguido por otro de florecimiento. Las postrimerías del siglo IV y los comienzos del siglo V fueron adornados por figuras como San Juan Crisóstomo, San Gregorio Nacianceno, San Gregorio de Nisa, San Ambrosio y San Agustín. Fue el período en que se echaron las bases del monasticismo, con el ejemplo de San Basilio en Oriente y de los monjes de las Galias. Las obras de caridad brotaron de un modo que el mundo pagano no conoció jamás. Los hospedajes para viandantes en las casas de los obispos inauguraron la larga tradición de acoger a los viajeros, y la invención cristiana de los hospitales para enfermos fue un producto de este período.

Algunos enemigos, como Gibbon, al tratar la época del arrianismo, han mirado en menos a una iglesia que disputaba sobre una iota -a pesar de que esta letra implicaba el que Cristo fuera o no verdadero Dios-, y algunos católicos tímidos se han ruborizado con estos sarcasmos. Con todo, tales juicios impiden captar la importancia intelectual de las disputas arrianas: después de siglos en que la filosofía no había hecho otra cosa que reciclar las ideas de las escuelas griegas, la mente humana vino a enfrentarse con el hecho más importante de la historia, el ingreso en ella de su Creador, tema al lado del cual toda otra cuestión filosófica resulta trivial. La urgencia de las discusiones arrianas surge de la premisa de que la fe cristiana, a diferencia de los mitos paganos, se funda en la verdad trascendente y en una correspondiente razón humana. Para ilustrar este contraste, ¿podría alguien imaginarse a los devotos de Apolo, o de Mitra, discutir sobre la exacta naturaleza teológica de ambos?

Las discusiones arrianas, pues, adecuadamente consideradas, evidencian no una época de decadencia cultural, sino de renacimiento. La opinión que considera la conversión del imperio al cristianismo como debilidad de una sociedad senil, está mal informada. El mundo romano del siglo IV fue una civilización que recuperaba su vigor después de los desastres del siglo III. Si Constantino no fuera recordado como patrono del cristianismo, lo sería por ser el emperador romano más poderoso desde Marco Aurelio. En contraste con las medidas, eficientes pero esencialmente defensivas, de Diocleciano, su política muestra una restablecida confianza, sobre todo con la fundación de una nueva capital imperial en Constantinopla. En las Galias se dio una floración de la educación en esta época, y a mediados del siglo IV tuvo lugar la edad de oro de la Britannia romana. La conversión del imperio al cristianismo puede ser vista como otro aspecto de esta renovación. Hoy suele encontrarse historias que hacen comenzar la Edad Media con Constantino, como si el mundo antiguo pudiera ser politeísta, o mitraísta o adorador del sol pero no, quizá por qué motivo, cristiano. De hecho, el cristianismo estaba mejor equipado para ser la religión imperial que los cultos populares que vino a reemplazar: una religión nacida al interior del imperio y casi coextensiva con él, con una organización jurídica que reflejaba la del imperio, gobernada por un sacerdocio experto no en mitos y ritos primitivos sino en textos históricos y teología racional (incluso demasiado racional, como se ha pensado por quienes se burlan de tanto abandonarse a debates teológicos). Gibbon y los que lo siguen han descrito el cristianismo como un absceso supersticioso que creció sobre una cultura racionalista, pero tal cosa es una idealización del mundo antiguo. La sociedad pagana estuvo siempre hundida en la superstición, e incluso su filosofía se convirtió, durante varios siglos, en una planta debilitada, hasta la victoria del cristianismo.

Del mismo modo, la anticuada noción de que el Imperio Romano se vino abajo por la decadencia moral le cuadra al siglo III, pero no al siguiente. Hacia fines del siglo IV, la estricta moralidad de los cristianos ejercía su influencia incluso en los bastiones paganos. La sodomía y la exposición de niños no deseados fueron considerados crímenes, y los juegos de gladiadores, luego de perder el patronazgo imperial, entraron en decadencia. En las *Saturnalia* de Macrobio, los aristócratas romanos que cenan hacia 380, observan que a nadie, por entonces, se le ocurriría ofrecer un espectáculo de bailarinas en un banquete. El paganismo conservó todavía un gran poder sobre esta clase, pero el cristianismo ya había logrado numerosas conversiones en ella. El obispo de la ciudad, instalado en el antiguo palacio de la familia Laterana, era ahora una dignidad, acostumbrada a recibir con espléndida hospitalidad. La dignidad del oficio fue realzada por Dámaso (366-84), hombre cultivado y poeta, bien preparado para moverse en la sociedad más refinada, y por Siricio (384-399), el primero de una larga línea de nobles romanos elevados a la Sede Apostólica. En literatura, la Iglesia cristiana había tomado el liderazgo. Pocos escritores paganos de la época alcanzaron la elegancia de Lactancio y de Crisóstomo; Agustín brilla por su fuerza filosófica y retórica. En el arte, la Iglesia proporcionó un nuevo patronazgo y motivos para una nueva inspiración. La rotonda de Santa Costanza en Roma (337-50) parece, en su diseño arquitectónico, adelantada en 1.200 años a su época. El arte romano del mosaico adquirió un nuevo esplendor por su uso en el interior de las iglesias.

Pero este interludio del imperio cristianizado fue breve. Desde la muerte de Juliano hasta el quiebre de las fronteras del Rin y del Danubio, hay un período de sólo cuarenta y cuatro años. El cambio demográfico había debilitado al mundo mediterráneo, en tanto que poblaba las estepas nórdicas. El Imperio Romano al interior de sus fronteras era como un viejo guerrero, a quien la armadura, confeccionada en su juventud, le quedaba ahora, con su cuerpo encogido, demasiado grande. A ello hay que agregar el factor del azar. Si Diocleciano hubiera muerto a los cuarenta y nueve años, la caída del imperio podría haberse adelantado un siglo; si Teodosio hubiera superado esa edad, podría no haber caído en absoluto: su muerte en 395 fue directamente responsable del fracaso del aplastamiento de Alarico y de la revocación de la forzada concesión, hecha a los godos, trece años antes -único factor que hizo que el imperio fuera intrínsecamente más débil en 395 que en 295-. En cambio, se permitió durante quince años a los godos alborotar todo el imperio, dividido, lo que culminó con el saqueo de Roma. Después de tales desastres, se habría necesitado un genio para restaurar el imperio, en tanto que, sin ellos, sólo se habría necesitado capacidades rutinarias para mantenerlo.

En todo caso, sea que la caída del imperio fuera inevitable o no, para la Iglesia católica ella fue uno de los grandes desastres de su historia.

La consecuencia más importante es obvia: durante seis siglos la Iglesia de Occidente sólo tuvo la barbarie como materia prima; a la tarea de cristianizar a sus hijos se añadió la de civilizarlos. Sólo en el segundo milenio pudo la Iglesia trabajar en condiciones culturales civilizadas e, incluso entonces, tuvo que hacerlo habiendo perdido, durante la obscura edad anterior, un enorme terreno.

La segunda consecuencia de la caída del imperio es conceptual, moderna: ha hecho posible la creencia de que el cristianismo fue responsable del derrumbe de una civilización. Esta acusación es suficientemente refutada por la observación de que lo que cayó fue el Occidente más pagano, en tanto que el Imperio de Oriente, que estaba mucho más plenamente cristianizado, sobrevivió otros mil años. Sin embargo, esta asociación del cristianismo con la caída del imperio – "el triunfo de la barbarie y de la religión", en palabras de Gibbon- ha quedado impresa en el pensamiento de Occidente y ha ayudado a caracterizar al cristianismo como una religión de ignorancia, apropiada para un nivel menos civilizado de cultura.

El tercer legado fatal de la caída de Occidente fue eclesiástico: la pérdida, por la Sede romana, de su lugar a la cabeza de la cristiandad, con la posterior secesión de la mitad del mundo cristiano de su primitiva unidad. Constantinopla se convirtió en cabeza del mundo civilizado, y sus obispos se acostumbraron a mirar en menos a la antigua Roma, a medida que ésta se hundía en la decadencia. Aunque pasaron seis siglos antes de que este hábito mental condujera al cisma final, las causas de éste surgieron cuando el Imperio de Occidente cayó y Roma quedó aislada en un mar de barbarie.

LOS PAPAS "HEREJES"

Cronológicamente, es aquí donde conviene abordar la cuestión de los tres papas que han sido acusados de herejía. No corresponde hacerlo en la categoría de decadencia de la Iglesia, porque los tres casos son errores individuales, separados por mucho tiempo y carentes de toda tendencia común. Con todo, ellos plantean la cuestión de los límites de la infalibilidad de la Iglesia -y también, como se verá, los límites de su falibilidad-. Los tres casos se refieren a la respuesta del papado a herejías originadas en Oriente.

En el primero de estos casos, el de Liberio, volvemos al período arriano. Como hemos visto, el papa Liberio (352-66) resistió al arrianismo, y en el año 355 fue por ello depuesto por el emperador Constancio. Después de más o menos dos años de exilio, sin embargo, llegó a un desconocido acuerdo con el emperador que le abrió el camino de regreso. Cuáles fueron sus motivos, y qué fórmula doctrinal fue la que firmó, son cosas que no se sabe con certeza; se lo acusa de haber sucumbido a la presión del exilio o, si no, como se sugirió más arriba, puede haber querido respaldar la doctrina de *homoiousion* en contra del arrianismo pleno que surgió después del concilio de Sirmio. Cuando Liberio fue expulsado, el emperador nombró al diácono romano Félix como obispo de Roma y se lo consagró en Milán. Es curioso que no se haya obligado a Felix a firmar ninguna fórmula doctrinal, no siendo arriano; el emperador parece haberse dado por satisfecho con imponer a su candidato. Pero Félix no fue jamás aceptado por los fieles romanos, y cuando Liberio regresó, abandonó la ciudad, consciente de su carencia de derecho.

Cuando Liberio murió en 366, fue sucedido por otro de sus diáconos, Dámaso, que había apoyado a Félix pero que no era arrianizante. Se puede suponer que la motivación del partido de Dámaso fue evitar un vacío de autoridad tal que hubiera permitido al emperador nombrar a un declarado arriano[3]; y cuando Liberio volvió, Dámaso se sometió prontamente a él. La elección de Dámaso como papa se enfrentó a una ruidosa oposición en Roma, y se le opuso a Ursino, un antipapa. No está claro que haya existido alguna diferencia doctrinal mezclada en esto; los opositores pueden haber creído que Liberio, no obstante su aparente rendición, era el verdadero defensor de la ortodoxia, en tanto que Félix y Dámaso constituían una transacción indigna. Por otra parte, parece que, habiéndose transformado la elección del obispo de Roma en un asunto de masas, surgió un partido plebeyo molesto con las personalidades excesivamente blandas -incluído Dámaso- que habían asumido el liderazgo. Sea ello como fuere, Dámaso se encontró, en sus primeros años, instalado en una sede tambaleante, enfrentado con violentos partidarios de Ursino en la ciudad y, más allá de ella, con lo que quedaba de arrianismo. Todavía había en Milán, capital imperial, un obispo arriano, y Ursino, expulsado de Roma, recurrió a él en busca de apoyo -indicio de que sus credenciales ortodoxas no deben tomarse muy en serio-. En estas circunstancias, Dámaso convocó a un sínodo en 367, que condenó a Liberio por su sumisión al emperador Constancio. El motivo de esta acción del papa parece haber sido el deseo de evitar la misma acusación. Puede reprochársele a Liberio el haber dado su asentimiento a una doctrina que no protegía la ortodoxia; pero es irónico que, siendo uno de los pocos obispos que resistieron al emperador arrianizante y que sufrió por ello el exilio, haya sido deshonrado por una condenación oficial de parte

---

[3] Hay que advertir que cuando el papa Martín fue exiliado a Crimea (ver más adelante), la Iglesia romana eligió a un nuevo obispo en su lugar, Eugenio, quien, a pesar de su sumisión al emperador, es considerado santo.

de la Iglesia. El segundo caso de un error papal es el de Vigilio, y nos lleva al siglo VI y al reinado de Justiniano. El Imperio de Occidente había caído e Italia era gobernada por los ostrogodos, pero Belisario, capitán de Justiniano, estaba a punto de reconquistar Occidente. La herejía que conmocionó a este período fue el monofisismo, que había sido condenado por el Concilio de Calcedonia en 451. El emperador era ortodoxo, pero su emperatriz, Teodora, favorecía al Patriarca Antimo de Constantinopla, que era monofisita. El papa Agapito, sin embargo, en una visita a Constantinopla en 536, hizo deponer a Antimo por hereje. Hay que advertir que, a pesar de estar Roma cautiva de los bárbaros desde hacía ya sesenta años, no se había desarrollado todavía el desprecio bizantino por la Santa Sede, y un papa podía todavía deponer a un patriarca de Constantinopla en su propia ciudad. Poco después, Agapito murió en ella, y dejó los asuntos en manos de Vigilio, diplomático papal que vio la oportunidad de ganarse el obispado de Roma.

Las acusaciones contra Vigilio son cuatro. La primera es que intrigó con Teodora, la que le ofreció instalarlo como papa a cambio de restituir a Antimo en Constantinopla. La segunda es que usurpó el papado, porque los godos, que todavía controlaban Italia, instalaron como papa a su propio candidato, Silverio, tan pronto como se enteraron de la vacancia del papado. Esta interferencia con los planes imperiales fue subsanada cuando Belisario tomó Roma a fines de 536, y depuso al obispo entrometido, instalando en su lugar a Vigilio, que forzó entonces a Silverio a abdicar formalmente. Sin embargo, Vigilio no reinstauró a Antimo como patriarca de Constantinopla, cosa que no se debió tanto a una novedosa rectitud de parte suya como al hecho de que el emperador Justiniano no lo habría tolerado.

La tercera acusación contra Vigilio es que, en una controversia, dieciocho años más tarde, cambió de posición en el problema de los Tres Capítulos, unos escritos doctrinales que fueron condenados por la Iglesia de Oriente por irse demasiado al extremo en la dirección anti-monofisita. Vigilio primeramente se negó a aceptar esa condenación; en esto (echando totalmente por la borda las negociaciones que había realizado con Teodora) reflejó la actitud de la Iglesia de Occidente, que se oponía a todo debilitamiento de la postura anti-monofisita. Sin embargo, cuando el Segundo Concilio de Constantinopla confirmó la condenación de los Tres Capítulos (554), se convenció a Vigilio de que ratificara esos decretos, acto por el cual se le acusó de ceder a la presión imperial. La cuarta acusación contra él es que su política fue responsable del cisma que se produjo a continuación en Occidente, porque algunos de los obispos de Italia, tal como Vigilio había previsto, se negaron a aceptar el decreto de Constantinopla, prolongando por muchos años su cisma respecto de Roma y de Oriente.

Todo esto constituye un lamentable historial, imputable en parte a la falta de carácter de Vigilio, aunque se puede decir, en lo que respecta a la tercera y cuarta acusaciones, que la política eclesiástica de la época habría puesto en dificultades a cualquier papa. No obstante estos delitos, Vigilio no ha recibido ningún anatema oficial, como sí hubiera sido el caso de haber repuesto al patriarca monofisita Antimo. La acusación de haberse rendido ante el emperador al aceptar el Concilio de Constantinopla, cualquiera sea la veracidad de ella, no puede ser mantenida, ya que ese concilio es reconocido como ortodoxo.

El último caso es el de Honorio. Esto nos hace avanzar nuevamente un siglo, hasta el papa que, de los tres analizados, ha sido objeto de la condenación más explícita. En sus esfuerzos por reconciliar a los monofisitas de Egipto y de Asia, los emperadores de Oriente adoptaron la doctrina del monotelismo, que sostenía que, aunque Cristo tiene dos naturalezas, tiene sólo una voluntad. Cuando esto fue rechazado como también herético por los teólogos, se propuso otro compromiso en el sentido de que, aunque Cristo tiene dos voluntades, ellas producen, sin embargo, una sola operación. Estas dos escuelas de monotelismo son ejemplos de herejías creadas con el único objetivo de reconciliar a una iglesia separada. Pero los ortodoxos siguieron insistiendo, con detallados argumentos, en que la voluntad de Cristo produce dos operaciones, y aunque reconocían que en Cristo hay dos voluntades no contrarias, estaban decididos a sostener su plena y verdadera humanidad, obscurecida por la interpretación monofisita. Estas disputas dividieron a grandes sectores de la Iglesia de Oriente de un modo que sorprende a un observador independiente. Hay que reconocer la actuación de partidos nacionales que defendían sus propias escuelas teológicas a costa de la unidad; y de ello aprendemos cuán débil es la ortodoxia abstracta, como principio de unión, cuando falta un centro visible de fidelidad, como el que tienen los católicos en la Sede de Pedro.

El patriarca de Constantinopla se esforzó por promover la reunificación sofocando el debate y prohibiendo la discusión sobre si había una operación o dos. En 634, escribió al Papa Honorio en busca de apoyo a su política, y el papa se la dio, ordenando que no se debía defender ninguna de las dos expresiones. Con esta respuesta, Honorio desautorizó a los escritores ortodoxos que habían usado la expresión "dos operaciones" en sus escritos. Lo más grave es que dio su apoyo a los que querían confundir la claridad doctrinal a fin de reconciliar a un partido en rebelión contra la Iglesia. Quince años después, el emperador Constante II, deseoso de restablecer la unidad de la Iglesia, publicó un documento llamado Typos en que puso por obra la misma política de Honorio. Cuando se la recibió en Roma, sin embargo, se encontró con una reacción muy diferente. El nuevo papa, Martín I, convocó a un sínodo que condenó el Typos y sostuvo la doctrina de las dos operaciones. Constante, enfurecido por el golpe dado a su decisión, se vio incapaz por el momento de imponer su autoridad en Roma, pero alrededor de 653, hizo traer a Martín I a Constantinopla y, luego de una cruel prisión, lo exilió a Crimea, donde murió. Aunque Constante logró mantener la aparente obediencia de Occidente (fue el único emperador bizantino que visitó Roma), los obispos italianos no se reconciliaron jamás con la política imperial.

En 680-81, después de la muerte de Constante, se reunió el Tercer Concilio de Constantinopla, que dejó de lado el objetivo de buscar armonía con los monofisitas en favor de buscarla con Roma. Exhibiendo una vehemente solidaridad con el perseguido Martín, desautorizó al predecesor de éste con términos destemplados: "Decretamos que Honorio sea expulsado de la santa Iglesia de Dios". La carta con que el papa reinante, León II, acepta los decretos de este concilio, condena a Honorio con igual franqueza: "Anatemizamos a Honorio, que no procuró purificar esta apostólica Iglesia con la enseñanza de la tradición apostólica, sino que, mediante una profana traición, permitió que su fe inmaculada fuera sojuzgada". Puede advertirse que ni el concilio ni el papa toman en cuenta las intenciones ecuménicas de Honorio, ni su deseo de recuperar para la Iglesia a una sección de ella mediante el silenciamiento de la controversia. En una carta a los obispos de España, León II condena de nuevo a Honorio como alguien que "no apagó, como correspondía a la autoridad apostólica, la llama de la doctrina herética a medida que surgía, sino que la avivó por su negligencia".

Estos son los tres casos de herejía imputada a los papas Liberio, Vigilio y Honorio. Hay que observar que ninguno de los tres fue, en lo personal, un hereje, ni enseñó una doctrina herética, y ello es un punto importante en el tema de la infalibilidad de la Sede romana. Algunos podrán pensar que cada patriarcado apoya las enseñanzas de sus predecesores y, así, reivindica para sí la inerrancia. Pero ello no es así. La Iglesia de Constantinopla, desde su postura doctrinal actual, admite que la sede ha caído en el pasado en la herejía, y por extensos períodos: tales son los episodios del arrianismo, del nestorianismo, del monofisismo, del monotelismo y de la iconoclastia. Respecto de otras sedes orientales no se puede hacer una declaración ni siquiera tan simple como ésta; están divididas en una cantidad de sectas pequeñas, algunas ortodoxas en el sentido oriental, algunas herejes a los ojos tanto de los ortodoxos de

Oriente como de Roma, y algunas están en comunión con Roma; todas ellas alegan representar a los primitivos patriarcados de Antioquía, Jerusalén y Alejandría. En contraste con tal inestabilidad, se destaca claramente el historial de la sede de Roma. No ha habido jamás una época en que un adherente a una escuela abiertamente herética -y mucho menos una serie de tales adherentes- haya ocupado el papado. La continuidad de la fe romana es un hecho histórico luminoso. Lo que debe impactarnos, al leer los casos de Liberio, Vigilio y Honorio, no es cuán propensa fue la Iglesia romana al error, sino cuán sensible fue a todo alejamiento de la ortodoxia y a todo fallo en proclamarla abiertamente, cada vez que ello se hizo necesario.

Al mismo tiempo, estos casos nos muestran los límites de la indefectibilidad. Los tres papas, en diferentes grados, fallaron en mantener una postura contra el principal error de su época. La debilidad de San Pedro, cuando no actuó en Antioquía según el espíritu del decreto que los apóstoles emitieron en Jerusalén, se repite, pues, en sus sucesores. Nunca en Roma se enseñó abiertamente la herejía, pero la luz de la Sede romana como faro de la ortodoxia se ha atenuado en algunos períodos. Como veremos, su luz moral y espiritual se ha visto también disminuída en otras épocas de su historia.

2
Los logros de la Edad Media

LA EDAD OSCURA DEL PAPADO

En vez de la serenidad que había prometido la primera época del imperio cristiano, los siglos que siguieron fueron un tiempo de dura adversidad para la Iglesia. Con ellos llegó la invasión de una gran parte del Imperio de Occidente por los herejes arrianos y, del resto de él, por los paganos. Luego vino el avance musulmán, que barrió con el Norte de Africa, España y las islas del Mediterráneo. A partir del siglo IX las depredaciones de los vikingos produjeron caos donde parecía haber vuelto, aunque incipientemente, el orden. Estos desastres excluyen a esta época de las edades gloriosas de la historia católica, pero no la hacen caer en la categoría de la decadencia, ya que las derrotas de la religión fueron exteriores, no el fruto de una corrupción interior.

Es bien conocida la historia de cómo la Iglesia recolectó los fragmentos dispersos del Imperio Romano y forjó con ellos la Cristiandad común de la Edad Media. No hace falta que aquí añadamos nada, excepto para contradecir la noción de que refinar la barbarie era lo único que podía esperarse del cristianismo, porque si el imperio hubiera sobrevivido, la historia habría tenido un logro todavía mayor que registrar: el de la Iglesia que rejuveneció una antigua sociedad en su filosofía y en sus artes, enseñó a la rudeza del paganismo a entregarse a las obras de la caridad cristiana, y consiguió una síntesis entre cristianismo y cultura clásica que, de hecho, no vino finalmente a culminar sino en el Renacimiento.

Se puede añadir una segunda excepción, con la advertencia de que la historia del renacimiento cristiano es contada a menudo desde el punto de vista de la Europa del noroeste, pasando por alto el papel cumplido en él por Bizancio. Durante doscientos años, desde la reconquista de Roma por Belisario en 536, la Ciudad estuvo sometida al Imperio de Oriente. La Ciudad papal se enfrentó, pues, al mundo bárbaro no como parte de éste, sino como avanzada de una civilización que seguía viva. El período se abre, como hemos visto, con un nombramiento imperial en el papado, que vivió gran parte de su pontificado en Constantinopla. Los sucesores de Vigilio enviaron normalmente un pago o tributo al emperador por su elección, y hubo un largo período (678-752) en que la mayoría de los papas fueron orientales. Hasta 733 la jurisdicción del patriarcado de Occidente incluyó a toda Grecia, gobernada por un delegado papal en Tesalónica y después en Juliana Prima (en la Macedonia moderna). Roma estuvo, pues, en pleno contacto con las corrientes de la Cristiandad universal, y se le ahorró las más oscuras de las noches de la Edad Oscura.

El quiebre con Oriente llegó con el surgimiento de la herejía iconoclasta, que fue favorecida en los años 730 por el emperador León III. La consiguiente pérdida por éste de la lealtad de Italia fue confirmada por las conquistas de Carlomagno, cuya alianza con el papado condujo a la fundación del Imperio de Occidente. Carlomagno dotó a la Iglesia con tierras italianas, que ella había de gobernar hasta 1860. Esta ganancia en cuanto a independencia fue beneficiosa en algunos aspectos, pero dejó también expuesto el papado a los potentados semi bárbaros de Italia. Durante más de un siglo fue posible posponer el peligro; Adriano I, en su largo pontificado (772-95), mantuvo hábilmente la dignidad de su cargo, y Nicolás I (858-67) es equiparable a los papas más poderosos de la Alta Edad Media. Sin embargo, llegó un momento en que el papado se convirtió en el juguete de la nobleza romana.

La edad oscura de la Sede romana puede datarse a partir de 882, con el asesinato del papa Juan VIII; varios papas habían sufrido el martirio antes de él, pero Juan fue el primero en recibir la triste distinción de ser asesinado. Catorce años después, la ciudad quedó horrorizada con la *synodus horrenda*, en que el papa Esteban VI exhumó el cadáver de su antecesor Formoso, lo revistió con ropajes papales y lo sometió a juicio, en el cual lo acusó de crímenes canónicos aunque, en realidad, por el delito de haber coronado al candidato imperial que se oponía a Esteban. Formoso, muerto, fue condenado, se le cortó de la mano derecha los tres dedos con que se bendice, y el cadáver fue arrojado al Tíber. Ese mismo año, el enloquecido Esteban fue capturado y estrangulado. Su sucesor, Sergio, fue rápidamente depuesto. Siguió una lucha por el papado en que siete papas y un antipapa se sucedieron unos a otros en seis años, siendo uno de éstos Bonifacio VI, individuo que había sido dos veces degradado del estado clerical.

En 904 el exiliado Sergio reapareció en Roma e inició un régimen, fundado en la familia y partidarios de un noble, Teofilacto, que retuvo un funesto control del papado durante veintiocho años. Marozia, hija de Teofilacto, se convirtió en la amante del papa y le dio un hijo. A pesar de la mala fama que ella adquirió posteriormente, la depravación aquí fue del papa, ya que Marozia tenía sólo trece años en aquel tiempo. A la muerte de Sergio en 911, la madre de Marozia logró poner rápidamente a los tres candidatos de su partido en el trono papal, uno tras otro, de los cuales el tercero, Juan X, se decía que era su amante. En este favoritismo no fue seguida por su hija, que era ahora mujer casada; en 926, Marocia expulsó a Juan X de Roma con la ayuda armada de su marido, el poderoso Guido de Toscana. Y reviviendo las artes de su madre, instaló a tres sucesivos candidatos suyos como papas. El tercero de ellos, Juan XI, hijo suyo y del papa Sergio, era un joven de alrededor de veinte años. Para que no se piense que estos escándalos romanos contrastaban con un período de piadoso orden en Oriente, puede añadirse que una de las primeras acciones del juvenil pontífice fue confirmar el plan del emperador Romanus I de hacer patriarca de Constantinopla al hijo de dieciséis años de éste.

Alberico, hijo de Marozia, medio hermano legítimo del papa y menor que éste, introdujo una pausa en esta historia de corrupción. Se apoderó de Roma, encarceló a su madre en el Castel Sant'Angelo y confinó a Juan XI a cumplir lo que fuera que entendiese ser sus deberes espirituales. Durante los veintidós años siguientes los papas, aunque creaturas del príncipe de Roma, no dieron origen a escándalos personales, pero a su muerte en 954, Alberico aseguró para su hijo Octaviano, niño de diecisiete años, la sucesión como príncipe y papa. El heredero, que mantuvo una doble personalidad como Príncipe Octaviano y como Papa Juan XII, tiene los títulos necesarios para ser considerado el más depravado de todos quienes han jamás ocupado la Santa Sede. Podemos aquí limitarnos a la observación de Gibbon de que "su violación de vírgenes y viudas disuadió a las mujeres peregrinas de visitar la tumba de Pedro, para no ser, durante ese piadoso acto, violadas por su sucesor"[1]. La caída de Juan tuvo lugar en 963, cuando traicionó al emperador alemán Otón I, a quién él mismo había coronado, y fue expulsado de Roma. Aunque volvió brevemente cuando el emperador se fue, falleció poco después, muriendo durante un acto de adulterio o, según diversas versiones, por los golpes que le dio, hasta matarlo, un marido burlado.

Durante los siguientes cuarenta años, con algunas interrupciones, el nombramiento de los papas estuvo en las manos de los emperadores de Occidente, influencia que fue, por lo general, benéfica; la familia de Teofilacto, sin embargo, conservó la capacidad de ensuciar con crímenes la Santa Sede. En 973 el papa Benedito VI fue depuesto, a la muerte del emperador que lo había nombrado, por un sobrino de Marozia, y se le dio muerte en la prisión. El diácono Franco, que se cree haber sido personalmente culpable de su asesinato, fue instalado como su sucesor, pero luego de un breve reinado fue expulsado por un tumulto popular. Diez años después regresó, con apoyo bizantino, y de nuevo eliminó, mediante el asesinato, al papa reinante. Este doble papicida fue finalmente eliminado con el mismo método, con lo cual se restableció la autoridad imperial. El visionario y joven emperador Otón III nombró papa a su propio primo,

---

[1] Edward Gibbon, *op. cit.*, Cap. 49.

Bruno de Worms, joven de sólo veinticuatro años pero bien inspirado reformador; y luego de su temprana muerte, Otón lo reemplazó con su antiguo tutor, el erudito Gerbert d'Aurillac.

Desde 1012 en adelante, los descendientes de Teofilacto recuperaron, una vez más, su control del papado. El Conde de Tusculum logró hacer papas sucesivamente a dos hijos suyos y a uno de sus nietos. Este último, Benedicto IX, de quien se dice que era apenas un niño cuando su elección, sólo por su juventud tardó en repetir los escándalos de Juan XII. Después de haber sido expulsado por un tiempo por un antipapa, en 1045 decidió casarse y vender la corona papal a su padrino, un clérigo que, no obstante su acto de simonía, tenía intenciones reformistas. Entonces, tanto Juan XII como el antipapa que le había interrumpido el reinado, procuraron reinstalarse, con lo cual hubo tres candidatos que reclamaban para sí el papado. El poder imperial intervino nuevamente, ahora a través de Enrique III, quien puso sucesivamente a cuatro papas alemanes en el trono, de los cuales San León X (1049-54) se destaca como regenerador del cargo. Cuando Enrique murió, el partido reformista estaba ya sólidamente instalado, dando comienzo a la edad de oro del papado medieval. Habrían de transcurrir otros cuatrocientos años antes de que la corte romana se precipitara de nuevo al abismo moral en que cayó entre 882 y 1046.

Los vicios de esta brutal época demuestran, más que los casos de Liberio, Vigilio y Honorio, cuánto puede el papado alejarse de sus deberes. Para quienes han crecido en tiempos más normales, es sorprendente ver el sagrado cargo hundirse en la violencia y la inmoralidad durante ciento sesenta años. De ello podemos aprender cómo las influencias del mundo -en este caso una situación social bárbara y feudal- pueden desviar a la Iglesia del cumplimiento de su divino encargo. Con todo, vista en su totalidad, esta no fue una era de decadencia en la Cristiandad occidental. Vio, en efecto, la conversión de Hungría, Bohemia, Polonia y Dinamarca; fue agraciada por muchos santos obispos y abades y por un gran avance del monacato, en el cual destaca la reforma de Cluny; y fue una época que, en lo substancial, trazó el mapa de las parroquias de Europa, cubriendo el territorio con iglesias de aldea que pusieron la práctica cristiana al alcance de la vida cotidiana del campesinado.

LA ALTA EDAD MEDIA: ESPIRITUALIDAD E INTELECTO

No obstante estos méritos, es sólo después de 1050 que nos encontramos con la alta civilización medieval, con sus peculiares logros. Podemos medir la peculiaridad de ellos si advertimos que, en los mil años de historia bizantina, no hubo nunca una época de florecimiento que pueda verdaderamente comparársele: el sometimiento al poder secular produjo una relativa atrofia en la Iglesia griega. En cambio la Cristiandad occidental vio una explosión de genio creador y legislador. Central en ella fue la reforma del papado, que extendió a Europa la fuerza de su política eclesiástica y le dio la base de su tradición jurídica. Otro elemento fue el surgimiento de un vigor militar tal que produjo las Cruzadas, la conquista normanda de Sicilia y Túnez, y la recuperación para los cristianos de la mayor parte de España. Estas victorias transfirieron el control del Mediterráneo desde manos musulmanas a manos cristianas y su efecto, económico y cultural, fue para Europa tan importante como los descubrimientos del siglo XV. Un efecto de las Cruzadas fue que las energías no se emplearon en guerras intestinas: el período anterior a 1337 no fue de guerras nacionales, y los progresos en las fronteras se dirigieron a incorporar tierras musulmanas y paganas a la Cristiandad.

Una influencia central en este período provino del crecimiento de las órdenes religiosas. El monacato acogió la austera devoción de los cistercienses, y la fundación de dominicos y franciscanos llevó la vida religiosa a calles y plazas. Las órdenes influyeron en la civilización medieval en los campos de la arquitectura, de la educación, de la vida económica e incluso de las instituciones parlamentarias. Su máximo logro fue la creación de las universidades. Las de París y Bolonia, las más importantes de Europa, se fundaron en el siglo XII, y en el siglo XIII aparecieron casi veinte más. Todas formaron una red educacional que el mundo antiguo jamás produjo, revelando una sed de conocimiento, incluso entre los pobres, peculiar de esta época. El solo número de los que acudían a estas fuentes de conocimiento es impresionante: París y Oxford tuvieron más alumnos en el siglo XIII que en el siglo XIX. Igualmente notable fue su carácter internacional, que llevaba a los cuerpos estudiantiles a formar "naciones" o colegios vinculados con una determinada región. El uso común de una lengua y de un método dio a este sistema europeo una unidad y eficiencia desconocidos por Grecia y Roma, y permitió un intercambio de estudiantes y profesores sin par hasta nuestra propia época.

Y de las universidades brotó lo que es el legado más importante de la época, su filosofía. La Alta Edad Media fue un período en que la Iglesia católica llegó a su mayoría de edad intelectual. El siglo XIII produjo los profesores que moldearon el carácter del pensamiento medieval. Alejandro de Hales, el *doctor irrefragabilis*, dio comienzo a la edad de oro de la escolástica. Alberto Magno introdujo en Occidente el aristotelismo. Tomás de Aquino, el mayor de todos, lo sintetizó en un sistema que la Iglesia reconoció como expresión suprema de su filosofía.

Y lo hizo no por causas accidentales, sino por el lugar único de Aristóteles en la historia de la filosofía. Todos los demás pensadores comenzaron con una teoría y trataron de hacer calzar la realidad en ella; Aristóteles fue el único filósofo que partió de la realidad y diseñó un sistema para entenderla. Por ello puede ser llamado el único filósofo científico, aunque decirlo de este modo es entrar en connivencia con la moderna adulación de la ciencia. Sería igualmente certero decir que el marco filosófico de todos los científicos, y de cualquier pensador práctico, es esencialmente aristotélico. Aristóteles usó para sus estudios todo el conocimiento humano. Los demás filósofos antiguos, aparte de los que eran fundamentalmente científicos, ignoraron la física o, como los epicúreos, la consideraron sólo superficialmente. Aristóteles, en cambio, abarcó tanto la metafísica como la ciencia física, y lo hizo no por exigirlo un cartabón previo sino por evaluar, cuidadosamente, el pensamiento científico de su época. Cuando Aristóteles acepta o rechaza una explicación científica, lo hace sobre bases prácticas, no según su consonancia o disonancia con una teoría preconcebida. Además, dotó a la ciencia de la lógica con una precisión que no alcanzó ningún otro filósofo antiguo. Iluminó la ética y la estética y analizó el arte dramática con intuiciones que han conservado su validez por más de dos mil años.

El mismo espíritu universal se ve en los pensadores que introdujeron a Aristóteles en el pensamiento católico. La elección del aristotelismo no fue un plegarse a una moda intelectual, sino recuperar una filosofía que ni la antigüedad romana, ni Bizancio, ni siquiera el mundo árabe, del cual se lo tomó directamente, apreciaron en debida forma. Pocas cosas muestran mejor el genio de la Iglesia católica que este salir afuera a seleccionar una nueva filosofía de entre las adversas influencias del mundo. Ello no fue resultado de alguna inspiración mística concedida a Alberto o a Tomás de Aquino sino, más bien, el camino natural de grandes intelectos que trabajaban dentro de la tradición de la Iglesia, bajo el don, divinamente otorgado, de la verdad y la recta razón: por trabajar dentro de esa tradición, eligieron una filosofía de racionalidad y amplitud únicas. Hay que reafirmar este hecho contra la incomprensión de su propia época, en que algunos críticos rechazaron el aristotelismo como una filosofía profana y pagana; contra aquellos que la ven como simplemente una filosofía antigua más entre otras muchas, y contra los engañados por la escuela, originada en Francis Bacon, que proponen una caricatura del aristotelismo como sistema formalista y de autoridad.

Si algunos pensadores del siglo XIII hubieran fundado una escuela de platonismo católico, habría sido un logro cultural notable pero arbitrario, sin una decisiva influencia en el pensamiento de la Iglesia. A la luz de ello se puede comentar el juicio formulado por Bertrand Russell: "No puedo evitar pensar que la sustitución de Platón y San Agustín por Aristóteles fue, desde el punto de vista cristiano, un error. El temperamento de Platón era más religioso que el de Aristóteles. Aunque no haya sido su intención, Santo Tomás preparó el camino de vuelta desde los sueños platónicos a la observación científica"[2]. A esto se puede responder que el regreso a la ciencia, en el sentido de auténtica investigación y no de preconcepción materialista, fue efectivamente lo que Santo Tomás se propuso. Pero el error más esencial de Russell está en la premisa de su comentario: la Iglesia no abraza una filosofía porque le sea afín, sino por su intrínseca verdad. Podemos verlo en el destino que sufrió en el siglo XIX la escuela del "Tradicionalismo", teoría desarrollada, en reacción a la Revolución Francesa, por Bonald y Maistre, que sostenía que el hombre alcanza la verdad a través de la tradición más que a través de la razón. Aunque esta idea pudiera parecer atractiva a las mentes piadosas, esa filosofía fue condenada. Incluso en aquel nadir de su vida intelectual, la Iglesia no estuvo dispuesta a que se dijeran necedades por defenderla. Su finalidad, al promover la filosofía, no es inculcar ideas que predispongan a las creencias religiosas, sino inculcar una sana disciplina en el pensar, sin la cual la teología está tan perdida como la filosofía o la ciencia. Desde los primeros días, fue un principio implícito del cristianismo que la Revelación está en armonía con cada área de la verdad, y que perfeccionar la razón es perfeccionar el entendimiento religioso. El Tomismo, por su racionalidad y amplitud, proporciona la más plena encarnación de ese principio. Puede que, algún día, algún sistema igualmente poderoso, o aún más, lo supere, tomando en cuenta el pensamiento, y especialmente la ciencia, de cada siglo que pasa; pero lo cierto es que, hasta ahora, no se ha diseñado un sistema semejante.

Además de alcanzar este supremo logro intelectual, la cúspide de la escolástica ilustra también el carácter de la Edad Media. Uno de los grandes mitos anti católicos falsea el pensamiento medieval, pintándolo de reaccionario, provinciano y sometido a la autoridad. Todo en la Edad Media desmiente esta acusación. Es bien sabido que, al adoptar el aristotelismo, los escolásticos no sólo trajeron a Occidente el antiguo pensamiento griego de un modo innovador, sino que asimilaron las muy modernas interpretaciones de Aristóteles desarrolladas por el persa Avicena (980-1037), el árabe español Averroes (1126-98) y el judío español Maimónides (1135-1204). Menos todavía se toma en cuenta cómo, al aceptarlos, la Cristiandad occidental trascendió no sólo su propia cultura sino incluso la árabe, de la cual los recibió. Se puede aquí citar la observación de un estudioso: "ninguno de estos pensadores tuvo una influencia considerable en su propio mundo [de hecho, Averroes y Maimónides

---

[2] Bertrand Russell, *History of Western Philosophy* (George Allen and Unwin, 1946), Libro 2, Cap. 15.

fueron enviados al exilio por sus enseñanzas], en tanto que el nombre de Avicena, Averroes y Maimónides se encuentra en casi cada página de las *summae* cristianas del siglo XIII"[3].

Es también un error pensar que la filosofía escolástica fue impuesta irrefragablemente por la autoridad eclesiástica. El sistema de Santo Tomás se enfrentó a la más feroz oposición, y lo único que lo protegió fue la ilustración del papado, que acogió esta nueva contribución al acervo intelectual del cristianismo. Después de su muerte, la filosofía de Santo Tomás fue condenada por su propia universidad de París. Además, rápidamente surgió un sistema rival, originado en Duns Escoto, otro escolástico casi igualmente brillante, que asfixió el desarrollo del tomismo hasta que éste tuvo su renacimiento a comienzos del siglo XVI, emergiendo, sólo a partir de entonces, como la escuela filosófica dominante en la Iglesia.

En la Alta Edad Media no se consideró la verdad, según se sostiene, como una imposición de la autoridad e inmune a todo desafío. Una prueba de esto es que la forma típica de proceder de la universitad medieval fue la disputa; los académicos disfrutaban con el enfrentamiento de opiniones y de argumentos. La Edad Media reconoció, efectivamente, exhibiendo con ello su sabiduría, que el mejor servicio que se podía hacer al conocimiento era recuperar los logros de los antiguos; pero no se los consideró como insuperables. Bernard de Chartres (muerto en 1130) es conocido por una sentencia que Isaac Newton habría de tomar prestada: "Somos enanos puestos sobre los hombros de gigantes. Por ello es que vemos más lejos que ellos, y no porque nuestra vista sea más aguda o nuestra estatura más elevada, sino porque ellos nos sostienen en lo alto y nos levantan con su gigantesca altura". El franciscano Gilbert de Tournai (muerto en 1280) escribió "Jamás encontraremos la verdad si nos contentamos con lo que ya ha sido descubierto. Quienes escribieron antes que nosotros no son para nosotros maestros, sino guías. La verdad está abierta a todos y todavía no se la ha poseído en plenitud". Si comparamos este espíritu con el del Renacimiento, vemos que fueron los humanistas quienes cultivaron una respetuosa sumisión a la autoridad antigua, en tanto que la Edad Media mostró un enfoque crítico ante el legado clásico, junto con una apertura al pensamiento del mundo árabe.

EL ESPÍRITU CIENTÍFICO DE LA EDAD MEDIA

Francis Bacon, con su ataque al aristotelismo, dio origen al mito de que la Edad Media fue una época no científica, un intermedio oscuro entre la antigüedad y el Renacimiento. Esta idea ha sido perpetuada

---

[3] Joseph Pieper, "Scholasticism", en *Encyclopaedia Britannica*, 15ª edición, 1985.

por quienes desean denigrar a la tradición católica. Leonardo da Vinci ha sido exaltado, por sus escritos científicos, como un genio único por aquéllos que ignoran a los pensadores medievales cuya obra él desarrolló o simplemente reprodujo. La Edad Media fue, si se la mira rectamente, la edad de mayor espíritu científico que ha existido en la historia humana, hasta que advino la que la sucedió. Fue en la Edad Media que por primera vez se conoció generalmente y se aceptó en Europa occidental las ideas de la antigua ciencia griega, por las cuales los romanos mostraron poco interés. Las enciclopedias científicas de gran amplitud fueron escritas por el franciscano Bartholomeus Anglicus (que floreció hacia 1230-50), el dominico Vincent de Beauvais (muerto c. 1264), y por Raymundo Lullio (c. 1235-1316). El *Quadrivium* normal de las universidades fue esencialmente científico: metafísica (que incluía la física), astronomía, medicina y matemáticas: el estudio de la ética incluía la política y la economía. La Edad Media estuvo llena de individuos que pertenecieron a los más altos estratos del pensamiento científico. Alberto Magno (c. 1200-80) escribió *Theatrum Chemicum* a partir de agudas observaciones personales, y propuso una doctrina de la uniformidad de la materia (contra la de los "cuatro elementos") que anticipa la teoría atómica. Robert Grosseteste (c.1175-1253), obispo de Lincoln, fue un pensador de igual grandeza, que sostuvo que la Tierra era redonda, y promovió la ciencia de la óptica: su teoría de la creación, y especialmente la de la primacía de la luz como rasgo del universo material, apunta a la moderna cosmología y al principio de Einstein de que el valor de la velocidad de la luz es absoluto: Grosseteste enseñó que Dios creó materia indiferenciada y que la luz, por difusión, dio origen a las dimensiones del espacio. El franciscano Roger Bacon (c. 1214-92), discípulo suyo, describió la estructura del ojo y el uso de los lentes de aumento, además de desarrollar otras investigaciones científicas por las que ha sido alabado, erróneamente, como hombre de otra época. Otro de sus mentores, además de Grosseteste, fue Petrus Peregrinus, cuya obra sobre el magnetismo permaneció tres siglos sin ser superada. En astronomía, la rotación de la tierra fue defendida por Nicolás Oresme, obispo de Lisieux (c. 1320-82) y por el cardenal Nicolás de Cusa (von Kues; 1401-64).

La obra de la Edad Media no fue menor, en la recuperación del conocimiento antiguo, que la del Renacimiento, época cuyo nombre representa una distorsión, si no una exageración, porque el logro del Renacimiento fue inspirarse en el arte y la literatura de la antigüedad, en tanto que el conocimiento medieval revivió su filosofía y su ciencia. En esta tendencia práctica vemos una de las características más fundamentales de la Edad Media. Ello puede advertirse en el campo de la propia filosofía: el propósito de los grandes escolásticos no fue elaborar teorías abstractas sino construír un sistema práctico de conocimiento para los estudiantes (y ello es una de las razones por las que la escolástica ha llegado a ser considerada como cosa precocinada). En el terreno científico ello puede verse en la aplicación de los descubrimientos, en que la Edad Media superó los progresos del mundo antiguo. En la agricultura encontramos el sistema de rotación de tres cultivos, en lugar del método de dos cultivos usado por los romanos, cuya consecuencia fue un gran aumento en la variedad de alimentos producidos. Los romanos conocieron molinos de agua, pero los usaron poco; la Edad Media llenó cada curso de agua imaginable con molinos -en Inglaterra el Domesday Book registra 5.624-, y su uso se extendió a industrias como la batanería y la fabricación de papel. El molino de viento fue una invención medieval, que se convirtió prontamente en un emblema familiar en los campos. El diseño de colleras de caballo eficientes para el arrastre, de herraduras en su forma moderna y de espuelas, aumentó la capacidad del transporte. La industria del acero dejó muy atrás la producción de la época romana. En el mar, el uso del compás, el reemplazo del remo de popa por el timón y las mejoras en la construcción de barcos y de aparejos produjo una revolución en la navegación. La arquitectura militar superó, por primera vez, los logros de los romanos. Los alardes de la arquitectura eclesiástica fueron todavía mayores: el estilo gótico llevó la ingeniería a unas alturas técnicas no superadas sino en el siglo XIX. Vauban habría de preguntar, sobre la catedral de Coutances, del siglo XIII: "¿Quién fue el loco sublime que osó lanzar al aire semejante monumento?". La Florencia del siglo XIV, usando formas góticas de construcción, inventó un domo que los romanos no conocieron jamás, y que habría de constituír motivo de fértil inspiración para el Renacimiento. En medicina, Europa absorbió la ciencia de los árabes y comenzó a mejorarla. Guy de Montpelier, cuya ciudad era el principal centro médico de Occidente, fue llamado por Inocencio III a fundar el gran hospital papal en Roma. Con los siglos XIII y XIV llegaron Salicet, Lanfranc, el polímata Arnald de Vilanova (condenado, igual que Santo Tomás, por la Sorbona, pero protegido por el papa), y Guy de Chauliac, médico papal, cuya obra orientó la práctica médica durante doscientos años. La disección, lejos de ser suprimida por la Iglesia, se convirtió en un instrumento para la enseñanza de la medicina como no lo había sido nunca en el mundo antiguo. La lupa fue una invención medieval, y los anteojos ya eran fabricados en Italia desde alrededor de 1285.

Un rasgo notable en esta ola de progreso fue el patronazgo religioso de la ciencia. Casi todos los nombrados más arriba fueron clérigos o estuvieron vinculados estrechamente con la Iglesia. Una invención especialmente vinculada con los intereses eclesiásticos fue el reloj mecánico, desconocido para la antigüedad, que refleja la preocupación de la Iglesia por la medición científica del tiempo. Los famosos relojes de la Edad Media se asociaron a las catedrales e iglesias de grandes monasterios. De igual modo, la torre de la iglesia en Europa occidental se convirtió en el lugar más común donde encontrar un reloj público, uso que la Iglesia de Oriente no adoptó sino en el siglo XX. Cuando se inventó la imprenta, el principal cliente fue la Iglesia, en tanto que en el mundo musulmán la imprenta se prohibió absolutamente por motivos religiosos hasta el siglo XIX.

UNA CIVILIZACIÓN DE FE, ESPERANZA Y CARIDAD

Los datos citados hasta aquí los damos para contrarrestar el menosprecio intelectual por la Edad Media y, por tanto, por el sistema religioso que les dio origen. Pero sería seguir el juego a los despreciadores sugerir que la Edad Media tiene que ser juzgada por sus obras materiales. La grandeza de esta época hay que buscarla en otra área: en la emergencia de una civilización fundada en la fe, la esperanza y la caridad. Descubrimos este logro donde quiera que miremos en los antiguos dominios de Europa, en las iglesias de aldea y en las grandes catedrales que se elevan vertiginosamente a lo alto, en las monumentales abadías y en las capillas, en las *Maisons-Dieu*, en los hostales para viajeros en cada camino, en los refugios especializados para leprosos y otros enfermos, en los gremios con sus devociones y obras de caridad, en la cultura popular con sus cantos religiosos y sus autos sacramentales. La Edad Media definió los principales rasgos que todavía caracterizan al catolicismo: los monjes siguen usando el capuchón medieval; el canto llano epitomiza la belleza del culto católico, aunque hoy, abandonado por la Iglesia, se lo usa principalmente por cineastas que buscan música para escenas con atmósfera religiosa. El estilo gótico es la suprema expresión del carácter de la oración como elevación del corazón y la mente a Dios. Pocas otras cosas demuestran tan bien el genio de la Edad Media como el haber capturado en piedra la mística. Y fue también un estilo de extraordinaria fecundidad. El mundo antiguo perfeccionó el estilo de los templos hacia 500 a.C., y en él continuó construyéndolos durante ochocientos años, en tanto que los cambios de estilo del gótico pueden datarse incluso hasta una generación específica.

La Edad Media no alcanzó los estándares de las más altas civilizaciones en el sentido de que, en diversos aspectos, fue una época todavía semi bárbara; pero la fuerza del impulso por domesticar la barbarie es todavía más digno de admiración. Ninguna sociedad, se puede afirmar, ha aceptado jamás un tal influjo de la santidad y la virtud. Son los santos quienes formaron el carácter de la época, no sólo en calidad de papas, obispos y abades, sino en calidad de altos funcionarios de la vida civil, incluyendo a menudo al trono mismo. Podemos mencionar a Santa Isabel (1207-31), hija del rey Andrés de Hungría y, por su matrimonio, landgravina de Turingia; su caridad y dulzura de carácter hicieron que se la reconociera como santa a los cuatro años de su muerte. Otros ornamentos de su época fueron los reyes contemporáneos San Fernando III de Castilla (1199-1252) y San Luis IX de Francia (1215-1270), que fundaron la tradición jurídica de sus reinos. Ambos fueron hijos de dos notables y santas hermanas, Berengaria y Blanca de Castilla, que tuvieron gran influencia en la educación de sus hijos. Blanca fue dos veces regente de Francia, primero durante la minoría de edad de su hijo y al final de su vida, cuando Luis se fue con la Séptima Cruzada. Fernando fue uno de los gobernantes más influyentes de su país, uniendo los reinos de Castilla y de León y conquistando Córdoba y Sevilla a los moros. La obra de Luis en Francia fue igualmente fundamental: dio forma y estabilidad al país en un período de continuo conflicto con Inglaterra, y condujo dos cruzadas al Oriente. Con estos sabios y devotos gobernantes, "luminarias más hermosas que las que iluminaron la tierra desde las páginas de Platón", la Europa medieval maduró en la filosofía y la práctica de la política.

Enfrentándose con los logros morales e intelectuales de la Edad Media, tenemos hoy la moderna noción de esa época como sinónimo de superstición y barbarie. A tal idea podemos echar la culpa de una hostil tradición historiográfica, pero también a la dificultad intrínseca de sopesar los méritos de una gran cultura. Cualquiera puede entender historias de brutalidad o de corrupción clericales, pero no cualquiera puede fácilmente apreciar la esencia de una civilización, compararla con la totalidad de la historia humana, y ver el éxito de cristianismo en la construcción de una sociedad que no tiene igual en poder creativo, en profundidad espiritual, y en conmiseración humana. Las mentes no se elevan fácilmente a una comprensión de tal amplitud, y son tanto menos capaces de hacerlo cuanto que llegan al tema a través de una barrera de enemistad y de distorsiones. Los logros de la fe católica en la Edad Media no son algo que se pueda resumir en un capítulo; sólo podemos descubrirlos si estamos dispuestos a realizar un viaje intelectual a través de lo que fue, una vez, la Cristiandad occidental; viaje que considera las artes, la música, la literatura, la filosofía y, especialmente, los tesoros de espiritualidad y de liturgia a los que hoy la propia Iglesia ha vuelto la espalda. Sólo cuando se ha hecho la evaluación de todo ello podemos comenzar a ver qué es lo que la revelación cristiana en plenitud supone para la sociedad y la historia humanas.

3

La Inquisición: Mito y realidad

IGLESIA Y TOLERANCIA

El historial de coerción religiosa de la Iglesia tiene que ser examinado, en parte por su relevancia para el tema de la libertad religiosa enarbolado en el siglo XX, y en parte porque es objeto de otro de los grandes mitos elaborados contra la Iglesia. La acusación es que el catolicismo es, desde sus orígenes, una religión intolerante y dada a perseguir, cuya creación típica es la Inquisición. Contra esto se puede aducir que la Iglesia se demoró doce siglos de existencia y nueve de poder para inventar la Inquisición. Tenemos, pues, que partir echando una mirada a su política en los primeros siglos.

Contra lo que se ha afirmado, en el cristianismo primitivo la Iglesia no adoptó inmediatamente una política coercitiva. No se dieron esfuerzos por convertir a la fuerza, por tratar de sofocar el paganismo mediante una legislación penal, ni por suprimir la literatura pagana y destruir bibliotecas. Lo que los cristianos de aquella época aborrecieron y se preocuparon de suprimir fue la idolatría. A partir del reinado de Constancio (337-61), se cerró por ley los templos paganos, y con el correr del tiempo algunos ilustres ejemplos de ellos fueron destruidos por tumultos populares. Sin embargo, hay que advertir cuán lejos estuvo ello de los estándares neronianos; difícilmente se podría decir que los primeros cristianos fueron perseguidos si sus sufrimientos hubieran consistido sólo en la pérdida de sus iglesias. El progreso en humanidad y respeto por la conciencia, en comparación con el pasado pagano, puede ser advertido de inmediato.

Si los cristianos hubieran querido destruir el poder pagano para procurarse una ventaja, su política tendría que haber sido confiscar los legados hechos a los templos, suprimir el sacerdocio pagano, prohibir por ley la enseñanza pagana. Pero no hicieron nada de ello. Es verdad que Constantino, ya al comienzo del dominio cristiano, confiscó el tesoro de algunos templos en Oriente, pero lo hizo en parte como venganza por las acciones de su colega oriental Licinio, que había reanudado la persecución de los cristianos, y en parte por un intento, exitoso, de proporcionar una base de lingotes de plata a su nueva moneda. Los bienes de los templos sólo comenzaron a ser confiscados, en su mayor parte, a partir de finales del siglo IV, cuando su utilidad había quedado obsoleta por el cambio en la marea religiosa. Además, aunque se cerraron templos al culto, no se molestó a los sacerdotes paganos; los propios papas se complacieron durante generaciones en ver a la vieja aristocracia romana lucirse con todo el prestigio de sus sacerdocios tradicionales. En cuanto al clero judío, se le garantizó por los emperadores los mismos privilegios jurídicos que a los cristianos. Hasta 429 su cabeza, el patriarca, fue reconocido oficialmente y disfrutó de ingresos aprobados; y una amistad personal unió al emperador Teodosio, incondicionalmente católico, y al patriarca Gamaliel IV.

Menos intentos, todavía, se hicieron de ahogar el paganismo en la cultura y la educación. Fue Julián el Apóstata el que prohibió a los cristianos enseñar, prohibición que ellos no aplicaron a sus enemigos cuando recuperaron el poder. La mayor universidad del mundo antiguo, la de Atenas, siguió siendo un bastión pagano durante dos siglos de tolerancia cristiana; el filósofo pagano Proclo dirigió sin dificultades su escuela durante casi cincuenta años (437-85). Fue sólo en 529 que Justiniano cerró la escuela de Atenas, época en la cual había abandonado la filosofía y se había hundido en la misma especie de superstición arcaizante que Juliano el Apóstata había apoyado. Esto equivale a que Oxford hubiera seguido siendo dirigida por la Iglesia católica hasta el reinado de Jorge II, o la Sorbona hasta apenas ayer. El contraste no puede ser más agudo con lo que hicieron los regímenes "liberales" de Francia, España, América Latina y otros lugares, en que la política de los campeones de la libertad fue, apenas ganaron el poder, expropiar a la Iglesia, excluírla de la educación, y atacar al clero con medidas que fueron desde la prohibición del traje talar hasta las masacres: porque, en efecto, no hay más grandes perseguidores que aquéllos que acusan a la Iglesia de persecución.

En los siglos posteriores a Justiniano, la Iglesia encontró poca oposición a su palabra, hasta que las reconquistas de manos del Islam le presentaron el problema de grandes poblaciones de no cristianos. No hubo tampoco en ese caso una política de conversión forzada. España y Sicilia reconquistadas, así como los Estados de los cruzados, fueron ejemplo de diversidad religiosa y cultural. En el caso de Sicilia, la situación es bien conocida. El de España ha sido víctima de un tipo especializado de leyenda anticatólica que, como en todas partes, pone a la verdad cabeza abajo. A menudo se dice que el Islam es una cultura tolerante y el cristianismo una cultura perseguidora. En lo que se refiere a la España medieval, ello es casi lo opuesto a la verdad. Durante la mayor parte de la Edad Media, fue Castilla la sociedad pluralista, en tanto que la España mora dio ejemplos de persecución. En el siglo XII el rigorismo musulmán condujo a una huída general de los judíos de tierras moras, siendo recibidos en el reino de Castilla, donde se les concedió privilegios para alentar su asentamiento, y se les permitió manejar sus asuntos de acuerdo con la ley judía. La posterior reacción contra los judíos en Castilla, igual que en la Alemania del siglo XII, se produjo precisamente porque se trataba de sociedades en que se les había permitido alcanzar gran influencia.

Aun con anterioridad Castilla se había convertido en el principal centro de difusión de los conocimientos árabes. Toledo, desde su reconquista en 1085, fue una colmena de actividad cultural de traducción de textos árabes, y atrajo a investigadores internacionales como Gerardo de Cremona y Daniel of Morley. Las comunidades musulmana y judía fueron reconocidas y se les permitió observar sus propias leyes. Castilla ofreció un notable ejemplo de coexistencia de culturas, y se puede tomar como símbolo de ello ese extraordinario claustro del siglo XIII de la iglesia de San Juan de Duero, en Soria, edificio que cambia su estilo arquitectónico ocho veces en sus cuatro costados, variando del más puro románico y del gótico a un franco mudéjar, que uno podría creer apropiado sólo para el palacio de un emir moro; pero es una creación única de un medio social, como el de la Castilla del norte, que había sido cristiano desde hacía ya siglos. Esta variedad cultural fue típica de los reinos de la reconquista cristiana.

INQUISICIÓN Y CATARISMO

Sin embargo, en el corazón mismo de la Europa del siglo XIII, el catolicismo se enfrentó a un movimiento religioso que significó para él la más grave amenaza en la historia medieval, dio origen a la primera cruzada convocada para luchar en el interior de la Cristiandad, y a la fundación de la Inquisición, que ha sido señalada como símbolo de la intolerancia católica. ¿Cómo se produjo este cambio de actitud?

La religión del catarismo tuvo su origen en una secta de herejes paulicianos que fueron trasplantados, en un intento por dispersarlos, desde Asia a los Balcanes por el emperador bizantino Constantino V. Su doctrina fue una prolongación de la religión maniquea del siglo III, que sostenía que toda la materia es mala. Aunque el catarismo es normalmente llamado herejía, es en verdad una religión más alejada del cristianismo que el Islam, y en algunos aspectos es más perniciosa que éste, que también tiene su origen en una radical reinterpretación de las enseñanzas cristianas y judías. El principio central del maniqueísmo es que existen dos divinidades, que encarnan al bien y al mal respectivamente, y que el mundo material es creación de la segunda. Los seres humanos son ángeles que han sido atrapados por espíritus malos en su lucha contra Dios y han sido encarcelados en cuerpos humanos. El único bien verdadero a que los seres humanos pueden aspirar es, por tanto, la muerte, y el suicidio por inanición fue, en teoría, el ideal cátaro. Se reconoce a Jesús, pero en cuanto ángel que ha tomado una forma humana fantasmal a fin de liberar a la raza humana de sus cadenas. Aunque los cátaros copiaron la terminología cristiana, con obispos a la cabeza, rechazaban todos los sacramentos cristianos, reemplazándolos por el del *consolamentum*, que marca el paso de la vida a la muerte. La secta fue dirigida por un sacerdocio conocido como los *perfecti*, que de, acuerdo con sus principios, practicaban el celibato y el vegetarianismo; pero como se reconocía que no todos pueden alcanzar tanto autocontrol, el catarismo toleró adeptos ordinarios que cedían a los placeres del mundo, aunque éstos fueran considerados malos. El matrimonio era un pecado imperdonable, porque perpetúa la vida. Cualquier forma de práctica sexual era preferible a él, y de acuerdo con esto, Bulgaria, el primer hogar de la herejía, ha dado su nombre en francés y en inglés a los que se entregan a una libido pervertida.

Los rebeldes cátaros comenzaron tempranamente, desde el siglo XI, a alborotar a Bulgaria, por entonces una provincia bizantina. En 1118, el heresiarca Basilio fue quemado en la hoguera en Constantinopla, y se condenó la herejía por un concilio de la Iglesia bizantina en 1143. Ese mismo año se descubrió a unos cátaros en Occidente, en Colonia, y su suerte ilustra el modo cómo la ira popular derrota la actitud más moderada de la Iglesia: los cátaros fueron capturados y quemados por la chusma, contra la voluntad del clero, que les estaba siguiendo un juicio. Pero ya la nueva religión se iba implantando en los países occidentales. La ciudad de Zara, en la costa dálmata, fue la vía de comunicación cátara entre los Balcanes y el norte de Italia, hasta la conquista de la ciudad por la Cuarta Cruzada en 1202. A su vez, el norte de Italia proveyó de *perfecti* al sur de Francia. En 1167 los cátaros reunieron un concilio cerca de Tolosa, que tuvo contactos con Asia Menor. En el curso de una generación, su doctrina surgió como una amenaza para la vida cristiana en las tierras del Langue d'Oc.

Se puede encontrar el trasfondo del surgimiento de esta secta en el cambio religioso que se había extendido por la Cristiandad occidental. La caída de la civilización romana había sido causa, hasta aquí, de que la religión, en aquella sociedad primitiva, se moviera en una dirección casi "shamanística", en que la fe se centra en el poder espiritual de los santos, de los santuarios, de los sacramentos y del sacerdocio. Cuando comenzó la regeneración de la Iglesia a partir del siglo XI, ésta procuró refinar estos modos simples, recurriendo a la disciplina moral que habían conocido los primeros cristianos. La reforma de la relajación eclesiástica fue la primera preocupación. Una señal de ella fue el surgimiento de los cistercienses, con su estricta vida monástica, reflejada en su austera arquitectura. Otro ejemplo de la misma tendencia fue el esfuerzo, por parte del clero, por persuadir en esa época a las parejas de que se abstuvieran de relaciones maritales durante Adviento y Cuaresma. Ello formó parte de la búsqueda de ascética, de un esfuerzo por hacer que el laico corriente comprendiera que la profesión de cristianismo debe dar lugar a un comportamiento personal diferente; esfuerzo que se abandonó cuando la Iglesia encontró mejores medios de reformar la conducta, alentando la confesión. Pero en el siglo XII la inclinación al puritanismo fue característica del cristianismo occidental, y obtuvo una poderosa respuesta de parte del laicado. Lo que sucedió con el surgimiento del catarismo fue que el propio ethos de la Iglesia católica se vio sobrepasado.

La renovación religiosa, aunque por una parte fortaleció a la Iglesia, provocó también una reacción. Vemos aquí la contradicción subyacente al movimiento cátaro; porque sería un error creer que su recepción por parte de la relajada cultura del sur de Francia fue resultado, solamente, de amor a la severidad de sus preceptos. Los *seigneurs* que apadrinaron el catarismo alentaron a los *perfecti* sin demostrar, por su parte, ninguna inclinación a la austeridad ni a renunciar a los derechos maritales. Para ellos -y para sus modernos partidarios, cuya simpatía por la ascética llega a niveles tan elevados que la hacen invisible- los cátaros fueron un garrote para golpear a la Iglesia. Aquellos nobles eran nietos de los hombres que se enrolaron en la Primera Cruzada, a la cual partieron capitaneados por Raimundo de Tolosa. Una aventura militar en Oriente en el nombre de Cristo había sido cosa enteramente de su agrado; pero luego dieron en opinar, al estilo de Lord Melbourne, que "Mal estamos cuando se permite a la religión invadir la esfera de la vida privada". Y alentaron, por tanto, a los cátaros, cuya influencia socavaba la autoridad de la Iglesia. Tal vez hubieran considerado la situación con otros ojos si se hubieran dado cuenta de que, si la Iglesia castigaba con latigazos, el catarismo podía llegar a alcanzar el poder de castigar con escorpiones.

La región en que el catarismo echó raíces fue, aunque importante, circunscrita: el sur de Francia y el norte de Italia. En el primero, tuvo un carácter local tan claro que la cruzada de los Albigenses se desarrolló como una guerra de los hombres del norte contra el Langue d'Oc, territorio que había dado origen a una rica vida señorial y a la literatura de los trovadores. El gran condado de Tolosa fue uno de los mayores de los feudos semi independientes que vivían su vida propia, como vasallos nominales del rey de Francia. "¡Tolosa pertenece a los sarracenos!" cantaban los trovadores, indicando cuán diferente era esa cultura de la del agitado norte. El otro centro cátaro poderoso, el norte de Italia, ha llamado menos la atención por no haber adquirido las connotaciones románticas de Albi y de Montségur. Pero ahí también la prolongación de la civilización densamente urbana de la época romana fue un componente de la inclinación a la austeridad religiosa; después de todo, la ascética se vuelve un ideal atractivo sólo para quienes han superado la lucha por la mera supervivencia. Estas dos regiones de Francia e Italia eran, asimismo, parte de la Europa que había sido mejor protegida del asedio de los enemigos de la Cristiandad. Se puede comprobar esta verdad por el hecho de que el condado de Provenza, a pesar de su posición de lugar de tránsito entre Italia y Francia, casi no fue tocada por el catarismo, ya que su experiencia había sido la de una región ocupada por los moros hasta época tan reciente como el siglo XI. Vemos así que el catarismo logró triunfar en territorios donde la vida había sido más fácil y más segura.

Hacia fines del siglo XII, los cátaros controlaban los varios señoríos del Langue d'Oc. La vida monástica resultaba atractiva para estos auto flagelantes, y la indiferencia de los señores podía causar caos en la Iglesia nombrando a cátaros como cabeza de las casas religiosas. En la diócesis de Carcasona, el obispo fue expulsado después de 1201 y reemplazado por Raimundo de Roquefort, miembro de una prominente familia cátara, que apoyaba secretamente a la secta. En Italia, el catarismo aprovechó la fragmentación de la autoridad política y el choque de facciones al interior de las comunas urbanas. La anarquía religiosa se transformó en un peligro por la inoperancia de la autoridad de los obispos ante la lucha de las facciones. En 1199, el enviado de Inocencio III a Orvieto fue muerto a golpes por los herejes. En 1208 el legado del mismo papa a Tolosa fue asesinado, siendo el conde sospechoso de complicidad. Ello fue clave para la proclamación por Inocencio III de la cruzada contra los Albigenses. Los esfuerzos previos por lograr conversiones mediante la predicación de los cistercienses se habían visto impedidos por la oposición de los señores feudales, e Inocencio se dio cuenta entonces de que sólo privándola del apoyo de éstos se podía vencer a la secta. Se llamó a la nobleza del norte de Francia a tomar las armas en el sur, tal como lo había hecho en Tierra Santa. El objetivo por alcanzar era transferir la propiedad de las tierras del sur desde los herejes a los católicos, hecho lo cual se podría proceder a convertir el país sin obstáculos y, según se quería, sin asperezas.

El líder de los cruzados del norte fue Simón de Montfort, cuyo nieto habría de intervenir con efectos igualmente corrosivos en los asuntos ingleses. Simón conquistó Béziers y Carcasona, cuyo vizconde era el más descarado protector de los herejes, y luego se dirigió al condado de Tolosa. En Muret, en 1213, derrotó al conde Raimundo VI y a su aliado, el rey de Aragón, pero no pudo conquistar el condado. Luego de que Raimundo muriera excomulgado en 1222, el hijo de éste se mostró más dispuesto a colaborar con la supresión de la herejía. Un concilio eclesiástico reunido en Tolosa en 1229, dirigido por un delegado papal, introdujo algunas medidas para la restauración de una sana enseñanza, de lo cual fue parte importante la fundación de la Universidad de Tolosa.

El defecto que llevó la cruzada a la exacerbación fue el implacable odio de los guerreros contra los herejes, que superó con mucho la actitud de la Iglesia. Así, después de la batalla de Minerve en 1210, el legado papal tuvo que persuadir a los vencedores de no matar inmediatamente a los herejes vencidos y de darles la oportunidad de abjurar. Cuando la fortaleza cátara de Montségur fue capturada en 1244, los atacantes quemaron a 215 *perfecti* que cayeron en sus manos, y en 1249 Raimundo de Tolosa quemó a ochenta cátaros que habían abjurado y que el clero no había entregado al brazo secular. Fue precisamente para evitar esas matanzas indiscriminadas que la Iglesia creó la Inquisición, establecida en el sur de Francia en 1231.

Las primeras experiencias de la Inquisición dan luces sobre la alta tensión existente en el Langue d'Oc luego de la cruzada Albigense. La llegada de conquistadores del norte y la rapacidad de dirigentes como Simón de Montfort dieron lugar a un resentimiento que tenía poco que ver con herejía y ortodoxia; fue una atmósfera comparable con la de la Francia ocupada por los nazis, en que los cátaros desempeñaron, quizá, el papel de los comunistas perseguidos. Cuando la Inquisición, en los años 1230, trató de perseguir a los miembros de algunas familias principales de Tolosa, fue expulsada de la ciudad junto con los dominicos y el obispo. En 1242, el inquisidor de Tolosa fue muerto en Avignonet por el comandante cátaro de Montségur. La caída de este fuerte en 1244 despejó el camino a un gran ataque contra la herejía, y se interrogó entre ocho y diez mil personas entre los años 1245-46. Pero no fue sino después de 1249, cuando Alfonso de Poitiers, un hermano de San Luis, sucedió como conde a Raimundo VII, que comenzó a ponerse término a la connivencia local con los cátaros, mediante el empleo de funcionarios del norte de Francia, y que comenzó a extinguirse la herejía cátara.

La supresión del catarismo en el norte de Italia se demoró algo más. La *Compagnia della Fede* se fundó entre los nobles de Florencia en 1245, permitiendo a la Inquisición comenzar su trabajo ahí, pero en Milán fue obstaculizada por Uberto Pallavicini, aliado de los Hohenstaufen, hasta su muerte en 1268. Con la llegada a Italia de Roberto de Anjou, decidido a barrer con lo que quedaba de apoyo al imperio, terminó el equilibrio entre facciones y se dio a la Inquisición poder efectivo. En 1276, un grupo de cátaros recalcitrantes fue quemado en Sirmione, en el norte de Italia; los herejes fueron obligados a buscar refugio en Córcega, y a comienzos del siglo XIV el catarismo italiano estaba llegando a su extinción.

En cuanto a los métodos de la Inquisición, hay que rechazar la idea de que sus tribunales fueron un nido de fanáticos sedientos de sangre: comparados con los tribunales de la época, fueron un modelo de equidad y de clemencia. Las acusaciones tenían que ser hechas por dos delatores, que permanecían en el anonimato. Cuando el acusado era presentado al tribunal, se le preguntaba si tenía enemigos, y si lograba probar que alguno de sus acusadores le tenía una enemistad mortal, se sobreseía el caso y se enjuiciaba al acusador por falso testimonio. Si un hereje confesaba y abjuraba, su castigo era hacer penitencia, y eso fue el caso en la gran mayoría de las sentencias. Del mismo modo, la idea de una Inquisición que se deleitaba con sádisticas torturas, es una invención. A los inquisidores se les permitió emplear la tortura por una decisión papal de 1252, pero debía excluírse el derramamiento de sangre, las mutilaciones y la muerte. La pena de muerte no estuvo incluída entre los poderes de la Inquisición; sólo cuando un hereje se negaba a abjurar, se le entregaba al brazo secular para ser castigado, ciertamente a sabiendas de que esto significaba el cadalso. Pero cuando la campaña contra el catarismo alcanzó su cenit en el Midi, menos de tres prisioneros al año eran entregados por la Inquisición a sufrir esta suerte, lo cual también indica la falta de entusiasmo con que la mayoría de los cátaros sostenía su ideal de auto eliminación.

Hay otras leyendas sobre la experiencia cátara en Europa que han contribuído a la propaganda anti católica. Una de ellas dice que, cuando se conquistó Béziers en 1212, se preguntó al legado papal cómo se iba a distinguir a los herejes del resto de la población, éste respondió: "¡Mátenlos a todos! Dios sabrá reconocer a los Suyos". Esto es pura invención, pero se lo repite constantemente como ejemplo de fanatismo católico. Un ejemplo más general de la fabricación de mitos es el intento de identificar el catarismo con la alta civilización del sur de Francia y de calificar a quienes lo invadieron como conquistadores bárbaros. En realidad, es difícil sostener que la Francia del norte, que había producido el estilo gótico y una de las dos primeras universidades de Europa, fuese un país menos civilizado que el sur; lo que sí se puede sostener es que la civilización del norte era más nueva, más tosca y más vigorosa, en tanto que la del sur era más blanda y mejor arraigada. Mucho menos fue el catarismo expresión de la civilización tradicional del Midi. Como hemos visto, esta herejía fue una importación hecha en el siglo XII desde Oriente, totalmente ajena a la cultura heredada por el Langue d'Oc. Si buscamos cuáles son los efectos culturales del catarismo, los podemos estudiar en Bosnia, donde esta religión dominó durante trescientos años. Encontramos ahí una religión sin arte, sin arquitectura, sin música y casi sin literatura; le recuerda a uno las sectas más cerradas del protestantismo victoriano, cuya memoria perdura, en algunos tristes suburbios, en forma de capillas techadas con estaño. Si el catarismo hubiera triunfado en Francia, habría extendido una capa de hielo sobre la rica cultura de los trovadores, y hay que reconocer que, al suprimirlo, la Iglesia defendió la causa de la humanidad, de la belleza, de la vida y del bien natural.

IGLESIA Y BRUJERÍA

El trato que la Iglesia dio a las brujas ha sido también usado como ejemplo de la crueldad y la superstición del catolicismo y de su odio a las mujeres, entre otros de sus rasgos. Igual que otras estrategias de ataque anti católico, ésta abunda en falsedades. Durante mucho tiempo una de las principales autoridades en el tema fue un libro publicado en Francia por el autodenominado barón de Lamothe-Langon, *Histoire de l'Inquisition en France* (1829), que alegaba contener detalles concretos de la amplia persecución de las brujas en la Francia medieval. Sólo recientemente las investigaciones han probado que ese libro es una mera invención, y se ha desacreditado igualmente otros libros que se tenía por consagrados.

La polémica contra la Iglesia por el tratamiento dado a las brujas se ha apoyado en la tácita premisa de que nadie en la historia de Europa jamás practicó la brujería. La experiencia ha demostrado cuán arbitraria es esa suposición. La brujería se ha practicado en muchas sociedades primitivas, y se la sigue practicando hoy; en Africa y en el Caribe es una costumbre bien conocida, y ocasiona gran cantidad de sufrimientos. El paganismo moderno ha revivido la práctica en el mundo llamado civilizado; resurgió en América en los años 1960, produciendo, entre sus primeras atrocidades, el asesinato de Sharon Tate por la "familia Manson" en California, en 1969. El norte de Italia es conocido actualmente como un particular centro de sectas diabólicas. Sin embargo, se espera que, en cuanto a períodos anteriores de la historia europea, concibamos una sociedad en que todo el mundo creía en la brujería pero nadie la practicaba[1].

En lo que respecta a la Edad Media, existió en ella la arraigada costumbre de que hubiera, en cada aldea, alguien, especialmente una mujer, considerado experto en encantamientos y curas. A menudo se daba a este poder un giro maligno: los vecinos de la curandera, basándose en los poderes ocultos de ésta, le pedían echar a determinado enemigo personal alguna maldición, cuyos efectos no se esperaba, por cierto, que fueran

---

[1] Este punto de vista es el que deja ver Hugh Trevor-Roper en su estudio *The European Witch Craze of the Sixteenth and Seventeenth Centuries* (HarperCollins, 1969), quien hace gala de un conocimiento enciclopédico de todos los que hablaron o escribieron sobre la brujería, sin hacer ningún esfuerzo por examinar las pruebas sobre la práctica de ella. Con semejante metodología, no sorprende que la suposición de que las acusaciones de brujería fueron siempre falsas permanezca incólume.

más que alguna escara o un dolor de cuello. Se puede comprender que poner fin a estas desagradables costumbres haya sido parte necesaria de la obra de cristianizar a Europa, y la Iglesia fue incansable en enseñar a los fieles que tuvieran la brujería por práctica detestable.

Sin embargo, la obsesión con la brujería no es en absoluto típica del cristianismo. Ni en los primeros siglos cristianos ni en la Edad Media existe ningún indicio de una embestida contra lo oculto. La brujería en ese período fue a veces sometida a los tribunales eclesiásticos ordinarios, que mostraron la misma racionalidad y moderación que en sus demás procedimientos. En 1319 se juzgó a un franciscano por atentar contra la vida del papa mediante embrujos; se lo exoneró pero quedó encarcelado por la posesión de un libro de necromancia. El caso ilustra el hecho de que los tribunales eclesiásticos fueron perfectamente capaces de mantener la cordura, incluso cuando estaba en juego la vida del papa y cuando había pruebas de incursiones en lo oculto. La misma moderación les evitó ser, como se pinta normalmente, ingenuos receptores de acusaciones irracionales. Lo que estuvo ausente de los tribunales eclesiásticos fue especialmente el supuesto sesgo contra las mujeres. En los juicios por brujería anteriores a fines del siglo XV, el número de varones y mujeres enjuiciados es casi igual[2].

El asunto fue diferente cuando la brujería se la juzgaba en los tribunales civiles. Podemos constatar que el temor a las mujeres viejas y feas dotadas de supuestos poderes mágicos fue algo común en la Europa medieval, igual que en otras sociedades primitivas, y que no sólo existieron muchos más juicios sino que hubo también una enorme preponderancia de mujeres acusadas. Las curanderas que, de algún modo, habían excedido los límites públicamente aceptados constituyeron, evidentemente, una gran parte de esta categoría. Cuando comparamos estos registros con los de los tribunales eclesiásticos, tenemos que concluir que, además de las auténticas maldades de gentes desviadas que practicaban la magia negra, debe haber existido un fuerte elemento de irracionalidad popular y de temor.

El comienzo de una verdadera locura con la brujería se dio sólo al final de la Edad Media. Y se lo atribuye a la publicación en 1486 del *Malleus Maleficarum*, de dos ancianos inquisidores alemanes, Heinrich Krämer y Jacob Sprenger. El libro proporcionaba espeluznantes detalles de las prácticas de las brujas, y dio pie a las ideas de aquelarres y vuelos en escobas que han sido populares desde entonces. No sólo ambos autores, en cuanto inquisidores, iniciaron sus propias cacerías de brujas, con un fuerte sesgo contra las mujeres, sino que sus actividades fueron imitadas

---

[2] Ver Richard Kieckhefer, *European Witch Trials* (University of California Press, 1976), *passim*.

en una ola de histeria que, inevitablemente, desacreditó la equidad de sus investigaciones. No es fácil señalar las razones de este súbito pánico. Se ha sugerido que una explicación es la epidemia de "sudor inglés" que azotó a Europa en los años 1480, desencadenando ocultos temores y, sin duda, suscitando sospechas contra quienes alegaban tener poderes mágicos para tratarla. Otra explicación, que los acusadores del cristianismo seguramente no querrán sostener, es que sí hubo, en realidad un aumento de prácticas ocultas hacia esa época, tal como se sostiene en la bula papal *Summis desiderantes affectibus* de 1484. Esta moda puede haber sido causada por el aumento del interés literario por lo oculto que el Renacimiento trajo consigo, como se muestra en la historia del Doctor Fausto.

Y así se culpa a Krämer y Sprenger por las cazas de brujas que caracterizaron al período inmediatamente anterior a la Reforma. Con todo, difícilmente se les puede achacar el pánico de brujas que afligió a Europa durante los siguientes doscientos años y que sobrevivió a una revolución religiosa. Su desarrollo fue un fenómeno especialmente protestante, que produjo sus últimos efectos graves en los juicios de los puritanos de Salem contra las brujas, en los años 1690. Este rasgo no es difícil de explicar: la Reforma repudió las defensas sacramentales que el catolicismo había proporcionado contra el mal, negando especialmente la eficacia de la Misa como un escudo contra el poder diabólico, y dejando los temores de la gente desprovistos de sus defensas tradicionales. A finales del siglo XVI el incremento del pánico de brujas parece deber mucho a los escritos de Jean Bodin, pensador que vivió a medio camino entre posturas católicas, protestantes y deístas. También se observa una tendencia del clero a usar la brujería como pretexto para la persecución cuando recuperó sus territorios después del exilio: esto se ve en los ministros protestantes que regresaron a Inglaterra y Escocia luego del reinado de las dos Marías, y en los príncipes obispos alemanes que recuperaron sus tierras después de ser expulsados de ellas por rebeldes herejes.

Lo que sí debe reconocerse es que en la Europa católica, durante los siglos XVI y XVII, se dio un nivel de actos contra la brujería que supera al de la Edad Media. El asunto caía ahora dentro de la jurisdicción de la Inquisición, desde la decisión de la Universidad de París de 1398 de equiparar brujería y herejía como formas de culto del diablo; pero la jurisdicción de la Inquisición podía actuar también como influencia moderadora. En España la persecución de brujas se mantuvo en un nivel bajo precisamente debido a que la Inquisición ejercía una supervigilancia que lo incluía todo. Después de la quema en Navarra de supuestas brujas en 1610, se realizó una investigación que concluyó que la brujería era mayormente imaginaria, y las ejecuciones se esfumaron de la experiencia española. Es lamentable que una actitud tan equilibrada como ésta no haya sido más común en Europa. Aunque la brujería hubiera sido tan verdaderamente extendida como se pensaba que era, había que combatirla racionalmente y no sobre la base de supersticiosos miedos. No hay que pensar, como lo hace el moderno descreído, que el comercio con el diablo es un pasatiempo inocuo; siempre se debe ponerlo seriamente a prueba, cosa que, claramente, no se hizo durante las oleadas de pánico que, con frecuencia, se extendieron por todas partes en el mundo cristiano.

En el conjunto de Europa, la responsabilidad del clero católico por las persecuciones fue variable. Por un lado, en Roma, Alemania, Francia e Inglaterra existió una ampia oposición de la jerarquía a la embestida contra la brujería que surgió a fines del siglo XV. Por otro lado, nos encontramos con atroces persecuciones como, especialmente, la vinculada al rapaz obispo de Bamberg, en los principados episcopales alemanes de comienzos del siglo XVII. Se ha relacionado esta reaparición con el malestar causado por la aguda inflación de los años 1620 y con el quiebre del sistema imperial de administración de justicia[3], que permitió el surgimiento de tribunales deshonestos y que los controles de la tortura fueran ignorados. La persecución movió al jesuíta Friedrich von Spee a escribir su *Cautio Criminalis*, publicada en 1631, en que ataca el procedimiento de los juicios de brujas, pidiendo nueva legislación imperial que les pusiera coto y la introducción de responsabilidad por daños por parte de los jueces perseguidores. Spee partió de la convicción de que las acusaciones de brujería eran invariablemente falsas, opinión comprensible a la luz del reciente reinado del terror. Su denuncia fue una de las influencias que, a partir de los años 1630, controlaron la persecución.

Indudablemente muchos inocentes han de haber sido enviados al cadalso en semejantes tiempos, en que imperaba el pánico. Las ejecuciones basadas en confesiones arrancadas mediante la tortura fueron una práctica de todo el período, y no cabe calificarlas sino de atroz injusticia. Lo que se puede decir es que, desde el lado católico al menos, las persecuciones parecen haber estallado en momentos de crisis, y no debido a una permanente actitud mental. En el actual estado del tema, no es posible afirmar que, en el curso de los siglos XVI y XVII considerados globalmente, los tribunales eclesiásticos se inclinaron normalmente a encontrar brujería donde no la había. Pero en todo ese período encontramos pruebas detalladas de confesiones de brujas hechas sin mediar tortura, incluso ya en el cadalso, y los que han estudiado casos tan escandalosos como el de Salem han encontrado difícil creer que las acusaciones, por mucho que la histeria

---

[3] Ver más adelante, pp. 71-72.

popular las haya inflado, carecieran de todo fundamento. Será mucho más fácil responder las preguntas cuando los historiadores dejen de usar el tema como garrote para agredir al cristianismo y comiencen a investigar la práctica concreta de la brujería en los comienzos de la Europa moderna.

LA INQUISICIÓN ESPAÑOLA

La experiencia de España constituye un caso especial en la historia de la Inquisición. En Aragón, sus tribunales se establecieron en 1232, al mismo tiempo que en el sur de Francia, con el cual la vida aragonesa estaba estrechamente vinculada en aquellos años. Con el matrimonio de Isabel y Fernando, sin embargo, y la embestida conjunta de ambos reinos contra Granada, España inició su fase de unificación, con las necesidades ideológicas que ello implicó. Fue como parte de ese proceso que, en 1478, se introdujo la Inquisición en Castilla, y cinco años más tarde, se estableció la Inquisición propiamente española, la *Suprema*. Esta recibió la tarea de desarticular la variada herencia del sur de Castilla, con sus grandes comunidades musulmanas y judías, y de compeler a todos los súbditos a aceptar la fe católica. La alternativa era la expulsión, y se obligó a grandes cantidades de musulmanes y judíos a emigrar a Marruecos, a Portugal y a otros lugares. Los que se quedaron, los moriscos y los marranos, herederos respectivamente de las tradiciones musulmana y judía, fueron conversos políticos, y la Inquisición se dedicó a cazar a aquéllos que mantenían sus antiguas lealtades, so capa de cumplimiento. En sus primeros años la persecución fue tan dura que el papa accedió, debido a numerosas quejas, a moderarla. Cuando se nombró Gran Inquisidor a Torquemada en 1483, éste asumió su cargo con gran determinación y habilidad organizativa; fue el único servidor de la corona cuya jurisdicción abarcó a toda España, y fue debido a su implacable eficiencia que, en el curso de una generación, España pudo considerarse, para todos los efectos prácticos, como un país totalmente católico.

Habría que considerar, pues, a la Inquisición española no propiamente como un instrumento de la Iglesia sino como un medio usado por la monarquía española para unificar su territorio. En los primeros años, las confiscaciones que efectuó fueron una considerable fuente de recursos para la guerra contra Granada. Los reyes protegieron celosamente su autoridad sobre la Inquisición y resistieron los esfuerzos del papado por imponer allí sus decretos. Torquemada fue fraile dominico, muy preocupado por la ortodoxia, pero también ardiente patriota dedicado a la unificación religiosa de España. El fenómeno que observamos aquí puede ser comparado con otros países en momentos históricos similares, como la *Kulturkampf* lanzada por Bismarck, cuando trató de cementar la unificación alemana coercionando a la minoría católica o, más recientemente, como la política de los estados africanos que, después de su independencia, expulsaron a las comunidades indias heredadas de la época colonial. Estos ejemplos serán sin duda rechazados por la mayoría, pero se puede tomar otro, el de la Guerra Civil estadounidense, en que la opinión normalmente coincide con la de los unionistas. Después de que la elección de 1860 diera lugar al primer presidente en la historia del país cuyo apoyo no provenía de ambos sectores nacionales, el Norte pudo pisotear los derechos del Sur y destruir su sociedad tradicional, tal como los católicos hicieron con los moriscos en España. Una nación que se enorgullecía de su origen en la rebelión contra la corona británica, rehusó los mismos derechos a un grupo de sus estados miembros y se dispuso a forzarlos a regresar a lo que se suponía era una libre unión de socios iguales. Los estadounidenses justificaron su acción invocando el interés nacional de los Estados Unidos y la maldad intrínseca de la esclavitud; Torquemada justificó la suya invocando el interés nacional de España y la maldad intrínseca de la herejía. La eliminación en España de las religiones no cristianas se ajustó a la consolidación peninsular del país, tal como el impulso a eliminar la esclavitud se ajustó a la consolidación continental de los Estados Unidos. Hacia 1478, emergió la España unificada como un país diferente del Aragón y la Castilla de la Edad Media, y su nuevo ethos incluyó la destrucción de la vida tradicional de musulmanes y judíos; del mismo modo, hacia 1860 los Estados Unidos evolucionaron en dirección a una unidad no contemplada por los Padres Fundadores, pasando a llevar el respeto original por los derechos de los estados. Ambos movimientos son un proceso comparable de construcción nacional, pero son pocos los que hoy prestarían mucha atención al planteamiento de que el Norte hizo mal al someter al Sur.

En España, pues, y contra la primera práctica de la Iglesia, se usó la Inquisición no para defender el cristianismo de rebeliones sino para imponerlo a poblaciones que no habían sido nunca cristianas. Desde el punto de vista religioso hay que considerar esto como un abuso. El que se lo trate de justificar desde un punto de vista patriótico dependerá de cuán aceptable consideremos el nacionalismo, en el caso de España o en otros. Pero hay que darse cuenta de que la política de la uniformidad religiosa no fue una manifestación de fanatismo monástico; fue un acto de *Realpolitik* a lo Bismarck, tal como ni Bismarck mismo pudo realizarlo jamás. No representa la política típica de los reinos cristianos hacia las minorías religiosas. Aunque España fue una excepción por tener un gran conglomerado musulmán en su territorio, la mayoría de los países europeos tenían importantes comunidades judías, respecto de las cuales hubo singulares episodios de persecución, como la expulsión de los judíos de Inglaterra en 1290 o de Francia en 1306; pero éstas fueron acciones de conveniencia política realizadas por despiadados monarcas. Si lo que buscamos es un ejemplo genuino de principios católicos, tenemos que mirar a los estados de la Iglesia, tanto en Italia como en Aviñón, donde se protegió a los judíos durante el gobierno de los papas.

En principio, estas consideraciones se aplican a la Inquisición española; pero hay que reconocer también que la reputación de dicha institución es, en la práctica, un deslumbrante ejemplo de mito anti católico. La idea de una Inquisición española como una institución especialmente cruel no tiene fundamento alguno en los hechos. La dureza de la Inquisición fue un rasgo real en el período entre 1480 y 1510, pero después de él disminuyó hasta llegar a modalidades más rutinarias. Los historiadores modernos, cuando reemplazan la antigua propaganda por investigaciones apropiadas, concluyen que sólo entre tres y cinco mil personas fueron castigadas por la Inquisición española en los 350 años de su historia. Además, al juzgar sus acciones necesitamos comprender la naturaleza de la sociedad que fue puesta bajo su control. Los moriscos, que soportaron lo peor del ataque, no fueron disidentes desperdigados y desvalidos; luego de su conversión oficial, siguieron formando compactas comunidades, retuvieron su propia lengua árabe, sus costumbres tradicionales, como los baños árabes que caracterizaban a sus ciudades, su vestimenta diferente, y sus nombres no cristianos. Con el paso del tiempo, estas comunidades se constituyeron en una quinta columna en la lucha de España contra sus enemigos exteriores. A comienzos de siglo XVI el territorio español se convirtió en la primera línea de defensa contra el avance del poder turco. En 1516, Algeria fue tomada por los otomanos, y los corsarios del norte de Africa empezaron a devastar las costas españolas, como siguieron haciendo durante generaciones. Por más de medio siglo el Mediterráneo fue teatro de una guerra entre sus dos grandes potencias, la monarquía Habsburgo, con España como su pilar, y el imperio otomano. En el momento más peligroso de ese conflicto, justo después de que España salvara a Malta de una invasión turca, el descubrimiento de que los moriscos del sur de España conspiraban con Turquía y apoyaban los ataques a la costa de Granada, llevó a tomar medidas represivas, que encendieron a su vez la revuelta de las Alpujarras (1568-71). Cuando se la suprimió, Felipe II dispersó a los Moriscos por toda España para destruir su poder. Esa acción proporcionó a España seguridad interior durante una generación, pero tuvo que ser reforzada en 1609 con la expulsión de Valencia de su gran comunidad morisca. No fue esto tampoco el acto de desenfrenada intolerancia que normalmente se cree, sino la respuesta al hecho que los moriscos fueron descubiertos complotando con los enemigos de España en Francia y en Marruecos.

A esto hay que agregar que ambas medidas fueron efectivas. Uno de los argumentos de la leyenda histórica anti española es que la política de expulsiones y persecuciones debilitó al país. Pero, claramente, a lo que llevó fue a más de un siglo de poderío, durante el cual España ejerció la hegemonía sobre Europa y se mantuvo como el gran bastión cristiano contra el imperio otomano.

LO MALO Y LO BUENO DE LA INQUISICIÓN

La historia de la Inquisición nos ofrece algunos casos de crueldad fanática que validan las caricaturas hechas por sus enemigos. En los años 1230 el inquisidor Robert le Bougre -llamado así porque era un converso del catarismo[4]- dirigió una demagógica persecución en Francia, que culminó con la quema de 183 cátaros en Mont-Aimé, hasta que fue destituido por el papa y encarcelado por su propia orden dominicana. Casi al mismo tiempo, Conrado de Marburgo dirigió una especie de inquisición de la chusma linchadora en Alemania, aunque su cacería aquí fuera de adoradores del diablo y no de cátaros. También las actividades de éste fueron suprimidas al poco tiempo. El caso de Juana de Arco (cuya condenación fue anulada por decisión papal al cabo de veinticinco años) es también un ejemplo del modo en que la Inquisición podía ser mal usada para fines políticos. Sin embargo, sería posible componer en épocas posteriores, sin excluir por cierto al siglo XX, una lista parecida de crímenes judiciales, de pánicos irracionales, y de opresión nacionalista, y usarla para dar una impresión distorsionada de las respectivas sociedades. El trasfondo del carácter de una época ha de ser juzgado por su vida cotidiana, no por sus excesos. La verdad de la Edad Media es que en muchos países y épocas diferentes la Inquisición estaba o adormilada o ausente. La Iglesia demostró una gran generosidad al acoger nuevos elementos como el aristotelismo en filosofía, que despertaron los miedos de los conservadores, y la vida intelectual de las universidades fue variada y osada. Estas no son señales de una sociedad hundida en el fanatismo religioso.

Otro punto que hay que recordar es que, al combatir las herejías, la Iglesia se amoldó a los sentimientos del fiel común. Los novelistas modernos gustan de pintar la Cristiandad medieval como una sociedad llena de odio hacia la Iglesia. Pero hay que reconocer que en la Edad Media la fe del pueblo no se debía a que el clero fuera poderoso, sino que el clero era poderoso porque el pueblo tenía fe. El laicado, en general, experimentaba un profundo rechazo de la herejía, por la deslealtad que ella significaba a la preciosa fe que todos profesaban -rechazo compartido también por el clero, más para morigerarlo que para fomentarlo-; fe que

---

[4] N. del Tr.: "bougre" significa, entre otras cosas, bribón.

no era necesario imponer. Fue la sociedad civil la que resolvió quemar a los herejes, antes de que la Iglesia le enseñara a aceptar que, como un necesario paso preliminar, debía haber un juicio realizado por expertos.

Al juzgar la cuestión de la coerción religiosa, necesitamos también reconocer las premisas diferentes de que parten el cristianismo y el liberalismo moderno. El supuesto del liberalismo es que la fe religiosa es una opción meramente individual, sin derecho a una expresión social. Contra esta noción, la tradición católica sostiene que la plenitud de la fe religiosa se da en la sociedad, que el propósito de la revelación de Cristo es un re-nacer de la nación religiosa prefigurada en el reino de David. El Señor enseñó a sus discípulos: "Donde dos o tres se reúnan en mi nombre, ahí estoy yo en medio de ellos". ¡Cuánto más cuando es una nación la que se reúne! Por tanto, en oposición al liberalismo, que hace de la diversidad religiosa un bien en sí mismo, el ideal del cristianismo es una nación unida en el culto del verdadero Dios. Es verdad, con todo, que el ideal exige ser protegido sin una dureza o estrictez indebidas, y especialmente que su imposición a un sector de no creyentes, como parte de un programa de auto identidad nacional, no forma parte del ideal. Hay, pues, espacio suficiente para deplorar las manchas y crueldades del pasado católico.

En su ideal de unidad religiosa, la Cristiandad tradicional no se destaca entre las otras sociedades que han defendido sus creencias ancestrales; el castigo de la disidencia religiosa no es una invención cristiana. Muchos pueblos, desde las antiguas Grecia y Roma hasta el Japón del siglo XVII o la Uganda del XIX, han sentido la necesidad de aplastar nuevas presencias religiosas que parecen amenazarlos. La represión católica de la herejía, con todos sus defectos, queda incluída en las líneas comunes a la historia humana, y ha sido menos espantosa que muchas otras como, por ejemplo, la crueldad romana, que transformó la persecución en un espectáculo sediento de sangre.

Si examinamos las leyendas de la intolerancia católica, lo que encontramos, por tanto, no es tanto la revelación de un catálogo inaudito de crueldades como la revelación de inauditas industrias de denigración. La acusación de la historia, pues, no se dirige tanto al catolicismo como perseguidor, cuanto a sus enemigos como falsarios. Esto debe conducirnos a cuestionar una ideología que, para atacar a la Iglesia católica, ha creído necesario montar un tan extenso ataque a la verdad. La leyenda es una de las muchas que nublan el camino a los que buscan el auténtico testigo de la fe católica en la historia humana.

4
El quiebre de la unidad católica

EL CONCILIARISMO CONFUNDE A LA IGLESIA

A mediados del siglo XIII el papado ganó su lucha contra el imperio y, llamando en su auxilio al hermano de San Luis, expulsó a los Hohenstaufen de Italia. Pero el efecto de esa victoria no fue afirmar la independencia del papado (no había dependencia de la cual librarse) sino quedar expuesto a la influencia francesa. Desde 1261 a 1285, hubo cuatro papas franceses. Cuando en 1268 murió Clemente IV, el empate entre cardenales italianos y franceses tuvo a la Santa Sede vacante durante tres años, penoso fruto de la victoria eclesiástica. El romano Bonifacio VIII Caetani, elegido en 1294, se mostró decidido a reafirmar la autoridad de su cargo. Su principal enemigo fue el mojigato Felipe el Hermoso de Francia, cuyo historial de despotismo incluyó la expulsión de los judíos y la supresión y el juicio-espectáculo de los templarios. La condenación por Bonifacio de los arbitrarios impuestos y devaluación de la moneda por parte del rey tuvo lugar según la mejor tradición de la doctrina política de la Iglesia; pero la política del papa fue demasiado mundana y centrada en sus propios intereses como para merecer respeto. Felipe invadió Italia y tomó prisionero al papa.

Desde 1305 hasta 1378 la Iglesia fue gobernada por una línea de siete papas franceses, con residencia en Aviñón y con un colegio cardenalicio totalmente, o casi totalmente, francés. La época se caracterizó por una tendencia crecientemente materialista del gobierno papal, a medida que los papas perfeccionaban su método de extraer impuestos a la Iglesia, y el lujo y el nepotismo se hacían característicos de la corte de Aviñón. Gregorio XI, lleno de celo por la Cristiandad, hizo finalmente regresar el papado a Roma. Cuando murió en 1378, la chusma romana asedió el cónclave, exigiendo un romano o, al menos, un italiano, como obispo. Los cardenales eligieron, fuera de su propio círculo, al arzobispo de Bari, que había sido su sumiso sirviente durante los años de Aviñón, quien tomó el nombre de Urbano VI. A él le prometieron lealtad y juraron que reconocían su elección como válida.

El papado de Urbano VI es uno de los tropiezos con que topa la idea de que Dios interviene estratégicamente en la historia para mover las cosas en una dirección providencial. En momentos en que la Iglesia pedía a gritos un pastor, aunque podía conformarse al cabo con una oveja, le fue dado, si no un lobo, al menos un perro rabioso. Arrojando lejos su humildad, Urbano comenzó a poner límites a la corrupción de los aristócratas a quienes había servido hasta entonces. En el plazo de cinco meses los cardenales se desdijeron, denunciaron que la elección la habían hecho presionados por la chusma, y eligieron a uno de entre ellos para que continuara con las cómodas tradiciones de los últimos papas. Sin poder mantenerse en Roma, el elegido tuvo que someterse incluso en cuanto al lugar de residencia, y se lo obligó a regresar a Aviñón, donde reinó con el nombre de Clemente VII. Inmediatamente Europa se dividió según rivalidades nacionales: Francia y sus aliados, que incluían a los reinos españoles, reconocieron al postulante de Aviñón: los enemigos de Francia, es decir Inglaterra y el imperio, incluyendo el norte de Italia, permanecieron fieles a Roma. La posición oficial católica sostiene, obviamente, que Urbano VI, a pesar de sus faltas, fue el papa legítimo, y que la elección de Clemente VII fue un acto cismático. Y así los pontífices romanos de los siguientes treinta y siete años están registrados como los auténticos y los de Aviñón, como antipapas.

Urbano reaccionó a la pérdida de su Sagrado Colegio creando un grupo de veintinueve cardenales, pero en el término de cinco años, su violencia llevó a seis de ellos a conspirar en su contra. Urbano los encarceló, los torturó y ejecutó a cinco, salvándose el sexto, que era obispo de Londres, por la intervención del rey de Inglaterra. Otros cardenales pronto emigraron al partido opuesto a Urbano. Una consecuencia de este deterioro es que, cuando murió en 1389, el cónclave, reducido ahora a catorce cardenales, eligió al hombre más joven que haya jamás accedido canónicamente al trono papal, Bonifacio IX, que tenía poco más de treinta años. Bonifacio restauró la cordura en el gobierno de la Iglesia, pero once años de cisma no eran cosa fácil de superar. Las probabilidades de acabar con él parecieron acrecentarse en 1398, cuando Francia (bajo el reinado del desequilibrado Carlos VI) retiró su apoyo al antipapa de Aviñón, aunque la decisión fue revertida cinco años después.

Treinta años de cisma finalmente acercaron a los cardenales de las dos obediencias y acordaron llamar a un concilio general en Pisa, cuyo propósito fue forzar a los dos contendores a abdicar. Con la autoridad del concilio se eligió a un tercer candidato, al cual se sometió la mayor parte de Europa; pero su reconocimiento no fue total. El sucesor de la línea romana, Gregorio XII, de algún modo se afirmó en Italia, apoyado por el rey de Nápoles; y el antipapa Benedicto XIII, aunque forzado a huír de Aviñón, conservó la fidelidad de España, su país de origen.

Al pedir las abdicaciones papales, los obispos de Pisa se vieron forzados a adoptar la doctrina de que un concilio de la Iglesia es superior al papa, teoría que venía ganando apoyo intelectual entre quienes estaban escandalizados por el prolongado cisma. Se trataba de una doctrina novedosa, y tenía el defecto, que con razón se le reprochaba por los apologetas papales, de que un concilio sin el papa es un cuerpo sin cabeza, y un cuerpo no puede ser superior a su propia cabeza. El siguiente paso en el conflicto fue que el papa conciliar, Juan XXIII, presionado por el emperador Segismundo, convocó a un nuevo concilio en Constanza en 1414. Este resolvió, sorpresivamente, deponer a los tres pretendientes al papado, incluída su cabeza conciliar, que fue acosado hasta que se sometió. El concilio de Constanza adoptó también el decreto *Sacrosancta*, que enseña explícitamente que un concilio es superior al papa y, más exitoso que su predecesor, prosiguió hasta lograr la abdicación de Gregorio XII de Roma. Este, sin embargo, en un gesto que tiene esencial importancia para los derechos papales, impuso la condición de que a su legado se le debía permitir convocar formalmente el concilio y autorizar sus actos posteriores. Esto ha permitido a los canonistas afirmar, desde entonces, y con fundamento en un claro acto papal, que Constanza sólo se convirtió en un verdadero concilio desde el momento de su autorización por el legítimo papa (julio de 1415). El antipapa Benedicto se negó a abdicar, pero fue abandonado por los reinos españoles, y se retiró al castillo de la Peñíscola, al borde del mar, donde sostuvo su pretensión hasta el final. En 1417 el concilio de Constanza eligió al romano Martín V Colonna como papa, quien tomó posesión de su sede con el asentimiento de toda Europa. Al aceptar su elección, Martín implícitamente aceptó también la doctrina conciliarista sostenida por Constanza.

Uno de los corolarios de esta doctrina fue el decreto *Frequens concilium*, que exigió que los concilios se reunieran con frecuencia. Para cumplirlo, Martín V convocó al Concilio de Pavia-Sienna de 1423-4. Los avances de la herejía husita en Bohemia hicieron necesario, a continuación, otro concilio, que se reunió en Basilea en 1431. El sucesor de Martín, Eugenio IV, trató de interrumpir este último, pero el concilio se negó a obedecerle, declarándose, como Constanza, superior al papa. El emperador Segismundo, cuya influencia había sido decisiva en la suerte corrida por los concilios desde 1414, apoyó a Basilea y Eugenio fue obligado a aceptar, en 1433, que sesionara permanentemente. Tratando de distraer al concilio de su programa anti papal, el papa quiso trasladarlo a Ferrara para discutir la reunión con la Iglesia griega, a la que por aquel tiempo le urgía obtener apoyo de Occidente por la amenaza turca en Constantinopla. La mayoría de los obispos rehusó trasladarse, y Eugenio tuvo que huir de Roma cuando el Concilio pidió su abdicación. Pasaron diez años antes de que su sucesor pudiera regresar. Sin embargo, en 1439 Eugenio tuvo éxito en su convocatoria de un concilio en Florencia, con representantes griegos, y en él se proclamó la unión de las dos iglesias. Con este logro, lo que quedaba del Concilio de Basilea se encontró en una postura absurda, pero ello no hizo sino endurecerlo: declaró depuesto a Eugenio IV y eligió al piadoso duque de Saboya como antipapa, con el nombre de Félix V. Parecía que el trabajo de unificación había quedado arruinado y la autoridad eclesiástica entregada de nuevo al juego de los partidos. Quienes obedecieron a Félix V fueron una sombra, apenas, de los antipapas de Aviñón, pero existió en algún momento el peligro de que Alemania pudiera ponerse del lado de los conciliaristas. Luego de perder el apoyo imperial, sin embargo, Félix abdicó en 1449; el concilio se auto disolvió y reconoció al sucesor romano. Con esta aceptación de su fracaso, el conciliarismo dejó de ser una fuerza efectiva en la Iglesia.

Aunque la postura de Martín V había sido equívoca, Eugenio IV se negó, mientras duró el Concilio de Basilea, a aceptar el resurgimiento de la doctrina de Constanza. En 1460 Pío II expidió su bula *Exsecrabilis*, en que condenó el conciliarismo y declaró que cualquier concilio convocado para hacer cambios radicales en la Iglesia debía, por adelantado, ser declarado inválido. También Sixto IV, en 1478, anuló formalmente los decretos de Constanza, y el Quinto Concilio de Letrán de 1512-17 condenó su doctrina. Quedó así en claro que, en opinión de Roma, el conciliarismo es una herejía, postura confirmada por los Concilios Vaticanos Primero y Segundo. La doctrina, con todo, siguió inspirando a la escuela galicana hasta la Revolución Francesa.

LA CORRUPCIÓN DEL PAPADO

Los desórdenes de un siglo y medio cobraron una onerosa cuenta moral a la Iglesia, y fue el papado el que más sufrió con ella. Después de 1444, a medida que los papas ganaban sobre los Estados Papales un control que sus predecesores no habían tenido, sufrieron la tentación de jugar a ser príncipes italianos más que restauradores de la Cristiandad. En ese juego, el nepotismo tuvo un papel importante. Cinco de los doce papas que hubo entre 1447 y 1534 fueron sobrinos de otros papas, en tanto que otros dos fueron primos. Pero la decadencia moral del papado llegó considerablemente más lejos.

El erudito Enea Silvio Piccolomini, poeta laureado del emperador del Sacro Imperio Romano, reinó gentilmente como Papa Pío II (1458-64), pero fue un signo de los tiempos el que, como joven escritor y antes de entrar a la Iglesia, escribiera una novela erótica que, desde la dignidad del trono papal, procuró suprimir. Sixto IV della Rovere (1471-84) impuso una nueva nota de secularismo en el gobierno papal, embarcándose en Italia en guerras de interés personal y concediendo con profusión el capelo rojo a hombres más eminentes por su nacimiento que por sus méritos. Este elemento mundano no fue menor en la decadencia que vino a continuación. Inocencio VIII Cybo (1484-92) fue el primer papa que reconoció a sus bastardos, cargándolos de prebendas, pero el escándalo alcanzó mayores honduras con Alejandro VI Borja (1492-1503), cuyo pontificado es considerado, con razón, el nadir del papado del Renacimiento. Habiendo accedido al trono mediante sobornos, Alejandro dedicó todos sus esfuerzos al mejoramiento de sus hijos ilegítimos. La primera fue su bella hija Lucrecia, escandalosa no tanto por su propio comportamiento como por las intrigas de que fue centro, a quien Alejandro, en cierto momento, nombró regente de los estados papales. César fue un dechado de crímenes, y su padre lo hizo sucesivamente cardenal y duque de Valentinois. Como se le permitiera convertirse en el tirano de Roma, donde sus acciones lograron que Maquiavelo las admirara, César hizo del crimen la moneda de cambio de la política papal. Las orgías se dieron la mano con la maldad, como en una fiesta que dio en el palacio papal, durante la cual, ante los ojos complacientes del papa, cincuenta prostitutas romanas se exhibieron para dar placer a los invitados. El horror que produjo el reinado de Alejandro fue tal que, a su muerte, el clero se negó a enterrarlo en San Pedro.

Después de este ejemplo, las maldades de los papas siguientes parecen veniales. Julio II della Rovere (1503-13) se dedicó a guerrear, formando inescrupulosas combinaciones con estados italianos y europeos. León X de' Medici (1513-21), que había sido hecho abad a los ocho años y cardenal a los catorce, fue un hombre auto indulgente que, en su coronación, comentó "Dios nos ha dado el papado, disfrutemos de él". Su patronazgo de la cultura renacentista fue, en parte, admirable, pero hizo también aumentar el tono pagano que estaba deshidratando al cristianismo. Su primo Clemente VII de' Medici (1523-34) fue un político voluble cuyo principal interés, ante la ruina de los proyectos papales producida por el saqueo de Roma, fue promover los intereses de su familia; se dice de Alejandro de' Medici, a quien el emperador, persuadido por el papa, reconoció como duque de Florencia, era su hijo ilegítimo. La carrera de Pablo III Farnese (1534-49) parece haberse ganado de algún modo la corona de la desvergüenza. Debía su cardenalato a su hermana, la bella amante de Alejandro VI, y siendo padre de bastardos, mostró el mismo nepotismo que sus predecesores. A dos de sus nietos los hizo cardenales a la edad de dieciséis y catorce años, e hizo la guerra para engrandecer a su familia, creando para sus parientes el Ducado de Parma, que ellos habrían de gobernar hasta el siglo XVIII.

Con todo, Pablo III se dedicó a la reforma de la Iglesia al convocar el Concilio de Trento, cosa que también hizo su sucesor, Julio III Ciocchi del

Monte (1550-55); pero sus esfuerzos tuvieron pocos efectos en el tono de la Roma papal. Julio III hizo alarde de su amor por un bribón recogido de las calles de Parma, a quien hizo cardenal a la edad de diecisiete años; y en su Villa Giulia exhibió unos frescos indecentes que ilustraban el paganismo sin retoques del Renacimiento. Una generación de avances protestantes ya mostraba los duros efectos de la corrupción del clero, pero la negligencia de este papa dice mucho de la degradación de estándares en que se había desarrollado. Fue sólo cuando Pablo IV accedió al trono (1555) que se reflejó la influencia de Trento en la vida personal de los papas, y los pecados del papado tuvieron que ceder ante la corriente de reformas.

EUROPA EN VÍSPERAS DE LA REFORMA

El escandaloso período del papado que va entre 1471 y 1555, parecido al de 882 a 1046, muestra la estrategia del diablo de atacar a la cabeza de la Iglesia; porque en aquella época, igual que en la anterior, los estándares generales de la Cristiandad no se degradaron tanto como los de Roma. Es verdad que varios siglos de dominio habían dado origen en la Iglesia a relajación y complacencia; que había prelados mundanos, monjes ociosos, clero licencioso, y parásitos que hacían presa de la credulidad de los fieles. Sin embargo, la jerarquía exhibía pocos prelados que igualaran el ejemplo abismante de su cabeza. Traicionada por la Iglesia oficial, la vida espiritual del pueblo continuó con la energía que le provenía de épocas más saludables. El siglo XV fue, quizá, la cumbre de las devociones medievales a la Misa y a la Virgen María. Productos de estos tiempos fueron varios nuevos impulsos de piedad personal, epitomizados por la *Imitación de Cristo*, escrita por Tomás de Kempis (van Kempen) en 1441. La vida y las ideas de cada hombre y mujer estaban empapadas de fe católica, del mundo de las escrituras, de los sacramentos, de los santos.

Pero dicho período fue, sobre todo, la cumbre de la civilización de la caridad, creada por siglos de práctica católica. Europa estaba repleta de instituciones de beneficencia de todo tipo: hospitales para los enfermos, generales y especializados, con órdenes como la de San Lázaro para el cuidado de los leprosos y la de San Antonio para quienes sufrían de erisipela, asilos para los ancianos, orfanatos, hostales para los viajeros. Los gremios de artesanos se dedicaban no sólo a las necesidades de su oficio sino a formar la vida religiosa de sus miembros, a orar por ellos cuando morían y a preocuparse de sus viudas y huérfanos. Existieron confraternidades caritativas dedicadas a todos los fines de caridad. Así fueron los gremios en Inglaterra, las *scuole* en Italia, las *cofradías* en España; asociaciones para visitar a los presos, para acompañar a los condenados, para enterrar a los muertos, para dotar a las niñas huérfanas. Si comparamos este mundo con las crueles divisiones de la sociedad romana tardía, podemos ver cómo el cristianismo enseñó a la humanidad a cuidar a los débiles y a suavizar las diferencias de riqueza.

Se podría decir a los protestantes lo que Edmund Burke dijo a los jacobinos franceses: "Europa, sin lugar a dudas, considerada en conjunto, estaba floreciente el día en que estalló vuestra Revolución". Esa época puede con razón ser considerada un Renacimiento pero, también, como la época en que la sociedad medieval alcanzó la cima de su desarrollo. A fines del siglo XV y a comienzos del XVI existió un período de armonía social que pronto habría de desaparecer en parte. La servidumbre había sido abolida en la mayor parte de Europa y se la había reemplazado por un campesinado libre o casi libre. La autoridad de los señores fue circunscrita por una red de costumbres que convirtió la posición del señor en algo tan cargado de deberes como de derechos. La nobleza fue la cumbre de una jerarquía rural que conservó su carácter natural; a pesar del *ethos* de maneras cortesanas que se venía perfeccionando en Italia y Francia, la nobleza no cortó su relación con el campesinado, como habían hecho los ricos terratenientes de la antigüedad. Los *grands seigneurs*, como el marqués de Mantua y el duque de Urbino, aumentaron el patronazgo artístico, al cual pocos de su rango se habían dedicado en épocas más rudas. El comercio, aunque activo y promotor de una vigorosa vida urbana, no creó las divisiones que creó el capitalismo. Fueron raras las grandes acumulaciones de riqueza, y las vemos asociadas en notable medida con obras de beneficio público, como en el caso del patronazgo artístico de los Medici o el servicio imperial de correos de Franz Taxis. Si contemplamos los restos de esta época que se preservan en las ciudades de Europa -Venecia, Florencia, Siena, Urbino, Perugia o, en forma más rústica, en los pueblos de los Países Bajos y de Alemania- concluiremos que los hombres nunca supieron mejor cómo vivir en ciudades que durante este período.

Además, rara vez ha sido más variada la cultura de Europa. Mientras el clasicismo fijaba nuevos estándares en Italia, en otras partes el gótico vivía todavía con pleno vigor y producía joyas de la tradición medieval, como los ricos retablos y el estallido arquitectural del gótico perpendicular tardío en Inglaterra y del flamígero en la Europa continental. Europa, al sumar la recuperación de la literatura y del arte a los progresos materiales de la Edad Media, dejó atrás los logros de todas las civilizaciones conocidas por la historia, con la única excepción, quizá, de la China medieval. Las noticias de Marco Polo, en 1300, sobre el Oriente imperial revelaron una sociedad tan magnífica que se la tuvo por una invención; doscientos años más tarde, habría habido pocos motivos para admirarla. En la comparación, hay una cosa en que Europa tiene ventaja: en contraste con el auto encierro de China hacia esa época, los europeos exploraban el globo y usaban sus recursos como ninguna civilización lo había hecho antes. Portugal, en una generación de osada aventura, abrió Europa a Africa, India y al Lejano Oriente. España surgió de las sombras de la conquista musulmana para asumir un papel imperial. Alemania, con su vigorosa vida urbana y sus redes comerciales, comenzó a absorber la producción del Atlántico y de las Indias. Italia fue la maravilla de Europa, y Venecia, que dominaba el Mediterráneo oriental con su comercio, reunió bajo su gobierno a Creta, Chipre y la mayoría de las islas griegas. Sólo en las fronteras de la Europa latina se sintió las huellas de la Turquía otomana; y en los límites de su vasto poderío, en Rodas y sus islas sometidas, los Caballeros de San Juan enarbolaban todavía el espíritu de las Cruzadas.

LA REBELIÓN DE LOS RICOS CONTRA LOS POBRES

En 1513 tuvo lugar una transacción que fue típica de este período. El príncipe Alberto de Hohenzollern, joven de veintitrés años, que iba a resultar tan perjudicial para la Iglesia como otros miembros de su familia, se convirtió en arzobispo de Magdeburgo. Pero quería ser también arzobispo-elector de Mainz, el máximo cargo eclesiástico de Alemania. Estas no eran sólo dignidades episcopales sino también principados del imperio, con territorios de miles de kilómetros cuadrados. No era raro que se reunieran en unas mismas manos varios obispados, pero no se permitía que pasara lo mismo con los arzobispados. A fin de asegurarse el consentimiento para esta movida, el príncipe Alberto estuvo dispuesto a pagar un gran precio, y León X, dedicado al proyecto de reconstruir San Pedro, estuvo dispuesto a aceptarlo. A ambos les venía bien autorizar la venta de indulgencias en Alemania, cuyas ganancias habían de dividirse entre sí. Los métodos del fraile dominico Tetzel, que dirigió la campaña, resultaron ser una exageración de los estándares, ya mercenarios, en que había caído el otorgamiento de las indulgencias, y causaron repugnancia a quienes constataban, cada vez más, la distancia entre las prácticas de la época y el prístino cristianismo de los Evangelios.

En noviembre de 1517, el monje agustino Martín Lutero publicó, para ser disputadas en la Universidad de Wittenberg, noventa y cinco tesis académicas contra la práctica de las indulgencias. Ese paladín de la religión, el arzobispo Alberto de Hohenzollern, las denunció a Roma. Sin embargo, el caso de Lutero agradó a su propio príncipe, el elector Federico de Sajonia (que, al año siguiente, recibió del papa el supremo honor de la Rosa de Oro), quien era dueño de la mayor colección de santas reliquias de Europa, dotadas con un total de más de 100.000 años de indulgencias; y, molesto por la competencia, prohibió a Tetzel llevar su campaña a Sajonia. En el escándalo que se desató, Lutero obtuvo el fiel respaldo del elector. De este choque de degeneradas prácticas religiosas surgió la Reforma.

Se puede, pues, aceptar con tranquilidad un lugar común sobre el estallido de la Reforma, el de haber sido fruto de la corrupción clerical. Esta tesis ha sido cuestionada en el caso, anterior, de los cátaros, que fue, más bien, la perversión de un movimiento de renovación y purificación dentro de la propia Iglesia; pero en lo que se refiere al siglo XVI, el tumor causado por la mucha riqueza y la mucha paz fue inequívocamente evidente en la Cristiandad. La Reforma protestante es un ejemplo del hecho de que demasiada seguridad y poder son malos para la Iglesia, compuesta, como está, por hombres corruptibles.

Sin que ello suponga una exculpación de la Iglesia pre-Reforma, necesitamos, sin embargo, examinar el carácter del protestantismo, porque él ha dado forma a la figura del mundo moderno, hasta el punto de que el propio pensamiento de los católicos está hoy empapado de sus supuestos. El primer rasgo que hay que advertir, por el cual el protestantismo es antepasado del liberalismo moderno, es su carácter elitista. Se puede ver que un movimiento que apelaba a la palabra escrita de la Escritura en una época en que muchos eran analfabetos, y que recurría a interpretaciones eruditas del texto griego para poner en duda las enseñanzas tradicionales, fue esencialmente obra de una minoría. Un ejemplo de tal tendencia es la excluyente doctrina calvinista de la predestinación. Y ahí está la razón de por qué, a pesar de las declaraciones de los protestantes de hablar por el hombre común, su revuelta no fue popular. No hubo un solo lugar de Europa en que el campesinado, claramente el sector más numeroso de la población, recibiera con alegría la Reforma ni, mucho menos, instigara su instalación. Los antiguos cantones suizos, en que el campesinado independiente llegó a su cumbre, fueron precisamente los que permanecieron católicos, en tanto que el protestantismo progresó en las ciudades poderosas como Zurich, Schaffhausen, Berna y Ginebra. La reforma fue obra de los reyes, de la nobleza y de la plutocracia urbana. Todos los reformadores, especialmente Lutero, Calvino y Knox, se apoyaron explícitamente en esos elementos y hacia ellos dirigieron sus más importantes esfuerzos proselitistas.

Se puede ilustrar este punto recurriendo a una fuente que probablemente no será tildada de partidista, la *New Cambridge Modern History*. En un comentario sobre por qué el calvinismo fue atractivo para las noblezas polaca y húngara, esta obra nos dice: "El carácter alemán del luteranismo lo hizo poco agradable a los caballeros polacos y magiares; y tampoco les fue atractivo su conservadurismo doctrinal ni su sometimiento a la autoridad de los soberanos seculares. Pero el calvinismo no pareció a los señores adolecer de ninguno de esos defectos... Su negación de toda autoridad, papal o monárquica, sobre la religión, ejerció un poderoso atractivo en una clase que estaba peleando y ganando, en ambos países, una guerra por la soberanía de los terratenientes... Una Iglesia en que, a todos los niveles, desde los presbiterios locales hasta el sínodo nacional, los pastores eran elegidos o nombrados por el laicado, y en que los ancianos laicos eran el elemento dominante, era exactamente la contraparte de lo que los terratenientes estaban logrando en el gobierno de sus países, y en las asambleas provinciales y nacionales"[1].

Tenemos aquí un análisis desapasionado del carácter del protestantismo como expresión del interés de clase disfrazado de purificación religiosa. Lo mismo se encuentra donde quiera que la Reforma tuvo lugar en Europa. En Alemania y Suiza, el protestantismo logró su éxito gracias al apoyo de los príncipes y del patriciado urbano y a la independencia respecto de la autoridad imperial que ellos disfrutaban. En Prusia el Gran Maestre de los Caballeros Teutónicos (otro Hohenzollern) repudió sus votos religiosos y convirtió a la *Ordenstaat* en un principado secular. En Dinamarca, el luteranismo fue impuesto por el rey Cristián III, teniendo como su primer objetivo la expoliación de los bienes de la Iglesia. Valiéndose de la unión personal de las coronas de Dinamarca y Noruega, Cristián impuso el nuevo credo también en este último país, al cual le dio una liturgia, una Biblia y un catecismo daneses, suprimiendo la independencia de Noruega como reino separado. La colonia danesa de Islandia sufrió igual imperialismo, con crudezas que incluyeron la ejecución del obispo católico. En Suecia el luteranismo fue impuesto por el poder real, que suprimió las revueltas católicas. En Inglaterra, Enrique VIII obtuvo el consentimiento del parlamento para la disolución de los monasterios gracias a que enriqueció a sus miembros con tierras de la Iglesia; lo que sobró fue posteriormente distribuído entre los cortesanos o vendido a precios de liquidación, asegurando así para la Reforma el interés creado de las clases adineradas. En Escocia, la Reforma fue obra de la nobleza, que dominaba a una débil monarquía y que estaba decidida a adquirir los bienes eclesiásticos. En Francia, Calvino orientó sus esfuerzos a la nobleza, conquistando para su causa a 3.500 nobles, y a los ricos banqueros del país cuando el avance hugonote estuvo en su cima. En los Países Bajos, la revuelta religiosa comenzó también con la nobleza, resentida por la pérdida de privilegios causada por las reformas eclesiásticas de Carlos V; sus primeros éxitos se debieron a las piratescas hazañas de William de la Marck, a quien el apologeta protestante Motley describe como "un noble salvaje, sanguinario y licencioso". En toda esta historia, no se ve ningún movimiento popular en favor del protestantismo

---

[1] G. R. Elton, *New Cambridge Modern History* (Cambridge University Press, 1990), Vol. 2, *The Reformation*, 1520-1559, pp. 203-4.

ni tampoco la humilde labor de prédica misionera con que la fe cristiana fue sembrada por primera vez en Europa. Aunque profesando una religión de libertad, los protestantes impusieron su credo mediante el duro empleo del poder civil y mediante la proscripción de lo que, durante siglos, había sido el patrimonio religioso del pueblo.

Con razón, pues, la Reforma ha sido llamada la rebelión de los ricos contra los pobres. Se merece ese nombre no sólo por el modo cómo advino sino también por su enseñanza. Los protestantes rechazaron la vocación a la pobreza representada por la vida religiosa, y expropiaron también la vasta red de obras de caridad para con los pobres; suprimieron no sólo los monasterios, sino también los hospitales, los asilos, los orfanatos y las escuelas subsidiadas. Su revolución moral fue igualmente excluyente. En la Europa católica, la actitud hacia los mendigos que se amontonaban a la puerta de iglesias y casas religiosas no fue juzgarlos por sus características sino que fueron vistos como un medio de ejercer las virtudes cristianas. En el *ethos* del protestantismo, en cambio, se convirtieron en "vagabundos", condenados a errar por la escandalosa legislación que sucedió al colapso de las instituciones de caridad medievales, que los dejó sin otra alternativa que seguir vagando. Las iglesias protestantes, que se despojaron de sus santos, se limpiaron también de la sucia multitud que había sido parte del pasado católico.

El catolicismo, junto con crear los ritos sagrados de la realeza y el código de la caballería, introdujo la religión en la vida del campesinado, atendiendo sus nacimientos, matrimonios y defunciones, los rituales del hogar y del campo, dándole ermitas íntimas y muy queridas en las encrucijadas de los caminos y en los pozos. Y llenó las iglesias, por dentro y por fuera, con sencillas imágenes para los pobres, atrayendo a los humildes a edificios de magnífica altura, enseñándoles las leyendas populares de los autos sacramentales, participando en la práctica de la vocación de las órdenes mendicantes. Además de todo esto, el catolicismo dio a las mujeres un papel importante en los ritos domésticos de la religión, por lo que los mutilados ritos del protestantismo se toparon en ellas con un recalcitrante obstáculo. Las mujeres tenían una dignidad propia en los grandes conventos, en el poderoso culto de la Virgen María y en el de las santas cuyas estatuas presidían tantos altares. Como le calzaba, por haber sido fundado por el Autor de la vida, el catolicismo era un credo al que nada humano le era ajeno, un culto en que cada hombre y mujer, cada príncipe y campesino se regocijaban igualmente. Todo esto cambió con la llegada del protestantismo, obra de la más limitada de las especies, los intelectuales y, más encima, intelectuales masculinos. Se extirpó lo femenino de la religión, y los pobres que, en las iglesias saqueadas, se inclinaban ahora ante el escudo real donde antes había estado la santa cruz, se encontraron sometidos, en la casa de Dios, a las mismas estructuras de poder humano que los gobernaban fuera de ella.

La naturaleza excluyente del protestantismo se desarrolló todavía más en los siglos siguientes. Su ejemplo clásico fue la Gran Bretaña, en que la clase terrateniente, mediante una revolución contra el rey católico en 1688, impuso un régimen aristocrático que en los siguientes ciento cincuenta años se dedicó a expropiar al campesinado mediante actos del parlamento. El protestantismo y el liberalismo impusieron tan bien sus mitos oligárquicos que este proceso todavía es presentado, en los libros de historia, como un triunfo de los derechos del pueblo. En la Holanda protestante, las ciudades se convirtieron en "una oligarquía libre de toda sospecha de democracia"[2]. Ginebra se hizo famosa por lo excluyente de su sociedad. La sociedad puritana de Boston fue un lugar en que "los Lowells hablan sólo con los Cabots, y los Cabots hablan sólo con Dios".

La nobleza terrateniente no se dejó ganar por el patriciado urbano. En el norte de Alemania, el protestantismo introdujo tal subordinación del campesinado que superó incluso al caso británico, y el creciente militarismo de Prusia se basó en un sistema social en que los oficiales nobles castigaban a sus siervos militares a bastonazos, tal como lo hubieran hecho en sus propiedades rurales. Tales hábitos revelan un ethos totalmente diferente del de los países católicos, en que la enseñanza de monjes y frailes inculcaba la esencial santidad de la pobreza. En la Roma papal, la jerarquía y el esplendor convivían fácilmente con la natural sencillez y franca humanidad de los grandes prelados y nobles; entre las sedas de la Roma dieciochesca, se reconoció al mendigo Benoit Joseph Labre como santo. En la España del seiscientos, la monarquía estuvo rodeada de ceremonias y se prestó gran atención al tratamiento según los rangos; pero fue también una sociedad en que un Grande hacía detener su cabalgadura para permitir que una aldeana cruzara la calle, y se quitaba el sombrero ante la mujer de su lacayo; como observaban los extranjeros, allí incluso los mendigos se comportaban como señores. Tal fue la división social y moral que se desarrolló en Europa según las diferentes influencias de la enseñanza católica y de la protestante.

EL LEGADO INTELECTUAL DEL PROTESTANTISMO

Más claramente dañinas son las erróneas ideas que la Reforma ha introducido en el pensamiento moderno. Una de ellas es el vastamente aceptado supuesto de que el protestantismo es una forma más pura y,

---

[2] La descripción es de Charles Wilson, en Hugh Trevor-Rope (ed.) *The Golden Age of Europe* (Thames and Hudson, 1987), p. 86.

aunque ello resulte harto curioso, más racional de cristianismo que el catolicismo. Se puede poner a prueba esta noción mediante un estudio de los orígenes protestantes. Aunque los protestantes proclamaron rechazar diez, si no quince, siglos de corrupción del cristianismo, quedaron, de hecho, prisioneros del pensamiento medieval tardío. Esto se comprueba con sus cambios litúrgicos, en los que profesaron un regreso a las prácticas primitivas; pero sus ideas, como lo advierten ahora los investigadores, fueron un desarrollo de la teología tardo-medieval, con su acentuación de las palabras de la institución [del Santísimo Sacramento] como el elemento esencial de la Misa, y la consiguiente identificación de la Misa con la Ultima Cena. Sin embargo, esto no parece ser un obstáculo para que continúe la superstición de que el culto protestante representa un regreso al cristianismo primitivo. Este error conceptual tuvo sus efectos en la revolución católica de los años 1960, cuando se supuso que restaurar la liturgia primitiva significaba moverla en dirección al protestantismo.

En cuanto a su racionalidad, el protestantismo no fue un planteamiento hecho a partir de primeros principios, sino una colección de doctrinas anti clericales cuyo blanco era el sacerdocio tardomedieval. Cuando esto probó no serles suficiente, los reformadores asumieron el cristianismo latino en el *statu quo* en que lo encontraron. Y en su apelación a la doctrina primitiva, incurrieron en una ambigüedad que dejaron sin solucionar, porque o se postula un cristianismo puramente escritural, contrario incluso a la jerarquía episcopal de la primera Iglesia, o se acepta la autoridad eclesiástica por lo menos hasta el Concilio de Calcedonia (451): así, Calvino aceptó las definiciones trinitarias de los primeros cuatro concilios, pero repudió el oficio episcopal, que es el fundamento de la autoridad de los mismos. Las iglesias protestantes episcopales salvaron su coherencia en este punto, pero la perdieron con su postura ante los concilios posteriores: resulta lógica la aceptación de los ocho concilios de la Iglesia indivisa como definitivos (aunque ello congela la doctrina cristiana en sus formulaciones del siglo IX), y algunos anglicanos modernos han tratado de erigir a partir de ellos un cristianismo básico; en cambio, no existe principio alguno que justifique aceptar los cuatro primeros concilios y rechazar los cuatro siguientes. Pero los protestantes no podían reconocer estos últimos por cuanto ello implicaba aceptar el Segundo Concilio de Nicea (787), con su restauración de las imágenes sagradas y del monacato, y el Cuarto Concilio de Constantinopla (867), que reunificó a la Iglesia bajo la primacía de la Sede Romana. La alternativa que les quedaba, rechazar todos los concilios en nombre de una doctrina puramente escritural, dejaba a la Iglesia sin sus dogmas trinitarios. Cuando los protestantes extremos adhirieron a esta conclusión, Lutero y los calvinistas retrocedieron ante las consecuencias de su revolución, y Calvino mandó a Servet a la hoguera en Ginebra.

Por otra parte, el que la Iglesia primitiva haya sido autoritativa, no permite la reducción protestante del papa a mero "obispo de Roma", porque los tres primeros siglos reconocieron una autoridad especial a las dos sedes petrinas, Roma y Antioquía (la jurisdicción de Alejandría siguió el mismo modelo en 325). Igualmente aceptados en este período, anterior al Concilio de Calcedonia, son el monacato y la piadosa devoción a la Madre de Dios. Además de tropezar con estos problemas que presenta la Antigüedad, los reformadores tropezaron con una valla que el más sencillo conocimiento de la historia de la doctrina hubiera superado: la doctrina del *Filioque*, que todas las iglesias protestantes conservan en el Credo, no fue definida por los cuatro primeros concilios, ni siquiera por los ocho primeros, sino que deriva su estatuto dogmático de su haber sido incorporada al Credo por autoridad papal en el siglo XI; en otras palabras, depende de la infalibilidad papal. Este punto de conflicto entre las Iglesias de Occidente y de Oriente fue debatido en época tan reciente como el año 1439, en el Concilio de Florencia, pero la corta perspectiva histórica de los reformadores hizo que aceptaran el Credo de Nicea tal como había sido revisado por el "Anticristo" romano.

Igualmente poco reflexiva fue la apelación a la escritura. Los protestantes dieron por supuesto el proceso de canonización que se prolongó durante los cuatro primeros siglos, y supusieron que los veintisiete libros reconocidos del Nuevo Testamento podían ser tenidos por único testigo de los primeros cristianos, sin considerar a la Iglesia que los instituyó[3]. Pero si la Iglesia de los primeros siglos no tenía autoridad, tampoco la tiene el canon del Nuevo Testamento. Ello se aplica especialmente a los Evangelio de Marcos y Lucas que, por carecer por sí mismos de autoridad apostólica, son canónicos sólo porque la Iglesia los ha declarado inspirados. A largo plazo, el uso que los protestantes hicieron de la Biblia como garrote para apalear a la Iglesia católica se les volvió en contra en el siglo XIX, cuando sus propios eruditos realizaron un corrosivo estudio de ella y sobre su pretendido estatuto como autoridad absoluta, privando al protestantismo de su fundamento esencial.

Aparte de estos pasos en falso, la teoría del protestantismo está plagada de ilogicidades. El principio de que la Escritura contiene toda la doctrina necesaria para la salvación no pasa ni siquiera sus propios controles, porque no hay en la Biblia declaración alguna en este sentido. Los protestantes insisten en la verdad literal de la Escritura, pero atacan a la Iglesia

---

[3] El canon completo fue promulgado por primera vez por el patriarca de Alejandría en 367, cuando se llegó a un acuerdo sobre el tema con la sede de Roma.

católica por interpretar literalmente las palabras "Esto es mi Cuerpo" y "El que come mi carne y bebe mi sangre, tiene vida eterna". La rápida división del protestantismo en sectas divergentes muestra que a sus doctrinas les falta un fundamento convincente. El único principio de unidad que pudo encontrarse fue político, a medida que se fueron estableciendo las iglesias nacionales, que exigían aceptación de sus súbditos al mismo tiempo que se esforzaban por encontrar alguna base coherente para su propia enseñanza. ¿Qué definición de autoridad religiosa podría ser más aleatoria que el Acta de Supremacía inglesa, que la funda en la escritura, en los primeros cuatro concilios de la Iglesia, y "en el alto tribunal del parlamento con el asentimiento del clero en su Convocatoria?".

No sorprende, pues, que un sistema religioso construído de este modo haya sobrevivido sólo gracias al abandono de partes centrales de su doctrina. Los protestantes modernos, que se ruborizan por la predestinación, tienden a inclinarse hacia una doctrina pelagiana que afirma la capacidad del hombre para lograr la santidad por sus propios esfuerzos; se estremecen ante la inferencia de que sólo unos pocos están destinados al cielo, y su pensamiento favorito es que todos se salvarán. El rechazo del purgatorio en el siglo XVI y la insistencia en el infierno, ha cedido el paso a un repudio del infierno y a una tendencia a aceptar algo parecido al purgatorio. La Supremacía Real [en el Reino Unido] y las iglesias estatales de Ginebra o Massachusetts ceden ante la insistencia de que el Estado no tiene derecho a involucrarse en temas religiosos. El Derecho Divino de los Reyes, enseñado por los predicadores protestantes para exaltar a las cabezas de sus iglesias nacionales, es reemplazado por el republicanismo, liderado por aquella sobresaliente creación política del protestantismo, los Estados Unidos de América. Las iglesias que denunciaron al catolicismo por introducir innovaciones a las Escrituras, favorecen hoy un ministerio femenino que carece de justificación escritural. El rechazo del ceremonial católico y la adopción de un culto sencillo, desnudo, conduce a la moderna práctica protestante con vestimentas vulgares, teatrales reuniones de oración y rituales emocionales. En el protestantismo, el desarrollo de la doctrina adquiere la forma de una retractación.

Con estas inconsistencias, el protestantismo paga, al menos, la deuda que tiene con Lutero, que no fue la personalidad más equilibrada que jamás se haya refugiado en la vida religiosa. Lutero recordaba que lo que lo movió a hacerse monje fue el "terror y angustia de una muerte súbita". Tuvo, además, la mala suerte de hacer sus estudios en la Universidad de Erfurt, que era un bastión de la doctrina nominalista. Esta escuela rechazaba la racionalidad de la tradición tomista, enseñando que las ideas humanas no tienen verdadera relación con las cosas, sino que son meras etiquetas o símbolos de lo que la mente percibe. La enseñanza nominalista, con su contraposición de fe y razón, se refleja en la declaración de Lutero (hecha antes de romper con la Iglesia) de que "hay muchas cosas en la fe católica que aparecen como claramente contrarias a la razón, y cuyos opuestos están de acuerdo con la razón". Debido a esta convicción, Lutero se encontró al borde de un abismo de increencia, en el que hubiera quedado entregado a merced de sus miedos. Y resolvió el problema decidiendo que el elemento crucial en la reconciliación de un individuo con Dios era un espontáneo acto de fe, a cambio del cual Dios le concedía la justificación. "*Crede et pecca fortiter*", fue la indulgente sentencia de Lutero a sus seguidores. Hasta ella podemos rastrear la falsa concepción moderna de la fe como una postura esencialmente irracional, un sacrificar la razón al deber religioso, como si suspender las facultades propias del intelecto por causa de Dios fuera algo virtuoso.

Tal punto de vista es opuesto a la forma de comprender las cosas aceptada en los siglos previos. En el cristianismo primitivo, la fe en Cristo fue el rasgo distintivo que lo separó del judaísmo; pero los cristianos sostuvieron además que la divinidad de Cristo estaba ampliamente probada por sus milagros y por su cumplimiento de las profecías. San Ireneo de Lyons escribió: "La fe es producida por la verdad; porque la fe se funda en cosas que verdaderamente son"[4]. En este punto, el obispo del siglo II tuvo una mejor comprensión de la filosofía que el monje del siglo XVI. La Iglesia sostiene que la fe es la sumisión del intelecto a lo que en sí mismo es conforme a la razón. Hoy los pensadores cristianos, siguiendo la falsa guía de Lutero, argumentan que si las verdades de la religión pudieran ser probadas, no habría virtud alguna en la acción de creer. Pero ello no es así. Hay mucha virtud en la integridad intelectual, y en el compromiso de la voluntad con lo que uno sabe que es verdad. Ser fiel es ser *verdadero*. Si buscamos algo que, por contraste, ilumine la virtud de la fe, no encontraremos nada mejor que los subterfugios de los actuales modernistas, su sofocamiento de la realidad de la verdad cristiana envuelta por ellos en su jerga, su adopción de la crítica bíblica que convierte el testimonio de los apóstoles en un constructo hecho por la Iglesia, y su desprecio de las devociones y prácticas religiosas populares. Contra todo esto el cristiano fiel no sólo sostiene que su creencia está bien fundada sino que lo afirma con honestidad, con convicción, y sin ambigüedades. Esta es la bendición de la fe, sin la cual la gracia de Cristo encuentra en el alma humana sólo un terreno pobre.

El efecto de la doctrina de Lutero es convertir la fe en un gesto personal, y éste es el único modo de comprenderla al que los humanistas liberales

---

[4] Ireneo, *Demostración de la Doctrina Apostólica*, Cap. 3.

están dispuestos a conceder algún valor. El sometimiento a la verdad de Dios se convierte en una afirmación egocéntrica. En un pasaje muy citado de su obra *A Man for All Seasons*, Robert Bolt nos muestra a un Santo Tomás More que dice, a propósito de la doctrina católica que él sostiene: "Lo que me importa no es si es verdad o no, sino que yo creo que es verdad o, mejor dicho, lo importante no es que yo *crea* en ello, sino que *yo* creo en ello". Esto ciertamente falsea la posición de More, quien sentía la obligación de coincidir con "la creencia general de la Cristiandad". La versión subjetiva de Bolt calza con el desquiciado concepto de religión que los liberales están naturalmente inclinados a propiciar, pero cuyas consecuencias lógicas en fe y moral ni siquiera necesitan ser explicadas ("Lo importante no es si el canibalismo es bueno o no, sino que yo quiero practicarlo o, más bien, lo importante no es que yo *quiera* practicarlo, sino que *yo* quiero hacerlo").

Una vez que se ha subjetivizado de este modo el concepto de fe, el corolario es negar el derecho a expresarse socialmente. Se espera que el cristiano reconozca que su fe es un antojo personal, sin conexión alguna con la realidad objetiva, y de hecho los cristianos han terminado por aceptar esta imposición. Esto no es lo que Cristo entendió como fe: lo que Él entendió fue una convicción absoluta, una fe que mueve montañas, y ésa es, precisamente, la posición en temas religiosos que los humanistas no toleran. La virtud que el Señor enseña como deber primordial de sus seguidores es, así, vaciada de significado por una interpretación irracional.

Habiendo ganado de este modo la batalla filosófica con la palabra "fe", los humanistas la usan para promover su concepción subjetiva. El término "fe" es usado para denotar una actitud -sea que la sostengan cristianos, judíos, musulmanes u otros- que se respeta pero que se entiende que es irracional, en contraste con la supuesta racionalidad de la irreligión. En su uso corriente, "fe" es un eufemismo para mentar superstición, aceptación de nociones que no se puede probar y que una mente objetiva rechazaría. Así, el legado de la Reforma, con su ataque a las supuestas supersticiones de la fe católica, es el traslado de toda creencia religiosa al reino de la superstición.

Se puede hacer un último comentario a la Reforma: ella es un ejemplo del hecho de que ninguna herejía ha encontrado jamás que el catolicismo fuera un sistema demasiado estrecho y se haya propuesto enriquecerlo; el esfuerzo de los herejes se ha dirigido siempre a quitar, a recortar, a empobrecer. Siempre habrá hombres cuya estrechez de mente encuentre excesivo el amplísimo abrazo de la Iglesia, su satisfacción de todas las necesidades y anhelos humanos, su catolicidad en el sentido más pleno. Tales hombres creerán que suprimir la vida sacramental y la riqueza del culto significa purificar la vida religiosa. Para éstos, el protestantismo se presenta como una religión depurada, y debido a esta convicción, la misma purificación fue infligida a la Iglesia católica cuatro siglos después de que Lutero y Calvino terminaran su obra.

Podemos concluír esta enumeración de los defectos del protestantismo preguntando: "humanamente hablando, ¿podía ser de otro modo?". Un movimiento que se propone revisar el contenido del cristianismo no puede evitar incurrir en tales defectos, y los hemos visto reiterados en el movimiento que arruinó a la Iglesia católica en la década de 1960. Un objetivo de tanta soberbia quedará inevitablemente caracterizado por ilogicidades, incompletitud, inmersión en los prejuicios de su época, aceptación de erudición imperfecta, y una esencial superficialidad que proviene de aceptar el liderazgo de los intelectuales. Existe sólo una forma de escapar de esos errores humanos, y ella consiste en guiarse por la tradición, que es el divino don de la verdad depositado en la Iglesia. Invocando ese don contra la superficialidad de los designios humanos, Cristo dijo a sus apóstoles: "No os preocupéis de cómo o qué decir. Pues no sois vosotros los que vais a hablar, sino que será el Espíritu de vuestro Padre quien hable en vosotros"; y como promesa de que la guía de Dios no estaría sujeta a las vicisitudes de las épocas humanas, dijo: "Y sabed que estoy con vosotros todos los días hasta el fin del mundo" (Mateo 10, 19-20; 28, 20).

LA RAZÓN Y LAS TRADICIONES CRISTIANAS

Así, pues, la Reforma fue el caso de un movimiento de intelectuales que traicionó la verdadera racionalidad de la tradición cristiana. El motivo de esta paradoja es que la verdad cristiana es un profundo depósito que no debe ser contaminado con fáciles novedades. Su comprensión es preservada por aquellos que, como los escolásticos del siglo XIII, conservan la fe según la tradición de la Iglesia. Este tradicionalismo, en substancia, no es un obstáculo para la revolución en el método, como quedó demostrado por la brillante -y para algunos, escandalosa- emergencia del aristotelismo. En contraste, recurrir a superficiales racionalizaciones es el error característico de las herejías. Así se vio en Arrio, en su intento por simplificar la paradoja del Dios Uno y Trino. La verdad de que una Persona engendrada por el amor esencial de Dios debe ser coeterna y consubstancial con Él, superaba la subdesarrollada teología natural del siglo IV; fue sostenida por la ortodoxia a partir más de la tradición que de la teoría, pero el desarrollo teológico la reivindica. Actualmente es más fácil darse cuenta de que, si *per impossibile*, la explicación de Arrio hubiera triunfado, habría conducido a una teología insostenible y a una atrofia del pensamiento racional en la Iglesia. La historia añade su lección a la lógica con el hecho, comprobado, de que las sectas que se separan del depósito de la fe pierden su capacidad intelectual. Esto puede apreciarse en el destino de la Iglesia de Oriente, y en la pérdida de la apasionada racionalidad -incluso el exceso de lógica- que la distinguió en épocas más antiguas. Las infatigables escuelas que, entre los siglos IV y VII, discutieron sobre la naturaleza de la Trinidad y de Cristo, cedieron el paso a un solemne conservadurismo, resistente al pensamiento analítico. Y ello terminó oponiéndose al progreso, que distinguió a la Iglesia de Occidente, en la comprensión de la gracia y de los sacramentos; y podemos identificar el momento en que el cambio tuvo lugar. En efecto, en el siglo IX, la Iglesia de Oriente escogió dar la espalda, por razones políticas, a las intuiciones de la teología occidental sobre la naturaleza del Espíritu Santo como personificación del amor entre el Padre y el Hijo. Los efectos en la vida doctrinal de Oriente fueron inmediatos. San Juan Damasceno, en el siglo VIII, que escribió fuera de los límites del Imperio Bizantino y en oposición a sus gobernantes iconoclastas, es a menudo considerado como el último gran representante de la tradición de teología dogmática de Oriente. Ello no quiere decir que no haya habido eminentes escritores y guías espirituales en los siglos posteriores, pero esa corriente se iba apartando de una exposición racional. San Simeón el Nuevo Teólogo, una figura del siglo XI, fue un escritor místico más que un teólogo, en el sentido occidental del término. Desde el sigo XII, después de consumado el cisma, toda la actividad intelectual significativa en la Cristiandad ocurre en la Iglesia de Occidente. Esto tiene que ser reconocido por todos quienes valoran la actividad intelectual y no la consideran como corrupción de la doctrina. En el mundo de Oriente, el nacionalismo -el del Imperio Bizantino y de los países que lo rodeaban- tomó el lugar de la doctrina como principio de vida de iglesia, y como principio de reiterados cismas.

En la Iglesia romana, en contraste, la energía racional floreció en la obra de los escolásticos. Además de sus logros filosóficos, la gran contribución hecha por la escolástica a la vida de los cristianos fue el desarrollo de la doctrina de la Misa, del sacerdocio y de los sacramentos, gracias a lo cual el significado de las prácticas de los fieles ordinarios en su cotidiano caminar hacia la salvación se hizo más claro. Cuando llegó la Reforma, barrió con toda esta teología en un supuesto regreso a la doctrina escritural. Los protestantes se unieron a las Iglesias orientales en tratar el desarrollo católico como corrupción y en presentar el subdesarrollo como una virtud. Pero tal opinión va contra el principio, implícito en las discusiones teológicas de los siete primeros siglos, de que la verdad revelada llama a la razón humana para que la defienda y explique. La apelación a la sencillez primitiva en lugar de la razón es traicionar al intelecto humano. No hay tema más elevado al que pueda aplicarse la mente que la revelación de Dios y los medios que El determina para nuestra salvación. En este punto hay que advertir los logros de los escolásticos, y su contraste con la destrucción protestante. No costaría nada imaginarse a los escolásticos, con sus sutiles argumentaciones, disminuyendo las prácticas con que se alimentaba la vida de los fieles. Pero no fue así; fue, más bien, lo que hicieron los protestantes, dejando como legado un yermo de devoción. La escolástica no sólo preservó sino que enriqueció la vida devota de todos los días; y demostró que la doctrina sacramental de la Iglesia armoniza no sólo con el elevado raciocinio de los teólogos sino con la más honda piedad de los ignorantes. En ello vemos la verdadera universalidad del catolicismo, su firme reunión de lo más alto con lo más ordinario.

La Reforma, pues, contra lo que normalmente se dice, disminuyó el lugar de la razón en la religión. Podemos ver cómo se refleja este hecho en la formación del clero, tal como se desarrolló en las dos partes de Europa. En el mundo católico, motivado por las reformas tridentinas, la formación de un sacerdote incluyó entre cinco y siete años de estudios filosóficos y teológicos. De ellos, una pequeña parte fue lo que se podría llamar vocacional -aprender a decir la Misa y administrar los sacramentos-. La mayor parte, sin comparación, fue intelectual e incluso racionalística en sus premisas: toda la filosofía y una buena parte de la teología se dedujo de primeros principios. El relativo descuido de las escrituras, que se le ha reprochado al catolicismo, reflejó esta estrategia de apelar a la razón abstracta antes que a la autoridad. Del sacerdote que iba a ejercer su profesión dirigiendo procesiones pueblerinas se exigió que dedicara años a dominar los principios de la epistemología y las distinciones de la teología natural; tal fue la preparación que se consideró necesaria para alguien que iba a proclamar la palabra de Dios. Fue un fundamento desconocido por los protestantes y otros que, ignorantes de la justificación doctrinal de la disciplina sacramental, de la veneración de los santos, etc., creyeron que la Iglesia se dedicaba a blablás.

En los países protestantes la preparación para las órdenes fue más difusa. Se puede hacer una excepción con partes del mundo calvinista, en que se exigió una formación estricta en las obras de Calvino y de Beza, y a menudo se afirma que la cultura calvinista se caracteriza por su lógica. Sin embargo, cualquiera sea la opinión que se tenga del calvinismo predestinacionista como forma de entender la redención de Cristo, se puede decir con justicia que su formación fue filosóficamente menos extensa que la de los seminarios católicos. En la Iglesia anglicana, la preparación para las órdenes fue generalmente una licencia en Artes, a veces seguida por un grado teológico que se preocupaba principalmente del conocimiento de la escritura. El resultado fue, ciertamente, que el típico párroco anglicano tuvo un mejor nivel de cultura general que el típico sacerdote católico.

Pero en el nivel más alto, la capacidad de ofrecer una defensa intelectual de la verdad cristiana fue mucho menor que en un seminario católico corriente. Así, el Dr. Paley, el más famoso defensor anglicano del cristianismo racional, escribió en un vacío de teología natural, y presentó una serie de argumentos, fundados en fenómenos meramente contingentes, que los científicos modernos se deleitan en refutar.

Diferencias como éstas reflejan el hecho de que el ambiente filosófico del mundo católico fue más integrado que el del mundo protestante. Es verdad que el laicado corriente, e incluso el clero, podía hundirse hasta las rodillas en fábulas y supersticiones, pero éstas no afectaron la esencia de la religión. Los responsables de la formación del sacerdocio estuvieron siempre atentos a la necesidad de hacer que las creencias católicas fueran parte de un esquema intelectual global. Los reformadores del siglo XVI creyeron que al expulsar las supersticiones (a menudo con una visión harto supersticiosa de lo que constituía una superstición) promovían una religión racional, pero fallaron en la tarea más esencial de definir las relaciones entre la creencia religiosa y el pensamiento humano en su conjunto. En los países protestantes la filosofía aristotélica conservó su autoridad hasta comienzos del siglo XVII, pero no sirvió, como en el mundo católico, como clave para integrar el conocimiento religioso y el secular. Cuando los científicos y otros pensadores innovadores comenzaron a apartarse del pensamiento tradicional, sus ideas fueron aceptadas, pero sin armonizárselas con el conocimiento religioso recibido. La ciencia newtoniana, al confirmar la cosmología heliocéntrica, barrió con la creencia en la verdad literal de la Biblia, pero no provocó esfuerzo alguno por responder al desafío que esto implicaba. El mundo intelectual del protestantismo se desarrolló sin esperar armonía de todas las ramas del conocimiento humano, ni buscarla tampoco. Con el paso del tiempo, la fragmentación afectó al propio conocimiento secular, separando la ciencia material y la filosofía abstracta, y ello condujo, finalmente, a una creencia -no filosófica- en la supremacía de la ciencia. Así es el clima que hemos heredado hoy, un clima en que las ideas científicas y las supuestamente científicas son aceptadas sin que se examine sus fundamentos lógicos y epistemológicos. La filosofía misma se desmorona abrumada por el peso de su potentísimo rival. Los sistemas del positivismo y del materialismo ganan en aceptación por su aparentemente científica afinidad, a pesar de sus contradicciones internas. Todo es el resultado de la pérdida hace siglos del esquema católico de la filosofía, pérdida que llevó no a una mayor integración del conocimiento sino a su desintegración, a un progresivo descenso hacia la incoherencia. De esa incoherencia la Iglesia católica es hoy, por haber abandonado su herencia intelectual, tambaleante heredera.

5
El punto de inflexión

I.

EL TEMA DE ESTE CAPÍTULO ES UNA ABERRACIÓN histórica inmensa, la traición de la causa católica por Francia en el conflicto de la Guerra de Treinta Años. Si examinamos los veinte siglos de historia del cristianismo, no parece que haya habido ningún otro caso en que el curso natural de la historia haya sido tan asombrosamente desviado como en éste. Como otras instituciones humanas, la Iglesia ha estado sometida, en su carrera, a la casualidad, tanto en circunstancias favorables como adversas. Así, el cristianismo en el siglo IV recibió un sorprendente impulso favorable de una combinación de hechos, como el haber sido Constantino un emperador excepcionalmente poderoso, el haber reinado durante treinta y un años, haber dejado tres hijos como sucesores, haber muerto Juliano el Apóstata apenas dos años después de acceder al poder, y haber sido cristianos los sucesores de Juliano, aunque no faltaban paganos en la clase militar y senatorial. Si miramos el curso posterior de la historia cristiana, sin embargo, hay pocas distorsiones de la probabilidad. La pérdida del Imperio Romano en manos de los bárbaros, aunque no fue algo inevitable, no puede ser calificada de no natural. El surgimiento del Islam, que abarcó dos tercios del mundo cristiano, queda fuera de los cálculos humanos. En los acontecimientos que siguieron no faltan episodios sorprendentes, como las Cruzadas, pero puede decirse que se ajustaron a un curso esencialmente natural de las cosas; y el estallido de la misma Reforma protestante es, en verdad, muy comprensible. Es al llegar el siglo XVII que entra la monstruosidad y ocurre un giro especialmente desastroso para la historia católica.

La Guerra de Treinta Años es un acontecimiento cuyo significado como punto de inflexión no parece haber sido explícitamente reconocido, pero, a pesar de ello, constituye un foco, curiosamente intenso, de historiografía anti tradición católica. Igual predisposición se encuentra en la actitud alemana o francesa o inglesa. Los autores alemanes desde el siglo XIX en adelante, que admiran la unificación de Alemania por la conquista prusiana, no pueden aceptar el intento de unir el país hecho en el siglo XVII por su legítimo emperador. Los historiadores franceses, que se regocijan con el despotismo centralizado que Richelieu introdujo en Francia, denuncian la tiranía que Fernando II y su hijo supuestamente trataron de imponer en Alemania. En Inglaterra, la historia más famosa de la Guerra de Treinta Años es la de C. V. Wedgwood (1937), cuya obra exhibe una admiración, propia de colegial, por Gustavo Adolfo y una narrativa caracterizada por la influencia de la propaganda de volantes protestantes de la época[1]. En la parte correspondiente de la *New Cambridge Modern History*, una colección que se distingue por lo general por su equilibrada investigación, se confió el capítulo sobre la política exterior española a Trevor-Roper, que aprovechó la oportunidad para escribir una diatriba. El capítulo sobre la guerra misma está escrito por un historiador estadounidense menos polémico, pero parte de la base de que la causa protestante era la buena causa[2]. Esta inclinación ha sobrevivido a la tendencia moderna a mostrar sentimientos menos sectarios; en la edición actual de la *Encyclopaedia Britannica* el artículo sobre Alemania narra la guerra con un sesgo claramente protestante[3]. El resultado de esta tradición es que el mundo de habla inglesa no está acostumbrado a una narración imparcial de la Guerra de Treinta Años, y mucho menos a una que presente el punto de vista católico.

EL DECLINAR DEL PROTESTANTISMO

El avance de la Reforma después de Lutero y de Calvino debe mucho al letargo de sus rivales. Hemos visto cuánto tiempo se demoró en avanzar la reforma del propio papado. Alemania, cuna de la revuelta, fue aun más lenta en reaccionar, a medida que el protestantismo se apoderaba de feudo tras feudo del imperio. En 1564 el General de los Jesuítas recibía la siguiente evaluación de la iglesia alemana: "El resto del clero en Alemania parece profundamente dormido y despreocupado, como si nada del caos que nos enfrenta, nada de la lamentable pérdida de tantas almas, le fuera imputable... Se podría decir que la diócesis de Ratisbona es una sentina de todas las iniquidades. Hay en ella sacerdotes que viven no sólo en concubinato, sino en concubinato adúltero e incestuoso, y sacerdotes

---

[1] A. J. P. Taylor confesó una vez que su amplio conocimiento de la Guerra de Treinta Años se basaba en su lectura, cuando niño, de las novelas de G. A. Henty. Sería interesante saber si C. V. Wedgwood se inspiró de modo análogo.
[2] J. P. Cooper, *New Cambridge Modern History*, vol. 4 (Cambridge University Press, 1970).
[3] *The Thirty Years War*, de Peter Wilson (Harvard University Press, 2009) refleja más bien el punto de vista de una generación que ha sido educada en la ignorancia del cristianismo. El libro revela una comprensión tan basta de la doctrina y la práctica, tanto del catolicismo como del protestantismo, como habría sido difícil encontrar hace treinta o cuarenta años. En cuanto a los hechos, sin embargo, esta obra es una excelente fuente de información.

culpables de violaciones y homicidios"[4]. En 1570 los aristocráticos monjes de Fulda, la casa-madre de la Orden Benedictina en Alemania, estaban tan relajados que eligieron a un supuesto luterano como príncipe-abad (aunque éste luego, contradiciendo las apariencias, los arrastró a la época tridentina). El hecho que todos los obispados alemanes fueran principados y se reservara el capítulo a los nobles, hizo especialmente difícil que prevalecieran consideraciones de carácter religioso. Un observador de la época encontró que "los capítulos están compuestos, en su mayor parte, por herejes o simoníacos o abarraganados o borrachos o por hombres infectados con algún otro vicio"[5]. En 1583, cuando el arzobispo-elector de Colonia se hizo protestante para poder casarse, fue sólo con una generosa distribución de pensiones y coimas que pudo motivarse a los canónigos a elegir a un católico en su reemplazo. El nuncio papal confesó más tarde que jamás se había encontrado con una pandilla más mercenaria.

Hacia fines del siglo XVI, todos los principados alemanes más importantes, excepto Austria y Baviera, y muchos de los menos importantes, se habían convertido al protestantismo, y el equilibrio católico del imperio se mantuvo mayormente por los estados eclesiásticos – unos treinta-. Todo esto, sin embargo, es poco decir del avance protestante. Los estados católicos, tanto eclesiásticos como laicos, toleraron a los innovadores religiosos, en tanto que los príncipes protestantes impusieron el nuevo credo con mano inmisericorde. Baviera, desde 1563, fue el único estado católico que se equiparó en intolerancia con los protestantes, prohibiendo la herejía en su territorio. En las tierras austríacas, que habían sido dejadas por Carlos V en 1555 a la rama menor de su familia, el Emperador Maximiliano II (1564-76) permitió que el protestantismo se ganara la lealtad de la mayoría de la nobleza. Aunque Rodolfo II y Matías (1576-1619) protegieron al catolicismo, su éxito fue menor, y se podría describir a Austria como un estado protestante con una dinastía católica. A los antiguos territorios de los Habsburgo se agregó los reinos del este que se habían vuelto hacia la Casa de Austria pidiendo ayuda contra el avance turco. De éstos, Bohemia se había perdido casi totalmente para la Iglesia católica desde que el protestantismo llegó pisando los talones de los husitas del siglo XV. La cristiana Hungría, reducida a una franja occidental por las conquistas turcas, fue tomada por el calvinismo. Menos todavía pudieron los emperadores imponer su autoridad en el caos de Alemania. Después del Tratado de Augsburgo (1555), los estados alemanes, a pesar de sus cláusulas, siguieron adoptando el protestantismo o apoderándose de los

---

[4] R. B. Wernham, *New Cambridge Modern History*, vol. 3 (Cambridge University Press, 1968), p. 58.
[5] Ibid.

bienes católicos. El tribunal de justicia imperial, el *Reichskammergericht*, quedó paralizado en 1588 por la oposición protestante a que se hiciera respetar el Tratado. A los protestantes no les importaba el derrumbe de la justicia imperial, ya que ella les impedía apoderarse de tierras de la iglesia. Sin un verdadero gobierno central, Alemania iba camino a transformarse en el mosaico de principados de diferentes religiones que llegó a ser en el siglo XVIII.

Sin embargo, hacia 1570, algunos prelados católicos, como Dernbach y Mespelbrunn, comenzaron a dar vuelta la corriente, y el jesuíta San Pedro Canisio (Kanis, 1521-97), el apóstol de Alemania, insufló nuevo espíritu en la vida de la Iglesia. En 1607, la toma por el duque de Baviera de la ciudad imperial de Donauwörth, en que el trabajo de los jesuítas había revertido las ganancias protestantes, dio nueva confianza al partido católico, y una iglesia expropiada en la ciudad volvió a manos católicas, ante la furia impotente de la Alemania protestante. En 1609 se creó la Liga Católica por algunos príncipes importantes, en respuesta a la Unión Evangélica. En 1613, el Duque de Neuburgo se hizo católico y con apoyo imperial consiguió la sucesión a los ducados protestantes de Juliers y de Berg, dando así más peso al partido católico en el imperio. Como deja ver este recuento, el renacimiento fue cuestión de estados individuales, con el caótico telón de fondo de la constitución imperial.

A comienzos del siglo XVII la marea protestante estaba cambiando también en el resto de Europa. En Francia el calvinismo había mostrado su fuerza en las Guerras de Religión, a partir de 1562. Detenido por un momento, pareció que iba a triunfar en 1589 con la accesión del hugonote Enrique IV. Este no pudo consolidar sus derechos hasta que aceptó adquirir París al precio de asistir a una Misa (no fue un precio alto para un hombre que ya había cambiado de religión tres veces). El Edicto de Nantes garantizó poder a los hugonotes al concederles 150 ciudades en Francia y un subsidio real de 180.000 coronas para defenderlas. Pero el protestantismo ya estaba en declinación. En 1598 existían 800 congregaciones hugonotas en Francia, contra las 2.000 que había habido en 1562.

En Inglaterra, Jaime I concluyó la guerra con España, relajó la persecución contra los católicos que había sido corolario de ella, y al preferir la Iglesia de Inglaterra a su nativa *Kirk* preparó el escenario para el anglicanismo laudiano. En Polonia, donde Segismundo II (1548-72) había favorecido el calvinismo, y donde hacia 1569 casi la mitad de los miembros del senado eran protestantes, el catolicismo experimentó una vigorosa recuperación. A comienzos del siglo XVII hubo sólo dos lugares en Europa -Holanda y Suecia- donde un protestantismo militante todavía era firme, y en ambos su poderío era relativamente reciente.

En los Países Bajos el éxito del protestantismo fue posibilitado por la revuelta comenzada en 1572, pero se demoró varios años en imponerse. Amsterdam siguió leal al catolicismo y a España hasta 1578. La muerte de Felipe II señaló el término virtual de los intentos de España por recuperar los Países Bajos. Ahora, con el nombre de Provincias Unidas, formaron una república independiente que fue el más poderoso bastión del calvinismo en Europa. En los primeros años del nuevo siglo el teólogo calvinista Arminius (Hermandszoon) comenzó en Leyden a proponer una nueva doctrina, que mitigaba la doctrina de la predestinación en favor del libre albedrío humano. Ello provocó una feroz respuesta en defensa de un Dios igualmente feroz, y el Sínodo de Dort (1618) afirmó la doctrina de la predestinación. Oldenbarneveldt, el defensor de Holanda y protector del arminianismo, fue ejecutado, y una virtual dictadura militar se estableció con Mauricio de Nassau, pronta a atacar de nuevo a España y a la Europa católica.

En Suecia, el protestantismo no fue un recién llegado, puesto que había sido introducido por la dinastía Vasa en los años 1520. Sin embargo, el rey Juan III (1568-82), casado con una polaca, coqueteó con el catolicismo y dejó un hijo católico, Segismundo, que ya antes de la muerte de Juan, se apoyó en sus derechos maternos para ser elegido rey de Polonia. Con todo, sus esfuerzos para retener la sucesión en Suecia fueron derrotados, y un celoso protestante, Carlos IX, fue elegido en su lugar. El hijo de Carlos, Gustavo Adolfo, siguió los pasos de su padre y se lo consideró campeón de la causa protestante. Sus guerras contra Polonia, donde reinaba todavía Segismundo, su legítimo rival al trono, le ganó la fama de martillo de los católicos.

En el resto de Europa ya existía en general la sensación, de esperanza o de temor, de que el protestantismo perdía terreno. Durnte una generación, ningún territorio católico había caído en poder de las nuevas doctrinas. Cuando en 1617 tuvo lugar el centenario de la Reforma, hubo quienes dijeron que el protestantismo había sido puesto a prueba y había sido reprobado, y surgió una viva alarma en el mundo protestante, una sensación de que si no se daba pronto un golpe, los éxitos de la Reforma se perderían ante el renaciente catolicismo.

EL PUNTO ÁLGIDO DE LA CONTRA REFORMA

El principal pilar del catolicismo fue España, que seguía figurando como la gran potencia en Europa. Habiendo conquistado y unificado un imperio en el nombre de Cristo, España difícilmente pudo haber hecho otra cosa que plantarse como el campeón de la fe; y la revuelta tanto religiosa como política de los Países Bajos vino a fortalecer esa postura.

No obstante la pérdida de la Gran Armada en 1588, la prudencia de Felipe II en sus últimos años aumentó el poderío de su país. Su fracaso ante Inglaterra fue equilibrado por el gran éxito que significó impedir que Enrique de Navarra llegara al trono francés sin antes convertirse. Enrique no pudo, durante su reinado, desafiar la hegemonía española, y el acceso del niño Luis XIII en 1610 neutralizó a Francia hasta los años 1620. El poder español experimentó cierta atrofia con el acceso al trono del indolente Felipe III, pero cuando Felipe IV, de dieciséis años de edad, llegó al trono en 1621, nombró ministro principal al conde duque de Olivares, una enérgica figura resuelta a sanar la debilidad de la vida política española. El estudio de Marañón (1936) ha hecho que durante largo tiempo fuera común la interpretación del carácter de Olivares en términos de una patología, pero ciertamente fue un ministro tan hábil como Strafford u Oxenstjerna, y pudo haber superado al supremo Richelieu si la suerte lo hubiera acompañado.

El imperio español no sólo incluía Portugal y las posesiones coloniales de ambos, sino que, desde el Reino de Nápoles y el Ducado de Milán controlaba también Italia. Sus dependencias en Flandes y en el Franche-Comté lo convirtieron en una potencia en Europa central, con un amenazador control de la frontera oriental de Francia. Si España fue el país más poderoso de Europa, fue también, se puede decir con justicia, el más moderno. Carlos V había introducido el sistema de gobierno por concejos, heredado de sus antepasados borgoñones. Sus sucesores lidiaron, en la administración española, con problemas de gobierno que la mayoría de los estados de Europa no comenzaron a tener sino mucho después. Y, especialmente, respondió a las necesidades de un gobierno colonial a una escala que los demás países no conocieron sino en el siglo XIX. El oro y la plata de América fueron transportados todos los años a Europa por la flota de Indias, y sirvieron para pagar a los bien preparados ejércitos españoles, los *tercios*, que adquirieron la formidable reputación de no haber sido jamás derrotados en la guerra. Entusiasmados con los caballerescos recuerdos de la *Reconquista*, los españoles fueron claramente una raza imperial, con una nobleza cuyo aplomo ganó la admiración de un autor francés: "Se los podría haber llamado Príncipes, así iban de bien compuestos, marchando tan arrogantemente, con tan bella prestancia".

El oro americano respaldaba el dominio español de la economía europea. A pesar de debilidades suyacentes, el sistema económico de España se hizo en este período altamente desarrollado, y el país produjo la primera verdadera escuela de pensamiento económico en Europa, aunque ha sido desconocida por quienes ubican el surgimiento de la economía en la Inglaterra del siglo dieciocho. Esta escuela fue un producto de lo que fue, quizá, el país mejor educado de Europa, con sus cuatro mil escuelas secundarias y treinta y dos universidades para una población de alrededor de ocho millones. A la cabeza estaba Salamanca, una de las tres principales universidades de Europa, que se distinguió por haber hecho revivir la filosofía tomista, por sus teóricos de la economía y por su ilustrado mecenazgo de la ciencia. La cultura general del país estaba a la altura de estos logros. Con Alemán (autor de *Guzmán de Alfarache*) y Cervantes, España dio a Europa el género de la novela. Su teatro rivalizó con el de la Ingaterra de Shakespeare, con Lope de Vega, Quevedo y Calderón como sus estrellas. La gran época de la pintura española comenzó con Velázquez y Zurbarán, a quienes luego se agregó Murillo.

A su muerte en 1598, Felipe II legó la soberanía nominal de los Países Bajos españoles a "los archiduques", Alberto el Pío y su consorte Isabel. Bruselas, asiento del gobierno, se transformó en la capital nacional. Los Países Bajos de aquel tiempo abarcaban un área sustancialmente mayor que la de la moderna Bélgica, que perdió posteriormente territorios a manos de Holanda y de Francia. Con sus ejemplares soberanos, este estado se caracterizó por un catolicismo vuelto a la vida, luego de los tumultos religiosos del siglo XVI. La obra de los jesuítas, cuya provincia llegó a contar 1.700 miembros hacia 1630, fue allí sobresaliente, e incluyó la fundación de la escuela Bollandista de historia. Lovaina fue, con Salamanca, una de las principales universidades de Europa. La fuerza cultural de los Países Bajos está materializada por Rubens (1577-1640), personaje de la alta diplomacia así como de la pintura, cuyos logros como artista habían de perfeccionar el estilo barroco en una síntesis magistral de expresión cristiana y de tradicion clásica. Aunque Amberes perdió su posición del siglo XVI como centro financiero del Continente, la vida económica del país era vigorosa. Igual que la propia España, los Países Bajos dieron ejemplo de un estado católico ubicado a la cabeza de la cultura de la época.

En el renacer del catolicismo, el caso de Francia tiene particular interés, porque constituye el extraño trasfondo de la traición de la Guerra de Treinta Años. En Francia el progreso del calvinismo dio origen a la Liga Católica de 1584, movimiento de celosos parisienses que anticiparon el espíritu jacobino. Cuando el rey de Navarra reclamó para sí el trono en 1589, hubo oradores que incitaron en su contra al pueblo, formaron un Comité de Salvación Pública y grupos de guardias ciudadanos, e instituyeron un régimen democrático que resistió la hambruna y los seis meses de sitio que Enrique IV puso a la ciudad. Fue esta ola revolucionaria, ayudada por la intervención española, lo que impidió que Enrique IV accediera a su capital durante seis años. Su conversión fue un triunfo del cinismo y del *laisser aller*, pero no apagó la llama que se había encendido en el país. Cuando San Vicente de Paul llegó a París, luego después de las guerras, encontró "Santos. Verdaderos santos, en grandes números y por todas partes". Hubo ejemplos de celo religioso, como Madame Arcarie, que tuvo en París un salón espiritual hasta su muerte en 1619. La *Compagnie du Saint-Sacrement*, fundada en 1627, promovió la caridad católica y las misiones, y gozó del apoyo de la reina Ana, consorte de Luis XIII, y de muchos cortesanos. Las Hijas de la Caridad, fundadas por San Vicente de Paul en 1630, fomentaron también el espíritu de las buenas obras católicas entre las señoras aristocráticas.

Sobre todo, ésta fue una época de santos. Francisco de Sales (1567-1622), recuperó del calvinismo, como obispo de Ginebra, a la Alta Saboya y al Delfinado, y ejerció una influencia de alcance nacional. Su *Traité de l'Amour de Dieu*, publicado en 1616, fomentó una ola mística en la aristocracia francesa, y en sus consejos se inspiró un movimiento en favor de que todos tuvieran dirección espiritual. El calvinismo perdió fuerza en la nobleza más elevada gracias a la conversión de algunas figuras notables, como el Mariscal de Lesdiguières y el Duque de la Trémoïlle. El apostolado de San Vicente de Paul (1580-1660) abarcó a la nobleza, al campesinado y a los convictos en las cárceles, y transformó la formación de los sacerdotes en Francia, consiguiendo dirigir once seminarios. El piadoso cardenal de la Rochefoucauld lo tomó como su brazo derecho en su tarea de reformar las órdenes religiosas, y sus consejos permitieron la llegada de un nuevo tipo de obispo a la jerarquía francesa. El cardenal Bérulle (1575-1629), superior de los oratorianos franceses, fue otra gran figura y dirigente de los *dévots*. La multitud de santos canonizados provenientes de este período incluye a San Juan Eudes, Santa Juana Francisca de Chantal, Santa Luisa de Marillac y Santa Juana Lestonnac.

Cuando Luis XIII se hizo efectivamente cargo del gobierno en los años 1620, comenzó una campaña contra el poder de los hugonotes, que se habían atrincherado gracias al Edicto de Nantes de su padre. El Béarn, al que no se aplicaba el Edicto, fue hecho católico a la fuerza. Luego de una revuelta, muchas ciudades hugonotas fueron conquistadas (entre ellas las antiguas fortalezas cátaras de Béziers y de Carcassonne), y por la Paz de Montpellier de 1622 los hugonotes perdieron ochenta de sus fuertes. Otra revuelta llevó, a fines de 1622, a la captura de La Rochelle, la ciudad hugonota más importante, y al sofocamiento de la rebelión en Provenza. El Padre José, capuchino, envió a sus frailes a predicar en las ciudades protestantes recuperadas. En algunos lugares se conquistó a poblaciones enteras en pocos meses, algunos notables pastores calvinistas se hicieron capuchinos, y la nobleza se precipitó a la Iglesia católica. Aunque se mantuvo la tolerancia garantizada por el Edicto de Nantes, el poderío político de los hugonotes quedó destruido. Hacia 1630 las fuerzas políticas y espirituales del catolicismo se habían combinado para rescatar a Francia de su situación de país al borde de la apostasía, como había sido durante cuarenta años.

En el ámbito más amplio de la Contra Reforma, la obra del Concilio de Trento produjo un catolicismo reformado. Desde 1555 los ocupantes de la Santa Sede reinaron sin escándalo, y Pío V (1566-72) fue el único papa declarado santo entre los siglos XIII y XIX. Los seminarios diocesanos decretados por el Concilio prepararon un sacerdocio instruido normalmente en filosofía y teología, como pocos de sus antecesores medievales lo habían hecho. Con Suárez (1548-1617) la Iglesia produjo su pensador sistemático más importante desde Santo Tomás de Aquino. Los estudiosos como Baronius (1538-1607) y Bellarmino (1542-1621) aportaron a la apologética católica una erudición que no había existido, tristemente, durante la primera oleada de la Reforma. Con la ayuda de estas luces, la Iglesia enseñó su doctrina sacramental con una precisión reafirmada por el Concilio de Trento. Su enseñanza se hizo visible en el esplendor del arte barroco, las nuevas iglesias, teatro donde se representó la plenitud de la espiritualidad católica en contraste con la desnudez del discurso protestante. La música sagrada conquistó nuevos territorios con Vitoria y Palestrina. Los jesuítas, la mayor de las Ordenes de la Contra Reforma, transformaron la educación católica, estableciendo en toda Europa un sistema de escuelas para niños varones como no existió nunca en la Edad Media excepto, en menor medida, en Inglaterra[6]. En el siglo XVII, produjeron gran cantidad de los hombres más eminentes de la época, tanto en rango como en genialidad y, debido a su trabajo, la cultura política e intelectual de la época absorbió la expresión más contemporánea de la filosofía y espiritualidad de la Iglesia.

El norte de Italia y la Roma papal conservaron su predominio, porque fue aquí, más que en los campos de batalla de la Reforma, donde se alimentaron los grandes artistas católicos. Roma misma floreció con los proyectos de los papas. Uno de los más grandes de éstos en su obra edificadora fue Pablo V Borghese (1605-21), cuyo nombre está escrito con grandes letras sobre la fachada de San Pedro. Pero la afirmación que quiso hacer de la autoridad papal mediante un interdicto contra Venecia, resultó un fracaso, dañando el nuevo prestigio del cargo. Su sucesor fue

---

[6] Es interesante que los decretos Tridentinos sobre educación, sobre los que se basó el trabajo de los jesuitas, recibieron gran influencia del cardenal Pole, un distinguido producto de la cultura inglesa de la pre-Reforma. Se podría decir que, indirectamente, Winchester e Eton transmitieron al resto de Europa una tradición de educación católica justo en el momento en que se la suprimía en ambos.

Gregorio XV Ludovisi (1621-23), uno de los mejores papas de la era Tridentina, y fue una desgracia para esa época que su reinado resultara tan breve. Políticamente, su celo tomó la forma de generosos subsidios a los gobernantes católicos en el conflicto religioso que se estaba preparando durante su reinado.

La Roma del primer tercio del siglo XVII constituye uno de los mejores ejemplos de una sociedad civilizada guiada por la Iglesia católica. Materialmente, fue una ciudad glorificada por los proyectos de los últimos papas, en que Bernini y Borromini, junto con el deslumbrante pintor de frescos, Pietro da Cortona, crearon espacios arquitectónicos de sobrehumana grandeza. La sociedad que se solazaba en este escenario gozó de una cultura tan vital que desmiente cualquier acusación de cerrazón eclesiástica. Hubo allí mecenas clericales, como el suntuoso cardenal Scipione Borghese, o el cumplido poeta Giulio Rospigliosi, que se convertiría en el papa Clemente IX; pero los cultivadores laicos de la cultura fueron igualmente importantes. La *Accdemia degli Umoristi*, fundada por el noble romano Paolo Mancini, promovió el general regocijo y el ingenio, y fue especialmente devota del teatro. La *Accademia dei Lincei*, fundada por el duque de Acquasparta, tuvo un especial celo por la investigación científica. Florecieron muchos otros *clubs*, haciendo de la investigación, la poesía, el arte y la música cosa normal en la sociedad romana. Algunas figuras como el Cavaliere dal Pozzo, que fomentó el estudio de las antigüedades romanas, o el orientalista Pietro della Valle, que tenía tenía asidua comunicación con el Sha Abbas el Grande, o la bella y joven cantante Leonora Baroni, contribuyeron al brillo cultural de una generación que tiene pocos parangones en la historia europea.

El poder de la civilización católica en Europa se replicó al otro lado de los mares. Las Américas comenzaron a producir sus propios santos y monumentos barrocos. La época de las Reducciones jesuítas estaba en sus comienzos, dando a los nativos una protección frente a los traficantes de esclavos que las autoridades coloniales no podían garantizar. El Sha Abbas de Persia acogió a los capuchinos franceses en su imperio; las misiones jesuítas y capuchinas en Constantinopla alentaron a muchos griegos a estudiar en universidades italianas; y el famoso Faccardino, el Rey druso del Líbano, que había pasado algunos años de exilio en Toscana antes de 1618, acogió también a misioneros y representantes occidentales. En Etiopía se produjo una temporal sumisión de la Iglesia copta a la unidad de Roma, y en el otro lado de Africa hubo un rey católico en el Congo. En el Japón, los misioneros portugueses convirtieron a 300.000 personas antes de que comenzara la reacción pagana en 1616. En China los jesuítas fueron recibidos en la corte, y su predicación produjo 40.000 conversos hacia 1636, ayudados por la flexibilidad de su Orden, que permitió que los ritos de la vida china se incorporaran a la práctica cristiana.

En Europa, los jesuítas fueron pioneros en el campo de la psicología, una especialidad que empezó con San Ignacio, en sus "Ejercicios Espirituales" y en su biografía. El casuísmo jesuíta, con su investigación de motivos en los casos de conciencia, constituyó un importante hilo en el desarrollo de la sutileza psicológica de la época, aunque algunos de sus contemporarios consideraron esos avances demasiado atrevidos. En 1656 Pascal, como portavoz de lo que pasaba por ser modernidad, atacó la laxitud de los jesuítas en nombre del antiguo rigorismo moral, ataque que se caracterizó, en la falsa descripción que hacía de sus oponentes, por una mendacidad muy a la antigua.

Estos logros señalan una época en que la Iglesia católica no sólo caminó al paso de la civilización de aquel tiempo sino que siguió estando a su cabeza. Cualquier observador de la escena europea de 1618, y más todavía de la de 1630, habría comprobado que, a pesar de un siglo de revueltas protestantes, la cultura católica iba inequívocamente en ascenso. Además, la Iglesia no tuvo una presencia residual, sino que guió a la sociedad en las artes, en el pensamiento abstracto, y en las ciencias seculares. Por estas y otras razones, el período Tridentino, que puede verse en plena floración en el primer tercio del siglo XVII, merece ser ubicado entre las grandes épocas de la Iglesia. Si lo comparamos con el apogeo de la Edad Media, vemos, por un lado, más mundanidad, pero también un crecimiento en madurez y discernimiento en todos los ámbitos, especialmente en las artes del período. El impulso hacia el cielo que el gótico materializó en vertiginosos arcos, se expresó ahora en bóvedas y domos cubiertas de frescos, en que la imaginería es siempre gloriosa. Desaparecieron las descripciones del infierno y las *danses macabres* de la imaginería medieval. Lo que esto implica es que el recurrir a los tesoros sacramentales de la Iglesia dirige el pensamiento cristiano hacia la felicidad, más que a los terrores de la muerte. El sufrimiento todavía está presente en los crucifijos, los mártires, y los dolores de Nuestra Señora; pero ya no se apela al temor y al horror sino a la piedad, la simpatía y la reverencia.

Si comparamos la Contra Reforma con el apogeo de la Edad Media, podemos apreciar el enriquecimiento de la vida católica conseguido por ambas épocas. El Concilio de Trento es un gran concilio de enseñanza y de pastoral que se equipara con los de la Edad Media. En el mundo del intelecto y de las artes religiosas encontramos igual universalidad. La Edad Media descubrió a Aristóteles para la filosofía cristiana; la edad Tridentina lo revivió. En ambas épocas surgieron órdenes religiosas de vida vigorosa y nueva vocación. Si la arquitetura gótica encarna cierto desarrollo de la liturgia, la era Tridentina alcanza una expresión madura de la realidad sacramental del culto cristiano. Con estas manifestaciones del genio de la religión católica, este período de la Contra Reforma es merecedor del aprecio que se le tiene como una de las edades de oro de la Iglesia.

LA GUERRA DE TREINTA AÑOS
1. *El primer avance católico*

Entre las ventajas para el catolicismo que los protestantes temían en 1618 que pudieran darse, estaba la muerte del Emperador Matías, sin hijos, y el acceso de su primo Fernando. Como archiduque de Estiria, Carintia y Carniola, Fernando había liderado, desde 1598, la recuperación católica en sus territorios, y se esperaba un celo igual cuando se hiciera cargo del resto del patrimonio Habsburgo. Se temía su acceso al trono especialmente en Bohemia, donde el catolicismo había hecho avances especialmente en la gran nobleza, siendo los Liechtensteins un notable ejemplo. El partido protestante extremo resolvió excluir a Fernando del trono, aun cuando éste ya había sido elegido sucesor y coronado en 1617, y escoger en su lugar a Federico V, elector del Palatinado del Rin, cuya dinastía había sido, durante muchos años, el principal exponente de una agresiva política protestante en el imperio. El alcance adicional de esta elección fue que, siendo el rey de Bohemia un elector imperial, y el único de los cuatro electores laicos que todavía era católico, el acceso de Federico a esa corona daba a los protestantes mayoría en el Colegio Electoral, contra los tres arzobispos de Mainz, Colonia y Tréveris, y se esperaba que, con ello, se pondría fin al control católico del trono imperial, que se había mantenido desde la Reforma.

Los protestantes dieron su golpe de estado en Praga en mayo de 1618. Siguiendo una curiosa costumbre local, defenestraron desde una alta ventana a tres ministros imperiales, cuya supervivencia después de la caída fue considerada un milagro católico; y los Estados de Bohemia eligieron a Federico del Rin como rey. Enardecido con esto, el mundo protestante se levantó en armas contra la amenaza católica. La victoria en Holanda del partido ultra calvinista, ya descrita, fue producto de este movimiento. Saboya y Venecia (políticamente, pero no religiosamente, protestantes) firmaron un tratado contra España, y Venecia formó una alianza con Holanda. En Hungría, Bethlen Gabor preparó un ataque a Viena. En Suiza, los protestantes de la Valtelina llevaron a cabo una matanza de dirigentes católicos, se apoderaron del estratégico paso del valle, y cortaron el "camino español", a través del norte de Italia, Suiza y el Rin, a la guarnición de los Países Bajos. Cuando el emperador Matías murió en marzo de 1619, pareció que el poder de la Casa de Austria se enfrentaba a su ruina.

Pero a partir de aquel momento, los oponentes de los Habsburgos fueron de tumbo en tumbo. Los bohemios se movieron demasiado tarde como para influir en la elección imperial, por lo que Fernando asistió a ella como rey de Bohemia y fue elegido emperador. El proyectado ataque de Bethlen a Viena fue frustrado por una intervención polaca. El elector del Palatinado, después de un reinado en Bohemia que duró un invierno, fue derrotado por Fernando en 1620 en la batalla de Weissen Berg. Además, el ejército español de los Países Bajos invadió el Palatinado y privó a Federico de su propia base; los españoles recuperaron también la Valtelina y reabrieron el camino militar. Bohemia, que había resistido a sus gobernantes durante generaciones, quedó postrada a los pies de su nuevo rey. El Emperador Fernando II comenzó allí la restauración católica, la cual, en unos pocos años, hizo retroceder los avances protestantes y husitas de dos siglos, y se declaró que la corona electiva de Bohemia ahora pertenecía hereditariamente a la Casa de Habsburgo.

En Alemania los príncipes que se habían aprovechado de la crisis siguieron en armas contra el emperador. Los héroes protestantes de la guerra fueron Mansfeld, conocido por su proverbial crueldad con el campesinado, y el príncipe Cristián de Brunswick, cuyo carácter puede inferirse de su apodo "El Loco de Halberstadt", puesto por el principado-obispado de que era administrador. Contra ellos se alzaron las fuerzas de la Liga Católica, dirigida por el duque de Baviera, con el anciano conde Tilly como general; sus tropas marcharon a Austria a suprimir ahí la revuelta protestante. Igualmente efectivo fue el ejército español, bajo el famoso general Spínola. La Unión Protestante se quebró y se dispersó su ejército. En 1622 se completó la conquista del Palatinado con la captura de Heidelberg; la biblioteca palatina fue piratescamente enviada a través de los Alpes como un obsequio al papa. El rebelde Federico fue despojado de su título de elector, que se transfirió al duque de Baviera (miembro menor de la misma dinastía). El Loco de Halberstadt fue sacado de la Baja Sajonia y perdió su obispado, que llegó a manos imperiales. En Hungría, Bethlen Gabor fue eliminado de la guerra. Junto con estos acontecimientos, se reanudó la guerra entre España y Holanda en 1621, con inusitados triunfos para la primera. En 1625, el *annus mirabilis* para España, vio la captura de Breda en Holanda, la expulsión de los holandeses desde Brasil, donde se habían instalado, y el rechazo de un ataque inglés a Cádiz. España pudo imponer un bloqueo terrestre y marítimo a las provincias holandesas que duró casi cuatro años.

Los desastres del partido protestante motivaron la intervención del rey Cristián de Dinamarca, que recientemente había incorporado a su ámbito de influencia varias partes del norte de Alemania. Hasta entonces, el emperador había considerado a la Liga Católica como su apoyo, pero ahora procuró liberarse de la dependencia de ella apelando a su partidario Wallenstein. Este soldado había peleado en la reconquista de Bohemia y se había enriquecido extraordinariamente con esa actividad. Ahora emprendió la formación de un ejército para el emperador a su propia costa, y fue nombrado comandante en jefe. El talento de Wallenstein consistió en resolver el problema del siglo XVII de mantener un gran ejército permanente. Desentendiéndose de frivolidades como impuestos y concesiones parlamentarias, exigió tributo a punta de espada a los territorios en que acampaba. Hacia 1630 tenía 150.000 hombres bajo su mando, un gran ejército para la época, y atrajo a los mejores oficiales de Europa por las ricas recompensas que ofrecía. Luego de tres años de entrar en la guerra, derrotó a Mansfeld, expulsó a los daneses de Alemania e invadió la Dinamarca continental. Sus triunfos produjeron ganancias para el emperador en la Alemania del norte que nadie hubiera imaginado setenta años antes. Magdeburgo y Bremen, los dos principados-obispados que habían caído en manos protestantes, fueron en principio recuperados para la Iglesia. El primero fue asignado en 1628 al hijo menor del emperador, quien también recibió el derecho de sucesión a Bremen. Varios príncipes que se habían alzado contra el emperador compartieron la suerte del elector Palatino: los duques de Mecklenburgo (un par de hermanos) y el margrave de Baden-Durlach fueron despojados de sus estados. Mecklenburgo fue entregado a Wallenstein como recompensa por sus servicios, y se impuso tratados de sumisión al Ducado de Pomerania y al Electorado de Brandenburgo, cuyo atemorizado gobernante intentó congraciarse designando un primer ministro católico. Estos tres grandes estados protestantes constituían toda la región báltica de Alemania, que vino a quedar puesta firmemente bajo la influencia del emperador.

Revestido de este poder sin precedentes, Fernando II buscó revertir setenta años de debilidad imperial y poner en vigencia el Tratado de Augsburgo, por el que Carlos V había puesto fin a la primera serie de guerras de religión. En marzo de 1629 Fernando promulgó el Edicto de Restitución, ordenando que se devolviera a la Iglesia todas sus propiedades -tanto principados imperiales como monasterios e iglesias comunes- de que los protestantes se habían apoderado violando el tratado. Esto no fue un regreso al *statu quo* anterior a la Reforma: la fecha obligatoria límite del Tratado de Augsburgo había sido 1552. El botín logrado por toda una generación anterior habría de quedar en manos protestantes, por cuanto su adquisición fue legitimada por Carlos V al firmar la paz. El principio aplicado por el emperador había sido la restitución de la legalidad; pero las implicancias del Edicto fueron dramáticas. Cinco importantes principados-obispados debían ser restituidos, incluidos Bremen y Magdeburgo, lo que incrementaría enormemente el poder católico en el norte del Alemania[7]. El Ducado de Württemberg debía devolver catorce grandes monasterios y treinta y seis conventos, con todas sus tierras. Los ducados de Bruswick reunidos debían devolver una cantidad casi igual. Más o menos quinientas propiedades monásticas y de otro tipo en toda Alemania debían volver a la Iglesia. Y la restitución se hizo efectiva. Su víctima más desgraciada fue la ciudad de Augsburgo, que se había vuelto protestante en 1552, de la cual se expulsó a ocho mil ciudadanos luteranos. Pero los protestantes de Alemania, cuyo poder había paralizado la constitución imperial durante décadas, a duras penas podían ahora quejarse.

2. La traición de Francia

El avance del poder católico continuó en los meses siguientes al Edicto. Los oponentes de los Habsburgo fueron quitados de en medio por la muerte de Mansfeld, "El Loco de Halberstadt", Bethlen Gabor y el duque de Saboya, que había querido apoyar a los rebeldes de Praga. En julio de 1630, el emperador Fernando II quiso coronar su creciente poder llamando a un Congreso Electoral para elegir a su hijo de veintidós años como rey de los Romanos, título otorgado al sucesor del emperador; con ello se evitaría otra elección a su muerte. Y fue aquí donde la traición religiosa de Francia dio su primer golpe efectivo; golpe ideado, además, por un príncipe de la Iglesia católica.

El cardenal Richelieu había sido nombrado primer ministro por Luis XIII en 1624. Con anterioridad, la direccion de la política francesa había estado en manos del favorito real Luynes, hasta la muerte de éste, y de la reina madre, María de Medici, una mujer tonta pero devota de los intereses de su Iglesia. Estas influencias hicieron que Francia apoyara activamente a los Habsburgo tras la Defenestración de Praga. Cuando Richelieu se instaló en su cargo, sin embargo, comenzó una nueva línea de acción. La visión que el cardenal tenía de la moral política se expresa en su adagio "la probidad de un ministro público no exige una conciencia temerosa o escrupulosa", y ofreció al rey escoger entre la "razón de estado" y la política de los *dévots*, que querían que Francia desempeñara su papel de país católico en el conflicto religioso de Europa.

---

[7] Peter Wilson (*op. cit.*) considera el Edicto de Restitución como una torpeza de parte del emperador, motivada por el fanatismo jesuita. Wilson no toma en cuenta que la recuperación de los obispados del norte era un corolario estratégico natural de las conquistas imperiales en aquella parte de Alemania. La opinión de Wilson está en la tradición de quienes piensan que las acciones católicas son extremistas, en tanto que las rebeliones protestantes y las invasiones danesas, suecas o francesas son acontecimientos naturales.

El propósito indeclinable de Richelieu fue exaltar el poder de Francia y de su monarquía, y cuando llegó a su cargo se vio enfrentado a grandes dificultades para conseguirlo. En lo relativo a la posición estratégica, las fronteras de Francia eran débiles, con España atrincherada en los Países Bajos y en el Franche-Comté, y el Ducado de Lorena balanceándose caprichosamente entre Francia y los Habsburgo. En lo que toca al poder de la Corona, existía la tradición feudal de las provincias francesas, la turbulencia de la nobleza, y la posición de los hugonotes como un privilegiado estado dentro del estado. Richelieu se vio obligado en los primeros años de su ministerio a preocuparse de la más seria de estas debilidades, la revuelta de los hugonotes. Incluso se vio lanzado en brazos de sus enemigos durante un tiempo, cuando el atolondrado Buckingham hizo a Inglaterra entrar en guerra simultáneamente con Francia y España. Las consiguientes necesidades impidieron que Richelieu hiciera mucho daño a la causa católica en Europa. Es verdad que formó una alianza con Holanda, que en Italia invadió la Valtelina para cortar de nuevo el "Camino Español", que respaldó la reivindicación de Mantua por el duque de Nevers contra los intereses de España, y que cruzó los Alpes para tomar plazas fronterizas para Francia; pero esas acciones no tuvieron mucha repercusión en el campo de batalla religioso de Alemania. Fue el Congreso Electoral de 1630 lo que le hizo posible a Richelieu dar un primer gran golpe a la recuperación católica.

Cuando los electores se reunieron en Ratisbona en julio de 1630, Richelieu envió a su éminence grise, el muy político capuchino Padre José, para organizarlos en contra de los planes del emperador, y para trabajar tuvo al alcance material bien dispuesto. El arzobispo Wambold de Mainz era un anti-imperio que dirigía la moción para pedir la destitución de Wallenstein. El arzobispo Sötern de Tréveris prontamente se vendió a Francia por una pensión de 36.000 libras. El duque de Baviera, a pesar de haber recibido recientemente del emperador la dignidad electoral, estaba resentido por el eclipse de su Liga Católica causado por el ejército de Wallenstein. Todos se unieron para pedir la destitución de este "Señor de la Guerra", y el emperador cedió. Con esa concesión, el emperador perdió al único general efectivo que tenía y a todo su ejército (puesto que nadie sabía cómo pagarlo, gran parte de él se desbandó, y el resto lo incorporó Tilly al ejército de la Liga Católica); lo que logró a cambio fue el fracaso de su intento de ganar la elección de su hijo. Como telón de fondo de este colosal mal manejo, podemos ver que mientras sus hermanos monarcas tenían a su servicio a un Richelieu, a un Olivares, a un Strafford y a un Oxenstjerna, Fernando en Viena estaba rodeado de mediocridades.

Pero lo peor estaba por venir. Gustavo Adolfo de Suecia había proseguido con su *vendetta* militar contra Polonia, pero en 1629 sufrió un revés en Honigfelde, y se retiró a Suecia a lamer sus heridas. Alarmado por la derrota de Dinamarca, resolvió entonces entrar en Alemania como salvador de la causa protestante. Llegó con su ejército a Pomerania en julio de 1630, pero durante meses quedó confinado a la costa por una fuerza imperial superior. Richelieu entonces proporcionó al rey un subsidio de 400.000 thalers (£ 80.000 en moneda inglesa contemporánea) para hacerle posible continuar su campaña. Wallenstein, desde su Ducado de Mecklenburgo, habría estado en la posición ideal para hacer retroceder a Gustavo Adolfo hasta el mar, pero su destitución hizo esa acción imposible y, lo que es peor, lo convirtió en un intrigante del rey sueco. En enero de 1631 Gustavo Adolfo rompió el cerco de Stettin y comenzó a devastar Pomerania y Brandenburgo, forzando a sus príncipes a abandonar la alianza con el imperio. Fue esta invasión lo que dio comienzo a la verdadera agonía de Alemania. Es una convención historiográfica hablar de "la Guerra de Treinta Años", que trata todos los acontecimientos ocurridos entre 1618 y 1648 como una sola secuencia; pero para los alemanes de aquel tiempo "la guerra" fue un conflicto exterior que comenzó cuando los suecos invadieron su país. Gustavo Adolfo trajo consigo un nuevo método de hacer la guerra: su flexible infantería y las tácticas de su caballería barrieron con las pesadas formaciones del pasado, y fue el primero en emplear una auténtica artillería de campo, en contraste con las armas de fuego diseñadas para sitiar que se había empleado hasta entonces en el campo de batalla. Además, fue implacable en sus exigencias; formó su ejército por conscripción en lugar del acostumbrado alistamiento de mercenarios de la época, y sus altos impuestos de guerra provocaron motines y rebeliones todos los años en el campesinado sueco.

En Breitenfeld, en septiembre de 1631, Gustavo Adolfo, en alianza con Brandenburgo y Sajonia, infligió una aplastante derrota a la Liga Católica comandada por Tilly, la primera gran victoria de los protestantes en la guerra. El rey tenía ahora 80.000 hombres bajo su bandera. Dejando de lado los fines estratégicos más obvios de atacar al emperador, o de dar el golpe de gracia a Tilly, se dio el gusto de dedicarse a saquear a la Iglesia católica. Así, invadió el valle del Main, donde los tres obispados de Bamberg, Würzburg y Mainz formaban un cinturón continuo de siete mil millas cuadradas que cruzaba el centro de Alemania. Las extorsiones que practicó aquí Gustavo Adolfo dejan a Wallenstein como un filántropo. Los terratenientes católicos fueron expropiados y los obispados fueron trinchados en feudos para los mariscales del rey. Llegado el invierno, ya estaba en Mainz; saqueó la biblioteca del elector e impuso a un obispo luterano en la sede primacial de Alemania. El obispo Wambold, exiliado en Colonia, descubrió que había cosas peores que el poder imperial. En

Mainz y alrededores, la devastación que los suecos infligieron a Alemania se dio en una escala diferente de las acciones esporádicas de la década anterior. En 1631 un oficial escocés al servicio de los suecos, escribió lo siguiente al entrar en los obispados de Main: "No hay ningún país en Europa comparable a Alemania en fertilidad, riquezas, trigo y vino, comercio terrestre, agradables ciudades, hermosos edificios, exquisitos huertos, bosques y sembradíos, civilidad tanto en el campo como en las ciudades". Cuatro años después, William Crowne, viajando con el embajador inglés, se encontró con una total devastación. En Mainz el pueblo estaba tan debilitado por el hambre que apenas podía arrastrarse a recibir las limosnas que se le daba, y en Bacharach, "se encuentra muertos a los pobres con pasto en la boca"[8].

Gustavo Adolfo se presentó como el campeón de las libertades de Alemania. Lo que entendía por ello queda claro en sus declaraciones: "Cuando un Elector pueda instalarse tranquilamente como Elector en su propio territorio, y un Duque sea un Duque y tenga sus libertades, estaremos seguros". Tales sentimientos no pueden menos que sugerir cuánto se ha desconocido a este gobernante como pionero del pensamiento democrático. Los príncipes de Alemania, que se habían ocupado en privar a sus súbditos de los derechos, especialmente en materia de religión, que ellos mismos exigían al emperador, encontraron que este libertador calzaba perfectamente con sus deseos. El rey no se preocupó de ocultar sus planes de anexión; estaba dispuesto a restituir el Palatinado al Elector Federico, pero sólo como vasallo suyo. Los constitucionalistas que habían denunciado el renacimiento del poder imperial, enfrentaron, sin alterarse, la perspectiva de que grandes áreas de Alemania quedaran sujetas al dominio sueco.

Con los príncipes alemanes como aliados, Gustavo Adolfo revirtió los recientes triunfos imperiales. En abril de 1632, Tilly fue nuevamente derrotado en Rain y herido mortalmente. La cadena de desastres obligó al emperador a llamar de nuevo a Wallenstein, quien tomó de nuevo, rápidamente, la iniciativa; después de forzar a Gustavo Adolfo a retroceder, lo enfrentó en noviembre en Lützen, donde el rey murió en la batalla. En este momento de su historia de la guerra, C. V. Wedgwood interrumpe la narración para pronunciar un emocionante panegírico de Gustavo Adolfo, en que dice que "había hecho tocar las campanas de un extremo a otro de Alemania, había colmado los corazones de gratitud y los ojos de lágrimas"[9]. Habría que precisar que no de un extremo al otro de Alemania; no, por ejemplo, en Brandenburg-Culmbach, donde

---

[8] J. P. Cooper, *New Cambridge Modern History*, Vol. 4 (Cambridge University Press, 1970), p. 345.
[9] C. V. Wedgwood, *The Thirty Years' War* (JonathanCape, 1938), p. 329.

los campesinos protestantes -cosa que no menciona Wedgwood- fueron masacrados luego de que se rebelaran contra las exacciones de los suecos; ni tampoco en Mainz, donde en cuatro años de ocupación sueca la ciudad perdió dos quintos de su población, tres quintos de su riqueza y un cuarto de sus casas; ni tampoco en lugares, sí mencionados por Wedgwood, en que "las aldeas y conventos fueron incendiados, se torturó y mató a sacerdotes, monjes y burgueses en Fürstenfeldt, Diesen, Benediktbeuren y Ettal", y donde Gustavo Adolfo "devastó como nadie había devastado antes en aquel conflicto, porque devastó sistemáticamente para destruir los recursos de sus enemigos"[10]. También se podría decir que sin duda sonaron las campanas y los corazones rebosaron de gratitud entre los católicos de los Países Bajos en el siglo XVI, a quienes el Duque de Alba rescató de las depredaciones calvinistas; pero parece que es sólo en la tradición historiográfica protestante que se puede desvergonzadamente describir a un conquistador despiadado como héroe de la religión[11].

3. *El segundo avance católico*

A la muerte de Gustavo Adolfo, su corona fue heredada por Cristina, su hija infante, pero su país no abandonó la guerra. El poderoso ministro Oxenstjerna, confiando en que se seguirían pagando los subsidios franceses, pudo cumplir los objetivos de su señor anterior con la misma pericia y con la misma política de devastación. La política de Oxenstjerna, así como la de Gustavo Adolfo, fue obtener en el imperio grandes ganancias territoriales para afirmar el dominio sueco. Para entonces toda Alemania estaba unida en un sincero deseo de paz y de odio a los intrusos, pero la combinación de Oxenstjerna con Richelieu permitió que la guerra continuara, ya no como un conflicto entre dos partidos alemanes, sino como una guerra de conquista por Francia y Suecia.

Una segunda cadena de derrotas de la causa católica había comenzado en 1628, cuando el almirante holandés Heyn dio el golpe de capturar la flota de Indias entera en su viaje de América a España. Con esta bonanza, los holandeses formaron un enorme ejército y, en los dos años siguientes, ganaron victorias que hicieron colapsar el bloqueo español de Holanda.

---

[10] Ibid., p. 330.
[11] El punto de vista representado por C. V. Wedgwood es analogado en obras más modernas. En el artículo sobre historia alemana en la actual *Encyclopaedia Britannica*, el autor retiene la prominencia dada en la propaganda protestante a la captura de Magdeburgo por Tilly en 1631, describiendo a sus víctimas como "despedazadas" (la mayor parte murió por un incendio descontrolado), en tanto que pasa por alto las atrocidades suecas en la guerra. Vale la pena destacar que si no hubiera sido por la invasión de Alemania por Gustavo Adolfo y, especialmente, su promesa incumplida de ir en ayuda de Magdeburgo, la tragedia de aquella ciudad no hubiera tenido lugar.

Los holandeses recibían también un subsidio de un millón de libras al año de parte de Francia, que se elevó a tres millones en 1634. Las fuerzas españolas fueron expulsadas del noroeste de Alemania, y con la muerte de Spínola no hubo ya quién repitiera las victorias que habían caracterizado a los años 1620.

El efecto de estos acontecimientos fue que, a fines de 1632, la perspectiva de los católicos de Alemania era muy diferente de lo que había sido a mediados del verano de 1630. La batalla de Lützen había sido una victoria para los suecos, a pesar de la muerte de su rey, y dio un golpe duradero a la magistral competencia que les hacía Wallenstein. En 1634, después de perder el apoyo del emperador, Wallenstein fue asesinado. Sin embargo, la fortuna de los católicos se recuperó gracias a dos vástagos de la línea Habsburgo, los dos Fernandos. El primero fue el heredero imperial que no había podido ganar la elección como rey de los Romanos en 1630. El otro fue un hermano del rey español, el cardenal infante, quien a fines de 1632, fue nombrado gobernador de los Países Bajos españoles, donde obtuvo gran apoyo[12] y se reveló pronto como uno de las grandes comandantes militares de Europa. Después de dos años de campaña con diversa fortuna, los dos Fernandos enfrentaron a los suecos en Nördlingen en septiembre de 1634, y les infligieron una derrota que destruyó el poder sueco en Alemania.

Este contratiempo forzó la mano de Richelieu: hasta aquí su país había subsidiado a los protestantes mientras él se mantenía ostensiblemente neutral; pero la derrota de Suecia obligó a Francia a hacer abiertamente la guerra, para que la liga contra los Habsburgo no colapsara. Las fuerzas francesas se apoderaron ahora de Alsacia, cuyo sometimiento a Francia data de ese año. Pero siguieron pocos otros éxitos. En 1635 fracasó una invasión franco-holandesa de los Países Bajos españoles. El emperador firmó la paz con Sajonia y Brandenburgo y obligó al landgrave de Hesse-Castell a exiliarse. El elector de Tréveris, a quien los franceses habían tenido en el bolsillo, fue hecho prisionero del imperio. Los suecos fueron forzados a retirarse a Pomerania y obligados a mantenerse con dificultad en la costa. En 1636 se produjo un pánico en Francia al avanzar el ejército de Felipe IV sobre París, mientras la revuelta de los crocantes estremecía al país en el interior. La armada española mantuvo el control de la costa de Provenza. El hijo del emperador, derrotado en 1630, logró su objetivo de ser elegido rey de los Romanos. Cuando en 1637 subió al trono como emperador, continuó la buena suerte de los Habsburgo. Los suecos fueron una vez más rechazados hacia el Báltico. Si Richelieu

---

[12] Los Países Bajos habían vuelto al dominio español después de la muerte de Alberto el Piadoso en 1621.

hubiera muerto durante los años 1633-38, Francia probablemente habría logrado una paz desfavorable, la causa católica habría resultado de todos modos victoriosa, aunque con un costo para Alemania mucho más alto que si la ambición sueca no hubiera invadido el país.

4. El colapso del poder de los Habsburgo

A fines de 1638, la fortuna comenzó nuevamente a volverse en contra de los Habsburgo. El siguiente año tuvo lugar una fatal derrota, en la batalla de Las Dunas, en que la flota holandesa destruyó la española, que transportaba soldados a los Países Bajos. Este desastre significó para Olivares el término de sus posibilidades de extraer impuestos de los territorios no castellanos de España: en 1640 estallaron rebeliones en Cataluña y en Portugal. El cardenal infante murió con poco más de treinta años, en el momento en que Francia comenzaba a producir grandes comandantes, como Condé y Turenne. Los últimos años de la guerra fueron una cadena de derrotas para la causa de los Habsburgo, mientras Alemania era devastada una y otra vez. Richelieu murió en diciembre de 1642, pero ya había hecho suficiente. El año siguiente tuvo lugar la batalla de Rocroi, en que los franceses tuvieron su primera victoria sobre el ejército español en los Países Bajos, acabando con la reputación de invencibles de los *tercios*. Olivares ya había renunciado a su cargo, desesperado por la ruina del poder de su patria. Tratando de mantener la integridad de su imperio, España reconoció la independencia de la República Holandesa. Francia y Suecia comenzaron a moverse hacia la Paz de Westphalia, en que hicieron carroña del cuerpo desmembrado de Alemania. Francia recibió Alsacia, junto con las fortalezas renanas de Breisach y Philippsburgh; en anticipación de lo que sucedería en 1919, la ribera derecha del Rin fue desarmada. Suecia, con 100.000 hombres acuartelados en Alemania, demostró ser todavía más rapaz: se anexó el Ducado de Pomerania y los ex obispados de Bremen y Verden, con lo que controló las bocas del Oder, del Elba y del Weser, obteniendo con ello una posición dominante en Alemania del norte, que retuvo hasta comienzos del siglo XVIII. Junto con esto, exigió una indemnización de cinco millones de táleros antes de retirar sus tropas del país. Francia y Suecia reclamaron el derecho a tener representación permanente en la Dieta Alemana, que se transformó en instrumento para paralizar al imperio. Sometida a esta hegemonía, Alemania dejó de existir salvo como una colección de despotismos principescos, cuyo poder local contrastó con la inanidad del título imperial. En cuanto al costo humano de la guerra, se dio en una escala nunca antes vista. Se cree que la población de Alemania disminuyó en una quinta parte. Algunos territorios, como Mecklenburg,

Pomerania y Württemberg, perdieron la mitad de su población; fue una devastación de la cual el país se demoró dos generaciones en reponerse.

LA IMPORTANCIA DE LA GUERRA DE TREINTA AÑOS

La intervención franco-sueca cambió el curso de la historia católica e hizo del conflicto iniciado en 1618 una "guerra de treinta años". En 1629 el imperio había sufrido, en efecto, dos guerras limitadas, la primera causada por la usurpación, por parte del elector del Palatinado, del trono de Bohemia, y la segunda, por la invasión danesa; y muy pocos príncipes alemanes se habían levantado en armas contra su soberano. A partir del Edicto de Restauración, el país estuvo en paz durante casi dos años, bajo el firme control del emperador. Si esa victoria hubiera sido permanente, Alemania se habría unificado dos siglos antes de la unificación impuesta por Prusia y con condiciones más suaves, ya que los objetivos de Fernando no eran despóticos, como se le ha imputado. Ningún príncipe perdió sus tierras, salvo el caso de rebelión contra el emperador, y ningún estado vio afectada su independencia, a no ser para hacer regir el Tratado de Augsburgo. No se perturbó las prerrogativas casi soberanas de los príncipes protestantes, pero, con el paso del tiempo, a medida que Alemania recuperaba una vida auténticamente nacional, hubieran tenido indudablemente que admitir su influencia y suavizar la intolerancia de sus regímenes religiosos. La Alemania así unificada hubiera sido, moralmente, un país católico, porque el ímpetu de la Contra Reforma había creado ahora una Iglesia vigorosa, dirigida por buenos obispos y con activas órdenes religiosas. Tal habría sido, en 1629, el curso natural de la historia alemana. El hecho que esto no sea, por lo general, reconocido, y que esta perspectiva sea vista con desagrado, es un ejemplo del sesgo anti-católico que ha sido una característica de la cultura occidental durante los últimos siglos. Si, en cambio, Francia y Rusia hubieran intervenido después de las dos guerras de Bismarck de 1864 y 1866 y se hubieran pasado diecisiete años pisoteando Alemania, es improbable que esa intervención fuera considerada como un bienvenido modo de escapar a la unificación, que es como se suele considerar el intento de recuperación de la autoridad imperial en Alemania en el siglo XVII.

El factor esencial en el fracaso de ese intento fue la acción de Richelieu. Este llegó al poder en el momento en que los católicos estaban triunfando en Alemania, y vivió justo lo necesario para arruinar el triunfo. La enormidad de sus acciones quedó más a la vista para sus contemporáneos que para la posteridad. La *razón de estado* del ministro escandalizó a los católicos sinceros, como el cardenal Bérulle, a quien Richelieu trató de silenciar cuando pedía apoyo para los Habsburgo, o la Reina madre, a quien desterró de la corte en 1631, o el confesor del Rey, el P. Caussin, a quien exilió en 1637, o el abbé de Saint-Cyran, a quien encarceló el año siguiente. Cuando este crítico murió en prision, fue propuesto como santo jansenista por las monjas de Port-Royal, de quienes había sido capellán; pero la causa de su encarcelamiento había sido sólo su apoyo a la oposición a Richelieu por su política exterior.Y así, el movimiento jansenista, que iba a dividir a Francia a fines del siglo XVII, tuvo parcialmente su origen en el escándalo de los creyentes estrictos con el cinismo del catolicismo nacional del cardenal.

La traición de Richelieu fue el fundamento de la hegemonía de Francia en Europa, pero tuvo un alto costo. Los impuestos aumentaron cuatrocientos por ciento durante sus guerras, lo que casi provocó hambruna en el campesinado; hubo reiteradas rebeliones durante los años de guerra, que fueron seguidos por las *Frondes* de 1648 a 1653, levantamientos que probaron que el objetivo de Richelieu de asegurar el poder real no se había cumplido. Tal vez lo hubiera hecho mejor si, para lograr sus fines, se hubiera concentrado en el fortalecimiento interior del país y de la Corona.

En la misma Francia, los objetivos profanos de Richelieu implicaban el aplastamiento de los mejores espíritus de la Iglesia de su época; pero ello fue sólo una pequeña parte del mortal golpe que le dio a la recuperación del catolicismo en Europa. Lo que Richelieu hizo imposible con su traición religiosa no fue sólo una victoria política en Alemania. Una comparación con el siglo XVI mostrará la diferencia. En la Guerra de Esmalcalda (1546-7) Carlos V obtuvo una decisiva victoria sobre los protestantes alemanes; luego Enrique II de Francia, en una perfecta anticipación de las acciones de Richelieu, le declaró la guerra y anuló sus ganancias. Pero si Francia no hubiera intervenido, la conquista católica en aquel momento hubiera sido meramente política; la Iglesia no estaba en absoluto en situación de sacar ventajas espirituales de ella. A comienzos del siglo XVII la situación era diferente. La Iglesia católica estaba por todas partes en la plenitud de la reforma; sólo necesitaba que se suprimieran las barreras políticas que los reyes y príncipes habían alzado contra ella en sus años de decadencia. Incluso sin tomar en cuenta los ambiciosos proyectos de Wallenstein antes de ser destituído en 1630, los efectos de la victoria imperial en Alemania hubieran sido extensos; una Alemania unida, conducida por católicos, hubiera alterado decisivamente el equilibrio de poder en Europa. Se puede vislumbrar lo que hubieran sido las consecuencias religiosas observando el curso de los acontecimientos en Polonia y Hungría, donde el protestantismo, después del dominio que alcanzó en el siglo XVI, declinó en los siguientes doscientos años hasta llegar a una posición secundaria. Hay que advertir también el destino de los monarcas que abrazaron el catolicismo en la segunda mitad del siglo

XVII: Cristina de Suecia fue obligada a abdicar; Carlos II de Inglaterra quiso convertirse pero no pudo hacerlo sino en su lecho de muerte; Jaime II perdió su trono; varios príncipales alemanes se convirtieron, incluyendo al Duque Juan Federico de Hanover, tío de Jorge I de Inglaterra.

Los que no reconocen la oportunidad que tuvo la Iglesia en el siglo XVII no entienden la naturaleza de la Guerra de Treinta Años como punto de inflexión de la historia católica. Incluso encontramos historiadores que describen esa guerra como una victoria de la Contra Reforma. Tal es la visión de mentes para quienes es natural que la Iglesia católica fracase, y que se sorprenden de que tenga en absoluto cualquier éxito. Se trata de una visión modelada por la experiencia moderna, por la secuencia de reveses que ha constituído la historia católica desde aquel revés decisivo. Pero hasta aquel momento, la suerte de la Iglesia en sus dieciséis siglos apuntaba en otra dirección. Habían sido siglos en que la Iglesia convirtió en victorias cada una de sus derrotas, precipitó en el olvido las herejías arriana y cátara, rechazó la marea del Islam en Europa, ganó nuevos mundos al otro lado del océano, y desplegó, todavía a comienzos del siglo XVII, su capacidad de conducir y vivificar la civilización de su época. La Iglesia que hemos visto desde entonces es una que ha perdido una gran porción de su poder en los asuntos humanos.

II.

EL LAMENTABLE CASO DEL PAPA URBANO VIII

Mientras un príncipe de la Iglesia traicionaba los destinos católicos de Francia, ¿cuál fue la postura del papado? Llegamos aquí a la segunda de las monstruosidades que desviaron la historia en el siglo XVII, al doble accidente que simultáneamente dio a la Iglesia un cardenal que repudió los deberes religiosos de su país y un papa que traicionó su misión de ser voz de la conciencia católica.

En 1623, en la época en que la victoria imperial comenzaba a ser clara en Alemania, el florentino Maffeo Barberini fue elegido al trono papal, y tomó el nombre de Urbano VIII; habría de reinar hasta 1644 y ver, casi hasta su consumación, la ruina de la causa católica. Barberini fue hombre de gran habilidad y confianza en sí mismo, estudioso y poeta, sensible a las mejores tendencias intelectuales de su época. Dispuso que los documentos papales se escribieran en un pulido latín formalmente retórico en lugar del estilo eclesiástico que había prevalecido hasta entonces. Demostró ser un espléndido mecenas de las artes, empleando a Bernini y Borromini, cuyas impresionantes creaciones en la ciudad papal expresan la renovada autoconciencia católica de la época.

Urbano VIII estaba bien preparado para ser un buen gobernador de la Iglesia, conocedor de la doctrina y de la práctica; revisó el breviario y dio su forma final a la bula *In Coena Domini*; dio comienzo al trabajo de la Congregación *De Propaganda Fide* que su predecesor había planeado, complementándolo con el *Collegium Urbanum* para la preparación de misioneros, y aprobó varias congregaciones religiosas nuevas, como los Lazaristas de San Vicente de Paul.

Pero Urbano fue, además, un hombre de sobredimensionada auto imagen, sometido a las más mundanas debilidades de sus predecesores. Su gusto por el sonido de su propia voz dio ocasión a que un dignatario dijera, a la salida de una reunión con él, "Acabo de conceder una audiencia a Su Santidad". Fue durante su reinado que los consistorios dejaron de ser reuniones consultivas con los cardenales, iniciándose la convención de que sólo el papa hablara en ellos. Ello no se debió a ningún concepto mezquino de la dignidad que debe acompañar a la sagrada púrpura: en 1630 el papa Urbano concedió a los cardenales el tratamiento de "Eminencia" (hasta entonces se usaba "Reverendísimo e Ilustrísimo señor"), y les ordenó no ceder precedencia sino a los príncipes reales.

Al mismo tiempo, de modo incongruente con sus reivindicaciones como purista canónico, Urbano era un devoto de la astrología, y se deleitaba con las pruebas de que su pontificado era auspicioso, pero se aterró, inversamente, con un eclipse de sol en 1628. Una de sus diversiones era averiguar el horóscopo de sus cardenales, con predicción de sus muertes, pero no le hizo gracia cuando las mismas artes se le aplicaron a él, y reaccionó prohibiendo el uso de horóscopos, especialmente los relativos al papa. Su principal astrólogo fue el dominico Fra Tommaso Campanelli, que acostumbraba a celebrar sesiones para él en el Vaticano; pero el papa se volvió luego en su contra y lo silenció sometiéndolo a un juicio en la Inquisición.

Además de todo esto, Urbano VIII Barberini promovió durante su pontificado la práctica, hasta entonces poco conocida, de emplear *castrati* en los coros, haciendo caso omiso de los juicios de los teólogos morales que condenaban la castración de niños en pro de una carrera de cantantes. El papa dio así impulso a una costumbre que equiparaba a la Roma papal del siglo XVII con la exhausta decadencia de la corte bizantina.

Otro de los gustos de Urbano VIII quedó en evidencia con sus proyectos militares, con los que dio a los estados papales su aspecto más marcial desde el belicoso reinado de Julio II. Hizo aumentar en 40.000 hombres el ejército pontifical y lo dotó con 130 piezas de artillería; hizo fortificar de nuevo el Castel Sant'Angelo, construyó otras seis fortalezas con un alto costo, amplió una fábrica de armas en Tivoli, y acomodó un arsenal para 80.000 hombres bajo la Biblioteca Vaticana. A fin de obtener bronce para forjar ochenta nuevos cañones, saqueó las puertas de la iglesia de Sant'Adriano y las vigas del Panteón, reliquias de la antigua Roma, acción que hizo que su erudito médico acuñara un epigrama: *"Quod non fecere barbari, fecere Barberini"*.

Las edificaciones y obras artísticas de Urbano VIII fueron realizadas a escala magnífica. Construyó Castel Gandolfo como casa de descanso de los papas, que continúa hasta hoy. Consagró la recientemente terminada basílica de San Pedro y erigió el baldaquín diseñado por Bernini. Este mismo arquitecto construyó una espléndida fuente en la Piazza Barberini. Un escritor ha comentado que las abejas heráldicas que revuelan podrían entenderse como símbolo de la tendencia de la familia a cosechar la dulzura de las flores ajenas.

Porque, en efecto, el rasgo más estridente del reinado de Urbano fue su nepotismo, que llevó a nuevos excesos la costumbre de los papas de elevar sus familias al poder. El primer paso de Urbano, de conferir el cardenalato a su sobrino Francesco, de veintiséis años, se mantuvo dentro de los límites normales de la práctica papal. Francesco era un hombre cultivado y un poeta, que habría de recibir a Milton durante la visita de éste a Roma en 1638; salvo por su falta de habilidad para los negocios, remediada ampliamente por su tío, Francesco estaba bien preparado para asumir la posición del "sobrino cardenal", en quien los papas reinantes habitualmente se apoyaban. Un año más tarde, Urbano elevó a la púrpura a su propio hermano Antonio, un devoto franciscano que demostró ser perfectamente digno del oficio. El asunto se hizo menos respetable cuando, en 1627, el papa hizo ingresar al Sagrado Colegio a un tercer miembro de su familia, Antonio Barberini el Joven, de veinte años. Urbano ya había favorecido a su sobrino al concederle seis encomiendas de la Orden de Malta, burlando las expectativas de caballeros que se habían merecido esas recompensas batallando contra los turcos. En 1633, el papa creó para Antonio la rica bailía de San Sebastián en la misma Orden; según su bula de fundación, había de ser herencia de la familia Barberini, norma que el papa aseguró con indecente previsión, concediendo que pasara, si faltaban herederos legítimos, "a los hijos ilegítimos, como quiera que hayan nacido, incluso de incesto o de cópula con sacerdotes o religiosos... o de cualquier coito que pueda ocurrir por fragilidad humana y permiso de Dios".

Los miembros laicos de la familia Barberini recibieron una lluvia de prebendas. Carlos, hermano del papa, se convirtió, de la noche a la mañana, de comerciante en paños en Capitán General de la Iglesia y en uno de los principales miembros de la nobleza romana. El amplio Palacio Barberini, construído velozmente, consolidó a perpetuidad la grandeza de la familia. Cuando la línea de los duques de Urbino se extinguió en 1631, el papa concedió el cargo de prefecto de Roma, que había sido derecho hereditario de los duques, a su sobrino Tadeo, que había para entonces sucedido a Carlos; la transferencia de este oficio, que llevaba aneja la más alta precedencia en la nobleza romana, desde las manos de una casa de duques reinantes a las de un recién llegado florentino, fue considerada un extraordinario abuso, como lo fue también la exorbitante riqueza reunida por varios Barberini laicos y eclesiásticos. Estos excesos motivaron a un escritor a decir que el nepotismo papal anterior "habían sido sólo las vísperas: la verdadera fiesta del nepotismo comenzó en Roma con Urbano VIII".

En el conflicto europeo de su época, las políticas del papa llevaron también el sello de intereses mundanos. Así, conservó la tendencia hispanófoba y francófila de su patria florentina, acentuada por el hecho que él mismo había sido nuncio en Francia y se enorgullecía de su relación con esa nación. En esto, la perspectiva de Urbano reflejaba no tanto los tradicionales intereses papales cuanto el temor de Florencia al poder español en Italia, porque la política española no amenazaba a los Estados Papales; por ejemplo, España había recientemente apoyado al papado en la adquisición del ducado de Urbino contra las reclamaciones de Florencia.

Urbano VIII dio prontamente dio una impactante demostración de su inclinación francesa. Un temprano incidente de la Guerra de Treinta Años, como hemos visto, fue la movida de los protestantes suizos de cortar el "Camino Militar" español que cruzaba la Valtelina, cuyos habitantes eran católicos. El intento fue derrotado, y las fuerzas españolas tomaron posesión de ese valle. Debido a la rivalidad entre España y Francia por ejercer ahí su influjo, los españoles entregaron el control a las tropas papales en 1623, en calidad de fuerza neutral cuya ocupación se quería temporal. Al año siguiente, con el pretexto de que la guarnición papal no había devuelto el control, Richelieu envió tropas francesas que la expulsaron a la fuerza. Esta acción impactó a los católicos en Francia y en toda Europa, pero Urbano VIII no atinó a ninguna respuesta más enérgica que enviar a su sobrino cardenal en una fútil misión diplomática a París. El incidente fue trivial en medio de las luchas religiosas de Europa; pero dio a entender que, si el papa aceptaba semejante desafío de parte de uno de sus propios cardenales, pocos límites tendría su condescendencia.

Por su parte, Richelieu sabía muy bien con quién tenía que habérselas. Cuando se alió con los holandeses en 1624, descartó cualquier dificultad con la Santa Sede, diciendo que "en Roma los asuntos se juzgan tanto por criterios de poder y de interés como por argumentos eclesiásticos". Acertó a interpretar bien el pensamiento de Urbano VIII, pero no podría haber dicho tal cosa durante el reinado de Gregorio XV. En 1630 Urbano VIII alentó a Richelieu a renovar su alianza con los holandeses y lo incitó a sabotear el Congreso de Electores. Incluso en el invierno de 1631-32, cuando Gustavo Adolfo asolaba los obispados católicos de Alemania, Urbano no hizo nada por condenar la alianza sueca. La visión de Roma quedó expresada en una sátira que apareció por entonces, "¿Es Su Santidad, por casualidad, Católica?", pregunta a la que se respondía rápidamente "¡Silencio, silencio! ¡Es Cristianísima!".

La inacción del papa fue criticada por algunos eclesiásticos menos devotos de Francia. En marzo de 1632 el cardenal Borgia, rodeado por un grupo de cardenales a fin de que el papa no pudiera silenciarlo, dio lectura en el consistorio a una protesta formal. Poco después, Urbano exilió de Roma al cardenal Ludovisi, sobrino de Gregorio XV, por haberlo amenazado con la deposición por herejía. Un disenso tan vehemente da pie para pensar que la postura oficial de la Roma papal pudo haber estado representada, en esos momentos cruciales, no tanto por Urbano VIII y sus paniaguados como por el sector que encarnaba más adecuadamente el espíritu de la reforma Tridentina. Si ello hubiere sido efectivamente así, las políticas de Richelieu habrían sido recibidas en Roma de forma muy diferente; la oposición de los católicos de Francia habría contado con el apoyo del papa y, como los acontecimientos del "Día de los Engañados" (noviembre de 1630) lo hacen presumir, la carrera del cardenal habría llegado a un prematuro fin.

A medida que las fuerzas imperiales avanzaban hacia la recuperación de los obispados de Alemania, Urbano VIII opuso todos los obstáculos posibles al poder del emperador. No permitió que Fernando designara obispos para las sedes reivindicadas, trató de impedir que concediera el arzobispado de Magdeburgo a Leopoldo, su hijo menor, insistió en que se nombrara comisionados papales y no imperiales para administrar las tierras eclesiásticas rescatadas, y exigió que las propiedades monacales sólo fueran devueltas a las congregaciones que las habían poseído previamente -medida más obstructiva para las nuevas órdenes religiosas que útil para las antiguas-. Pero al mismo tiempo el papa insistió, con mezquina intransigencia, en los derechos de la Iglesia. Cuando cambió el curso de la guerra, el papa rechazó todo acuerdo que modificara el Edicto de Restitución, y rehusó reconocer a cualquier príncipe o estado protestante como participante en las negociaciones.

La preferencia de Urbano VIII por Francia no se fundaba en ingenuas ilusiones. Cuando Richelieu murió en 1642, el papa pronunció, como despedida, el siguiente juicio: "Si Dios existe, el cardenal tendrá mucho de que dar cuenta. Si Dios no existe, caramba, su vida habrá sido un éxito". Este comentario, que combina el cinismo tanto de quien lo dijo como de quien se dijo, invita a hacer una evaluación de Urbano VIII en la historia de su tiempo. En lo relativo a su carácter personal, representa un descenso en la postura moral que había distinguido a los papas durante más de cincuenta años. Hace falta remontarse a Pío IV (1559-65) para encontrar a un individuo de un temperamento tan mundano sentado en el trono papal; pero incluso aquí hay diferencias que destacar. El nepotismo de Pío IV se expresó en la elevación al cardenalato de Carlos Borromeo, de veintiún años de edad, cuyo celo hizo del pontificado de su tío una fuerza impulsora de la reforma Tridentina. Los nombramientos de Urbano VIII al Sagrado Colegio no sólo rebajaron su pontificado, sino que condujeron a que lo sucediera Inocencio X Pamphilii, hombre de carácter desagradable que, en un reinado dominado por la influencia de su rapaz cuñada, no contribuyó en nada a restaurar el buen nombre del cargo.

Como se ha visto, las políticas internacionales de Urbano VIII contribuyeron a desvirtuar el triunfo católico celebrado tan magníficamente por sus artistas. Pero, aunque vivió para ser testigo de la ruina de la causa de los Habsburgo, ello no lo llevó al triunfo de sus ambiciones propias. La caída de Urbano se produjo cuando sus sobrinos trataron de forjar una alianza matrimonial entre su familia y los Farnese, duques de Parma: esperaban con ello adquitir el Ducado de Castro, parte del patrimonio de los Farnese que estaba dentro de los Estados Papales. El duque de Parma, como creatura de un papa del siglo anterior, miró con desprecio a los recién llegados. En su arrogancia fortificó a Castro en contra del papa. So pretexto de cobrar las deudas al duque, Urbano le hizo la guerra en 1641, logrando triunfos al comienzo; pero la conquista de Castro hizo crecer el temor de que invadiera, a continuación, el Ducado de Parma para beneficio, como se pensaba, de la familia Barberini. Los príncipes del norte de Italia formaron una alianza contra el papa. El duque de Parma contraatacó e invadió los Estados Papales, derrotando a 18.000 hombres: Urbano había optado, al incrementar su ejército, más por el espectáculo que por la solidez. El papa se vio forzado a firmar una paz humillante, de cuyos términos fueron excluídos los ambiciosos Barberini. Cuando Urbano murió en julio de 1644, la chusma romana se apoderó de las calles y sus sobrinos tuvieron que huir al extranjero. El tesoro estaba vacío y el papado en quiebra. Aun antes de la guerra de Castro, que devastó los dominios papales, ya existía una deuda de treinta y cinco millones de escudos, el pago de cuyos intereses consumía hasta el 85% de los ingresos papales. Pero durante el pontificado de Urbano, se estima que los Barberini acumularon una fortuna de treinta millones de ducados, equivalentes a unas doce veces los ingresos de los Estados Papales. Entre los versos satíricos que aparecieron a la muerte del papa, los siguientes son un veredicto sobre su reinado: "Así como alimentó bien a sus abejas, alimentó mal a sus ovejas".

LA CONDENA DE GALILEO

Urbano VIII es hoy recordado principalmente como el papa que condenó a Galileo. Este error requiere una sección propia, porque es el fundamento de uno de los grandes mitos que se han creado contra la Iglesia, y hay pocos acontecimientos en la historia que hayan sido tan mal descritos. La verdad sobre este caso está sepultada bajo una gran cantidad de importantes falacias, apoyadas por una colección de convencionales leyendas anti-católicas[13].

La primera falacia común es que en la época de Galileo el heliocentrismo era un hecho científico probado, atribuyéndose la prueba ya sea a Copérnico o al propio Galileo. En ambos casos la idea es errónea. Ninguno de estos científicos probó el heliocentrismo; quien lo demostró fue Newton, en el sentido de que éste presentó un modelo abrumadoramente convincente del mismo. Hasta la época de Newton, el heliocentrismo fue una teoría que atraía a algunos científicos por su sencillez matemática pero que nadie -que no tuviera el obstinado carácter de Galileo- dio por demostrada.

La teoría, que revivía la enseñanza de algunos científicos griegos como Pitágoras, había sido publicada, con detallados cálculos, por Copérnico (Kopernik) en 1543. El autor fue un sacerdote polaco y su tratado, dedicado al papa reinante, no despertó al comienzo ningún recelo en el mundo católico. Se lo publicó como texto de estudio en la Universidad de Salamanca, y el teólogo español Diego de Zúñiga argumentó expresamente contra cualquier opinión que lo considerara incompatible con la Escritura. Este enfoque contrasta con el de Lutero y Melanchton, cuyo compromiso con la interpretación literal de la Escritura los llevó a atacar la teoría copernicana tan pronto como fue publicada.

En cuanto a su aceptación por la ciencia, no se produjo ningún alejamiento de la visión ptolemaica hasta que ésta comenzó a ser socavada por observaciones astronómicas. Tycho Brahe, a partir de sus estudios sobre los cometas en 1577 y 1585, concluyó que no existían las "esferas de cristal" que mantenían en su lugar a los planetas, según el esquema ptolemaico, puesto que las trayectorias de los cometas las atravesaban. En el siglo XVII el propio Galileo hizo que el caso diera un paso adelante. Mediante el telescopio (una nueva invención holandesa que él usó por primera vez para estudios astronómicos), descubrió las fases de Mercurio y de Venus y demostró así que esos planetas giraban en torno al sol y no a la Tierra.

---

[13] El mejor estudio moderno del caso, a pesar de la postura anti-clerical de su autor, es el de Pietro Redondi, *Galileo eretico* (Giulio Einaudi Editore, 1983), obra que, lamentablemente, se ha entregado al público de habla inglesa en una traducción de calidad inferior, *Galileo: Heretic* (Princeton University Press, 1987).

Sin embargo, esto no probaba el modelo copernicano. Subsistía una gran objeción al copernicanismo: no había observación alguna que probara el movimiento de la Tierra misma; y existía un importante argumento en contra: en el vasto viaje por el espacio que el heliocentrismo atribuía a la Tierra, las estrellas debían aparecer cambiando su posición de una estación del año a la siguiente. Galileo buscó cambios en la posición de las estrellas con su nuevo telescopio, pero admitió que no había podido encontrar ninguno -fracaso perdonable, puesto que ello no se pudo detectar sino en1837-. Así, pues, ocurrió que el uso de un instrumento para explorar los cielos, dotado de una precisión hasta entonces desconocida, resultó incapaz de desacreditar el principal argumento práctico contra la teoría heliocéntrica.

Si el modelo ptolemaico comenzaba a fallar, y el copernicano no era comprobado todavía, ¿qué alternativa quedaba? Nos encontramos en este punto con la segunda de las grandes falacias en el caso de Galileo, propagada por Galileo mismo al titular su exposición "Diálogo sobre los dos grandes sistemas del mundo". Con esto ignoraba que la disputa en su época no era entre *dos* teorías astronómicas: una tercera teoría había sido propuesta por Tycho Brahe en la generación anterior, según la cual (con las modificaciones hechas por sus seguidores del siglo XVII), la Tierra estaba en el centro del universo, fija en su posición pero rotando en torno a su eje; el sol daba vueltas a la Tierra en una trayectoria anual, no diaria; y los cinco planetas conocidos giraban en torno al sol. El descubrimiento que hizo Galileo de las lunas de Júpiter, aunque le ayudó a remecer la teoría ptolemaica, apuntalaba tanto las teorías de Tycho como las de Copérnico, ya que demostraba la posibilidad de que un sistema rotara en torno a otro.

Hoy consideramos el modelo heliocéntrico como obvio, porque lo entendemos a la luz de la explicación de Newton sobre las fuerzas gravitacionales; pero hay que tener presente que en tiempos de Galileo ello no se había planteado todavía. El propio Copérnico tenía tan poca idea de ello que ubicó el centro del universo no en el sol mismo, sino cerca de él; su teoría era puramente matemática. Sin la explicación de la gravedad, que dio al modelo de Newton su coherencia, no había motivo alguno para adoptar el sistema de Copérnico y no el de Tycho. El propio Galileo no avanzó en la explicación de la física del heliocentrismo, aunque fueron sus propios experimentos sobre la gravedad los que proporcionaron la clave. Galileo ignoró los descubrimientos de Kepler, que trazó la órbita de los planetas, y quedó postergada hasta la siguiente generación, la de Newton, la unión de todo y la presentación del modelo del cosmos que tanto deleitó a sus contemporáneos.

La objeción a la teoría de Copérnico fue no sólo que no explicaba las fuerzas involucradas, sino que derribaba la teoría de las leyes físicas que subyacían en la antigua visión del mundo. Según ésta, se consideraba el universo como compuesto de cuatro elementos, tierra, agua, aire y fuego -en términos modernos, sólidos, líquidos, gases y fenómenos como el propio fuego y los relámpagos-. Estos elementos ocupaban naturalmente esferas concéntricas: la de la tierra era la propia Tierra, con una esfera discontinua de agua a su alrededor que formaba los mares y los lagos; rodeando ambas estaba la esfera del aire, y la esfera del fuego era la más exterior. Los cuatro elementos tendían a moverse hacia sus esferas propias. Así, los sólidos caían para volver a la Tierra; el aire atrapado se levantaba en forma de exhalaciones de la tierra o como burbujas del agua; el fuego daba saltos para alcanzar la esfera más alta. Hoy tratamos esas explicaciones como mitológicas, pero fueron la mejor explicación que los científicos pudieron dar del universo durante más o menos dos mil años. Supuesto este sistema de física, ¿cómo podía entenderse un modelo en que el sol, un cuerpo de fuego, podía estar en el centro del universo, y la Tierra ser un satélite aéreo de él? Hay que darse cuenta, pues, de que el heliocentrismo se enfrentó con gran oposición no de parte de un dogmatismo religioso sino porque no resultaba racional, en términos de las leyes científicas aceptadas; en cambio, sí resultaba racional el geocentrismo. Y ello explica por qué la condenación de Galileo en 1633 describe la teoría copernicana como "filosóficamente (o sea, científicamente) absurda".

Esto nos lleva a la tercera gran falacia sobre el caso de Galileo: que la oposición de la Iglesia se basó en un literalismo bíblico. La verdad es que no se basó en algo tan simple, sino que surgió de una preocupación general provocada por el movimiento científico de la época, una tendencia iconoclasta que parecía estar montando un ataque al aristotelismo tradicional. A los campeones de ese ataque no les preocupaba no tener un modelo inteligible para reemplazar al que desafiaban; pero para quienes apreciaban la coherencia de la antigua ciencia, semejante deficiencia no se podía dejar pasar. Los católicos, especialmente, temían que si prevalecía el ataque al aristotelismo en física, ello traería el derrumbe de todo el sistema de metafísica aristotélico que, ahora más que nunca, formaba el fundamento de la filosofía de la Iglesia. Por ello tenemos que darnos cuenta de que la oposición a Galileo, lejos de ser oscurantismo, demostraba fundamentalmente la racionalidad de la cultura de la Contra Reforma: reflejó no solamente una exigencia de coherencia de la ciencia con la religión, sino también de la ciencia consigo misma. Lo cual implicaba, en términos más generales, que no era científico proponer la teoría heliocéntrica sin poder ubicarla dentro de una completa descripción de las fuerzas del universo.

Hay que atender también al hecho que la astronomía de la época no era una investigación estrictamente empírica, tal como lo es hoy, sino un estudio todavía medio inmerso en sus orígenes astrológicos, y un coto de caza para algunos pensadores particularmente excéntricos. Uno de ellos fue el dominico Giordano Bruno, cuya condena es a menudo puesta al lado de la de Galileo como ejemplo de la persecución de la ciencia por la Iglesia. Lo primero que hay que decir es que Bruno no fue un científico, sino un pensador místico cuya visión animista de la naturaleza era antitética con cualquier método científico practicable. Bruno adoptó el heliocentrismo no debido a ninguna demostración científica sino a su perfección abstracta. Sus radicales enseñanzas sobre una variedad de temas fueron causa de que se lo condenara a muerte por hereje, y fue quemado en la hoguera en 1600. Lo que él compartió con muchos de sus contemporáneos que favorecían el modelo heliocéntrico fue el fundamento idealista, más que empírico, para creer en él. Uno de los efectos colaterales de su caso, sin embargo, fue alertar a la opinión de la Iglesia católica sobre las connotaciones heréticas de la visión copernicana.

El resultado fue que, cuando Galileo comenzó a predicar abiertamente la teoría heliocéntrica, se topó con una sospecha que había estado ausente en la generación previa. En 1616 fue sometido a su primer juicio ante la Inquisición, y el veredicto pronunciado fue que, aunque el copernicanismo podía ser considerado una teoría, no podía proponérselo como un hecho. Desde un punto de vista científico, esta consideración es correcta. Un enfoque científico exige en principio que se mantenga una actitud neutral ante lo que no ha sido estrictamente demostrado. Es verdad que a lo largo de la historia el progreso ha sido encabezado por pensadores asertivos que han defendido sus convicciones antes de probarlas realmente, y se puede excusar su dogmatismo por las ventajas que ha tenido para la ciencia. Sin embargo, se da un caso especial cuando un tema toca la verdad religiosa. Un científico católico que toma en serio sus creencias, no sostendrá una teoría no probada que parece chocar con la doctrina religiosa, aunque ello no le impedirá intentar lograr una genuina demostración. Una especial debilidad, relevante aquí en vista del ánimo anti-clerical de Galileo, es la de aquellos luchadores que creen demostrar su integridad intelectual burlándose de las enseñanzas religiosas. Si se demuestra que tienen razón, parecen vindicados; pero si su teoría resulta ser falsa, su temeridad queda patente. Un ejemplo de tiempos recientes es la teoría de la evolución múltiple del género humano, que solía ser sostenida hace veinte o treinta años, hasta que fue refutada por la genética moderna.

Las autoridades eclesiásticas de 1616 proscribieron así la teoría copernicana basándose, técnicamente, en que entraba en conflicto con ciertos pasajes de la escritura; pero no eran de opinión de que el sentido literal fuese *de fide*. El cardenal Bellarmino, que tuvo a su cargo la condena de

Galileo, expuso la posición ortodoxa del siguiente modo: "Sostengo que si se da una verdadera prueba de que el sol está fijo y no se traslada en torno a la Tierra, sino que la Tierra se traslada alrededor del sol, será necesario proceder muy cuidadosamente a explicar los pasajes de la escritura que parecen ser contrarios, y deberíamos decir que los hemos comprendido mal, antes que declarar falso aquello que ha sido demostrado". Este juicio es un buen ejemplo de integración del pensamiento religioso y del secular, de acuerdo con la cultura Tridentina de la época. El cardenal Bellarmino, además de teólogo, fue un hombre profundamente interesado en la ciencia física. Rechazó toda afirmación prematura y provocadora de una teoría no probada, pero no invocó dogmáticamente la escritura en contra de ella. Galileo no sufrió castigo alguno como resultado de esta condena, y sólo se lo obligó a desistir de enseñar la teoría copernicana.

Siete años después, la elección de Maffeo Barberini como papa pareció abrir nuevas perspectivas. El papa era un compatriota florentino, un contemporáneo y amigo de Galileo, y había demostrado su simpatía por los nuevos estudios. Personalmente se había interesado en el juicio de 1616, y había intervenido en persona para que en la condena no se empleara el término "herejía". El nuevo pontificado era favorable a la investigación intelectual, y el cardenal sobrino, Francesco Barberini, fue elegido miembro del club científico de Roma, la *Accademia dei Lincei*, de la que Galileo era también miembro. Galileo habló con el papa y obtuvo su permiso para publicar una defensa de la visión copernicana[14]. Pero se le dio instrucciones de incluírla en un argumento delineado por el papa en favor de la postura contraria.

Así, Galileo procedió a escribir su "Diálogo sobre los dos principales sistemas del mundo". A éste le dio la forma de una discusión entre dos científicos y un ignorante conservador a quien llamó Simplicio. Difícilmente habrá sido esta obra recibida por los astrónomos como una contribucion seria a la ciencia. Como lo sugiere su título, el "Diálogo" ignoró el modelo de Tycho Brahe del universo, que era ampliamente aceptado en los círculos científicos, y consideró que la única alternativa al copernicanismo era el modelo ptolemaico, que para entonces los astrónomos consideraban como cabeza de turco. Este estrategia explica en parte los ataques que recibió el "Diálogo". No había duda de que Galileo era un científico eminente, pero era también muy conflictivo, como se pudo ver por los métodos que usó para promover la teoría copernicana. Cuando fracasó en la búsqueda de pruebas del movimiento de la Tierra

---

[14] Urbano no estaba al tanto de que el Santo Oficio había prohibido a Galileo en 1616 enseñar la teoría copernicana. Cuando se enteró de ello, acusó a Galileo de haberle ocultado este hecho y lo consideró una prueba de su mala fe.

en la traslación estelar, Galileo las buscó en las mareas del mar, y atacó a Kepler por atribuírlas a la luna[15]. Otra víctima de su belicosidad fue el astrónomo jesuíta, P. Grassi, cuando éste publicó sus observaciones sobre el cometa de 1619. Galileo se opuso a las conclusiones sobre la órbita del cometa porque entraban en conflicto con el principio copernicano de la moción circular universal en torno al sol. No habiendo observado por sí mismo el cometa, Galileo quiso explicar el fenómeno en términos de una ilusión óptica y, con la moderación intelectual que lo caracterizaba, trató al P. Grassi de escorpión y de serpiente. Cualquiera con conocimiento del tema, pudo darse cuenta de que Galileo se había puesto entonces en ridículo, y no costaba mucho pensar que lo podía hacer de nuevo. Y así, hubo quienes en la Iglesia creyeron que podían tratar a Galileo de charlatán porque se comportaba como charlatán. Desgraciadamente, en el caso del heliocentrismo Galileo tenía la razón.

Pero no fue esta la causa principal de la caída de Galileo. Impertinente como era, obedeció las instrucciones que el papa le había dado, pero poniendo la teoría heliocéntrica sugerida por éste en boca del necio Simplicio. Obviamente, Urbano concluyó que ello implicaba un deliberado insulto. "No temió reírse de mí", exclamó como defensa de su represalia. Pero ello no fue lo peor del caso. El "Diálogo" de Galileo se publicó en la primavera de 1632, justo cuando Urbano recibía el peor de los ataques que sufrió por abandonar la causa católica en la Guerra de Treinta Años. En mayo de aquel año Gustavo Adolfo barrió el sur de Alemania y pareció listo para entrar en Italia. La sátira de Galileo no podía haber aparecido en un momento más sensible. Enfrentado a la rabia de sus cardenales, el papa Urbano confió poder aplacarlos (al menos a los más cándidos de ellos) persiguiendo la herejía dentro de los muros de Roma en vez de tomar armas contra la verdadera amenaza que experimentaba la Iglesia.

Al condenar a Galileo por herejía, el papa resolvió mantener el asunto totalmente bajo su control. Lo que ordenó no fue un juicio corriente ante la Inquisición, sino que nombró un tribunal especial, compuesto por su propio sobrino como presidente y tres miembros escogidos de modo de obtener el resultado deseado. Uno de ellos fue un jesuíta que, también él, estaba siendo investigado por herejía, por lo que tenía el más vivo interés por congraciarse con la autoridad. Ninguno de ellos tenía ninguna preparación para estudiar la cuestión astronómica, excepto el jesuíta que, por precaución, era un decidido anti-copernicano. Para que el resultado fuera todavía más sencillo, la acusación se limitó a la violación de la prohibición

---

[15] Visto esto, habría sido irónico que Galileo musitara, al momento de su condenación, la mítica frase *"eppur si muove"*, ya que aquél era precisamente el punto en que sus argumentos resultaban deficitarios.

de 1616 de enseñar la doctrina copernicana. Al principio, Galileo intentó negarla, sosteniendo que el "Diálogo" probaba, en realidad, la debilidad de los argumentos de Copérnico. Sobre este punto es válido el comentario del examinador jesuíta: "Como le declara la guerra a todo el mundo y considera enanos mentales a todos los que no son pitagóricos o copernicanos, queda suficientemente claro cuál es su pensamiento". Galileo admitió, entonces, que el "Diálogo" enseñaba la teoría copernicana, pero alegó que lo hacía sin intención. Esto pareció ofrecer la oportunidad para una condena por un delito meramente técnico; pero el papa no quiso saber nada de ello: estaba decidido a atemorizar y humillar a Galileo, cosa que sólo una condena por herejía podía lograr. Amenazado con la tortura, Galileo -muy distinto del desafiante héroe anti-católico que pinta el mito- hizo una humillante confesión, admitiendo que su intención había sido enseñar el copernicanismo, y por esta admisión se lo condenó.

Esta deshonra satisfizo al papa. Por muy autócrata quisquilloso que pueda haber sido, Urbano era un hombre civilizado. La sentencia nominal contra Galileo de ser encarcelado se tradujo en que se lo alojó en los lujosos departamentos del arzobispo de Siena, un viejo amigo que lo trató como a una respetada celebridad. Se le permitió incluso que el "Diálogo" fuera traducido en París. Después de unos pocos meses, Galileo fue "liberado", viviendo los ocho años de vida que le restaban con arresto domiciliario en su casa de la Toscana. Hay que considerar este exilio en el contexto del tratamiento general que Urbano VIII dio a todos los que tuvieron conexión con el caso, una demostración del impulso del tirano a quitar de su vista a quienquiera le hiciera recordar su mal rato. El P. Grassi, el gran opositor de Galileo en astronomía, sacerdote de impecable ortodoxia, fue también expulsado de Roma por arbitraria decisión del papa, y no se le permitió nunca tener un cargo docente mientras vivió Urbano; y un miembro eclesiástico de la *Accademia dei Lincei* sufrió también igual expulsión.

Habría, pues, que rechazar una de las líneas de defensa adoptada por los apologetas católicos, que trataron de exonerar en lo personal al papa por la condena de Galileo. El proceso fue un acto de venganza por el insulto que el papa creyó haber recibido de su *protégé*. Resulta innecesario realzar la falta de integridad de Urbano al condenar a Galileo por enseñar algo que él mismo, dieciséis años antes, había insistido que no debía ser llamado herético. El juicio de Galileo no fue propiamente una investigación por la Inquisición; de hecho, cuando llegó el momento de darle a la condena una forma oficial, el cardenal Inquisidor se negó a firmarla. El disparate de Galileo de apuntar supuestamente al papa fue la causa decisiva de su desventura. Si hubiera observado un prudente respeto, probablemente el "Diálogo" no hubiera sido desafiado. El choque entre la necedad insolente y la autocracia pomposa ha sido, pues, presentado erróneamente como un conflicto entre la ciencia y la religión.

Conviene hacer algunas otras observaciones al caso de Galileo. Es significativo el uso que de él se ha hecho para alegar una oposición entre la Iglesia y la ciencia, porque es el único incidente en la historia de la Iglesia que puede ser presentado de este modo. Los intentos por incluir a Giordano Bruno en la misma causa exigen que se distorsione más todavía los hechos. Pero quienes estudien la época de Galileo tal como fue, verán en ella lo contrario de una oposición a la investigación científica. Los comienzos del siglo XVII fueron el momento en que la ciencia emergía de sus orígenes en la alquimia y la astrología, y la Iglesia católica, lejos de oponerse a ello, estuvo en su vanguardia. La sola Sociedad de Jesús incluyó algunos de los principales científicos de Europa: Scheiner en óptica, Cabeo en magnetismo, Grassi en astronomía y Arriaga en física. Estas figuras ejemplifican especialmente la armonía de la cultura religiosa y la secular, porque pertenecen a un ordenamiento notable por su coherencia de política y de doctrina. Al mismo tiempo, Francia producía dos científicos sacerdotes cuyos nombres siguen siendo conocidos hasta hoy: el preboste Pierre Gassendi, que introdujo el término "átomo" en la terminología científica, y el fraile Marin Mersenne, matemático y coordinador de las labores científicas de su tiempo. Fueron los jesuítas de La Flèche quienes iniciaron a Descartes en sus estudios científicos, y mostraron un celo modernísimo por la investigación astronómica del momento.

Si juzgamos en conjunto el tema de la respuesta de la Iglesia al descubrimiento del heliocentrismo, se verá que demuestra no oscurantismo sino una esencial apertura al conocimiento científico. Ya hemos mencionado la aceptación inicial de Copérnico. Posteriormente, cuando se publicó el sistema de Newton, no hubo intentos retrógrados en el mundo católico por defender el geocentrismo; la condenación de Galileo fue prontamente considerada cosa del pasado; la mejor edición de los *Principia* de Newton fue la que se publicó entre 1739 y 1742 con un comentario de dos sacerdotes franceses, Le Sueur y Jacquier. La aceptación en la práctica de la nueva ciencia (aunque la revocación oficial de la condena hecha por Urbano VIII fue lenta), muestra la fundamental racionalidad del modo de pensar existente en la cultura católica, que concedió a las demostraciones de Newton lo que había rehusado a las meras afirmaciones de Galileo. Más todavía: concedió a la coherencia y armonía del sistema de Newton lo que le había negado a la incompletitud del de Galileo.

Contra esto, debe hacerse un planteamiento más general sobre el lugar del caso de Galileo en la historia intelectual católica. Dicho caso puede ser señalado como el punto de ruptura en la armonía que había existido previamente entre el conocimiento religioso y el secular, porque no fue sólo Galileo y la teoría heliocéntrica lo que quedó incluído en la condenación de Urbano VIII. Ya se ha mencionado la expulsión de Roma del astrónomo Grassi. En el mismo año de 1633 se depuso al físico jesuíta Arriaga de su cargo docente en la Universidad de Praga, institución de la que era la figura más celebrada: su adopción del atomismo, una teoría que Galileo ya había propuesto en una obra temprana, fue el motivo de la actitud excesivamente cauta de su Orden. Ese año, pues, fue testigo de un triple golpe a la aceptación de la ciencia por la Iglesia católica. Un cuarto caso es todavía más importante, porque extiende el quiebre hacia el ámbito filosófico. Descartes quedó amedrentado por la condenación de Galileo y no prosiguió con el tratado "Sobre el mundo" que estaba planeando, y escribió, en cambio, el *Discours de la Méthode,* publicado en 1637. La venganza de Urbano VIII tuvo así el efecto de suprimir lo que hubiera sido, sin duda, una valiosa contribución a la ciencia, y de sustituírlo por una obra que inició el derrocamiento de un sano aristotelismo en la filosofía europea. Sin exageración, pues, se puede señalar la década de 1630 (y se puede singularizar incluso el año 1633) como aquella en que la integridad de la cultura de la Contra Reforma se quebró.

Es una gran paradoja que la condena de Galileo, que tanto ha dañado a la reputación de la Iglesia, haya sido obra de un papa que fue el mecenas de dicho científico, y que había declarado explícitamente su creencia en que el copernicanismo no era una doctrina herética. Si Urbano VIII hubiera sido papa en 1616, probablemente habría impedido la primera y suave condena de Galileo. De hecho, se puede especular que, si su pontificado hubiera ocurrido veinte años antes, Urbano sería hoy considerado como el mayor de los papas del siglo XVII, recordándose sus talentos y silenciándose sus faltas. Al contrario, ha dejado una desastrosa reputación, que, aún así, no es todo lo mala que debiera ser, porque sus acciones contra Galileo distraen la atención de delitos mucho más vastos, como el de permitir, incluso de inducir, una de las mayores calamidades que la Iglesia católica ha sufrido jamás. Por tales legados, Urbano VIII debe ser puesto entre los papas más desastrosos de la historia de la Iglesia.

6
La Edad de la Falsa Razón

EL ASCENSO DE FRANCIA

La muerte de Richelieu y la minoría de edad de Luis XIV produjeron un hiato de dieciocho años en el absolutismo francés; pero cuando el rey tomó efectivamente el poder en sus manos, Francia se encontró con un real dueño que podría haber sido fabricado a la medida por Richelieu. Luis XIV continuó con el objetivo de someter a la Iglesia al poder real, proceso que culminó con los Artículos Galicanos de 1682, aceptados por una sumisa asamblea de clérigos. Y desechó la política de buenas relaciones con la Santa Sede seguida por su madre como regente. La designación del ministro Colbert, que odiaba a Roma, hizo patente el repudio de toda piadosa referencia a la Iglesia. Tres veces en su reinado, Luis XIV se apoderó de Aviñón para imponer sus exigencias al papa. En 1687 le envió como embajador al brutal Marqués de Lavardin, que se divertía en molestar al papa Inocente XI aun al riesgo de ser excomulgado. El contraste con la antigua política española es notable. España también había tratado, en su época de poder, de controlar el papado; con todo, la cuidadosa tutela que había practicado había sido totalmente diferente del arrogante matonismo de Luis XIV. Las políticas de estos dos países contra la herejía muestran un análogo contraste. En España, la ortodoxia fue impuesta cerradamente, pero mediante un proceso legal a cargo de la Inquisición; en Francia, fue impuesta mediante la brutalidad de las dragonadas[1].

Como parte de su estatismo, Luis suprimió en 1666 la *Compagnie du Saint-Sacrement*, confraternidad de laicos piadosos que, junto con practicar obras de caridad, se oponían a las teorías nacionalistas sobre la Iglesia católica. El uso que el rey hizo del real patronato eclesiástico para reunir en torno a sí a la aristocracia causó un daño todavía mayor a la vida religiosa. Se permitió que se extinguiera la generación de buenos obispos que había promovido San Vicente de Paul, y los obispados y abadías fueron entregados a nobles mundanos, a menudo jóvenes licenciosos, que convirtieron la jerarquía en una nube de polillas que revoloteaban en torno a la luz del Rey Sol. La concesión de beneficios eclesiásticos

---

[1] N. del Tr.: las dragonadas consistieron en alojar a un grupo de Dragones en una casa de hugonotes y vejarlos de diversos modos, a fin de obligarlos a convertirse al catolicismo

como forma de patronazgo de los clérigos de corte se hizo tan común que dio origen a cierta etiqueta en el trato, de acuerdo con la cual cualquier clérigo menor recibía el tratamiento de abad. Decapitada por esta vía, la vida monástica se atrofió en Francia; las plazas en los grandes monasterios quedaron reservadas para los nobles de ocho apellidos, lo mismo que los capítulos de las catedrales y otras fundaciones. Se abrió un abismo social entre el alto y el bajo clero, y la Iglesia se desentendió de su servicio al pueblo por su servilismo hacia el rey.

Esta época de decadencia religiosa ha sido estudiada de un modo algo distorsionado por Hazard, en su sobrevalorado libro *La Crise de la Conscience Européenne*[2]. El autor ve en la revocación del Edicto de Nantes el punto álgido de la Contra-Reforma en Francia, y considera a Bossuet (a pesar de la opinión algo mordaz que, no sin motivo, tiene de él) como su figura principal. Pero lejos de estar en 1685 en la cumbre, la Contra-Reforma francesa no era, hacia esa época, una fuerza viva: había sido muerta por el regalismo de Richelieu y de Luis XIV. Si hubiera que identificar el apogeo de esa Contra-Reforma, habría que remitirse una época anterior en más de medio siglo, cuyos paladines fueron San Francisco de Sales, San Vicente de Paul y San Juan Eudes.

Tomar un acto de despotismo real como culminación de un movimiento religioso es ciertamente un error; sin embargo, un error de juicio más generalizado se da en la dificultad de ver la diferencia entre el emasculado catolicismo del reino de Luis XIV y la auténtica vida que había florecido en las primeras décadas del siglo. Las causas del retroceso religioso que habría de venir a continuación tuvieron raíces más profundas que lo que supone Hazard. Este tiene razón, sin embargo, al creer que luego de la revocación del Edicto de Nantes hubo una caída. Las conversiones forzadas, con ostentosas recepciones de la Eucaristía como prueba de su sinceridad, engendró un cinismo generalizado hacia la religión y produjo el renacimiento del espíritu *libertin*, tanto intelectual como moralmente, que caracterizó a aquella época. El intento de suprimir el movimiento jansenista desempeñó también un papel en todo esto, porque, a pesar de su fariseísmo, el movimiento jansenista fue, en cierta medida, una protesta contra el catolicismo mundano que se estaba imponiendo por voluntad real. De este modo, Francia entró al siglo XVIII con una iglesia "faldera", protegida de las disensiones por el poder del rey, constituída en una de las realidades más negativas de aquella sociedad artificial a que la Revolución Francesa vino a poner término.

La naturaleza del cambio producido por el absolutismo se ilustra bien con la experiencia de Bernini cuando éste fue a Francia en 1664. No

---

[2] Paul Hazard, *La Crise de la Conscience Européenne* (Boivin, 1935).

obstante ser hijo de la Roma papal, Bernini quedó impactado por la regimentación intelectual de la Francia de Luis XIV, impuesta por instituciones como la *Académie Française*. Bernini expuso la visión católica de que la compulsión sólo se puede imponer cuando están en juego cuestiones esenciales de fe; en caso contrario, debe predominar la libertad. Este sentimiento le nació de su experiencia en la Italia papal, en que incluso Urbano VIII, cuando se le instó a prohibir las sátiras en su contra, dijo: "Esto es Roma. No se puede impedir que la gente diga lo que piensa".

En el ámbito político, se puede comparar el despotismo de Luis XIV con la política tradicional de España, que (hasta los errores de Olivares) se había abstenido de imponer la centralización a sus diversos reinos, hasta el punto de permitir la sobrevivencia del régimen casi republicano de Cataluña. Otras comparaciones entre el nuevo señor de Europa y el antiguo nos proporcionan similares lecciones. El espíritu de la monarquía castellana está simbolizado por el palacio-monasterio del Escorial, de Felipe II, un retiro de austeridad casi tibetana, con una gran iglesia en su centro, construído entre recoletas colinas a veinte millas de Madrid. Podemos comparar eso con la dorada ostentación de Versalles, donde es difícil encontrar detalles que lo distingan del paganismo.

El arte en las dos monarquías evidencia un análogo contraste. Un ejemplo elocuente es *La Rendición de Breda*, de Velázquez, que conmemora una de las victorias de España en la guerra contra los holandeses. Se trata de una pintura que pone el énfasis en el ámbito de lo personal y en la dureza de la derrota. El noble caballo que domina el lado derecho del cuadro no transporta a ningún triunfante héroe: el vencedor ha descendido de su alta cabalgadura. Casi en segundo plano podemos ver a Spínola, el general victorioso, que lleva una sobria armadura negra, y que queda como empequeñecido no sólo por las altas lanzas españolas erguidas detrás de él, sino también por los soldados holandeses derrotados, a su izquierda. Su desvaimiento aumenta con el compasivo ademán con que se inclina para abrazar a su oponente holandés -detalle auténtico- y aliviarle la humillación en el momento en que éste le entrega las llaves de la ciudad. Si esta pintura es una celebración de la victoria, lo es de la humildad y urbanidad de la victoria. Si comparamos esta escena con la pavoneante pompa de cualquiera de las pinturas bélicas de Luis XIV, advertiremos la naturaleza del cambio moral que tuvo lugar en Europa con la sustitución de la hegemonía española por la francesa.

El despotismo de Luis XIV constituye también un quiebre con la anterior historia francesa. La doctrina del Derecho Divino a que recurrió Luis XIV había sido introducida en la política francesa por su primer rey protestante, Enrique IV. El partido católico, contrario a la corona, se opuso siempre a las tendencias absolutistas. No fue sólo una cuestión de política, sino algo que surgía de la esencia de la tradición católica. El mérito propio de la realeza, y la razón por la que el cristianismo la ha santificado, es que representa el orden natural de la sociedad. Pierde ese mérito cuando se transforma en un fin en sí mismo y se dedica a oprimir otras expresiones de dicho orden. Esta es la razón por la que el absolutismo difiere del ideal cristiano de monarquía incluso si, en la práctica, no procurara imponer a la Iglesia un control que excede las facultades del poder civil.

El absolutismo de Luis XIV produjo el efecto de fosilizar la sociedad francesa. Al convocar a la nobleza para que permaneciera a su servicio en Versalles, el rey rompió los lazos naturales de los señores con su pueblo, que eran centrales para la cohesión de la sociedad. La estilizada vida de corte reemplazó la jerarquía de los estamentos sociales por una sociedad de clases, diferenciadas por sus estilos. Cuando llegó la Revolución, la oposición más profundamente enraizada apareció en Anjou (con su nombre revolucionario de La Vendée), provincia en que la nobleza había resistido la convocatoria a la corte y se había aferrado a sus sedes rurales. En Francia, en general, la tendencia del siglo XVIII fue a una artificial separación de clases, que se trató de remediar con una artificial igualdad.

Mediante las políticas de Richelieu y de Luis XIV, Francia alcanzó la envidiable posición de poder hegemónico en Europa. Austria, de momento, había quedado exhausta con la Guerra de Treinta Años, aunque su resurgimiento habría de llegar pronto. España no experimentó igual recuperación. En la rebelión de 1640 perdió a Portugal y al imperio ultramarino portugués. Los alzamientos en otros territorios de la corona española fueron superados a un gran costo, pero después de la caída de Olivares la debilidad del gobierno real, con Felipe IV y su frágil hijo, puso término a la época de grandeza; España se transformó en el patio trasero de Europa. El norte de Italia, cuya próspera vida económica había dependido de su posición como intermediario entre España y Alemania, se estancó con el colapso de ambas sociedades. Venecia se transformó de ciudad de comercio en ciudad de carnaval, en tanto que Florencia se abandonaba a los placeres cortesanos de los últimos Medici. El poder político y económico que había caracterizado al sur de Europa en el siglo XVI se transformó, en el siglo siguiente, en sopor social, legado que compartieron las colonias americanas. Ello llegó a ser el rasgo típico del mundo católico, provocando la debilidad de la vida de la Iglesia en esos países incluso hasta el siglo XX.

EL SURGIMIENTO DE LAS ECONOMÍAS PROTESTANTES

Mientras el principal país católico de Europa era metido en una camisa de fuerza absolutista, una perversión más fundamental comenzaba a apoderarse de las sociedades protestantes. El nombre de esa perversión es capitalismo, que comenzaba entonces su triunfante carrera en las economías del mundo moderno. La dirección del movimiento fue tomada por Holanda, al lograr su efectiva independencia de España a fines del siglo XVI; y las señales del nuevo sistema empezaron a aparecer rápidamente. La Compañía Unida de las Indias Orientales, fundada en 1602 con un enorme capital de seis millones y medio de florines, fue un anuncio de la nueva era, por cuanto se constituyó como compañía permanente en vez de ser una asociación formada para una única empresa, y por cuanto sus acciones estaban a disposición de cualquier inversionista. En 1609 se fundó el banco Wisselbank para facilitar la circulación de letras de cambio, superando las limitaciones del dinero. Hacia el mismo período surgieron otros numerosos bancos y compañías comerciales. Amsterdam, centro de estas actividades, de ser un pequeño pueblo se convirtió hacia 1620 en una opulenta ciudad de 100.000 habitantes.

No hay que imaginarse que este vigor se limitó al endeble mundo de aquel naciente capitalismo moderno. Su propósito explícito fue la captura del comercio marítimo mundial, mediante un desembozado uso de la fuerza. El primer escenario de la actividad fue el Lejano Oriente, cuyo comercio había constituído para Portugal, en el siglo XVI, un tranquilo monopolio. Con el envío de barcos bien armados al Océano Indico, los holandeses expulsaron a los buques débilmente armados de su rival, y desalojaron a los portugueses de Ceilán y Mascate. La "masacre de Amnoina" en 1623, que hizo desaparecer un asentamiento de colonos ingleses (la construcción del imperio holandés no se dejó entorpecer por afinidades religiosas), echó las bases del monopolio holandés en las Molucas. En cuanto al Mediterráneo, la clave del éxito holandés fue la alianza con los piratas bereberes, puestos bajo control hasta entonces por el poder español. Algunos corsarios, financiados por los patricios de Amsterdam, enseñaron a los nor-africanos a usar el *berton*, un veloz y bien armado barco que demostró ser ideal para atacar al comercio cristiano. El Bey de Túnez se convirtió en protector y feroz aliado de los holandeses, y Argel se transformó, hacia 1640, en una de las más grandes ciudades del Mediterráneo, basada en la piratería estatal, que incluía en su población a unos 25.000 cautivos cristianos. Dispensados, por esta alianza, de arruinar el comercio cristiano, los holandeses se apoderaron de una parte importante del comercio de transporte del imperio Otomano, lucrativa recompensa de su incursión. En el Atlántico, los holandeses cayeron también sobre los portugueses.

Con la fundación en 1621 de la Compañía de las Indias Occidentales, que tenía la finalidad específica de asolar las rutas comerciales y apoderarse de territorios americanos, los holandeses conquistaron partes de Brasil, se apoderaron de enclaves portugueses de esclavos en la costa africana, y reemplazaron la hegemonía de Portugal en el comercio de los mismos, con un notable aumento de la inhumanidad de los métodos. Cuando se revisa este período de la historia holandesa, que nos llega filtrado por la belleza del arte de Rembrandt y de Vermeer, hay que tener presente que la serenidad de la sociedad por ellos pintada tenía su fundamento en uno de los programas de piratería capitalista más despiadados de la historia.

La expresión doméstica de esta actividad fue una fiebre de inversiones, simbolizada por la nueva Bolsa de Amsterdam, construída en 1608. Esta fue escenario de una frenética actividad que anticipaba la de los actuales mercados de capitales, y que desarrolló algunos refinamientos del capitalismo moderno, como la técnica de obtener ganancias con la reventa de acciones antes de adquirírselas. En 1636-37 tuvo lugar la primera burbuja de inversiones en la historia europea, la Manía del Tulipán, cuando esta flor adquirió valores tan artificiales que un solo bulbo llegó a venderse al precio de una casa. Habiéndose transformado en algo demasiado valioso como para ser confinado a los sembradíos, el tulipán se convirtió en un item de especulación, haciendo y deshaciendo fortunas a medida que su precio fluctuaba. Y entonces, cuando la irrealidad del *boom* quedó a la vista, la burbuja reventó, arruinando a miles.

Como centro de inversiones en el comercio y fabricación de armas, las Provincias Unidas prosperaron con la Guerra de Treinta Años, y surgieron al cabo de ella con su independencia reconocida y su riqueza multiplicada. El diablo pronto se dio cuenta de que Holanda era un patio demasiado pequeño para jugar con este nuevo juguete, el capitalismo. Había a la mano un país protestante más extenso, que acababa de decapitar a su rey y de imponer una dictadura militar calvinista. Paradojalmente, los primeros pasos conducentes a la imposición del credo degollador tomaron la forma de guerras Anglo-Holandesas en 1652-54 y en 1665-67, comenzadas ambas por Inglaterra como guerras de competencia comercial. En 1688, sin embargo, se concertó un matrimonio entre los rivales, y con un rey holandés importado, las técnicas financieras holandesas se introdujeron en Inglaterra. Los primeros miembros de la progenie fueron el Banco de Inglaterra y la Deuda Nacional. Estas instituciones son un hito en la emergencia de una economía dominada por el principio de la usura, porque se hizo normal que quienes tenían capital disponible lo invirtieran en bonos del gobierno, que producían intereses. La consecuencia de este sistema de préstamos -igual entonces que hoy día- fue una sociedad en que nadie se consideraba satisfecho con que su dinero rentara menos que una utilidad usuraria; y de ahí surgió el incentivo a la especulación y sobre-especulación que caracteriza a la sociedad capitalista. Sus resultados habrían de verse en 1720 con la Burbuja de los Mares del Sur y con la fiebre, a ella asociada, de Francia, una *débâcle* que resultó ser un obstáculo para la economía usuraria durante mucho tiempo. Sin embargo, cuando la lógica del sistema logró reimponerse, originó el ciclo reiterado de alza y caída -de sobre-inversión y de colapso- que nació en el siglo XIX y ha continuado a partir de entonces.

El resultado visible de este sistema en Inglaterra fue el crecimiento de una sociedad no-natural, esclava de Mammon, tal como la de Francia lo era del César. Las clases adineradas que controlaban el Parlamento usaron el poder legislativo para respaldar el poder de la riqueza. En el agro, se expropió a los pobres para incrementar las grandes propiedades; la clase de pequeños propietarios, herencia del pasado católico, se vio forzada a emigrar a ciudades que todo lo invadían, transformándose, al cabo, en sierva del naciente capitalismo. Para quienes la ganancia no era el único bien, ello fue una tragedia, que Oliver Goldsmith describió en *The Deserted Villages*: "Mal le va a la tierra,/ presa de apresurados males,/ cuando se acumula la riqueza y se pudren los hombres".

Para Goldsmith, la elogiada tierra de la libertad era un país donde "Las leyes muelen al pobre, y el rico muele las leyes". El ejemplo de la sociedad holandesa, con sus patricios excluyentes y su obsecuente pueblo llano, se reprodujo, en mayor escala, al otro lado del Canal. Fue en Inglaterra donde surgió la convención de que los acomodados vivan en apretadas filas de casas iguales, bellas creaciones, por cierto, tal como lo son las casas de grandes ventanas de la burguesía holandesa; señal, sin embargo, de una regimentación social que no se había visto en Europa desde que ésta se convirtió al cristianismo. Pero semejante lecho de Procusto no nació de un gobierno despótico, sino del alma de la gente. Quedó para el siglo XIX perfeccionar la segregación con la creación, para las clases alta y media y con una extensión desconocida en el resto de Europa, de un sistema escolar excluyente, con un característico modo de hablar y una peculiar psicología.

El crecimiento del Norte capitalista dio origen al sentimiento de su superioridad sobre los países católicos. Ya en 1671 un panfletista inglés escribía "Hay una natural inadaptación a los negocios de la religión papista, mientras que, al contrario, en la religión reformada, mientras mayor es el celo, mayor la inclinación al comercio y a la industria, reputándose que la ociosidad es contra la ley"[3]. Este sentimiento de

---

[3] R. H. Tawney, *Religion and the Rise of Capitalism* (John Murray, 1926), Cap. 4, i.

superioridad material y, por tanto, moral del protestantismo, aumentó a medida que crecía el poder de los países nórdicos. Al derrotar a Francia en el largo conflicto de 1689-1713, Inglaterra obtuvo una ventaja en el comercio marítimo en todo el mundo, que aumentó en los dos siglos siguientes. En el Continente empezó a elevarse otra potencia: en las infértiles tierras de Prusia, el diablo encontró un modo diferente de pervertir la sociedad con el militarismo de Federico Guillermo y Federico II, que reinaron entre 1710 y 1786. El Berlín del siglo XVIII, una exangüe ciudad de regimientos clasicistas, adquirió mala fama por sus suicidios y por el vicio que, en la década de 1930, atrajo hacia ella a Christopher Isherwood. Las guerras de Federico II y su conquista de Silesia condujeron a una permanente alteración del equilibrio en Alemania. Pero debe advertirse hasta qué punto la dominación del protestantismo era todavía más material que cultural. Inglaterra, admirada en toda Europa por su genio científico y comercial, importaba todavía la mayor parte de sus talentos artísticos y musicales desde el exterior, en tanto que Federico de Prusia seguía siendo un admirador incondicional de la cultura francesa, mirando con desprecio el mundo intelectual de Alemania.

SE ENFERMA EL ALMA EUROPEA

Los historiadores, por prestar más atención a las señales materiales que a las morales, ven que el liderazgo de la civilización se desplaza en el siglo XVIII a los países protestantes. Es esta visión lo que influye en el moderno sistema de valores, exaltando cosas ajenas a la civilización, y descuidando otras que le son propias. Contra semejante distorsión, necesitamos hacer un análisis diferente, derivado del esquema tradicional de la cultura católica.

Durante el siglo XVIII la vida mejoró en muchos aspectos. Retrocedió la peste, con la función de azote de la población que había tenido durante trescientos años; la expansión del comercio colonial inyectó en la economía condiciones de lo que fue, según los estándares del pasado, una permanente bonanza; se multiplicaron los libros y periódicos; desde el punto de vista estético, se difundió una cierta gracia en la arquitectura doméstica y en los artefectos ordinarios de la vida; el vestido alcanzó una elegancia sin paralelo. Para la clase media y el campesinado, esta fue la época más fácil en lo que se puede llamar el período de desarrollo natural de la sociedad humana; para la nobleza, por supuesto, fue una época idílica. Pero si se examina la vida más altamente creativa del período, son ya visibles las señales de la decadencia, como se advierte al comparar a Caravaggio y Poussin con Tiepolo y Fragonard. Es cierto que esto se compensa con el avance en otras áreas, como la música. Sin embargo, este es el primer período, desde la decadencia del imperio romano, en que es visible un retroceso del poder creativo en ciertos campos de la cultura europea.

El primer punto que hay que considerar es el vínculo entre ese retroceso y el nuevo liderazgo de los países protestantes. En términos generales, la relación entre cultura y religión es ampliamente reconocida, lo que es fácil de comprender. Incluso si la religión fuera una ilusión, ella es el modo como el hombre se esfuerza por elevarse por sobre sí mismo, y por ello tiene una inevitable relación con la creación artística. Si miramos la cultura protestante de este período y la contrastamos con la católica, la señal más obvia en la primera es la desaparición de la pintura y la escultura religiosas. Por mucho que esto sea consecuencia natural de la doctrina protestante, debe admitirse que es un empobrecimiento de la cultura. Pero podemos seguir con la comparación. A menudo se tiene la composición de himnos como un importante logro del alma protestante; pero si examinamos la himnología protestante, seguramente no encontraremos en ella nada comparable, ni en belleza ni en sentimiento, a las líneas dedicadas al Cristo crucificado, atribuidas a Fray Miguel de Guevara: *"No me mueve, mi Dios, para quererte/ El cielo que me tienes prometido".* Este soneto es el equivalente poético de las emocionantes crucifixiones de la tradición barroca española; y podemos ver, de inmediato, la imposibilidad de que el protestantismo produjera una obra parecida. La doctrina protestante no sólo prohibió la devoción a la Virgen y a los santos, asociada con expresiones artísticas, sino que, además, inhibió la reflexión sobre lo que, en teoría, había conservado. Al prohibir el crucifijo en sus altares, los protestantes desviaron sus ojos de la contemplación del Crucificado. Es por eso que no encontramos entre ellos (con la excepción parcial de algunos poetas *"High Anglican"* de la Inglaterra de los Estuardos) una respuesta del corazón a la realidad de la Pasión. El protestantismo aparece así como una religión emocionalmente congelada por su repudio de la piedad católica. Cuando los victorianos comenzaron a redescubrir la pintura religiosa, la insipidez de su arte reflejó el constreñimiento psicológico de las respuestas a que su tradición los forzaba.

Se puede tomar otros ejemplos de la arquitectura sagrada. Los protestantes reconocen la necesidad de edificar iglesias e incluso, en las sectas menos puritanas, de hacer de ellas monumentos a la gloria de Dios; pero hay que decir que su creatividad no alcanza a la del mundo católico. Aunque nadie puede negar la belleza de las iglesias de Wren, su estilo es meramente una versión del barroco católico. El protestantismo no produjo un estilo eclesiástico propio que se pueda comparar con los tres grandes estilos del cristianismo tradicional, el bizantino, el gótico y el barroco.

Esta deficiencia es más clara en América, donde se dio la oportunidad de contruír desde la base una sociedad protestante. Allí la arquitectura de iglesia se acerca a cero, y sus puntos más altos son pálidas imitaciones de Wren y de Gibbs. Pero se puede hacer el mismo juicio respecto de todo el espectro de la expresión artística. A menos que uno caiga en éxtasis ante los muebles cuáqueros, la América británica es un ejemplo de la esterilidad del protestantismo como fuerza artística, y lo es mucho más cuando se la compara con la rica producción de la tradición católica -ejemplos sobresalientes son las ciudades de Cuzco, Quito y Puebla- que surgió en el mismo continente en las posesiones españolas y portuguesas.

No hace falta desarrollar más este punto, ya que es un hecho ampliamente aceptado que el protestantismo fue, en esencia, una delimitación de la religión más que una rama, comparable a la bizantina o a la romana, del cristianismo,. Puesto que nadie espera que América del Norte sea sede de creatividad piadosa, no es digno de notar su fracaso en ese aspecto. Existe acuerdo en que los logros del mundo protestante son profanos, no religiosos. Apenas terminó la lucha entre protestantismo y catolicismo, se reafirmó la naturaleza profana del primero, y en las culturas protestantes la religión perdió su papel preponderante. Así, pues, si faltó la inspiración pía, ¿qué le quedó al artista? Como ha dicho un poeta inglés, le quedó poco más que envolver el templo del lujo y del orgullo con incienso encendido en las brasas de las Musas. El arte aristocrática de la Inglaterra del siglo XVIII es una auténtica gloria, pero se trata de una Arcadia destinada a los menos, en contraste con las grandes iglesias y monasterios -mansión de los muchos- que continuaron construyéndose en la Europa católica.

Lo que el mundo protestante consiguió, en compensación, tuvo lugar en la ciencia, la filosofía y la literatura. Es innegable que ellas forman parte de la civilización; pero son sólo la parte intelectual de ella, y la creatividad de la imaginación queda en las sombras. El predominio de este aspecto intelectual ocasionó la ruptura de la armonía de cabeza y corazón que caracteriza a una auténtica civilización, una separación que se ha hecho obvia en el mundo moderno. ¿Cómo podría una sala de conferencias ser, estéticamente, lo mismo que una iglesia, o un instituto de investigaciones lo mismo que un monasterio? Y, con todo, los triunfos intelectuales del mundo protestante son normalmente tomados como ejemplo de su superior racionalidad. Discutiremos a continuación la naturaleza de esa racionalidad, pero debemos hacer presente aquí, tal como lo expusimos en un capítulo anterior, que no se trata de una tendencia que brote del mecenazgo religioso sino de la decadencia del mecenazgo religioso; una tendencia nacida no del protestantismo como tal sino de la superación del mismo por formas profanas de pensamiento.

Y así, la novedad importante de la vida europea desde mediados del siglo XVII en adelante no es solamente la definitiva división religiosa de Europa sino también la conquista de ventajas materiales por la inferior de sus dos culturas religiosas. La importancia de este cambio puede ser realzada por la comparación, en la Edad Media, de Occidente con Bizancio. Hacia el siglo XIII (o aun el siglo XII), la Europa occidental había logrado ventaja sobre el Imperio de Oriente no sólo en poder militar y comercial sino también en lo intelectual y artístico: hacia aquella época, Europa recibía más influencia cultural del mundo árabe que de Bizancio. Es decir, por muy lamentable que ello haya sido a largo plazo, Bizancio se había vuelto culturalmente irrelevante para Occidente, irrelevancia que fue ya total un siglo o más antes de su acentuación por la conquista musulmana. Después de la Guerra de Treinta Años no existió una ruptura parecida entre el mundo católico y el protestante; la Europa occidental siguió siendo una sola cultura. La grandeza de Francia, la importancia cultural de Italia o incluso el estatus de Austria como potencia europea hicieron imposible que el mundo protestante ignorara al católico, en tanto que la fuerza del progreso material de los países protestantes volvió hacia ellos, con análoga insistencia, los ojos de la Europa católica.

Las distorsiones que estaban por afectar a la vida europea a largo plazo operaron, pues, tanto en los países católicos como en los protestantes. Dichas distorsiones consistieron en el quiebre entre los aspectos imaginativos e intelectuales de la cultura, y en la desviación de la sociedad hacia formas cada vez menos naturales, como lo prueban el absolutismo francés, el capitalismo holandés e inglés, y el militarismo prusiano. La artificiosidad de la vida francesa fue imitada en los principados alemanes, con sus monarquías absolutas y sus cortes de habla francesa. Ambas sociedades habrían de ser reducidas a escombros por la Revolución Francesa. En Gran Bretaña, la riqueza y el poder producidos por el capitalismo pudieron sostener las divisiones de una sociedad oligárquica hasta el siglo XX, cuando empezaron a ceder ante el conflicto de clases y la decadencia imperial. Este abandono del antiguo orden social de la Cristiandad es visto hoy como un desarrollo inevitable hacia la modernidad. Pero, a su lado, existió una vía diferente de desarrollo, que se despliega, como veremos, en algunas partes de la Europa católica y que pueden ser legítimamente consideradas como modelos de un futuro no materializado. El mundo moderno fue alejado de ese futuro por perversiones sociales y culturales que surgieron, primero, con la derrota de la cultura católica, cuyos resultados han llegado a plena fruición en la actualidad. Se puede decir, por tanto, que en medio del iluminado clasicismo del siglo XVIII encontramos las raíces de la decadencia de la civilización europea.

LAS SUPERSTICIONES DEL RACIONALISMO

Uno de los logros de los apologetas del progreso ha sido denominar a las postrimerías del siglo XVII y al siglo XVIII como "Edad de la Razón". Mejor estaría denominarlo la edad del racionalismo. Se puede con justicia usar este término de un modo análogo a lo que ocurre en el lenguaje médico, en que "linfatismo" denota un desorden de los órganos linfáticos. La enfermedad en cuestión es una de que ha adolecido la filosofía occidental hasta nuestros propios días.

Para apreciar el cambio que tuvo lugar en el siglo XVII hay que considerar el nuevo tipo de pensador, el racionalista, que apareció entonces en la escena intelectual. Normalmente hay acuerdo en que quien lideró este cambio es Descartes, a cuyo tipo de mentalidad vale la pena prestar atención. Descartes decidió establecer su residencia en Holanda, país que estaba corrigiendo, en su territorio plano e intervenido, los difíciles accidentes geográficos de su pasado. Como pensador, Descartes partió del deseo de liberar a la filosofía de análogos rasgos accidentales y basarla en principios absolutos. La intuición que eligió como su punto de partida es elocuente: la premisa de que un ser que ha sido traído al mundo, alimentado, lavado, vestido, enseñado a hablar, castigado para asegurarse de que estudie sus libros en vez de torturar gatos, colmado con el variadísimo depósito de riquezas aportadas por innumerables mentes y épocas, puede tomar su pluma e imaginarse que lo único de que está seguro es de que piensa, de lo cual deduce que existe. El resultado es que, deseando establecer la filosofía sobre la base de una verdad segura, Descartes la estableció sobre la base de una ficción abstracta. Y que hoy se considere ese paso dado por él como un progreso de la racionalidad, es medida de la degradada cultura intelectual que surgió de su iniciativa.

Lo anterior no equivale a sugerir que el lugar de Descartes en la historia intelectual es despreciable, porque fue, en efecto, un pensador científico de primer orden; pero sus principios filosóficos no han resistido la prueba de la crítica. Lo que sí ha perdurado, sin embargo, es la errada dirección que imprimió al pensamiento occidental. El método de Descartes, aunque busca poner a la filosofía sobre una base de verdad objetiva, de hecho conlleva una subjetivización de los métodos filosóficos, ya que implica la falacia de que una verdad que parece subjetivamente indudable es, por ese motivo, más fundamental y filosófica. En cuanto a las deducciones que sacó de esta premisa, consideremos el razonamiento por el que procedió luego a sostener la independencia del alma respecto del cuerpo y la existencia de Dios: lo "claro y distinto" de esas ideas, a que apela como señal de su validez, no es, al cabo, más que el resultado de una refinada tradición de la teología católica. Punto sobre el cual puede apoyarse la idea de que son, precisamente, los pensadores que mayor emancipación se atribuyen respecto de los preconceptos de su época quienes más condicionados están por ellos.

El cartesianismo introdujo el hábito de pensamiento que considera racionalidad la adopción de premisas que, por alguna razón, son afines al intelectual. En el caso de Descartes, la premisa fue la halagüeña idea de que el filósofo es un ser pensante, y de que este hecho es capaz de ser el fundamento de una filosofía general. Un rasgo de los sistemas de este tipo es su gusto por reducir la realidad a una fórmula. La tendencia de la Edad de la Razón fue a alejarse de la trabajosa universalidad de la tradición escolástica, refinada por Suárez y los demás pensadores católicos de la época Tridentina, y a producir una filosofía reduccionista tras otra, dominadas todas por una idea clave favorita. La tendencia es bosquejada por Sydney Smith en su comentario a la escuela británica de filosofía: "El obispo Berkeley destruyó este mundo en un volumen *in octavo*; después de ello, lo único que quedó fue la mente; la cual experimentó análogo destino a manos de Mr. Hume en 1739"[4]. Esta agudeza capta bien el apaleo que el siglo XVIII dio a la complejidad de la verdad filosófica.

Por cierto, los reduccionistas pronto comenzaron a aplicar su escalpelo a la tradición cristiana. En el deísmo del siglo XVIII vemos cómo Dios es rebajado al nivel del intelectual. Pero no hay racionalidad en una visión de Dios que excluye su atributo de amor infinito, que tiene como corolario su creación del hombre para ser eternamente feliz, y la revelación de Sí mismo para guiar el hombre hacia ese fin. Tampoco se presentaron razones para empobrecer el concepto de Dios. En contraste con la plenitud de la teología católica, no existió una *Summa Theologica* deísta que refutara los dogmas de la naturaleza divina. Lo que sí fue más intenso fue el placer del *esprit fort* al elevarse por sobre las supersticiones de la multitud.

En esto el deísmo comparte uno de los hábitos generales del racionalismo: la disposición a pensar en categorías que, fundadas en impresiones, se supone racionales, pero sin que se dé una efectiva demostración de que lo son. A esto puede llamárselo la superstición del racionalismo. Como sugiere el comentario de Sydney Smith, la naturaleza de esta superstición cambia con el tiempo. En un comienzo, los filósofos, como Descartes y Berkeley, prefirieron conceptos ideales, pero rápidamente la preferencia mudó: desde fines del siglo XVIII y ciertamente en el siglo XIX, la superstición dominante del racionalismo ha sido materialista, es decir, la creencia de que lo material es un tema más racional que lo moral y lo espiritual. En el pensamiento político, esto puede apreciarse en la

---

[4] Rev. Sidney Smith, *Elementary Sketches of Moral Philosophy* (London, 1850), Introduction.

opinión corriente que convierte a Hobbes, con sus forzados argumentos y su ficticia explicación del origen del gobierno humano, en el fundador de la filosofía política racional.

La teoría política, además de ilustrar las inclinaciones del racionalismo, es el terreno en que, hacia fines del siglo XVIII, dicha escuela logró su victoria más turbulenta. Al considerar la naturaleza del estado, el racionalista no se preocupó de los franceses, saboyardos o toscanos reales, ni de la lealtad y amor al país que subyace a la vida nacional. Si lo hubiera hecho, podría haber tomado en cuenta la realidad de los lazos familiares, de un país unido por una lengua común, del reino unido a su dinastía histórica, de su corte que congrega a la nobleza de diversas provincias, y de sus artistas y escritores que dan expresión a una cultura común. El racionalista ignoró estas cosas, porque estaban por debajo de su dignidad de intelectual. En cambio, postuló una comunidad que, en una época hipotética, se reunió para firmar un contrato de alcance estrictamente funcional. Se afirmó que así había sido el origen de la sociedad civil, de lo cual surgió un claro divorcio entre la teoría y la realidad. Por ello no es coincidencia que, de los dos países que se rehicieron de acuerdo con la teoría contractual del estado, Francia arrasó al resto de Europa en nombre del *amour sacré de la patrie*, en tanto que los Estados Unidos hicieron realizar a los escolares un homenaje a la bandera y una recitación de la ideología nacional como no se conoce sino en países totalitarios. Pero el teórico no advierte estas paradojas. Según las supersticiones del racionalismo, un contrato para formar la sociedad, por muy imaginario que sea, es una premisa más científica de la teoría política que los lazos humanos y las tradiciones, por muy innegables que éstas sean.

Del mismo modo, los racionalistas adoptaron el método, atribuído por Edgar Allan Poe a su necia policía de investigaciones, de ignorar lo que no se entiende. Si el racionalista prefiere lo no real en política, es porque el comportamiento humano como un todo lo supera; tiene que encontrar una forma de eliminar su complejidad. Un ejemplo en psicología es el determinismo, teoría que siempre atrae a aquellos que aspiran a una perspectiva científica. El determinista comprende la causalidad mecánica y el azar, pero el libre albedrío le resulta misterioso, y se deshace de él negando su realidad. Además de ilustrar una de las principales supersticiones del racionalismo -la suposición de que lo misterioso es irracional-, la reacción mencionada muestra otro defecto corriente: despacha el puzzle que lo enfrenta sin darse cuenta de los problemas conceptuales más profundos que le subyacen; porque cuando se analiza de cerca la causalidad y el azar, resultan ser tan primarios y misteriosos como el libre albedrío.

Estos son los hábitos del pensamiento que han conducido la marcha del racionalismo, fértil en teorías que muestran que el comportamiento humano se explica por causas físicas. La ciencia de la frenología, popular a comienzos del siglo XIX, fue parte de ese movimiento. Luego llegó el momento del psicoanálisis, un pasatiempo que ha sido descrito por un escritor moderno "como otro episodio en la larga historia del shamanismo". Las supersticiones que han brotado en este terreno están entre las más profundamente enraizadas en el pensamiento moderno, con su deseo de reducir la psiquis humana a resultado de unos cuantos impulsos primarios. Ellas quedan ejemplificadas en la convicción, común hoy, de que el análisis científico del comportamiento humano implica comprenderlo en términos de libido, ira, temor, dominación y otros parecidos impulsos básicos, y no en términos de amor, honor, decencia o de ningún otro de los afanes más elevados de la naturaleza.

Esto nos pone frente a la superstición más comprehensiva del racionalismo actual, la superstición de la ciencia; no de la ciencia como actividad en sí misma, sino de la ciencia tratada como lo único válido en el conocimiento humano. De acuerdo con este error, la ciencia se transforma en un sistema que contradice sus propios principios. Según éstos, la ciencia material proclama ser el estudio del mundo físico, con prescindencia de toda consideración no material; renuncia, con ello, a la calidad de filosofía general. Pero quienes se someten a la superstición de la ciencia piensan que conceder a los conceptos religiosos o metafísicos cualquier lugar en su explicación del mundo sería traicionar los principios científicos. Así, al aspirar a ser estrictamente científicos, se hacen estrictamente anticientíficos.

La causa común de todas estas falacias es el impresionismo, que ha ocupado, en la mente racionalista, el lugar de la verdadera lógica como punto de partida. El impresionismo supone que un universo ordenado implica que hay un Dios matemático, alejado de las plegarias humanas; que el hombre es una máquina de impulsos materiales; que la sociedad humana procede de los cálculos de un contrato; que la ciencia material es la única guía hacia la realidad. Y todo esto es presupuesto no porque estas ideas puedan ser demostradas, sino porque parecen congruentes con la mente racionalista. En ello vemos la ruptura en el pensamiento europeo que tuvo lugar cuando la corriente filosófica se volvió contra su pasado escolástico. En el método silogístico de la escolástica no hubo lugar para suposiciones impresionistas. Y por ello es que la verdadera edad de la razón en la filosofía europea es la que se extiende desde Alberto Magno hasta Suárez. Por ello es que la derrota de la cultura católica en el siglo XVII significó la derrota de la cultura de la razón. Una de las supersticiones del racionalismo es que el rechazo de la escolástica introdujo una nueva libertad en el pensamiento europeo. Ello es verdad sólo en el sentido de que quebrar un brazo le confiere a éste una nueva libertad de movimiento: la libertad de la incoherencia. En filosofía, como en moral, el camino que lleva al infierno es fácil y es difícil el que conduce al cielo, y la Edad de la Razón siguió el primero. La victoria del racionalismo ha hecho posible que el hombre moderno viva encerrado en un agradable cajón de materialismo, ignorante de la fragilidad de las paredes que lo rodean, convencido de que lo que hay más allá de ellas, incluída la tradición auténticamente racional de la historia europea, pertenece al mundo de la superstición.

No debemos pasar por alto la válida percepción que hubo en la base del impulso racionalista: el sentido de que la naturaleza humana, con sus impulsos espirituales, estéticos, imaginativos y emotivos necesita ser controlada por la razón. También la filosofía escolástica creyó en esto; pero ese control debe ser tal que considere el valor de cada sentido y permita su plena actividad. Aquí está la diferencia entre el falso racionalismo y la genuina racionalidad. El resultado efectivo del racionalismo no es dominar los otros impulsos humanos, sino suprimirlos, como el marido que soluciona el problema de controlar a su mujer matándola. Debido a esta equivocación, la exaltación de la razón se convierte en una radical perversión de la razón y la búsqueda de la verdad acaba en la pobreza del error, porque expulsar de la teología el amor, de la psicología la libertad, o de la sociedad humana los vínculos de la lealtad no es razón sino ceguera. Al caer en semejantes soluciones, el racionalismo produce un desierto de la razón, despojada de todo aquello cuya consideración constituye el más alto deber del intelecto.

La obra maestra de la destrucción racionalista es la que se produjo en la Iglesia católica con la revolución litúrgica de la década de 1960. Los intelectuales, criados en el literalismo de la moderna cultura europea, dieron en ver en la oración sólo una comunicación verbal. Ignoraron los aspectos de belleza, simbolismo, misterio y tradición que son no sólo atributos inherentes a la acción litúrgica, sino elementos esenciales en la comprensión que de ella tiene el fiel que rinde culto. Fue el mismo error que habían cometido los reformadores, un error que vació las iglesias en toda la Europa protestante, y que ahora dejó a la Iglesia católica igualmente desierta. Las desacralizadas iglesias del rito católico moderno se yerguen como condignos templos de la superstición racionalista.

LA SUPERVIVENCIA DE LA CIVILIZACIÓN CATÓLICA

Desde la segunda mitad del siglo XVII se vio en la Europa católica un debilitamiento que, a largo plazo, habría de abrir la puerta a las aberraciones descritas más arriba. La causa fue la derrota visible sufrida en la Guerra de Treinta Años, que puso fin a la seguridad en sí misma que la cultura católica había tenido en los primeros años de aquel siglo. En aquellos años había parecido que el poder político y cultural era representado por los países católicos, en tanto que el protestantismo quedaba confinado a los límites exteriores, todavía rudos, de Europa. El balance de poder que existió hacia los años finales del siglo fue muy diferente, y la diferencia se hizo sentir en el terreno filosófico. Después de Suárez, la escolástica perdió su fuerza y cayó en conservadoras repeticiones; la filosofía coherente retrocedió tanto en el mundo católico como en el protestante.

Con una Francia inclinada ante un trono superpoderoso y con los territorios del Mediterráneo en decadencia, parecía que no había ahora lugar alguno en Europa en que se pudiera encontrar todavía el natural desarrollo de la sociedad católica. Pero de hecho sobrevivió en territorios germánicos, que se recuperaban del desastre de la Guerra de Treinta Años. La recuperación fue más fuerte en las posesiones de los Habsburgo, que consiguieron un gran aumento de territorio entre 1683 y 1733, especialmente a costa del Imperio Otomano, en tanto que el detener a Francia en la Guerra de la Sucesión Española hizo a Austria recuperarse como gran potencia europea. La monarquía Habsburgo se irguió contra Francia como un ejemplo de la antigua política católica, en que las tendencias deformadoras del despotismo no habían tomado el control. No se proclamó aquí ningún Derecho Divino de los reyes, no se dio la centralización megalómana de la vida nacional en la voluntad del soberano ni tampoco la esclavización de la Iglesia. Mientras los países borbónicos de Europa se precipitaban en el absolutismo, y la oligarquía hacía de la monarquía un mero nombre en Inglaterra y Polonia, Austria preservó un equilibrio tradicional, en que una auténtica monarquía coexistió con la representación de los estamentos de la sociedad. El resultado fue que, cuando un emperador volteriano quiso poner a Austria cabeza abajo a fines del siglo XVIII, se enfrentó a una rebelión universal hecha no en nombre, como en Francia, de la revolución, sino de la defensa de las instituciones tradicionales del pueblo.

El crecimiento del poder austríaco tuvo lugar con Leopoldo I y Carlos VI, pero fue Maria Teresa, la última y quizá la más grande de los Habsburgo, quien merece la mayor admiración. Llegada al trono en 1740 como primera mujer heredera del patrimonio de los Habsburgo, se vio enfrentada inmediatamente con el ataque de Federico de Prusia, que se aprovechó de la oportunidad para expoliar a su vecina. Francia agitó a los principados alemanes, deseosos de desmembrar las posesiones de la joven reina. Rodeada de enemigos en el exterior, encontró otros entre sus ministros, que le dieron el pobre consejo de rendirse. María Teresa, con majestuoso coraje, desechó el consejo y en ocho años de guerra contuvo a los chacales con corona que la rodeaban. Aunque perdió Silesia a manos de los prusianos, conservó el resto del imperio cohesionado y se aseguró su posición durante un distinguido reinado de cuarenta años. Las glorias características de la Austria de María Teresa fueron la arquitectura y la música, pero también las hubo en la construcción de caminos, en la ciencia médica y en la educación, en que el país estuvo en la primera línea del progreso europeo. La virtud y la fe de la emperatriz dejaron huella en la sociedad austríaca, que se vio libre del libertinaje y la irreligión que iban convirtiendo a Francia en un país de infieles.

En el siglo XVIII Austria fue el único estado importante de Europa en que se pudo ver todavía el desarrollo natural de una sociedad católica; pero ésta estuvo presente en todos los territorios alemanes católicos. La cultura del período, como lo demuestran sus encantadores vestigios, estuvo permeada por una profunda devoción y una expresión artística de la fe. Los viajeros en el sur de Alemania advertían que la cantidad de calvarios y ermitas que santificaban los caminos aumentaba a medida que se cruzaba los Alpes desde Italia. En los distritos del Tirol, como resultado de una indulgencia concedida por Benedicto XIII, la frase "Jesucristo sea alabado" se convirtió en el saludo normal del pueblo, con la respuesta "Jesucristo sea alabado y la Santa Virgen su Madre". Fue en ese período que se consolidó la tradición de la representación de la Pasión de Oberammergau. La arquitectura doméstica de estos territorios de Alemania del sur exhibe la íntima compenetración de la vida diaria y de la fe, con crucifijos e imágenes religiosas en cada habitación, o pintados con rico despliegue en las fachadas de las casas. En ninguna parte el barroco expresa de modo más exuberante el gozo de la fe católica que en la arquitectura eclesiástica. Sankt Gallen, Ottobeuren y Vierzehnheiligen, con su suntuosa fantasía, proclaman la naturaleza de la religión como celebración, y muestran lo que podría haber sido el patrimonio de toda Alemania si se hubiera restaurado la unidad religiosa.

La influencia católica se extendió, más allá del compacto bloque del sur, hasta el bajo Rin, gracias a los principados-obispados y a los electorados eclesiásticos. Se podría pensar, con algún acierto, que este régimen principesco tendía a la mundanidad igual que en Francia; pero dio también a la Iglesia alemana una especial autonomía y libertad frente a las presiones regalistas. Los prelados y canónigos aristocráticos poseían la virtud alemana de la precisión en sus deberes, y los párrocos y monjes que les estaban subordinados seguían su vocación en un mundo cotidiano feliz. Así, la vida de la Iglesia en Alemania fue mucho más genuina que en Francia, por lo menos hasta que la pudrición del febronianismo se instaló más tarde durante ese siglo. Desde el punto de vista político, los estados eclesiásticos proporcionaron un ejemplo de buen gobierno que ha sido ignorado por los historiadores que proclaman las pretensiones del Despotismo Ilustrado. En su época, Edmund Burke escribió "No es fácil encontrar ni concebir gobiernos más suaves e indulgentes que los de estas soberanías eclesiásticas". Un alemán de aquella época, el Barón Riesbeck, observaba que en estos estados "no se sabe nada de los pesados impuestos que hacen gemir a los súbditos de los príncipes temporales". La agricultura florecía; era desconocida la servidumbre, que sobrevivía todavía en la ilustrada Prusia; y Riesbeck hace ver que la ausencia de ejércitos sobredimensionados, de ambiciosas guerras y de familias principescas que sustentar, ayudaban a entender el menor peso que tenía el gobierno[5].

Salzburgo, donde la ciudad barroca anida bajo el peñón fortificado, puede ser tomada como ejemplo de estos pequeños y benignos estados. Aquí, como en la vecina Austria, la arquitectura y la música son las glorias de la cultura del principado. Federico Carlos von Schönborn proporciona en otro lugar un ejemplo de lo que puede hacer un hábil príncipe-obispo. Elegido en 1729 para los obispados contiguos de Bamberg y Würzburg, los gobernó hasta su muerte en 1746, como un único principado de 3.300 millas cuadradas, uno de los más grandes del Imperio. En Würzburg completó la construcción de la Residencia, que había sido comenzada por su hermano y antecesor en la sede[6]. La obra de Schönborn dio origen al palacio quizá más perfectamente integrado construido en parte alguna en el siglo XVIII, con majestuosos interiores embellecidos con frescos de Tiepolo. Una buena orquesta continuó la tradición de música sagrada y profana de la sede y, bajo el gobierno del Príncipe-Obispo y su versátil espíritu, Würzburg siguió siendo un centro cultural con que pocos otros estados alemanes podían rivalizar.

En la década de 1780 la armonía de la sociedad austríaca sucumbió a las ilustradas necedades de José II, en tanto que un parecido espíritu invadía a algunos de los estados eclesiásticos. En los últimos veinte años del siglo, por tanto, el carácter plenamente católico de la sociedad se encuentra, más bien, en Baviera. Ahí fue preservado por el Elector Carlos Teodoro, un príncipe que pasó su vida heredando gran parte de las tierras de la casa de Wittelsbach. Su carácter galante fue causa de que se lo conociese en su juventud como el Primer Caballero del Santo Imperio Romano.

---

[5] Caspar von Riesbeck, *Travels through Germany* (London, 1787), vol. III, p. 262.
[6] Un tercer hermano fue simultáneamente arzobispo-elector de Tréveris (1729-56). La ilustre historia episcopal de los Schönborns, sin paralelo en ninguna otra familia en Alemania, ha continuado hasta la actualidad.

Habiendo empezado como duque de Neuburg y Sulzbach, heredó en 1742 el Palatinado Renano, donde introdujo un refinado régimen intelectual y artístico, por lo que Schiller pudo hablar del "clima griego" del Electorado; sin embargo, Carlos Teodoro fue en él un príncipe católico con un estado calvinista a su cargo. En 1778 heredó Baviera, el feudo más grande de los Wittelsbach. No obstante la belleza de su capital, Baviera era en aquel entonces un territorio atrasado, cuyos últimos gobernantes habían prestado más atención al arte que a la economía. Pero entre los años 1778 y 1799 Baviera disfrutó de sus mayores avances en el siglo XVIII. Carlos Teodoro tomó como ministro al norteamericano Benjamin Thompson, que había abandonado su país por su lealtad al gobierno inglés. Thompson, ennoblecido como Conde Rumford, fue el único de los ministros del siglo XVIII que, por derecho propio, fue un científico de ideas originales. Con su guía, Carlos Teodoro promovió la economía en su ducado, y al mismo tiempo continuó con el patronazgo artístico, manteniendo una orquesta y una ópera consideradas las mejores fuera de Italia. Después de su muerte, una dinastía nueva y anticlerical denigró su memoria y, en cuanto príncipe que jamás alzó la mano contra la Iglesia, Carlos Teodoro está excluido de la lista de Déspotas Ilustrados alabados por los historiadores modernos. Sin embargo, es debido a su gobierno que Baviera llegó hasta el final del siglo XVIII con su tradición católica intacta y con el bienestar material de uno de los pocos regímenes verdaderamente benéficos de la época.

LOS DÉSPOTAS ILUSTRADOS Y LA SUPRESIÓN DE LOS JESUÍTAS

La misma ortodoxia que promueve el concepto de Edad de la Razón ha declarado, al período anterior a la Revolución Francesa, Edad de los Déspotas Ilustrados, a la que se atribuye el espíritu de progreso del gobierno del siglo XVIII. En cuanto a la calificación de aquellos gobernantes, es dable esperar que los historiadores indiferentes en materias religiosas, que aceptan la ideología moderna y que suponen que los beneficios de la historia están en el nivel de la riqueza material y la maquinaria, darán una versión diferente de aquéllos que ponen en primer lugar la relación del hombre con Dios, con la consiguiente preocupación por fomentar lo espiritual, la armonía entre la cabeza y el corazón en la cultura humana y la protección del equilibrio natural de la sociedad.

El pionero de los Déspotas Ilustrados es Federico II, que gobernó Prusia entre 1740 y 1786. Las mentes progresistas de su época lo consideraron como campeón dispuesto a apoyar con el poder real su lucha contra el cristianismo. Voltaire escribió al rey: "Vuestra Majestad hará a la raza humana un servicio eterno extirpando esta infame superstición, no digo entre la chusma, que no es digna de ser ilustrada y que es apta para cualquir yugo, sino entre los bien educados, entre los que quieren pensar". Voltaire tenía buenos motivos para creer en el talento de Federico para extirpar. Al comenzar su reinado con una guerra de agresión contra Austria, Federico II enseñó nuevos estándares de cinismo a los reyes de Europa, por la libertad con que lanzó la guerra, traicionó a sus aliados, firmó tratados, los quebró y volvió a la guerra, según lo exigiera su interés. En casa, el militarismo, del que dependían tales métodos, no estuvo controlado por la influencia de quienes aspiraban a pensar. Lessing escribió a un corresponsal en 1769: "Por favor no me hables de tu libertad de pensar y escribir en Berlín, que consiste solamente en la libertad de proferir todas las impertinencias que desees contra la religión. Que alguien levante su voz en favor de los derechos de los súbditos o contra la explotación y el despotismo, y verás prontamente cuál es el país más esclavo de Europa". Prusia era un país pobre, de tierra infértil, pero, para apoyar las ambiciones de Federico, mantenía una dotación militar mayor, en proporción al tamaño del país, que ningún otro estado de Europa, y un ejército mal afamado por su dura disciplina. No menos pesado era el peaje humano que Prusia pagaba en beneficio de las guerras de engrandecimiento de su rey.

El elenco de los Déspotas Ilustrados nos lleva a José I de Portugal, que gobernó su reino desde 1750 a 1777. La actividad reformadora de José dependía de un poderoso ministro imbuído en las ideas de avanzada de su tiempo, Carvalho, posteriormente marqués de Pombal, figura imponente, ante quien el rey caminaba con temor, y que conservó su cargo durante todo el reinado de José. Pombal ejecutó sus reformas sin temor a sentimientos retardatarios, como era propio de un estadista ilustrado, y suprimió sin piedad las revueltas que provocaron. En 1758, tuvo lugar un atentado contra la vida del rey, lo que permitió a Pombal perfeccionar su influencia. Ejecutando prontamente a los asesinos a sueldo, usó su supuesta confesión para actuar contra su enemigo político, el marqués de Tavora, representante de una de las grandes familias nobles de Portugal. Este, su mujer, dos de sus hijos y su yerno fueron torturados y muertos en la rueda, y el confesor jesuíta de la marquesa fue quemado vivo. Después de la caída de Pombal y de la liberación de sus prisioneros políticos, una investigación de estos procedimientos los denunció como los crímenes que, en realidad, fueron.

Al elegir a los jesuítas como sus enemigos, Pombal se plegó a una creciente corriente de opinión al interior del ataque racionalista contra la Iglesia. La Compañía de Jesús constituía, no sin alguna merma, lo que a la cultura de la Contra-Reforma le quedaba de energía. Era la más eficiente de las órdenes religiosas, con una organización militarmente cohesionada, que tenía presencia en todo el mundo. Su filosofía suareciana seguía siendo un agudo desafío a las ideas de moda, al lado de la ortodoxia enseñada más laxamente en otros sectores de la Iglesia. Sus colegios a través de Europa le proporcionaron un poderoso seguimiento, pero, por otra parte, le causaron la impopularidad que tiene el maestro de escuela, y algunos de los principales *philosophes*, como el mismo Voltaire, fueron rebeldes a la disciplina que les impuso en su juventud. Los volterianos consideraban a la Compañía de Jesús el primer enemigo que había que derrotar en la guerra contra el obscurantismo y la superstición. Al menos, era el primer obstáculo que anular para poder caracterizar a la Iglesia como obscurantista y supersticiosa.

Alegando la complicidad de los jesuitas en el atentado contra el rey, Pombal arrestó al Provincial de Portugal con nueve de sus súbditos, y los acusó de enseñar la doctrina del tiranicidio. En 1759 los jesuitas fueron expulsados de Portugal y de sus colonias, donde su trabajo misionero estaba a la altura de su labor en su país de origen. Esta fue la piedra angular de una política que condujo al catolicismo portugués a un cisma *de facto* frente a Roma durante el reinado de José I, que impuso el control de la Iglesia por el poder real.

La acción de Pombal mostró a muchas mentes las posibilidades de semejante política como parte del ataque filosófico a la Iglesia. Fue en Francia donde se presentó la siguiente oportunidad, consecuencia de los manejos financieros de la misión jesuita en las Antillas Francesas, que experimentó problemas durante la Guerra de Siete Años: unos barcos que transportaban mercancía hacia Francia fueron capturados por los ingleses, ocasionando la quiebra de los banqueros de la Compañía en Marsella. Cuando éstos pidieron indemnización, el Provincial de París cometió el error de permitir que la causa se ventilara en el *parlement* de la capital. Los *parlements*, asambleas de abogados, representaban a la clase que, durante muchos años, había apoyado al jansenismo en su desafección por la Corona y su iglesia títere, y que estaba convirtiéndose ahora a las doctrinas del Iluminismo anti-religioso. Cuando en 1761 se le presentó el caso de los jesuitas, el *parlement* de Paris se mostró menos interesado en remediar la pérdida financiera que en juzgar a la Compañía, que declaró ser "destructiva de los principios de la religión e incluso de la honestidad". En nombre de la honestidad, se impidió a la Compañía pagar la deuda, como pareció estar dispuesta a hacer con sorprendente prontitud, y se ordenó suprimir la Compañía en toda Francia. En la corte, la Compañía tenía un enemigo jurado en Madame de Pompadour debido a los esfuerzos que el confesor jesuita del rey hacía por que rompiera la relación con ella, y en el Ministro Choiseul, que le debía a la Pompadour su elevación. Luis XV no era hombre para resistir semejantes presiones, y en 1764 confirmó la supresión de la Compañía en Francia. Choiseul, que había pensado echar mano del tesoro de los jesuitas, se dio cuenta de que había perseguido sólo una necia quimera. El único tesoro que perdió Francia fue el de los conocimientos y esmerada pedagogía que ofrecían los jesuitas.

La expulsión de los jesuitas desde España fue obra del Borbón Carlos III, que subió al trono en 1759. Los beneficios de su Despotismo Ilustrado han sido pregonados por los historiadores más que los de su predecesor, Fernando VI, que fue, de hecho, con su estilo tranquilo, quizá el mejor rey de España en los tres siglos posteriores a Felipe II. La política de Carlos III fue perfeccionar el régimen absolutista que los Borbones habían introducido en el país, y trajo a su lado a su ministro italiano, Squillace. Este apóstol de la razón concibió la política de prohibir el tradicional traje español de capa y sombrero de alón ancho, declarándolo conspirativo y una amenaza para la seguridad. En 1766 estallaron motines en Madrid contra esta prohibición y contra el alza de precios causada por las políticas de Squillace. Carlos III, después de huir a Aranjuez, despidió a Squillace y promovió al conde de Aranda, ministro autocrático al estilo de Pombal. Aranda rápidamente persuadió al rey de que los jesuitas estaban detrás de los disturbios. En 1767 se suprimió la Compañía en toda España y en sus colonias. Como en Portugal, las acciones de los reformistas no se destacaron por la humanidad de sus métodos. Los jesuitas deportados fueron amontonados en barcos que los habían de trasladar a los Estados Papales, y durante semanas quedaron abandonados en ellos, donde muchos murieron por las condiciones insalubres. Lo que inspiró a quienes idearon la expulsión fue también, como en Portugal, el propósito de someter a la Iglesia. El ministro real Manuel de Roda escribió a Choiseul: "La operación no ha dejado nada que desear. Hemos matado al niño. Ahora sólo nos resta hacer lo mismo con la madre, nuestra Santa Iglesia Romana". Una muestra de la ilustración promovida por Carlos III fue la destrucción de la Compañía de Jesús, que tenía los mejores colegios y universidades de España, y la mantención de la Inquisición, instrumento de control real entonces más que nunca. El efecto mejor conocido de la supresión fue el fin de la protección que los jesuitas daban en Hispanoamérica a los indios, que quedaron entregados a la modernizada rapacidad del régimen colonial.

Antes de llegar al trono español, Carlos III había reinado en Nápoles con el nombre de Carlos VII. En 1734, siendo duque de Parma, se había aprovechado del involucramiento de Austria en la Guerra de Sucesión Polaca para apoderarse del Reino de Nápoles, que Austria había gobernado desde el Tratado de Utrecht. Las políticas absolutistas que adoptó allí fueron un ensayo de las que posteriormente empleó en España. Desde el norte de Italia llevó consigo al ministro Tanucci, que probó ser el típico ministro ilustrado que imponía políticas financieras doctrinarias sin atender al daño que causaban, especialmente a los pobres. Fue el primer ministro que siguió el camino, como parte de su programa modernizador de despojar a la Iglesia, cerrando casas religiosas y apoderándose de sus tierras; porque, aunque la supresión de los jesuitas fue el golpe más visible que sufrió la Iglesia antes de la Revolución Francesa, no fue más que parte de un movimiento general hacia la destrucción de las órdenes religiosas en Italia, Francia y Alemania. La diferencia está en que, mientras los monasterios cerrados en aquel proceso fueron en su mayor parte comunidades en decadencia, la supresión de los jesuitas fue un ataque a una orden que seguía siendo uno de los más activos brazos de la Iglesia.

La Iglesia en el siglo XVIII, también en Italia, albergaba una gran cantidad de leña muerta, dotada de grandes recursos que un reformista podía dirigir a mejores finalidades. Pero no fue con ese espíritu que Tanucci atacó a las órdenes. Como hicieran los gobernantes protestantes en el siglo XVI, recurrió a las confiscaciones para comprar el apoyo de la nobleza. Hacia el término de la carrera de Tanucci, en Nápoles se había abolido los diezmos, el matrimonio se había convertido en una institución civil, y el gobierno reclamaba el derecho de alterar o suprimir los testamentos que contuvieran legados con fines religiosos. Celoso de la riqueza tanto espiritual como material de la Iglesia, Tanucci hizo fracasar la obra de San Alfonso María de Ligorio, el más grande santo del siglo en el reino de Nápoles y, en realidad, en Europa. Tanucci siguió influyendo en Carlos VII cuando éste se convirtió en rey de España: si bien dejó atrás al ministro, lo convirtió en efectivo dictador de Nápoles durante la minoría de edad de su hijo menor, Fernando IV, su sucesor.

Durante el reinado de Carlos VII de Nápoles, la persecución de los jesuitas no formó parte de la política real[7], pero la expulsión de la orden desde España fue rápidamente copiada por Tanucci en Nápoles. El cuarto estado Borbón, el Ducado de Parma, siguió el mismo camino. Aunque aquí la pérdida fue menor, la traición fue mayor, ya que los Borbones habían gobernado el ducado como herederos de los Farnese que, como descendientes de Pablo III, habían siempre querido a la orden como fundación de su propia familia.

---

[7] Vale la pena hacer notar este punto, contra la impresión que dan muchos historiadores de que la supresión fue la culminación de una creciente hostilidad contra la Compañía de Jesús. Hasta que Pombal sembró la idea en las mentes ilustradas, ni siquiera un individuo tan radicalmente anticlerical como Tanucci pensó en atacar la orden.

Clemente XIII, en cuyo reinado ocurrieron estos desastres, fue impotente para oponérseles. La excomunión de Tanucci y del duque de Parma fueron flechas disparadas a un enemigo impenetrable. Cuando murió en 1769, las cortes de Europa se pusieron de acuerdo para asegurar la elección de un papa que aboliera la Compañía de Jesús. María Teresa, que quería casar a su hija con el Delfín, fue persuadida a dar su acuerdo. El cónclave se reunió a la sombra de la coacción. Las dependencias papales de Aviñón y Benevento habían sido tomadas por Francia y Nápoles, respectivamente, y no habían de devolverse sino cuando se suprimiera la Compañía. La elección fue controlada por el embajador español, que vetó a la mitad del Sagrado Colegio por ser demasiado favorable a los jesuítas. El cardenal franciscano Ganganelli quedó incluido inicialmente en el veto, pero, mediante sugerentes pronunciamientos, convenció al embajador de su buena disposición. Subió al trono papal con el nombre de Clemente XIV, realizando obsequiosos gestos, como conceder el capelo rojo al hermano de Pombal. Pero una cosa era ganar el papado mediante sibilinas señales, y otra destruír a una gran orden de la Iglesia. Clemente evitó durante cuatro años la copa envenenada que él mismo se había escanciado, aunque la presión de las cortes reales no cejaba. España amenazó con suprimir todas las órdenes religiosas en sus dominios si continuaban las evasivas. En agosto de 1773 se publicó el Breve de Supresión. Una vez decidida la acción, se la ejecutó con aspereza; el General de los jesuítas, el P. Ricci, y los miembros de su curia, fueron hechos prisioneros y encerrados en Castel Sant'Angelo, donde Ricci murió. Durante lo poco que restaba de su reinado, Clemente padeció la tortura de la culpa por lo que había hecho, y se lo veía vagando por su palacio, gimiendo constantemente. Murió en medio de grandes sufrimientos en octubre de 1774.

Con todo, la supresión de los jesuítas produjo un quiebre en el Despotismo Ilustrado. Federico de Prusia y Catalina de Rusia, que no ambicionaban someter a la Iglesia católica, hicieron vista gorda de los excesos de la orden y valoraron su trabajo en las provincias que se habían anexado en la partición de Polonia. Prohibieron en éstas la publicación del Breve de Supresión, por lo que no tuvo efecto alguno en sus dominios. En 1780, el sucesor de Clemente dio permiso para la reapertura de un noviciado en la Rusia Blanca, y los jesuítas polacos continuaron con su vida con un vicario general electo. Dos años antes el papa había permitido que siguiera existiendo el seminario de los jesuítas ingleses en Lieja como casa de docencia para el sacerdocio secular; y la organización misionera en Inglaterra, donde los jesuítas sumaban un tercio de todos los sacerdotes católicos, siguió adelante sin tropiezos. Estas fueron las semillas de las que la Compañía había de rebrotar en un mundo muy diferente.

LA APOTEOSIS DE LA ILUSTRACIÓN

Los Déspotas Ilustrados y sus canallescos ministros habían derribado moralmente la monarquía cristiana una generación antes de que fuera derribada políticamente por la Revolución Francesa. Al movimiento sólo le quedaba penetrar el imperio Habsburgo, que hasta entonces se había librado de él. En 1780 José II sucedió como soberano de esos territorios a María Teresa, uno de cuyos méritos no menores había sido excluírlo del gobierno de los mismos mientras vivió. Igual que otros gobernantes ilustrados, José designó ministro a un volteriano, Kaunitz, que ya había estado detrás de algunas de las acciones más lamentables de los últimos años de María Teresa. José superó ahora en celo a los otros reyes modernizantes. El primer objetivo de su política fue transformar a la Iglesia en un departamento del Estado. Cerró un tercio de las casas religiosas de Austria, destruyendo gran cantidad de obras de arte en el proceso, y suprimió todas las órdenes que no realizaban algún trabajo de naturaleza utilitaria. Abolió los seminarios existentes y fundó otros nuevos, en que el clero debía ser educado en las doctrinas anti-papales. Transformó el matrimonio en un contrato civil. En una exaltación de racionalismo que hubiera hecho vacilar a Squillace, José ordenó que los muertos fueran enterrados en sacos, sin ataúdes y sin las ceremonias tradicionales de los funerales austríacos. En 1782, el Papa Pío VI viajó a Viena a intentar una negociación personal. El pueblo lo recibió con ferviente devoción, en tanto que el emperador y sus creaturas lo hicieron con desprecio; Kaunitz lo saludó con un apretón de manos[8]. La respuesta de José a la visita consistió simplemente en redoblar sus medidas contra la Iglesia.

Hacia la misma época, Leopoldo, hermano de José, había accedido al Gran Ducado de Toscana. Leopoldo, que compartía las ideas de su hermano, se había visto impedido de ponerlas por obra durante la vida de María Teresa, pero a la muerte de ésta emprendió una campaña para "ilustrar" a la Iglesia en el gran ducado. Nombró obispo de Pistoia al clérigo jansenista Ricci (sobrino nieto del último General jesuíta, pero hombre cortado de una tela totalmente diferente). Ricci abolió los altares laterales en las iglesias, quemó reliquias sagradas, denunció la devoción al Sagrado Corazón e introdujo una liturgia en vernáculo. Para apoyarlo, Leopoldo prohibió las devociones tradicionales y declaró ilegales las apelaciones a Roma. En 1786 Ricci reunió al Sínodo de Pistoia, invitando a un grupo de clérigos de tendencias anti-papales. En él adoptó un programa inspirado en la iglesia jansenista cismática, que se había fundado en Holanda con

---

[8] El papa, por invitación de Carlos Teodoro, siguió a continuación a Munich, cuya devota recepción fue un impactante contraste.

anterioridad, en el siglo XVIII. El sínodo adhirió a los Artículos Galicanos impuestos por Luis XIV en 1682, recomendó los catecismos jansenistas, condenó la liturgia en latín y la teología escolástica, y desalentó la confesión frecuente. Con cuánta simpatía el pueblo de la Toscana recibió estas medidas pudo verse en mayo de 1787, cuando la catedral de Pistoia fue invadida por rebeldes que destrozaron el trono de Ricci, quemaron sus misales en italiano y otras de sus novedades, y destruyeron su palacio. Sin embargo, no fue sino hasta después de la muerte de Leopoldo que el Papa Pío VI se atrevió a condenar el Sínodo de Pistoia.

Un tercer hijo, de los muchos de María Teresa, estuvo detrás de los ataques a la Iglesia en el sur de Italia. La Archiduquesa Carolina se casó con Fernando IV de Nápoles, que había seguido sometido al influjo de Tanucci, luego de llegar a la mayoría de edad. La avasalladora personalidad de Carolina le dio acceso al consejo real, donde se ganó la enemistad del viejo ministro, y en 1777 logró que se lo expulsara. Ello no fue sino un desacuerdo entre dos de la misma laya: la reina dominaba a su risible marido y continuó la persecución de la Iglesia. Hacia 1780 la Iglesia napolitana se encontró en un virtual cisma, habiendo sido prohibido todo contacto con Roma. Cuarenta y ocho de los obispados del reino estaban vacantes, ya que Pío VI había rehusado nombrar a los candidatos reales. En 1797, abrumado por la caída de la Iglesia francesa y por la invasión napoleónica de Italia, Pío VI cedió y nombró obispos a todos dichos candidatos.

En Alemania habían empezado a infiltrarse parecidos principios debido a la política de los prelados mundanos. En 1763, el obispo Hontheim, coadjutor del arzobispo de Tréveris, publicó, con el pseudónimo de Febronius, una denuncia de la autoridad papal. El programa febroniano era una reorganización liberal, estilo Whig, de la Iglesia, como una oligarquía de obispos apoyada por el poder secular. Hontheim fue protegido por su arzobispo de la condena por parte de Roma, pero en 1768 la mitra de Tréveris recayó en el Príncipe Clemente Wenceslao de Sajonia, hombre de recta fe católica, y Hontheim fue obligado a retractarse. Le habría ido mejor en el Electorado de Mainz. Aquí, el Arzobispo Breidbach (1763-74) era un enemigo de las órdenes religiosas, y el volterianismo reinó rampante durante su gobierno. Su sucesor, Erthal (1774-1802), fue un representante apenas más moderado de la misma escuela. La postura anti-papal tomada por los prelados de Alemania quedó a la vista cuando Pío VI creó una nueva nunciatura en la corte de Carlos Teodoro, en un intento por recuperar parte de las pérdida producidas en Austria. En 1786 los cuatro arzobispos del imperio se reunieron para formular la Puntualización de Ems. Este documento atacaba la jurisdicción de los nuncios y formulaba desafiantes propuestas: que la legislación papal fuera considerada inválida a menos de ser aceptada por los obispos del país; que los obispos fueran consagrados sin necesidad de aprobación papal; que terminara la jurisdicción papal sobre las órdenes. José II, inicialmente favorable a la línea de los arzobispos, retiró su apoyo cuando se dio cuenta de que una iglesia de obispos independientes contrariaba los intereses del emperador tanto como los del papa, y hacia 1789 los arzobispos fueron obligados a hacer las paces con Roma.

Es posible que esta liga de reyes y príncipes tuviera poca influencia en el modo de pensar de los católicos corrientes en sus países. Más corrosiva fue la corriente de pensamiento que por entonces se había hecho dominante en Francia. La confianza de la escuela de los *philosophes* se había fortalecido por la derrota de Francia en la Guerra de Siete Años, y un notable cambio intelectual se produjo en la sociedad francesa. Edmund Burke, que visitó Francia en 1773, dio su impresión de la clase ilustrada cuando la conoció: "un celo violento y maligno, de un tipo hasta ahora desconocido en el mundo, se había posesionado de sus mentes, y había convertido toda su conversación, que en otras circunstancias hubiera sido agradable e instructiva, en algo perfectamente repulsivo". Su observación de que "habían aprendido a hablar contra los monjes con el espíritu de monjes" coincide con la hecha por un visitante más frívolo, Horace Walpole, quien se vio motivado a preguntar "por qué no decir que hay tanto fanatismo en tratar de que alguien apostate de una religión como en tratar de que se convierta a ella". La Iglesia en Francia no estaba en condiciones de combatir ese clima de pensamiento, especialmente después de ser desmontado el sistema educacional jesuita. El escritor Chamfort dio el siguiente bosquejo del clero francés después de un siglo de complaciente mundanidad: "Un simple sacerdote debe creer un poco, o se lo considerará hipócrita, pero no debe ser demasiado sincero en sus creencias o la gente dirá que es intolerante. Un vicario general puede permitirse sonreír cuando se ataca a la religión, un obispo puede reírse, y un cardenal puede asentir cordialmente". La figura que mejor ilustra esa descripción fue Loménie de Brienne, arzobispo de Tolosa desde 1763, amigo de Voltaire y de mala reputación por la laxitud de su teología. Cuando se propuso su promoción a París, Luis XVI replicó: "No, el Arzobispo de París debe por lo menos creer en Dios". Aun en lugares donde se preservó la ortodoxia, el estado del episcopado francés se evidencia por hechos tales como que el primado de Francia, Talleyrand (tío del obispo renegado) tenía amoríos con su sobrina; que el Cardenal de Rohan, príncipe-obispo de Estrasburgo, provocó el escándalo del Collar de Diamantes al intentar iniciar una relación con la reina, y que su hermano, el obispo-duque de

Cambrai, tuvo tres hijos ilegítimos de la hija del *Young Chevalier*[9] mientras ésta fue (obligada, habrá que decirlo) monja.

Tal fue el estado de la sociedad que, debido a la preeminencia cultural de Francia, corrompió el carácter de la Europa católica. Entre otras tendencias intelectuales de aquel momento hay que advertir el surgimiento de la masonería. Esta sociedad secreta había sido fundada en aquel siglo sin ninguna particular inclinación ni al liberalismo ni al anti-clericalismo; pero su ethos de hermandad e igualdad, y la oportunidad que daba a la *intelligentsia* para rozarse con la nobleza, la convirtió rápidamente en un bastión del pensamiento Ilustrado, y sus doctrinas influyeron en la ideología de la Revolución Americana; los dirigentes de este movimiento, incluyendo a George Washington y Benjamin Franklin, fueron masones. En Europa, la masonería abarcó a una cantidad de grupos de vanguardia, como por ejemplo los Illuminati o Perfectibilistas, como también gustaban de ser llamados. Estos eran en realidad muy ilustrados; su programa era la abolición de todas las religiones, todas las monarquías y las instituciones del matrimonio y de la propiedad privada. Fundados como sociedad secreta en Baviera en 1776, fueron descubiertos y suprimidos por el gobierno de Carlos Teodoro nueve años después. Otro grupo de masones, los Rosacruces, aspiraban a una iluminación más antigua: cultivaban la sabiduría de los siglos antiguos y hablaban de la transmigración de las almas. El gusto de los masones por los ritos secretos y por las confabulaciones los hicieron receptivos a la sabiduría oculta proveniente de diversos lugares. El gran charlatán de la época, Cagliostro, se hacía pasar en Europa por el "Gran Copto de la Logia Egipcia", y contó entre los por él engañados al cardenal príncipe-obispo de Estrasburgo. En Viena, Mozart sirvió como maravilloso maestro de capilla de toda esta necedad esotérica. Agreguemos que, a medida que avanzaba la Ilustración con pasos irresistibles, la década de 1780 fue el zenit del Mesmerismo, cuyo fundador tuvo una carrera curiosamente parecida a la de Freud, con su pretensión de curar males ocultos de la humanidad.

Con todo, José II no había mostrado todavía todo lo que un Déspota Ilustrado puede ser. Lo hemos dejado insultando al papa en Viena; pero tenía más que hacer. Con sus avanzados principios decidió barrer con el majestuoso ceremonial de la corte austríaca, herencia del pasado español y borgoñón. Admiraba profundamente a Federico de Prusia, que le había asolado el imperio, e imitaba la costumbre de Federico de usar uniforme, lo cual contrastaba con la tradición más civilizada tanto de

---

[9] N. del Tr.: de este modo se alude a Charles Stuart, llamado también *Bonnie Prince Charles*, pretendiente Estuardo a la corona de Escocia, Inglaterra e Irlanda.

Austria como de Francia, donde los uniformes militares habían estado siempre prohibidos en la corte, incluso a los oficiales en servicio. José II fue expresión elocuente de una tendencia según la cual los Despotismos Ilustrados, habiendo desechado la base religiosa de su autoridad, exigieron obediencia mediante símbolos de fuerza bruta.

José II había comenzado su reinado aboliendo la censura en Austria, con la esperanza de dar rienda suelta una ola anti-clerical que apoyara sus medidas contra la Iglesia; pero la reimpuso cuando descubrió que algunas plumas poco amigables podían volverse también contra él. Hacia el fin de su régimen de una década, José II se caracterizó por un obsesivo control policial de la opinión pública, y podría decirse que los métodos de policía secreta en que Napoleón apoyó más adelante su dictadura en Francia, se ensayaron por primera vez en la Austria de José II.

Con su lógica centralizadora, José II impuso el alemán como lengua oficial de todo su imperio, incluso de Hungría. En 1787 abolió la constitución de los Países Bajos (que habían pasado de la soberanía de España a la de Austria en 1715, manteniendo la continuidad de sus instituciones), anunciando que en su lugar gobernaría el absolutismo. Sus intentos por imponer una iglesia nacional fueron parte de la lucha, y se expulsó al nuncio papal. En los Países Bajos comenzó una revuelta y, hacia fines de 1789, había logrado la victoria: el comandante en jefe imperial huyó del país. Con el obispo de Malinas como presidente de los Estamentos nacionales y con la proclamación de la independencia, José II tuvo que rogar al papa que recordara a los obispos belgas su deber de lealtad. Hungría también se rebeló contra los decretos germanizantes de José II, y Bohemia entró en ebullición por la abolición de su Cancillería, que había mantenido separado el gobierno del reino. Como comenta un historiador inglés, el emperador Jacobino había convertido sus dominios en una serie de Vendées. Antes de morir en febrero de 1790, José II revocó sus reformas. Fue sucedido por su hermano Leopoldo, que se diferenciaba de él por su prudencia pero no por sus opiniones, como lo habían demostrado sus políticas en la Toscana. Leopoldo, haciendo concesiones a los territorios rebeldes, pudo restaurar la paz del imperio Habsburgo y gobernarlo hasta su propia muerte en 1792.

La antorcha caída de las manos del Sacro Emperador Romano fue recogida por Francia. En junio de 1789 la conversión de los Estados Generales del reino en la Asamblea Nacional anunció el reemplazo de las formas tradicionales por la teoría racionalista, y los ideólogos comenzaron a diseñar fértilmente constituciones para la iglesia y el estado. Las órdenes religiosas fueron disueltas en febrero de 1790; en julio de ese año se aprobó la Constitución Civil del clero, imponiendo la idea de una iglesia nacional. Entre los pocos miembros del alto clero que prestaron juramento estuvieron un cardenal arzobispo (Loménie de Brienne) y el camaleónico Talleyrand, obispo de Autun. Casi todos los demás obispos se fueron al exilio, igual que más de la mitad del bajo clero. Hacia septiembre de 1792, cuando se abolió la monarquía, ya existía una Iglesia Constitucional, que debía lealtad a la República en vez de Roma, y los sacerdotes comenzaban a casarse. Ahora, a medida que la libertad extendía su imperio, pocos sacerdotes se atrevían a decir Misa. El nuevo régimen puede considerarse como la apoteosis de la Edad de la Ilustración, con la Diosa de la Razón entronizada en Notre Dame, en tanto que la guillotina, con severo simbolismo, cercenaba los órganos del pensamiento.

España, que inicialmente adhirió a la liga de reyes contra los regicidas, abandonó esa política cuando demostró no ser útil, y hacia 1796 peleaba del lado de la República Francesa; el interés propio, principio básico del Despotismo Ilustrado, gobernaba todavía con el hijo de Carlos III. En aquel año, el General Bonaparte se apoderó de gran parte de los Estados Papales, a los que se les impuso una abrumadora indemnización. En febrero de 1798 los franceses entraron a Roma y la saquearon, estableciendo una república títere. Pío VI fue hecho prisionero y murió en el exilio en Valence en agosto de 1799. El trono papal permaneció vacante, porque se había dispersado a los cardenales y no se pudo reunir el cónclave en Roma. Al concluir el siglo XVIII, los planes de la Ilustración para la destrucción de la religión parecían haber sido virtualmente realizados.

7
La caída del orden cristiano

EL SOMETIMIENTO NAPOLEÓNICO DE LA IGLESIA

En marzo de 1800 un cónclave reunido en Venecia puso fin a la vacancia de la Santa Sede, eligiendo al cardenal Chiaramonti como Papa Pío VII. Este pudo incluso retomar el gobierno de los Estados Papales, porque el Reino de Nápoles, abandonando abruptamente su volterianismo debido a las conquistas francesas, invadió la República Romana y restauró la soberanía de la Iglesia. Pero el gobierno de Pío VII continuó la política de servilismo a Francia que caracterizó a la mayoría de los gobiernos europeos de aquel período. Como obispo de Imola, el cardenal Chiaramonti había sido el único prelado de su rango en someterse a la invasión francesa y a su ideología revolucionaria. Junto con desaprobar la resistencia entre sus fieles, se llamaba a sí mismo "ciudadano cardenal", usaba como membrete de su papel de escribir el lema "libertad e igualdad", y estuvo dispuesto a someterse a una réplica de la Constitución Civil del Clero, hecha para la república satélite que los franceses habían creado en el norte de los Estados Papales. Y en la Navidad de 1797 predicó un sermón en favor de la democracia que se ganó un elogio del General Bonaparte: "El Ciudadano Cardenal de Imola predica como jacobino".

Este espíritu acomodaticio le sirvió bien a Pío VII en los primeros años de su pontificado. Bonaparte se había tomado el poder en Francia e imponía su voluntad a Europa. Procurando poner fin a la renuencia de los católicos franceses, negoció un concordato para restaurar a la Iglesia de un modo que los más flexibles pudieran aceptar. Lo cual implicaba que todos los obispos de la Iglesia pre-revolucionaria debían renunciar a sus sedes y ser reemplazados por los que el primer cónsul propusiera. La eliminación de una jerarquía nacional y la creación de otra nueva a las órdenes de un déspota era un acto sin precedentes en la historia de la Iglesia, pero Pío VII la aceptó. Algunos de los obispos monárquicos se sometieron, otros rehusaron hacerlo y formaron la *Petite Eglise*, que afirmaba los derechos propios de la Iglesia de Francia; pero su poder se extendía a sólo unos cuantos émigrés recalcitrantes. El Concordato, publicado en la Pascua de 1802, garantizaba la existencia de la Iglesia en Francia; pero era una Iglesia subordinada al Estado. Junto con el Concordato se publicó, sin consentimiento del papa, una carta de setenta y siete "Artículos Orgánicos", que incluían la provisión de que el matrimonio civil tuviera precedencia sobre el religioso, y otras medidas para robustecer una iglesia nacional, que exigían que los profesores de los seminarios aceptaran los Artículos Galicanos. Pío VII no pudo hacer nada contra ellos. El tío de Bonaparte, un sacerdote renegado que había pasado los diez últimos años enriqueciéndose con los suministros del ejército, fue elevado a cardenal. El servilismo papal fue más allá todavía cuando Bonaparte se declaró emperador en 1804, e hizo que Pío VII fuera a París a oficiar la coronación, aunque en el momento culminante de la ceremonia, Napoleón arrebató la corona de manos del papa y se la autoimpuso en la cabeza. Durante los cinco meses que Pío VII permaneció en París, como dependiente, si no prisionero del emperador, Napoleón lo trató con una calculada descortesía.

En el resto de Europa, siguiendo el ejemplo, la Iglesia se fue sometiendo. En 1802, en una radical reorganización del imperio, se abolió los estados eclesiásticos de Alemania en beneficio de los príncipes más importantes. Esto trajo como consecuencia una extensa destrucción de la vida monástica, porque las abadías-principados y otras fundaciones similares no sólo perdieron su jurisdicción temporal sino que sufrieron la confiscación y el cierre. Muchos de los obispados, hasta entonces avanzadas del gobierno católico en Alemania, fueron entregados a príncipes protestantes. Las dinastías católicas no ofrecían ahora una mejor protección: en 1799 la muerte de Carlos Teodoro hizo desaparecer al último gobernante católico tradicional en Europa, y fue sucedido como elector (que pronto sería rey) de Baviera por un miembro de la rama Deux-Ponts de su dinastía, que habría de adoptar las mismas políticas anti-clericales que estaban de moda en otros países católicos. En Austria, el Emperador Francisco había aprendido a ser conservador con los sustos de los últimos doce años, pero había sido educado en el régimen toscano de su padre Leopoldo, y retenía aún muchas de las mismas opiniones sobre la sumisión de la Iglesia al Estado. En 1806, habiéndose declarado emperador de Austria, abolió el Sacro Imperio Romano, último vínculo con la visión medieval de Carlomagno y de San Enrique.

Durante ocho años, mientras la Iglesia continuaba recibiendo golpes, la política papal fue definida por el mismo complaciente Chiaramonti que había dado la bienvenida a los franceses en Imola. Pero el papa, después de ceder tanto, vino a topar con un escrúpulo político. En 1808, Pío VII rehusó adherir a la liga de Napoleón contra Gran Bretaña y se le privó de los Estados Papales. Fue hecho prisionero y enviado a Liguria, y Roma fue integrada al imperio francés. Durante los siguientes seis años la Iglesia estuvo, de hecho, acéfala. A medida que la conquista francesa barría Europa, la autoridad eclesiástica en las tierras anexadas quedó subordinada a las opiniones castrenses de los mariscales de Napoleón.

Sin embargo, en la esfera de la moral se iniciaba un cambio. Al tiempo que el nuevo régimen derrocaba tronos, zarandeaba simultáneamente el legado del Despotismo Ilustrado. En 1801 Pío VII restauró la Compañía de Jesús en la Rusia Blanca como orden religiosa en plenitud, y autorizó a los ex jesuítas de otras partes de Europa a adherir a ella. En los dos años siguientes, el Reino de Nápoles, que había tenido un papel principal en la supresión de la orden, la reinstaló oficialmente, lo mismo que Cerdeña, que se había mantenido al margen de la persecución. A la caída del régimen de Napoleón, Pío VII se apresuró a proclamar la restauración de la orden en todo el mundo.

Otra línea de renacimiento se advirtió en el ámbito intelectual. En 1802 François-René de Chateaubriand publicó su "El genio del cristianismo", en que alababa al cristianismo por todas las cosas que la Edad de la Razón no había tomado en cuenta: la poesía y la creatividad artística de la religión, el poder místico del ritual, el espíritu caballeresco y romántico. Esta exposición, que se alimentó de la nueva sensibilidad romántica y la moldeó en gran medida, ejerció una gran influencia en la reconciliación de Francia con la Iglesia católica. Además, el traslado del papa a Francia hecho por Napoleón para su coronación tuvo el inesperado efecto de provocar un estallido de devoción al "pastor principal". Durante su estancia en París, Pío VII vio incrementada su popularidad personal, aunque no el respeto del emperador. Con su humillación se preparó el terreno para la recuperación de la autoridad papal. Napoleón no fue capaz, por mucho que reviviera la eclesiología de Luis XIV, de crear una iglesia bonapartista. Enfrentados a un emperador irreligioso que los trataba como a funcionarios, sus candidatos al episcopado se vieron obligados a volver la mirada a las reservas morales interiores de la Iglesia. Así, el despotismo de Napoleón fomentó el renacimiento católico del siglo XIX, hacia el cual Francia había de conducir al resto de Europa.

LA DESTRUCCIÓN DE LA EUROPA CATÓLICA

Tal como después de la crisis arriana, de los escándalos papales de la Edad Obscura o de la ruptura protestante, el período posterior a 1814 vio un gran resurgimiento de la Iglesia católica, a quien la adversidad hizo que recurriera a sus recursos del pasado. Sin embargo, contrastando con lo ocurrido en aquellas épocas anteriores, la Iglesia no consiguió modelar, con su recuperación, a la civilización secular que la rodeaba. En esta ocasión, lo que se ve es, por el contrario, la extensa victoria de los principios que habían nacido de la Reforma y de la Revolución Francesa. La Iglesia se encontró ahora en una fase histórica en que perdió el poder moral en el mundo, que había sido característica suya desde el Imperio Romano tardío.

En un principio, pareció que, con el pacto político de 1814, se había restaurado la vieja Europa. La alianza del trono y del altar fue un principio fundamental para hombres de estado que habían conocido cómo operaban las doctrinas subversivas. Pío VII recuperó los Estados Papales, y aceptó ser, un poco fuera de lugar, el papa de la Restauración, sólo que, como un eco de aquel "ciudadano cardenal", rehusó formar parte de la Santa Alianza. Este período de seguridad fue, sin embargo, sólo un intermedio. El motor que movió al siglo XIX fue el retomar las tendencias que se habían manifestado ya desde el siglo XVII. Así, entre 1820 y 1870, el poder protestante de Gran Bretaña respaldó el triunfo de las revoluciones en Hispanoamérica, en la misma España y en Italia, e hizo lo que pudo -que fue poco- para socavar la monarquía austríaca. El surgimiento de Prusia se consolidó con su absorción del resto de Alemania y con la persecución de los católicos por un régimen nacional protestante.

El otro funesto regalo de Gran Bretaña al mundo fue el capitalismo. Este llegó ahora en forma de una nueva industrialización, con trabajo mecánico en las fábricas y desplazamiento de los pobres hacia sucias ciudades. Esta infortunada minoría, que eso fue en un comienzo, fue el tejido canceroso que, llegado el momento, había de extenderse a toda la sociedad, hasta que su malsana forma de vida llegó a ser considerada normal. Alemania siguió los pasos de Gran Bretaña no en la velocidad de la industrialización sino en la metodicidad con que ella fue puesta al servicio de la militarización. Entre las consecuencias del nuevo sistema, se cuenta el arrogante poderío que otorgó a los países -Gran Bretaña, Alemania y los Estados Unidos- que emergieron como los líderes industriales.

Aliado con la ideología liberal, el capitalismo destruyó las instituciones que habían cohesionado la sociedad a escala más pequeña. Su objetivo fue no dejar lazos sociales excepto el legal y el económico, la relación del ciudadano con el Estado y del jornalero con su empleador. El lema de la igualdad ante la ley operó en el sentido de aislar al individuo frente al Estado. En esto, el capitalismo moderno difiere de su antecesor en las ciudades de la Italia medieval. Incluso en la oligárquica Venecia, que es la que más de cerca anuncia los males de la sociedad capitalista, se dio un control del poder de la República y de la atomización de la sociedad; la Iglesia no sólo conservó una independencia tal como ningún Estado liberal del siglo XIX le permitió, sino que los grandes gremios, con sus fondos de caridad y su atención a la vida y necesidades de sus miembros, proporcionaron una asociación privada de tal fuerza que limitó el poder estatal y el control ejercido por los ricos.

Los países que lideraron el camino en estas tendencias fueron los mismos -los países protestantes y Francia- que habían iniciado la desfiguración de la sociedad tradicional ya en el siglo XVII; pero la ruptura se extendió ahora a las tierras del Mediterráneo. En casi toda la Europa católica, los años entre 1830 y 1870 fueron testigos del exilio de las dinastías legítimas y su reemplazo por otras adoptadas como mascarones de proa por los regímenes liberales[1]. El Imperio Austríaco fue el único país que conservó su dinastía legítima y al mismo tiempo se abstuvo de expropiar a la Iglesia, fuera de lo que José II ya había hecho. Los principios modernos inspiraron ahora toda la legislación, erosionando el antiguo encuadre social. En el sistema tradicional, los dominios de un noble era una subdivisión del Estado, un órgano dentro de un todo orgánico. Ahora se hizo desaparecer las jurisdicciones feudales, e incluso los regímenes más conservadores entendieron que la liberación del campesinado de sus cargas feudales implicaba la abolición del *nexus subditelae* (nexo de subordinación) que subyacía a la jerarquía rural. Paradojalmente, Gran Bretaña, pionera del capitalismo rural, fue casi el único país que preservó el poder jurisdiccional de los señores rurales, ejercido a través de los jueces de paz.

En las ciudades, los resultados del nuevo industrialismo fueron todavía menos benignos. Sólo en Alemania la producción capitalista conservó algo, por aquí y por allá, de la estructura patriarcal. En la mayor parte de Europa, la industrialización fue una fuerza demasiado nueva, y la división de clases demasiado pronunciada como para favorecer la armonía social. Donde quiera que se estableció el capitalismo, crecieron las divisiones de clase, con el surgimiento de una plutocracia dominante, una burguesía cada vez más individualizada, y una clase trabajadora relegada a horribles barrios urbanos. Este alejamiento se dio al mismo tiempo que la fealdad de una vida maquinal. Resultó apropiado, en este mundo ahogado por el humo del carbón y el olor de las lámparas a gas, que los hombres pusieran de moda andar con ropas color hollín y sombreros con forma de chimenea. La pérdida de los colores en el vestido, sin precedentes en la memoria de la Europa civilizada, fue un detalle de la depravación del gusto estético que caracterizó a ese período. La sociedad industrial también creó una filosofía a su imagen y semejanza, y la voz de la nueva barbarie encontró una expresión teorética en el utilitarismo. El anterior racionalismo se había simplemente olvidado de la estética y de las dimensiones espirituales de la vida; el utilitarismo conscientemente las repudió. Con el paso del tiempo, el desarrollo del capitalismo produjo

---

[1] Portugal fue una excepción en la acostumbrada asociación de legitimidad con tradición. El rey absoluto Miguel (1828-34) fue, en los hechos, un intruso en términos estrictamente genealógicos, en tanto que la línea que reinó entre 1834 y 1910 fue legítima; sin embargo, fue no menos prisionera de las ideas liberales del país que la línea real de aquel período en España.

su parásito, el socialismo, con una ideología en que ya no se conservaba ni el recuerdo de los valores de la sociedad humana natural.

Tales fueron las corrientes de la época, pero la sociedad construida sobre la base de siglos de cristianismo no podía ser obliterada instantáneamente. A la modernidad le tomó algún tiempo, tanto en el siglo XIX como en el XVIII, destruir la vida social heredada. El *ancien régime* era un mundo que se había dividido en formas previamente desconocidas, pero había conservado huellas de la armonía de las épocas anteriores. Edmund Burke, comparando la vida francesa con la estructura oligárquica de la Inglaterra de su tiempo, consideraba que la nobleza se comportaba con sus inferiones más "con un espíritu bueno y algo más próximo al trato familiar, que lo que se practica por lo general entre nosotros en las relaciones entre los niveles más altos y más bajos de la sociedad". La altivez de la nobleza -*hauteur*- fue una barrera contra la clase mercantil, los abogados y los intelectuales y por eso estas clases fueron la fuerza motriz de la Revolución, atacando las diferencias que ellos resentían más que nadie. Tenemos un atisbo de las relaciones feudales del antiguo orden en la descripción que nos ha dejado Talleyrand de la posta de auxilios que su abuela mantenía para los campesinos de sus posesiones, en que ella les daba remedios y vendaba sus heridas, porque los pacientes tenían más confianza en la cura recibida de manos de su señora que en la de un médico cualquiera. Si la conducta de Madame de Talleyrand hubiera sido más común en la antigua Francia, ésta habría sido una sociedad más feliz.

Luego de una generación de conmoción revolucionaria, aquellas relaciones desaparecieron, y la aristocracia, en la medida en que sobrevivió, adquirió simplemente la apariencia de un grupo de terratenientes más ricos que sus vecinos campesinos. En el resto de Europa ocurrió la misma ruptura y se consolidó a medida que se abolía las facultades jurídicas de la nobleza. A pesar de ello, se podría decir que, hasta la Primera Guerra Mundial, mucha gente en toda Europa, quizá la mayoría, siguió viviendo la vida de la sociedad tradicional, en que la lealtad al patrón o *grand seigneur*, con los ritos de la Iglesia y las intemporales actividades de la vida de aldea, siguieron teniendo más importancia que las influencias legales y nacionales. Esto fue verdad, en importante medida, en gran parte de Francia, donde un poderoso estamento campesino, en que las enseñanzas y la moral de la Iglesia gozaban de una autoridad incluso en aumento, sobrevivió a las tendencias de la época. Pero esa sociedad, aunque cohesionada y tradicional en sí misma, no se integró nacionalmente en una unidad de campesinado, nobleza y Corona; y mucho menos se integró con el mundo de París, de la sociedad industrial, o de las fuerzas anticlericales que, hacia la década de 1880, la habían despojado ya sin vuelta.

Mientras estas influencias ya desaparecían, ya sobrevivían en Europa, el derrocamiento del orden tradicional se extendió a todo el orbe. Al otro lado del Atlántico, surgió un nuevo poder protestante que sumó sus fuerzas al de Europa, y aquí, también, predominó la tarea de socavar las sociedades católicas. Ello ya se había visto en la Revolución Francesa, en la que influyó el ejemplo de América, y el proceso continuó durante el siglo XIX. Los Estados Unidos, igual que Gran Bretaña, apoyaron la revuelta de Hispanoamérica, y en 1867 fueron inmediatamente responsables de la victoria de un régimen anticlerical en México. Un logro menos advertido fue la descatolización de los territorios -las costas del Golfo de México y del Pacífico- que los Estados Unidos adquirieron por compra o por conquista entre 1803 y 1848. En comparación, podemos considerar el caso de Quebec después de su anexión por Gran Bretaña: una política de respeto por las instituciones nativas permitió a Quebec sobrevivir como una sociedad católica esencialmente tradicional. Diferente fue la suerte corrida por las colonias españolas y francesas que cayeron ante la expansión republicana, ya que sus instituciones fueron anuladas en favor de las *evidentes verdades* de Thomas Jefferson.

Con todo, sería mezquino reprochar a la República estadounidense lo que hizo con las sociedades católicas, es decir, continuar con la fiebre de expansión territorial comenzada por sus antecesores, Holanda y Gran Bretaña. El imperio que ambos poderes construyeron en lejanas tierras, estaba a disposición de los Estados Unidos al alcance de la mano. En general no se habla mucho de que los Estados Unidos son el único país del mundo moderno que, en su pasado reciente -específicamente en los años que van desde 1811 a 1898-, ha adquirido territorio nacional arrebatándolo a los habitantes que los ocupaban y declarando guerras de agresión a sus vecinos; pero ese hecho no ha impedido a los Estados Unidos presentarse como el pastor moral del mundo en asuntos internacionales: así de exitosa ha sido la identificación de democracia con virtud e inocencia.

En lo interno, los años posteriores a la Guerra Civil se hicieron famosos por su corrupción y manipulación política, y por el surgimiento de los barones ladrones del capitalismo en gran escala, que demostraron que la moral doméstica del país iba a la par con la de sus relaciones exteriores. Hacia esa época, los Estados Unidos estaban tomando el lugar de Gran Bretaña como ejemplo de modernidad. La sociedad estadounidense se convirtió en la conductora de los avances contra el antiguo ethos cristiano, tendencia que se fortaleció en el siglo XX. El desmoronamiento de la moral sexual incluyó, entre otros signos, la creciente moda del divorcio, alentado por la fuerza del movimiento feminista. La tradición protestante, preocupada de imponer la abstención de alcohol y el literalismo bíblico, miraba hacia otro lado mientras estos vicios avanzaban inadvertidos.

LA RECUPERACIÓN DE LA IGLESIA CATÓLICA

Como decíamos anteriormente, estos golpes a la sociedad tradicional fueron equilibrados, sin embargo, por una regeneración de la Iglesia que pudo advertirse desde comienzos del siglo XIX. Francia, así como había sido la ciudadela de la irreligión, se transformó en la sala de máquinas del renacimiento religioso. A ejemplo de Chateaubriand, los intelectuales continuaron con la causa de la verdad espiritual. El sacerdocio recuperó su fuerza moral, a medida que la Iglesia francesa superaba el *incubus* del regalismo borbónico y reclamaba, tardíamente, los frutos de la Contra-Reforma. Así, recuperó la espiritualidad de Jean-Jacques Olier, el fundador, en el siglo XVII, de los Sulpicianos, cuyo *Traté des Saintes Ordres* centró en la persona de Cristo la teología del sacerdocio. El resultado fue un regreso a un sacerdocio devoto y dedicado, cuyo ejemplo es San Juan María Vianney; en sus cuarenta años como cura de Ars, en el oriente francés, adquirió una fama que atrajo a miles de peregrinos a su parroquia. El celo de esta devoción recuperada quedó en evidencia con la gran expansión de las misiones en ultramar. La renovación se vio también en las Islas Británicas, donde la Iglesia de Inglaterra produjo algo que hubiera parecido imposible en el siglo anterior: una tendencia de regreso a la sensibilidad católica. El catolicismo irlandés, libre de la opresión jurídica penal, extendió su influencia en todo el mundo de habla inglesa. Más avanzado el siglo, en Alemania tuvo lugar un resurgimiento católico similar, como reacción a los ataques de Bismarck a la Iglesia.

El renacimiento de la Iglesia se vio también en el papado. Con Pío IX (1846-1878), los católicos tuvieron a un papa que se ganó el afecto y el respeto por su carácter amable y santo. En 1854 definió la doctrina de la Inmaculada Concepción, acción con que el papado de veinte o treinta años antes no hubiera ni soñado, inmerso como estaba en sus preocupaciones ideológicas y políticas. Así demostró que las doctrinas de la devoción católica, después de haberse refugiado durante siglos en la piedad no intelectual, eran ahora reafirmadas por los teólogos con tanto desplante como en la Contra-Reforma. En 1870 el Primer Concilio Vaticano definió la infalibilidad papal, declaración que fue quizá crucial para la supervivencia de la institución papal frente a los golpes de la generación siguiente y, por cierto, frente a la revolución sufrida por la Iglesia moderna.

No obstante la altura moral que Pío IX dio al papado, es difícil poner el suyo entre los grandes pontificados de la historia. La razón principal es su falta de dirección. Pío IX accedió al trono como liberal, con el deseo de satisfacer los sentimientos nacionalistas de la Italia de su tiempo. Ese impulso no sobrevivió a las revoluciones de 1848. A la vuelta de su exilio, Pío IX se convirtió, de liberal que había sido, en un ingenuo reaccionario, y su nueva resistencia a los errores modernos demostró poca finura. Una redacción poco inteligente hizo parecer su *"Syllabus* de Errores" (1864) más necio que lo que era. En el aspecto político, se puede sospechar que cualquiera de los grandes estadistas papales del pasado habría encontrado el modo de frustrar los métodos por los que la Casa de Saboya se aprovechó del movimiento de la unidad italiana. Un ejemplo de política descabellada de Pío IX es haberse declarado en favor de la Confederación en la Guerra Civil de los Estados Unidos, conflicto en que era innecesario, por decir lo menos, que la Santa Sede asumiera una postura. El resultado de tales métodos fue que, hacia el final de su pontificado, el papado estaba en malas relaciones con casi todos los gobiernos católicos; Alemania estaba en la agonía de la *Kulturkampf*, con más de un millón de católicos privados de los sacramentos, e incluso Austria había denunciado el concordato y vivía el más anti-clerical de sus períodos desde la muerte de José II.

El pontificado de León XIII (1878-1903) se distingue, en primer lugar, por su pericia gubernativa, con una diplomacia racional y efectiva, pero más todavía por la preocupación por la salud intelectual de la Iglesia. Una de las principales inquietudes de León XIII fue poner vida en los estudios librescos, poco favorales a una auténtica profundidad filosófica, en que la rutina de los seminarios católicos se había precipitado. Su encíclica *Aeterni Patris* de 1879 es un erudito llamado a la cultura intelectual de la Iglesia, y en ella el papa urge el estudio de Santo Tomás de Aquino, iniciando con ello el movimiento tomista de los siguientes ochenta años. El cardenal belga Mercier (1851-1926) fue uno de los discípulos de León XIII tanto en su calidad de estadista como en el renacimiento de la filosofía escolástica. El tomismo puro tuvo sus principales seguidores en Francia, tanto entre clérigos como entre laicos, e incluyó a figuras tan eminentes como el P. Garrigou-Lagrange, OP (1877-1964). También surgió una escuela de neotomismo, que procuró desarrollar la tradición escolástica en direcciones modernas. Las posibilidades de esa búsqueda fueron desplegadas por Jacques Maritain (1882-1973), escritor cuya perspectiva abarca la filosofía moral, la teoría política, la filosofía de la historia y la estética. Maritain se destaca como un pensador moderno claramente enraizado en los principios de la tradición católica; en la década de 1960 denunció la destrucción de la Iglesia causada por el Segundo ConcilioVaticano.

León XIII escribió ochenta y seis encíclicas durante su pontificado -cantidad sin precedentes-, reflejando su visión de la Iglesia en *Mater et Magistra* de las naciones. Entre ellas está *Rerum Novarum* (1891), en que aborda la causa de la clase obrera creada por la economía capitalista. *Rerum Novarum* puede ser vista, desde cierto ángulo, como respuesta del papado a la unificación de Italia, que reflexiona sobre el capitalismo egoísta creado por la caída del antiguo orden. Contra la creciente plutocracia, el papa enseña: "La ley debe favorecer la propiedad, y fomentar que el mayor número posible de personas sean propietarios. De ello se seguirán muchos excelentes resultados y, primero que nada, la propiedad quedará más equitativamente dividida. Porque la consecuencia de los cambios y de la revolución ha sido dividir las ciudades en clases separadas por un abismo"[2]. El papa condena al mismo tiempo el socialismo, alaba los gremios de la antigua sociedad europea y los propone como modelo para las asociaciones que debieran ocupar su lugar. El espíritu de su pensamiento puede verse en el siguiente juicio: "Cuando una sociedad perece, el consejo más saludable que se puede dar a quienes podrían restaurarla es recurrir a los principios de los cuales surgió". Esta sentencia subraya la diferencia entre el tradicionalismo y el mero conservadurismo. Lejos de manifestar complacencia con el *statu quo*, León XIII repudia a la Italia de los treinta años anteriores o, incluso, de los ciento treinta años anteriores; y vuelve atrás la mirada hacia los antiguos principios de cooperación social que debieran servir de guía para el futuro. Las enseñanzas de León XIII echaron las bases para el trabajo de la Iglesia con la clase obrera en las dos generaciones siguientes: como *Aeterni Patris*, forma parte de un despertar del pensamiento de la Iglesia y de la aplicación de los principios tradicionales a las necesidades del presente.

Hay que mencionar otra iniciativa más de León XIII, la del *Ralliement* francés, por su importancia en la cuestión del Americanismo y del Modernismo. La iniciativa brotó del colapso en 1889 del movimiento Boulangista, que representaba la última oportunidad de derrocar al régimen republicano francés. Tres años después, León XIII anunció su intención de reconciliar a los católicos con la política republicana, basándose en el principio de que el catolicismo no debiera parecer amarrado al sistema monárquico. El programa tenía una dimensión tanto política como pastoral. El siglo anterior había dejado al clero francés temeroso del pueblo y aferrado a la aristocracia y a la clase media *bien pensant*. León XIII promovió un nuevo movimiento del clero que, con el lema *Allons au peuple*, buscó zafarse de esa conexión. Durante unos cuantos años, esta iniciativa pareció tener una vital fuerza en el país; una de sus manifestaciones, el movimiento *Sillon*, alcanzó una membrecía de medio millón hacia 1905[3]. Apoyando este cambio, León XIII quiso mostrar que, aunque la Iglesia mira legítimamente hacia atrás, a un orden de autoridad y de obediencia, las necesidades prácticas tienen que ser puestas en primer lugar. No

---

[2] Papa León XIII, Encíclica *Rerum Novarum*, 15 Mayo 1891, Par. 47.
[3] El movimiento fue posteriormente condenado por Pío X, pero en su origen fue una expresión de la política papal y fue apoyado por el propio Pío X en sus primeros años.

estaba en su pensamiento el error, que se ha hecho norma en la Iglesia moderna, de tomar la excepción como principio. León XIII no alcanzó a ver el resultado del Affaire Dreyfus, cuando el conflicto entre católicos y anti-clericales arruinó la reconciliación que él se había propuesto.

MODERNISMO E INTEGRISMO

Cuando León XIII murió en 1903, un claro progreso se había producido en la vida intelectual de la Iglesia. Sin embargo, el renacer del tomismo tuvo, entre otras consecuencias, una indeseada. Esta consistió en tratar la obra de Santo Tomás no como un sistema filosófico sino como un depósito del cual se podía extraer respuestas infalibles sobre cualquier tema. Y así, mientras algunos hacían del tomismo el fundamento de un pensamiento innovador, otros lo convirtieron en un sistema poco convincente para mentes no predispuestas a aceptarlo. En parte por esta razón, no se logró la difusión del enfoque tomista más allá de los seminarios, ni adquirió auténtica influencia en el pensamiento contemporáneo.

Lo que estaba emergiendo, en cambio, fue el falso camino del Modernismo, movimiento que siguió algunas de las pistas que habían sido familiares, durante una generación o más, para el protestantismo liberal. Las primeras señales del Modernismo ya habían sido advertidas por León XIII en dos encíclicas, una sobre la crítica bíblica y la otra sobre el Americanismo. La primera fue causada por las enseñanzas del Abbé Loisy, que adoptó en los estudios bíblicos las ideas de la denominada Alta Crítica. Loisy insinuó algunas tesis, que había de desarrollar posteriormente de modo más abierto, que presentaban a Jesús como un rabbí judío sin intención alguna de fundar una nueva religión. La encíclica *Providentissimus Deus*, de 1893, que llevó a que Loisy fuera despedido de sus actividades docentes, abordó también la necesidad de combatir el enfoque protestante liberal de la escritura, y con ese fin León XIII fundó la Pontificia Comisión Bíblica para dirigir los estudios católicos.

La tendencia del Americanismo dio pie para la encíclica *Testem Benevolentiae*, dirigida en 1899 a los obispos de los Estados Unidos. Algunas de las ideas en ella analizadas resultan familiares para el Modernismo de nuestros propios días. "El principio subyacente a estas opiniones", dice la encíclica, "es que, a fin de atraer más fácilmente a quienes disienten de ella, la Iglesia debiera formular sus enseñanzas de modo más acorde con el espíritu de los tiempos, relajar algo su antigua severidad y hacer concesiones a las nuevas opiniones". De hecho (puesto que los obispos de los Estados Unidos aseguraron a León XIII que no había Americanismo en los Estados Unidos), el peligro estaba en realidad en el escenario francés, y surgía del entusiasmo de algunos de los progresistas franceses, que tomaban como modelo al fundador estadounidense de los Paulistas, con sus "virtudes activas". Desde Lammenais, la dificultad presente en el clero francés había sido lograr un equilibrio entre el sobre-conservadurismo y un mal entendido celo por lo contemporáneo, y la encíclica de León XIII estuvo dirigida en verdad a la delicada tarea de mantener a los progresistas franceses en el camino correcto.

A comienzos del siglo XX, el problema Modernista fue puesto en primera línea por una serie de libros publicados por Loisy en Francia y -anónimamente- por el P. George Tyrrell, SJ, en Inglaterra. Ambos escritores dieron al Modernismo una formulación más perfilada. En el pensamiento de esta escuela hubo dos vertientes contrastantes: por un lado, una estricta insistencia en las exigencias de la investigación moderna, a las que, decían, la Iglesia se hacía sorda; por otro lado, un rechazo de la racionalidad escolástica en favor de la separación de fe y razón, según lo cual se entiende la religión no como un sistema de dogmas precisos sino como el producto de una experiencia religiosa personal. En 1907 el papa Pío X (1903-14) condenó este movimiento en la encíclica *Pascendi*, en que señala a los Modernistas las contradicciones de esos principios subjetivistas: "Pongamos por ahora el siguiente problema: si la experiencia tiene a sus ojos tanto valor, ¿por qué no se lo reconocen a la experiencia de miles y miles de católicos de que los Modernistas están equivocados? ¿Será que todas las experiencias son engañosas y falsas, excepto las de los Modernistas?". La confusa actitud hacia el dogma provoca en Pío X un toque de mofa, cuando alude a la convicción de los Modernistas de que "el más noble homenaje que se puede tributar al Infinito es hacerlo objeto de proposiciones contradictorias"[4].

En estos desvaríos podemos fácilmente reconocer las tendencias existentes hoy en la Iglesia. Hoy tienen una formulación menos específicamente anti-racional, porque la defensa racional de la ortodoxia ha colapsado en la Iglesia moderna; pero el impulso a evadir el dogma es el mismo. Entre los Modernistas de la época de Pío X la palabra "escolástica" se empleaba como término peyorativo que aludía a la capacidad de pensar claro; y el mismo rechazo de la filosofía de la Iglesia se ve actualmente. Como señaló Pío X, el Modernismo es el "epítome de todas las herejías", porque deforma la verdad cristiana tan radicalmente como el Gnosticismo. Con las doctrinas del cristianismo despojadas de su carácter objetivo, el Modernista, igual que el Gnóstico, se despliega por todo el campo del dogma religioso, viciando todas las verdades con el relativismo y el escepticismo. Las consecuencias en la vida de la Iglesia han sido profundas en los últimos cincuenta años, y Pío X juzgó acertadamente la naturaleza

---

[4] Papa Pio X, Encíclica *Pascendi*, 8 de septiembre, 1907, Par. 39 y 36.

del Modernismo en su esfuerzo por proscribirlo del pensamiento católico.

Pero el ataque al Modernismo no se detuvo aquí. Pío X prolongó su condena doctrinal con una purga de los seminarios católicos en que, con la excusa de erradicar el Modernismo, todo lo que no fuera la ortodoxia más convencional corría el peligro de ser proscrito. Si bien la política seguida por el partido anti-Modernista profesó ser la extirpación de la herejía, su preocupación en realidad fue imponer, a los sectores de centro de la Iglesia, una escuela de estricto integrismo. A dicha escuela vale la pena prestar atención, por su importancia en el moderno tradicionalismo católico.

La mentalidad integrista, ahora como hace cien años, puede ser definida del siguiente modo: sus exponentes son clericales en sus simpatías, y fueron también fuertemente papistas hasta que los acontecimientos de la década de 1960 los obligaron a cambiar su posición. Su perspectiva es claramente occidental y relativamente moderna, y tiende a ver el período que va desde 1850 hasta 1958 como la norma de la práctica católica. Los integristas consideran que los papas Pío IX, Pío X y Pío XII son el modelo de lo que un papa debe ser, pero (guardando el debido respeto a su sagrado cargo) juzgan que León XIII y Pío XI han dejado, de algún modo, caer los estándares de la autoridad papal. Sienten poca simpatía por el pragmatismo político y social en la definición de las políticas religiosas. En filosofía, adhieren al tomismo como al bastión de la ortodoxia, hasta el punto de considerar que cualquier alejamiento de las palabras exactas de Santo Tomás es intrínsecamente poco seguro.

Esta fue la escuela de pensamiento, predominante en el pontificado de Pío X, que se pretende hoy en día extirpar de la Iglesia. Puesto que un integrista es necesariamente tradicionalista de cara al Modernismo actual, la mayoría de los tradicionalistas son, de hecho, integristas, y se hace coincidir los dos conceptos. Sin embargo, una perspectiva católica que es occidental, clerical, escolástica e históricamente corta de vista se expone a sí misma a críticas desde varios ángulos. En el inmenso empobrecimiento de la Iglesia producido por el Modernismo contemporáneo, la mejor respuesta no es oponer a éste una escuela que evidencia cierta estrechez y empobrecimiento. Los abogados de la tradición católica ciertamente necesitan adherir a sus manifestaciones clásicas: la Edad Media en su cúspide, la Contra-Reforma, la filosofía de Santo Tomás, la autoridad y profesionalismo que el gobierno papal trajo a la Iglesia; pero necesitan también valorar el espectro de pensamiento católico que ofrecen todos sus grandes maestros, el patrimonio cristiano de todas las épocas, la sociedad civil tanto como la eclesiástica, y la auténtica tradición católica en toda su variedad y riqueza.

Además de la empatía teológica, sigue presente, sin embargo, la cuestión de la política efectiva. Hay que rechazar la condescendiente idea del Modernismo de que Pío X fue un individuo educado como campesino, incapaz de captar las sutilezas intelectuales. De hecho, Pío X había enseñado teología en su propio seminario episcopal de Mantua, y su opinión del Modernismo como disparate filosófico fue la de alguien que comprende bien los problemas. Lo que se sí se puede decir, sin embargo, es que las medidas que tomó estuvieron excesivamente influidas por las circunstancias de Italia, donde el Modernismo era un fenómeno pretencioso, esquivo e incluso solapado, y donde había, paralelamente, una gran necesidad de elevar los estándares de enseñanza en los seminarios. En Italia las medidas que tomó pueden haber tenido éxito, pero en el mundo en general se les puede achacar un efecto restrictivo en el intelecto del clero. Los teólogos necesitan ser ágiles galgos, que buscan la herejía para darle caza; se convirtieron, en cambio, en gordos perros falderos, ladrando neciamente al enemigo, protegidos por la ventana. Los resultados de la política de Pío X se vieron en el Concilio Vaticano Segundo, cuando dos mil obispos, que habían solemnemente pronunciado su juramento antimodernista en su ordenación, fueron incapaces de reconocer el Modernismo cuando éste se les vino encima y los mordió.

LA ARREMETIDA DE LA BARBARIE

Excepción hecha de las trágicas repercusiones del Affaire Dreyfus en Francia, el pontificado de Pío X tuvo lugar en el ocaso de la era de serenidad de Europa. Como la Revolución Francesa, la Primera Guerra Mundial demostró ser un brusco descenso en la senda cuesta abajo de la civilización europea. Por sólo ese motivo, ella produjo un mundo más hostil para la Iglesia. El debilitamiento público de la religión fue un rasgo post-bélico, asociado en parte con la caída de las monarquías. Hasta la Primera Guerra Mundial, todos los monarcas europeos, con excepción del italiano, se vinculaban muy cercanamente con su iglesia nacional. En contraste con ello, los gobiernos republicanos eran convencionalmente seculares y, tras la guerra, este precedente fue aceptado por las nuevas repúblicas que emergieron, incluso en estados tan esencialmente católicos como Polonia e Irlanda. La tendencia hacia una sociedad anti-religiosa recibió, de este modo, una expresión constitucional.

La fachada, sostenida en la época anterior, de una civilización que seguía siendo cristiana, era demasiado frágil como para sobrevivir a los golpes de la guerra, y la sociedad que surgió descartó esa ilusión. En moral, la decadencia hacia la barbarie se vio en el escenario político. A las atrocidades de la Revolución Rusa se agregó pronto la violencia del Fascismo y del Nacismo. En los estados parlamentarios, la corrupción política, que anteriormente había existido esporádicamente, se transformó en cosa de todos los días. En el antiguo orden, la sociedad y la política habían estado dirigidas por individuos de buena educación, cuyos modales influyeron en las demás clases; la auto-disciplina psicológica fue en la sociedad un logro de la civilización, que hay que reconocerle al siglo XIX. La pérdida de esa influencia dio rienda suelta a la codiciosa democracia que puso a Hitler y Mussolini en el poder. Más allá de la política, la vulgarización de la cultura hizo sus propios progresos. Donde la opinión había sido dirigida por hombres educados en el conocimiento de Grecia y Roma, fue ahora formada por publicistas cuyos "clásicos" eran las maravillas de la maquinaria moderna, y que enseñaban a sus discípulos a despreciar el pasado como inferior.

El ataque a la moralidad sexual comenzó a corromper los instintos más íntimos. El divorcio y la contracepción perdieron la vergüenza que antes les iba asociada. El vestido de las mujeres abandonó los estándares de decencia y dignidad que habían sido en el pasado la característica no sólo de la civilización cristiana sino de todas las civilizaciones del mundo. Una novedad, a la altura de lo anterior, fue el nudismo, el regreso al salvajismo que ha sido promovido en los países anteriormente cristianos, pero que es ignorado fuera de ellos: quienes no tienen motivos para rebelarse contra la moral cristiana no sienten la necesidad de rechazar los instintos del hombre civilizado. Por otra parte, sólo unos pocos países, como la India, han demostrado que tienen una cultura suficientemente honda como para resistir la degradante influencia de Occidente en el vestido cotidiano.

En el siglo XIX los estándares estéticos, como se puede ver en los museos o en el teatro, habían seguido siendo los de una civilización elevada, por pobremente que se la sostuviera. Ahora, los nuevos criterios del arte hicieron la guerra a toda valoración inteligible de la cultura tradicional. Se exaltó lo primitivo más que lo civilizado. Picasso pretendió encontrar gran arte en los fetiches africanos, y fue en ello seguido por *connoisseurs* de moda[5]. Los ritmos bailables surgidos de fuentes igualmente primitivas conquistaron el gusto popular. Ambos fenómenos están ligados, a pesar de la diferencia de los niveles de mercado a que pertenecen. Picasso y su círculo alabaron a Van Gogh y enseñaron que sus rudos efectos, con su atractivo para los impulsos violentos y no domados, constituían gran arte. La idea está a la par con la creencia en que los golpes y síncopas del jazz lo ponen en la categoría de gran música. Pero como Van Gogh no está contaminado con la chispa campechana de un Irving Berlin, los devotos de las artes modernas consideran que corresponde reverenciarlo como un genio. En ambos casos, se puso de

---

[5] Después de conocer las pinturas de las cuevas paleolíticas de Altamira, Picasso exclamó: "¡No hemos aprendido nada!". No puede haber mejor resumen del arte del siglo XX que una declaración como ésta.

moda el retroceso a las pinturas guerreras y a los bailes del primitivismo.

El Nacismo es un ejemplo del regreso a la vieja barbarie, con su rechazo del cristianismo y su idealización de la Edad Obscura alemana. Una generación antes, habría sido inconcebible que un régimen con tales principios pudiera surgir en el corazón de Europa. Pero el Nacismo es también un ejemplo de la nueva barbarie, que dio expresión a la filosofía *avant-garde* del poder y la violencia de Nietzsche. Otro elemento fue el Darwinismo racial, surgido cuando el siglo XIX se apartó del cristianismo. En el período de 1870 a 1914, algunos teóricos como Houston Chamberlain se impresionaron tanto con el poderío de Gran Bretaña, Alemania y los Estados Unidos, que proclamaron la intrínseca superioridad de la raza "germánica". Fue una de las teorías pseudocientíficas que, entonces como ahora, ganan adeptos entre los discípulos de la modernidad. Otro movimiento de esa época fue la política de la eugenesia, defendida ampliamente en los círculos progresistas en los años 1920 y 1930, hasta que el uso que Hitler le dio la volvió no respetable. Así, un episodio como el Nacismo puede llevar el pensamiento progresista a entrar en conflicto con este o aquel elemento de la nueva barbarie; pero el resto de ella permanece intocado entre nosotros.

Cuando Alemania fue derrotada, la victoria dejó a media Europa a la sombra de otra dictadura criminal. Aunque es responsable de la muerte de muchos más millones que el Nacismo, la ideología comunista no perdió admiradores en los países occidentales. En Francia conservó su *chic* entre los intelectuales, dirigidos por figuras como Jean-Paul Sartre. Esta clase, como directa heredera de la Ilustración del siglo XVIII, es inmune a toda lección de la historia que pudiera curarla de su *affair* amoroso con lo artificial e inhumano. Muerto y condenado Stalin, su búsqueda de nuevos monstruos que aplaudir se volvió a Mao, Pol Pot y Guevara. Con el marxismo se regodeó en una ideología de pura dialéctica, es decir, de puro conflicto. Su programa resultó especialmente atractivo para los jóvenes, cuya necesidad de rebelarse se compatibilizaba con la defensa de los sistemas políticos más opresivos de su tiempo.

LA CONSTANTE FORTALEZA DE LA IGLESIA

Durante la mayor parte del período de entre guerras, ocupó el papado Pío XI (1922-39), que puede ser comparado, como conductor de la Iglesia, con León XIII. Aunque careció de la valiente prestancia que hizo de León XIII visiblemente un dirigente de hombres, Pío XI estuvo a la misma altura en cuanto estadista. No por nada fue una autoridad intelectual en San Carlos Borromeo, el principesco arzobispo de Milán durante la etapa álgida de la Contra-Reforma. Pío XI comenzó haciendo revivir en su coronación la bendición *urbi et orbi*, que había sido abandonada desde la pérdida de los Estados Papales. Descartó así la política de retirarse del mundo y afirmó su decisión de reingresar a él y recristianizarlo. Tomando como su lema papal *"Pax Christi in regno Christi"*, instituyó en 1925 la fiesta de Cristo Rey, enseñando que "no sólo los individuos privados sino también los gobernantes y los príncipes están obligados a rendir públicamente honor y obediencia a Cristo... Su dignidad real exige que el Estado tome en cuenta los mandamientos de Dios y los principios cristianos" (*Quas Primas*, 11 diciembre 1925).

Entre las preocupaciones de Pío XI ocupó un alto lugar el papel de la Iglesia en el orden social. Una de sus primeras iniciativas fue la Acción Católica, para promover la acción política y social de la Iglesia entre la clase obrera. En 1925 el papa aprobó la fundación, por el futuro cardenal Joseph Cardijn, de la *Jeunesse Ouvrière de France*, que iba a extenderse por Bélgica y Francia y otros países. En 1931, Pío XI publicó la encíclica *Quadragesimo Anno*, para conmemorar el cuadragésimo aniversario de *Rerum Novarum* y hacer avanzar la enseñanza de ésta sobre la condición de la clase obrera. Repitiendo las advertencias de León XIII, Pío XI declaró claramente que un cristiano no puede ser socialista. Este principio fue fortalecido en 1937 en su encíclica *Divini Redemptoris*, magistral expresión de la filosofía social católica, fundada en el orden natural de la sociedad.

Esa filosofía hizo de Pío XI un enemigo de la derecha totalitaria. Publicó dos encíclicas, dirigidas a Alemania e Italia, refutando el Fascismo y el Nacismo, y habló abiertamente contra la doctrina racista que hacía de los judíos *Untermensch*. Pío XI no aguardó el surgimiento de las dictaduras para tomar esa línea; en 1926 condenó el movimiento de derecha *Action Française*, cuya visión de Francia como país católico tomó un giro indebidamente nacionalista y secular. Con esta medida, Pío XI procuró reparar las pérdidas sufridas en Francia veinte años antes, cuando el esfuerzo por reencauzar la Iglesia hacia un apostolado de la clase obrera quedó arruinado por las consecuencias del Affaire Dreyfus. El papa llegó hasta deponer del cardenalato al jesuíta francés Louis Billot por no distanciarse de *Action Française*. En 1930 confirió el cardenalato a Mons. Liénart, joven obispo de Lille, para mostrarle su apoyo por su defensa del trabajador. Durante su pontificado, Pío XI experimentó graves tensiones con el episcopado francés que, compuesto por individuos nombrados en una época más conservadora, no respondía a su celo social. La política del papa, fundada en una filosofía social auténticamente católica, tiene que ser comparada con la traición de dicha filosofía por la Iglesia conciliar, en que una pretendida preocupación por la clase obrera ha llevado a adoptar un socialismo y un marxismo de segunda mano.

Pío XII (1939-58) vio los seis primeros años de su pontificado ensombrecidos por la Segunda Guerra Mundial. El sesgo moderno de juzgar a las figuras históricas por sus relaciones con los judíos y sus intereses ha manchado su reputación y ha ignorado los esfuerzos del papa, tras las bambalinas, por ayudar a las víctimas de las persecuciones. Como diplomático papal que había sido anteriormente, Pío XII adoptó una actitud hacia las dictaduras más cauta que Pío XI. En retrospectiva, resulta obvio que si Pío XII hubiera imitado el estilo de su predecesor, el papado habría emergido de la guerra con su prestigio fortalecido. En cambio, si hubieran ganado los países del Eje, su cautela habría salvado la postura de la Iglesia. En los hechos, el curso de la historia achacó a la Iglesia católica un papel poco glorioso a los ojos de los vencedores, y ese peso habría de tener graves consecuencias en los años de postguerra.

La timidez de Pío XII frente a grandes desafíos se evidenció en un caso menos controvertido. Un año después de terminada la guerra, cayó la monarquía italiana, desprestigiada por su asociación con el Fascismo. Si Pío XII hubiera tenido imaginación, podría haber tomado la oportunidad para transformarse en el líder moral de Italia, un *Papa Re* restaurado, no sólo en los Estados de la Iglesia sino en toda la nación que los había destruido. En cambio, siguió siendo "el prisionero del Vaticano", papel que había quedado obsoleto dos décadas antes, y era totalmente inadecuado a las nuevas condiciones. Sólo cuando se eligió a Juan XXIII un papa hizo una visita, limitada a un hospital, a Italia. En tiempos de Pío XII, la respuesta a la nueva escena política consistió en nerviosas intervenciones de la Curia en los asuntos electorales italianos, forma totalmente diferente de involucrarse.

En los años posteriores a la guerra, el pensamiento en Roma comenzaba a considerar un concilio ecuménico. A comienzos de 1948 Mons. Ottaviani, asesor del Santo Oficio, departamento a cuya jefatura fue elevado cinco años después, redactó un memorandum proponiendo tal concilio. Uno de los objetivos que sugería era el *aggiornamento* (es su término exacto) del Derecho canónico. Nadie se imaginó que ese concilio había de resultar revolucionario, como tampoco se lo había imaginado del de 1870; pero la idea chocó contra el perfeccionismo de Pío XII, que dijo que un concilio necesitaría veinte años de debida preparación. Un tema propuesto por Ottaviani, la condenación de los errores del momento, fue recogida en la encíclica *Humani Generis* en 1950. Además de enemigos tales como el existencialismo y el poligenismo, la encíclica reprobó las teorías evolucionistas de Teilhard de Chardin y las tendencias de la *Théologie Nouvelle*, representadas por figuras como Lubac y Congar. La canonización de Pío X en 1954 significó también la adhesión de su sucesor a la escuela de estricta ortodoxia que había batallado contra el Modernismo.

El hecho político dominante de los años de postguerra fue el imperio que la victoria aliada había entregado al ateísmo soviético en la Europa del este. En esa situación, los antiguos enemigos de la Europa católica aparecieron con nuevo aspecto, como campeones de la civilización cristiana. La década de 1950 fue un período conservador por doquier en Occidente, y en los Estados Unidos un rasgo especial fue el avance de la Iglesia católica. Hubo un torrente de conversiones; entre 1949 y 1963 el número de católicos creció de veintiún millones a cuarenta y cuatro millones. Las vocaciones al sacerdocio y a la vida religiosa alcanzaron el zenit. Igualmente notable fue la influencia que los católicos comenzaron a tener como guardianes de los estándares morales. La *Legion of Decency*, dirigida por un sacerdote católico, trabajó con éxito para excluir el libertinaje sexual del cine estadounidense. Un ejemplo de influencia católica se dio con la era McCarthy, que un crítico satirizó como una época en que "algunos elementos, con certificación de Fordham y Notre Dame, investigaron continuamente a los hijos de la antigua aristocracia protestante de Harvard y Yale por su antiamericanismo"[6]. En 1954 se insertó las palabras "ante Dios" en el Juramento de Lealtad, debido a la influencia de los *Knights of Columbus*, cuyo Caballero Supremo, Mr. John Swift (1945-53), había sido el principal promotor de la crusada anti-comunista[7]. La elección de John Kennedy a la presidencia en 1960 echó abajo las tradiciones protestantes de la política estadounidense que, en la generación anterior, había derrotado las pretensiones presidenciales de Al Smith.

En los últimos años de su reinado, Pío XII parece haber evitado la creación de cardenales de acuerdo con la práctica papal acostumbrada, y el resultado fue dejar, a su muerte, un Sagrado Colegio mermado y envejecido. A medida que la mala salud redujo sus actividades, Pío XII dejó incluso de recibir a los obispos que visitaban Roma, y se recluyó en una concepción apocalíptica de su cargo, viendo un futuro de fatalidad para el cristianismo, actitud comprensible en quien había visto los desastres del siglo XX, pero desafortunada en un papa responsable de conducir a la Iglesia hacia la nueva era. Pío XII dejó que la Curia fuera controlada por un grupo burocrático de italianos. Hacia 1953, ello se había cristalizado en un grupito de cinco cardenales, que eran conocidos, en sectores irreverentes, como "el Pentágono"; se aliaron con un grupo laico de financistas papales y con el sobrino del papa, el Príncipe Carlo Pacelli, abogado, que usó su relación con el papa para adquirir una extraordinaria

---

[6] H. J. A. Sire, *Father Martin D'Arcy* (Gracewing Fowler Wright Books, 1997), p. 162.
[7] Los *Knights of Columbus*, fundados por irlandeses-americanos en la década de 1880, son una sociedad cuyo celo católico no excluyó, en la nomenclatura, la influencia de la masonería, o quizá del Ku Klux Klan.

influencia personal. El panorama de este grupo abarcaba desde la simple lealtad del cardenal Ottaviani, que suponía que un catolicismo sano implicaba centrar la vida de la Iglesia en la autoridad del papa, hasta la construcción de imperios eclesiásticos del cardenal Canali, el ministro de finanzas del Vaticano. El retiro de Pío XII dejó así la dirección de la Iglesia en manos de un círculo cerrado y poco espiritual, tal como no se había visto desde los años más asediados de Pío IX.

Cuando Pío XII murió en 1958, los cardenales vacilaron entre escoger un papa conservador o uno progresista; se logró un compromiso con la elección del arzobispo de Venecia, el cardenal Roncalli, quien a la edad de setenta y siete años habría de ser un papa de paso en el trono. Roncalli fue un hombre popular y amistoso, sin la fama de santidad que la adulación general pronto le iba a otorgar. Quien lo promovió en el cónclave fue el cardenal Ottaviani, secretario del Santo Oficio, cuyo apoyo le dio un fuerte respaldo entre los cardenales italianos.

Luego de la austeridad de Pío XII, la calidez de Juan XXIII (1958-63) hizo de él el primer ejemplo de papa mediático, con toda la aclamación que se garantiza a quien dice al mundo moderno lo que éste quiere oír. El antecesor con quien mejor se puede comparar a Juan XXIII es Pío IX, y es coherente que ambos hayan sido beatificados juntos en el año 2000. Ni siquiera la propaganda de los nacionalistas italianos pudo hacer impopular a Pío IX. Como él, Juan XXIII llegó al trono papal con el deseo de satisfacer las inclinaciones del mundo contemporáneo. La opinión periodística, que no recuerda nunca nada que tenga más de una semana, actuó para dar a su reinado la apariencia de una nueva era, distorsión que ha prevalecido desde entonces; pero quienes recordaban a Pío XI y León XIII habrían considerado su pontificado, con excepción de un cierto ingenuo optimismo que lo distinguió, como regreso a un estilo ya familiar. Esencialmente, el reinado de Juan XXIII se ubica en la tradición del período que comienza en 1814. Comparte los rasgos de ese período como uno de avance y expansión de la Iglesia, con un continuo aumento de vocaciones, de conversiones y de obras eclesiásticas. La decadencia en picada que experimentamos hoy es una peculiaridad del período siguiente. Este es, por tanto, el punto exacto en el que hay que pasar revista a la era de estabilidad y prosperidad de la Iglesia que, desde la muerte de Juan XXIII, nos ha abandonado tan trágicamente.

UNA ÉPOCA DE GRANDEZA DEFICIENTE

El período que va desde 1814 hasta 1963 puede considerarse una de las grandes épocas de la historia de la Iglesia, comparable en cierta forma con la cúspide de la Edad Media y con la Contra-Reforma. Junto con estas dos épocas, él ilustra la facultad de la Iglesia de recuperarse después de un tiempo de corrupción y decadencia. Y está a la altura de cualquier otra época en materia de santos, y lleva la marca de una vigorosa vida de devoción tanto en el clero como en los fieles. Además, vio grandes victorias en sus políticas y doctrinas como reacción ante golpes seculares de insólita gravedad. El crecimiento orgánico de la Iglesia incluyó el crecimiento de la jerarquía en los países de habla inglesa. Otro signo es el renacimiento de las ordenes religiosas, en especial, la resurrección de los jesuítas de su aparente muerte; más en general, la recuperación de la vida religiosa de la languidez en que se había hundido en el siglo XVIII. Esta época fue eminentemente misionera, cuya madurez se alcanzó con el establecimiento de jerarquías independientes en Africa y en otras nuevas regiones del mundo.

Hay un aspecto en que esta época fue única: la historia de la Santa Sede nos ofrece en estos años dos papas que han sido canonizados (Pío X y Juan XXIII), uno que ha sido beatificado (Pío IX) y otro (PíoXII) que habría sido ciertamente beatificado a no ser por los sesgos ideológicos del período siguiente. La Edad Media y el período Tridentino no presentan tal sucesión de ejemplares Vicarios de Cristo. Pero esta santidad personal no es lo mismo que los dones que hacen un gran gobernante de la Iglesia, y en este sentido esta época nos proporciona dos figuras excepcionales. León XIII y Pío XI merecen ser considerados no sólo los papas más capaces del período sino ser contados entre los más grandes papas de la historia de la Iglesia, ambos notables por la claridad de su enseñanza y, en particular, por el desarrollo de la teoría social católica. Sus pontificados pueden ser tomados como ejemplo de cómo debe gobernarse la Iglesia en el mundo moderno --y de cómo no lo ha sido en los últimos setenta años-: con autoridad, con pericia, con comprensión de las necesidades de la sociedad contemporánea, con firme apego a los principios de la tradición católica.

Al mismo tiempo, el período entre 1814 y 1963 tiene defectos que revelan cómo el renacer de la Iglesia, a diferencia de los de épocas anteriores, ha sido constreñido por la hostil cultura que la ha rodeado. La deficiencia más obvia del período es la ausencia de logros artísticos. Ello no se puede achacar sólo a la escasa creatividad del siglo XIX, puesto que, por sí mismas, las artes religiosas resultaron especialmente insípidas. La arquitectura vaciló entre lo clásico y lo gótico, con algo de bizantino entre medio. El fracaso en la creación de un estilo coherente, por síntesis o de cualquier otra manera, se acentuó mucho más en el siglo XX, que fue testigo de una capitulación ante la vacuidad artística de la época. Hacia 1950 los constructores de iglesias que tenían alguna aspiración en arquitectura empezaron a levantar inhumanos hangares, deformados por irregularidades sin sentido y divorciados de toda referencia a los espacios sagrados tradicionales; si se hizo algún gesto a los vitrales, fue en forma de un caótico despliegue de fragmentos, que no dicen nada.

Un defecto relacionado fue la clericalización de la vida de la Iglesia hasta un punto que no se había visto antes. Desapareció, virtualmente, el mecenazgo de las artes por la realeza y la nobleza, y el liderazgo recayó en el clero, sin que ello tuviera ventajas para el buen gusto. Pocos artistas exhibieron una visión católica independiente; se puede citar a Antonio Gaudí como excepción, pero su mayor creación, la iglesia de la Sagrada Familia en Barcelona superó la capacidad de la época. Un aspecto de las nuevas tendencias es que, siguiendo la influencia protestante, las iglesias comenzaron a parecerse a salas de conferencias, con filas de bancos llenando lo que antes hubiera sido un espacio limpio; fue un síntoma de un alejamiento de la acción sagrada y de acercamiento a la idea de reunión dirigida por un sacerdote. Un rasgo parecido fue el movimiento de someter los milagros y apariciones a investigaciones oficiales, práctica que comenzó con las apariciones de la Rue du Bac en París en la década de 1830. En el pasado, se había permitido que esos acontecimientos desarrollaran su devoción popular propia. El cambio indicó un enfoque más científico de los fenómenos milagrosos, pero implicó también un mayor control clerical. La tendencia fue a dejar tan poco espacio como fuera posible a la devoción de los laicos sin la guía del clero. Esto fue un contraste con las costumbres del pasado, cuando las prácticas devotas, incluso algunas tan universales como arrodillarse y juntar las manos para orar, se originaron en el laicado. Este impulso clerical alcanzó la cumbre en la década de 1960, cuando se permitió a una cábala de clérigos, que proclamaba ser experta en liturgia, destruir el patrimonio devocional de millones de católicos.

Vinculada con esta clericalización surgió una escuela de teología orientada a los seminarios, que perdió algo de la plenitud humana de siglos anteriores. Así, en la teología natural existió cierta sobre-intelectualización en la comprensión de Dios, que perdió de vista la potencia del amor como atributo divino; junto con ella, una sobre-espiritualización de la doctrina de la Eucaristía, que obscurecía la realidad de la unión física con Cristo. Estos errores son triviales cuando se los compara con la radical corrupción doctrinal que hemos visto desde el Concilio Vaticano Segundo, pero son ejemplos de la solapada influencia que el racionalismo contemporáneo iba instilando en la mente de la Iglesia.

En lo que este período ciertamente fracasó fue en la integración de la teología con el conocimiento contemporáneo. Esto fue resultado de la ruptura entre la ciencia religiosa y la secular, que ha tenido lugar desde el siglo XVII en adelante. Un ejemplo de ello, que analizaremos más adelante, es la doctrina de la usura, en que la doctrina de la Iglesia perdió contacto con el pensamiento económico moderno[8]. Otro se refiere a la doctrina de la transubstanciación, en que los teólogos se contentaron con repetir la definición medieval sin hacer ningún intento de explicarla a la luz de la comprensión moderna de la materia. Estos son ejemplos de la verdad general de que el renacer de la filosofía escolástica no fue exitoso en su efectivo relacionamiento con el pensamiento contemporáneo. En el período Tridentino, Francisco Suárez llevó a cabo una completa re-escritura de la filosofía escolástica según las necesidades de su tiempo, tomando en cuenta las críticas que se le habían hecho en los tres siglos anteriores y combinando el legado de Santo Tomás con las intuiciones válidas de pensadores como San Buenaventura y Duns Scotus. Una importante causa de la efectividad intelectual de los jesuítas fue poseer un sistema puesto al día y adaptado a los estándares de su época. No se realizó un trabajo de tal amplitud en los siglos XIX y XX. El renacimiento tomista fue en sí mismo sano, pero no equipó a sus estudiantes con la flexibilidad intelectual para comunicarse con quienes parten de premisas diferentes. Peor, todavía: desde la década de 1940 comenzó a ser abandonado por los teólogos, especialmente en Francia y Alemania, quienes, por un inexcusable afán de originalidad, pensaron que podían ignorar toda la tradición escolástica.

En un nivel menos abstracto, es necesario advertir algunos de los peligros que se hacen presentes hacia el final de este período. El área de disturbios más visible fue Francia, donde la experiencia de la Segunda Guerra Mundial causó nuevas dificultades a una iglesia que había estado desde hacía tiempo en retirada. A esos desafíos comenzó a responder equivocadamente una apasionada escuela que se volcó al socialismo en busca de soluciones. En otros lugares, la Iglesia fue obstaculizada por un atávico letargo; ello fue verdad en los países europeos del sur y en sus antiguas áreas misionales de Hispanoamérica. Las nuevas misiones fueron un terreno activo, pero en Europa (aunque no en los Estados Unidos) una cierta disminución de las vocaciones ya había comenzado, a medida que las atracciones de la sociedad moderna presentaban cada vez más competencia. El clero y los religiosos estaban cayendo en un lujo cotidiano de cómodas viviendas, de automóviles y de televisión que hubiera sorprendido a sus inmediatos antecesores, para no decir nada de la época de San Benito. Se podría, pues, decir que las faltas que han corrompido la vida católica desde el Concilio Vaticano Segundo estaban ya presentes, en forma de embrión, en vísperas de él; e incluso que el efecto del Concilio y su secuela fue tomar los rasgos más débiles de la Iglesia pre-conciliar e inflarlos hasta fagocitar lo que todavía era sano en ella.

---

[8] Ver más adelante, Capítulo 10.

8
El desafío del mundo moderno

LA NUEVA EDAD OBSCURA DE EUROPA

En 1962 el papa Juan XXIII inauguró el Concilio Vaticano Segundo, con el que se quería equipar a la Iglesia para que floreciera en el nuevo mundo que la rodeaba. La clara lección que nos enseñan los años recientes es que esa finalidad fracasó estrepitosamente. Se puede ver que el Concilio, queriendo responder a los signos de los tiempos, se equivocó de manera ostensible. Lo que corresponde hacer, por tanto, es reflexionar sobre las características de nuestra época, a fin de ver qué se debería haber hecho en vez de dar el gran paso en falso que la Iglesia dio hacia la modernidad.

El signo más claro de la sociedad moderna, en lo que se refiere a la religión, es el progresivo distanciamente del mundo respecto del cristianismo, a partir de la Reforma y de los movimientos posteriores. Hubo una cadena de reveses que golpearon a la Iglesia en su posición de poder, respecto de los cuales, sin embargo, la Iglesia había realizado contraataques exitosos en muchos frentes, especialmente en el mundo anglosajón y en los territorios de misiones. Por mucha gratitud que se deba a la Iglesia y por mucho que se le reconozca autoridad, esas conquistas muestran, como ocurrió en los primeros siglos, que no tenía necesidad de ellas para ganar el alma de los hombres.

Lo que no fue tan indiferente para la Iglesia fue una calamidad que ya había tenido consecuencias en los primeros siglos, cuando se vio afectada por la caída del Imperio Romano. Nos referimos a la extinción de la civilización, que es la principal desgracia que hoy enfrenta el cristianismo. Lo único extraño es que haya necesidad de presentarla como una afirmación nueva e, incluso, controversial. Algún día en el futuro, cuando la civilización haya regresado, los historiadores se maravillarán de que el siglo XX haya transcurrido sin que este hecho haya sido abiertamente expuesto y reconocido por la opinión pública bien educada: en todos los aspectos, salvo en el ámbito material, la civilización europea terminó hace ya mucho tiempo. Demostrarlo equivale a demostrar lo evidente; pero es una evidencia para la que los ojos modernos están, de buena gana, cerrados.

La primera de las ilusiones de una edad que decae es la ceguera ante su propia desgracia; por tanto, es más fácil empezar por un período en el que se esté menos a la defensiva. El que el siglo XIX produjo un deterioro en el gusto y en la capacidad artística es un punto que incluso los modernos están dispuestos a reconocer. Lo que no se admite es la deducción que de ahí se puede hacer para nuestros tiempos: el equipo de sastrería del emperador está empeñado en sostener que la decadencia no ha sido continua, y que la ruinosa producción de los últimos cien años merece ser considerada cultura. Para poner esta ilusión a prueba, aclaremos que el estándar con el que nos estaremos midiendo es el de la civilización que fue la gloria de Europa durante unos buenos mil años: una cultura que emergió de la Edad Obscura, que produjo el mundo de la Cristiandad medieval, que se transformó en el Renacimiento y que alcanzó un último período de suprema finura en el siglo XVIII. En lo relativo a la creatividad artística, vemos que, apenas comenzado el siglo XIX, esta cultura mostraba ya una clara decadencia. Si se destruyera todas las creaciones del arte humano desde 1830, hay sólo dos ámbitos, la música y la novela, en que se perdería obras dignas de los logros más elevados del mundo europeo. Retrásese el cataclismo en cincuenta años y ni siquiera esos dos ámbitos se salvarían; la *Belle Epoque* fue una época de plata o, quizá, sólo plateada. Pero los orígenes de esa decadencia pueden rastrearse mucho antes del siglo XIX. El vigor creativo del barroco se atenúa con la frivolidad del rococó, se vuelve tosco en el frío esplendor de la era napoleónica, se desintegra en el batiburrillo del industrialismo y desciende al caos, finalmente, con la modernidad, "adornado con toscas esculturas y versos, implorando al transeúnte la ofrenda de un suspiro".[1]

El bajo nivel de la creatividad moderna no necesita mucha descripción, pero sus señales son evidentes en el modo como nuestra sociedad trata su patrimonio heredado. El desmantelamiento de bellas casas antiguas por obra de propietarios sin sensibilidad ha sido un mal de todas las épocas, pero hoy son los arquitectos y los planificadores urbanos quienes profanan el pasado, y se creen muy inteligentes por hacerlo. Si las obras clásicas del drama o de la ópera son representadas en los teatros, es casi siempre con vestimentas incongruentes y escenografías hechas a propósito para destruír la armonía artística de la obra; con estas rutinarias convenciones el bárbaro que tiene a su cargo la producción, y los bárbaros que lo celebran, piensan que demuestran la originalidad de su propio genio. Si se trasladan al cine grandes obras literarias, es con tontos disfraces, con lo cual se admite que no se espera del público que comprenda la versión auténtica. Se piensa que esos estándares son inevitables; pero si viviéramos en una sociedad civilizada, no se ve motivo alguno por el que el cine no pudiera ser vehículo de gran arte, como lo fue el teatro en tiempos de Shakespeare y de Calderón.

---

[1] N. del Tr.: versos tomados de la "Elegía sobre un cementerio de aldea" de Thomas Gray (1716-1771).

La literatura moderna exhibe una degradación todavía mayor. En el pasado, las novelas y obras teatrales generalmente tomaban como personajes figuras de cierta nobleza o finura de carácter, y se respetaba las normas de la buena crianza al escribir. La norma moderna es escribir sobre personajes de profunda vulgaridad moral y hábitos personales repugnantes. Los escritores se ajustan a ese estilo porque no conocen nada más elevado, tal como el matón agrede porque no sabe cómo agradar; pero la culpa no es sólo de los escritores: si cualquiera de ellos intentara un tema noble en literatura, sería objeto de ridículo por parte de un público que no sabe cómo emitir juicios críticos, sino sólo gruñir, como Tersites[2].

La educación se revuelca en el mismo fango. Se considera hoy como demasiado difíciles ciertos textos e ideas que eran normalmente manejados por estudiantes de la secundaria o por universitarios, y la educación se reduce a cursos que antaño hubieran sido tenidos no como prueba de inteligencia sino como un insulto a la misma. La educación tradicional enseñó a sus estudiantes a comprender y disfrutar las obras de la antigua civilización, la lengua y modos de pensar de los siglos pasados. Hoy hay que abreviar y parafrasear incluso los textos de hace uno o dos siglos atrás para ponerlos a la altura de la capacidad moderna. Y nuestra época, junto con considerar idiota el pasado, practica simultáneamente una incesante alabanza de su propia superioridad.

El mundo moderno dedica enormes recursos a galerías de arte y al estudio del arte; sin embargo, la comprensión de éste se reduce a los estándares más básicos. Para ver cuán verdadero es esto, podemos considerar las famosas reflexiones de Walter Pater sobre la Mona Lisa, escritas hace más de un siglo:

"Todos conocemos el rostro y las manos de la figura, instalada en su silla de mármol, rodeada por un círculo de fantásticas rocas, como en una débil luminosidad submarina... La presencia que así emergió tan extrañamente junto al agua, expresa lo que, durante mil años, los hombres habían deseado. Su cabeza es aquella sobre la que "se han amontonado los fines de mundo", y los párpados están un poco fatigados. Es una belleza que ha sido extraída desde adentro y puesta a flor de piel; es el depósito, una pequeña célula tras otra, de extraños pensamientos y fantásticas ensoñaciones y exquisitas pasiones. Colóquesela por un instante junto a una de esas blancas diosas griegas o a una de esas bellas mujeres de la antigüedad, y ¿cómo se habrían turbado por esta belleza, por la que ha pasado el alma, con todos sus males?... Ella es más vieja que las rocas entre las que se sienta; como el vampiro, ha estado muerta muchas

---

[2] N. del Tr.: Tersites es un personaje vulgar, ridículo e impertinente, descrito en el libro II de La Ilíada.

veces y ha aprendido los secretos de la tumba; y se ha sumergido en mares profundos, de los cuales retiene en torno a sí el día que cae; y ha comerciado extrañas telas con mercaderes de Oriente; y, como Leda, fue madre de Elena de Troya y, como Santa Ana, madre de María; y todo esto no ha sido para ella sino como el sonido de liras y flautas, y vive sólo en la delicadeza con que se ha moldeado las líneas y se ha teñido los párpados y las manos"[3].

En el fondo de esta descripción encontramos la suposición de que la respuesta al gran arte debe ser, sobre todo, de la sensibilidad; suposición que se encontrará en toda la crítica de arte del siglo XIX, aunque no toda ella se eleve a tales alturas ni llegue tan lejos. Contrastemos con ella lo que es, por lo general, la evaluación moderna de una obra de arte histórica: estará preocupada, cosa muy típica, principalmente con los tecnicismos; se apartará de éstos sólo para hacer un gesto a la "relevancia" o, en otras palabras, para adular la presunción moderna con alguna arbitraria interpretación, o con la atribución al artista de alguna intención anacrónica. No hace falta pensar mucho para darse cuenta de que no existe hoy ningún público al cual se pudiera dirigir el ensayo de Pater, ni mente alguna capaz de escribirlo. Nuestra época puede disectar obras de arte heredadas, se puede adueñar de ellas como instrumentos de sus propios prejuicios; pero no podrá jamás llegar a una apreciación civilizada de las mismas.

Plantear el problema en un plano como éste es, sin embargo, casi dignificarlo en exceso. El fin de los estándares civilizados se puede ver en cada detalle de la vida moderna. La lengua inglesa va veloz por el camino por el que el habla del Imperio Romano se deslizó hacia el latín vulgar de los campamentos bárbaros. Es lamentable, igualmente, el declinar de la corrección francesa. En todos los países, si se toma cualquier periódico o libro popular, encontramos en ellos un analfabetismo elocuente, una falta de cultura, un ultraje a la decencia, una grosería tal en los sentimientos que nuestros antepasados la hubieran visto con incredulidad y asco.

El vestido, una posesión tan ordinaria como el habla, nos enseña la misma lección. Los vestidos del hombre civilizado, desde la toga hasta el frac, han dado siempre expresión a un instinto de dignidad y de ceremonial, de elevar la vida por sobre la brutalidad. La intención del vestido moderno es la opuesta. Cualquier ciudadano de hace cien, doscientos o trescientos años atrás, instalado en una calle moderna, concluiría que, por algún proceso impensable, nuestros antiguos centros de civilización han sido arrasados por una raza de bárbaros. Y tendría, ciertamente,

---

[3] Walter Pater, *The Renaissance: Leonardo da Vinci* (London, 1893).

razón. El propósito del vestido moderno es lucir lo más sin gracia que se pueda, descuidado y aún sucio; la estampa del último pordiosero se ha transformado en aspiración del chic. Incluso los militares, que alguna vez fueron el modelo de la elegancia, piensan que es necesario circular en las ciudades con disfraces diseñados para ocultarse en la jungla tropical. Y no se equivocan: se están poniendo a salvo de los Mau Mau urbanos que les dispararían, si los vieran vestidos decentemente. Y en lo que se refiere al estilo de los cabellos según el espíritu del momento, "barbarie" sería una pobre descripción: los estilos favorecidos desde la década de 1960 son tales que ninguno de nuestros antepasados, desde los habitantes de las cavernas, los hubiera llevado sin caer en el ridículo.

Los partidarios de la modernidad, como monos gritando en las ruinas del jardín que acaban de destruír, desprecian estas críticas, y declaran que su estrago es una creación mejor que el orden que han desplazado. Ese fue el argumento que los modernizadores empezaron a usar a comienzos del siglo XX, pavoneándose como si fueran más refinados que sus críticos conservadores. Con el paso del tiempo, los movimientos modernos apelaron abiertamente a la barbarie, con la glorificación nazi de la época de Atila, o con los hippies que retrocedían a costumbres todavía más primitivas. En nuestros propios días el ataque a la vida civilizada se ha hecho más amplio. Hace cincuenta años atrás, todavía se suponía que la civilización era preferible a la barbarie. Las voces que escuchamos hoy son una constante letanía que denigra la civilización y alaba el salvajismo. Uno lo constata en cada tema, ya se trate de la colonización europea, o del Imperio Romano, o del desplazamiento de las tribus de cazadores por obra de las ciudades de la cultura neolítica o de la edad de bronce. Los intelectuales coinciden en la idealización de las sociedades pre-modernas, como un coro de profesores estalinistas que recitara un lema partidista. Debiéramos ya prepararnos para la siguiente etapa del progreso, en que la *intelligentsia* proclamará abiertamente que es incivilizada y se enorgullecerá de ello.

La ideología de la barbarie se ha fortalecido en parte con los males del mundo industrializado, que la época moderna es demasiado ignorante como para poder distinguir de la verdadera civilización. Debido a que el industrialismo moderno poluciona y agota la naturaleza, los teóricos bárbaros presentan dicha destrucción como la máxima de todas las civilizaciones, cuando en realidad deriva sólo del cáncer industrial de los últimos doscientos años. Si queremos saber cuáles son los verdaderos efectos de la civilización, tenemos que dirigir la mirada al país que Francia fue alguna vez, una tierra alimentada y embellecida por dieciocho siglos de cultura pre-industrial. La civilización tradicional domesticó los bosques de Europa y los tachonó con ciudades y aldeas, en equilibrio natural con el campo. Si los ecologistas fueran hombres civilizados, tendrían en ella el modelo al cual recurrir.

Mencionar estos hechos es subrayar sólo los aspectos culturales de la barbarie moderna. No hay que pasar por alto las consecuencias morales, la marea de vulgaridad y de obscenidad que avanza a medida que se rechaza las normas civilizadas. Podría agregarse los aspectos materiales, como la tendencia al retroceso de la paz y de la seguridad, que fueron alguna vez señal del progreso de la civilización. Los viajes están rodeados hoy de mayores precauciones que en los tiempos de los salteadores de caminos. Se ha revertido el desarrollo que convirtió las moradas fortificadas de la Edad Media en casas abiertas, y la arquitectura segura de los siglos XVIII y XIX ha retrocedido, a medida que los hogares se transforman en refugios individuales y colectivos contra el regreso de la violencia. En los Estados Unidos, hay actualmente decenas de miles de comunidades rodeadas de rejas en que la clase media se apretuja con sus guardias de seguridad, en tanto que la tendencia del momento es a tener una "habitación de pánico" en el hogar, un refugio para el caso de que el enemigo se apodere de los muros exteriores. Los Estados Unidos se atrincheran para una nueva guerra civil, en que se peleará, quizá, por los mismos principios de la lucha de cuarenta años con la Unión Soviética. Tales temores no se incluyeron en las predicciones de hace cincuenta o cien años sobre la dirección en que iba avanzando la civilización.

Estos hechos nos dicen cuán de cerca nuestra época imita la ola de barbarie que, en el siglo V, abrumó la seguridad y la cultura del Imperio Romano. No obstante los cojines de progreso artificial que nos rodean, nuestras fronteras han sido horadadas y los estándares de civilización demolidos. Somos como romanos en el reinado de Teodorico. Todavía la ciudad resiste, reconocible por sus principales hitos, aunque vapuleados por dos destructivas invasiones; los antiguos nobles todavía usan la toga, al lado de las rústicas vestiduras de los invasores; el senado y los cónsules realizan sus solemnes ritos; pero sólo los mentecatos se autoengañan. Los bárbaros tienen el control. Quienes no han aprendido a despreciar la grandeza del pasado, se adhieren todavía, como Boecio, a los últimos andrajos de literatura y de filosofía.

LA ILUSIÓN DE LA CIVILIZACIÓN MODERNA

La caída de la auténtica cultura contrasta con el poderío material de la sociedad industrial. De ahí que para el hombre moderno la acusación de que vive en una época de barbarie resulta absurda. Este contraste es lo que distingue la muerte de nuestra civilización de la de otras que la han precedido, en que la decadencia de los poderes materiales y artísticos fueron al mismo paso. Esta reversión del proceso normal hace aparecer otros menores, que permiten interpretarlo. Por ejemplo, parece que la ciencia médica actual ha descubierto un modo de airear el cadáver de un paciente de cáncer de manera que, durante años, sigue produciendo toneladas de material canceroso, mientras que el cuerpo natural se va consumiendo. En este logro de la tecnología podemos ver una metáfora del estado de la civilización moderna.

Pero hay que distinguir: es de suponer que los observadores del experimento recién mencionado no consideran ese monstruoso cáncer un bien en sí mismo; pero es como un bien en sí mismo que sus admiradores contemplan el mundo contemporáneo. La ideología moderna, enfocada en lo material, presenta la caída de nuestra civilización como un ascenso sin precedentes a la cumbre. Una generación ignorante en literatura y en arte, educada en la denigración de la religión y de lo espiritual, ve su estado actual como una culminación del progreso. Esta convicción está respaldada por la creencia, hoy profundamente arraigada, de la evolución progresiva. Según esto, la historia humana es una marcha constante a estados tecnológicos superiores, lo cual es identificado, a su vez, con la idea de civilización. El corolario es que se mira la Edad Media o la modernidad temprana como etapas inmaduras de un proceso cuyo desarrollo más completo se ve hoy día. Esta creencia está tan profundamente enraizada en el pensamiento contemporáneo que quienes la critican son considerados culpables de alguna perversión. Pero es una opinión fundada en el particular desarrollo de los últimos cien o doscientos años de la vida en Occidente, no en las líneas del progreso humano como un todo.

Si estudiamos la historia de las civilizaciones, no encontraremos un progreso continuo hacia un estado material superior; vemos, más bien, un ciclo en que las culturas se elevan hasta cierto nivel, luego se atascan y decaen. El Antiguo Egipto evolucionó hacia una civilización que, hacia mediados del segundo milenio antes de Cristo, fue la más alta en el mundo, pero que, en los siglos siguientes, no exhibió ninguna tendencia a avanzar, aunque durante mil años formó parte integral de la civilización greco-romana. El caso de Grecia es semejante pero más impactante, si se considera su fracaso en construír sobre la base de la obra de los pensadores científicos clásicos. El genio técnico de los romanos, cuyo imperio absorbió a Grecia justo en el momento oportuno, podría ser visto como la matriz ideal para que aquella ciencia produjera su florescencia, pero no lo hizo. En vez de elevar la ciencia griega a mayores alturas, los romanos la vieron como un repositorio de amenas curiosidades. La norma de un progreso incesante propuesta por el pensamiento moderno no encuentra apoyo en la historia del Imperio Romano, cuyo nivel tecnológico es el mismo cuando colapsan sus fronteras en el siglo V, que el que tenía cuando Augusto lo fundó cuatrocientos años antes. Encontramos en otras partes del mundo el mismo esquema. China alcanzó hacia el siglo XII un nivel de progreso material inigualado por ningún país de su época ni de ninguna anterior, pero luego se paralizó en una cultura para la que el concepto mismo de progreso era ajeno.

Lo que encontramos, pues, es que todas las civilizaciones anteriores a la nuestra han exhibido la tendencia a alcanzar cierto nivel y a no avanzar más. La historia de la sociedad occidental de los últimos doscientos años, más o menos, lejos de ser un ejemplo de esa tendencia universal, constituye una deslumbrante excepción. La búsqueda incesante de mejoras tecnológicas, junto con la convicción de que la superioridad material implica superioridad moral, y de que es vergonzoso que una sociedad no progrese, es una característica peculiar propia de la cultura occidental moderna. Se puede discutir el período preciso en que apareció. Siguiendo las conocidas tesis de Weber y de Tawney, he sugerido que el quiebre se produjo con la Reforma y con la nueva cultura materialista que el protestantismo hizo nacer[4]. Sería difícil demostrar que la economía capitalista que surgió en Holanda y Gran Bretaña fue de un tipo diferente de la de, por ejemplo, el Imperio Romano, pero lo que sí fue nuevo fue la energía ideológica que la impulsó, y el sentido de que ésta implicaba superidad sobre la cultura rival. Cuando llegamos a la fase de la industrialización, hay un fenómeno que se nos hace más claro: la tendencia al desarrollo que emergió en Gran Bretaña a fines del siglo XVIII, y que iba a dar, a los países que la asumieron, una abrumadora ventaja sobre sus competidores. Al mismo tiempo aparece la combinación de progreso material con el filisteísmo y la fealdad de la vida en las sociedades que lo buscaban. Surge la cuestión de cómo es posible que -caso único en la historia humana- una época de decadencia artística haya sido también una de progreso material sin precedentes: y la respuesta que propongo es que ello fue obra del diablo. Con ello no quiero decir que Watt, Hargreaves y Wilkinson fueron inspirados por Satán; sin embargo, sus invenciones habrían tenido el mismo destino que las de Leonardo, si no hubiera sido por la existencia de un sistema dispuesto a conseguir ganancias, sin importar el costo humano. Para hacer crecer las nuevas empresas, los habitantes del agro tenían que ser expulsados de sus aldeas; los niños tenían que ser puestos a trabajar día y noche en fábricas implacables; los africanos tenían que ser apiñados en letales cargueros para satisfacer

---

[4] Esta teoría ha sido discutida por algunos historiadores modernos, que padecen el inconveniente de no haberla comprendido.

las exigencias de las máquinas de algodón; las usinas y las calles sucias tenían que devorar a los campos abiertos. Todas estas cosas fueron muy satisfactorias para el diablo, pero su mérito mayor fue dar al mundo avariento de dinero la supremacía final sobre el pasado cristiano.

EL REINO DE MAMMON CONTRA EL REINO DE CRISTO

Debemos reconocer que lo más cercano al reino de Dios que la humanidad, en su estado caído, ha podido ver, es la civilización de la Europa católica, una dispensación fundada en la naturaleza y en la revelación que Dios ha hecho al mundo. La sociedad que el cristianismo moldeó durante sus siglos de influencia es la traducción a términos seculares de la Iglesia que Cristo dio a la humanidad. Aunque carente de las garantías divinas dadas a la Iglesia misma, esa sociedad refleja la influencia de la verdad revelada sobre las instituciones humanas. Puede que se descarte esto como romanticismo, pero fluye de cualquier visión católica coherente. Si el espíritu humano fuera capaz de aprender alguna lección de la historia, aprendería que el catolicismo se sostiene o cae por el testimonio de su pasado, y una defensa realista del catolicismo está obligada a tomar como ejemplo una época y una sociedad específicas. Que el ejemplo esté manchado por la pecadora naturaleza humana, es algo que no se puede negar; pero un apologeta del cristianismo no puede esperar convencer a nadie si declara que su ideal no se ha materializado jamás, ni siquiera en alguna medida apreciable. Del mismo modo, no persuadirá a nadie si no toma como modelo la época en que fueron más visibles la fortaleza y la capacidad de permear propias del cristianismo. Es poco creíble el punto de vista contrario, sostenido por los críticos del "triunfalismo", de que la Iglesia se corrompió inmediatamente después de su establecimiento por Constantino, y que el modelo cristiano, si ha de encontrarse en alguna parte, se lo encontrará en la época de las persecuciones. Se tiene una pobre idea de la religión si se cree que se vicia por la libertad y por ejercer influencia pública; según eso, se podría también proclamar los méritos de un navío que se arruina cuando se lo bota al agua. O, para poner un paralelo: si conociéramos un judío que menospreciara los reinados de Salomón y de los Asmoneos, y encontrara virtudes sólo en las cautividades de Egipto y de Babilonia, concluiríamos que su fe en el judaísmo es una impostura y que sólo siente verdadero placer con su sumisión; lo mismo ocurre con los que rechazan la prosperidad del cristianismo y sólo admiran su opresión.

Tomar una época pasada como modelo, sin embargo, no es idealizarla. Es fácil volver la mirada hacia la historia católica y encontrar en ella sólo crímenes y fracasos; pero los crímenes y los fracasos son la historia común de la humanidad. Lo que no es común es que surja una civilización tan vital y completa como la de la Europa católica. La verdad esencial respecto a ella es que fue la matriz de cosas que el mundo moderno ni siquiera valora, de una fe que sobrepuja a este mundo, de una monarquía espléndida, de nobleza y caballerosidad, de fidelidad, de grandes iglesias que se elevan hacia el cielo, de un arte y una poesía que armonizan estupendamente con el espíritu humano. Puestos a sopesar un ejemplo así, el problema es si creeremos en un sistema que produce tales frutos o en uno que los detesta y produce los frutos contrarios.

Se ha acusado a los tradicionalistas católicos de idealizar la Edad Media. Si ello fuere así, puede decirse que, a diferencia de la idealización moderna de la barbarie, se trata, al menos, de admiración por una comunidad civilizada, con todos sus complejos logros. Pero tomar la Edad Media como modelo ha sido un hábito del mundo inglés, sobre todo. En la mayor parte de la Europa católica, la Reforma no es hito que marque quiebre alguno. Todavía cien años después de ella, hasta las primeras décadas del siglo XVII, encontramos ejemplos de civilización enteramente católica, enriquecida con nuevos triunfos en las artes y en las ciencias. Es sólo en el período siguiente que los logros católicos se ven detenidos por la decadencia general del sur de Europa y, en Francia, por el despotismo monárquico. En Austria, sin embargo, y en la Alemania católica, el siglo XVIII se sigue prolongando una época de floración, un ejemplo de civilización cristiana que se extiende más allá de la Edad Media. Lo que hay que decir es que, desde el siglo XIX, no hay país católico que las tendencias del período no hayan corrompido. Pero las críticas que la época merece se refieren a males específicos, sociales y morales; no suponen un anhelo católico de detener la historia. Hablando con propiedad, el ideal del tradicionalismo católico no es lo que las cosas fueron en algún punto del pasado, sino lo que serían hoy si la modernidad, en sus formas anti-cristianas, no hubiera pervertido el desarrollo histórico.

Aunque el testimonio del pasado católico haya sido desechado por algunos, el diablo lo comprende bien, y por eso ha hecho todos los esfuerzos por enterrarlo y desacreditarlo. Con este fin se ha creado toda la batería del progreso material. Para avergonzar al mundo antiguo tuvieron que inventarse cosas inauditas; había que eclipsarlo con ciencia; crear inmensas riquezas para hacerlo parecer como un pordiosero; reventarlo con explosivos; pavimentarlo con concreto; empequeñecerlo con rascacielos y ahogarlo con ruidos electrónicos. La riqueza y el confort de la vida moderna son el soborno con que se logró que el hombre ignorara las riquezas del espíritu. Esa fue la propuesta por la que Satán ofreció ilimitado poder en este mundo a una humanidad a quien ya se le había dado un atisbo del cielo: "Todo esto te daré, si postrándote, me adoras". Y mostrando a los hombres de hoy todas las cosas que pueden hacer y que sus antepasados no pudieron, Satán logra que se encojan de hombros ante la idea de ser los arruinados herederos de una gloria que ellos mismos han destruído. Para apoyar esta ilusión, Satán ha promovido el predominio, en el pensamiento moderno, de una visión invertida del desarrollo humano. El surgimiento del capitalismo es presentado no como una perversión sino como un glorioso progreso. El hundirse la raza humana en formas cada vez menos naturales de vida y en una alienación cada vez mayor de su pasado, es presentado como su avance. Carcomer la visión cristiana en beneficio de una ilusión anti-religiosa es descrito como una vía hacia la ilustración.

En la construcción de esta filosofía, la coherencia cede el paso al oportunismo. La idea de progreso, según la entiende la opinión moderna, es un compuesto de elementos que varían con los accidentes de la historia. En el siglo XIX, el nacionalismo fue progresista, como arma contra los gobiernos basados en el derecho monárquico; en el siglo XX, con la monarquía en ruinas, se volvió reaccionario, como refugio para lo que quedaba del antiguo patriotismo. A comienzos del siglo XX, la eugenesia fue progresista; después de 1945, se hizo, en teoría, anatema, aunque se está recuperando en forma de aborto, manipulación de embriones y otras prácticas similares. En la década de 1960, la pornografía fue progresista, como arma contra los estándares anteriores de decencia pública; hacia la década de 1980, con esos estándares destruidos, se convirtió en un garrote de las feministas para apalear al sexo masculino, y nuevos escrúpulos, basados en el resentimiento, tomaron el lugar de otros que se basaban en la virtud. Durante generaciones, los Estados Unidos fueron el abanderado del progreso; desde la década de 1960, se transformaron en un opresor imperialista, contra el cual manadas de jóvenes marcharon con pancartas; el pujante capitalismo que, con el aplauso liberal, había socavado las sociedades tradicionales en el pasado, se convirtió en el odiado pilar de la fuerza de Occidente. En todas estas transformaciones, hay una cosa que ha permanecido constante: el progreso es cualquier cosa que conduzca a la destrucción del orden cristiano.

En tiempos del comunismo, el principio tensionó las mentes progresistas de dos formas. Fue fenómeno común el que los liberales que denunciaban los fallos de Occidente, hicieran vista gorda de los crímenes de la Unión Soviética y China. A menudo se decía que esto era el doble estándar del liberalismo. De hecho, era un estándar muy sencillo: durante mucho tiempo la ideología de la libertad había parecido la mejor arma contra el reino de Dios; cuando aparecieron los comunistas, pareció más directamente efectivo el sistema de reglamentación atea; de ahí que los líderes de la mentalidad progresista, mientras atacaban los delitos contra la libertad en la sociedad occidental, le preparaban con ternura un lugar a la dictadura comunista. La propaganda de la Rusia soviética jamás contó con mejores víctimas voluntarias de sus engaños que los progresistas occidentales, cuya influencia ayudó a construir la creencia, como lo ha dicho un comentarista, de que "toda opinión que sirviera a la Unión Soviética derivaba de los elementos más esenciales de la decencia humana".

El relato del mundo moderno que he esbozado aquí representa un punto de vista que cualquier católico de hace cincuenta o cien años, perteneciente a la corriente mayoritaria de la Iglesia, hubiera considerado como normal. Si se le hubiera concedido una visión de lo que el mundo es hoy, no habría tenido dificultad para reconocer un descenso a la barbarie que no le habría atribuido a su propia época. En contra, tenemos el punto de vista de los que han sido educados en la tradición del progreso humano, entre quienes se cuenta la mayoría de los representantes del catolicismo moderno. Estos han sido educados sobre la base de diagramas escolares que tabulan la historia de la humanidad como un incesante avance. En vez de mirar el presente con los ojos de la doctrina católica, ven el pasado católico con los ojos del mundo moderno, y piensan que una visión contraria, basada no en el triunfalismo humanista sino en la tradición cristiana, no puede ser sino una impúdica invención. Tal es la escuela epitomizada por el papa Juan Pablo II, que trató el pasado de la Iglesia como un historial por el cual hay que pedir continuamente perdón. Este papa está a la cabeza de muchos cuya aceptación de la ideología moderna es más absoluta, y cuya lealtad a la religión que profesan es menos genuina.

La Iglesia sólo recuperará su auténtica doctrina cuando se haya derrotado esta incoherencia, y el mundo sea visto de nuevo a la luz de una filosofía no humanista, sino católica. Esto implica derrocar el sistema de ideología secular que impera en la mente de los católicos modernos. Significa regresar al espíritu de los primeros cristianos, que rechazaban el ethos de su mundo y afirmaban un mundo diferente que derivaba de las enseñanzas de Cristo. Eso es el verdadero regreso a la cristiandad primitiva que los reformadores debieran estar predicando. Entre los primeros cristianos fue poderoso el sentimiento de que el mundo a su alrededor estaba dominado por diablos, y si hay alguna diferencia con el presente es que al poder demoníaco se le venera no en majestuosos templos y con antiguas fábulas, sino en las fábricas y con los destructores mitos del racionalismo. La antigua Iglesia triunfó porque pudo reconocer a los dioses falsos y denunciarlos; la Iglesia moderna sólo podrá triunfar cuando haga lo mismo.

LA IMPOSTURA DE LA DEMOCRACIA

Entre las leyendas que seducen al mundo contemporáneo está la de la democracia. Y es necesario investigarla por dos motivos: primero, la creencia de la época moderna en que es democrática, es uno de los fundamentos de su convicción de que es superior; segundo, la Iglesia católica ha comprado, por su valor nominal, estos mismos estándares, y considera que ello es prueba de haber alcanzado virtudes desconocidas para las épocas anteriores.

Desde el punto de vista cristiano, se puede hacer varias críticas a la democracia, si se la entiende, según lo hace la ideología moderna, como el rechazo de la divinidad, de la autoridad, y de la jerarquía en la sociedad. Sin embargo, dicho esto, se puede decir que si la sociedad moderna se inspirara en un ethos verdaderamente democrático, ello sería suficiente para que el cristianismo se sintiera afín a ella. En su ingenua juventud, G. K. Chesterton escribió "Democracia significa hacer que vote la gente que no tiene el descaro de gobernar. Y, según la ética cristiana, precisamente la gente que debiera gobernar es la que no tiene el descaro de hacerlo". Esto representa un sólido ideal; pero hay que decir que lo que el mundo moderno llama democracia es casi lo opuesto. La política parlamentaria, tal como se ha desarrollado hoy, da la seguridad de que el poder está no en las manos del hombre corriente, sino en las de un tipo diametralmente opuesto: un tipo compuesto de ambiciosos, torcidos, codiciosos, vociferantes, agresivos y fanáticos. Si se contempla el carácter de la vida política moderna, lo vemos delineado por el espíritu de éstos más que por el del hombre corriente.

La razón de esto es fácil de explicar. El gobierno parlamentario, en Gran Bretaña y en su copia norteamericana, fue en su origen un instrumento de la oligarquía; no es raro, pues, que haya desarrollado mecanismos con el propósito de mantener esa condición. El primero de esos mecanismos es el sistema de partidos, considerado hoy como un rasgo esencial de la democracia, pero que es el más importante mecanismo que hace posible que la política parlamentaria siga siendo no democrática sino, por el contrario, el coto de los políticos profesionales. Es el sistema de partidos lo que impide que el pueblo elija genuinos representantes, limitándolo a tener que elegir entre activistas seleccionados por las maquinarias partidistas. Contrástese esto con la política en la antigua Grecia, en que la elección era considerada como lo propio de los estados oligárquicos, en tanto que en los democráticos los gobernantes eran elegidos por sorteo. Esto sería por cierto el modo de hacer al mundo político representativo en el sentido de Chesterton; el moderno sistema de control por los partidos produce lo opuesto. Y además promueve la influencia de los grupos de presión, especialmente en los Estados Unidos, donde la existencia de sólo dos partidos ahorra a los "lobbyistas" tener que repartir sus recursos entre muchos patrones, y les asegura una máxima influencia.

A medida que se adoptaba en los países europeos el sistema llamado democrático, el modelo que siguió fue el anglosajón. En Francia, el gobierno parlamentario, para usar un término más adecuado, ha existido, de forma más o menos continua, desde 1871, pero no se ha liberado nunca de influencias seccionales. Así, hace unos pocos años hemos oído al Presidente Chirac decir, como si fuera la última palabra sobre el tema, que el uso del velo islámico en las escuelas públicas contrariaba la tradición francesa secular. De hecho, la tradición secular francesa es la creación de la clase anti-clerical que, desde 1877, comenzó a controlar el sistema político del país[5]. En Alemania, con posterioridad a 1945, los líderes del país se dieron cuenta, muy a su pesar, de que el único gobierno verdaderamente popular que había existido en el pasado reciente había sido el de Hitler, y se propusieron no cometer nuevamente el mismo error: diseñaron un sistema en que la voluntad del pueblo habría de ser guiada por los sabios y los buenos, entendiendo por tales a los capitalistas, los burócratas, los académicos y los que compartían su visión de cómo debía hacerse las cosas. En países como Italia, España y Portugal, los políticos no entienden mucho de qué trata la democracia, excepto que es diferente del pasado fascista. Estos países se han puesto de acuerdo para formar una unión política que es la vitrina de la moderna pseudo-democracia, que aleja el gobierno todavía más de la gente y se lo entrega a la clase política. El espíritu de este nuevo orden se mostró en el año 2000, cuando la Unión Europea trató de impedir que el partido que había ganado las elecciones en Austria formara gobierno. La democracia, desde este punto de vista, no es aquello por lo que vota la gente sino aquello en que concuerdan los oligarcas.

Así, en ambos lados del Atlántico la auténtica democracia representativa va abandonando la escena, y el poder cae en manos de una clase bien versada en manejarlo. Como en las dictaduras comunistas, la condición para acceder a esta clase es subscribir la ortodoxia imperante, cuyo declarado igualitarismo no le impide ser una cerrada oligarquía. Una vez reclutados, sus miembros juegan un complicado juego político, en que las únicas ideas que se discute son las que los oligarcas admiten. La composición de la clase dirigente y su equilibrio interno varían poco de un lugar a otro. En todos los países, sus miembros principales son

---

[5] El caso Strauss-Kahn en 2011 hizo surgir muchos comentarios sobre la arrogancia y la complicidad interna de la clase política francesa en sus malos manejos. Lo que es motivo de preocupación, con todo, es el *droit de seigneur* que ejerce sobre la política.

los políticos, nacionales y locales, que controlan no tanto los verdaderos problemas como la opinión pública o, para ser más precisos, que erigen los agresivos tabúes que impiden que la opinión pública se exprese. En los Estados Unidos, se reverencia especialmente a los abogados; las tradiciones de Francia y de Alemania otorgan más importancia a los burócratas. En todas partes, las tropas de ataque de la oligarquía son los periodistas, que medran cuando los puntos de vista que dominan los asuntos son simples y apasionados. Si se hiciera algún intento en el mundo occidental por introducir una democracia genuina, que representara la opinión pública corriente, encontraríamos a los periodistas peleando hasta las últimas consecuencias para impedirlo, tal como en Hollywood los ejércitos de bien entrenados secuaces se inmolan al servicio del villano principal.

El que el espíritu oligárquico es el que predomina en la sociedad moderna puede ser constatado de muchas formas. En la esfera social, es verdad que la tendencia de la época es a una vulgaridad sin paralelo en el pasado; pero me inclino a dudar que esto sea realmente del gusto de la mayoría: sospecho que ello nace en gran medida de la clase media, que imita a sus nuevos patrones, tal como antes imitó a la aristocracia. Lo que no se puede suponer, en todo caso, es que el presunto incremento de democracia haya producido una auténtica cultura popular: semejante huérfana no sobreviviría al íncubo de la educación estatal; pero si sobreviviera, la clase gobernante le daría poca importancia. Los supuestos de la cultura oficial siguen siendo insolentemente elitistas, como queda en evidencia por la arquitectura, la escultura y otras irritaciones de ojos que se inflige al público con desenfadada arrogancia, y que no tienen relación alguna con el gusto popular.

Viéndolo más políticamente, se puede recordar la declaración, ampliamente difundida, de que el capitalismo y el gobierno parlamentario occidental son sistemas que calzan naturalmente, afirmación que se hace con toda inocencia, sin reflexionar en que pone en duda el aspecto político de la coyunda. De hecho, el acercamiento se justifica plenamente. Los regímenes parlamentarios actuales pueden ser descritos como un sistema de capitalismo político, cuya dirección oligárquica las masas aceptan por el confort que les aporta. En la práctica, la política "democrática" es una historia de decisiones que se han tomado en clara oposición a la opinión pública. En Inglaterra, los ejemplos más obvios fueron la abolición de la pena de muerte y la legalización de los actos homosexuales; pero se trata de casos en que la oposición que enfrentaron es bien conocida; de hecho, casi toda la legislación de tipo moral o ideológico ha representado, desde hace tiempo, el consenso de una minoría, en tanto que el de la mayoría ha sido menos claro o no ha sido, en todo caso, consultado. Después de imposiciones como éstas, los profesores del Estado y otros *apparatchiks* de la modernidad se ponen a trabajar, presentándolas como victorias de la democracia; en una definición circular, es democrático poner por obra políticas que la clase dirigente ha declarado ser democráticas[6]. Dado que quienes se oponen a ellas son, *ipso facto*, fascistas, no puede ser democrático respetar su opinión. De ahí también el uso del término "populista" por los escritores liberales cuando la opinión pública apoya una política que ellos objetan. Democracia es lo que la oligarquía aprueba; aquello por lo que la gente vota o, más bien, por lo que no tiene oportunidad de votar, es populismo.

Hay otros rasgos del sistema político que también contribuyen a su artificialidad. El origen del gobierno parlamentario en su revuelta contra la autoridad monárquica ha definido su carácter en términos de una competencia entre partidos con ideologías opuestas. Esto también es considerado como un elemento integral de la democracia, aunque, en verdad, no tiene nada que ver ni con la democracia ni con la actividad de gobernar. Podemos recordar a las democracias antiguas, ejemplificadas por las ciudades medievales o las comunidades de campesinos, como Andorra; los representantes de éstas entendieron que su tarea era proceder con la tarea de gobernar la cosa pública sin referirla a una teoría política, y mucho menos a una competencia entre teorías políticas. La idea contemporánea de que el conflicto entre partidos es una parte esencial del proceso político fue desconocida por aquellas sociedades, en que la democracia creció como un sistema práctico. Pero el ataque al gobierno monárquico hizo de la vida parlamentaria una batalla entre Whigs y Tories; con el advenimiento del capitalismo, se añadió la división de clases como fundamento de rivalidades. Es verdad que el conflicto entre partidos será el corolario político natural de una sociedad capitalista, pero ello refleja sólo la naturaleza no democrática del capitalismo como sistema social. El último elemento de la ideología de los partidos es el ideal moderno del progreso, que significa un impulso incesante a rechazar el orden tradicional. Todo esto se combina para producir un sistema diseñado no para dar curso práctico a la actividad de gobernar, sino para asegurar una sociedad en constante cambio, y un cambio promovido por los especímenes menos representativos de la raza humana.

---

[6] Este tipo de pensamiento tiene una larga genealogía. Cuando se discutió la Ley de la Gran Reforma, los defensores de distritos controlados por el dueño de la tierra arguyeron que algunas conquistas esenciales, como la limitación de los poderes de la Corona y la transferencia del derecho a sucesión a la Casa de Hanover, se habían aprobado por el parlamento con los votos de dichos distritos. A nadie sorprendió la revelación del carácter oligárquico de tales medidas.

Y así, en cualquier país occidental, si a la gente de hace cincuenta años (para no poner períodos más largos) se le hubiera ofrecido una visión del mundo moderno, hubiera retrocedido ante él con horror. Habría habido algunas excepciones: en Inglaterra, algunos de los parlamentarios menos típicos del partido laborista, una buena cantidad de conferencistas politécnicos, y algunos devotos del liberalismo avanzado. Pero es el programa de esta minoría lo que ha terminado por prevalecer. Si tuviéramos una auténtica democracia, con un gobierno adecuado a la representación de las opiniones de la gente, tendríamos hoy día un mundo muy diferente. Pero el sistema político, tal como existe, está diseñado para obtener un resultado pre-concebido: poco a poco las exigencias de una minoría se transforman en política de su partido, se las aprueba como leyes desafiando a la opinión pública, y se convierten en ortodoxia universal, respecto de la cual todo disenso es enfrentado con virulenta fuerza.

EL CONTROL DEL PENSAMIENTO EN LA SOCIEDAD LIBERAL

Lo dicho hace un momento merece un mayor análisis, porque incide en la tolerancia y la libertad de pensamiento como principios de la clase gobernante, por lo que, al cabo, incide en la esencia de la democracia y en la pretensión de los liberales de ser moralmente superiores por sustentarse en dichos principios. Si analizamos bien esto, descubriremos que la convicción de superioridad moral es un rasgo más importante de la psiquis liberal que la tolerancia y la libertad de pensamiento.

Antes de examinar algunos ejemplos, atendamos a las razones: éstas surgen del humanismo, que es el fundamento de la doctrina liberal. El principio liberal fundamental es que la humanidad y su libre arbitrio son supremos; admitir la soberanía de Dios y el deber primario de obedecer su ley destruiría la premisa del liberalismo. Por eso, su finalidad esencial es el consenso humanista, en que la libertad sea el santo y seña, pero en que la verdadera prioridad la tenga la imposición del sistema aprobado. Desde que el liberalismo se convirtió en un principio político, ha ido de la mano con la burocracia y la uniformidad. La incapacidad de los Estados Unidos de absorber territorios españoles y franceses salvo por la imposición del modelo estatal anglosajón es un temprano ejemplo; para la mente progresista, la fórmula humanista de Filadelfia tiene que ser la adecuada para todas las sociedades. Los liberales gustan de citar el adagio de que el precio de la libertad es la constante vigilancia; esto es un eufemismo para decir que el precio del liberalismo es la perpetua reglamentación. Vivimos hoy en un régimen de jardín de infantes estatal como no se lo imaginaron jamás los gobiernos fundados en la autoridad. Los liberales son también herederos del espíritu del protestantismo y del racionalismo, que es un espíritu de reducción y empobrecimiento, y se ven impedidos, por su misma naturaleza, de valorar la riqueza y la diversidad.

Por la misma razón, los liberales se inclinan hacia lo que es fruto de un acuerdo, no hacia lo original. Este hecho se refleja en la expresión *bien pensant*, que se aplicaba a la mentalidad liberal; término tomado de la burguesía católica francesa del siglo XIX, que implicaba el apego a una presuntuosa ortodoxia. Hoy la expresión corriente es "corrección política", concepto tomado de los lineamientos de partido en los Estados comunistas. Ambas expresiones reflejan el hecho de que el instinto que el liberalismo menos fomenta es la diversidad de pensamiento. No sólo tienen los liberales pocas ideas fuera de las de la ortodoxia recibida, sino que además defienden esa ortodoxia con feroz celo. Puede tomarse cualquier caso al azar: la periodista liberal Melanie Philips describió una vez su experiencia al publicar algunos comentarios críticos sobre los métodos educacionales modernos, y quedó espantada por la virulenta reacción de sus lectores; y escribió en *The Spectator* "No fui la única que pensó que, lejos de ser un conjunto de liberales devotos de la tolerancia, lo que había allá afuera era una chusma liberal linchadora". Esa chusma es bien conocida de quienes no reverencian los dogmas imperantes.

En defensa de esta ortodoxia, la mente liberal está acostumbrada a sacar las ideas de su oponente del ámbito de la discusión objetiva y transferirlas al de la estigmatización moral. Para poner un ejemplo, si un conservador acusa a alguien del ámbito comunista, no implica que sea alguien que posee una personalidad odiosa; y si llama a alguien "anti-católico", puede que le impute prejuiciosamente ciertas limitaciones mentales, pero no alude para nada a su carácter moral. En cambio, cuando un liberal llama a su oponente "fascista" o "anti-semita", emplea esos términos para insinuar que corresponden a alguien de naturaleza intrínsecamente vil. La posición del liberal es: "Adhiero al principio de que Ud. puede creer lo que quiera, pero si no cree lo que creo yo, lo consideraré un canalla". Esto revela una esencial intolerancia, una peculiar forma de fariseísmo, que supera en mucho lo que se suele encontrar en quienes defienden una filosofía de la autoridad. Debido a ello, el liberalismo se convierte en el pariente cercano del fanatismo. Es en la izquierda, no en la derecha, donde uno encuentra personas que se empeñan en impedir que los demás fumen o coman carne, que atacan a las mujeres por usar abrigos de pieles, o que encuentran otros modos parecidos de expresar su mezquina intolerancia.

Se podría decir que la identificación de liberalismo con tolerancia, y de conservadurismo con represión, es casi una inversión de la verdad. Daré un ejemplo tomado de una biografía que escribí hace algunos años del P. Martin D'Arcy, S. J., sacerdote que podría ser llamado el epítome del católico tradicionalista: tomista en filosofía, jesuíta imbuído del ethos de la disciplina, aristócrata, un viejo Tory con inclinaciones jacobinas. Y cito la descripción que hizo uno de sus hermanos del estilo que tenía como superior: "prefería la mayor diversidad y variedad posibles, lo exuberante e incluso lo excéntrico. Adoraba y fomentaba una poderosa individualidad. Aborrecía la uniformidad; el consenso grupal le parecía mediocridad". Podría pensarse que esto es incoherencia; pero, de hecho, es completamente coherente, y se enraíza en el corazón del espíritu tradicionalista, que es directamente opuesto a la "tolerancia" del liberalismo. La tolerancia es la virtud del indiferente; sólo quienes ven la naturaleza humana como reflejo de la divina pueden regodearse con lo individual y extravagante. No se trata de una contradicción con la fidelidad y obediencia que pide la ética tradicional. La espada de un caballero debe estar incondicionalmente al servicio de su rey, pero una vez que ese deber esencial se ha cumplido, puede abandonarse a la más anárquica excentricidad. Totalmente diferente es la ortodoxia del liberal, que se refugia en constituciones y reglamentaciones porque, si se permite al espíritu humano elevarse por sobre tales construcciones, es imposible saber a qué magia sobrenatural podría terminar sucumbiendo.

¿Por qué, entonces, es que se cree y se considera obvio que el liberalismo es la causa de la libertad y de la diversidad? Una de las razones, por cierto, es el nombre mismo de liberalismo; pero un nombre autoimpuesto no es algo que debiera engañarnos, como nos lo enseña el título "República Democrática Popular" con que han operado algunas de las peores dictaduras del mundo moderno. Otra razón es que una finalidad principal de los liberales de las últimas generaciones ha sido destruír las restricciones religiosas y morales. Al desmantelar las defensas del cristianismo, pudieron proclamar que estaban promoviendo la libertad; pero ¿qué otra cosa podía esperarse de ellos? Esa libertad es del tipo que favorece la propia causa liberal. Cuando los liberales defienden el "derecho a la diferencia" de hippies y homosexuales, no es que muestren una generosa paciencia con personas que les resultan deplorables; lo que hacen es respaldar los derechos de sus aliados en la guerra contra el orden moral. Cuando pensamos en cosas que los liberales realmente desaprueban, su tolerancia es de una calidad muy diferente. Los católicos tradicionales lo han experimentado ampliamente en los últimos sesenta años.

Una tercera razón del mencionado supuesto es que, históricamente, los liberales, como recién llegados al mundo de la autoridad tradicional, han adoptado un principio de tolerancia para obtener lo que pretenden. Pero a medida que crece su poder, se muestran a sí mismos cada vez menos inclinados a aplicarlo, y hoy vemos un conjunto de posturas -filosofías políticas basadas en la autoridad, teorías de diferenciación racial, condenación de la homosexualidad- que el liberalismo trata como intrínsecamente desubicadas, como puntos de vista a los que no debiera extenderse la tolerancia. Ya comenzamos a ver ámbitos de la vida moderna cerrados a quienes sostienen esas opiniones. Por ejemplo, en 2004 un candidato del gobierno italiano, Rocco Butiglione, fue destituido de su cargo como miembro de la Comisión Europea porque era un conocido defensor de la doctrina cristiana sobre la homosexualidad. La doctrina tradicional de todas las iglesias cristianas, del judaísmo y del islam -en otras palabras, de todas las principales religiones de Europa- fue así declarada inadmisible, y los oligarcas europeos dejaron en claro que el humanismo liberal es la única doctrina que están dispuestos a tolerar. De este modo, se presiona a todos los creyentes de cualquier religión para que abandonen o desarticulen sus principios, si esperan ocupar un lugar en los centros de influencia modernos. Actualmente, el cristianismo conserva suficiente fuerza como para hacer que el liberalismo mantenga, aunque sea por motivos tácticos, su pretensión de pluralismo; pero los signos de los tiempos son claros. Estamos en los comienzos de un período en que el liberalismo se mostrará abiertamente como el sistema de totalitarismo humanista que, en el fondo, es.

Estos hechos permiten ver la dura tarea que espera a quienes quieren defender la cultura tradicional, tanto en el ámbito secular como en el religioso. La corrupción modernista de la Iglesia fue hecha posible por una generación empapada de las distorsiones fácticas e ideológicas del liberalismo, y ellas siguen siendo el obstáculo para quienes quieren revertir el desastre. De ahí que el catolicismo tradicional tiene que lidiar con los estragos causados por el modernismo en la propia Iglesia, pero está también obligado a salir al descampado y entrar en la batalla contra todas las ideologías contemporáneas que han dado nacimiento al modernismo.

IGUALDAD Y JERARQUÍA CRISTIANA

Entre los conceptos de la modernidad que deben ser revisados, es importante el de la igualdad. Este es central en la mal entendida noción de democracia de que hemos hablado, y forma parte del espíritu erróneo que ha invadido a la Iglesia católica. Es en la Ilustración donde se origina esta falsa concepción, que ha introducido un principio de igualdad humana que es, en cierto sentido, hostil al de jerarquía, principio natural en la sociedad cristiana.

Thomas Jefferson, seguido por la mayor parte del mundo moderno, sostuvo que era una verdad evidente el que todos los hombres son creados iguales. Puede que esto parezca una verdad pero, en sí misma, es una declaración sin sentido. Podemos decir que todas las moscas son iguales, y podemos matarlas sin discriminar entre ellas. Esa declaración sólo tiene sentido como afirmación del valor de la persona humana. Pero tomar el principio de que todos los seres humanos son valiosos y reformularlo de modo que diga que son iguales es, literalmente, devaluarlo. La igualdad de los hombres es un concepto moral y sobrenatural, que nos viene del cristianismo. Los antiguos atenienses no tenían idea de él; en una democracia que excluía a las mujeres y a los esclavos, se pensaba que los varones eran iguales en cuanto ciudadanos, no en virtud de su esencial naturaleza humana. El ideal de la igualdad sólo puede entenderse a la luz de la doctrina de que todo ser humano es un hijo de Dios. Y se remonta al texto bautismal de los primeros cristianos que nos da San Pablo: "ya no hay gentil o judío, circuncisión o incircuncisión, bárbaro o escita, esclavos o libres, sino que Cristo lo es todo en todos" (Colosenses 3, 11).

Para los primeros cristianos, esta doctrina estaba en total armonía con el principio de jerarquía, cuya realidad era parte integral de la Iglesia. La iglesia de cada ciudad era un organismo de estructura bien definida, con su obispo dotado de gobierno monárquico, apoyado por un clero escalonado de presbíteros, diáconos y otros órdenes menores; la distinción entre este clero y el laicado estaba definida por la ley eclesiástica. Además de ellos, había diaconisas, viudas y vírgenes, cuyo estatuto aparte prefiguraba las futuras comunidades religiosas; y en el laicado había otra distinción más entre los bautizados y los catecúmenos. Hacia el siglo I, el Obispo Clemente, de Roma, hace semejante al clero, con sus varios órdenes, a los diferentes rangos del ejército imperial. Aunque la Iglesia primitiva fue reclutada mayoritariamente en los estratos más bajos de la sociedad, enseñó la subordinación con una claridad tal que refleja su origen en la verdad divina. Su jerarquía, por cierto, abarcó transversalmente las divisiones existentes en la vida de su tiempo, no reconociendo verdaderamente "ni esclavo ni libre", por lo que un esclavo manumitido podía elevarse hasta ser obispo de Roma; en esto, la Iglesia cristiana se liberó de su matriz judía, en que la riqueza era vista como señal de prestigio, y los sumos sacerdotes eran elegidos expresamente entre los ricos. En el ámbito secular, aunque los cristianos condenaban el egoísmo de la riqueza, no rechazaban la autoridad ni social ni política. San Pedro y San Pablo enseñaron a los cristianos que debían venerar al emperador y a sus gobernadores, condenando a quienes se resistían a hacerlo (1 Pedro 2, 13-17 y Romanos 13, 1-7).

Cuando la Iglesia obtuvo su libertad, su desarrollo siguió en la misma senda. A medida que se fortalecía su organización a escala mundial, y que cada comunidad se hacía cada vez menos una unidad autocontenida, la jerarquía de los órdenes menores se atrofió de algún modo, en tanto que se desarrolló una más alta, compuesta de archidiáconos, arzobispos, primados y patriarcados. Lo que el cristianismo practicó en sus propias filas, lo promovió también en la sociedad. Vemos a la Iglesia más a sus anchas en el feudalismo, cuando éste apareció, que en la estructura de clases del mundo antiguo. El feudalismo y la dispensación post-feudal en Europa, no obstante sus obvios defectos humanos, se aproximó a un orden que brota de la naturaleza misma de la sociedad humana. Además de la jerarquía fundamental de la familia, y de la divina de la Iglesia, hay varias formas de autoridad que se puede llamar naturales; tales son la autoridad de un gobernante sobre su pueblo, de un terrateniente sobre quienes viven en sus tierras, de un patrón sobre sus servidores, de un artesano (en el sentido más amplio) sobre aquéllos a quienes enseña. No es mera casualidad que ésas hayan sido las formas de autoridad más mencionadas en las épocas católicas, como tampoco lo es que el ethos moderno batalle contra cada una de ellas con especial encono.

Fue la Reforma la que comenzó a corromper el orden tradicional, socavando la autoridad sagrada e introduciendo el gobierno de las oligarquías y de las élites. El igualitarismo moderno confunde la idea de jerarquía con la de élite, pero no existen dos principios más diferentes entre sí que ellas. La idea de élite es la de individuos privilegiados por una superioridad personal; el principio cristiano de jerarquía es el de soldados cuyo rango, alto o bajo, depende de su servicio a un bien común. Francisco Suárez, inspirándose en aquello de "Todos han de estar sometidos a las autoridades superiores" (Romanos 13, 1), enseña que el sometimiento a la autoridad superior es consecuencia de la necesidad que el hombre tiene de una guía para conducir su vida como ser moral; se lo puede contrastar con la imprudente autosuficiencia enseñada por expositores modernos, como Juan Pablo II. En la sociedad humana, Dios ha dispuesto que todas las cosas buenas nos lleguen por medio de otros. El amor no se diluye en un amor general a la humanidad (quimera de los humanistas), sino que se enfoca al afecto de los lazos familiares y matrimoniales; el conocimiento está mediado por los profesores, la belleza, por los grandes artistas, y así con todas las manifestaciones de la naturaleza divina. Lo mismo es verdad de la autoridad. Es, pues, un error pensar en la humanidad como una sociedad de individuos iguales que no tienen deberes mutuos. Ello es resultado de una ideología que se propuso destruir la jerarquía humana para destruir el sometimiento a Dios.

El principio de una sociedad jerárquica no se basa en la idea de desigualdad; de hecho, ocurre todo lo contrario. El Dr. Johnson, tan a menudo portavoz de la Cristiandad tradicional, vio en la jerarquía social un correctivo a la superioridad personal. En la civilización, decía, "existe una cantidad de otras superioridades, como las de nacimiento y fortuna y rango, que distraen la atención de los hombres, no dejando lugar para el respeto extraordinario a la superioridad personal e intelectual. Esto ha sido sabiamente dispuesto por la Providencia a fin de preservar algo de igualdad en la humanidad". Sea cual fuere la opinión que tengamos de ello en relación con las clases de la Inglaterra georgiana, es una buena descripción de la función de la jerarquía en la sociedad natural. Cuando la Ilustración rechazó aquella dispensación, lo hizo para promover una visión elitista de la humanidad. Lo que los *philosophes* entendieron por igualdad fue la libertad de los intelectuales, los financistas y la clase media ambiciosa para avanzar en detrimento del antiguo orden, de modo que se le reconociera al "mérito" su lugar propio. De esa concepción brota el mundo político y cultural oligárquico de hoy día.

La igualdad enseñada por el cristianismo es de una naturaleza más fundamental, y por ello ve el tema de la justificación o rechazo del valor humano como irrelevante para el de la jerarquía. Hablando en propiedad, lo que la ética cristiana sostiene no es la desigualdad, sino un criterio diferente del mundano, un criterio en que los verdaderos valores son espirituales y morales. Así, un criminal no es, en la realidad, igual a un santo, aunque el criminal pueda convertirse en santo en el cielo, y su valor sea potencialmente igual, en el sentido de que es, humanamente hablando, infinito. Y, al contrario, una persona con las más altas dotes puede hacerse a sí misma el más bajo de los seres si rechaza a Dios y a la ley divina. Pero nadie ha inventado una forma de que los méritos espirituales y morales se traduzcan en estatus en el mundo cotidiano. De aquí que un criterio meritocrático, en el sentido cristiano de mérito, no tiene lugar en el concepto de jerarquía. La función de la jerarquía es servir a las necesidades de la sociedad, humana o divina, y la cuestión no es si un individuo merece la eminencia que tiene sino cómo cumple su deber.

La jerarquía en la sociedad humana no es un rasgo contingente, sino que refleja la naturaleza de Dios mismo. Nosotros afirmamos la igualdad esencial de las tres Personas Divinas, pero también hablamos rectamente de la Primera, la Segunda y la Tercera Persona de la Trinidad. La teología cristiana enseña que la Trinidad se origina en el Padre, cuya autoridad la gobierna. Aprendemos en los Evangelios de la subordinación del Hijo al Padre, y del Espíritu Santo a ambos. Cristo dice a los apóstoles que Él ha sido enviado por el Padre para hacer no su voluntad sino la del Padre, "según el mandato que me dio el Padre, así hago" (Juan 14, 31). Incluso dice "el Padre es mayor que yo" (Juan 14, 28): mayor en precedencia, aunque no en naturaleza. El Señor enseña lo mismo del Espíritu Santo, diciéndonos que será enviado por el Padre, y que "no hablará de sí mismo, sino que hablará de lo que oyere" Juan 16, 13); que procede también del Hijo, "el Paráclito, que os enviaré de parte del Padre"; que habla en nombre del Hijo "porque tomará de lo mío y os lo dará a conocer"; y que es otorgado por el Hijo cuando sopla sobre los apóstoles diciendo "recibid el Espíritu Santo" (Juan 15,26; 16, 13; 20, 22). No son éstas palabras vacías o figurativas, sino que nos hablan de la íntima naturaleza de la Santísima Trinidad, que es jerárquica. Ser hijo es ser subordinado, y por tanto la subordinación es un aspecto esencial de la naturaleza de Dios. Así también es necesariamente el Hijo quien entra en el mundo creado, como subordinado, para perfeccionar la subordinación del mundo al Creador, y como hijo para perfeccionar la filiación del hombre respecto del Padre. La tradición nos enseña también que la sociedad de los ángeles se caracteriza por una jerarquía de órdenes, aunque la naturaleza angélica es esencialmente una. De esto aprendemos que no sólo el mundo humano sino que toda sociedad de seres racionales creados por Dios debe reflejar la naturaleza divina de igualdad esencial de personas subordinadas a una igualmente necesaria jerarquía.

No sorprende que, en su batalla por alzar al hombre contra Dios, el diablo haya tratado de atacar un principio que es, literalmente, divino. La jerarquía de la sociedad natural es el medio por el cual todo hombre recibe los dones necesarios para su humanidad. Esta mediación comienza con la familia, y continúa con la comunidad inmediata y con la nación, fuentes de que el individuo recibe el lenguaje, la cultura, la organización de la vida social y casi todo lo que constituye identidad y seguridad. Contra este ordenamiento de la sociedad, Rousseau introdujo un concepto artificial cuando declaró que el hombre nace libre. El único modo de nacer libre un hombre es nacer abandonado en una zanja. El hombre nace subordinado a un complejo de obligaciones que brotan de la esencia de la naturaleza humana, no de un contrato artificial. El pensamiento liberal y humanista ha buscado gradualmente quebrar ese complejo, y promover la ilusión de un hombre como ciudadano autónomo, igual, que no debe nada a lazos de familia ni de lugar. Esta sociedad atomizada corresponde al programa del diablo para la humanidad, y será realizado en el infierno, un mundo en que los vínculos de familia, de sociedad y de respeto habrán de ser totalmente descartados.

El grito de democracia hizo posible que el derrocamiento de la jerarquía avanzara en la sociedad occidental, hasta que dejó a la jerarquía de la Iglesia aislada en un mundo rebelde. Con el Concilio Vaticano II el mal penetró en la propia Iglesia. Se ha engañado a los católicos haciéndolos pensar que la igualdad del humanismo es la igualdad de la ética cristiana. Los sacerdotes eluden la autoridad que les pertenece y quieren ser vistos como iguales por los laicos, para cuyo gobierno han sido nombrados. Se rechaza la jerarquía de los sexos, y se considera el sacerdocio tradicional masculino como una reliquia de un mal pasado, de un mundo al que se aplica, en sentido peyorativo, los términos de jerarquía, paternidad y autoridad. Contra estos errores necesitamos reafirmar la ética tradicional de la Cristiandad; necesitamos decir claramente que una sociedad cristiana es, por su naturaleza misma, jerárquica, paternalista y autoritaria. Si semejante afirmación enfurece al hombre moderno, se debe a que la historia lo ha equipado con un par de anteojos teñidos color de infierno.

EL MUNDO MODERNO Y LA IGLESIA CATÓLICA

Lo anterior resume las características del mundo moderno que confrontó a la Iglesia católica en la época del Concilio Vaticano II, y nos lleva a la cuestión de cómo la Iglesia necesitaba responderle. Entre las respuestas falsas está la de los Modernistas que, denunciando la antigua "mentalidad de fortificación", urgieron a la Iglesia a transformarse en una Pollyanna eclesiástica,[7] repartiendo afabilidad a diestra y siniestra. En realidad, los recientes éxitos de la Iglesia habían mostrado no una actitud defensiva sino de empresa misionera, un salir al mundo en sentido apostólico, y no la actitud de los Modernistas, que es salir portando una bandera blanca. Quienes aceptaron la retórica de éstos, no pudieron darse cuenta de que rendirse y defenderse tímidamente son políticas igualmente cobardes. Lo que la Iglesia necesitaba en el siglo XX era el coraje de abrazar al mundo, pero también el coraje de acusarlo, de acuerdo con las palabras del Señor: "Yo doy testimonio contra él de que sus obras son malas" (Juan 7, 7).

Esto no es decir que la respuesta de la Iglesia debió haberse limitado a una afirmación de las verdades tradicionales. Por ejemplo, defender la jerarquía como un principio cristiano no implica comportarse como si la jerarquía fuera la respuesta a las necesidades misioneras. El éxito evangelizador de la Iglesia ha provenido, históricamente, de su capacidad de crear instituciones altamente igualitarias, como las órdenes dominica y franciscana. En éstas podemos reconocer una verdadera democracia, dirigida a un fin común, no la mescolanza de ideologías destructivas que el mundo moderno entiende por tal. No existe, en la tradición de estas órdenes religiosas, repudio de la jerarquía, y menos todavía aceptación del ethos secular. El ideal franciscano de pobreza nos muestra lo

---

[7] N. del Tr.: el término "pollyanna", derivado de la novela del mismo nombre de Eleanor H. Porter, se usa para referirse a una persona exageradamente optimista.

opuesto de la sumisión contemporánea al materialismo, que caracteriza a la Iglesia post-conciliar.

Estos apostolados son importantes en lo relativo a uno de los mayores fracasos de la Iglesia en los tiempos modernos: su pérdida de la clase obrera urbana. La razón de esta pérdida ha sido, hasta cierto punto, pastoral, un fracaso de la Iglesia misma; pero también hay causas que hubieran sido un desafío hasta para el ministerio más comprometido, como el hecho de que, en las condiciones modernas, las clases trabajadoras son las más sometidas a las presiones, no naturales, del mundo capitalista, las más alejadas del orden tradicional y las más expuestas al adoctrinamiento secular. Este problema no tiene solución practicable si no se reconoce sus causas; y ninguna solución es realista si no toma en cuenta los métodos efectivos del pasado. Podemos comprobar el éxito del clero que siguió la tradición irlandesa en muchos países, y que conservó la lealtad de la clase trabajadora sin necesidad de correr tras los fuegos fatuos del conflicto de clases. Podemos ver también las empresas sociales que fueron fomentadas por los papas, desde León XIII hasta Juan XXIII. Aunque el éxito de esos métodos fue parcial, debiera contrastárselos con el total fracaso de las modernas posturas socialistas en la recuperación de la clase trabajadora. Puede que lo que la Iglesia hizo antiguamente sea inadecuado, pero lo que ha hecho en los últimos cincuenta años es mucho más que inadecuado: es el abandono de la doctrina cristiana sin ganancia alguna a cambio.

No menor que el anterior ha sido, en el otro extremo del continuo conceptual, el fracaso de la tarea por mantener el patrimonio cultural de la Iglesia en medio de la corrupción moderna. Esa mantención fue la obra realizada por la Iglesia en los siglos obscuros, cuando los monasterios se transformaron en el refugio del conocimiento, preservando a los clásicos tanto cristianos como paganos. El mismo objetivo se pudo ver en el proyecto de Juan XXIII de fortalecer el conocimiento y práctica del latín en la Iglesia, programa que no interesó a sus sucesores. Aunque pueda parecer como cuestión secundaria en relación con sus deberes pastorales, una gran parte del desafío de la Iglesia en el Concilio Vaticano II fue su propia supervivencia en un mundo en que las defensas de la civilización iban desapareciendo.

La alianza entre la Iglesia católica y la alta cultura ha sido un tema en este libro, y habrá quienes lo encuentren extraño, algo así como una distracción propia del mundo de la élite. Pero ello es una concepción equivocada. Si rastreamos la historia de la salvación en sus más de cuatro mil años, su conexión con la civilización ha sido estrecha. Abraham salió de Ur, una de las mayores ciudades de la primera civilización de la humanidad. Al cabo de pocos siglos de su liberación de Egipto, los judíos fundaron un reino que destacó en la edad oscura por el brillo de su cultura. Dios Hijo escogió hacerse hombre en la cúspide de la mayor civilización de la antigüedad, como súbdito de su más grande imperio. Posteriormente, la Iglesia católica se convirtió en la mentora de una rica civilización propia, que dejó atrás a la de Grecia y Roma. La interdependencia entre los logros civilizados y la religión católica se puede ver de muchas formas. La decadencia del conocimiento bloquea logros que son cercanos a las más altas necesidades de la religión. Así, la caída de la cultura de Occidenete hizo posible que el defectuoso platonismo de San Agustín imperara en el ámbito intelectual durante ochocientos años, y retrasara el estudio profundo de la Misa, del sacerdocio, y de los sacramentos, que fue la contribución doctrinal más importante del renacimiento medieval a la vida de los cristianos.

Una necesidad esencial, por tanto, de la Iglesia en el Concilio Vaticano II fue estar consciente de que ella hablaba, como lo reafirmó el papa Juan XXIII, como *Mater et Magistra* de todas las naciones[8], como tutora de la civilización que había enseñado al mundo occidental, y que éste estaba perdiendo. Esa toma de conciencia no es un obstáculo para la comunicación efectiva. Un instructor que conoce su maestría puede enseñar al ignorante; no hace falta describir el disimulo y la falta de seguridad de un profesor que sospecha que su auditorio sabe más que él. Pero así es como la Iglesia conciliar se ha acercado al mundo contemporáneo. La ilusión radical de los Modernistas es creer en la superioridad del mundo moderno; su fracaso en impresionar a semejante mundo no es sino una consecuencia natural de ello.

Los grandes éxitos misionales de la Iglesia han sido obtenidos por hombres que no tenían niguna ilusión sobre el mundo que enfrentaban, y que sabían que su tarea era darle las cosas de que carecía. Gregorio Magno no favoreció hordas armadas para demostrar cómo sumergirse en el caos de su tiempo; lo que hizo fue fomentar la vida monástica, un retirarse del mundo que concluyó conquistando al mundo. San Agustín[9] no fue a Inglaterra con el deseo obsequioso de adular el culto de Thor y de Woden, sino que fue a ofrecer la luz de Roma, y al hacerlo, conquistó una nación para Cristo. Saber que se enfrenta un mundo poco propicio no implica incapacidad de evangelizarlo o falta de esperanza al hacerlo. La Iglesia nunca ha enfrentado un mundo tan mortalmente hostil como el que crucificó a su Salvador, pero la lección de la crucifixión es que el mundo se salva por su misma hostilidad.

---

[8] Este título de la encíclica de 1961 de Juan XXIII repite la frase usada por Inocencio III en su alocución al Cuarto Concilio Lateranense.
[9] N. del Tr.: San Agustín de Cantorbery.

Lamentablemente, el siglo XX no tuvo ni un Gregorio ni un Agustín, y hay que tomar en cuenta sus posibilidades tal como se dieron, es decir, como posibilidades modestas. El Segundo Concilio Vaticano pudo haber sido, como el Primero, un concilio que equipara a la Iglesia para los siguientes noventa años. Podría incluso haber sido un gran concilio formador, como el Cuarto Concilio Lateranense, o el de Trento, aunque, hablando humanamente, es poco probable que un concilio así hubiera podido emerger de una época post-cristiana. Lo que no podía ser es lo que los Modernistas proclaman que fue: un acontecimiento capaz de hacer retroceder dieciséis siglos de interpretaciones erróneas y de recuperar una forma de comprender que estuvo ausente durante la mayor parte de la historia de la Iglesia. Una idea como ésta es de una suprema arrogancia, y representa no una recuperación sino una perversión del mensaje cristiano. Un gran papa, que hubiera dirigido el concilio con un sentido de las verdaderas necesidades y oportunidades, quizá hubiera podido iniciar una nueva fase en la historia de la Iglesia; pero especular sobre ello sería seguir el juego milenarista de los Modernistas. En ausencia de un papa así y de un conjunto de obispos capaces de una valoración incisiva de su tiempo, el Concilio Vaticano Segundo siempre fue incapaz de elevarse hasta una gran visión estratégica. Su desarrollo real es la historia de cómo incluso sus pequeñas posibilidades se perdieron en medio de manipulaciones y autoengaños.

PARTE II
Destrucción de la Tradición católica

9
El Concilio Vaticano Segundo

LA IGLESIA CATÓLICA EN LA VÍSPERA DEL CONCILIO

El Concilio Vaticano II se convirtió en la manifestación de ciertas tendencias que surgieron en la Iglesia después de la Segunda Guerra Mundial, de las cuales es útil proporcionar una descripción preliminar. La primera que llama la atención es una tendencia intelectual. La década de 1930 no fue un período de teólogos notables, pero después de 1945 comenzó a aparecer un movimiento de teología original, especialmente en Francia. El ejemplo más típico lo dio el P. Teilhard de Chardin, SJ, con su interpretación mística de la visión evolucionista del mundo. Más de acuerdo con la teología convencional fue el programa de *ressourcement* conducido por el P. Henri de Lubac, SJ, y el P. Ives Congar, OP; este programa se propuso reexaminar la doctrina a la luz de los Padres cristianos más antiguos, tanto griegos como latinos. La demostración de que las explicaciones doctrinales, familiares en los siglos recientes, pudieran ser no representativas y, en algunos aspectos, un empobrecimiento de las conocidas por la Iglesia primitiva, inquietó a la ortodoxia corriente de textos de estudio. Una contraparte de esta escuela de teología innovadora apareció en Alemania, donde los escritos del P. Karl Rahner, SJ, también provocaron sospechas en el clima del momento.

La *Théologie Nouvelle* fue, con reservas, un ejemplo del tipo de pensamiento original que es siempre necesario en la Iglesia, aunque sea pensamiento mal aconsejado o vaya demasiado lejos. En la cúspide de la Edad Media se dio una actividad intelectual muy rica, pero en aquella época las nuevas teorías fueron objeto de vigorosas críticas por parte de teólogos rivales. En 1950, la suerte corrida por los nuevos teólogos fue ser condenados por Pío XII en su encíclica *Humani Generis*. Sin mencionar nombres ni imponer penas, el papa prohibió la enseñanza de las doctrinas por él mencionadas. Hay que notar aquí el contraste con el reinado de Pío X, en que la condenación afectó a los teóricos más que a quienes eran estrictamente académicos; en el caso de Pío XII, ni siquiera las especulaciones de Teilhard de Chardin estuvieron a la par con la destructiva filosofía de los Modernistas. El resultado de la censura papal fue hacer surgir una escuela de teólogos sumamente descontentos con el modo como se estaba ejerciendo la autoridad en la Iglesia. Muchos de éstos eran conscientes -quizá demasiado conscientes- de estar ajustándose a estándares profesionales, a diferencia de la poco imaginativa repetición que se practicaba en los seminarios. Hay que mencionar otro aspecto en la medida tomada por Pío XII: las novedades del período no fueron objeto de un adecuado examen crítico. Las ideas de Teilhard, Congar y Rahner, cualesquiera sean sus méritos o deficiencias, no merecían ser recibidas con la boquiabierta admiración de los progresistas al momento del Concilio.

En Francia había surgido una tendencia radical en la Iglesia, especialmente entre los dominicos, incluso durante la Segunda Guerra Mundial. En 1942 el integrista P. Garrigou-Lagrange fue enviado por Roma para imponer disciplina entre sus hermanos. Sus esfuerzos en este sentido tuvieron poco éxito, y después de 1945 la *Nouvelle Théologie* siguió activa en Le Saulchoir, el centro teológico dominico. Otro movimiento en que estuvieron involucrados los dominicos fue el de los sacerdotes obreros, que apuntaba a integrar a los sacerdotes al trabajo cotidiano de una fábrica, como nueva forma de atender a la clase obrera. La iniciativa nació del ejemplo de los campos de concentración, en que los sacerdotes prisioneros habían servido a otros reclusos como compañeros de sufrimiento. La idea de que una fábrica, especialmente cuando había en ella una actividad sindical vigorosa y una militancia socialista, estaba en las mismas condiciones que un campo de prisioneros gobernado por la fuerza, evidenció un intelectualismo que sobrepasaba a la realidad, como era lo típico en los círculos en que nació.

El experimento de los sacerdotes obreros fue un reflejo del fracaso histórico del clero francés por llegar a un entendimiento fluído con la clase trabajadora, cosa que se había logrado de modo natural en Irlanda y, por extensión, en el mundo de habla inglesa. Y fue también reflejo de la ola de izquierdismo que se abatió sobre la sociedad francesa después de 1945. El deseo de apartarse de la vergüenza del colaboracionismo y de la asociación con un régimen derechista impulsó a la clase intelectual francesa hacia la izquierda, ansiosa por exhibir su simpatía por la clase obrera. De ese clima provino el artificio de creer que el trabajo en una fábrica, por ser proletario, era apropiado para un sacerdote, en tanto que no lo era un trabajo como contador o panadero. El movimiento de sacerdotes obreros fue apoyado en un comienzo por Pío XII, antes de que se hiciera claro que iba derivando más hacia lo político que hacia lo pastoral. Juan XXIII dio a ese movimiento el tiro de gracia, en la última expresión de la tradicional enseñanza social de la Iglesia, antes de que esa enseñanza se despeñara hacia una perversa confusión marxista.

Una tendencia menos política estaba germinando en las iglesias de Alemania, Austria, Holanda y Bélgica. Estos eran, junto con Francia, los países cuyas jerarquías habrían de apoderarse del Concilio Vaticano II poco después de comenzado. R. M. Wiltgen, quien ha dado la más aguda versión de ese acontecimiento en su libro *The Rhine Flows into the Tiber* (1967)[1], los denominó "los países del Rin", frase que ha sido repetida por otros escritores; pero, para usar un término más analítico, me propongo llamarlos "los Países Liberados". Lo que tenían en común, en efecto, era el haber experimentado la sumisión al régimen nazi y el haber emergido, en 1945, como regímenes liberales. Este hecho no incluye a las Islas Británicas, donde la Iglesia no se enfrentó nunca al despotismo nazi, ni tampoco a Polonia y los demás países del Este, donde los gobiernos comunistas hicieron que la Iglesia se volviera hacia Roma en busca de apoyo, en tanto que se enfriaba el atractivo de soluciones izquierdizantes. Italia, que sufrió una breve y parcial ocupación nazi, quedó en el límite de esta categoría, y por ello la moda liberal, representada especialmente por los cardenales Montini y Lercaro, encontró allí poca respuesta. Las inclinaciones de sus partidarios pueden resumirse en el afán por alejarse de vínculos autoritarios; apertura a las posiciones del pensamiento moderno secular; algo de remordimiento de conciencia liberal, que ha revelado ser un ingrediente de la mentalidad progresista, y admiración por los Estados Unidos, como modelo de la recuperación democrática de Europa.

En Alemania y Holanda una clara tendencia de post-guerra fue el ecumenismo, que surgió del sufrimiento compartido con el protestantismo durante el régimen nazi. El apóstol de este movimiento fue el ministro calvinista holandés Visser`t Hooft, quien en 1947 fundó el Consejo Mundial de Iglesias. Poco después, su compatriota, el Rev. Jan Willebrands, creó, como sombra de dicho movimiento, la Conferencia Católica para los Asuntos Ecuménicos. Esta tendencia tuvo un fuerte seguimiento entre los católicos holandeses, quienes, al acercarse a una situación de igualdad numérica [con las demás denominaciones] en su país, se interesaron en relegar al olvido antiguas divisiones. Una situación similar se dio en Alemania que, habiendo sido separada de su región noreste, quedó como nación predominantemente católica. En comparación con otros países de Europa, la historia de Alemania, después de la Guerra de Treinta Años, había producido una sociedad notablemente mezclada, con determinados obispados, catedrales y sus capítulos divididos entre católicos y protestantes; hubo incluso un convento cerca de Bayreuth obligado a recibir igual número de monjas católicas y protestantes. Esta historia había favorecido que los alemanes silenciaran sus diferencias religiosas, y existía ahora entre los católicos una inclinación, tanto litúrgica como intelectual, hacia los protestantes. Quedó a la vista hasta qué punto llegó ella con el libro de Hans Küng *Konzil und Wiedervereinigung* ("Concilio y reunión") de 1960, en que el autor dejaba entrever su punto de vista como el de quien

---

[1] R. M. Wiltgen, *The Rhine Flows into the Tiber* (Hawthorn Books, 1967).

se había tragado *in toto* el ethos protestante, hasta el punto de adherir a posturas propagandísticas que los propios protestantes habían abandonado hacía varias generaciones. Küng contó con la simpatía del jesuíta alemán P. Agustín Bea, elevado al cardenalato en la primera promoción hecha por Juan XXIII. Puesto que Bea era el único eclesiástico importante en Roma con interés en, o podría decirse, con alguna noción del movimiento ecuménico, sus vínculos con Küng, Willebrands y Visser`t Hooft aseguraron que el ecumenismo, tal como lo entendió el Concilio, tomara en esencia la forma de un acercamiento a los protestantes.

Otro resultado de la Guerra en Alemania había sido crear en la opinión pública un marcado desprecio por el carácter italiano. En la jerarquía católica esta actitud se advertía en su resentimiento con la Curia Italiana, por medio de la cual gobernaba Pío XII, que alcanzó una cumbre de exclusivismo burocrático en los años finales de su reinado. Por diferentes motivos, un sentimiento similar existía en la jerarquía francesa. Los vuelcos de la fortuna en Roma y en Francia en los cincuenta años anteriores habían tenido el desafortunado resultado de poner repetidamente a los papas y a la jerarquía francesa en bandos opuestos, con la consiguiente historia de choques entre ellos. Dado el tácito acuerdo de respetar la persona del papa, el resentimiento que surgió de esos conflictos se focalizó en la Curia. Estos fenómenos se combinan para explicar por qué el Concilio Vaticano Segundo resultó ser una fuerza explosiva, algo que Juan XXIII no se imaginó nunca al momento de convocarlo.

A la luz de estas tendencias, o además de ellas, conviene considerar cuáles eran las necesidades de la Iglesia católica en aquel tiempo, que se podría haber esperado que un concilio o un papa reformadores enfrentaran. El desarrollo de una Curia de composición más internacional y menos burocrática en su estilo habría suprimido una causa de descontento. Junto con esto, habría sido aconsejable una respuesta al movimiento ecuménico, aunque no hubiera sido sino para desviarlo de la dirección protestantizante que se le había dado; pero también era tiempo de una apertura a las iglesias de Oriente que, si se hubiera realizado con conocimiento y realismo, habría tenido positivos resultados. En tercer lugar, y en relación en parte con el último punto, habría sido beneficioso alejarse de los modos de pensamiento hiper-papistas que habían dominado especialmente desde el Concilio Vaticano Primero, hábitos de pensamiento que hacían difícil comprender a las iglesias orientales. Una actitud menos restrictiva hacia los nuevos desarrollos de la teología católica habría sido un corolario natural de ello. En cuarto lugar, en vista de la posición de las dictaduras comunistas como la suprema amenaza del momento, habría sido muy apropiado reafirmar la doctrina social de la Iglesia, y asegurarse de que se excluyera las concepciones marxistas, al menos del pensamiento del clero católico.

Todas las necesidades anteriores pueden clasificarse como ideológicas; pero el error del Concilio Vaticano Segundo fue suponer que las necesidades pastorales de la Iglesia coincidían con las preocupaciones de sus intelectuales. Fue este error la causa de que el Concilio Vaticano Segundo se convirtiera, a pesar de sus declaraciones de ser un concilio pastoral, en un concilio fundamentalmente ideológico. Es necesario separar estas dos nociones y preguntarse cuáles eran las auténticas necesidades pastorales de la Iglesia al alcanzar la década de 1960. En primer lugar, sin duda, estaban las misiones, especialmente debido al desmembramiento de los imperios coloniales y a la transición desde un clero europeo hacia uno nativo. La comprensión de este amplio campo nuevo de influencia, y la contribución de los no europeos a esa comprensión, fue un desafío conceptual para la Iglesia como ésta no lo había tenido desde la era de los descubrimientos. Considerando este fin, el Concilio Vaticano Segundo parecía bien ubicado en el tiempo, no obstante que la mayor parte de los obispos en las iglesias de misión eran todavía europeos, y su visión estaba enraizada más a menudo en Europa (aunque fuera una Europa moderna, anti-colonialista) que en el nuevo mundo del catolicismo asiático o africano.

Correspondería agregar que la clave del éxito en este campo no era el catastrofismo de quienes querían echar por la borda todo lo que se había hecho hasta entonces. Existía un modelo de acción muy válido en los países de habla inglesa, en que la Iglesia, durante el último siglo y medio, trabajando en condiciones de misión, había probado su capacidad de implantar un vigoroso catolicismo, en total armonía con la devoción tradicional y con la unidad con Roma.

Un problema misionero diferente para la Iglesia se dio en algunos de sus antiguos territorios, en que la fe tradicional parecía estar en graves problemas, si no en agonía. Los países víctimas de esta debilidad fueron principalmente Francia y América latina y, en menor medida, las antiguas regiones católicas del sur de Europa. En todas estas sociedades, una historia de adversidades políticas y de desajustes eclesiásticos habían dejado a la Iglesia a la defensiva. En Francia, los giros políticos del último siglo parecían haber asegurado que cualquiera fuera la posición que tomara la Iglesia, se la consideraba equivocada; el resultado fue el fracaso en la creación de un clero y un ethos católico claros, capaces de lidiar con las necesidades con que se enfrentaba. Habría sido una necedad creer que un dramático cambio de política podría haber proporcionado a la Iglesia una solución fácil; es obvio también que la política efectivamente adoptada demostró ser la más desastrosa posible. En Francia, como podemos ver hoy con la ventaja de la distancia, el esfuerzo de congraciarse con las tendencias modernas y con la opinión de la clase obrera ha dejado a la Iglesia con apenas una fracción de sus fieles, y con una fracción todavía menor de sus sacerdotes. Ha quedado claro también el error de perder la cabeza por una moda intelectual transitoria. A medida que la sensibilidad de la clase trabajadora se ha ido alejando del comunismo y se ha acercado al punto señalado por la familia Le Pen, ha cambiado, en los círculos clericales, el celo por adoptar las opiniones del hombre común, y ha dado lugar a una desdeñosa repugnancia hacia ellas, lo cual sugiere que el idealismo socialista le debe menos a su relación con la clase obrera que a las actitudes que adopta la *intelligentsia* de clase media. Del mismo modo, en América latina el impulso por ganarse a la clase trabajadora con eslóganes marxistas ha conducido a la Iglesia católica a grandes pérdidas en ese continente. Cualquiera sea la respuesta adecuada a la decadencia católica en esos países, está muy claro que no es la que adoptó el Concilio Vaticano Segundo.

LA PREPARACIÓN DEL CONCILIO

El 25 de enero de 1959, tres meses después de su elección, el Papa Juan XXIII anunció su intención de convocar un concilio, decisión que presentó como una súbita inspiración suya. Puede que haya olvidado que, durante el cónclave, el cardenal Ottaviani, principal sostenedor de su candidatura, se le había acercado, con la esperanza de estar hablando al próximo papa, y le había dicho: "Eminencia, necesitamos pensar en un concilio". Sin embargo, dejando de lado la cuestión de su origen último, la idea del papa Juan fue esencialmente suya, y puede calificársela en gran medida de amorfa. Pensó en el concilio como en un "nuevo Pentecostés", queriendo decir con ello que los obispos del mundo deberían reunirse para ser inundados por el Espíritu Santo y regresar a sus tareas pastorales llenos de una íntima inspiración. La idea de los Modernistas de que el concilio iba a ser un nuevo comienzo para la Iglesia, revirtiendo la senda equivocada de los siglos anteriores, no formó parte del pensamiento del papa.

Otra señal de la visión conservadora del papa fue que, aunque el primer motivo del concilio fue ecuménico -reunir a las iglesias separadas, protestantes y ortodoxas-, nadie pensó en reunirlo en otro lugar que el Vaticano. Esto habría sido natural para un concilio controlado estrictamente por el papa y la Curia, tal como lo había concebido Pío XII. Desde el punto de vista de la imaginación, no se estuvo a la altura del gesto del Concilio de Trento, que se reunió en esa ciudad a fin de estar lo más cerca posible de los disidentes alemanes.

La tercera y más elocuente limitación de la visión de Juan XXIII fue que, aparte de su cometido pentecostal, no tenía idea de para qué habría de servir el concilio. Todos los concilios anteriores habían sido convocados ya para definir una cuestión doctrinal, ya para alguna reforma pastoral. A esta última categoría pertenece la gran serie de Concilios Lateranenses desde 1123, reunidos para enmarcar el programa de reformas canónicas que hicieron posible el gran avance de la Iglesia medieval; junto con ellos habría que incluír al Concilio de Trento, cuyos decretos canónicos fueron, para la Reforma Católica, tan importantes como sus definiciones doctrinales. Juan XXIII no pensó en ninguno de estos objetivos. La primera tarea que encargó a la Comisión Preparatoria fue invitar a los obispos del mundo, junto con universidades y colegios teológicos, a dar su opinión sobre los temas que debía abordar el concilio. El cardenal Tardini, presidente de la Comisión, estaba tan preocupado de evitar influír en las respuestas, que se abstuvo de publicar un cuestionario de posibles temas. Fue sólo cuando se recibieron las respuestas que se comenzó a preparar los esquemas que se iba a sugerir. Esto puede parecer un enfoque muy democrático, pero también se puede concluír que el Concilio Vaticano Segundo ha sido el único en la historia convocado sólo por reunir un concilio, sin ningún objetivo específico ni doctrinal ni pastoral. Esta inconsecuencia dio el tono de la insípida ideología que caracterizó al Concilio, ideología que ha sido alabada por los Modernistas como la aurora de una nueva Ilustración.

Una vez recibidas las respuestas de los obispos, comenzaron a trabajar los comités preparatorios, separados según los temas sugeridos. Se propusieron redactar setenta y cinco esquemas que habría de someterse al concilio cuando se reuniera en el otoño de 1962. La idea era que toda la discusión de los esquemas se realizara durante tres años en comités privados; se planeó que el concilio mismo tuviera una sola sesión de dos meses, lo cual daría poco tiempo para otra cosa que para aprobar los esquemas. Esto parece un concepto curiosamente burocrático de un concilio eclesiástico, pero lo que lo explica fue la idea de Juan XXIII, descrita por el cardenal Heenan, de que el propósito del concilio era hacer que los obispos del mundo "se reunieran como hermanos en Cristo para un breve encuentro convivial".

Lo que no se advierte en la preparación es el objetivo de mantener el programa del Concilio en las manos de la Curia. Si hubiera habido un plan curial para el Concilio, habría sido el propuesto por el cardenal Ottaviani y el Santo Oficio en 1948. Como hemos visto, esa idea fue descartada; los esquemas preparados fueron obra no de funcionarios romanos sino de una selección de 871 estudiosos escogidos de todo el mundo. La doctrina que materializaron representaba la doctrina católica tal como el acuerdo teológico la entendía por aquel entonces. Si algún historiador quiere saber cuál era la verdadera doctrina de la Iglesia en vísperas del Concilio Vaticano Segundo, la encontrará retratada en los esquemas preparados para ser aprobados por el Concilio. Esa doctrina es tradicional porque, en 1962, la doctrina de la gran mayoría de los católicos era tradicional, tal como lo había sido en los diecinueve siglos anteriores.

Algunos han observado que el trabajo de la Comisión, que habría de ser desechado apenas se reunió el Concilio, fue la preparacion conciliar más cuidadosa en la historia de la Iglesia. De ello no se desprende que su rechazo haya sido de lamentar. Es debatible si la convocatoria a un concilio para simplemente ratificar una cantidad de doctrinas sobre las que se está de acuerdo cumple algún propósito útil; y, sin embargo, eso era lo que Juan XXIII tenía *in mente*. La propaganda posterior, que quiere presentarlo como el padre del concilio Modernista, sostiene que el papa permitió que se continuara con el trabajo preparatorio sabiendo que iba a ser rechazado y reemplazado por otro programa, que representaba sus intenciones radicales. Esta invención muestra los extremos a que ha llegado la creación de mitos sobre el papa Juan XXIII. El trabajo de las comisiones preparatorias expresó plenamente la noción de Concilio que tenía Juan XXIII. En reuniones semanales con Mons. Felici, secretario general de la Comisión, jamás el papa formuló una crítica; sólo hizo observaciones menores a los esquemas que se le presentaban, y después de revisarlos en su conjunto en julio de 1962, exclamó, dirigiéndose a Felici: "¡El Concilio está hecho! ["Il Concilio è fatto!"]. Podremos terminarlo para Navidad".

Aquel trabajo formó un todo con la amorfa concepción de Juan XXIII. Como se podía esperar del destilado de miles de opiniones, los esquemas no exhibieron ninguna visión estratégica ni tampoco prioridades claras: sobre todo, no dio señal alguna de una supuesta creencia de que el Concilio constituía un nuevo comienzo en la vida de la Iglesia. Se puede contrastar la vaguedad de los objetivos del papa Juan con la política de un Inocencio III, que convocó al Cuarto Concilio Lateranense para ejecutar reformas, claramente concebidas, en la vida de la Iglesia. Mucho menos se puede admirar la visión estratégica de un papa que, después de mandar que se hiciera una exhaustiva preparación de tres años fundada en opiniones venidas de todo el mundo, permitió que ese trabajo fuera descartado por una minoría de radicales europeos, tan pronto como se reunió el Concilio. Quienes se benefician con la anarquía alaban, interesadamente, todo mal manejo; pero no hay criterio realista alguno que permita juzgar el Concilio sino como una torpeza. Podemos remitirnos a la comparación entre Juan XXIII y Pío IX que hicimos en un capítulo anterior. El afable liberalismo de Pío IX al comienzo de su reinado, le hizo perder el trono en un interludio revolucionario; el de Juan XXIII infligió a la Iglesia una herida que se demorará siglos en sanar.

La iniciativa de definir el ecumenismo como política del Concilio, con su *démarche* de invitar a las iglesias ortodoxas orientales, estuvo todavía peor concebida. La Iglesia católica no ha reconocido nunca la separación de éstas como una ruptura definitiva, y todo concilio de la Iglesia es, en nombre y en intención, un concilio ecuménico. Así, se enviaron invitaciones para el Primer Concilio Vaticano a los patriarcas de las iglesias orientales para poner fin a la separación y tomar parte en el Concilio con pleno derecho. Cuando rechazaron esa oportunidad, se los invitó a integrar comisiones especiales del concilio, tal como los griegos habían hecho en el Concilio de Florencia[2]. En 1962 se quiso seguir el mismo camino, pero fue aquí donde produjo su efecto la falsa orientación adoptada por el ecumenismo europeo. Este movimiento había sido iniciado por los protestantes holandeses y alemanes, y quienes fueron designados por el Papa Juan XXIII carecían de una claridad de propósitos como para evitar avenirse con dicho movimiento. En 1960 se estableció el Secretariado para la Promoción de la Unidad de los Cristianos, con el cardenal Bea como presidente. Este estaba en asiduo contacto con los holandeses y alemanes y no tuvo problemas para lograr la aceptación de los protestantes; pero no sabía nada de iglesias ortodoxas. Juan XXIII, al llegar al papado, había sacado la Comisión para las Iglesias Orientales de la tutela del cardenal Tisserant, un formidable orientalista que la había dirigido desde 1936, y la confió al cardenal Testa, diplomático que había prestado servicios en el Oriente Medio cuando Juan XXIII fue Delegado Apostólico en Turquía. Este cambio pone a la luz la actitud esencialmente superficial hacia la Cristiandad oriental que se tuvo durante el pontificado de Juan XXIII. Cuando llegó el momento de invitar a las iglesias orientales separadas, el cardenal Bea cometió el clásico error de acercarse a ellas a través del patriarca de Constantinopla, siguiendo el difundido error de que ese prelado tiene entre los ortodoxos una posición parecida a la del papa entre los católicos. Hizo falta una protesta de los otros patriarcas ortodoxos para que se los invitara por separado.

Se puede suponer que, con semejante perspectiva desde Roma, las relaciones con las iglesias orientales no serían muy fructíferas; y, de hecho, ellas acordaron entre sí rechazar la invitación. El cardenal Bea se salvó de este fiasco gracias a una vergonzosa triquiñuela. La Unión Soviética estaba, por entonces, en la cúspide del ataque de Khruschev contra la religión, uno de cuyos métodos fue dar su patrocinio a iglesias ortodoxas serviles que, además de mantener esclavizados a los súbditos soviéticos, servían como canales de propaganda en todo el mundo. Un joven clérigo, de nombre Rotov, había sido nombrado director de relaciones exteriores de la Iglesia rusa, departamento dirigido por la KGB, y

---

[2] Naturalmente las iglesias protestantes no quedaran incluídas en esta política, ya que sus órdenes episcopales, requisito esencial para participar en un concilio, no eran reconocidas.

en 1961 se anotó un triunfo al lograr que su iglesia fuera admitida como miembro del Consejo Mundial de Iglesias[3]. En 1964, después de que su predecesor fuera destituído del cargo y, al parecer, asesinado, Rotov fue nombrado metropolita de Leningrado, a la edad de treinta y cuatro años. Fue a este *apparatchick* que se volvió Bea para disimular las consecuencias de su ineptitud. Después de una negociación con Rotov (sellada con una visita secreta de Willebrands a Moscú en vísperas de la inauguración del Concilio), la Iglesia rusa acordó asistir al Concilio Vaticano, con la condición de que no se expidiera ninguna condena contra el comunismo. Con esta aceptación, otras iglesias ortodoxas depusieron el rechazo que habían pactado entre sí y aceptaron la invitación, aunque algunas de las más importantes se mantuvieron alejadas.

De este modo el Concilio obtuvo, para los ingenuos, una apariencia de inclusividad ecuménica. Por su parte, el obispo Rotov y la KGB lograron dar un golpe propagandístico que superó todas sus expectativas. No sólo habían obtenido el reconocimiento de su denominación títere por parte de la Iglesia católica, sino que se aseguraron también de que el Concilio Vaticano Segundo guardara silencio frente al mayor peligro político que se cernía sobre el mundo cristiano. Los resultados habrían de verse en el período siguiente. Al aceptar el Consejo Mundial de Iglesias a la Iglesia rusa como miembro, se comprometió con el programa político de este asociado y con su rol de vocero de la propaganda soviética, que presentaba a Rusia como comprometida con la paz y a las potencias capitalistas como belicistas; de este programa se hicieron portavoces los ecumenistas occidentales, incluída la Iglesia católica. El nombramiento por el cardenal Bea del P. Gregory Baum, miembro del partido comunista, como su asociado en el Secretariado por la Unidad de los Cristianos, fue parte de la orientación de esta política. Y fue con Rotov, convertido ya para entonces en Metropolita Nikodim de Leningrado, que el papa Pablo VI tuvo en 1964 su primer encuentro ecuménico con un dignatario eclesiástico extranjero. El cambio hacia un papado apolítico, de que se jactaba Juan XXIII, condujo, así, a una alianza de la Iglesia con una parodia grotescamente (y obligadamente) política del ecumenismo.

---

[3] Debe tenerse presente que su iglesia representaba (y aún así forzadamente) sólo a los ortodoxos rusos que vivían bajo el gobierno soviético. Los emigrados políticos eran representados por la Iglesia Rusa Ortodoxa en el Exterior, que mantenía contacto con los disidentes -llamados la Iglesia de las Catacumbas- en el interior de la Unión Soviética, y que tenía la adhesión de la mayor parte del clero que había escapado de Rusia. Esta Iglesia era, por cierto, fuertemente anti-comunista y no pertenecía al Consejo Mundial de Iglesias. Hubo también otras jurisdicciones rusas ortodoxas en Europa y en América, que se originaron en la emigración pre-revolucionaria, cuya actitud hacia la Rusia Soviética y su iglesia era menos nítida.

CAPTURA DEL CONCILIO POR PARTE DE LOS PAÍSES LIBERADOS

La inauguración del Concilio en octubre de 1962 se realizó, pues, en medio de ominosos signos, ya visibles en otras partes de Europa sin matices de ninguna clase[4]. Tres meses antes, los obispos holandeses se habían reunido en 's-Hertogenbosch, y estudiaron los cuatro primeros esquemas que iban a presentar al Concilio; sus temas eran "Las fuentes de la Revelación", "Preservación de la pureza del Depósito de la Fe", "El orden moral cristiano", y "Castidad, matrimonio, familia y virginidad". Como se ve por estos títulos, eran esquemas absolutamente tradicionales en su enfoque, y no fueron del agrado del P. Edward Schillebeeckx, OP, cuyo paladar exigía alimentos más condimentados. Este propuso, pues, que se descartara totalmente los cuatro esquemas; el documento que contenía su crítica fue adoptado por la jerarquía, y un obispo holandés hizo imprimir 1.500 ejemplares del mismo en latín, inglés y francés, que se distribuyó a los padres conciliares a medida que éstos iban llegando. Paralelamente, un jesuíta holandés, el P. Smulders, influyó sobre los obispos de Indonesia para que rechazaran los cuatro esquemas.

Para dar el primer paso, era necesario controlar los reglamentos del Concilio. La primera tarea de la sesión inaugural era la de elegir a los miembros de las diez comisiones conciliares, cada una de veinticuatro miembros, que iban a trabajar los esquemas en detalle. Estaba dispuesto que dieciséis miembros de cada comisión fueran elegidos por el Concilio, y los ocho restantes, por el papa, y de acuerdo con el procedimiento adoptado, cada padre conciliar debía votar individualmente por los miembros de su elección. La jerarquía alemana, sin embargo, dirigida por el cardenal Frings, de Colonia, tuvo una primera reunión particular en que acordó un plan diferente, según el cual cada jerarquía debía proponer una lista de candidatos de entre sus propias filas. Otras cuatro jerarquías, la francesa, la holandesa, la austríaca y la suiza, le dieron su aprobación, y pidieron al cardenal Liénart, el veterano progresista de la jerarquía francesa, que presentara esta propuesta apenas el Concilio se instalara. Así, cuando se llamó a votar por

---

[4] La historia íntima del Concilio ha sido contada por el Rev. R. M. Wiltgen, *The Rhine Flows Into de Tiber* (Hawthorn Books, 1967). El autor fue un periodista que trabajó en el Concilio para la *Divine Word News Service*, y que tenía simpatía por los progresistas, pero que fue suficientemente perspicaz como para reconocer las maniobras por las que éstos se apoderaron del control del Concilio. Una historia más general del mismo es la escrita por Michael Davies en *Pope John's Council* (Augustine Publishing Company, 1977). Roberto de Mattei ha añadido una bien documentada historia en *Il Concilio Vaticano II, Una storia mai scritta* (Lindau, 2010); en inglés, *The Second Vatican Council: An Unwritten Story* (Loreto Publications, 2012). Los estudios que obvian las influencias políticas que obraron sobre el Concilio, y presentan sus decisiones como fruto de una ilustración cabal, no contribuyen mucho a comprenderlo.

los miembros de las comisiones, el cardenal Liénart se puso en pie para pronunciar un discurso de protesta. Las cinco jerarquías europeas que habían estado esperando esta intervención, rompieron en aplausos aun antes de que terminara de hablar[5]. Se entendió que esta moción era indeclinable, y la primera sesión del Concilio se suspendió a los quince minutos, para dar a las jerarquías nacionales tiempo para componer sus listas.

Este inesperado cambio de rumbo produjo acordes resultados en la votación. Las cinco jerarquías que habían propuesto el cambio presentaron una lista conjunta de 109 candidatos. De éstos, setenta y nueve fueron elegidos por el Concilio, y otros ocho lo fueron de entre los designados por el papa, un éxito del ochenta por ciento. El reglamento original para elegir las comisiones puede que fuera bueno o malo, pero no hay mucho que celebrar en cuanto a los efectos de la intervención europea: ésta abrió el camino para el agrupamiento del Concilio en bloques nacionales, de los que cada uno tendía a votar como un solo cuerpo. El peso que el nuevo reglamento dio a los Países Liberados, incluso a los pequeños, fue especialmente notable. La jerarquía holandesa contaba con nueve obispos de la madre patria, pero tenía el respaldo de otros sesenta y nueve pertenecientes a ex misiones coloniales. Bélgica tenía quince obispos de la madre patria, pero tenía cuarenta y cuatro de las misiones[6]. En estos países se combinaba el conocimiento de los métodos parlamentarios con un bien definido programa eclesiológico, cuyo primer objetivo era neutralizar el poder de la Curia papal. Todo esto tomó absolutamente por sorpresa a la mayoría de los obispos del mundo, de quienes el cardenal Heenan dijo "La mayoría de nosotros llegó a Roma en octubre de 1962 sin tener idea del sentimiento anti-italiano de muchos europeos". Tampoco tenían idea de las escuelas de teología radical que operaban tras las maniobras del Concilio.

La nueva agrupación de fuerzas tuvo inmediatos resultados. Los cuatro esquemas que Schillebeeckx había atacado fueron votados y rechazados, pero sin la mayoría de dos tercios establecida por las reglas del Concilio. Sin embargo, estos esquemas fueron retirados por Juan XXIII, a quien se convenció de hacerlo. En esto se advierte la influencia de quienes rodeaban a Juan XXIII, sobre todo los cardenales Montini y Suenens, que constituían la punta de lanza del partido liberalizante, y que se esforzaron por

---

[5] Carlo Falconi, *Pope John and his Council* (Weidenfeld and Nicolson, 1964), p. 165. El cardenal Heenan, en *Crown of Thorns*, pp. 343-44, narra que el cardenal Frings apoyó la moción de Liénart y recibió un largo aplauso de los obispos, "que evidentemente creyeron que el concilio se había salvado del desastre".

[6] Por eso es que Austria, aunque era también un País Liberado, no aparece con mucho peso en el Concilio, porque no era una ex potencia colonial y no tenía obispos de ultramar. Su posición en la misma trinchera teológica, sin embargo, quedó asegurada por el cardenal König de Viena.

extender su efectividad más allá de su fuerza numérica entre los padres. Estos consejeros demostraron tener una fuerza más decisiva que el grupo de ocho cardenales que eran oficialmente presidentes del Concilio pero que, debido a su diversidad de orígenes y puntos de vista, actuaban sin cohesión.

Se pudo ver ahora que el Concilio iba a seguir un rumbo muy diferente del previsto por Juan XXIII. Se hizo totalmente imposible la obediente aceptación o discusión de los esquemas que habían sido preparados o, incluso, la introducción de cambios menores. Un nuevo programa sería dictado por la táctica de los Países Liberados. La jerarquía alemana comenzó a reunirse semanalmente, junto con otros obispos de habla alemana, en la residencia del cardenal Frings, para decidir las políticas de la semana siguiente. R. M. Wiltgen escribe: "Dado que la postura de los padres de habla alemana era normalmente adoptada por la alianza europea, y puesto que la postura de ésta era generalmente adoptada por el concilio, cualquier teólogo individual podía hacer aceptar sus puntos de vista por todo el concilio si habían sido aceptados por los obispos de habla alemana". La jerarquía francesa siguió una parecida tendencia colectiva. Mons. Lefebvre (que miraba el grupo desde afuera, porque asistía como superior de los Padres del Espíritu Santo), hablando de las declaraciones conjuntas emitidas, cada cierto tiempo, por la conferencia de arzobispos, decía: "Es, pues, muy difícil que un obispo individual disienta de una posición pública que ya ha sido adoptada, y queda sencillamente reducido al silencio". A medida que avanzaba el Concilio, los obispos estadounidenses, aletargados en un comienzo, adhirieron al mismo partido. Las palabras del arzobispo Dwyer, de Portland, nos dan una idea de su espíritu: "Era todo muy divertido... Y cuando llegaba el momento de votar, tal como Sir Joseph Porter KCB, "Votábamos todos siguiendo la orden de nuestro partido; jamás se nos ocurrió pensar por nosotros mismos"""[7].

Hubo otros dos fenómenos, vinculados con esta tendencia a lo nacional, que afectaron el carácter del Concilio. El primero fue el papel de los *periti* en el partido reformista. La jerarquía alemana llegó con una cohorte de más de cincuenta teólogos, que incluía a algunos tan francamente radicales como Karl Rahner, Josef Ratzinger y Hans Küng. Fue de estos asesores, más que de los obispos, que provino la defensa de las nuevas doctrinas y del más extremado dogmatismo. El cardenal Heenan de Westminster recogió la opinión del obispo Griffiths, de Nueva York, de que Rahner "estaba tan fanáticamente dedicado a sus propias opiniones teológicas que era no-enseñable", y describe una discusión conciliar sobre la revelación "en que el único desacuerdo provino de los asesores (*periti*) presentes. Uno

---

[7] Artículo del arzobispo Dwyer en *Twin Circle*, 26 octubre 1963, citado por Michael Davies, *Pope John's Council* (1977), p. 93.

de los teólogos alemanes se dirigió a nosotros con un tono de voz que a menudo se convertía en gritos". Es elocuente que la mayor tendencia a confiar en estos auxiliares se dio entre los progresistas. Un observador de aquella época escribe: "Es imposible pensar en Montini o Lercaro sin ver a su alrededor una pequeña corte de expertos"[8]. Un obispo admitió públicamente que la primera vez que vio el discurso que iba a pronunciar en el concilio fue cuando lo recibió de su *peritus* en el auto que lo llevaba a San Pedro. En noviembre de 1963 el cardenal Frings lanzó un ataque al Santo Oficio que le había escrito Ratzinger, de treinta y cinco años de edad, y cuyo efecto fue, en opinión común, paralizar esa institución durante dieciocho años; en 1981 Ratzinger fue nombrado para dirigir esa misma oficina y para reparar el daño que él mismo había causado. Durante el Concilio, los *periti* de varias nacionalidades formaron una sociedad de admiración mutua, convirtiendo las sesiones en un foro para alabar sus propias ideas, expresadas por intermedio de sus obispos. La naturaleza de esta influencia puede juzgarse por el hecho de que incluía al sacerdote inglés Charles Davis, que apostató unos pocos años después, al comunista Gregory Baum, que también dejó el sacerdocio, y a Schillebeeckx y Küng, cuyos escritos, publicados desde esa época, ciertamente les hubieran merecido la excomunión por parte de cualquier papa anterior a 1963.

El otro elemento distorsionador del Concilio fue la influencia de la prensa, una novedad en que los progresistas llevaron la delantera. Una figura prominente en este tema fue el arzobispo Villot, de Lyons, a quien Pablo VI iba a nombrar, posteriormente, secretario de Estado. Mons. Villot fue uno de los secretarios del Concilio, y su *peritus*, el P. Antoine Wenger, era editor del periódico francés *La Croix*. No obstante la norma del secreto a que los padres estaban oficialmente obligados, las actividades del Concilio fueron informadas en su totalidad por *La Croix*, en un tono altamente favorable al partido progresista, y muchos obispos recurrieron a los diarios para hacer públicas sus opiniones. Villot tomó notas durante todo el Concilio y, como declara Wenger, se transformó efectivamente en el reportero de *La Croix*. Fue él quien hizo pública la escena, más propia de un grupo de niños de colegio que de una sesión de dignatarios eclesiásticos, del discurso del cardenal Ottaviani al Concilio el 30 de octubre de 1962. Ottaviani, que estaba prácticamente ciego y que hablaba sin ningún papel, se dejó llevar por el arrebato al oponerse a los cambios litúrgicos que se proponía hacer a la Misa, y se excedió en los diez minutos que se permitía a cada discurso. Cuando iba en el minuto quince, el cardenal Alfrink, presidente de la sesión, le cortó el micrófono, acción que la asamblea de obispos aplaudió con júbilo.

---

[8] Falconi, *op. cit.*, p. 352.

Otro padre conciliar sin escrúpulos en cuanto a hacer públicas sus actuaciones fue el cardenal Montini, que enviaba informes noticiosos semanales a Milán, reproducidos extensamente por la prensa. El mismo escribió algunos artículos para el periódico milanés *L'Italia*. Pronto se estableció en la prensa mundial un modelo de comentarios que se puso al servicio del programa de los modernizadores. Peter Hebblethwaite escribe sobre "el tipo de informe que devoraban los lectores de *Time* y de *Newsweek*, en que los hombres buenos, capitaneados por Suenens, continuamente dejaban mal a los hombres malos, capitaneados por un furioso e impotente Ottaviani". La prensa católica empleaba, en gran número, a exseminaristas que mezclaban una actitud crítica hacia la Iglesia con una gran confianza en su propia capacidad como teólogos. Junto con ellos, el P. F. X. Murphy escribía, con el pseudónimo de "Xavier Rynne", provocadores informes en *The New Yorker*, que hicieron de este periódico lectura obligada de los obispos que deseaban estar bien informados sobre las nuevas del Concilio.

Como un agregado a este proceso, se establecieron centros de información como vehículo para las opiniones de los progresistas. El más importante fue IDOC, fundado por los holandeses en diciembre de 1963, que pronto comenzó a publicar sus boletines en otros idiomas. Al poco tiempo montó un gran secretariado en Roma, y consiguió la afiliación de muchos periódicos en todo el mundo, que fueron el instrumento para su presentación del Concilio. En Francia existió *Informations Catholiques Internationales*, que promovió igual política. En Checoslovaquia la policía secreta fundó una organización llamada *Pax*, para manipular a los católicos colaboracionistas, tal como la KGB manipulaba a la iglesia rusa. La idea de que el progresismo católico estaba a punto de producir un gran resurgimiento espiritual, aunque hayan sido muchos los engañados entre los fieles católicos, no engañó a nadie entre los profesionales del comunismo, quienes vieron cómo la nueva dirección de la Iglesia se ajustaba perfectamente a sus propósitos. Y como réplica en Occidente, *Pax* fue promovida, como un faro del nuevo espíritu, por agencias como el IDOC e ICI.

La lección que se puede sacar de estos acontecimientos es no solamente la distorsión material de los procedimientos del Concilio por los partidos al interior de él y por los medios públicos; es también el influjo sobre la mente de los padres conciliares, que habían llegado a Roma sin conocimiento del programa innovador para el cual se obtuvo su consentimiento. Se introdujo la idea de un concilio cuyo objetivo no era declarar la fe de la tradición, sino ventilar las nuevas teorías, clericales y periodísticas, y acomodarse a las opiniones de afuera. No hace falta subrayar cómo semejantes objetivos habrían escandalizado a cualquier generación previa, que los hubiera considerado como pérdida de integridad por parte de cualquier concilio. A la larga, el efecto de estas influencias fue entregar la iniciativa a un grupo de intelectuales, a cuya música habrían de bailar los obispos. La situación fue causada por la hostilidad entre algunas jerarquías nacionales y la Curia, que hizo que muchos obispos decidieran entrar con gran gusto en el baile y disfrutar de la alabanza pública que les ganaba su comportamiento.

Un ejemplo de esta debilidad es el de los estadounidenses, que habían llegado a Roma en un estado de ignorante placidez, descrita por el cardenal Heenan. Sus hábitos se muestran con la decisión del cardenal Spellman, de Nueva York, de dar a su chofer un lugar entre los *periti*, para que el pobre hombre no tuviera que sentarse afuera. Pero puede que no haya andado tan perdido, puesto que los *periti* que traían los obispos estadounidenses fueron descritos por Robert Kaiser, de Time, como "dos o tres amigotes eclesiásticos a quienes llamaban "teólogos"". De los obispos mismos, había pocos con pretensiones académicas, y el cardenal Cushing, de Boston, que pronto habría de transformarse en uno de los más agresivos modernizadores del Concilio, confesaba "En latín, represento a la Iglesia del Silencio". Pero la admiración por los Estados Unidos como abanderado de la modernidad (era la época del presidente John Kennedy) concedió a los estadounidenses una enorme influencia. De los veintiún candidatos que propusieron para las comisiones del Concilio, diecisiete fueron elegidos. Uno de ellos, elegido para la Comisión Teológica con 1.448 votos, presentó un esquema substitutivo sobre la Virgen y, cuando se le preguntó sobre los detalles, tuvo que explicar repetidamente que él no era teólogo[9]. Los estadounidenses estaban demasiado sorprendidos en la primera sesión como para usar mucho su influencia, pero a medida que el Concilio fue avanzando, ocuparon su lugar, tal como los modernizantes los habían presentado y, como dijo el obispo Adrian, de Nashville, empezaron a exceder a sus animadores en "ataques feroces e insultantes contra la Curia".

En este escenario, tenemos que advertir el papel holmesiano de "perro que no hizo nada en la noche" que tuvo la jerarquía italiana.[10] Con 367 miembros, este grupo nacional fue el más numeroso del Concilio, y si esos obispos se hubieran puesto de acuerdo, habrían podido equilibrar a los Países Liberados y sus aliados. Pero los obispos italianos se consideraron a sí mismos como la *via media* y, con el liderazgo bastante afásico del cardenal Siri, no pudieron resistir a las tendencias que se estaban apoderando del control del Concilio.

No obstante, no debemos interpretar mal la naturaleza de la campaña

---

[9] Wiltgen, *op. cit.*, pp. 63 and 130.
[10] N. del Tr.: el autor alude aquí a un pasaje en una de las historias de Sherlok Holmes, en que alguien advierte al detective que "el perro no hizo nada aquella noche"; y Holmes responde que eso es precisamente lo que le llama la atención

de los progresistas. Sus ataques a la Curia eran cáusticos y, por ello, escandalosos; pero su postura no tenía una apariencia abiertamente herética. Por aquel tiempo, las opiniones incluso de Schillebeeckx y Küng, aunque clamorosamente carentes de espíritu católico, no cruzaron los límites de la herejía. De los obispos que se fueron al lado progresista, hubo muchos que creyeron que la Iglesia necesitaba librarse de una Curia burocrática y abrumadora, y no se dieron cuenta de que, en tiempos de Juan XXIII y Pablo VI, lo que hacían no era sino procurar abrir una puerta que ya estaba abierta. Algunos de ellos eran hombres prácticos y pensaban que la Iglesia necesitaba una buena dosis de modernización. Muchos eran conscientes de la necesidad de una revigorización pastoral, y no se dieron cuenta de la diferencia que había entre la renovación pastoral y la ideología propugnada por los nuevos teólogos. Otros se dejaron llevar por las aclamaciones que se tributaban a Juan XXIII, y por el *consensus* de que la Iglesia vivía en una brillante nueva era de *aggiornamento*. Estas consideraciones convencieron a muchas jerarquías, que hicieron desaparecer las opiniones individuales en el conjunto de la solidaridad nacional. Todos ellos tuvieron a los Países Liberados por sus líderes, sin comprender en absoluto el radicalismo teológico que había detrás del modo de obrar de éstos, y sin intuición alguna de la explosión de herejías y desobediencias que habría de tener lugar al acabar el Concilio. Si se les hubiera concedido tener una visión de la Iglesia tal como ésta llegó a ser en 1968 o, mucho peor, en 1978, habrían dicho unánimemente que eso no era el futuro que se habían imaginado, aunque a algunos de ellos tal cosa les hubiera preocupado menos que a otros. Fueron muy pocos los que hablaron en el Concilio con un contenido abiertamente herético, como el obispo de Smedt, de Brujas, que razonaba en términos abiertamente modernistas[11]. A él hay que agregar oportunistas como Lercaro y Suenens, cuyo propósito, como pensaban no pocos observadores, era aprovechar el viento de la popularidad con un ojo puesto en el papado.

A los progresistas les parecía también correcto seguir la opinión de los *periti*, que eran teólogos de gran reputación, y que prestigiaban a sus jerarquías nacionales. Así podemos entender la importancia dada por los alemanes a Rahner, por los franceses a Congar, y a Schillebeeckx por los holandeses. Esas lealtades nos ayudan a compender los partidos nacionalistas en los antiguos concilios, como el de Calcedonia, que condujo al cisma monofisita. Los progresistas, al rechazar los esquemas preparatorios originales, les achacaron repetitivamente el "representar

---

[11] El 1 de diciembre de 1962, de Smedt realizó un violento ataque a las actitudes tradicionales de la Iglesia, a las que denominó con el término "triunfalismo". La palabra fue inmediatamente recogida por los Modernistas en su avance hacia su nuevo credo de *sometimientismo*.

sólo a una escuela teológica". Puede que haya sido así, pero se trataba de la escuela mayoritaria, que la Iglesia había tenido como estándar durante muchas generaciones. Los documentos del concilio, cuando emergieron finalmente, también representaban una sola escuela teológica, pero ésta era minoritaria. He ahí la razón de por qué, aun sin contener herejías, los documentos del Concilio Vaticano Segundo, habrían sido de todos modos desequilibrados y rupturistas. Recordemos que ningún concilio medieval trató de imponer a la Iglesia enseñanzas como las de Santo Tomás de Aquino, cuando ellas fueron novedad, sino que se les dio tiempo para que fueran asimiladas y ganaran aceptación por sus propios méritos. La falta de una prudencia así fue tristemente visible en el Concilio Vaticano Segundo.

La decisión de rechazar los cuatro primeros esquemas preparatorios hizo que el Concilio pasara al quinto, que se refería a la liturgia. Este, preparado por el radical Mons. Bugnini y por la Congregación de Ritos, resultaba agradable a los modernistas, y la Comisión de Liturgia fue el lugar donde los modernistas obtuvieron su mayor victoria, ganando doce de los dieciséis asientos electivos, con otros dos más cuando se agregaron los nombrados por el papa. La primera parte del esquema fue aprobado por el Concilio, y luego surgieron debates en otros temas, pero el cambio de los planes originales llevó a la clausura de la primera sesión, el 8 de diciembre de 1962, sin que se hubiera aprobado completamente ningún esquema. Juan XXIII se resignó a que todos los esquemas fueran reescritos, y se propuso realizar una segunda y última sesión del Concilio en mayo y junio de 1963. Ello demuestra cuán poco entendía el papa de lo que había tenido lugar en la primera sesión, a pesar de haberse rodeado de los dirigentes del partido reformista, hasta el punto de imaginarse que la tarea del Concilio podía ahora concluírse en una breve sesión más. En preparación de ésta, los publicistas progresistas comenzaron a difundir su opinión de la primera sesión en términos de lo que Peter Hebblewaithe llama "una bien coordinada campaña que dejó desconcertados a los conservadores". Pero los planes fueron alterados por la última enfermedad y muerte de Juan XXIII, que acaeció el 3 de junio de 1963.

JUAN XXIII Y PABLO VI

La muerte de Juan XXIII después de sólo una sesión, que no decidió nada pero fue testigo de la captura del control por los liberales, ha permitido que se desarrolle una leyenda sobre este papa. Se ha dicho que éste estaba inspirado por el más rampante liberalismo, mucho más que Pablo VI y que sus sucesores. Se dice que si el espíritu de Juan XXIII hubiera prevalecido, las más extremas exigencias del Modernismo -teología marxista, sacerdotes mujeres, fusión con las iglesias protestantes, o cualquier cosa que agrade al panegirista- serían hoy una realidad. Esta idea ha sido una fuerza poderosa en la ficción de que Juan XXIII permitió el ingreso a la Iglesia de una inspiración carismática, que los Modernistas luchan por recuperar. Contra este mito, han tenido poco éxito los intentos de llegar a una evaluación sobria de Juan XXIII. El cardenal Heenan escribió "El "espíritu del Papa Juan" ha llegado a ser sinónimo de *laissez-faire*, de oposición al Derecho y al imperio de la fe. Todo ello está a inmensa distancia del verdadero espíritu del Papa Juan que yo conocí. Llegamos a conocer cómo fue realmente el Papa Juan cuando leemos su autobiografía espiritual, "El diario de un alma". No podría haber una refutación más completa que ésta de la caricatura de él que se impuso después de su muerte". Las primeras etapas de la carrera de Roncalli en la Iglesia no apoyan la idea de alguien inspirado por una visión radical. De joven, simpatizó con las víctimas del ataque anti-Modernista del papa Pío X (aunque compatibilizaba esto con un profundo respeto por Pío X como persona); pero no hay que entender esto como una audaz adhesión a las nuevas teorías. Durante su época como nuncio papal en Francia (1944-53), cuando las ideas de Teilhard de Chardin atormentaban a las autoridades, el cardenal Roncalli se quejaba a un jesuíta: "Este tipo Teilhard... ¿por qué no se da por satisfecho con el catecismo y la doctrina social de la Iglesia, en vez de crear todos estos problemas?". Durante su estancia en Francia, Roncalli se involucró en el tema de los sacerdotes obreros, y su informe desfavorable sobre ellos llevó a que se los condenara por Pío XII, decisión que él mismo confirmó en su pontificado; al mismo tiempo, se confirmó la condenación de Teilhard de Chardin, y se suspendió a dos peritos bíblicos por algunas tendencias Modernistas que hoy pasarían por lugares comunes. Es especialmente elocuente el nombramiento del cardenal Ottaviani en 1959 como secretario del Santo Oficio; el único significado de ello no podía ser sino que la política de rigor doctrinal seguida por Pío XII habría de continuar sin cambios, y ello gracias a un hombre que había sido uno de sus agentes de estilo más burocrático. Atribuír un liberalismo rompedor de moldes (o siquiera una política eclesiástica coherente) a un papa capaz de hacer semejante nombramiento, supone tal abandono del juicio racional que sólo puede causar sonrisas.

En realidad, la política del Papa Juan XXIII durante su reinado es un definitivo rechazo de aquello que la Iglesia ha abrazado desde entonces. En 1962 su Constitución Apostólica *Veterum Sapientia* reafirmó el uso del latín en la liturgia, y aun obligó a los seminarios que habían introducido el vernáculo a restaurar el latín en su docencia; y se preveía un renacimiento del latín, para lo cual había que entrenar a una nueva generación de académicos. El Misal de 1962 del Papa Juan, edición que usan hoy los tradicionalistas que adhieren al rito Tridentino, se pensó como una reforma litúrgica definitiva, con exclusión de futuros cambios. Detalles como éstos permiten suponer que, si Juan XXIII hubiera sido elegido y hubiera convocado un concilio cinco años antes, habría tenido oportunidad de dejar en claro cuán lejos estaba de ser un papa al gusto de los Modernistas. Se puede suponer que no hubiera extendido el concilio más allá de su segunda sesión, y que ésta habría estado dedicada a salvar del naufragio de la primera todo lo rescatable. Las voces que en la Iglesia anunciaron que el concilio era el comienzo de una saturnalia doctrinal, probablemente hubieran sentido muy pronto el peso de la autoridad papal.

Diferente del tema de su conservadurismo, es el de la estatura que Juan XXIII tuvo en cuanto gobernante de la Iglesia. La premisa de los Modernistas de que Juan XXIII fue una gran papa, es una idea que tiene que ser sometida a examen. Ya hemos mencionado las deficiencias en su concepto del Concilio, y se puede añadir otras. Que el Concilio se haya inaugurado con una explosión de hostilidad hacia la Curia, se debe precisamente a lo poco que Juan XXIII hizo por reformarla en los cuatro años precedentes. El nombramiento del cardenal Ottaviani en el Santo Oficio es sólo un ejemplo extremo de ello. Hay una palpable incoherencia entre la política del papa -o la falta de ella- y el círculo de líderes liberales de que se rodeó informalmente. Corregir la situación atípica en que Pío XII había dejado a la Curia no requería un excepcional instinto reformador ni, mucho menos, una visión radicalizada. El no haberla corregido, algo que quizá se pueda excusar en los cuatro primeros años, se combinó, cuando se reunió el Concilio, con el fracaso en hacer rápidas reformas en respuesta a la situación, o en apoyar a los oficiales de la Curia que recibieron ataques. Un dirigente que echa sus súbditos a los lobos merece una crítica más grave que la de mera ingenuidad.

Y en cuanto al resto, el ecumenismo del papa sólo merece ser calificado de vaga política en que la buena voluntad ocupó el lugar del conocimiento y de los objetivos prácticos. Cuando Juan XXIII habló de *aggiornamento* probablemente pensó en un regreso a los estilos de León XIII y Pío XI, que se habían comunicado fácilmente con el mundo contemporáneo, en contraste con Pío X y con Pío XII, por temperamento más lejanos de dicho mundo; pero ciertamente no apuntaba a un rechazo del pasado de la Iglesia, como es la idea que le atribuyeron los Modernistas. Aunque sería un error calificar a Juan XXIII de tonto santo, hay que darse cuenta de que una actitud optimista no es, ni en la Iglesia ni en la vida civil, suficiente cualificación para gobernar. Sin embargo, si Juan XXIII hubiera sido sucedido por un papa capaz de mantener la Iglesia en la recta senda, su pontificado sería visto hoy como enteramente de acuerdo con la tradición, y quizá como un gran pontificado por haber comenzado un concilio de auténtica renovación.

Pero el punto esencial es que el Concilio Vaticano Segundo, tal como lo conocemos, no fue el Concilio del Papa Juan, sino que correspondió a un concepto totalmente diferente, que explícitamente excluye la preparación hecha por el papa. No hubo en el pontificado de Juan XXIII ni rastro de la orientación herética por la que Pablo VI habría de encaminar a la Iglesia; fue un tiempo de auténtica renovación, en que la personalidad del papa atrajo a muchos a la fe católica con renovado entusiasmo.

El segundo elemento del mito Modernista es que la visión carismática de Juan XXIII fue restringida por el demasiado cauteloso Pablo VI, cuyo liberalismo es descrito como más pedestre que el de su predecesor. Peter Hebblewaithe escribió la vida de ambos papas[12] con la idea de fomentar aquella leyenda, y se sorprendió al descubrir que la verdad era todo lo contrario. Sus investigaciones lo llevaron a concluír que "Pablo VI hace a Juan XXIII parecer estrecho, sofocante, de mal gusto, y claramente anticuado", y recuerda la evaluación hecha por el propio Pablo VI: "El papa Juan fue mucho más conservador que yo, mucho más tradicional". Por cierto, si vemos la opinión que Pío XII tenía de ambos, encontraremos que no temía al cardenal Roncalli, en tanto que sospechaba de Mons. Montini, incluso teniéndolo a su servicio y valorando su desempeño. No hay nada en la carrera de Roncalli como diplomático papal o como patriarca de Venecia que revele una visión inusual o una desviación de la ortodoxia convencional. En cuanto a Montini, Pío XII había trabajado con él muy estrechamente en la década de 1930, cuando era Secretario de Estado, y cuando fue papa lo nombró como uno de los dos prelados entre los cuales se dividió la función de Secretario de Estado, porque Pío XII prefirió retener en sus manos la titularidad de ese cargo. Mons. Montini desempeñó su labor con corrección, sin ocultar sus inclinaciones liberales. En 1954 el papa lo nombró arzobispo de Milán, y se dice que evitó conscientemente darle el capelo de cardenal, que normalmente va junto con ese cargo, para impedirle ser *papabile* en el siguiente cónclave. El cardenal Roncalli, por su parte, se había formado una muy buena opinión de Montini durante su época como nuncio, y halló en él su principal confidente en asuntos romanos en su primer año como arzobispo de Venecia (1953-54). Cuando Roncalli se convirtió en papa, el arzobispo Montini figuró en su primera promoción de cardenales, y claramente Juan XXIII lo consideraba como su más adecuado sucesor.

El camino a esa sucesión, ya muerto Juan XXIII, fue facilitado por los nombramientos que él mismo había hecho en el Sacro Colegio. La parsimonia de Pío XII no sólo le había significado dejar muchas vacantes

---

12 Peter Hebblethwaite, *John XXIII, Pope of the Council* (Chapman, 1984) y *Paul VI, The First Modern Pope* (HarperCollins, 1993).

por llenar, sino que aún las aumentó al descartar la norma tradicional que limitaba el número de cardenales a setenta. Así, el cónclave que se reunió para elegir al sucesor contó, de un total de ochenta, con cuarenta y cinco cardenales creados por Juan XXIII. Desde el Renacimiento ningún papa había logrado nombrar a la mayoría del Sacro Colegio en menos de cinco años. Aunque sería un exceso decir que el cónclave fue arreglado para elegir al *protégé* de Juan XXIII, el resultado fue como si lo hubiera sido.

El otro candidato liberal al papado fue el cardenal Lercaro (nadie imaginaba un papa no italiano). Su ascenso en ese partido había sido un fenómeno reciente. En tiempos de Pío XII, Lercaro no había dado muchas señales de singularidad, excepto por una tendencia a la autopropaganda, y se lo había considerado suficientemente correcto como para encabezar la importante sede de Bolonia. En 1959, cuando Juan XXIII anunció el concilio, la respuesta del cardenal Lercaro fue "¿Cómo se atreve a convocar un concilio después de cien años, y a sólo tres meses de ser elegido? El Papa Juan ha sido precipitado e impulsivo. Su inexperiencia y falta de cultura lo han llevado a esta encrucijada, a esta paradoja". La embriagadora popularidad de Juan XXIII lo hizo cambiar de opinión, y hacia 1963 su ostentoso liberalismo ya le ganaba la desaprobación de otros obispos italianos. Una de las particularidades de Lercaro fue su amistad con el banquero Umberto Ortolani, a quien Hebblewaithe describe como "su apañador, su financista y *homme à tout faire*". Como se reveló en 1981, Ortolani era miembro de la logia masónica P2, que abarcaba a una cantidad de las personas más prominentes de la sociedad italiana, y en 1992 fue sentenciado a diecinueve años de presidio como cómplice de quiebra fraudulenta en el caso de la quiebra del Banco Ambrosiano. Con este financista el cardenal Lercaro tuvo conexiones que incluso el eclesiástico más derechista podría haber considerado impropias. A la muerte de Juan XXIII, Lercaro comenzó su apuesta papal haciendo público un chequeo médico calculado para acabar con las dudas sobre su estado de salud. El 18 de junio, un día antes del comienzo del cónclave, tuvo una reunión secreta, en la casa de Ortolani, a la que asistieron numerosos cardenales, incluídos Suenens de Bélgica, Döpfner y Frings de Alemania, Liénart de Francia, König de Austria, Alfrink de Holanda y Léger de Canadá; en ella planearon su apoyo y acordaron transferir sus votos al cardenal Montini, en caso de que la candidatura de Lercaro fallara. Esta reunión se hizo contraviniendo las normas del Derecho canónico, que prohíbe estrictamente los acuerdos secretos como preparación de un cónclave, y declara nulos los acuerdos de cualquier tipo alcanzados en esas condiciones[13].

---

[13] Se reveló esta reunión en 1980 por el primer ministro Giulio Andreotti en *A ogni morte di Papa*. Fue confirmada por el propio Ortolani en 1993, en una entrevista con el periodista A. Tornielli. Ver Roberto de Mattei, *op. cit.*, p. 293.

Por el lado conservador, el candidato más fuerte fue el cardenal Siri, hombre de autoridad desde todo punto de vista. Había sido creado arzobispo de Génova, cuando era todavía excepcionalmente joven, por Pío XII, y sólo el hecho de no tener más de cincuenta y dos años a la muerte de éste le impidió ser tenido por su sucesor natural. En 1963, fue el principal *papabile* de los conservadores; se dice que se lo descartó luego de que advirtiera a los cardenales que, de ser elegido, rehusaría reunir nuevamente el Concilio. Si ello es cierto, fue un error, porque la supresión del Concilio habría provocado tales resentimientos en la Iglesia que habrían eclipsado a los descontentos en el reinado de Pío XII. En todo caso, como su comportamiento dejó ver en el reinado siguiente, Siri tenía una postura demasiado papista de su deber, que no era lo que la Iglesia realmente necesitaba, ya sea en un papa o en un súbdito de Pablo VI. El camino acertado hacia el futuro no era sofocar la voz del Concilio sino, por el contrario, librarlo del dominio que los Países Liberados habían obtenido. Sin embargo, parece que en 1963 nadie en el Sacro Colegio tenía tal comprensión de las cosas. Excluido Siri, el candidato conservador fue el cardenal Antoniutti, un popular diplomático de inclinaciones tradicionalistas. No hay para qué decir que habría sido un mejor papa que Pablo VI, pero existe la duda de si habría sabido cómo corregir el desequilibrio del Concilio, o cómo preservar su autoridad ante la rebelión de los Modernistas. Así las cosas, el cónclave se desarrolló de acuerdo con el plan de los progresistas. Lercaro fue descartado después de las primeras votaciones, y el cardenal Montini resultó papa después de dos días. Aparentemente, éste no tuvo conocimiento de haber sido elegido por hombres que habían violado el Derecho canónico, cuyo primer candidato era alguien que había dado claramente a conocer sus ambiciones; pero es prueba de su mal juicio el que, cuando el cardenal Lercaro se acercó a rendirle homenaje, lo acogió con las palabras "Debería haber sido usted".

El cardenal Montini había estado entre las filas progresistas en las discusiones de la primera sesión, pero su disconformidad con los trabajos preparatorios era, de hecho, más fundamental. En octubre de 1962, escribió una carta al cardenal Cicognani proponiéndole el plan de un concilio en tres sesiones: la primera abordaría la naturaleza de la Iglesia, la segunda, su función, incluyendo la necesidad de misiones, y la tercera, las relaciones con otras iglesias, con la sociedad civil, y con los enemigos de la Iglesia. Peter Hebblewaithe se refiere a ella del siguiente modo: "La carta de Montini es el documento más importante para comprender no sólo la primera sesión, sino todo el Concilio Vaticano". Es difícil entender por qué, ya que su propuesta no fue llevada a cabo. Lo que la carta sí muestra es por qué Pablo VI eligió apartarse de las intenciones de Juan

XXIII y prolongar el Concilio por tres sesiones más. Los temas de éstas, sin embargo, fueron puestos sin planificación y, al final, fueron tratados con una prisa propia de asuntos mal manejados. Aparte de ello, se puede cuestionar el concepto mismo que tenía el papa. Lo que más se acercaba a su programa para un concilio eran los amplios esquemas teológicos de un Tomás de Aquino o de un Suárez. Ello habría sido una tarea adecuada para las comisiones preparatorias a las que Juan XXIII encargó las discusiones del Concilio, si se hubiera tenido una formulación más estratégica y más tiempo disponible. El reglamento de un concilio que no tomó en cuenta las influencias nacionales y las limitaciones teológicas de muchos obispos, fue poco adecuado para una auténtica discusión doctrinal. Se puede citar el comentario de un obispo mexicano, a quien los debates llevaron a lamentarse del siguiente modo: "¡Ay! Somos víctimas de una interminable inundación de monólogos". El plan de Pablo VI habría resultado exageradamente perfeccionista incluso en un escenario más doctrinalmente equilibrado que el que existió en la década de 1960.

En enero de 1963 una comisión coordinadora, bajo la presidencia del cardenal Suenens y con la mitad de sus miembros seleccionados del grupo progresista, se había reunido y procedido a reducir de setenta a diecisiete el número de esquemas que debía discutir el Concilio, preludio de la reducción todavía más drástica que iban a proponer los Países Liberados. En febrero hubo una reunión de los obispos alemanes en Munich, que se dieron cuenta de la poderosa situación en que estaban ubicados. Wiltgen escribe que "habían venido a la primera sesión del concilio esperando obtener algunas concesiones. Regresaron a casa con el convencimiento de haber tenido una victoria total". En agosto tuvieron una segunda reunión en Fulda, a la que se unieron otros europeos. De ahí surgió un plan de 480 páginas de campaña para la próxima sesión, incluídos textos de esquemas de reemplazo. Wiltgen comenta que si las otras conferencias episcopales hubieran trabajado con igual rigor "no hubieran tenido necesidad de aceptar las posturas de la alianza europea con tan poco cuestionamiento". Sobre la situación del Concilio cuando se reanudó en septiembre de 1963, Wiltgen observa que "Con un Padre de habla alemana en cada comisión...; con el cardenal Frings en la Presidencia del Concilio y el cardenal Döpfner en la Comisión Coordinadora y como uno de los moderadores, ninguna otra conferencia episcopal estaba tan bien preparada para tomar y mantener el liderazgo en la segunda sesión. En aquel momento ya se vio claro cómo se iba a desarrollar la discusión. Existía una gran influencia alemana, que se dejaría sentir en casi todas las decisiones y declaraciones importantes del Concilio. En cada comisión del concilio, los miembros alemanes y austríacos y los *periti* se coordinaron muy bien en la presentación de las conclusiones de Munich y Fulda".

La influencia de los Países Liberados se vio fortalecida por los drásticos cambios que Pablo VI introdujo en el reglamento del Concilio. El más importante de éstos fue el nombramiento de cuatro moderadores para presidirlo. Ellos fueron los cardenales Lercaro (Bolonia), Suenens (Malinas) y Döpfner (Munich), que representaban la punta de lanza del partido progresista, junto con el cardenal Agagianian, a quien el arzobispo Lefebvre describe como "un cardenal de Curia, sin personalidad", y que quedó aislado por el gran entendimiento existente entre los otros tres. Solamente desde el punto de vista representativo, estos elegidos contrastan con los ocho presidentes de la primera sesión, que habían sido un grupo auténticamente variado, que incluía a un norteamericano y un australiano. El cambio refleja la suposición de Pablo VI de que la única voz que importaba en el Concilio era la de los liberales europeos. Los tres moderadores liberales no vieron incoherencia alguna entre su cargo y el seguir actuando en las tres sesiones siguientes como claros líderes de la facción progresista. Otra novedad fue la norma que permitía que cinco miembros de una comision conciliar introdujeran modificaciones a los esquemas: los Países Liberados tenían un mínimo de cinco miembros en cada comisión. Finalmente, Pablo VI decidió aumentar las comisiones a treinta miembros cada una. La alianza europea compuso una lista para este fin, y todos los nuevos nombramientos, sin excepción, salieron de esa lista. Estas decisiones tienen que ser juzgadas según los estándares normales de buen gobierno en la iglesia y en la sociedad civil. Un papa prudente, por mucho que creyera en el programa de reformas, se hubiera dado cuenta de que éste necesitaba introducirse con equidad, de un modo que representara adecuadamente a la Iglesia. Se había comprobado que las maniobras realizadas tanto en la primera sesión como después de su clausura presentaban amenazas a ese equilibrio. ¿Fue Pablo VI tan ingenuo como para no evaluar éstas, o fue tan partidista como para condonarlas porque provenían de su propio partido? Cualquiera que sea el motivo, el funcionario correcto, inteligente, que había merecido elogiosas opiniones en la Secretaría de Estado, mostró ahora estar menos dotado para un sabio gobierno que Juan XXIII. En vez de recomponer el equilibrio en el Concilio, Pablo VI lo descartó totalmente. Con su modo hesitante, refinado, Pablo VI se condujo como el más primitivo de los partisanos.

LAS TRES ÚLTIMAS SESIONES DEL CONCILIO

El Concilio se prolongó por otras tres sesiones, que sesionaron en sucesivos otoños. Los efectos de las medidas de Pablo VI se vieron pronto en la segunda sesión, cuando la doctrina de los progresistas sobre la colegialidad se sometió a discusión. La política de los modernizadores durante toda esta etapa del Concilio fue presentar su causa como la de la Iglesia contra la Curia, imagen para la que la colegialidad se prestaba bien. El 30 de octubre de 1963, los moderadores (¡qué título tan paradojal!), anticipándose a un debate sobre esta doctrina, formularon cuatro proposiciones que sometieron a votación inmediatamente, ganando una inmensa victoria contra la posición papal, y poniendo dramáticamente al Concilio en contra de la Curia. Esta fue la única instancia de ejercicio del poder de los moderadores para conseguir, sin debate, puntos a su favor, porque ese poder les fue retirado quince días después. Otro ejemplo de la prepotencia de sus métodos se dio en un caso distinto, el de las órdenes religiosas. El esquema sobre la Iglesia se presentó en la forma que había sido decidida en Fulda, con la supresión del capítulo sobre las órdenes religiosas que se había propuesto originalmente. El cardenal Döpfner, como moderador, hizo todo lo posible por promover este esquema en la sesión de octubre, dando la palabra a muchos oradores que estaban a su favor, y excluyendo a obispos de órdenes religiosas y superiores generales que habían expresado su deseo de hablar. El asunto llegó a un punto cúlmine en la sesión de 31 de octubre, cuando Döpfner ofendió a los padres por su apresuramiento y su frecuente interrupción de quienes tenían la palabra. No se permitió hablar a algunos obispos que habían esperado muchos días para hacerlo, en tanto que hablaron otros, cuyos nombres se incluyó en una lista preparada esa misma mañana. En este caso, la táctica chocó con el poder de las órdenes religiosas, cuyos miembros constituían un tercio del Concilio. Sus representantes enviaron al cardenal Döpfner la advertencia de que pedirían una investigación oficial si las cosas no cambiaban, pero cuando trataron de hablar con él, se encontraron que había partido a Capri de vacaciones por un fin de semana largo, de las cuales no iba a regresar sino el 4 de noviembre. A su vuelta los reunió a todos, se excusó, y les pidió que renunciaran a su derecho a hablar. Cómo ellos rehusaran hacerlo, el cardenal decidió que leería un resumen de sus discursos. En la sesión de 7 de noviembre, leyó un resumen, pero no el que ellos habían preparado, sino uno extremadamente breve, obscuro e impreciso en varios lugares. Los superiores y obispos de órdenes religiosas decidieron entonces oponerse a esta dictadura que veían ejercerse en el Concilio. Con la firma de 679 obispos, obtuvieron exitosamente que se contemplara un capítulo separado sobre las órdenes religiosas. Como observa Wiltgen, se quebró así el control de la alianza europea gracias a que se constituyó un grupo con igual poder de organización. Un caso análogo ocurrió en la cuarta sesión, cuando los obispos de habla inglesa se unieron para derrotar las propuestas del cardenal Dopfner sobre las normas para matrimonios mixtos, y Wiltgen comenta "Si hubieran estado igualmente bien organizados que en este punto durante todo el Concilio, el Concilio Vaticano Segundo podría haber tomado un curso totalmente diferente". Es pertinente hacer ver que estas tomas de postura se hicieron en asuntos comparativamente triviales, que interesaban a determinados grupos. Se puede entender esto a la luz del comentario de Mons. Lefebvre de que "durante el concilio entero se pudo experimentar el rechazo de todo pensamiento filosófico". Lo que faltó fue una decisión igualmente firme de desafiar la línea modernizante en aspectos esenciales de la doctrina.

Hacia noviembre de 1963, la lucha de poder en el Concilio había conducido a la propuesta de que se hiciera una elección totalmente nueva de las comisiones conciliares, ya que los progresistas estaban ahora decididos a excluír totalmente a los conservadores. Como una alternativa menos extrema a esta política se hizo el cambio, ya mencionado, de nombrar cinco miembros nuevos en cada comisión, tomados exclusivamente de entre las listas progresistas; esto ocurrió el 28 de noviembre, dejando las comisiones bien aseguradas para las sesiones tercera y cuarta. El esquema sobre liturgia fue uno de los temas de debate de ese mes de noviembre, y se pudo ver también aquí las consideraciones de tipo nacionalista que ya se venían manifestando. Se vio a los obipos presionando por el vernáculo, porque así el control pasaría desde Roma a las conferencias episcopales. Así es como la vida de devoción de los fieles quedó subordinada a las consideraciones políticas del Concilio.

Luego del término de la segunda sesión en diciembre de 1963, los Países Liberados continuaron con sus prácticas anteriores. En enero de 1964 se acordó recortar la mayoría de los trece esquemas subsistentes, dejando sólo seis sin tocar. En mayo se anunció que el resto, en versión muy abreviada, sería votado sin debate en la tercera sesión, incluso el esquema sobre las misiones, que quedó reducido a unas cuantas propuestas breves. Esta movida, al cabo, fue rechazada por el Concilio, que hizo reponer el esquema completo de las misiones; pero quedó en evidencia nuevamente la poca preocupación pastoral de los ideólogos europeos, que trataron la tarea más importante con que se enfrentaba la Iglesia contemporánea como un tema colateral de menor interés. A propósito de este tema, las iglesias emergentes se dieron cuenta de sus intereses propios y echaron por tierra una política tan desdeñosa; pero en lo relativo al Concilio en general, siguieron engañados, apoyando a la alianza europea contra la supuesta tiranía de la Curia.

Hubo otro cambio de procedimientos que fortaleció el control del Concilio por parte de los Países Liberados. El cardenal Döpfner dio nuevas pruebas de su carácter arrollador al introducir la norma de que los oradores debían presentar un resumen de su discurso con una anterioridad de, al menos, cinco días, y si él era rechazado por los moderadores, sólo podía reponerse con la firma de setenta miembros del Concilio; la idea era hacer imposible resistir a la tendencia dominante, a menos de contarse con el respaldo de un grupo bien organizado. Cuando se reanudó el Concilio en 1964, la posición de los progresistas se había hecho inexpugnable gracias a las nuevas normas procesales; con todo, estaban dispuestos a abusar incluso de éstas a fin de extender más todavía su dominio. En septiembre se rechazó, con violación de la nueva normativa, la solicitud del arzobispo Staffa, apoyada por más de setenta miembros, para dirigirse al Concilio oponiéndose a la doctrina de la colegialidad. Cuando Mons. Staffa se quejó a Pablo VI por habérsele negado ilegalmente la palabra, el papa ordenó que se investigara esta violación de los procedimientos. Staffa señaló, además, que la comisión teológica ignoraba las objeciones de los tradicionalistas a la colegialidad, pero Pablo VI sólo intervino cuando se le mostró un artículo que demostraba que, después del Concilio, se iba a interpretar el esquema de un modo liberal extremo. En ese momento, el papa insistió en que las modificaciones de los tradicionalistas se reintrodujeran al esquema. Insistió, asimismo, en que se introdujeran diecinueve rectificaciones al esquema sobre ecumenismo hechas por los conservadores. Tal era la intolerancia mostrada por los progresistas que respondieron a estas intervenciones papales con una asombrosa muestra de hostilidad al papa, cuando éste hizo su entrada al Concilio el 24 de noviembre.

La táctica de los modernizadores de presentar a la Curia como enemiga del Concilio se venía desgastando a medida que quedaba clara la impotencia de la víctima. Se formó un grupo de padres conciliares, el *Coetus Internationalis Patrum*, que procuró hacerse responsable de la voz de la tradición. Lo fundó el grupo formado por el arzobispo Geraldo de Proença Sigaud, de Diamantina, en Brasil, que incluía al obispo de Castro Mayer, de Campos, también en Brasil, al arzobispo Lefebvre, superior de los Padres del Espíritu Santo, y al obispo Carli, de Segni, cerca de Roma, de quien el cardenal Döpfner había dicho que no había en el Concilio un obispo a quien temiera más que a éste. El *Coetus* consiguió la adhesion de cerca de 250 padres. Con un improvisado Secretariado, esta organización no era más que una sombra de la alianza de los progresistas, respaldados por IDOC y otras instituciones; pero recibió fuertes ataques de la prensa por el mero hecho de existir; existencia que el Secretario de Estado, el cardenal Cicognani, declaró indeseable.

En septiembre de 1964, en un documento firmado por veinticinco cardenales y trece superiores de órdenes religiosas, la situación producida fue hecha notar al papa por el cardenal Larraona, a propósito del esquema sobre colegialidad. El cardenal Larraona habló abiertamente de "una campaña rupturista de bloques de poder que lamentablemente han politizado el Concilio y hecho caer en el desorden a ciertos Episcopados... La prensa, con sus propios métodos característicos -aprovechados por el partido progresista-, ha creado una atmósfera que hace difícil la discusión serena, e impide la libertad haciendo que, quienquiera no se muestre favorable, sea ridiculizado y hecho impopular". El papa recibió con gran desagrado esta queja, pero no por los hechos denunciados, sino por las posiciones tradicionales que defendía[14].

El esquema sobre libertad religiosa dio lugar a más ejemplos de lo arrollador del procedimiento. Después de debatírselo en septiembre de 1964, su texto se alargó al doble y se lo sometió a voto en el plazo de sólo dos días. Este intento fue derrotado por Mons. Carli, cuya intervención obligó a posponerlo hasta la cuarta sesión. Cuando el debate tuvo lugar en septiembre de 1965, los tradicionalistas propusieron que se leyera su propio esquema alternativo, propuesta que fue ignorada por los moderadores, aunque la posibilidad de hacer propuestas estaba contemplada en los reglamentos del Concilio. Una transgresión todavía más vergonzosa tuvo lugar con la propuesta de condenar el comunismo hecha por el cardenal Wyszynski, líder de la Iglesia polaca. Cuatrocientos cincuenta obispos apoyaron una enmienda al esquema *Gaudium et Spes* con esta finalidad y, de acuerdo con las normas del Concilio, debió habérsela impreso y distribuído. La comisión responsable desestimó la enmienda, alegando que no se la había hecho dentro de plazo. En realidad, la enmienda, con las firmas de los obispos, había sido archivada por un miembro de la comisión, Mons. Glorieux, que ostentaba una cantidad de cargos en el Vaticano. La protesta de Mons. Carli no tuvo efecto hasta que se reveló el escándalo a la prensa. El arzobispo Garrone, que había tratado de rechazar la apelación, se vio obligado a pedir excusas y a admitir que la enmienda se había recibido dentro de plazo; pero no se tomaron acciones de ningún tipo contra el secretario culpable. Menos partidista en su origen, pero igualmente distorsionante en sus efectos, fue la presión ejercida por el apresuramiento, que fue aumentando a medida que el Concilio llegaba a su término, hasta el punto de que el cardenal Heenan advierte que "Durante las últimas dos semanas se pidió a los padres que votaran antes de tener la posibilidad de estudiar los textos y contextos y, mucho menos, las consecuencias de las enmiendas".

EL CONCILIO VATICANO SEGUNDO COMO TRAICIÓN A LA FE

Los ejemplos de irregularidades en el Concilio aquí dados, tomados del relato hecho por R. M. Wiltgen, adquieren mayor fuerza por el hecho

---

[14] R. de Mattei, *op. cit.*, pp. 174-7.

de ser este autor simpatizante de los propósitos de los progresistas, no obstante lo cual no pudo menos que asombrarse de sus tácticas (aunque sin rebelarse contra ellas). Hay que advertir que, con una sola excepción, el sesgo se dio en un sólo sentido, el de la imposición de un programa liberal y el silenciamiento de sus oponentes; e incluso la única excepción a ello, es decir, el intento de impedir que se incluyera en el esquema sobre la Iglesia un capítulo sobre las órdenes religiosas, representó el deseo del cardenal Döpfner de forzar la aprobación de las decisiones alemanas tomadas en Fulda. No se dio ninguna acción del otro lado que equilibrara la situación, constriñendo a los modernizadores. Las dos primeras sesiones del Concilio se caracterizaron por la campaña destinada a presentar a la Curia como una imposición tiránica a la libertad de la Iglesia; pero, en la realidad, la Curia no tenía poder, porque Juan XXIII y Pablo VI la habían dejado en la estacada. La única tiranía era la de los progresistas. No hace falta señalar qué abismo se dio entre las tácticas del Concilio y su alegación de estar introduciendo un régimen de tolerancia y bondad en la Iglesia. Para los liberales, la tolerancia era sólo para ellos.

Sin embargo, este partidismo de las decisiones no es algo excepcional en un concilio eclesiástico y no puede, por sí solo, viciar sus decretos. Lo que fue más propio del Concilio Vaticano Segundo fue la indebida influencia de los *periti*, de los bloques nacionales dentro de él, de la prensa mundial fuera de él, y la manía de la época de formular una política "ecuménica" -en la práctica, protestantizante-. En los dos primeros aspectos, puede compararse este Concilio con el de Florencia, con su predominio del bajo clero y con su organización por grupos nacionales; y puede que no sea coincidencia el que aquella asamblea diera origen a la herejía del conciliarismo.

Junto con estos defectos, tenemos el espíritu no-católico que permeó al Concilio Vaticano Segundo. Un impactante ejemplo de ello es la guerra que se peleó por los progresistas, so pretexto de ecumenismo, contra la devoción a la Virgen. La tendencia ya había aparecido antes de la inauguración del Concilio, cuando Juan XXIII visitó en octubre de 1962 el santuario de Loreto y se le criticó por esta desatinada ofensa contra el movimiento ecuménico. Durante el desarrollo del Concilio la contaminación se expandió más. Se puede rastrear el espíritu envenenado de los progresistas en los comentarios de Yves Congar, que en privado hablaba peyorativamente de "Mariano-Cristianismo" y de "mariologistas fanáticos". En 1964, presionados por Karl Rahner, los obispos alemanes lucharon por el rechazo del esquema sobre la Bienaventurada Virgen María, Madre de la Iglesia, y quisieron reducir la mención de la Virgen sólo al esquema de la Iglesia. Estos intentos se hicieron descuidando las manifestaciones de la opinión de Oriente: los padres de rito oriental exigían un esquema separado para la

Virgen sobre la base del espíritu que les era común a Uniatos y Ortodoxos, pero no pudieron desviar a los europeos de su sesgo. Cuando se propuso incluír el título de la Virgen como Medianera en los textos del Concilio, los cardenales progresistas, incluyendo a Léger (Montreal), Döpfner, Bea y Alfrink, capitanearon a la oposición. Una impía transacción consiguió que aceptaran el uso de este título a cambio de que el Concilio desechara la propuesta de proclamar a la Virgen como Madre de la Iglesia. El espectáculo de un concilio realizando maniobras políticas con los títulos de la Virgen María, a fin de obtener el aplauso de observadores herejes, está entre los más ultrajantes que dio el Concilio Vaticano Segundo. También en esto el Papa Pablo VI se vio movido a obrar contra el ascendiente que él mismo se había creado: el 21 de noviembre de 1964, proclamó el título Madre de la Iglesia por autoridad propia, acción que dio pie a Hans Kung para denunciar "la promulgación del engañoso título *Mater Ecclesiae* contra el deseo expreso de la mayoría del concilio, lo que provocará gran indignación en la Cristiandad no católica y graves dudas sobre la autenticidad de las simpatías ecuménicas del papa". Estas palabras, y su supuesto de que había que identificar a la Cristiandad no católica con el protestantismo, son representativas del punto de vista progresista, y la indignación atribuída a quienes estaban fuera de la Iglesia fue, más bien, la de los Modernistas dentro de ella. No se les pasó por la mente a estos descontentos que una forma más fructífera de ecumenismo habría sido alentar entre los protestantes el amor a la Virgen. Como lo han reconocido pensadores protestantes como Wesley, el dogma de que María es la Madre de Dios, reconocido por todas las iglesias protestantes, excluye una actitud puramente negativa ante el papel de ella en la economía de la salvación, y en las iglesias anglicanas puede, al menos, encontrarse una disposición a reverenciar a la Virgen que deja en vergüenza la bajeza de los católicos Modernistas.

Del celo ecuménico derivaron otras distorsiones. Actualmente, cuando el movimiento ecuménico está virtualmente muerto debido a sus fracasos, resulta difícil apreciar cuán fuerte fue su influencia en aquella época, y los modernos defensores del Concilio tratan de minimizarla; pero en la década de 1960 la fuerza de los argumentos ecuménicos fue suprema, e impuso tratar con gran deferencia a los observadores protestantes. Y así, el delegado luterano, Prof. Oscar Cullmann, pudo hacer notar, apenas comenzada la primera sesión, "Cada día me asombro más por el modo cómo en verdad estamos tomando parte en el concilio". En un artículo de enero de 1964, el P. Schillebeeckx confesaba "Es asombroso darse cuenta de que se tiene más empatía con el pensamiento de los observadores cristianos no-católicos que con las opiniones de los propios hermanos católicos que militan en el partido opuesto. La acusación de connivencia con la Reforma no carece, pues, de fundamento". El motivo de asombro, habrá que decirlo, se daba sólo en el sector de Schillebeeckx. Un observador anglicano que describe los debates del Concilio, el Dr. J. Moorman, escribió: "Si algún Padre, sin darse cuenta, decía cosas que estaban destinadas a producir revuelo en la tribuna de los observadores, era contradicho luego por otro orador", y constató que "aunque no se permitía a los observadores usar la palabra, lo que tenían que decir era dicho por alguno de los Padres"[15]. Se advierte los efectos de esta influencia concretamente en la definición de las fuentes de la Revelación, de sentido protestantizante, y en los decretos sobre el ecumenismo y el sacerdocio.

Más adelante abordaremos la cuestión de las herejías explícitas introducidas en los documentos del concilio, en los capítulos sobre el sacerdocio y la libertad religiosa. Aquí conviene comentar *Gaudium et Spes*, la declaración programática del Concilio, conocida oficialmente como la "Constitución Pastoral sobre la Iglesia en el Mundo Moderno". Aunque libre de verdaderas herejías, este documento es deplorable. El primer punto que se presta a comentarios es la frase misma con que comienza, tan característica del optimismo que el Concilio adoptó como su marca de fábrica, y tan paradojal si se considera la época de disenso y decadencia a que dio paso. En cuanto al contenido del documento, lo primero que impresiona es el deliberado tono humanístico que se le da con la repetición de expresiones como "raza humana" y "persona humana". La doctrina social de la constitución descarta la de los últimos papas, en particular la doctrina de la realeza de Cristo, que no es mencionada en él y no es compatible con él. Se ignora las condenaciones papales del socialismo, y deliberadamente se rehúsa condenar la tiranía comunista. Se proclama una "básica igualdad", en cuya virtud se condena como "contraria al propósito de Dios" toda forma de diferencia social, incluída, aparentemente, la jerarquía tradicional de la sociedad cristiana. El documento está empapado de los estándares materialistas modernos, como se ve en la exigencia de que se "produzca bienes abundantes para todos", y en las recomendaciones, fuera de lugar -en el mejor de los casos- en una declaración sobre doctrina cristiana, de que se abandone "anticuados métodos de explotación agrícola" e, incluso, de que se adopten "los avances científicos en la regulación del número de hijos". Se acepta el régimen capitalista de libre competencia como norma de la sociedad, incluso en lo relativo a la relación de los sexos entre sí. En su servilismo frente a las costumbres modernas, la constitución enseña que el rol de los padres debe ser valorado, pero no sin añadir "que el legítimo progreso social de las

---

[15] Davies, *op. cit.*, pp. 115-116.

mujeres no debe ser subestimado debido a él". Una doctrina más realista habría hecho ver que eran precisamente las demandas de progreso social en favor de las mujeres lo que estaba socavando la vida familiar tradicional. Como comentario más general, se puede decir cuán incongruente resulta un Concilio que predica extensamente al mundo moderno unos principios que están claramente tomados de ese mismo mundo, en cuya campaña histórica contra la Iglesia han figurado extensamente.

Mirando el conjunto de los documentos del concilio se puede ver que prevalece "sólo una escuela teológica", con la que los progresistas colmaron los esquemas preparatorios. Aunque los Países Liberados no obtuvieron siempre todo lo que querían, no sería acertado decir que los documentos del concilio exhiben un equilibrio entre las opiniones modernizantes y las tradicionales. Con lo que nos encontramos es con un texto redactado por los progresistas que contiene algunas ocasionales llamadas de atención de los conservadores que, aunque debilitan la fuerza del texto, no producen ningún equilibrio doctrinal. Se puede, pues, plantear la cuestión de por qué se puede leer grandes secciones de los documentos conciliares sin que nada parezca nuevo. Una parte de la respuesta es que los progresistas no fueron, en realidad, muy originales. Puesto que en muchos temas no tenían nada especial que decir, hay largos sectores de los documentos que consisten en una impecable exposición de las enseñanzas tradicionales de la Iglesia. Este hecho es usado por algunos para salir al paso de la acusación de que el Concilio innovó en la doctrina. Ciertamente no innovó en la mayor parte de sus enseñanzas; el *quid* del asunto está en las partes en que sí lo hizo.

Se dan, en la misma línea, esfuerzos de algunos tradicionalistas por distinguir entre el Concilio mismo y la marejada herética que posteriormente se abatió sobre la Iglesia. Hay en esos esfuerzos mucho de verdad; el intento de citar el Concilio para autorizar la posterior demolición de la Iglesia no puede ser justificado por las enseñanzas auténticas del Concilio. Sin embargo, ello no significa que se pueda exonerar totalmente al Concilio, como desearían los católicos piadosos. El sesgo advertible en él fue responsable directo del movimiento que lo sucedió, por mucho que éste se apartara de las intenciones de los padres conciliares en su momento. Los obispos que permitieron el colapso de la Iglesia en los años sesenta y setenta fueron los mismos que ya habían dado inicio al proceso en Roma. Algunos lo hicieron porque estaban demasiado comprometidos con el ataque a la tradición como para echar pie atrás; otros, porque carecieron de la fuerza para resistir la marea.

Además de la cuestión de la ortodoxia, tenemos también la del Concilio como una torpeza práctica. Tal como con cualquier concilio, se puede estudiar no sólo la doctrina que expone sino también su acierto político, un asunto histórico que debe ser juzgado por las consecuencias producidas. El error más obvio del Concilio Vaticano Segundo es el fracaso de los modernizadores, seguros de sí mismos, en la previsión del colapso que iba a producirse. La parte mayor de la culpa corresponde a Pablo VI, al favoritismo que mostró en su dirección del Concilio. Sus vacilaciones son una de las causas de ello. Rehuyó la imagen de sí mismo como alguien investido de poder, alguien cuyas acciones eran decisivas para la Iglesia, y no parece haberse dado cuenta de la forma desvergonzada en que cargaba los dados hacia el lado progresista. Y así, un papa que se había propuesto una serena revaloración de la doctrina de la Iglesia, organizó en realidad una cacería de curialistas y de tradicionalistas que duró tres años. En lugar de garantizar un equilibrio, quizá con algún bondadoso aliento al bando liberal, entregó totalmente el control absoluto a los modernizadores, para luego tener que intervenir, de cuando en cuando, a fin de contrarrestar los resultados de su propia política; esto no consiguió más que hacerlo impopular y debilitar su propia autoridad. Así, pues, es a Pablo VI que se debe, más que a ninguna otra persona, que el Concilio fuera fundamentalmente defectuoso.

El sesgo que se manifestó en los actos del Concilio ha sido ampliamente comprobado desde que R. M. Wiltgen escribiera su historia, pero no ha afectado mucho la versión de que el Concilio representó una gran aurora de ilustración en la Iglesia. Se rechaza todas las críticas porque se da por supuesto que el partido progresista estaba triunfalmente en lo correcto. Lo cual se parece a la posición de los infalibilistas en el Primer Concilio Vaticano, que descartaron las críticas a sus métodos con la sencilla alegación de que sus oponentes no tenían la razón, y ellos, sí. Desde un punto de vista pastoral, sería difícil aducir que la historia posterior los ha desmentido. Pero el caso del Concilio Vaticano Segundo es muy diferente: el veredicto sobre él ha sido pronunciado por la historia de la Iglesia en el medio siglo que lo siguió, y considerando la invasión del secularismo, la atrofia de la vida espiritual, el estancamiento de las vocaciones, la vasta pérdida de influencia y de respeto que ha sufrido la Iglesia, la conclusión práctica no puede ser sino que los modernizantes se equivocaron. Se equivocaron por la agresiva imposición de su política, por priorizar su ideología a costa de las preocupaciones genuinamente pastorales, por su temerario reformismo que descuidó a la ortodoxia y a la tradición, por su pseudo-ecumenismo que ignoró la tradición cristiana oriental y, sobre todo, por su empeño por desdibujar la línea que existe entre la fe católica y la negación protestante de ésta. Hay que decirlo con claridad: el Concilio Vaticano Segundo fue una traición a la fe de la Iglesia. No se puede corregir sus consecuencias sino hasta que esa traición sea reconocida y revertida.

10
La inmutabilidad de la doctrina católica y la autoridad de los Concilios

LOS DOS TEMAS DE ESTE CAPÍTULO PERTENECEN al ámbito de la historia de la doctrina, por lo que, desde este ángulo, conviene tratarlos en conjunto; pero ello no implica que exista alguna otra conexión entre ellos. Si bien se topan en las extravagancias de la doctrina conciliar, repudiada por la Iglesia, no es desde esta perspectiva que se aborda la cuestión. Por eso no quisiera que se piense que estoy insinuando una especie de contraste entre la estabilidad normal de la doctrina católica y las perturbaciones que introducen los concilios.

LA INMUTABILIDAD DE LA DOCTRINA CATÓLICA

Uno de los errores más fundamentales que ha introducido el Concilio Vaticano Segundo es la creencia de que la doctrina católica está sujeta a alteraciones. Esta noción contradice la enseñanza de la Iglesia desde sus primeros tiempos. Ya en la época apostólica, se inculcó que una tradición inmutable es la regla de la fe. San Pablo advierte a sus discípulos: "si alguno os anuncia un evangelio diferente del que habéis recibido, ¡sea anatema!", y: "guarda el depósito. Evita las palabrerías mundanas y las discusiones de la falsa ciencia" (Gálatas 1, 9, y 1 Timoteo 6, 20). Eusebio, que escribe hacia el final de los tres siglos más formativos en la historia de la Iglesia, sacó como lección, de la lista de herejías surgidas en ellos, lo siguiente: "Pero el esplendor de la Iglesia católica, la única verdadera, que permanece siempre la misma y es inmutable, creció continuamente en grandeza y fuerza, proyectando, sobre la raza de los griegos y de los no griegos por igual, la luz pura, majestuosa, inmaculada, libre, sobria, de su ciudadanía y de su filosofía inspiradas"[1]. Palabras como éstas resuenan a lo largo de los siglos en cada afirmación de la autoridad infalible de la Iglesia, especialmente en tiempos en que la Iglesia ha repudiado las nuevas ideologías del protestantismo, del racionalismo y del liberalismo, sosteniendo contra ellas la inmutable fuerza de la tradición católica.

Hoy día, en cambio, los abogados de la innovación arguyen que las enseñanzas de la Iglesia han cambiado en el tiempo, y que el Concilio Vaticano Segundo no es en absoluto una novedad en este sentido.

---

[1] Eusebio, *Historia Eclesiástica*, Libro 7.

Creyendo que sus oyentes son necios, dichos innovadores piensan que si pueden descubrir un rasgo de la práctica de la Iglesia que no haya sido común en la década de 1950, habrán destruido la reivindicación de la continuidad. Ciertamente ha habido cambios en la devoción y en la práctica, y ha habido también desarrollos doctrinales para responder a los cuestionamientos heréticos o a los avances de la madurez intelectual. Sin embargo, lo que es axiomático es que la Iglesia no puede enseñar una doctrina en un determinado período de la historia, y otra que la contradice, en otro período. Si eso ocurre, lo afirmado en alguno de esos momentos será una traición a la fe. Muchos de los argumentos sobre el cambio doctrinal en la historia de la Iglesia son producto de una información tan mala que no vale la pena referirse a ellos, pero existen unos pocos casos que exigen un estudio detallado.

La acusación que los tradicionalistas hacen al Concilio Vaticano Segundo es haber innovado la doctrina, y lo mismo se aplica a los cambios surgidos después del Concilio. Un ejemplo de ello es el intento del papa Juan Pablo II de importar la condenación de la pena de muerte a la enseñanza católica. Con esta innovación se propuso condenar la práctica de los papas que gobernaron los Estados Papales, y la de los Estados eclesiásticos y de los reinos cristianos, muchos de cuyos gobernantes han sido canonizados como santos. Esto es un ejemplo de lo que sucede cuando se hace derivar la enseñanza de la Iglesia de fuentes del humanismo moderno, en vez de derivarlas de la tradición católica. La objeción que se puede hacer aquí es que ninguna de esas innovaciones fue hecha antes del Concilio Vaticano Segundo, y que las que se ha hecho en la actualidad son demostración de la postura herética a que el Concilio ha arrastrado a la Iglesia.

NO HAY SALVACIÓN FUERA DE LA IGLESIA

Esta doctrina no es de las que interesan aquienes impugnan la tradición, ya que sus ataques tienden a inspirarse, más bien, en los intereses sociopolíticos del liberalismo moderno. Sin embargo, hay que analizarla, ya que puede parecer que se ha enseñado inequívocamente una doctrina de que nadie puede salvarse fuera de la Iglesia visible -doctrina materializada en la bien conocida máxima *extra ecclesiam nulla salus*-. En los tiempos modernos, son pocos los que han estado dispuestos a defender una doctrina tan inflexible, y en 1953 un jesuita estadounidense, el P. Leonard Feeney, fue excomulgado por Pío XII por insistir en una interpretación rígida de ella.

Lo primero que hay que decir cuando se la examina, es que la doctrina *extra ecclesiam nulla salus* no fue, en la Iglesia primitiva, tan absoluta como pudiera creerse. En la época inmediatamente post-apostólica, Hermas enseña una doctrina que pone énfasis en el perdón, y escribe "Para los paganos hay arrepentimiento hasta el último día"[2]. El mártir San Justino, en el siglo II, rehusa explícitamente decir que los judíos no se salvarán, y enseña una doctrina muy inclusiva sobre los paganos, poniendo a los virtuosos en el grupo que Kark Rahner habría de llamar cristianos anónimos[3]. San Agustín enseña que aquéllos que no han oído hablar del Evangelio, o lo han oído en circunstancias que hacen imposible entenderlo, pueden salvarse de un modo que no conocemos.

Lo segundo que hay que decir es que, aunque los primeros cristianos estaban seguros de que Cristo es el único camino de salvación, no consideraron claramente el infierno como la otra alternativa. La posterior forma de comprender la doctrina *nulla salus*, que implicaba la condenación eterna de los que están fuera de la Iglesia, fue una aplicación de la lógica cristiana, que los primeros siglos no habían alcanzado todavía, y hace de la doctrina algo mucho más formidable. Las reservas que en este tema tenían los primeros cristianos desaparecieron en la Edad Media, cuando fue escaso el contacto con quienes estaban fuera de la Iglesia, a los que se consideraba como odiosos enemigos de la fe, sobre cuyo destino personal eterno los católicos no sintieron mucha necesidad de reflexionar.

Sin embargo, la Edad Media desarrolló la doctrina del Limbo, periferia del otro mundo, al cual, según la tradición, estaban confinados por un tiempo los virtuosos no bautizados. La doctrina tiene sus antecedentes en la enseñanza de San Pablo de que Cristo, antes de su ascensión, "descendió a las regiones inferiores de la tierra" (Efesios 4, 9), y de San Pedro de que "se fue a predicar también a los espíritus cautivos, en otro tiempo incrédulos" (1 Pedro 3, 19-20). Esta doctrina se incorporó al Credo de los Apóstoles en la cláusula "descendió a los infiernos", en tanto que Hermas nos expone una detallada doctrina sobre cómo los apóstoles y otros ministros cristianos descienden al mundo de los muertos, para conferirles el "sello" del bautismo y, de este modo, salvarlos[4]. Por lo general se descuida a Hermas como fuente de doctrina, pero éste puede haber oído personalmente las prédicas de San Pedro en Roma, y su obra nos proporciona un impactante cuadro de las creencias de la Iglesia primitiva. La doctrina del Limbo, que introduce una clara excepción al principio de que los que mueren fuera de la Iglesia no tienen esperanza de salvación, fue desarrollada posteriormente por los teólogos

---

[2] Hermas, *Shepherd*, Segunda visión, Cap. 2, v. 5.
[3] Justin Martyr, *Trypho*, Cap. 25-6, 47 and 64, *Primera Apología*, Cap. 8, 12 and 46, and *Segunda Apología*, Cap. 10.
[4] Hermas, *Shepherd*, Par. IX, Cap. 16, verses 5-7.

para proporcionar a los no bautizados una permanente vía de escape del infierno, sin concederles la recompensa del cielo. La doctrina de que los hombres virtuosos que mueren fuera de la Iglesia pueden disfrutar de un estado permanente de felicidad natural, sin la visión de Dios, es apoyada incluso por Santo Tomás de Aquino. Esto resulta curioso, porque el mismo Santo Tomás declara que "toda mente naturalmente desea la visión de la sustancia divina", y sólo se podría evitar que una existencia semejante fuera un eterno tormento si se suprimiera ese deseo natural. La doctrina más optimista de la doctrina del Limbo es la enseñada por Suárez, quien sostiene que los que están confinados a él resucitarán con cuerpos inmortales en el último día.

Para analizar el tema desde el lado contrario, hay que examinar los pronunciamientos realmente absolutos con que nos encontramos en la Edad Media sobre la necesidad de la fe como condición de la salvación. Quizá el más famoso es el llamado Credo Atanasiano. Lo primero que hay que advertir es que no se trata de una obra de San Atanasio: este Credo es posterior al Concilio de Calcedonia, y probablemente apareció en Europa occidental a comienzos del siglo VI. Además, el Credo mismo (con excepción de las definiciones trinitarias que incorpora, que son ciertamente infalibles) no fue jamás adoptado por ningún concilio de la Iglesia: su aceptación se basa sólo en la costumbre. Otros elementos, aparentemente absolutos, sobre la necesidad de la membrecía en la Iglesia, se pueden analizar con menos rigor. Se puede argüir que la declaración del Papa Bonifacio VIII de que "es absolutamente necesario para la salvación de toda alma el que esté sometida al Romano Pontífice"[5] tiene más el propósito de negar la validez de cualquier cristianismo que no esté en comunión con la Santa Sede que el de afirmar la condenación de todos los no católicos.

Junto con el desarrollo medieval de la doctrina del Limbo, surge también la del Purgatorio, que refina algunas creencias, presentes en los primeros siglos, sobre el destino de los pecadores. La tradición cristiana de Oriente, aunque menos detallada en este tema, no tiene problemas con esta doctrina, que es rechazada por el protestantismo. En la visión católica, se puede señalar su desarrollo como un significativo cambio en el pensamiento común: actualmente el camino hacia el cielo para casi todos los que se salvan es considerado como algo que pertenece no a la Iglesia Militante, como supone la creencia cristiana primitiva, sino a la Iglesia Purgante. En este estadio intermedio encontramos quizá el modo de preservar el papel de la Iglesia como camino de salvación, sin condicionarlo a los accidentes de la existencia terrena. Podemos así

---

[5] Papa Bonifacio VIII, Bula *Unam Sanctam*, 1302.

regresar a la parábola de Hermas como guía para lo que los apóstoles enseñaron sobre el destino de los justos que mueren sin bautismo. Si se acepta estas consideraciones, se abre la vía para una teoría en que, en la doctrina *extra eclesiam nulla salus*, la palabra "Iglesia" se interpreta como inclusiva de la Iglesia Purgante.

Sin embargo, hay que tener presentes algunos principios fundamentales. Uno de ellos es que la doctrina de la Iglesia se basa en las palabras de Cristo: "Nadie viene al Padre sino por Mí" (Juan 14, 6). Esta verdad no es susceptible de compromisos, e implica la necesidad de la salvación a través de la Iglesia, que es el Cuerpo Místico de Cristo. La humanidad puede elevarse al Padre sólo cuando es incorporada al Hijo Encarnado. No hay espacio para ninguna teoría, como las que hoy sugieren los partidarios del pluralismo, de que las almas pueden alcanzar el cielo a través de alguna otra fe. Si en una vida futura pueden ser salvados los que están fuera de la Iglesia, ello debe ser entrando a la Iglesia, arrepintiéndose, por cierto, de no haber entrado a ella en esta vida, si ello fue culpable, así como también de sus otros pecados. Otra verdad esencial es que Dios es justo y que vino al mundo a salvar a toda la humanidad[6], y es necesario armonizar ese principio con la salvación a través de sólo Cristo. No se trata de hacer más fácil la doctrina católica al indiferentismo de la época, sino de salvaguardar el carácter racional de la justicia divina, que no puede quedar condicionada por los accidentes de la vida terrena. En todos los períodos de la historia de la Iglesia ha existido una doctrina destinada a hacer posible la salvación de aquéllos que no parecen salvarse en este mundo. Actualmente, quizá preferiremos aplicar esas excepciones de modo amplio, pero es una cuestión que sólo podrá tener una respuesta exacta en la vida futura.

LA USURA

El caso con que más se insiste en el cambio de una enseñanza de la Iglesia es el de la usura. Sin embargo, a menudo el objetivo de quienes recurren a él es no tanto mostrar un cambio cuanto mofarse de las trasnochadas posturas católicas del pasado. Conviene recordar que John Maynard Keynes, cuando se puso a escribir su *Teoría General del Empleo* (1936), había terminado por aceptar que el descarte de la enseñanza medieval era un error: Keynes la consideraba una política válida, orientada a favorecer los préstamos productivos más que los no productivos. Esa doctrina, por tanto, merece un análisis.

---

[6] Las palabras de la liturgia tradicional de Viernes Santo, *Deus, qui salvas omnes, et neminem vis perire* (oración por los herejes y cismáticos) son un testimonio de la perenne creencia de la Iglesia en este tema.

Los primeros cristianos heredaron de los judíos la condenación de la usura, condenación que era, en esencia, odio a la extorsión. En la Edad Media, la escolástica revivió la crítica de la usura hecha por Aristóteles desde la teoría económica, condenándola como un delito contra la naturaleza propia del dinero. Siguiendo a Aristóteles, se refutó la defensa teorética de la usura como cobro por el "uso" del dinero prestado, señalándose que el dinero, a diferencia de otras cosas que pueden darse en arriendo, sólo puede usarse cuando se lo gasta. En apoyo del raciocinio de las escuelas, tenemos la autorizada definición del Concilio de Vienne (1311) de que es herejía negar que la usura es un pecado.

La enseñanza de Aristóteles trataba el dinero simplemente como un medio de intercambio, sin considerar su papel en la promoción de la producción; pero los escolásticos no siguieron ciegamente esta doctrina, como se supone por lo general. Santo Tomás de Aquino, apartándose de Aristóteles, hace una clara distinción entre el préstamo productivo y el no productivo. En el primero, un prestamista forma una sociedad con el comerciante o artesano, en la que retiene la propiedad del dinero, corre los riesgos de una empresa comercial, y goza de un título para participar en las ganancias[7]. El préstamo no productivo es considerado por Santo Tomás como algo radicalmente diferente: supone una transferencia de la propiedad del dinero, sin sociedad entre prestamista y prestatario, y sin compartir riesgos; y, en ausencia de un retorno productivo, la exigencia de un interés es una exigencia de algo -el retorno- que no existe.

Para decirlo en términos económicos modernos, el interés en los préstamos no productivos significa retirar dinero de la operación de la economía sin poner nada a cambio, hablando funcionalmente. Es verdad que, en la práctica, las ganancias de los prestamistas reingresan a la economía, pero lo hacen de modo unilateral, como nuevos préstamos usurarios, en tanto que, en los préstamos productivos, tiene lugar una justa participación en los beneficios del crecimiento económico. Si se compara ambos préstamos, tenemos que tratar los préstamos productivos como un método equitativo y económicamente adecuado, en tanto que los no productivos hacen ingresar dinero a los bolsillos de los usureros, sea que sus préstamos hayan dado origen a un beneficio o no. En las condiciones modernas, esto convierte a las instituciones que prestan dinero en un torbellino que succiona automáticamente el dinero sin tomar en cuenta el progreso económico. Esto se muestra, de un modo sumamente claro, en la imparable inflación que caracteriza a las economías modernas. El dominio del sistema de los países occidentales gracias a la

---

[7] Santo Tomás de Aquino, Summa, II-II, Q. 78: "Del pecado de usura," art. 2, respuesta a la objeción 5.

usura se completó a mediados del siglo XIX, y la inflación ha sido uno de sus rasgos constantes desde entonces. Sólo ha habido un puñado de excepciones, por ejemplo, en la década de 1930, y han sido el resultado, en su mayor parte, de durísimas recesiones que han sucedido a un gasto excesivo previo. Fuera de esos pocos casos, la inflación ha sido un rasgo permanente del sistema moderno, hasta el punto que los economistas creen que lo están haciendo bien si logran mantenerla menor a treinta o cuarenta por ciento en cada década. En el pasado, los reyes que pasaban dificultades económicas, devaluaban la moneda, defraudando a la totalidad de sus súbditos en beneficio del fisco; hoy día, el sistema financiero defrauda al público como política normal, y no conoce otra forma de funcionar. La causa de ello es la usura: la práctica de extraer riqueza de donde no se crea riqueza. De ahí la constante succión de riqueza por las instituciones que prestan dinero. El dominio de la economía por parte de éstas se ha ido haciendo cada vez más absoluto desde que en el siglo XIX emergieron los grandes bancos y los financistas internacionales. Podemos ver aquí lo que comenta Santo Tomás, de que la usura "evidentemente conduce a la desigualdad, la cual es contraria a la justicia"[8]. Al decir esto, Santo Tomás consideraba el enriquecimiento personal de un pequeño número de usureros; el sometimiento de toda la economía a instituciones usureras refuerza aún más este juicio.

Además del inexorable enriquecimiento de los prestamistas de dinero, el otro mal de una economía usurera, como se dijo en el capítulo anterior[9], es su incentivo a la sobre-inversión, con el resultado de la sucesión de auges y caídas que caracteriza al sistema capitalista. Ellas, que tuvieron su ensayo en la Holanda de 1637 y en la Inglaterra y la Francia de 1720, se hicieron cíclicas desde el siglo XIX en adelante. Los apologetas arguyen que, a pesar de esos reveses, las finanzas usureras han sido centrales en el gran crecimiento de la economía capitalista y, sobre todo, en su no igualado estímulo de la producción. El argumento es verdadero, pero no hace que la usura sea un sistema ético. Ocurre que también la guerra es un gran estimulador de la producción, pero ello no hace de la guerra una vía moral o sana de promoción del desarrollo. El argumento mencionado supone el ethos capitalista, en que la riqueza y el lucro son considerados un valor absoluto; pero la enseñanza económica cristiana posee otros criterios de valoración. Hay que admitir que una economía no usurera, que permite las ganancias sólo de los préstamos productivos, habrá de tener un carácter más lento, pero también evitará las fluctuaciones del capitalismo usurero. Las injusticias

---

[8] Ibid., 1st Article.
[9] Ver pp. 112-13.

causadas por los mercados inflacionarios colapsan en depresiones, que son igual de visibles hoy en día como en todo el último siglo y medio; enormes cantidades de trabajadores pierden su trabajo sin culpa de su parte; el valor de la propiedad y de las inversiones desaparece, y desaparece incluso la frecuentemente precaria propiedad de la casa habitación de las personas; la economía usurera infla los precios más allá de toda justicia en tiempos de alza, y destruye el valor cuando llega el momento de los ajustes; y los que son sorprendidos en descampado quedan cargados de deudas que no pueden pagar. Como tales injusticias son recurrentes en quienes las sufren, hay muchos que consideran este tipo de capitalismo como el orden natural de las cosas, en tanto que los disidentes, de modo igualmente necio, se vuelven hacia soluciones socialistas confiscatorias.

Es una ironía el que, a medida que la sociedad moderna fue cayendo bajo el dominio de la usura, la enseñanza de los teólogos católicos perdió el contacto con el pensamiento económico y con la propia doctrina de la Iglesia. Después de Santo Tomás, no surgió ninguna gran inteligencia práctica capaz de relacionar la ética católica con la práctica económica; la doctrina de la Iglesia cayó en manos de teólogos de seminario que no la comprendieron. Su lejanía de la teoría económica de su época se advierte en el hecho de que, en el siglo XX, repiten todavía el rechazo aristotélico al argumento de que el interés es un cobro por el "uso" del dinero, argumento que ningún economista ha usado desde hace siglos. Igualmente desubicados fueron los cambios que se hizo a la doctrina de la Iglesia mediante la introducción de requisitos para la prohibición de la usura: así, por ejemplo, se dijo que un prestamista podía cobrar intereses para compensar su ausencia de ganancias por haber hecho el préstamo (i.e., por no haber podido invertir de otra forma) o como un modo de asegurarse contra la pérdida de la cantidad prestad. Además de hacer ineficaz la prohibición, estos argumentos muestran la incapacidad de captar el principio mismo, que se funda no en las posibles razones para cobrar un interés sino en la falta de un fundamento económico para pagarlos. Así, pierden, de hecho, el principio esencial de la doctrina adecuada, que es la distinción entre préstamo productivo y préstamo improductivo. Si un préstamo es productivo, un beneficio de incluso ciento por ciento no es usurario (aunque sí sería exorbitante); si un préstamo no es productivo, incluso el mínimo interés cobrado, con el fundamento que se quiera, es usurario y prohibido. Otro aspecto de la miopía de los teólogos es que abordaron la cuestión de la usura meramente como una de moral personal, sin ver sus implicancias para la teoría económica. De ahí el fracaso en relacionar la doctrina sobre la usura con la visión que tiene la Iglesia del sistema capitalista y las críticas que progresivamente ha ido haciendo de él en la doctrina social de los papas. Mientras los socialistas atacaron el capitalismo como inmoral sobre la base de una teoría artificial, no hubo ningún teólogo católico que dijera que su inmoralidad surge de una causa bien específica, un sistema movido por el pecado de usura.

Hoy vivimos en un régimen económico en que la dominación que ejerce la usura es todopoderosa. Sin embargo, ello no debiera impedir que los moralistas sostengan la doctrina católica, o que ésta ofrezca a los problemas respuestas tan válidas hoy como siempre. Así, unos de los peligros reconocidos del sistema financiero moderno es la enorme deuda que tienen los países subdesarrollados con el mundo rico. Si se toma como guía la doctrina católica, se puede señalar qué patrón de inversiones tan diferente habría existido si la devolución de los préstamos a los países más pobres estuviera determinada por la capacidad de éstos de aumentar su productividad, en vez de estar sometida a una arbitraria tasa de lucro definida por el mundo capitalista. Frente a este problema, los expositores más recientes de la moral católica han buscado a tientas soluciones filantrópicas carentes de fundamento económico, sin ver que la doctrina tradicional de la Iglesia proporciona una respuesta que es tan justa como económicamente sólida.

Hay otros ejemplos más cercanos. Hoy los ecologistas hablan del daño causado por la proliferación de automóviles, que es una situación causada por la usura, por cuanto es lucrativo para los bancos financiar la adquisición de millones de automóviles particulares. Se puede señalar, como paralelismo, qué monstruosidad habría sido la red de ferrocarriles si se la hubiera construido sobre la base del principio de permitir a cada persona circular por ella en su vehículo particular; sin embargo, tal ha sido el principio que ha dado forma al transporte moderno. Si no hubiera préstamos disponibles para la adquisición de autos particulares (para ser precisos, si fuera ilegal cobrar intereses por tales préstamos), el moderno sistema vial, como el de los ferrocarriles, habría sido diseñado principalmente para proporcionar un eficiente servicio público. Durante mucho tiempo se supuso que la producción industrial y la libertad del individuo para comprar su propia máquina dispendiosa eran los dos únicos factores relevantes para este tema; pero hoy la opinión se vuelve contra un rasgo de la vida moderna que poluciona el aire, perturba la vida de las ciudades, y sepulta el paisaje bajo cada vez más kilómetros de asfalto. El triunfal argumento del capitalismo, la abrumadora fuerza de su sistema económico, ha comenzado a perder su poder imbatible, a medida que la gente cuestiona la suposición de que una actividad industrial sin restricciones es una absoluta bendición. Pero, ¿quién está dispuesto a decir que viviríamos en un mundo más sano si el desarrollo económico hubiera seguido la enseñanza moral católica en vez de la de un capitalismo desenfrenado?

Si se acepta que la doctrina de la Iglesia sobre la usura es buena, hay que responder la pregunta de si se la ha cambiado. Hablando en rigor, no ha cambiado. Nunca ha existido una revocación autorizada de la doctrina medieval, y ella siguió, en la práctica, siendo enseñada en los seminarios hasta que la docencia escolástica fue destruída por el Concilio Vaticano Segundo. Desgraciadamente fue enseñada y aprendida por personas que no captaron su principio propio, y por ello se transformó en letra muerta para el pensamiento corriente. Sin embargo, ello no hace del tema de la usura un precedente de cambio doctrinal; más bien, es una lección concreta del descarrío de una doctrina.

OTROS PROBLEMAS

A veces se cita algunos otros pocos puntos de doctrina como ejemplos de cambios, pero por lo general son ejemplos de errores de política. Que la Iglesia ha incurrido en ellos es algo que se puede admitir fácilmente -los peores son los que han arrasado con ella desde el Concilio Vaticano Segundo-. Algunos de esos casos han sido tratados en capítulos anteriores, e incluyen los de los papas supuestamente herejes y la condenación de Galileo. Este último necesita algún comentario adicional en lo que se refiere al cambio doctrinal, además de las correcciones factuales que se pueden en hacer en un estudio detenido del caso. Es legítimo señalar que la condenación de Galileo no fue una expresión de los procedimientos legales normales de la Iglesia, y que tuvo su origen en los intereses personales del papa ofendido e incluso en las acciones deshonestas de éste; con todo, la Iglesia carga con la responsabilidad de su condena, como quiera que se haya llegado a ella. Es justo decir que, durante casi un siglo, la autoridad eclesiástica elevó un supuesto hecho físico a la categoría de una verdad semi-religiosa, que, desde esa época, ha sido privada de tal categoría. Esta situación implica, en cierto sentido, un cambio en la doctrina. Una vez que se ha reconocido esto, la diferencia entre este caso y los analizados previamente es fácil de ver. La geocentricidad jamás fue una doctrina propia del pensamiento teológico o moral de la Iglesia. Fue, sencillamente, como se había supuesto durante siglos, una verdad de la naturaleza, aparentemente apoyada por las palabras de las Escrituras. De igual modo, la revocación de la condena de Galileo no constituye una nueva doctrina de la Iglesia sino simplemente la aceptación de un hecho comprobado científicamente.

El error de la condenación de 1633 fue que transformó una prohibición de enseñar la teoría heliocéntrica -una medida razonable mientras ella no fuera comprobada-, en una declaración de que la teoría era herética. Ello ciertamente influyó en las creencias de los católicos durante dos o tres generaciones, pero se puede hacer la distinción entre semejante clima de pensamiento y la enseñanza positiva. Si la Iglesia hubiera persistentemente enseñado por cualquier período de tiempo que el sol da vueltas en torno a la tierra, y que tal idea formaba necesariamente parte de la fe religiosa, habríamos tenido un caso más claro de error doctrinal; pero difícilmente se puede afirmar que tal fue aquí el caso, incluso en el período entre la condenación de Galileo y la publicación de los *Principia* de Newton. En términos generales, toda condena papal o excomunión constituye una autorizada guía en cuanto a que la doctrina censurada no es permisible, y los católicos fieles deben atenerse a esa guía; pero son posibles los errores individuales, y los católicos tienen derecho a cuestionarlos sobre bases sólidas, si ello se hace con espíritu de fidelidad a la genuina doctrina tradicional. Una postura diferente surge cuando ha existido una coherente condena de una doctrina durante un período largo de tiempo, como en el caso del jansenismo y del liberalismo moderno. Cuando ello ocurre, tenemos que decir que tiene lugar un innegable acto de magisterio de la Iglesia, y quienes insisten en oponerse a él deben ser considerados herejes intencionales.

La moralidad de la guerra es otro ejemplo en que se ha denunciado un cambio en la doctrina de la Iglesia. Este es también un caso en que el verdadero objetivo de las críticas ha sido desacreditar el ethos del pasado. En realidad, es imposible demostrar ningún cambio en la doctrina entre la cristiandad primitiva y la Iglesia medieval, con su espíritu supuestamente belicoso. Incluso el concepto de una guerra santa, explicitado en las Cruzadas, puede ser asimilado a la actitud de los cristianos ante la victoria de Constantino sobre los paganos. En la batalla del Puente Milvio, Constantino recibió la visión de la cruz con el lema *in hoc signo vinces*, y su victoria fue considerada providencial por la Iglesia. En tiempos paganos, los cristianos sirvieron en el ejército imperial y se destacaba su lealtad como un mérito[10]. La condenación de la guerra por los primeros escritores cristianos fue, simplemente, más vaga que los esfuerzos hechos en los siglos posteriores por hacer regir la Tregua de Dios o por desarrollar una doctrina de la guerra justa.

En los temas tratados en este capítulo se puede decir que ha habido un desarrollo de la doctrina, pero ello no implica un cambio de la misma. Lo que la Iglesia no puede hacer es enseñar una doctrina en una época

---

[10] Véase, por ejemplo, la anécdota narrada por el mártir San Justino alrededor de 50 DC, de las oraciones rezadas por los soldados cristianos por el ejército y el emperador, agradecidas oficialmente por el emperador (*Primera Apología*, cap. 71).

y la doctrina opuesta en una posterior. Mucho menos puede condenar derechamente una doctrina durante un lapso de tiempo y proceder a enseñarla inmediatamente después. Esta es la postura en que ha caído la Iglesia moderna en sus esfuerzos por atraer al mundo contemporáneo, especialmente en lo relativo a su doctrina sobre la libertad de religión y sobre la ideología del liberalismo secular. Estos no son ejemplos de desarrollo de la doctrina sino de franco cambio de la misma. Si se insiste en que las innovaciones deben contrastarse con la doctrina católica tradicional y la auténtica filosofía de la Iglesia, podemos con razón rechazarlas.

Además de los cambios en la doctrina oficial producidos por el propio Concilio Vaticano Segundo, tenemos el clima general de pensamiento que lo ha seguido. En un contexto revolucionario oficialmente alentado, el supuesto es que todo está expuesto al cambio. Por ejemplo, la doctrina sobre la ética sexual o la norma del celibato sacerdotal. A medida que aumenta el desprecio de la tradición, aumentan también los temas en que se exige innovaciones. Así, tenemos hoy la exigencia de la ordenación de las mujeres, exigencia en que no hace mella ningún pronunciamiento de la autoridad. Cuando el Papa Juan Pablo II reafirmó, en 1994, la doctrina católica sobre este tema, un cierto Mons. Brown, autor de un libro de apoyo a la ordenación femenina, declaró públicamente "No creo que lo que ha dicho el papa no pueda ser revisado. En la Iglesia los estados de ánimo cambian tanto como el clima". Esa es, en verdad, la Iglesia que tenemos hoy, arrastrada por cualquier viento de opinión. De ahí que incluso las actitudes progresistas del tiempo del Concilio Vaticano Segundo no son ya las del actual paisaje radical. El movimiento carismático, o el evolucionismo de Teilhad de Chardin, que produjeron tanto entusiasmo en su época, han quedado marginados y retroceden ante ídolos nuevos, como el del feminismo. Imprimiendo velocidad a esta mentalidad, los herederos de la renovación conciliar exigen hoy una revisión general de todas las actitudes cristianas. Así, objetan la "anticuada" imagen de la mujer en la Biblia y quieren la supresión de textos de las Escrituras que hablan de mujeres obedientes a los hombres. "El lenguaje dominado por la masculinidad que se usa para describir a Dios" debe ser también revisado, incluso el del propio Cristo cuando se dirige a Dios como "Padre". Los renovadores del mensaje cristiano quieren que se piense a Dios como una madre. En el pasado, los rebeldes se creyeron obligados o a apelar a la Biblia, o a aceptar auto-condenarse; pero la arrogancia de la cultura de nuestros días deja atrás esos escrúpulos, y sus partidarios están totalmente dispuestos a censurar las Escrituras de acuerdo con sus fines.

Enfrentados con tales movimientos, los portavoces de la Iglesia oficial quedan sin respaldo sólido en su intento de resistirlos. Habiendo abandonado la ciudadela de la tradición católica, se encuentran ahora en la tierra de nadie de un conservadurismo ilógico, dependiente, en cuanto a la aceptación o rechazo de las novedades, del albur de las decisiones papales. Una posición que nace de la aceptación de los modos modernos de pensamiento, carece de criterios para rechazarlos. En esto contrasta con la histórica postura de la Iglesia católica, que reconocía que la tradición católica y la ideología del mundo post-moderno son sistemas radicalmente opuestos, y que un católico ortodoxo tiene que tener una clara conciencia de la contradicción entre ellos. Esto no implica cerrar los ojos a la ideología moderna, sino entender dicha ideología con la mente apoyada en la verdad católica y capaz, por tanto, de criticarla radicalmente. El legado del Concilio Vaticano Segundo ha sido despojar a la Iglesia de esa capacidad, y ha llegado a un insustancial compromiso con el pensamiento moderno, cuyas demandas se encuentra incapaz de satisfacer. Y mientras la Iglesia oficial se pavonea con su modernización, los descontentos la abruman con sus acusaciones de ser reaccionaria.

LA AUTORIDAD DE LOS CONCILIOS

El Concilio Vaticano Segundo introdujo cambios que hacen a la Iglesia irreconocible, mirada desde la tradición. El Concilio fue él mismo responsable de algunos de ellos; otros han sido realizados, con autoridad o sin ella, después de clausurado. Pero si se acepta la idea de que el Concilio es, en algún grado, la fuente de todos ellos, hay que examinar el tema de la autoridad conciliar. Este examen ha sido aplicado por la teología católica a la autoridad de los papas. La posibilidad de que un papa sea hereje ha sido detalladamente analizada, y se ha llegado a una clara posición doctrinal; pero la posibilidad de que lo sea un concilio sigue rodeada de cierto grado de ambigüedad.

Es perfectamente conocida la idea de que han existido en la historia de la Iglesia concilios que han sido, de algún modo, heréticos. Los llamados concilios arrianos de Milán, Sirmium, Ariminum, Seleucia y Constantinopla (355-60) son ejemplos de concilios considerados heréticos, y se tiene la misma opinión del decreto *Sacrosancta* del Concilio de Constanza (1414), que expresó la superioridad del concilio sobre el papa. El problema que plantean éstos es resuelto, en la doctrina convencional, por el argumento de que estos concilios fueron inválidos. La autoridad de los concilios arrianos fue rechazada a los pocos años de su realización. En cuanto al Concilio de Constanza, aunque figura entre los concilios reconocidos por la Iglesia, se sostiene que se hizo válido sólo en 1415, luego de que fuera convocado oficialmente por el legítimo papa, Gregorio XII. Así, la teología católica ha podido asumir que un concilio no puede ser formalmente legítimo y, al mismo tiempo, herético en su doctrina.

Esta aceptación, sin embargo, invita a una objeción, ya que se acepta que un papa puede ser hereje, y dos papas, Liberio y Honorio, han sido condenados por sus actos oficiales. Si se sostiene esta distinción [entre papas y concilios], ello implica que la autoridad de los concilios es mayor que la del papado. Podría parecer una bienvenida idea el que la Iglesia, deliberando como una totalidad, tiene una mayor infalibilidad que un papa individual; pero ello sería contrario a la promesa del Señor, que funda la indefectibilidad de la Iglesia sobre la Roca de Pedro (Mateo 17, 17-19). No es ningún celo papista, sino la fidelidad a las palabras de Cristo, lo que nos obliga a reconocer que la inmunidad de herejía de los concilios no puede ser mayor que la de la Sede Petrina.

Si analizamos, además, la cuestión de los concilios heréticos, nos encontraremos con que los intentos técnicos de desestimarlos no son totalmente satisfactorios. Para tomar primero el caso más sencillo, el de Constanza, los teólogos se han preocupado principalmente de la cuestión de si el decreto *Sacrosancta* debiera incluirse entre los actos válidos de ese concilio, y de si el Papa Martín V implícitamente lo aceptó al reconocer el concilio; si lo hizo, surgiría un grave problema teológico. Pero si se responde a ambas cuestiones por la negativa, no se soluciona del todo el problema. Incluso si decimos que el Concilio de Constanza, legítimo a partir de 1415, no fue responsable de *Sacrosancta*, ese mismo concilio no repudió el decreto sino que siguió siendo conciliarista tanto en su doctrina como en sus políticas. Constanza nos da el ejemplo de un concilio, reconocido por toda la Iglesia, que promovió, al menos implícitamente, una doctrina falsa sobre la naturaleza de la autoridad. Las dañinas consecuencias posteriores para la Iglesia incluyen la disputa entre el Concilio de Basilea y Eugenio IV, un cisma menor, pero peligroso, desde 1439 hasta 1449, y el control que la dotrina galicana tuvo en algunos sectores de la Iglesia durante los siguientes cuatro siglos. Admitamos que el Concilio de Constanza fue movido por la buena intención de reparar un cisma escandaloso; con todo, la falibilidad con buena intención puede ser tan perjudicial como una herejía deliberada. Un concilio de tendencia herética, cualesquiera sean las excusas que se dé, no puede tener autoridad. Esta es la actitud que, tácitamente, han tomado los teólogos en el caso del Concilio de Constanza, pero el problema no ha sido encarado de frente. Hay que admitir la dificultad de que un concilio sea legítimo en su *status* pero carente de autoridad por haber adoptado, incluso no formalmente, una doctrina herética.

En cuanto a los concilios arrianos, la actitud general ha sido descartar su validez sobre la base de que fueron convocados por presión del emperador; y así lo fueron, efectivamente, pero no más que varios otros concilios reconocidos. La idea de un concilio convocado por una autoridad eclesiástica libre de influencias seculares sólo surgió en la cúspide de la Edad Media. Para decirlo teológicamente, vale la pena tener presente que, mientras el papado es de origen divino, lo mismo que el episcopado, los concilios eclesiásticos fueron inventados por un gobernante secular no bautizado que deseaba imponer una unidad doctrinal en su imperio. El Concilio de Nicea (325) fue reunido por el Emperador Constantino, sin tomar en cuenta la verdadera naturaleza de la autoridad eclesiástica ni, en particular, los derechos de la Sede Romana; sin embargo, sus actos no fueron distorsionados por la política imperial. El Primer Concilio de Constantinopla (381) es un caso diferente por dos motivos. De hecho, no fue en absoluto un concilio general, sino un sínodo oriental convocado por Teodosio cuando se convirtió en Emperador de oriente al suceder a Valente, que había impuesto el arrianismo en su mitad del imperio[11]. Teodosio, que era un occidental, se dio prisa en restaurar la ortodoxia, y el Concilio de Constantinopla fue convocado para ratificar su decisión. Fue sólo posteriormente que el de Constantinopla fue reconocido como uno de los concilios ecuménicos de la Iglesia, reconocimiento que se debió al hecho de haber promulgado un credo, incorrectamente conocido como Credo Niceno, que fue considerado universalmente como el símbolo de la ortodoxia.

Con el Concilio de Calcedonia (451) nos encontramos con un caso de más profunda influencia imperial. El Emperador de Oriente Teodosio II había favorecido la escuela teológica alejandrina o monofisita, que negaba que hubiera dos naturalezas en Cristo. Teodosio II promovió un concilio partidista en Efeso en 449, que sostuvo la doctrina monofisita y fue denunciado por el Papa León como "Concilio Ladrón". Cuando Teodosio murió el año siguiente, fue sucedido por su hermana Pulqueria quien, con su marido Marciano como emperador, adhirió a la doctrina romana, y decidieron convocar a un concilio para restaurar la ortodoxia en Oriente, igual como había hecho Constantinopla en 381. El Papa León no quería provocar revuelos, puesto que los monofisitas ya se habían sometido de hecho a la voluntad imperial, pero Pulqueria y Marciano insistieron en un concilio, que se reunió en la ciudad de Calcedonia (actualmente un suburbio de Constantinopla). En sesiones presididas por comisionados imperiales, el concilio declaró la doctrina ortodoxa y se depuso a Dióscoro, obispo de Alejandría. Sin embargo, casi todo Egipto se alineó tras Dióscoro y sus sucesores, ilegalmente consagrados. Y desde entonces el cisma monofisita, que abarca a partes de Asia y también a Egipto, ha

---

[11] Ver p. 9.

dividó a la cristiandad oriental. Cuando pensamos que los desacuerdos sobre el dogma surgieron de la negativa de los teólogos alejandrinos a aceptar una definición diferente del término "naturaleza" (*phusis*), que le era opuesta, podríamos pensar que las cosas se hubieran dado mejor si se hubiera seguido el instinto del papa León y no se hubiera reunido el Concilio de Calcedonia, dejando que la solución de las diferencias sobre la terminología se encontrara mediante un diálogo posterior más tranquilo.

Se acepta por lo general que todos los demás concilios de la Iglesia antes de su división fueron también resultado de las políticas imperiales de Oriente. En 554 se reunió el Segundo Concilio de Constantinopla para tratar de encontrar la reconciliación con los monofisitas, y en el intento se condenó los Tres Capítulos. Se obtuvo para ello el consentimiento del Papa Vigilio, sometido éste a una gran presión por parte del emperador, y se provocó un cisma en algunas partes de Occidente. Aunque las condenas de este concilio son aceptadas como doctrinalmente correctas, la opinión de Occidente tiende a cuestionar la sabiduría de perseguir la obra de tres teólogos muertos, que no habían formado escuela alguna, con el fin de reconciliar a una iglesia cismática. De igual modo, el Tercer Concilio de Constantinopla (680-81) se reunió luego de una serie de cambios en la política imperial cuando, después de la caída de Egipto ante la conquista musulmana, se dejó de lado la reconciliación con los monofisitas, prefiriéndose la reconciliación con Occidente[12].

Con el Segundo Concilio de Nicea (787) y el Cuarto Concilio de Constantinopla (869-70) se nos presenta de nuevo la cuestión de la restauración de la ortodoxia en Oriente después de épocas de herejía y de cisma. En el primer caso, la Emperatriz Helena quiso restaurar la piedad tradicional después del ataque a las imágenes sagradas y a la vida monástica realizado por los emperadores iconoclastas. En el segundo, lo que había que sanar fue el cisma con Occidente causado por el nombramiento de Focio como Patriarca de Constantinopla. Basilio I, que usurpó el imperio en 867, depuso a Focio y procuró la reunificación con Roma. En ambos casos, la política imperial fue la que determinó las decisiones de los concilios.

Con estos ejemplos a la vista, el argumento de que los concilios arrianos de 355-60 son inválidos porque tuvieron lugar por presión imperial pierde su fuerza; y, de hecho, no fue ése el fundamento por el que se los rechazó en su propia época. Se negó su autoridad simplemente porque se abandonó su doctrina. Esto plantea el problema de cómo llegó a ser reconocida la autoridad de los concilios generales. Durante la crisis arriana, la creencia en la infalibilidad del Concilio de Nicea no era todavía corriente,

---

[12] Sobre estos dos concilios, ver pp. 15-16.

y no fue sostenida ni por los ortodoxos. Fueron los Concilios de Efeso (431) y de Calcedonia los que definieron que Nicea era irreversible, al tiempo que declaraban también la autoridad dogmática del Primer Concilio de Constantinopla. El Papa Gregorio Magno (590-603) dio forma definitiva a la creencia así establecida, al poner a los "cuatro Concilios de la Iglesia" -Nicea, Constantinopla, Efeso y Calcedonia- en un mismo nivel con los cuatro evangelios como fundamento de la doctrina de la Iglesia. La selección de Gregorio Magno de los cuatro concilios aceptó, por una parte, el sínodo solamente Oriental de Constantinopla de 381 y, por otra, pasó por alto el controvertido concilio de 554 en la misma ciudad, aunque la Sede Romana lo había formalmente aceptado. Esto refleja un clima de pensamiento en que la autoridad de los concilios se fundaba en su doctrina, y no la doctrina en la autoridad de los concilios.

Una vez que se aceptó definitivamente el mencionado carácter de los cuatro concilios, el desarrollo de la doctrina llevó a considerar a los concilios como poseedores de una autoridad infalible por sí mismos. Según esta idea, la aceptación o rechazo de un concilio no puede depender de su doctrina sino de la forma misma de constitución del concilio. Esto ha provocado dificultades en relación con el Concilio de Constanza. Los defensores de la ortodoxia han favorecido un engañoso estilo de pensar que pone el acento en las credenciales formales que podrían determinar la validez o invalidez de un concilio. Esto deja el problema expuesto a las diferencias entre las opiniones de los expertos y, en todo caso, como se expuso anteriormente, el enfoque legalista no soluciona enteramente los problemas. Hablando teológicamente, el auténtico criterio de la legitimidad de un concilio debe ser si verdaderamente representa a la Iglesia, tema en que el consentimiento de la Sede Romana queda inevitablemente involucrado.

A la luz de este principio, se hace necesario reconsiderar el estatus de los "concilios arrianos". Primeramente, si la doctrina moderna de la autoridad de los concilios es verdadera, hay que reconocer que se les aplica también a ellos, aunque ello no haya sido así en aquel tiempo. No se puede recurrir al argumento de que esos concilios no son válidos sencillamente porque no han sido jamás reconocidos; la validez de los concilios de la Iglesia debe determinarse por normas teológicas objetivas. En lo que se refiere a este tema, se puede omitir los concilios de Milán y de Sirmium (355-58), ya que, no obstante su importancia en la disputa arriana, fueron sínodos regionales y no propiamente concilios generales. Por otra parte, no puede haber duda de que los concilios de Ariminum y de Seleucia (359) fueron plenamente representativos de las dos partes del mundo cristiano, en tanto que el encuentro de sus delegados en Constantinopla (360) unió sus decisiones, y tiene motivos más poderosos para ser considerado el Primer Concilio de Constantinopla que el sínodo de 381. Tomados en conjunto, y con la aprobación del Papa Liberio, estos concilios forman una parte de la autoridad doctrinal de la Iglesia que no puede ignorarse.

Así, pues, si estos concilios no pueden ser desestimados simplemente por su doctrina, o porque no son universales, o porque nunca han sido efectivamente reconocidos, ¿qué razones van quedando para rechazarlos? Sólo el argumento de haber sido realizados debido a presiones imperiales. Pero, usando este mismo criterio, casi todos los concilios de la Iglesia antes de su división debieran ser rechazados[13]. Sería una petición de principio decir que las presiones exteriores invalidan un concilio cuando sus decisiones son heréticas, pero no cuando son ortodoxas. De hecho, las lecciones que podemos sacar de la historia de las irregularidades de los concilios es cuán necesaria resulta la doctrina de que los concilios están divinamente protegidos del error; porque el relato de esas asambleas difícilmente podría conducir por sí mismo a esa conclusión. Dicha doctrina implica que las presiones externas no invalidan ni el concilio mismo ni sus definiciones doctrinales. La causa contra los "concilios arrianos" tiene que fundarse en otras razones.

Afortunadamente esas otras razones existen, e implican una modificación de la actitud que condena esos concilios como, sencillamente, heréticos. El hecho es que describir esos concilios como arrianos, es una exageración. No es arrianismo ni herejía decir que el Hijo es "como el Padre en todas las cosas"; y, de hecho, la doctrina del *homoiousion* no ha sido jamás formalmente anatemizada. Lo que ocurre es que, sencillamente, en el contexto de su época, tal definición fue insuficiente para proteger la ortodoxia, y dio pie para el florecimiento de la herejía. Ello fue una falla grave, y justifica que la Iglesia repudiara los concilios, pero necesitamos ser precisos en cuanto al fundamento del repudio. Si se sostuviera que esos concilios definieron francamente una herejía, sería imposible aceptarlos como verdaderos concilios sin socavar la fundamental doctrina de la autoridad conciliar; pero si solamente decimos que la doctrina del *homoiousion* fue inadecuada o engañosa, se puede incluír las asambleas responsables de semejantes doctrinas en otra categoría, realmente escandalosa pero posible: la de los concilios cuya autoridad se rechaza porque son culpables de haber dado pie a la herejía.

---

[13] Hay un argumento papista según el cual la mayoría de estos concilios podrá ser aceptado debido a que, aunque pudieran ser arbitrarios en el contexto oriental, estuvieron perfectamente de acuerdo con las decisiones de la Sede Romana. El argumento falla en el caso del Segundo Concilio de Constantinopla, aprobado por Vigilio tan de mala gana como lo fueron los decretos arrianos por Liberio.

Aunque esto no es la visión tradicional que se ha tenido de los "concilios arrianos", es paralela a los casos de papas "herejes", que fueron condenados en su época no por enseñar efectivamente una herejía, sino por parecer aceptarla. Aunque reconociendo que la infalibilidad resulta afectada por esos casos, la teología moderna necesita hacer distinciones más precisas que lo que la indignación de la Iglesia primitiva creyó necesarias. Tales distinciones se refieren a las condiciones en que un papa o un concilio pueden ser infalibles o, por el contrario, herejes. Hay que tener presentes tres puntos que convienen tanto a la autoridad conciliar como a la autoridad papal. Primero, es un axioma el que las definiciones dogmáticas de un concilio son infalibles. Segundo, la doctrina general de los concilios es, en circunstancias normales, autorizada, aunque no sea infalible. Tercero, sin embargo, tal como hemos argumentado antes, tenemos que reconocer una categoría de concilios en que se pueda incluír al Concilio de Constanza y a los llamados concilios arrianos: la categoría de los concilios que, sin declarar explícitamente una doctrina herética, dan pie a la herejía y carecen, por tanto, de autoridad.

Si se acepta este punto, surge la cuestión de cómo se reconoce y denuncia a tales concilios; y ella puede ser respondida también por los precedentes históricos. La autoridad de los "concilios arrianos" fue bien pronto repudiada. En el Occidente, se entendió que era nula tan pronto como el Emperador Constancio murió en 361; en Oriente, San Atanasio tuvo que seguir sosteniendo, hasta el fin de su vida, su posición frente a un emperador arrianizante y a obispos obsecuentes. San Atanasio repudió la autoridad de los últimos concilios y tuvo razón al hacerlo. Cuando se ganó la batalla con el Concilio de Constantinopla en 381, ello no se debió a que se hubiera alcanzado un acuerdo sobre el estatuto de las definiciones conciliares sino a que se reconoció, en la práctica, la doctrina trinitaria de la Iglesia. No hubo teólogo que se preocupara de nociones posteriores de la infalibilidad conciliar, pero si lo hubiera habido, podría haber sostenido con justicia que, en cuestiones de autoridad, el asunto no estaba todavía claro. Podría haber señalado que la doctrina del *homoiousion* había sido declarada por tres concilios, en representación, por separado y en conjunto, de toda la Iglesia, en tanto que la doctrina del *homoousion* había sido decretada solamente por sínodos regionales en Oriente y Occidente. Las dudas no habrían desaparecido sino hasta que se hicieron las declaraciones de Efeso y de Calcedonia, y se aceptó que las definiciones de Nicea y de Constantinopla eran irreversibles.

Después del Concilio de Constanza, pasó mucho más tiempo antes de que se formulara el ataque en su contra. Durante el siglo XV, no fue común la distinción, formulada posteriormente por los apologetas del papado, entre la inválida primera sesión del concilio y sus sesiones legítimas a partir de 1415. La mayoría de los fieles consideraba válido a todo el concilio, y habría creído que el sometimiento a él exigía aceptar su doctrina de la superioridad de los concilios sobre el papa. Pero tuvieron razón los católicos que sostuvieron que el Concilio debía ser repudiado. Su postura fue alentada por los papas que condenaban la doctrina conciliarista, aunque pudiera haber observadores que descartaran esta actitud por ser interesada. Cuando el Quinto Concilio Lateranense condenó al de Constanza, cualquier teólogo pudo darse cuenta de que, en cualquier caso, había que repudiar la autoridad de uno u otro de estos concilios. Lo que desacreditó, en la práctica, al Concilio de Constanza, fue la doctrina de la autoridad papal propagada por la Contra-Reforma. En algunos sectores de la Iglesia, especialmente en Francia, se siguió sosteniendo la autoridad de Constanza por muchas generaciones. Fue sólo con la definición del Primer Concilio Vaticano que se pudo exigir *de fide* a los católicos el rechazo del conciliarismo.

Así, tanto en el caso del arrianismo como en el del conciliarismo, los pronunciamientos de algunos concilios de la Iglesia fueron cambiados por concilios posteriores, y gracias a ese cambio la causa de los católicos que los habían puesto en duda quedó reivindicada. Sin embargo, es obvio que si, en los siglos IV o XV se hubiera sostenido incondicionalmente la autoridad de los concilios, los defensores de la tradición no podrían haber dicho nada. La afirmación final de la verdadera doctrina sólo fue posible gracias a su defensa de la ortodoxia objetiva frente a los concilios falsos. El mismo criterio hay que emplear respecto del Concilio Vaticano Segundo. El juicio definitivo sobre su autoridad tiene que quedar entregado a un futuro concilio de la Iglesia pero, mientras tanto, los católicos tienen el derecho y el deber de señalar dónde las enseñanzas de este concilio entran en conflicto con la doctrina de la tradición.

Se podría objetar a mi posición el que se podría, de este modo, suspender la aceptación de la doctrina de cualquier concilio apelando a un futuro e hipotético cambio de ella; pero ello no es así. Primero, la doctrina de la mayoría de los concilios está incorporada en definiciones dogmáticas, respecto de las cuales no hay cambio posible; pero necesitamos considerar también las razones por las que los católicos pueden legítimamente cuestionar la autoridad de un concilio. Imaginemos que el Primer Concilio Vaticano hubiera enseñado la doctrina de la infalibilidad papal pero, igual que el Segundo, hubiera evitado una definición dogmática. Se podría especular que los Viejos Católicos podrían, con alguna legitimidad, haber declarado que no aceptaban esa doctrina porque no había sido infaliblemente definida. Se podría discutir el mérito y las debilidades de dicha posición, pero no es eso lo que nos importa aquí. El caso de los ortodoxos contra la doctrina del *homoiousion* o contra el conciliarismo fue de naturaleza diferente: consistió en decir que esas doctrinas eran heréticas o tendían a la herejía. Decir que la enseñanza de un concilio es herética, es lo mismo que decir que contradice la doctrina que ha sido clara y autorizadamente enseñada por el magisterio de la Iglesia. Sobre esa base, no se da sólo una suspensión de la aceptación de la enseñanza, sino que se niega *in toto* la autoridad del concilio que la formuló. Quienes adhieren a esta posición denuncian ese concilio como una afronta a la verdadera ortodoxia de la Iglesia, y llevan adelante la lucha contra ella como un deber de fe. Tal es la postura que tienen los tradicionalistas frente al Concilio Vaticano Segundo, y su justificación, si existe, descansa en la objetiva corrección de la doctrina que sostienen.

Como se advirtió al comienzo de este capítulo, la historia de las divagaciones conciliares es el punto de contacto entre las dos cuestiones de la autoridad de los concilios y de la inmutabilidad de la doctrina. Sugiere además la observación de que, históricamente, la razón por que algunos concilios han sido descalificados es, precisamente, que innovaban la doctrina. Como se ha señalado, la doctrina de Arrio fue una teoría nueva que se entrometió en la fe trinitaria de la Iglesia de los tres primeros siglos, y de inmediato se la reconoció como tal intromisión. Se la condenó rápidamente por el sínodo convocado en la propia patria de Arrio en 320, por el sínodo de Antioquía en 324, y por el Concilio de Nicea en 325. Fue sólo la adopción de la nueva teoría por Eusebio y por el Emperador Constancio lo que revirtió su poco ceremonioso repudio. Del mismo modo, el conciliarismo fue una doctrina nueva en el siglo XV. Hasta entonces nadie se había imaginado que la Iglesia debía o podía ser gobernada por concilios, y la doctrina de que los concilios eran superiores al papa no había sido ni siquiera insinuada. Las propuestas fueron una improvisación diseñada para terminar con el cisma papal, pero de esa finalidad meritoria surgió una doctrina errada. Del mismo modo, la intención del Concilio Vaticano Segundo de modernizar el esfuerzo pastoral de la Iglesia se frustró por una totalmente engañosa distorsión del mismo, por adherir a una ideología secular que había sido condenada anteriormente por la Iglesia durante doscientos o más años.

Hay que considerar también la autoridad que reclama el Concilio Vaticano Segundo. Como se ha señalado a menudo, éste no fue un concilio dogmático; se hicieron reiteradas declaraciones, durante su curso, de que su intención era ser un concilio pastoral. En noviembre de 1963 se declaró oficialmente que la Constitución sobre la Liturgia y el decreto sobre las comunicaciones eran disciplinares, no doctrinales, y no involucraban a la infalibilidad de la Iglesia. Una nota de la Comisión Teológica sobre la Constitución sobre la Iglesia declaró "Este sagrado Sínodo define materias de fe y moral como obligatorias para la Iglesia sólo cuando el propio Sínodo lo dice así explícitamente", y de hecho no hubo tal declaración en ningún documento del concilio. Estos ejemplos, sin embargo, son superfluos, ya que un concilio que no define dogmas ni anatematiza ninguna herejía es necesariamente no dogmático. Si los tradicionalistas rechazaran doctrinas dogmáticamente definidas por el Concilio Vaticano Segundo, su posición sería insostenible, pero no es así. En el período siguiente surgieron partisanos, *plus conciliaristes que le concile*, que exigieron que el Concilio Vaticano Segundo fuera considerado retrospectivamente como un concilio dogmático. Esto es un buen ejemplo de los estándares, propios de *amateurs*, de la teología católica moderna, con su lema "inventa a medida que avanzas". Es también un ejemplo del ethos post-conociliar, que trató el Concilio Vaticano Segundo no sólo como algo que está por encima de todo cuestionamiento, sino como algo que deja atrás toda la autoridad eclesiástica de los mil novecientos años anteriores. La extravagancia misma de estas ideas pone en cuestión al concilio en cuyo favor se formulan. Los católicos no están obligados a aceptar la política de un concilio no dogmático simplemente porque ése es el programa del momento, como tampoco estuvieron obligados a aceptar el conciliarismo porque tal era el progama del siglo XV. La sumisión que se debe a la autoridad se rige por cánones de perenne validez, no por políticas temporales. El fariseísmo con que los partidarios del Concilio han exigido una aceptación sin cuestionamientos del mismo, contrasta fuertemente con las declaraciones del propio Concilio sobre renunciar a antiguas exageraciones de la autoridad. Vemos hoy cómo esas actitudes comienzan a vacilar, y la Iglesia tendrá que reconocer abiertamente, cuando llegue el momento, que es legítimo cuestionar los actos de un concilio no dogmático, y someterlos a prueba contrastándolos con la doctrina de la tradición.

11
La destrucción de la Misa

EL CARÁCTER DE LA LITURGIA CATÓLICA

De los muchos males que han afligido a la Iglesia desde el Concilio Vaticano II, de lejos el más grave es la destrucción de la liturgia tradicional y la vida de devoción que la acompañaba. Si no se hubiera tocado la liturgia, la anarquía doctrinal y el sometimiento a la moral moderna que penetraron en la Iglesia con Pablo VI hubieran tenido sólo efectos superficiales en los fieles corrientes. Más que cualquier otra cosa, es la pérdida de la Misa, de la cual la vida de devoción se había nutrido durante siglos, lo que ha transformado a la Iglesia moderna en un yermo y ha paralizado su fuerza espiritual.

Debe advertirse en esto un paralelismo con los esfuerzos con que, en Inglaterra, los reformadores protestantes procuraron despojar al pueblo de su patrimonio. Como católicos renegados que eran, ellos sabían bien que el corazón de la vida católica es la Misa, y que privar al pueblo del sacerdocio y de la Misa era el camino más seguro para privarlo de su fe. Tal es la razón por la que, presentando la persecución religiosa como política puramente secular, lograron que se declarara alta traición decir u oír Misa en Inglaterra. Tal es también la razón por la que la preservación de la Misa preservó al catolicismo de la extinción. Los medios por los que Inglaterra preservó lo que quedaba de la fe fueron los seminarios del Continente, que preparaban sacerdotes para la misión, y las casas de los católicos devotos, a las que ellos venían a administrar secretamente el don de la eucaristía.

Esta historia de fidelidad reproduce el modo cómo, durante los siglos de persecuciones, la Iglesia cristiana preservó el antiguo sacrificio de Israel. Como lo muestran los Evangelios, los primeros cristianos sabían muy bien que el sacrificio de la Cruz fue un llevar a su plenitud el sacrificio de la Ley Antigua, y tuvo lugar en la Pascua, que conmemoraba la liberación del pueblo de Dios. La narración que nos hace San Juan del juicio del Señor ante Anás y Caifás nos recuerda el rito por el cual el sumo sacerdote era revestido para el sacrificio. La crucifixión tuvo lugar a la hora en que, según la Ley, se mataba los corderos pascuales, que eran sacrificados en dos fierros puestos en forma de cruz, respecto de los cuales el ritual prescribía "No les quebraréis ni un hueso". La intercesión que realizó Jesús, en calidad de Sacerdote y Víctima, tanto del Antiguo como del Nuevo Testamento, tuvo lugar en el momento de su muerte, al tiempo que el velo del Templo se rasgaba por el medio. La Epístola a los Hebreos traza el paralelo entre el sacrificio de Cristo y el sacrificio del Templo, en el cual, una vez al año, el sumo sacerdote, oficiando solo, entraba al Santo de los Santos a través del velo: "Cristo, constituído pontífice de los bienes futuros y penetrando en un tabernáculo mejor y más perfecto, no hecho por mano de hombres, esto es, no de esta creación; ni por la sangre de los machos cabríos y de los becerros, sino por su propia sangre, entró una vez para siempre en el santuario, realizada la redención eterna (...) que no entró Cristo en un santuario hecho por mano de hombre, figura del verdadero, sino en el mismo cielo para comparecer ahora en la presencia de Dios a favor nuestro" (Heb. 9, 11-12, 24).

La promesa del Señor de que El había venido a llevar la ley a su plenitud se cumplió, mejor que en otra parte alguna, en la perfección a que llevó el sacrificio judío. Las palabras de la epístola a los Hebreos expresan el reemplazo de aquel sacrificio por la Eucaristía cristiana: "Tenemos un altar del que no pueden comer los que sirven en el tabernáculo". Esta frase se refiere a los sacerdotes del Templo judío, superado, incluso antes de su destrucción, por la dispensación de Cristo. La creencia más central de los judíos sobre su Templo fue su conciencia de la presencia real de Dios en su lugar de habitación. El Santuario, al que sólo entraban los sacerdotes, tenía como su lugar más recóndito al Santo de los Santos, oculto por el velo, y los judíos concibieron a Dios como entronizado en él, sobre los querubines de alas extendidas que, puestos sobre el Arca de la Alianza, la protegían. A imitación de esto, las más antiguas iglesias cristianas se construyeron con un espacio velado en torno al altar. En los primeros siglos hubo dos formas de iglesias. En una de ellas, existía un ábside en el extremo oriental de una sala rectangular, con un velo que cruzaba ésta de un lado al otro, ocultando el altar. Durante la parte instructiva de la liturgia, el obispo y su clero se sentaban en un espacio cerrado en medio de la iglesia, y los laicos, divididos por sexo, ocupaban los dos lados. Esta distribución se puede ver todavía en algunas catedrales españolas, como la de Sevilla, en que el espacio cerrado para el obispo y los canónigos está en el centro de la iglesia, con una reja que separa el presbiterio de la nave. El otro tipo de iglesia primitiva, que parece haber tenido más influencia en Occidente, ponía en el extremo oriental la puerta, en lugar del ábside. Entre la puerta y el centro de la iglesia se ponía el altar, en un ciborio cerrado por un velo, el cual era una estructura de cuatro columnas que sostenían un techo o baldaquín y, del mismo modo que en el otro plano arquitectónico, el clero se sentaba en un espacio cerrado situado al occidente del altar. En estas iglesias se celebraba la Eucaristía al amanecer con las puertas abiertas, con clero y laicos vueltos hacia el oriente, de cara al sol naciente, que simbolizaba a Cristo en su resurrección. Estas celebraciones a puertas abiertas eran posibles, a pesar incluso del sigilo de la Iglesia primitiva, debido a que los lugares de reunión estaban ubicados en los pisos altos de las casas, con una puerta oriental que se abría a una terraza en altura.

A partir de los tiempos de Constantino, los cristianos pudieron construír iglesias y celebrar la liturgia sin necesidad de ocultarse. El modelo arquitectónico que se usó fue el de la basílica, un gran espacio con columnas que lo dividían en nave central y pasillos laterales, normalmente con un ábside en un extremo de la nave. En su origen, la basílica fue un gran edificio público que servía para actos oficiales, como la realización de juicios. En este nuevo escenario, de tamaño considerablemente mayor, se intentó preservar las costumbres litúrgicas existentes. Así, en Roma, en las basílicas cristianas construídas en el siglo IV, se puso la puerta principal en el extremo oriental, y el altar aproximadamente en la mitad de la nave. Esta estaba reservada para el clero, los acólitos y el coro. Los laicos, todavía divididos por sexo, se ubicaban en los pasillos laterales. Y por esto es que una gran iglesia, como San Pedro, se construyó con cuatro pasillos laterales flanqueando a la nave central (o sea, con cuatro filas paralelas de columnas que dividían la iglesia), a fin de proporcionar un espacio amplio para los asistentes, y existen algunos ejemplos de iglesias con seis pasillos laterales. Tanto el clero como los laicos se volvían hacia el oriente, hacia las puertas abiertas, durante la parte eucarística de la liturgia. En la basílica típica (aunque no en San Pedro), el ábside en el extremo occidental se usó para el trono del obispo, en el que éste se sentaba mientras no oficiaba en el altar, con el clero dispuesto a su alrededor en un semicírculo.

Es de este modo que la Iglesia del siglo IV procuró preservar las prácticas de los primeros tiempos. Pero trasladarse a una gran basílica produjo una cierta pérdida de coherencia. En una casa-iglesia de los primeros tiempos, el ciborio velado constituía como un tabernáculo interior, dentro de una habitación del tamaño de una capilla; en una basílica del siglo IV subsistió el ciborio, pero la nave central entera se transformó también ella en un Santo de los Santos velado (como lo muestran las ilustraciones) por cortinas que colgaban entre las columnas y la cerraban a los pasillos laterales. Aparte de esta división del simbolismo, el ciborio se vio empequeñecido en su nuevo entorno. Los arquitectos no pudieron solucionar esta incoherencia mediante la construcción de baldaquinos de grandes proporciones, como hizo Bernini en San Pedro en el siglo XVII, ya que el ciborio no era un mero ornamento, sino que tenía la función litúrgica de velar el altar, como lo prueban los rieles para cortinas que se puede ver todavía en algunos lugares. Desde el punto de vista práctico, esta disposición de la liturgia significó también un empleo algo incoherente del espacio de una basílica. Aunque en algunas iglesias, como las de Roma, el clero era un grupo numeroso, la monopolización por él de la nave, de la que se excluía a los laicos, resultaba antieconómica. Por lo tanto, hacia el siglo V, se abandonó este plano de iglesia. Se abandonó el simbolismo de la celebración orientada hacia la puerta oriental, se construyó iglesias con un ábside en el extremo oriental, con el altar en medio del ábside, con el clero instalado detrás del altar, y con los laicos ubicados en la nave. Esta disposición evidenciaba la influencia de la basílica pagana, en la cual el magistrado y sus funcionarios se sentaban en el ábside, con un altar pequeño frente a ellos para la ofrenda ritual de incienso. El obispo y el clero quedaron ahora sentados de cara a los fieles, teniendo al frente de ellos el altar, aun cuando para la Eucaristía misma obispo y clero se ponían de pie ante el altar por el lado de éste que les permitía quedar mirando al oriente. Este nuevo emplazamiento de los asientos significó una ruptura con la práctica anterior, en que clero y laicos nunca miraban en direcciones opuestas. Con el paso del tiempo, esta disposición de las iglesias terminó influyendo en las basílicas más antiguas que se habían construido teniendo una puerta, en lugar de un ábside, en el extremo oriental. Hacia el año 600, San Gregorio Magno trasladó el altar mayor de San Pedro al extremo occidental de la iglesia, dejando que la nave fuera ocupada por los laicos; pero se preservó la posición original del celebrante, de cara al oriente. De este modo se introdujo un nuevo quiebre en la práctica litúrgica, porque ahora el sacerdote celebró la Eucaristía mirando en una dirección opuesta a la del pueblo. Es notable que, cuando se construyó la nueva basílica de San Pedro en el siglo XVI, que conservó su puerta principal al oriente, se retuvo la posición de cara al oriente del celebrante en el altar.

La Alta Edad Media trajo consigo lo que podría llamarse un reforzamiento de la tradición judía del presbiterio. Después de trasladado el altar mayor de San Pedro al extremo occidental, se construyó frente al altar una doble fila de columnas salomónicas, para ocultarlo a los laicos. Esto fue parte de una tendencia a ocultar el presbiterio no sólo por velos, como había sido la práctica primitiva, sino por estructuras sólidas. Así, las Iglesias orientales desarrollaron un iconostasio alto, adornado con imágenes sagradas y con tres puertas que aislaban totalmente el presbiterio durante la parte más sagrada de la Eucaristía, en tanto que en Occidente el equivalente de esto fue la reja alta, cuya representación de la crucifixión dirigía la mente de los fieles hacia el significado sacrificial de la Misa.

Esta disposición expresó el principio de separación sagrada que fue central en la liturgia cristiana, tal como lo había sido en el judaísmo. Así como el Templo de Jerusalén tenía patios distintos para las mujeres, para los hombres y para los sacerdotes, y dentro de este último se ubicaba el Santuario y el Santo de los Santos, así también la cristiandad temprana separó a los sexos durante el culto, hizo salir a los catecúmenos antes de la Eucaristía, veló el altar, dispuso que el clero oficiara separado de los laicos, identificado por sus paramentos, y cubrió la cabeza de las mujeres con un velo, según lo había exigido San Pablo y lo prescribió estrictamente la primitiva disciplina. Un aspecto de esta separación fue que la liturgia cristiana, igual aquí también que la judía, fuera intrínsecamente jerárquica, con un lugar propio asignado a cada rango y con una función propia en relación con las cosas sagradas. En lo que se refiere a la naturaleza de la oración cristiana, los términos usados para describir la liturgia eucarística, *actio* en latín y *synaxis* en griego, evidencian que se la concibió como una acción, un drama, y todo lo que la rodeaba reflejaba ese modo de entenderla. Cuando el cristianismo emergió en libertad, la concepción de la liturgia como una teofanía, como una revelación de la gloria de Dios, pudo recibir una expresión visible. La dimensión majestuosa de las iglesias y el esplendor de su ceremonial le imprimió un carácter que el culto católico no habría de perder sino en nuestra época. Los muros de las iglesias brillaban con mosaicos dorados, en los que Cristo y su Madre eran revestidos de símbolos imperiales. Este sentido de estar en presencia de lo sobrenatural fue reforzado echando mano a todos los medios humanos: bellos cantos, solemnidad de las luces y del incienso. Esta tradición de culto, común a Oriente y Occidente, ha quedado registrada en el informe redactado por los emisarios de un príncipe pagano de Rusia en el siglo X, en que narran su asistencia a la liturgia en *Hagia Sophia*: "Ya no supimos si estábamos en el cielo o en la tierra. Porque en la tierra no hay tal esplendor y belleza, y no sabemos cómo describirla. Sólo sabemos que ahí Dios habita entre los hombres". Así, el culto cristiano conservó el espíritu de sacralidad del lugar, a la que se refiere el salmista: *Domine, dilexi decorem domus tuae, et locum habitationis gloriae tuae.*

La devoción como tal a la Misa alcanzó su punto más alto en la Cristiandad occidental, a fines de la Edad Media. Se hizo costumbre, en las órdenes monásticas, que todos los monjes de coro fueran ordenados, luego de que, anteriormente, lo habían sido sólo dos o tres por comunidad. Se multiplicaron los altares en las abadías y en las grandes iglesias, de modo que cada sacerdote pudiera celebrar su propia Misa. Floreció la fundación de capellanías, a medida que se adhirió más plenamente a la doctrina del Sacrificio como una ofrenda por los muertos. Se hizo común la asistencia a la Misa diaria, que había sido rara hasta entonces, y los reyes y nobles oían Misa a veces tres o incluso cinco veces al día.

En la iconografía aumentó la percepción del poder simbólico de la Misa y, desde el punto de vista de la teología, aumentó la comprensión de la misma. Cuando Santo Tomás escribió que la Misa era *pignus futurae gloriae*, una prenda de la gloria futura, lo que hizo fue expresar la conciencia estética de la liturgia que la Iglesia había tenido siempre, pero ahora con un significado teológico más preciso. Se fortaleció el sentido de la presencia real de Cristo en el Santísimo Sacramento, y durante el siglo XIII se introdujo la elevación en el Canon para alimentar la devoción que el pueblo le tenía. Otra manifestación de lo mismo fue la reserva del Santísimo Sacramento. En un primer momento, se lo conservó en un tabernáculo, con forma de paloma, colgado, mediante cadenas, encima del altar. En la Baja Edad Media nació la costumbre de reservarlo a un costado, dentro de un tabernáculo alto. En el siglo XVI se introdujo la costumbre de poner el tabernáculo sobre el altar mismo. De este modo, en el período tridentino el presbiterio fue dispuesto de tal modo que centralizó todo el simbolismo heredado del Templo judío. Mientras que los primeros cristianos sólo podían expresar la sacralidad del altar velándolo, en la madurez del desarrollo se la expresó haciéndolo visible. El altar, con el tabernáculo y el retablo, se convirtió en un gran trono que simbolizaba la presencia de Dios en el lugar de su habitación, tal como los judíos la habían concebido, pero con una realidad más plena: aquí había una presencia corporal, guardada permanentemente en el tabernáculo. Durante la Misa, el propio cuerpo del sacerdote, revestido con el color litúrgico del día, se transformó en un velo que ocultaba de los fieles los sagrados misterios.

Esta evolución muestra el modo cómo el profundo significado de la revelación de Dios fue asimilado en la Iglesia. Podemos ver un paralelo de esto en la profundización de la comprensión que la iconografía llevó a cabo, a lo largo de más de mil años, en la vida de devoción de los fieles. El espíritu primitivo de la Cristiandad experimentó la influencia del sentido triunfal que surge de la Resurrección, y la imagen de Cristo Pantocrator fue una de las más poderosas en la iconografía temprana. La cruz misma fue vista por los primeros cristianos como un símbolo de victoria. Con el tiempo, a medida que la crucifixión se transformó en un motivo en las iglesias cristianas, su propósito fue mostrar a Cristo reinando desde la cruz. Pero en la Edad Media esta imagen comenzó a cambiar y se empezó a representar al Cristo sufriente, pintado con un realismo y un sentimiento crecientes, y de aquí surgió una nueva devoción: la Pasión entera se transformó en objeto de la piedad medieval. Así, el significado de la Encarnación, en que Dios no solamente nos glorifica sino que sufre por nosotros, se manifestó de un modo más pleno. Y junto con ello, la

Edad Media encontró otro símbolo, de un significado todavía más íntimo, a medida que la imagen de la Virgen con el Niño se fue haciendo más popular. Mediante ésta, los cristianos comenzaron a ver cómo, al hacerse hombre, el Dios de soberano poder se había puesto a Sí mismo en una relación de dependencia respecto de la raza humana. La plena auto-donación del amor, implicada en la Encarnación, se imprimió en el corazón cristiano de un modo tal que la enseñanza meramente verbal no podría jamás haber logrado. Todos estos desarrollos nos muestran un paralelo con el de la Misa en cuanto que, a través del tiempo, la inadecuación de la expresión humana es superada por la realidad divina, que se apropia de ella.

Cuando la Reforma, en un supuesto retorno a la práctica primitiva, transformó a la Misa en una especie de lección ritual, poniendo la palabra hablada por encima del acto divino, la Iglesia repudió este error y reafirmó el significado sacrificial de la Misa y su carácter litúrgico de acción, de drama. Con el tiempo, algunos de los que habían crecido con el culto iconoclasta regresaron a lo que era patrimonio de la Iglesia primitiva. El cardenal Newman, mirándola con nuevos ojos, a la luz de su educación Evangélica, escribió de la Misa "No es una mera configuración de palabras, es una gran acción, la mayor que puede existir sobre la tierra; no es meramente una invocación, sino que, si se me permite usar el término, es la evocación de lo eterno... Las palabras son necesarias, pero como un medio, no como un fin: no son simplemente discursos que se dirige al trono de la gracia, sino instrumentos de algo que es muchísimo más alto: la consagración, el sacrificio".

Tal es la comprensión de la Misa que resulta natural a quienes están llenos del sentido de la majestad de Dios, de la sacralidad del sacrificio redentor, del misterio que debe rodear al aproximarse del hombre a Dios, y de la necesidad del hombre de elevar hacia El una ofrenda de humildad, de santidad y de belleza. Tal fue la concepción universalmente sostenida por la Iglesia hasta que se la reemplazó, en un aciago día, por liturgistas educados en una cultura de auto-afirmación, de secularismo y de falso racionalismo.

EL SURGIMIENTO DEL MOVIMIENTO LITÚRGICO

Al investigar el carácter de la liturgia occidental, debemos prestar atención a uno de sus aspectos que tuvo consecuencias menos afortunadas. El desarrollo de la Misa como devoción diaria fue un gran enriquecimiento de la vida espiritual, que se debe a la Edad Media, pero tuvo una consecuencia indeseada. Como devoción diaria, tanto del sacerdote como de los fieles, la Misa necesita ser dicha reposadamente, sin variaciones en el nivel de la voz, de tal modo que se alcance un tono parejo, de oración recogida. No es esto lo que ocurre cuando la Misa es el acto litúrgico público de los domingos y grandes fiestas. Aquí, la necesidad pastoral exige dar debida importancia a la proclamación de las Escrituras y manifestar el esplendor del rito sagrado. La Misa se transforma en una acción más variada, con su parte instructiva, con la belleza de sus grandes cantos y con el solemne silencio del Canon. Todo ello opera en la imaginación religiosa de un modo tal que se perdería su fuerza si se lo repitiera diariamente. El efecto que produjo la evolución medieval, a largo plazo, fue transformar la celebración dominical de la parroquia en una Misa rezada, al modo de las Misas privadas. No ocurrió lo mismo, por cierto, en el caso de las Misas solemnes, que siempre se han celebrado con belleza y solemnidad; pero con la Misa rezada corriente ocurrió, paradojalmente, que el enriquecimiento de la vida de devoción de los fieles produjo un empobrecimiento de la práctica litúrgica.

La reacción a esto provino del movimiento litúrgico de los tiempos modernos, y condujo a enfatizar erróneamente algunos aspectos. Uno de los errores consiste en que se ha hecho imposible reconocer las causas de aquella evolución. Así, un liturgista tan ortodoxo como Mons. Gamber contrasta la tradición occidental con la de la "liturgia cósmica" que, según él, se ha preservado en Oriente. Esta última concepción "se funda en una realización minuciosamente ordenada y solemne del culto litúrgico. Este concepto excluye cualquier forma de ese minimalismo que, a partir de la Edad Media, se desarrolló en Occidente, donde surgieron formas de culto diseñadas para celebrar los sagrados misterios sólo hasta el punto absolutamente necesario para su validez. Así, en la Iglesia de Occidente, los ritos no fueron más que "cumplidos", rara vez "celebrados""[1].

Este análisis, aunque identifica un auténtico deterioro, no es justo en cuanto que atribuye éste al incremento de la Misa diaria, una devoción inexistente en las Iglesias Orientales. El pasar esto por alto pone en evidencia un defecto del movimiento litúrgico: su descuido de la doctrina. El "bendito silencio de la Misa" es poderoso precisamente porque supone, confiadamente, la comprensión doctrinal del sacrificio y el sentido de su significado sacramental. Y ambas cosas son, precisamente, las que el movimiento litúrgico tendió a devaluar, incluso antes de su transformación y perversión en la década de 1960. Debido a esto es que vemos que sus representantes, de los cuales Mons. Gamber está lejos de ser el más extremo, tratan el desarrollo occidental sólo como un defecto, como si hubiera algo particularmente fallido en el espíritu litúrgico de la Iglesia

---

[1] Mons. Klaus Gamber, *The Reform of the Roman Liturgy* (traducción al inglés publicada conjuntamente por Una Voce Press y The Foundation for Catholic Reform, 1993), p. 12.

romana. A este error podemos atribuír el desprecio por la tradición litúrgica medieval y tridentina, que está en la base del planteamiento hecho por los modernos liturgistas radicales.

Lo anterior es algo que ciertamente se puede reprochar a los liturgistas; pero no se puede llegar hasta negar la existencia, en estas materias, de un defecto en la liturgia. Porque, efectivamente, puede aceptarse que, hacia el siglo XIX, en la Misa rezada ordinaria había mermado gradualmente la naturaleza comunitaria de la liturgia, y se había perdido de vista tanto el aspecto evangélico como la digna celebración del rito en toda su plenitud. También la ignorancia litúrgica condujo a abusos, como la práctica, durante la Misa, de devociones secundarias, por ejemplo, novenas. Para contrarrestar esta decadencia, tuvo lugar un renacimiento de la atención prestada a la liturgia, un movimiento nacido de círculos monásticos, al que se dio expresión en algunas abadías nuevas de Francia, como Solesmes. San Pío X dio impulsó esta tendencia con sus reformas y su fomento del canto gregoriano. El movimiento litúrgico se hizo fuerte en varios países de Europa y llegó a atraer a una gran cantidad de seguidores en los Estados Unidos. Allí, donde la Misa de las parroquias tendía a asumir un carácter más bien pragmático, hubo muchos que comenzaron a valorar las manifestaciones más plenas de la liturgia que tenían lugar en los círculos monásticos. Las Semanas Litúrgicas nacionales, que iniciaron los benedictinos en 1940, llegaron a estar entre las reuniones más importantes de fieles católicos en los Estados Unidos. Hoy algunos tradicionalistas adoptan una actitud peyorativa frente a estos intereses, pero el movimiento litúrgico no debiera ser juzgado según su posterior perversión: por aquel entonces, no habían todavía tomado el control de él los pedantes que iban a poner la expresión humana por sobre la realidad divina. Antes de la década de 1960, el objetivo de dicho movimiento fue cultivar la comprensión y el amor por la liturgia católica tal como ella era, no desarraigarla ni reemplazarla por otra recién inventada. Su nota predominante fue la piedad, y no debiera mirarse en menos un movimiento que llevó a miles de laicos a una más profunda participación en la tradición del culto de la Iglesia.

Los peligros de las modas litúrgicas, sin embargo, comenzaban a aparecer. En Alemania, hubo quienes experimentaron el influjo de la tradición nacional, con su falacia de que el culto protestante representaba un regreso a las formas primitivas. El arqueologismo eclesiástico de la época favoreció otras suposiciones similares. Una de las figuras líderes del movimiento litúrgico alemán fue el P. Pius Parsch: cuando éste fue a Italia en la década de 1930, se encontró con que en las antiguas basílicas el sacerdote, durante la Misa, se ponía de cara a los fieles, y concluyó que ésa había sido la costumbre de la Iglesia primitiva, sin darse cuenta de que esta posición fue característica de las basílicas del siglo IV, construídas con la puerta hacia el oriente, y de que la posición del altar había sido cambiada. El celo de estos reformadores arrasó también con el significado del ciborio, que conocieron ya reemplazado por el baldaquín barroco o conservado como una reliquia inútil para la liturgia. Y abrazaron, por consiguiente, la idea de una liturgia antigua concebida como una celebración simple, evangélica, en la que el sacerdote claramente se dirigía a los fieles. Los alemanes comenzaron, sin autorización, a introducir la práctica de las Misas de cara al pueblo y, en su prisa por enfatizar lo pastoral, a adoptar una liturgia en vernáculo.

Se pudo observar estas tendencias incluso en algunas personas que contribuyeron con verdaderos monumentos de investigación, como *Missarum Sollemnia*, de Joseph Jungmann, sj (1949), una erudita exploración de la historia litúrgica. Al tratar la liturgia de la Iglesia primitiva, el P. Jungmann omite, y aun parece negar, la función del ciborio: afirma que, en las basílicas del siglo IV, el altar era una mesa liviana que, para la celebración, podía ser ubicada en el lugar conveniente por los diáconos. Esto hace caso omiso del hecho de que el Papa Silvestre (314-335), tan pronto como la Iglesia pudo celebrar su culto en libertad, ordenó que sólo se usara altares de piedra. La excepción a esta regla es igualmente significativa: se conservó el altar de madera de la *Ecclesia Pudentiana*, una de las iglesias más antiguas de Roma, lo que ilustra el hecho de que el altar de una iglesia era un objeto digno de cuidado y veneración, no algo para ser puesto, con ligereza, a un costado. Las afirmaciones de Jugmann reflejan las creencias de los arqueologistas eclesiásticos de su tiempo, que suponían que, porque el altar de San Pedro estuvo en el medio de la iglesia, debió haber sido portátil, error fundado en una simple ignorancia de las disposiciones espaciales de la liturgia de aquellos tiempos.

Jungmann tiende también a menospreciar los desarrollos litúrgicos posteriores, como cuando habla de una "anti natural multiplicación de las Misas" en la Edad Media. Cabe preguntarse qué hubiera opinado de la descripción de lo ocurrido en el siglo XX como "anti natural multiplicación de las comuniones". Jungmann exhibe, pues, algunos de los prejuicios de los puristas arqueológicos, que, al tratar la liturgia primitiva como el ideal, pasan por alto el aumento de la devoción de la Misa que caracterizó a la Edad Media.

En 1947 Pío XII publicó su encíclica *Mediator Dei*, en la que abordó el movimiento litúrgico y condenó algunas de sus manías, tales como la defensa del vernáculo, que ya estaban apareciendo. "El uso del latín", dijo, "es un evidente y bello signo de unidad, así como también un efectivo antídoto contra toda corrupción de la verdad doctrinal". Condenó asimismo el papa el "arqueologismo" de algunos liturgistas, diciendo específicamente que "se estaría apartando del recto camino quien deseare que se restaurara el altar a su primitiva forma de mesa". El papa previó los peligros implícitos en ese enfoque, y advirtió que "Esta forma de actuar apunta a revivir el exagerado y necio arqueologismo a que dio lugar el ilegal Concilio de Pistoia, así como trata también de reinstaurar una serie de errores que fueron responsables de la convocatoria de esa reunión... con grave daño para las almas". A pesar de estas advertencias, sin embargo, Pío XII alentó el movimiento litúrgico. El mismo ya había echado a andar, en la Congregación de Ritos, un conjunto de estudios para una reforma. Los resultados de ésta incluyeron cambios, a partir de 1951, en la liturgia de la Semana Santa, que corregían algunas distorsiones, tales como la transferencia que había tenido lugar de la liturgia del domingo de Pascua al día anterior. Pero, aparte de esta reforma, bien concebida, se advirtió ya entonces la pedantería de algunos expertos liturgistas, empecinados en poner su erudición por sobre algunas costumbres que tenían siglos de antigüedad.

Hacia mediados de la década de 1950, y en contraste con el generalizado conservadurismo del pontificado de Pío XII, la Congregación de Ritos se había convertido en una fortaleza llena de espíritus inquietos, que comenzaban a ver la liturgia como el legado corrupto de muchos siglos de equivocado desarrollo. Entre ellos se destacaba Mons. Annibale Bugnini, quien en 1948 había sido nombrado secretario de la Comisión de Reforma Litúrgica. En 1983, Mons. Bugnini publicó su versión de su carrera personal[2], en la que, en varios momentos, revela su actitud frente a la liturgia. Y así, a propósito de la responsabilidad tradicional de la Congregación de Ritos tanto en lo relativo a la liturgia como a las causas de los santos, escribe "La idea de vincular el culto con los procedimientos de beatificación y canonización surgió en un período en que se había perdido el auténtico concepto de liturgia y en que predominaba el culto de los santos"[3]. Bugnini no explica a qué departamento de la curia habría sido más apropiado asignar las causas de los santos. Su actitud ante el latín se revela en una carta escrita en 1969, en que se regocija con que los fieles puedan ahora "orar en su propia lengua a Dios y no con sonidos sin sentido"; se refiere a la "noche oscura" de un culto carente de rostro y de luz, al menos para quienes están situados en la nave, y sostiene que la "unidad de lenguaje es superficial y ficticia"[4]. Es tiempo perdido buscar en su libro algún reconocimiento de que la Misa

---

[2] Mons. Annibale Bugnini, *Riforma Liturgica 1948-1975*. Traducción al inglés: *The Reform of the Liturgy* (Liturgica Press, 1990).
[3] Bugnini, *op. cit.* (ed. inglesa), p. 79.
[4] Ibid., p. 283.

es un sacrificio divino y un misterio o cualquier cosa que no sea una mera práctica de adoradores humanos. Con estas opiniones, sumadas a un carácter áspero y dominante, Mons. Bugnini estaba bien dotado, por sus funciones en materia de reforma litúrgica, para conducirla por el camino de la revolución.

En la década de 1950 se comenzó a realizar conferencias anuales sobre temas litúrgicos, de las cuales la más internacional fue la de Asís en 1956. Esta conferencia se caracterizó por el énfasis en la naturaleza "pastoral" de la liturgia, expresión con que sus partidarios, especialmente alemanes, apuntaban a una función instructiva, según el modelo protestante. Es posible que éstos no se hayan percatado de que la reverencia, el misterio, la tradición y la belleza son elementos litúrgicos que poseen un valor pastoral propio. Si se percataron, ello desapareció ciertamente con los cambios que emanaron de su enseñanza.

La convocatoria de Juan XXIII al Concilio Vaticano II abrió las puertas a estos devotos del cambio. Aunque, como hemos visto, este papa no tenía nada radical en mente, la oportunidad permitió, a los recién llegados a la Congregación de Ritos, llevar adelante su programa. En 1960 Mons. Bugnini fue nombrado secretario de la Comisión Preparatoria de la Liturgia, y el esquema que ésta propuso en la sesión inaugural fue, en lo esencial, obra suya. Bugnini había trabajado en la Congregación de Ritos amparado por su prefecto, el cardenal Gaetano Cicognani quien, sin embargo, se situaba, en cuanto a la concepción de la liturgia, en el polo opuesto. Un miembro de la Comisión Preparatoria relató que, cuando el esquema terminado se presentó al prefecto en enero de 1962, éste se resistió a firmarlo. A petición de Bugnini, el arzobispo Mons. Felici fue a ver a Juan XXIII, quien cedió a la petición de su amigo, e instruyó al hermano de Cicognani, el cardenal Amleto Cicognani, para que visitara al prefecto de la Congregación de Ritos y no regresara sin que hubiera sido firmado el esquema. Al cardenal Gaetano se le caían las lágrimas mientras agitaba el documento ante su hermano, diciéndole "Quieren que firme esto, pero no sé si quiero hacerlo". Sin embargo, al cabo, firmó el esquema y, cuatro días más tarde, el 5 de febrero, murió[5].

Esta victoria de Mons Bugnini tuvo lugar en el momento preciso, porque el sucesor del cardenal Cicognani, el cardenal español Arcadio Larraona, era un hombre mucho más decidido. Combativo conservador, Larraona no aceptó en absoluto a Bugnini y lo despidió de su cargo en la Congregación, así como también de su cátedra en la Universidad Laterana, en la que su carácter lo había hecho impopular. Mons. Bugnini tenía

---

[5] Wiltgen, *op. cit.*, p. 140.

poderosos partidarios, incluídos los cardenales Lercaro y Bea, quienes habían tenido un papel preponderante en la conferencia de Asís. Ambos manipularon al papa Juan tal como antes lo había hecho el arzobispo Felici, y el papa conminó al cardenal Larraona a llamar de vuelta a Bugnini, a lo cual el cardenal rehusó tajantemente. Bugnini no recuperó su influencia sino cuando Pablo VI se convirtió en papa. Es durante este período, durante el cual estuvo rechazado, que, según se cree, se hizo masón, en abril de 1963, de acuerdo con una tendencia que había aparecido en el clero vaticano en medio del relajo disciplinar del reinado de Juan XXIII.

Es interesante hacer notar que, justo al tiempo que Juan XXIII insistía en que se firmara el esquema de reforma, se dio a la publicidad su constitución *Veterum Sapientia*, sobre la preservación del latín, documento que, debido a su fuerte tono conservador, fue visto como un tropiezo por los liturgistas modernizadores. Este detalle nos muestra una vez más el empecinamiento de Juan XXIII de favorecer al partido reformista, mientras que él mismo evidenciaba hábitos y simpatías de una orientación totalmente diferente.

Justo antes de la inauguración del Concilio, el cardenal Larraona tomó medidas para asegurarse de que Mons. Bugnini fuera el único secretario de comisiones preparatorias que no asumiera como secretario de la correspondiente comisión conciliar. Para este cargo nombró, el 4 de octubre de 1962, al franciscano Ferdinando Antonelli, que había sido colega de Bugnini en la Comisión de Reforma Litúrgica desde la fundación de ésta en 1948. El P. Antonelli, con ánimo pacificador, fue a ver a Bugnini para condolerse con éste por su preterición, pero se encontró con una "violenta reacción". Una vez que se recuperó de ella, Bugnini se quejó de las malas lenguas que, según creía, lo habían desacreditado ante el cardenal[6].

El nombramiento del P. Antonelli comprobó que el cardenal Larraona no había perdido confianza en los reformadores menos agresivos ni en el esquema que se había preparado y que, de hecho, presentó él mismo al Concilio al comenzar su primera sesión. A pesar de los temores de un conservador como el cardenal Cicognani, el esquema estaba expresado

---

[6] El P. Antonelli, que había empezado su carrera oficial como liturgista en 1943 en calidad de consultor de la Sagrada Congregación de Ceremonias, fue un entusiasta de la reforma litúrgica y un admirador del cardenal Lercaro. Fue también miembro del *Consilium* litúrgico desde febrero de 1964, y se desempeñó como secretario de la Congregación de Ritos desde 1965 hasta 1969. Fue consagrado arzobispo *in partibus* en 1966 y creado cardenal en 1973. Se publicó sus experiencias personales durante la reforma litúrgica por el P. Nicola Giampietro en *Il Card. Ferdinando Antonelli e gli sviluppi della reforma liturgica dal 1948 al 1970* (Pontificio Ateneo San Anselmo, 1998; Vol. 121 de *Analecta Liturgica*), donde hemos consultado la p. 109 sobre el incidente mencionado. Existe una traducción al inglés de este libro, publicada en 2009.

en términos aceptables para los reformadores moderados, y declaraba (artículo 50) que "El rito de la Misa debe revisarse de tal modo que su naturaleza intrínseca y el propósito de sus diversas partes, así cómo las conexiones entre éstas, se manifiesten más claramente"; pero no entró al detalle de qué significaba esto ni, mucho menos, apuntaba en la dirección de los cambios que se hicieron después de 1964, los cuales produjeron precisamente el efecto contrario al deseado. El artículo 23 declaraba "No debe haber innovación a menos que el genuino bien de la Iglesia lo requiera, y debe cuidarse que toda nueva forma surja orgánicamente de las formas ya existentes". Este principio fue también descartado en la revolución que vino a continuación. Se debía introducir el vernáculo, pero sólo en circunstancias muy limitadas, cuando hubiera una "necesidad pastoral". En el esquema no se mencionaba la Misa de cara al pueblo, que fue una innovación sin base en la Constitución sobre Liturgia del Concilio. La comunión en la mano fue algo que ni siquiera se pensó, como tampoco la distribución de la comunión por laicos, ni ninguna de las otras prácticas por las que se ha desacralizado la Misa. Sobre todo, no existió indicio alguno de que la intención fuera abolir la liturgia existente e inventar una nueva. La Constitución enfatizaba el valor del canto gregoriano, y exigía que los obispos se aseguraran de que los laicos pudieran cantar en latín todas las partes de la Misa que les correspondían. Y así fue como, cuando se realizó la votación final de la Constitución, el 4 de diciembre de 1963, fue aprobada por 2.147 votos contra 4. Entre quienes votaron a favor se incluían tradicionalistas como el arzobispo Lefebvre, quienes no la hubieran apoyado si se hubieran dado cuenta de que la intención era producir una revolución.

El camino a la revolución comenzó con las medidas que, en aquel momento, dispuso Pablo VI para poner en ejecución lo dispuesto por la Constitución. El procedimiento natural habría sido confiar tales medidas a la Comisión Litúrgica del Concilio; pero Pablo VI tenía una idea distinta, e invitó, tanto a dicha Comisión como al cardenal Lercaro a que formularan propuestas para realizar la tarea. La designación de sólo un cardenal, situándolo en pie de igualdad frente al organismo oficial del Concilio, fue una decisión bastante extraña, pero lo que la hace todavía más excepcional es la identidad de la persona elegida. Podría pensarse que Pablo VI no estaba al tanto de las reuniones secretas que había realizado Lercaro para manipular el cónclave de 1963, ni del carácter del amigo de éste, el financista Ortolani, quien no era todavía conocido del público. Sea ello como fuere, el papa había tenido la misma oportunidad que cualquiera de observar la voltereta hacia el liberalismo que, después de 1958, había protagonizado Lercaro, así como su rebúsqueda de aprobación pública, y su apenas disimulado intento de llegar al papado. En cuanto a las demás maniobras de los progresistas, subsiste la duda de si el papa Pablo se dio cuenta de qué era en realidad lo que ocurría, o si hizo la vista gorda por pertenecer al mismo partido que ellos. Pues bien, tal es el hombre que el papa había elegido como uno de los cuatro moderadores del Concilio, y a quien entregó ahora la responsabilidad de la reforma del culto. En lo que se refiere a la competencia litúrgica del cardenal Lercaro, se lo conocía como reformador desde, al menos, la conferencia de Asís. Pero en la alternativa que el papa se había planteado, había un aspecto mucho más decisivo todavía: encargar la reforma a la Comisión Litúrgica, presidida por el cardenal Larraona, era asegurar la exclusión de Mons. Bugnini; en cambio, dar esa responsabilidad al cardenal Lercaro significaba el regreso de Bugnini. Y, de hecho, Lercaro simplemente entregó a Mons. Bugnini la tarea de redactar la propuesta que debía presentar. Para decirlo con franqueza, no existió duda alguna sobre cuál iba a ser el resultado de la decisión papal: cuando las dos propuestas le fueron presentadas, el papa prontamente escogió la del cardenal Lercaro y le encargó montar la organización que iba a requerirse. Esta consistía en un *Consilium* de cuarenta y dos miembros, en su mayor parte obispos, que debían reunirse una o dos veces al año presididos por el propio cardenal Lercaro, con un secretariado que había de realizar las tareas del día a día. A comienzos de 1964, Mons. Bugnini, al ser nombrado secretario del nuevo *Consilium*, terminó el exilio que lo había alejado del poder. De este modo, Pablo VI encargó deliberadamente la reforma litúrgica al ala más extrema de los innovadores litúrgicos, y al hacerlo, puso el futuro del culto de la Iglesia en manos de dos de las más cuestionables figuras del clero italiano.

Para Mons. Bugnini ciertamente la oportunidad había llegado. Se le permitió organizar su secretariado con hombres jóvenes de su elección que compartían su iconoclastia litúrgica. Al cabo de un año, más o menos, ellos cooptaron, a su vez, a media docena de discípulos de igual tendencia, incluyendo al canónigo Mortimor, de Toulouse, a quien el cardenal Lercaro llamaba "bomba litúrgica", y al benedictino P. Vagaggini, que iba a revelarse como uno de los más encarnizados demoledores de la tradición. El secretariado se dio también el lujo de nombrar varios comités de expertos que iban a prestar asesoría en puntos específicos. Surgió la propuesta de someter las sugerencias de los expertos al juicio de algunos académicos independientes, pero se desechó rápidamente la idea, y los designados por Bugnini se encontraron con que tenían el campo libre. Se omitió considerar los puntos de vista tradicionales en liturgia, y se ignoró a algunos investigadores contemporáneos, entusiastas de la liturgia primitiva de la Iglesia, en la que eran genuinamente expertos.

Entre éstos estuvieron el P. Louis Bouyer, oratoriano, y Mons. Klaus Gamber, los cuales habrían de escribir eruditos libros sobre el caos a que se dio origen en nombre de la reforma litúrgica. Al recomendar el escrito por Gamber, el cardenal Ratzinger hizo ver que éste había sido excluído del cerrado círculo de liturgistas oficiales del reinado de Pablo VI, y lo describió como "el único académico que, en el ejército de los pseudo-liturgistas, representaba verdaderamente en la Iglesia el pensamiento litúrgico de centro"[7].

También se excluyó a la Congregación de Ritos. La política de Mons. Bugnini fue tratarla como un nido de reaccionarios y, en el festival de intromisiones litúrgicas a que se entregó el secretariado, se marginó al organismo oficial de la Iglesia para la liturgia. Ya en fecha tan temprana como marzo de 1964, la Congregación de Ritos se quejó de que el *Consilium* estaba yendo más allá de su papel de organismo para el estudio y asesoría, y se estaba constituyendo en órgano de gobierno[8]; pero Pablo VI se inclinó sin reservas hacia el *Consilium*, rechazando una propuesta de que éste actuara como comisión conjunta con la Congregación de Ritos, y disponiendo que el *Consilium* le rindiera cuentas sólo a él. Las reformas de los años siguientes fueron diseñadas en una tensa atmósfera de hostilidad entre la Congregación de Ritos y el *Consilium*, representado por Mons. Bugnini y su secretariado. Desde comienzos de 1965 la representación de la Congregación correspondió al tímido P. Antonelli, que en una ocasión dijo a Bugnini que temía formular indicaciones porque "la atmósfera del *Consilium* es tal que no permite al Secretario de Ritos hacer observaciones en esas materias, sin riesgo de ser malinterpretado"[9]. Mons. Bugnini pareció desde entonces considerar al P. Antonelli como enemigo, y en sus memorias omitió mencionar el trabajo que éste había efectuado en el movimiento de reforma desde 1948, atribuyendo los méritos de Antonelli a su colega, el P. Löw.

El *Consilium*, en su constitución, tuvo el mismo sesgo que el propio Concilio, cuya Comisión Litúrgica fue la que exhibió el mayor predominio de progresistas, sin que, tal como ocurrió en otras comisiones, tal predominio se justificase por tener ellos alguna competencia especial en ese ámbito. En 1966, en algunas notas privadas escritas después de una reunión, el P. Antonell decía "tengo la impresión... de que los treinta y cinco padres del *Consilium* presentes no estaban a la altura de su cometido". Y dos años después, dio a Mons. Giovanni Benelli la siguiente opinión: "En el *Consilium* hay pocos obispos que tengan una especial

---

[7] Gamber, *op. cit.*, p. xiii.
[8] Giampietro, *op. cit.*, p. 228.
[9] Giampietro, *op. cit.*, p. 242.

preparación litúrgica, y muy pocos son verdaderamente teólogos. La carencia más aguda del *Consilium* es de teólogos. Podría decirse que se los ha excluído"[10]. A pesar de estos inconvenientes, o debido a ellos, el *Consilium* no se involucró de lleno en la iconoclastia de sus funcionarios. Al principio, no se le pasó por la mente la noción de que su encargo era abolir la Misa existente y crear una nueva. Y, en realidad, también a Mons. Bugnini y asociados les tomó un tiempo darse cuenta de esa posibilidad: al comienzo, respetaron los principios litúrgicos comúnmente aceptados por los estudiosos en las décadas anteriores. Como resultado de ello, lo que primero produjeron fue, casi enteramente, una legítima reforma de la Misa, como consta en la instrucción *Inter Oecumenici*, de 6 de septiembre de 1964. Los cambios hechos incluían, en primer lugar, el permiso de usar el vernáculo en la primera parte de la Misa hasta antes del Ofertorio; en segundo lugar, la supresión del salmo *Iudica me* (una de las últimas adiciones pre-Tridentinas al rito) en las oraciones al pie del altar; en tercer lugar, la introducción de la oración de los fieles antes del Ofertorio; en cuarto lugar, la introducción del diálogo *Corpus Christi, Amen* en reemplazo de las palabras que anteriormente decía el sacerdote al dar la comunión; y, en quinto lugar, la supresión del Ultimo Evangelio. Estos cambios concordaban con la intención, expresada en la Constitución sobre la Liturgia, de que "se revise el rito de la Misa de modo que se manifieste más claramente la intrínseca naturaleza y propósito de sus varias partes, así como la conexión entre ellas". Se hizo una clara diferencia entre la parte instructiva de la Misa, que se puso (opcionalmente) en vernáculo, y su parte eucarística, que siguió estando en latín. La intención de que esta distinción permaneciera vigente fue firme. Los entusiastas del vernáculo presionaron por que éste fuera ampliado, pero cuando, en marzo de 1965, se consultó al *Consilium* cuándo y a qué países se daría permiso para un Canon en vernáculo, la respuesta fue: nunca, y a ninguno.

Esta reforma respetaba el modo aceptado de entender la Misa, tal como la encontramos en reconocidos académicos liturgistas. Las palabras de éstos, que se refieren a la recitación silenciosa del Canon, pueden ser aplicadas también a la conservación del latín. El P. Pius Parsch había escrito, en "La liturgia de la Misa": "Veamos el solemne silencio del Canon. Este absoluto silencio es la expresión más efectiva de la adoración y reverencia que se debe a Dios, que viene a nosotros en el misterio de la Misa. El sacerdote ordenado por Dios, como Moisés, penetra solo en la nube que cubre el monte de Dios". En *Missarum Solemnia* el P. Jungmann escribió: "El sacerdote entra solo al santuario del Canon. Hasta ese momento, el pueblo se ha apiñado a su alrededor, acompañándolo a

---

[10] Ibid., pp. 236 y 257.

veces con sus cantos en la ante-Misa. Pero los cantos se han ido haciendo menos frecuentes, y luego del escarpado ascenso de la Gran Oración, han llegado a su fin con el triple *Sanctus*. Ahora reina una sagrada quietud: el silencio es una digna preparación para la llegada de Dios. Como el Sumo Sacerdote del Antiguo Testamento, a quien se permitía una vez al año penetrar en el Santo de los Santos con la sangre del animal sacrificado (Hebr. 9, 7), el sacerdote se separa ahora del pueblo y camina hacia el Dios Altísimo para ofrecerle el sacrificio". Se reconocía así la continuidad de la Misa católica con los más antiguos principios de la liturgia. A pesar de que Trento había abierto el presbiterio, se conservaron las tradiciones judías del Santo de los Santos en el modo de recitar el Canon, cuya diferencia con el resto del rito se preservó perceptiblemente. Si la reforma litúrgica hubiera continuado según este espíritu, podría pensarse que se hubiera producido un auténtico renacimiento de la liturgia, con la parte instructiva de la Misa transmitida de un modo más efectivo y con el carácter trascendental de la eucaristía más decididamente subrayado. El renacer del canto gregoriano y la participación de los fieles tenían la intención de remediar la celebración rutinaria, incluso descuidada, que había sido para muchos la experiencia litúrgica de cada semana.

Pero, al mismo tiempo, sería demasiado decir que las nuevas formas estaban exentas de críticas. Así, la "oración de los fieles" hubiera tenido eficacia pastoral si se la hubiera orientado a las necesidades de la comunidad como, por ejemplo, pedir por los difuntos o por determinadas cosas puntuales. En la práctica, se transformó en una oportunidad para exhibir el programa socio-político del cura de la parroquia y de sus adláteres, o para rezar por cosas de carácter general, duplicando otras partes de la Misa. Asimismo, el diálogo *Corpus Christi, Amen* tiene de respaldo una buena tradición, como que es citado por San Ambrosio en el siglo IV, pero es sólo una de muchas fórmulas usadas para dar la comunión en diversos tiempos y lugares de la Iglesia. El Ultimo Evangelio es una adición del siglo XIII que podría considerarse como buen candidato para la poda, pero, en aras de la tradición y para preservar la familiaridad de los laicos con este bello texto, es posible argumentar que podría habérselo mantenido en ciertos períodos del año, como Adviento, por ejemplo. Por otra parte, el Ultimo Evangelio disimulaba un defecto en la liturgia, el que la Misa termine demasiado rápidamente después de la comunión. Hubiera sido conveniente equilibrar su eliminación con la introducción de una acción de gracias por la comunión, introducción que hubiera sido la correspondiente de la introducción medieval del rito penitencial. Ello hubiera armonizado con la creencia, profesada por los reformadores, en el carácter gozoso de la celebración litúrgica, que no hubiera encontrado mejor forma de expresarse que una gozosa acción de gracias por la comunión al terminar la Misa. La no introducción de tal elemento es una de las muchas incoherencias del programa de los reformadores, que fue, de hecho, guiado por la inquina hacia todo lo que expresara el significado sacramental de la Misa.

Además de las decisiones oficiales, hubo otros signos en la Iglesia que alertaron sobre los caminos errados que se vislumbraban. Uno de ellos fue la costumbre, que apareció en esta época, de decir la Misa de cara al pueblo. Esto no fue producto de una decisión oficial sino de una práctica no autorizada, al estilo alemán. Algunos buenos investigadores habían demostrado ya que la posición del celebrante, ejemplificada en la basílica de San Pedro, no era la primitiva, pero los reformadores radicales fueron impermeables a esta información. La descripción misma de esa práctica como "Misa de cara al pueblo" fue una distorsión de su naturaleza: en la antigua basílica de San Pedro, después de su refacción por San Gregorio, el altar mayor había sido ocultado a la nave por una doble fila de columnas. En la iglesia así reconstruída, el celebrante oficiaba en el altar teniendo un gran número de cardenales y de clero a sus espaldas, con otros fieles a la derecha e izquierda en los cruceros, y con el grueso de los fieles frente a él, en la nave. De la vista de estos últimos, sin embargo, quedaba oculto por el gran crucifijo y los seis cirios puestos sobre el altar, que permanecieron ahí hasta los inconsultos cambios hechos por Pablo VI. Si hubieran sido leales a sus principios, los puristas litúrgicos habrían criticado esta anomalía de las basílicas, tal como hicieron con otros abandonos de prácticas primitivas; pero estaban comprometidos con una concepción protestantizante de la liturgia, que arrasó con la genuina investigación académica. En vez de corregir el error de la Misa de cara al pueblo, la instrucción *Inter Oecumenici* la aprobó, aunque indirectamente, al prescribir que los altares se construyeran separados de la pared, para hacer posible esa forma de celebración[11]. Nunca se dispuso que esta práctica fuera obligatoria, y el *Consilium* había exigido explícitamente que no debía ponerse otro altar frente al antiguo[12]. Vemos aquí, de nuevo, cómo la revolución litúrgica se realizó gracias tanto al desconocimiento

---

[11] Los liturgistas mencionan habitualmente la disposición del altar contra una pared como ejemplo de corrupción. En los hechos, esta ubicación fue corriente sólo en algunas capillas y en los altares laterales de algunas iglesias. En las iglesias medievales y post-tridentinas el altar mayor siguió ubicado siempre lejos de la pared, según la práctica primitiva.

[12] Esto fue establecido en una carta del cardenal Lercaro como presidente del *Consilium* el 30 de junio de 1965, y confirmado por una respuesta de la Congregación del Culto Divino de 19 de febrero de 1972. Jamás se ha intentado hacer entrar en vigencia esta norma.

de los principios litúrgicos como a la desobediencia a las autoridades existentes. La celebración de cara al pueblo es hoy considerada esencial al nuevo rito, y es una costumbre universal poner en las viejas iglesias una mesa de comunión sobre la que se celebra indignamente la liturgia, en tanto que el auténtico altar yace en el abandono.

Otro aspecto que considerar, no relacionado con el rito mismo, se refiere a los objetivos tradicionales propuestos al comenzar la reforma, que fueron rápidamente descartados. Entre las primeras tareas emprendidas por el *Consilium* estuvo el emplear a un grupo de académicos para que trabajaran en el *Graduale Simplex* en latín, trabajo que Mons. Bugnini describe como "un último esfuerzo por dar solemnidad a la liturgia latina y evitar la pérdida total del invaluable patrimonio del canto tradicional en latín". El término "último" es apropiado ya que el trabajo de aquel grupo quedó obsoleto aun antes de ser publicado en 1967. Estos esfuerzos perdidos nos muestran cómo, en apenas tres años, se abandonó los principios iniciales de la reforma litúrgica, aventados por una corriente cuyo propósito era dejar la liturgia a merced de la revisión secularista.

Pero esto es adelantarse un poco. En la mayor parte del mundo católico, los cambios de 1964 permitieron una forma de celebración de auténtico mérito pastoral, que promovió el que los laicos adquirieran el sentido de su lugar en la Misa, y reconoció a la liturgia de la palabra y a la de la eucaristía su sentido propio. Se introdujo, selectivamente, el vernáculo; en muchos lugares, el empleo en las iglesias del verdadero altar continuó durante muchos años, y se preservó la sacralidad de la celebración gracias a la unción que es propia de la tradición católica. Si el futuro litúrgico de la Iglesia hubiera continuado por el rumbo que se insinuaba en aquellos momentos, con el rescate del canto gregoriano y del canto en latín de las partes pertinentes de la Misa, el Concilio podría haber logrado una valiosa reforma.

LA REVOLUCIÓN LITÚRGICA

Sin embargo, semejante futuro era dudoso ya entonces: se aproximaba una serie de cambios, oficiales y no oficiales, que tendían a la destrucción de la devoción y de la sacralidad. Uno de ellos fue el prurito por vulgarizar las traducciones que proponían los entusiastas del vernáculo. En noviembre de 1964 la jerarquía estadounidense adoptó su versión en inglés con una prisa verdaderamente indecente, sin pedir la aprobación de la Congregación de Ritos. Ese mismo mes Pablo VI hizo su propia contribución a esta tendencia al abolir el ayuno eucarístico. En 1957 Pío XII ya le había dado un duro golpe al reducir a tres horas el ayuno que la norma imponía desde la medianoche. Esta innovación descartó una de las más antiguas tradiciones de la Iglesia: la eucaristía debía ser el primer alimento que el cristiano tomara en el día. Ahora Pablo VI lo redujo a una hora, medida agravada por la ilusión de que aun así se estaba ayunando. Un ayuno que no obliga a suprimir absolutamente ninguna comida es hacer burla del término. Este cambio fue un anuncio del nuevo régimen, en que la disciplina penitencial y ascética de la Iglesia fue gradualmente descartada.

Otra señal de pérdida de reverencia por el Santísimo Sacramento fue la nueva práctica de recibir la comunión de pie, todavía inusual en aquel tiempo, pero indicativa del surgimiento de una actitud arrogante frente a lo sagrado. Los fieles comenzaron también a olvidar la piadosa costumbre de permanecer cinco o diez minutos en acción de gracias por la comunión después de la Misa. De carácter más cultural fue la transición a dar a la Misa un carácter musical profano, con guitarras y cantos tomados en préstamo a las modas del momento, y a celebrar Misas fuera de los templos en entornos improvisados. Ambas tendencias, que Mons. Bugnini y sus liturgistas contemplaron complacidos, se hicieron en diametral oposición a los principios de la liturgia primitiva, que observó una cuidadosa diferenciación del lugar de culto y de su expresión musical.

Fuera de la Misa, las devociones tradicionales comenzaron también a perder arraigo. El Concilio mismo había fomentado la impresión, a pesar de los escrúpulos papales, de que la devoción a la Virgen era un error ecuménico. No sorprende que hombres del cariz del cardenal Lercaro y de Mons. Bugnini ignorasen las señales atingentes, pero surge la pregunta de por qué Pablo VI no les prestó atención. Pablo VI no fue un experto en liturgia, pero desde su juventud había experimentado el influjo del pseudo-primitivismo litúrgico a que adhería su mentor, el P. Bevilacqua. Esta tendencia litúrgica fue respuesta a una auténtica deficiencia pastoral que se dejó sentir en Italia y otros países católicos. En estas sociedades el catolicismo había adquirido un aspecto de religión oficial, en que ir a la iglesia se transformó en mera formalidad para muchos, con los consiguientes abusos: sacerdotes que decían Misa al galope, acólitos descuidados, laicado que chismorreaba en la nave. Con razón hubo hombres de Iglesia serios que, al considerar esta situación, sintieron que hacía falta una forma de culto más vital. Con su mentalidad racionalista, Pablo VI imaginó que la respuesta era aproximarse al servicio protestante, de inspiración, supuestamente, más pura, sin tomar en cuenta los datos provenientes del mundo de habla inglesa, en que miles de convertidos daban cada año las espaldas a las liturgias protestantes y se dejaban atraer por la belleza de los ritos católicos. En marzo de 1965 Pablo VI pronunció un discurso sobre la reforma en curso, que dejó al desnudo su actitud alarmantemente superficial: el papa dividió las reacciones en dos clases, la de los devotos, que acogían los cambios, y la de los perezosos, a quienes les disgustaban[13]. De este modo hizo caso omiso de la inquietud de quienes lamentaban los ataques a la sacralidad y a la unción, depositando toda su fe, de modo incondicional, en los hombres a quienes había confiado la reforma litúrgica. Y durante todos los años en que la asistencia a Misa en el mundo católico colapsó, siguió convencido de que sus marionetas favoritas estaban dando a luz una liturgia de participación popular que habría de dar nueva vida a la Iglesia.

Pero aquéllos a quienes se había encargado la tarea daban pruebas, con los principios litúrgicos que profesaban, de cuán poco se podía confiar en ellos. En abril de 1965, inmediatamente después de su declaración de que debía preservarse el Canon en latín, el *Consilium* otorgó autorización para rezar el Prefacio en vernáculo, aunque el Prefacio forma parte integral del Canon. La intención de dar a conocer "la naturaleza intrínseca de las diversas partes de la Misa" sucumbía ante las voces que pedían reformas radicales. Sin embargo, no había señales de que fueran a producirse más cambios de textos. En 1965 se imprimieron nuevos misales sobre la base de que el rito, con los cambios realizados, ya era el definitivo. Aunque el *Consilium* seguía trabajando, se supuso que lo que hacía era preocuparse de los detalles del *Graduale* en latín, que hemos mencionado anteriormente. El 25 de octubre de 1965, el secretario de Estado, el cardenal Cicognani, escribió a Mons. Bugnini diciendo que "Su Santidad desea saber qué tipo de revisión es el que se está haciendo, y si ella comprende cambios menores o reformas sustanciales"[14]. Podemos ver, por esta pregunta, que en esta etapa nadie en la Iglesia, desde el papa y el secretario de Estado para abajo, pensaba que el Concilio había ordenado hacer una revisión radical de la liturgia, y se suponía que el *Consilium* trabajaba en dar cumplimiento a las disposiciones conciliares. La destrucción del rito tridentino que se hizo a continuación fue, en su integridad, la obra de Mons. Bugnini y de los revolucionarios que éste había co-optado para que lo secundaran.

La pregunta formulada por el papa revela también que, fuere lo que fuere que decidía Mons. Bugnini, éste tenía carta blanca para hacerlo. Y las oportunidades fueron rápidamente aprovechadas por él. Bugnini, con el respaldo del cardenal Lercaro, comenzó a legislar sin tomar en cuenta al *Consilium*, del cual era, nominalmente, agente. Hacia fines de 1965, se publicó una instrucción sobre la liturgia en los seminarios que tuvo que ser inmediatamente retirada, porque, junto con otras dos decisiones, se

---

[13] Véase Michael Davies, *Pope Paul VI's Mass* (Angelus, 1980), pp. 547-49.
[14] Bugnini, *op. cit.*, p. 152

había hecho pública sin ser sometida ni al *Consilium* en su conjunto ni a sus consultores. En 1966 se intentó por Lercaro y Bugnini establecer un "consejo presidencial" de siete personas para que actuara en nombre del *Consilium*, con lo que se dejaba a éste virtualmente de lado: se redactó una constitución que otorgaba poderes excepcionales a dicho consejo, pero, para enojo de Mons. Bugnini, el papa la vetó dos días antes de la entrada en vigencia que se había propuesto.

¿A qué se debió esta nueva audacia? El telón de fondo de ella fue la marea de anarquía que se dejó sentir en la Iglesia tan pronto como terminó el Concilio. Con aprobación oficial, se hizo común la práctica de los "experimentos" litúrgicos, que no dejaban espacio para una auténtica consulta a los fieles: los radicales se reunían y proyectaban experimentos orientados a desacralizar completamente la Misa. Se realizaban celebraciones al son de tambores y acompañadas con los aullidos de la música popular. Hubo Misas en que el sacerdote y los fieles se sentaban alrededor de una mesa de comedor, vertiéndose el vino consagrado en vasos que se iba bebiendo durante la comida. Los experimentadores se sentían autorizados para echar por la borda diecinueve siglos de tradición litúrgica y para poner de nuevo en escena, supuestamente, la Ultima Cena, tratada como una simple comida, con total ignorancia de la liturgia judía de la Pascua. Fue algo común ver Misas en salones y cocinas, con el sacerdote vestido de laico. En México, un jesuita dijo una Misa en un bote en traje de baño, con los fieles en igual tenida. Al mismo tiempo, comenzó a aparecer una cantidad de revistas litúrgicas donde se ventilaban ideas que, calificar de protestantes, sería demasiado tímido. Entre ellas, el propio Mons. Bugnini calificó a la francesa *Paroisse et Liturgie*, y a la italiana *Rivista di Pastorale Liturgica*, como "demasiado avanzadas y objetables", descripción elocuente viniendo de un hombre que pensaba que la liturgia debía avanzar y ser continuamente puesta en discusión. Tal fue el telón de fondo de la realización de las futuras reformas litúrgicas. Cuando su legitimidad sea revisada por la Iglesia, parte del trabajo consistirá en estudiar el torrente de propaganda iconoclasta que constituyó su contexto histórico.

En mayo de 1967 el proceso oficial de desacralización de la Misa dio un gran paso adelante con la instrucción *Tres Abhinc Annos*, que corroboró el abandono del latín en el Canon y, además, abolió gestos tales como la genuflexión de los fieles en el *Incarnatus* del Credo, los reiterados signos de la cruz que hacía el sacerdote durante el Canon, la primera genuflexión en la Consagración y la mayor parte de los besos al altar; ya no se exigió que el sacerdote mantuviera el índice y el pulgar juntos después de la Consagración de la Hostia, y se hizo opcional la purificación de los dedos al final de la Misa. Todos estos cambios significaron un ataque al respeto debido a la Misa y a la naturaleza de ésta como acción, en que los gestos son tan significativos como las palabras.

El espíritu con que trabajaron los "expertos" del *Consilium* queda ante nuestra vista gracias a las notas que tomó, por entonces, el P. Antonelli. Algunos de los temores de éste se referían a los procedimientos: desde las primeras sesiones de marzo de 1964, Antonelli había criticado las reuniones apresuradas, los quórums insuficientes, y las caóticas votaciones: los textos eran dados a conocer el día antes de la reunión, sin dejar tiempo para un estudio serio; se votaba a mano alzada, sin que nadie se preocupara por contar los votos ni anunciar el resultado; nunca se definió en el *Consilium* si la mayoría para aprobar una propuesta era simple o de dos tercios de los votos; no se llevaba actas de lo ocurrido; el presidente era débil: "el cardenal Lercaro no es la persona apropiada para dirigir el debate"[15]. El ánimo irreflexivo de los miembros del *Consilium* fue objeto de constantes lamentos: se discutía sobre la base de impresiones, con prisa por avanzar, sin dejar tiempo para pensar, según un estilo "Vamos, vamos, hay que terminar con esto"; se multiplicaban los borradores sin que se llegara jamás a una formulación debidamente analizada; "el P. Bugnini está interesado sólo en una cosa: avanzar y concluír"[16]. Más de fondo fueron las dudas que el P. Antonelli comenzó a experimentar sobre la corrección doctrinal de los cambios: en su opinión, el *Consilium* "era una asamblea de personas de las cuales muchas no tienen preparación y, lo que es más, están sesgadas hacia la línea de las innovaciones" y, andando el tiempo, llegó a deplorar propuestas hechas "siempre en la línea de la innovación"; "todo lo que sea innovación se aprueba sin más, porque tal es el espíritu del *Consilium*"; y encontró que "Hay un espíritu de crítica y de intolerancia hacia la Santa Sede que no puede llevar a buen término. Y, luego, todo un estudio de la racionalidad en la liturgia y ninguna preocupación por la verdadera piedad. Temo que un día se diga de esta reforma lo que se dijo de la reforma de los himnos en tiempo de Urbano VIII: *accepit latinitas, recessit pietas*, y aquí *accepit liturgia, recessit devotio*"[17]. Hacia 1967, escribía Antonelli "Ya nadie tiene el sentido de la sacralidad y obligatoriedad de la ley litúrgica. Los continuos cambios, imprecisos y a veces ilógicos, y el sistema deplorable, en mi opinión, de los experimentos, han roto los diques y cada uno hace más o menos lo que le place; ... sigue avanzando, en los estudios más amplios, el trabajo

---

[15] Giampietro, *op. cit.*, pp. 228, 238, 242.
[16] *Ibid.*, pp. 228, 229, 238.
[17] *Ibid.*, pp. 228, 229, 234. La referencia que se hace es a la reforma del breviario de Urbano VIII, en que se corrigió los antiguos himnos para adecuarlos a las normas la latín clásico. Las dos frases citadas significan "El buen latín ha ganado, y la piedad ha perdido".

de desacralización y de lo que hoy llaman secularización; pero la crisis mayor es la crisis de la doctrina tradicional y del magisterio". En julio de 1968 describía la reforma litúrgica a Mons. Benelli como "cada vez más caótica y aberrante", y advertía la existencia de "una mentalidad negativa que es injusta y dañina. Pero incluso Pablo VI está un poco en esa línea. Puede que todos tengan la mejor de las intenciones, pero esta mentalidad los ha llevado a la demolición y no a la restauración". Acerca de Mons. Bugnini escribió "Quisiera equivocarme, pero el punto más débil del P. Bugnini es su falta de preparación y de sentido teológicos. Defecto y punto débil muy graves, porque en la liturgia cada palabra, cada gesto expresa una idea que es teológica"[18].

El resultado de todo esto se vio en la liturgia que Mons. Bugnini estaba empeñado en inventar. La primera etapa fue la introducción de tres nuevos Cánones, llamados comúnmente "plegarias eucarísticas". Pero ya hacia 1967 el secretariado había compuesto todo un nuevo rito de la Misa, que es el que se conoce hoy. La historia de su imposición a la Iglesia, no obstante las consultas que se hicieron, es sorprendente. El 24 de octubre de 1967 se celebró la nueva Misa en la Capilla Sixtina en presencia del Sínodo de Obispos, cuya aprobación se esperaba. De los 180 obispos presentes, 71 votaron a favor, 43 votaron decididamente en contra, y 62 lo aprobaron con reservas. Entre las reservas que se hicieron, algunas no eran sino ciertos lugares comunes litúrgicos, pero la mayoría expresaba alarma por la desacralización de la liturgia, algo que hoy es ya familiar entre los católicos: "hay que enriquecer todo el esquema, especialmente con signos de la cruz, genuflexiones e inclinaciones; debiera mantenerse las oraciones que el sacerdote dice en privado y, de hecho, debiera aumentarse su número; la liturgia de la Palabra es demasiado larga en comparación con la liturgia Eucarística; los momentos de silencio debieran ser más numerosos"[19]. Desde un punto de vista jurídico, esta votación significó el rechazo de esta liturgia por parte del Sínodo de los Obispos. Pablo VI, que había dado su apoyo incondicional al movimiento modernizante, experimentó un profundo pesar. A medida que los obispos continuaron con sus reuniones, siguieron evidenciando sus serios temores por el rumbo que tomaban los asuntos en la Iglesia, y llamaron la atención hacia la desembozada guerra que se desarrollaba entre el cardenal Lercaro, presidente del *Consilium*, y el cardenal Larraona, prefecto de la Congregación de Ritos. En enero de 1968 Pablo VI trató de superarla despidiendo a ambos de sus cargos, y poniendo ambos organismos bajo la dirección del cardenal Benno Gut, figura cuya debilidad de carácter preludiaba, más que armonía, muda

---

[18] *Ibid.*, pp. 238, 257, 258, 264.
[19] Citado por Bugnini, *op. cit.*, p. 353.

aquiescencia. Pocas semanas más tarde se obligó al cardenal Lercaro a renunciar al arzobispado de Bolonia, dado que la desconfianza por sus insensateces progresistas de los últimos cinco años era ya demasiado grande como para que se siguiera ignorándola.

Lercaro pagó, de este modo, las consecuencias de su mala fama, pero el sacrificio dejó incólume a la "eminencia gris". Poco tiempo después de esta exoneración, Pablo VI dijo a Mons. Bugnini: "Ahora es Ud. el único que queda. Le encarezco ser muy paciente y muy prudente. Le aseguro una vez más que cuenta con toda mi confianza"[20]. Pronto se vería cómo el secretario interpretó este consejo. La nueva Misa, a pesar del sentimiento adverso que le había manifestado el Sínodo de Obispos, debía ser presentada a la reunión general del *Consilium* litúrgico programada para abril de 1968. Pablo VI había respondido a las críticas hechas por el Sínodo, ordenando que se echara pie atrás en algunas cosas que a él también le desagradaban: se restauró el Canon tradicional, que iba a ser abolido, y se lo incluyó junto con los tres nuevos; se conservó el *Orate Frates*, que también debía suprimirse, y las oraciones del sacerdote en el ofertorio, que iban a ser opcionales, fueron hechas obligatorias. Un hombre de menos envergadura que Mons. Bugnini se hubiera amilanado por tales correcciones, pero él las usó como instrumento para una astuta estratagema: sostuvo, en efecto, que el rechazo de ciertos detalles por Pablo VI implicaba una autorizada aprobación del resto del rito, y exigió que el *Consilium* lo aceptara sobre la base de la obediencia debida al papa. Podemos estar seguros de que Pablo VI jamás tuvo en mente dar semejante aprobación, y si la hubiera dado, hubiera significado un indebido desconocimiento de las funciones del *Consilium* en cuanto organismo establecido para decidir sobre la reforma litúrgica. Sin embargo, Mons. Bugnini hizo prevalecer su interpretación. En una reunión en que sus modos "ásperos y autoritarios" provocaron quejas ante el secretario de Estado[21], forzó la aprobación de la nueva liturgia insistiendo en la supuesta voluntad del papa. Hay que advertir que el rito, que hoy se considera estar fuera del alcance de toda crítica, fue rechazado, en su oportunidad, por un organismo [el *Consilium*] que se inclinaba hacia la izquierda radical de la Iglesia, es decir, por un cuerpo del que uno de los más entusiastas reformadores litúrgicos se había quejado por aceptar automáticamente las propuestas más avanzadas. Pero toda oposición fue inútil, tanto en esta etapa como en las posteriores. No se repitió el experimento de consultar a un conjunto amplio de obispos. El *Novus Ordo*, que es sustancialmente el mismo que se había celebrado en la Capilla

---

[20] *Ibid.*, p. xxvii.
[21] *Ibid.*, p. 176.

Sixtina, fue impuesto, sin más discusiones, por la constitución *Missale Romanum* de 3 de abril de 1969.

Hay que considerar cómo inciden estos métodos en la alegación de que el *Novus Ordo* está respaldado por la autoridad del Concilio Vaticano II. Tal cosa es, desde un punto de vista jurídico, lo opuesto a la verdad. Los dos organismos episcopales creados por el Concilio, el Sínodo de los Obispos y el *Consilium* litúrgico, fueron ignorados del modo más descarado. Tanto por lo que se refiere a los textos redactados, que no tienen relación alguna con la moderada revisión de la liturgia que el Concilio había votado, como por lo que se refiere al modo de su imposición, el nuevo rito fue un abierto desafío al Concilio y a sus organismos. El *Novus Ordo* representa sólo el celo radicalizado de Mons. Bugnini y de su grupo de colaboradores, respaldados incondicionalmente por Pablo VI.

En la introducción al nuevo rito, Mons. Bugnini, confiado en el favor del papa, mostró una vez más su asombroso desprecio por los procedimientos legales. Bugnini había mostrado al papa el texto de la Misa, junto con la introducción que lo precedía, y éste le dijo que sometiera la introducción a la Congregación para la Doctrina de la Fe, mientras él en persona examinaba el rito. Mons. Bugnini simplemente desobedeció esta orden, y cuando se presentó al papa la constitución *Missale Romanum*, Pablo VI la firmó sin leer la Instrucción General. En esta declaración doctrinal se abandonaba la enseñanza eucarística tradicional y se presentaba la Misa como una cena, un memorial, una reunión de los fieles. Esta traición a la doctrina provocó la reacción de quienes no habían perdido todavía las esperanzas de hacer imperar la ortodoxia. En septiembre de 1969 se entregó al papa, por los cardenales Ottaviani y Bacci, un Estudio Crítico, redactado por algunos teólogos, que presentaba veintisiete objeciones al nuevo rito y, especialmente, a su prólogo doctrinal. Pablo VI se enteró del acto de desobediencia de Mons. Bugnini y del escándalo causado, y al momento de oír de éste, el cardenal Journet lo vio llorar de vergüenza e ira[22]. Como resultado de la intervención [de los cardenales Ottaviani y Bacci], se retiró la Instrucción General, a pesar de que se había promulgado con la firma del papa, y se la enmendó para reafirmar la doctrina ortodoxa de la Misa. Pero el rito mismo quedó sin reformarse y entró en vigencia en el año eclesiástico 1969-1970.

Nada, sin embargo, fue capaz de alterar el apoyo incondicional que Pablo VI había dado a Mons. Bugnini. Este, de acuerdo con el cardenal Lercaro, había logrado, antes de 1968, reducir la Congregación de Ritos a mera fachada; con sus tácticas de 1968, hizo lo mismo con el propio

---

[22] Michael Davies, *Pope Paul VI's New Mass*, p. 506, citando el informe de *La Pensée Catholique*.

Consilium. Era lógico que, en su siguiente movida, los combinara a ambos en una sola entidad, sobre la que se constituyó como dueño y señor. En mayo de 1969, la Congregación de Ritos y *Consilium* fueron refundidos en un solo organismo, del cual fue nombrado secretario Mons. Bugnini, cuyos poderes tuvieron un lugar preponderante en la nueva organización[23]. El cardenal Gut, descrito por John Eppstein como un "presidente especialmente ineficaz y dócil", siguió siendo prefecto de la nueva Congregación para el Culto Divino hasta su muerte en diciembre de 1970. Vino a continuación el período del cardenal español Tabera (1971-73), cuyo nombramiento parece haber sido desafortunado y, luego, llegaron seis gloriosos meses en que Mons. Bugnini, elevado ahora al rango de arzobispo, no tuvo otro superior que el secretario de Estado, el cardenal Villot. Sin embargo, hay que hacer notar que Pablo VI no llegó a crear cardenal a Bugnini, ni a nombrarlo prefecto.

Durante este tiempo, continuaron los métodos arbitrarios de Mons. Bugnini y su equipo. En 1969 se promulgó, con aprobación papal, un nuevo *Ordo* del Bautismo, que tuvo que ser corregido cuatro años después, cuando se hizo ver sus deficiencias. En febrero de 1969 el *Consilium* había hecho saber su decisión de resistir el creciente abuso de recibir la comunión en la mano, pero en junio de 1970 se impuso esta práctica por el cardenal Seper, prefecto de la Congregación para la Doctrina de la Fe. Mons. Bugnini escribe que la carta en que se dio la orden "fue un golpe mortal para el cardenal Gut, que se oponía personalmente a esta concesión y que firmó el decreto que la hacía posible sólo porque se dio cuenta de que, al hacerlo, obedecía al papa"[24]. De modo similar, se autorizó en 1973 el abuso de distribuir la comunión por laicos, con abandono de la reverente disciplina anterior, según la cual incluso a los diáconos se les permitía dar la comunión sólo en circunstancias excepcionales.

En junio de 1975, el arzobispo Bugnini fue destituido de su cargo. La destitución vino disimulada como refundición de la Congregación para el Culto Divino con la Congregación para los Sacramentos. En esta reorganización se dispersó también a los colaboradores personales de Bugnini. No se dio a éste una explicación oficial de su destitución: la estrecha relación que había tenido previamente con el papa terminó de modo abrupto. Después de seis meses de silencio, se le nombró para el cargo decorativo de pro-nuncio en Irán, donde murió seis años después. La naturaleza de estas medidas fue acorde con la práctica del pontificado

---

[23] Bugnini, *op. cit.*, pp. 81-82.
[24] Bugnini, *op. cit.*, pp. 840 y 88. El papa había consultado a los obispos del mundo el año anterior sobre si debía permitirse la comunión en la mano, y la propuesta había sido abrumadoramente rechazada.

de Pablo VI de no reconocer errores, pero la destitución fue considerada ampliamente como caída en desgracia del reformador litúrgico. A poco andar se informó que un sacerdote había entregado al papa pruebas de que el arzobispo Bugnini era masón. Cuando Michael Davies se acercó a ese sacerdote en busca de una confirmación, éste se excusó con el secreto para no dar detalles de la acusación, pero confirmó que había presentado pruebas "más que convincentes", sobre la base de las cuales se destituyó al arzobispo Bugnini[25]. Confrontado públicamente con la acusación, Bugnini la rechazó en más de una oportunidad, y sus apologistas la han tildado de ultraje, pero no han presentado ninguna otra alternativa de explicación de la caída del arzobispo ni del porqué Pablo VI se volvió en contra de un hombre a quien había impulsado, con tanta obstinación, durante los últimos doce años.

La iniciación de Bugnini en la masonería calza con un patrón del cual se tuvo muchas pruebas, aparecidas por aquel entonces. Es un hecho bien conocido que la sociedad italiana fue agitada por la Masonería, y durante las décadas de 1970 y 1980 se hicieron revelaciones de que las logias habían llegado hasta los círculos más poderosos. La más escandalosa de ellas fue la logia masónica P2, organismo controlado por el financista Licio Gelli, cuya mano derecha fue un incondicional seguidor del cardenal Lercaro, Umberto Ortolani. Un miembro disconforme de este grupo, el periodista Mino Pecorelli, hizo entrever en 1978 datos sobre la "Gran Logia Vaticana", con cuyos miembros estaba personalmente en contacto[26]. De algunos listados publicados en diversas épocas se puede ver que esta asociación incluía cardenales y otros prominentes eclesiásticos y, por las fechas de iniciación proporcionadas, se advierte que fue constituída, claramente, durante los reinados de Juan XXIII y Pablo VI[27]. De los miembros nombrados, el más importante fue el cardenal Villot, secretario de Estado desde 1969 hasta su muerte en 1979, figura con la que Mons. Bugnini tenía estrechas relaciones. Por cierto, Villot respaldó un movimiento para alzar la prohibición de la Masonería por la Iglesia, como se planteó en un artículo de *La Civiltà Cattolica* de 1972, y desde 1974 comenzó a relajarse dicha prohibición en varios pronunciamientos oficiales. A pesar de este cambio de política, resulta que, si se acepta las pruebas de que Mons. Bugnini fue iniciado en la Masonería en abril de 1963, ello significa que, durante todo el período en que se dedicó a la destrucción de la liturgia de la Iglesia, estuvo *ipso facto* excomulgado, según el Derecho Canónico vigente en aquel tiempo.

---

[25] Michael Davies, *Pope Paul's New Mass*, p. 505.
[26] David Yallop, *In God's Name* (Cape, 1984), p. 175.
[27] Georges Virebeau, *Prélats et Franc-Maçons* (Henry Coston, 1978), *passim*.

La historia de cómo se llevó a cabo la reforma litúrgica se constituye, por su misma enormidad, en un obstáculo para el historiador: éste preferiría, por su propio bien, tener un cuento menos increíble que contar. El sesgo en la elección de los actores, el desprecio del Derecho y de las opiniones, el ciego apoyo otorgado por Pablo VI a pesar de todos los abusos, el silenciamiento de los organismos litúrgicos oficiales de la Iglesia, el espíritu conflictivo con que se realizó la reforma del tesoro más sagrado de los fieles, el incremento de la irreverencia y de la impiedad, el rápido desecharse los principios que se había declarado esenciales sólo unos pocos años antes, el descrédito de los dos hombres a quienes Pablo VI había confiado la reforma de la liturgia y la destitución de ellos, todo esto constituye un verdadero desafío a la credibilidad. Pareciera que, en nombre de la moderación, debiera rechazarse toda esta historia; pero no es la moderación la mejor perspectiva para observar sucesos que carecen de ella. Es demasiado arduo aceptar que la reforma de la vida litúrgica de la Iglesia haya estado rodeada de tantas violaciones, pero hay dos hechos que lo pueden explicar: primero, la decisión inicial de Pablo VI de entregar la reforma al ala más extrema de los iconoclastas litúrgicos, y, segundo, el trasfondo del ambiente modernista existente en aquella época. Hicieren lo que hicieren, ni el papa ni los colaboradores por él nombrados tenían que temer críticas por sus acciones en pro de los cambios: sólo podían temerlas por su demora en promoverlos. El ruidoso coro que alegaba ser la voz de los fieles, representaba a un ambiente lleno de arrogancia ante lo sagrado y ante la tradición católica. Por exigencia suya se destruyó el tesoro religioso de muchos siglos, en tanto que el laicado común y corriente, ante el aluvión de innovaciones, abandonaba la Iglesia por millones. Algún día la Iglesia experimentará la necesidad de estudiar honestamente el modo en que se dilapidó su patrimonio litúrgico, y emitirá el juicio que, en el pasado, ha formulado ante otras graves desviaciones de su verdadera naturaleza y de su verdadero deber.

Incluso quienes no quieran aceptar estas conclusiones habrán, seguramente, de reconocer cuán lejos de una verdadera reforma de la liturgia estuvo la revolución de Pablo VI. Supongamos que la liturgia hubiera caído en graves corrupciones y que hubiera sido necesario reconstruirla: semejante reforma hubiera seguido ciertas líneas que son naturales en todo desarrollo auténticamente católico. Primero, la dirección de la reforma habría sido claramente fijada por un concilio de la Iglesia. Si hubiera sido deseable la incorporación de una nueva comprensión doctrinal de la Misa, tal comprensión habría sido definida por el concilio. Idealmente, la reforma habría tenido lugar con un papa de reconocida autoridad en liturgia. Los eruditos encargados de conducirla habrían sido hombres de prendas intachables, elegidos de entre todas las escuelas de pensamiento litúrgico, incluída la tradicionalista; y habrían cumplido su tarea en un clima de apertura a las opiniones y de armonía con todos los organismos competentes, tanto litúrgicos como teológicos. En cada etapa, sus disposiciones habrían exhibido coherencia de principios, sus acciones habrían respetado escrupulosamente el Derecho de la Iglesia, la reforma publicada al final habría obedecido claramente las directivas conciliares, y las habría citado detalladamente en los documentos. Ese habría sido el curso de una reforma litúrgica natural, hecha según el perenne espíritu de la Iglesia. La revolución paulina contradice, en cada detalle, esta descripción. El Concilio Vaticano II no decretó la composición de una nueva liturgia. Tampoco decretó una nueva comprensión de la Misa ni discutió en absoluto la teología de ésta. Tal como se la publicó en la Instrucción General, la nueva doctrina de Mons. Bugnini no se basó en guía alguna respaldada por la autoridad, y él mismo careció, desde todo punto de vista, de competencia para formularla. La reconstrucción de la liturgia se emprendió por un papa cuyas ideas de reforma litúrgica eran superficiales[28]. La elección de los expertos para la tarea careció gravemente de representatividad, incluso si pasamos por alto sus defectos de carácter. El secretariado del *Consilium* realizó su trabajo en un *bunker* eclesiástico, evitando colaborar con la Congregación de Ritos y, mucho más, con cualquier autoridad teológica. Sus políticas no mostraron coherencia sino, más bien, constante aceptación de abusos que ocurrían en el exterior. Los procedimientos jurídicos fueron repetidamente ignorados y violados. Y la nueva liturgia, tal como fue publicada, no fue lo que los decretos del Concilio habían previsto sino, según lo hicieron notar expertos como el P. Bouyer, una traición sin atenuantes de sus principios. Quienes se atienen a la aceptación muda de la política oficial, puede que resten importancia a estos defectos, pero las verdaderas líneas de acción de la Iglesia constituyen un estándar inamovible, y tarde o temprano se las reconocerá. Incluso si los procedimientos fueran el único criterio para juzgarla, la reforma de tiempos de Pablo VI sería radicalmente defectuosa. Pero debemos ahora volver nuestra atención a su contenido, para ver sus defectos más profundos.

EL CARÁCTER ESPURIO DE LA REFORMA LITÚRGICA
1. *Falsificación de las prácticas primitivas*

En el clima actualmente imperante, se acepta como algo natural las muchas señales de falta de respeto que, en su origen, fueron abusos -luego

---

[28] Debe advertirse que en su esquema, escrito en octubre de 1962, del plan que creía debía seguir el Concilio que se aproximaba, el cardenal Montini había dicho explícitamente que no consideraba la reforma litúrgica como parte del Concilio.

rápidamente autorizados-. Y a toda una generación, que ha crecido ignorante de lo que es la verdadera oración de la Iglesia, se le ha enseñado que la creación de Pablo VI es la norma. Supuesto esto, la enseñanza que hoy se acepta dice que el rito nuevo es la expresión de un conocimiento litúrgico maduro, que devuelve a las celebraciones cristianas su carácter propio, y que quienes se oponen a esto no son más que reaccionarios que ignoran la historia litúrgica. Mirada desde semejante punto de vista, la introducción de los cambios fue impecable y como, en consecuencia, la reforma fue correcta en lo esencial, son excusables los tropiezos accidentales que se pudieran haber producido. A fin de refutar este tipo de argumentos necesitamos examinar la nueva liturgia desde sus propias premisas.

Como ya hemos dicho, hacia 1960 la escuela de liturgistas dirigida por Mons. Bugnini había llegado a considerar los ritos de la Iglesia como el producto de siglos de corrupción. Y sostenía que sólo recientemente la investigación había llegado al punto desde el cual se podía detectar las corrupciones y restaurar la pureza primitiva. La reforma litúrgica fue, pues, una obligada respuesta a esos avances científicos. El entorno en que trabajaban los radicales alentaba semejante visión de las cosas: en su mayor parte, los liturgistas oficiales de aquella época entendían su tarea apenas como un cautelar ritos y rúbricas, sin estudiar sus orígenes, y resultó fácil para los reformadores considerarse a sí mismos como una élite académica.

Y plantearon, en consecuencia, que había una serie de defectos en el rito tradicional. Se decía que, como resultado de siglos de acreción, el rito era incoherente y no alcanzaba a expresar el verdadero significado de la Eucaristía. Uno de los principios de los reformadores fue la supresión, en dos sentidos, de las repeticiones que se habían introducido en el rito: primero, una idea expresada en una parte de la Misa no debía repetirse en otra parte; y, segundo, como extensión racionalista de este principio, se consideró indeseables las repeticiones verbales en la liturgia (en el *Kyrie*, el *Domine non sum dignus*, etc.). Se argumentó, además, que la Misa había perdido el carácter comunitario, democrático, que había distinguido a la primitiva liturgia cristiana.

Uno de los elementos de la perspectiva de los innovadores fue la erudición sesgada que le daba origen. Es en este capítulo donde encaja la aceptación a-crítica de las ideas litúrgicas protestantes. Así, la Instrucción General de Mons. Bugnini, publicada junto con el nuevo rito en 1969, describe la Misa como "la cena del Señor" (artículo 7). Como esta frase, asociada tan comúnmente con la Misa, contaba con la aprobación protestante, en general no se llegó a advertir cuán poca autoridad tiene. La expresión *kuriakon deipnon* (más exactamente "la cena señorial o real") aparece sólo una vez en el Nuevo Testamento, en 1 Cor. 11, 20. En ella se incluye la comida común de los cristianos que acompañaba a la Eucaristía -si es que no se refiere sólo a ésta-, y en tiempos de San Ignacio y de Hipólito la palabra *deipnon* se refiere sólo a ella. No existen pruebas de que los primeros cristianos, entre ellos el mismo San Pablo, hayan jamás llamado a la Eucaristía *kuriakon deipnon*, y su empleo como nombre de la Misa debe ser considerado un falso primitivismo. Dicha frase es parte de la identificación protestante de la Eucaristía con la Ultima Cena, forma de entenderla que, como se mencionó anteriormente, es producto de ideas teológicas tardomedievales.

En relación con este mismo principio, los revolucionarios de la liturgia insisten en que, por su identificación con la Ultima Cena, la Misa debiera ser vista esencialmente como una "comida", idea con la que se erosiona en los fieles el espíritu de solemnidad y adoración. Lo primero que hay que decir es que la Ultima Cena no fue una mera "comida", sino una celebración de la Pascua, ritual cuyo carácter sagrado se expresa en ceremonias tradicionales. Sería tan erróneo considerar la Misa como una mera repetición de la Ultima Cena como lo sería considerar la Pascua como una repetición de la última comida de los judíos en Egipto: lo que en la Pascua se conmemoraba no era una comida sino la liberación del pueblo de Dios. Del mismo modo, la Misa actualiza no la Ultima Cena sino la Redención, de la cual fue el acto introductorio. Los primeros cristianos, que comprendieron esto, vieron la Eucaristía como un memorial no sólo de la Ultima Cena sino de todo el sacrificio de Cristo y de su resurrección. Se podría subrayar esta última idea, porque la teología escolástica identificó la Misa tan íntimamente con el sacrificio del Calvario que la relación con la resurrección se ha vuelto poco usual. Sin embargo, esta idea estaba clara en la comprensión primitiva. Hacia fines del siglo I, se había trasladado la Eucaristía, desde su celebración al atardecer, a una celebración en la madrugada, cambio que muestra que la idea de Resurrección había ganado precedencia sobre la de cena.

En términos históricos, no existe rastro alguno del ritual de una comida en la liturgia eucarística. Nunca se repartió la comunión ni alrededor del altar ni de un modo que pudiera sugerir una comida común (quizá incluso hay más de esto en la práctica tridentina, en que los fieles se arrodillan juntos en el comulgatorio). Aun el beso de paz, que da una nota de comunalidad a esta parte de la Misa, está ubicado antes de la comunión sólo en la liturgia occidental: en la oriental, está antes del ofertorio. La iconografía proporciona similares pruebas: desde el período bizantino se hizo usual pintar a Cristo en gloria en el ábside, detrás del altar, en tanto que anteriormente la norma había sido una simple cruz (evocación del sacrificio del Calvario, pero que simbolizaba para los primeros cristianos, recordémoslo, el triunfo de Cristo). No ha existido jamás una época en que la pintura de la Ultima Cena haya sido la iconografía asociada con la Eucaristía. El mismo altar primitivo no tuvo ningún parecido con la mesa de una comida: las pinturas del mismo muestran una estructura con forma de caja, y en la antigüedad tardía lo usual fue una mesa de piedra con cuatro patas, casi de forma cuadrada, que aludía no a una mesa de comedor sino a la "Mesa del Señor", el altar sacrificial del Templo judío. Asimismo, es la práctica medieval lo que hizo evocar más una mesa de comedor, con esos altares largos con los que estamos familiarizados hoy; pero éstos se introdujeron no para sugerir un comedor, sino para hacer lugar a la tumba del santo, que comenzó a ponerse usualmente bajo el altar. Si retrocedemos a la época apostólica, vemos que el foco litúrgico de la iglesia cristiana se entendía no como una mesa para comer, sino como el altar de un sacrificio: el *thusiasterion*, como es la palabra usada por la epístola a los Hebreos. Así, pues, aquello a lo que la más antigua historia de la Eucaristía apunta no es a la reiteración de la Ultima Cena, sino a los ritos sacrificiales del Templo. Este es el hecho histórico que debiera ser el fundamental en la comprensión de la Misa.

Se puede dar otros ejemplos de mal sustento investigativo: uno de ellos es la idea del sacerdote "que preside la Eucaristía", la cual ha sido recogida por los modernistas y puesta en el centro de su concepción de la función del sacerdote en la Misa, a lo que se agrega la falsa descripción de las oraciones sacerdotales como "oraciones del presidente". Esta frase está tomada de la descripción de la Eucaristía hecha por el mártir San Justino alrededor de 150 (Primer diálogo). Pero se trata aquí de un trabajo apologético dirigido a los paganos, y en ésta y en otras partes no refleja la terminología cristiana. A juzgar por la descripción que hace Justino, no nos enteraríamos de que en la Iglesia cristiana existió un clero. La frase usada por Justino podría compararse con la expresión "trajes ceremoniales" usada por los católicos ingleses para designar los paramentos de la Misa, cuando la celebración de ésta estaba penalizada. Si supiéramos de la historia católica inglesa tan poco como sabemos de la del siglo II, quizá encontraríamos investigadores que sostuvieran que los sacerdotes misioneros celebraban la Misa [en Inglaterra] con ropas seglares. Se trata del mismo deficiente conocimiento histórico que ha hecho que los innovadores consideren la frase "presidir la Eucaristía" como el eje de su concepción litúrgica. Hay escritores modernistas que la usan para todo y le otorgan un valor muy superior al que tiene, atribuyéndola a textos cristianos donde no aparece. Así, Schillebeeckx cita a Clemente de Roma y lo hace decir que los obispos "presiden la Eucaristía", cuando en realidad lo que dice es que son sucesores del ministerio de los apóstoles, y también hace a Hipólito referirse al celebrante como "presidiendo la Eucaristía" cuando las palabras que usa Hipólito son "ofreciendo los dones", algo que es una función específicamente sacerdotal y sacrificial[29]. Con este método, los escritores tendenciosos han corrompido lo que toda una generación de sacerdotes católicos entiende de estas materias. La verdad es que el concepto de "presidir la Eucaristía" no se encuentra en ninguno de los textos internos de la Iglesia primitiva: no tiene lugar alguno en la comprensión de la función del sacerdote en la Misa y muestra la falsificación de la historia de la liturgia que hacen los modernistas.

Otro ejemplo de mala erudición es el intento de negar que el altar estuviera velado en las primitivas iglesias cristianas. Se hace caso omiso de la existencia del ciborio y, mucho más, de su función de ocultar el altar con cortinas. Los auto-titulados expertos en liturgia sostienen que velar el altar fue una práctica tardía de origen oriental, aparentemente sobre la base de que es San Juan Crisóstomo el primero en describirla detalladamente. Según esto, los cristianos habrían comenzado a encerrar los altares con una estructura desprovista de sentido hasta que, después de tres siglos, le descubrieron utilidad para colgar cortinas. Por el contrario, el uso de velos es una de las más claras indicaciones de continuidad entre la liturgia judía y la cristiana, no sólo en el Templo sino también en las sinagogas, en que el Arca de la Alianza velada corresponde al altar cristiano como centro litúrgico del lugar de culto.

Otra distorsión introducida por los modernistas es la abolición, total o parcial, del arrodillarse durante la Misa, alegando que no fue tal la práctica de los primeros cristianos. Esta afirmación es un error. En la era apostólica, Santiago el Hermano del Señor fue famoso por permanecer tanto tiempo arrodillado en oración en el Templo, que sus rodillas, se decía, semejaban las de un camello. En el siglo II, el mártir Justino escribió "¿Quién de vosotros ignora que la oración que más agrada al Señor es la que se hace con lamentos y lágrimas, con el cuerpo postrado y las rodillas dobladas?"[30]. Tertuliano, en el siglo III, dice "Consideramos como ilegal ayunar y arrodillarse para el culto en el día del Señor. Gozamos también del mismo privilegio desde la Pascua hasta Pentecostés" (*De corona militis*, 3), y en 325 el Concilio de Nicea dio fuerza canónica a esta costumbre al ordenar que se omitiera el arrodillamiento en domingo y durante el tiempo Pascual. Naturalmente, esto implica que el arrodillarse era la norma para la oración durante el resto del año.

---

[29] Véase Edward Schillebeeckx, Ministry, *A Case for Change* (SCM, 1980), Capítulo 2, Parte A, Secciones 4b y 2.
[30] Justino Mártir, *Trypho*, Capítulo 90.

Estas falsedades son las que apoyan la más descarada impostura que se ha impuesto a los fieles modernos, diciéndoseles que las nuevas formas son un regreso a las prácticas antiguas. De hecho, la liturgia "bugninificada" que tenemos hoy no se parece en absoluto a la forma primitiva de celebración. Si un cristiano de los primeros tiempos asistiera a una Misa en una iglesia moderna quedaría estupefacto por lo que vería: altar sin cortinas, sacerdote vuelto en dirección opuesta a la del pueblo, abandono de la ayuda (reemplazada por un vergonzoso remedo) al sacerdote por parte de diáconos y acólitos revestidos, iglesia amoblada para permitir a los fieles sentarse durante la mayor parte de la Misa en lugar de permanecer de pie o de arrodillarse, fieles no separados por sexos, lecturas de la Misa hecha por mujeres, reemplazo del beso de la paz por un darse la mano al modo profano, y ello practicado indistintamente entre hombres y mujeres, recepción de la comunión por los fieles sin ninguna señal de reverencia hacia el don sagrado. Quedaría impactado, sobre todo, al ver que las mujeres no llevan velo, si es que, por casualidad, el atuendo usado por ellas no le hiciera pensar que estaba en un lupanar más que en una iglesia. Algunas de estas cosas son más importantes que otras, pero todas ellas apuntan a que existe un absoluto contraste, tanto en la práctica como en el espíritu, entre la liturgia primitiva y lo que tenemos hoy. El argumento de los reformadores litúrgicos de que restauraban las formas antiguas no es más que un desvergonzado fraude, pero, con todo, permite también preguntarse: ¿si el intento de restaurarlas hubiera sido honesto, cuál hubiera sido el propósito de la restauración? Las costumbres que implicaban reverencia en la Iglesia primitiva fueron diferentes de las actuales, y revivirlas no hubiera dicho mucho a los católicos de hoy. Si fuera posible restaurar una devoción ya perdida, o mejorar su comprensión, hubiera sido acertado insistir en esta o aquella costumbre primitiva; pero no fue esto lo que buscaban los modernistas, quienes invocaron la práctica primitiva sólo para desacralizar la Misa, para eliminar las actuales costumbres en las que se asienta la piedad.

El impulso de los reformadores de jugar a ser cristianos primitivos es, simplemente, un rechazo de ser católicos actuales, con devociones surgidas de dos mil años de fe. Esto lo vemos en los gestos introducidos para reemplazar las costumbres tradicionales en la Misa. En la práctica tridentina, los fieles se arrodillan durante casi toda la Misa, y se ponen de pie sólo durante los dos Evangelios, y se sientan durante el Ofertorio y, por un breve momento, después de que el Santísimo ha vuelto al tabernáculo, una vez finalizada la comunión. Esta sencilla norma ha sido reemplazada por un agitado pararse y sentarse que, se piensa, es más expresivo, cuando, en realidad, se ha convertido exactamente en lo opuesto. La práctica actual de estar de pie durante el Canon y, peor todavía, de sentarse después de comulgar, ha suprimido la antigua norma de respeto que requiere estar arrodillados mientras el Santísimo permanezca expuesto. El pretexto de que la práctica moderna expresa el significado de las diversas partes de la Misa es todo lo contrario de la verdad. Así, los fieles actualmente están de pie durante el *Kyrie* y el *Agnus Dei*, oraciones penitenciales que piden arrodillarse, y no se ponen de pie para la Pasión en Semana Santa, durante la cual la flojera ha convertido en norma el sentarse. En realidad, la nueva práctica se ha vuelto tan incomprensible para los fieles modernos que, en algunos países como Austria, la asamblea ha dado en sentarse cómodamente durante toda la Misa. Es fácil ver el por qué: los gestos de la práctica antigua se originaban en la espontánea devoción de los fieles, y eran, por lo mismo, auténticamente expresivos; los nuevos han sido impuestos por pedantes litúrgicos, y han resultado un fracaso. La costumbre de arrodillarse con las manos juntas surgió en la Edad Media porque era el gesto feudal de homenaje al señor de cada cual, y muestra el modo cómo, bajo el influjo de la devoción cristiana, los fieles expresaron su relación de fidelidad personal con Dios. Esta postura se convirtió en norma porque era más significativa para la gente común. Los cambios de hoy, hechos por mandato eclesiástico, llevan a cosas que tienen para ella menos significado.

Y ello sería así incluso si la práctica moderna fuera auténtica, pero aquí también la falsedad ha sido la norma. Los primeros cristianos no se ponían simplemente de pie para orar: estaban ya sea de pie, con las manos elevadas, según el gesto judío, o, en ocasiones, profundamente inclinados. Es típico de los modernistas haber hecho revivir sólo la parte inexpresiva de esa costumbre, ignorando los signos de adoración. Asimismo, sentarse no fue práctica de los primeros cristianos durante la Misa, a menos que se estuviera enfermo: les hubiera impactado el amueblamiento de una iglesia moderna, diseñado para permitir que los fieles están la mayor parte del tiempo sentados. Y así, los cambios de la liturgia "expresiva" han reducido a los laicos a la más inexpresiva de todas las posturas: estar sentados, y ponerse de pie sin otro gesto alguno. En muchos países la gente no se arrodilla en ninguna parte de la Misa. En otros, se deja esto a la elección individual, y se ve a la mitad de los fieles arrodillarse para la Consagración, en tanto que el resto está de pie, símbolo de la desunión que la moderna liturgia ha creado. También muestra la incoherencia producida por los que atacan la incoherencia del antiguo rito. La Elevación se introdujo en la Misa en el siglo XIII para permitir que le gente adorara el Santísimo Sacramento. En la liturgia moderna, se ha mantenido la Elevación, pero nadie adora.

Puede verse también la falsificación de las costumbres antiguas en otros detalles de la Misa moderna. Así, a menudo se ve, a quienes han sido criados en la nueva dispensación, rezando de pie el Padre Nuestro, con las manos puestas a nivel de la cintura y las palmas hacia arriba, como si aguardaran la entrega de un gran uslero. El verdadero gesto antiguo de oración era sostener las palmas vueltas hacia arriba a la altura de los hombros. Los católicos modernos desnaturalizan de este modo la práctica que profesan restaurar, y se puede ver por qué: su propósito no es revivir lo primitivo sino rechazar la costumbre contemporánea, elegir un determinado gesto precisamente porque no quiere decir nada al hombre contemporáneo. En la vida corriente, a veces la gente se agarra una mano con la otra como símbolo de petición ferviente y humilde, pero nadie, como señal de súplica, extiende las manos como para recibir un uslero.

La creación de textos litúrgicos exhibe el mismo mal uso de lo antiguo. Un ejemplo de ello es el renacimiento del Canon de Hipólito, que ha sido rediseñado como segunda Plegaria Eucarística. Este Canon fue escrito hacia el año 217 y constituye el más antiguo ejemplo, en la Iglesia primitiva, de una oración entera compuesta para la consagración. La historia de su recuperación y rearmado, a partir de una mezcla de fuentes diversas, es un fascinante ejemplo de investigación litúrgica. Pero ello no hace a ese Canon una adición adecuada a la liturgia moderna. La primera razón es la identidad del autor del Canon, un antipapa que provocó un cisma en la Iglesia romana. Mientras oficiaba como presbítero en Roma, Hipólito fue condenado por el papa Ceferino antes de la muerte de éste, en 217. Luego, Hipólito rehusó reconocer al siguiente obispo de Roma, Calixto, atacándolo, desde una postura rigorista, por faltas tales como re-admitir adúlteros a la comunión y permitir el matrimonio de mujeres nobles con esclavos (aspectos del pensamiento de Hipólito que los modernistas no se han afanado mucho por darnos a conocer). Además de estos antecedentes, la idea de que el Canon de Hipólito es un ejemplo de la liturgia de la Iglesia primitiva es poco sólida: este Canon no pretende ser ninguna liturgia usada en la realidad, sino que, según se acepta hoy, es una composición propia de Hipólito, diseñada para expresar sus particulares visiones teológicas. Existe incluso la posibilidad de que haya sido escrito como parte de un ataque cismático contra la autoridad del papa Calixto, y un investigador ha descrito este texto como un panfleto de ocasión redactado "para envenenar una disputa exclusivamente romana y para frenar el progreso vivo de la tradición local de Roma"[31]. Las objeciones que se hace a este Canon se afirman en el texto mismo,

---

[31] Gregory Dix, *The Apostolical Tradition* (S. P. C. K., 1937), p. xliv.

que es deficiente según los criterios del desarrollo litúrgico posterior. Si los liturgistas procuraron reconstruír una plegaria eucarística de los primeros tiempos, lo hubieran hecho mejor adaptando las oraciones de la epístola de San Clemente a los corintios, que reflejan la vida litúrgica del primer siglo de la Cristiandad y que, además de ser obra de un papa legítimo, son mucho más ricas y más bellas. En cambio, optaron por un texto del Canon que, como lo advirtió el cardenal Ottaviani, "puede ser recitado con la conciencia tranquila por un sacerdote que no cree ni en la transubstanciación ni en la naturaleza sacrificial de la Misa". Como en tantos otros casos, se usó por los innovadores un artilugio erudito para erosionar la auténtica doctrina de la Misa.

Es posible encontrar objetivos similares por todas partes en el nuevo rito. Michael Davies ha hecho ver que la cuarta Plegaria Eucarística se lee como el informe de un director de escuela que comunica a un alumno la evaluación de su desempeño: se informa a Dios de las varias buenas acciones que ha realizado y se le palmotea la espalda por ellas. Se trata, en realidad, de un defecto que comparte con su antiguo original. Los innovadores escogieron sólo entre los más prosaicos y chatos modelos de la antigua liturgia. No hubieran jamás contemplado revivir las exuberantes descripciones de los coros celestiales en que se deleitaba la antigua liturgia. La guía de la reforma fue, en todo, un pedestre didacticismo, y su finalidad no fue enriquecer el rito sino rebajarlo y empobrecerlo.

Relacionado con esto está el énfasis excesivo en la parte instructiva de la Misa. Se supone que poner tres lecturas en la Misa en vez de dos es un regreso a la práctica primitiva, pero el cambio permite apreciar el fracaso de los modernistas en comprender por qué la liturgia antigua tomó la forma que tuvo. Los primeros cristianos eran exiliados que vivían en una sociedad extranjera, y su finalidad al desplegar las Escrituras en plenitud fue enseñar a los fieles la tradición de un pueblo gracias al cual se había reconocido plenamente la revelación de Dios: "gente elegida, sacerdocio real, nación santa, pueblo adquirido". Los fieles de aquellos tiempos podían de verdad comprender lo específico del mensaje de Cristo solamente mediante el rechazo de la cultura pagana y por la inmersión en el mundo del antiguo judaísmo y del Nuevo Testamento. El equivalente de esto, hoy, sería sumergir a los fieles en los siglos católicos: en su lenguaje de oración, en sus devociones, en su arte y en su arquitectura sagrada, en sus santos, en la comprensión que éstos tenían de la liturgia. Porque también nosotros nos hemos convertido en extranjeros en un mundo pagano, pero con la diferencia de que el modelo que tenemos no es la prefiguración sino el cumplimiento, el significado pleno de la revelación expresada en la Iglesia de Cristo. Si los reformadores de la liturgia se hubieran guiado por una comprensión verdadera de la liturgia, hubieran visto que lo que los católicos modernos necesitan no es una lectura ritual del Antiguo Testamento, sino una inmersión en la tradición de la Iglesia católica, con todos sus tesoros espirituales.

Otra falsificación parecida es el modo moderno de celebrar la Misa. En vez de la naturaleza jerárquica del primitivo culto, tenemos una liturgia bidimensional que, lejos de corregir el previo empobrecimiento de la celebración litúrgica, lo ha acentuado. Hoy muchos sacerdotes celebran sin acólitos, rechazando así el papel intermedio de acólitos que la tradición dio a los laicos -una incoherencia con el declarado propósito de involucrar a los laicos en la Misa-. Otro ejemplo de "revival" es la concelebración. Para la antigua Iglesia, esta costumbre significaba concelebración del obispo con sus presbíteros: jamás existió la costumbre de que los presbíteros, solos, celebraran juntos la Eucaristía. Así, la concelebración primitiva, como la liturgia primitiva en su conjunto, fue una expresión de jerarquía: su contrahecha imitación moderna es negación de la jerarquía. Se puede contrastar esta práctica con la de las Iglesias orientales, en que la concelebración por los sacerdotes ha sido común desde hace mucho tiempo (aunque no representa la práctica primitiva, sino que ha surgido de la norma oriental de que sólo una Misa se celebre cada día en un altar). Pero en la liturgia oriental el celebrante principal es sólo un sacerdote, y los otros muestran su función subordinada quedándose de pie a un lado del altar, no obstante lo cual todos los sacerdotes asistentes están totalmente revestidos. En contra de esto, tenemos el abuso moderno en Occidente de que dos o más sacerdotes se ponen uno junto al otro en el altar, pero sólo uno de ellos usa la casulla -lo cual es uno de los muchos modos en que la práctica moderna desacraliza la Misa-. Es asimismo muy raro que, en las catedrales modernas, el obispo celebre una Misa capitular, que es verdaderamente un deber litúrgico del pastor de la diócesis. De hecho, es muy infrecuente que el capítulo esté del todo presente: el carácter original de una iglesia urbana, en que el consejo de los presbíteros celebra en común la liturgia, ha desaparecido, en tanto que una espuria renovación tras otra toman el lugar de la genuina tradición.

Un aspecto más familiar de esto ha sido la efectiva abolición de la Misa solemne y, por tanto, del papel litúrgico del diácono, otro ejemplo de la incoherencia de los cambios modernistas, porque una de las medidas introducidas por el Concilio Vaticano II fue la renovación del diaconado permanente, procurada en sus inicios por los liturgistas para recuperar la primitiva función de los diáconos. En los hechos, el cambio se ha efectuado sin referencia alguna al papel original de los diáconos, que fue ser los administradores del obispo. Haber revivido ese oficio, dándole al manejo de la diócesis un carácter más religioso, hubiera sido una admirable reforma. Pero lo que ha sucedido es todo lo contrario. Los asuntos de las diócesis son ahora manejados por contadores y asesores de impuestos, en tanto que el diaconado permanente no es más que un "revival" vacío.

2. Incoherencias de la nueva liturgia

Lo que han logrado los puristas litúrgicos, al tiempo que condenaban las incoherencias del rito antiguo, ha sido introducir muchas más incoherencias en el rito que han inventado. La razón de esto es la falta de probidad de sus intenciones, pero también el método usado cuando el *Consilium* se lanzó a reformular la liturgia. Se dividió la Misa en secciones, cada una de las cuales se encargó a un comité diferente para que la revisara. El resultado fue que hubo que entrometerse, aunque fuera ligeramente, en cada parte de la Misa, porque, de lo contrario, los comités no habrían justificado su existencia. Los cambios efectuados no tienen lógica litúrgica alguna. En el *Kyrie eleison*, la antigua repetición por tres veces, que se remonta a los primeros años de la Iglesia, fue reemplazada por una repetición de dos veces. Esto se hizo para estar de acuerdo con el principio modernista de abolir las repeticiones en el rito. Sin embargo, si hubiera de respetarse esa lógica, no hay razón para que la oración no se hubiera reducido a *Kyrie eleison, Christe eleison*, o mejor a *Kyrie Christe eleison*. De este modo, se arrojó por la borda tanto la lógica como la tradición, y todo para que cada comité pudiera practicar su mezquina intromisión. Al mismo tiempo, mientras un comité podaba las repeticiones por aquí, otro las introducía por allá en otras partes de la Misa, como las del salmo responsorial y de la oración de los fieles, que exhiben unas repeticiones de las que el antiguo rito estaba libre. En la pobreza de su concepción, la norma de los innovadores fue que la repetición estaba mal, siempre que no se les ocurriera nada mejor.

Otra incoherencia en el cambio ocurrió cuando la frase *Mysterium fidei* fue quitada de las palabras de la Consagración, transformándola en introducción de una aclamación por los laicos. Sin embargo, de las cuatro aclamaciones contenidas en la traducción original al inglés, ninguna expresó el *Mysterium fidei* y tres de ellas lo negaron implícitamente. Una de ellas decía "Cristo vendrá de nuevo"; otra, "Señor Jesús, ven en gloria", y la tercera: "proclamamos tu muerte hasta que vuelvas en gloria". Se niega así el Mysterium fidei de la Consagración, que hace un instante ha hecho presente milagrosamente a Cristo en el altar[32]. Podemos contrastar estas

---

[32] Quienes proponen "la reforma de la reforma", que podría ser otro nombre para superar a los pedantes en su pedantería, apuntan hoy a que las aclamaciones son un solecismo porque están dirigidas a Cristo, en tanto que el principio en el Canon

aclamaciones con aquellas con las cuales la genuina devoción embelleció alguna vez la liturgia. En la Edad Media era usual saludar al Santísimo Sacramento después de la Consagración con cantos que proclamaban la Presencia Real. Estos tuvieron varias formas, pero la más duradera es un verso que ha inspirado a algunos de los mayores compositores hasta los tiempos modernos:

> Ave, verum Corpus natum
> De Maria Virgine
> Vere passum, immolatum
> In cruce pro homine,
> Cuius latus perforatum
> Fluxit aqua et sanguine.

Podemos ver por qué los innovadores ignoraron este genuino elemento de la historia litúrgica: los modernistas se alejan de la belleza como un vampiro del agua bendita. En su inteligencia no tiene cabida la verdad de que el propósito de la oración no es mera comunicación, sino hacer una rica ofrenda a Dios.

En lugar de esto, tenemos la concepción racionalista que no ve en la oración otra dimensión que el significado verbal. Con esta guía, la idea de los innovadores fue suprimir belleza y reducir la liturgia al nivel de la inteligencia más limitada. En esto, los modernistas siguieron la huella del protestantismo, que exalta la dimensión verbal de la liturgia. En etapas sucesivas, los protestantes desecharon el lenguaje tradicional del culto, convirtieron la ofrenda eucarística en una reunión para escuchar las Escrituras y reemplazaron el altar por el púlpito, como centro de la iglesia cristiana. El resultado es la costumbre de que el ministro de la religión sea llamado "predicador". La rica economía de salvación que se nos da en los sacramentos queda reducida a una religión de predicar al pueblo. El mismo empobrecimiento se nos ha impuesto a nosotros, los católicos, por los radicales: como lo vemos en el nuevo rito, la Misa se ha convertido en una conferencia dada al pueblo por el sacerdote, con el altar como su podio. Los innovadores se quejaban de una liturgia en que las partes instructivas habían sido ritualizadas, y su reforma se inclinó al extremo opuesto, creando una liturgia en que la parte sacrificial se convierte en conferencia.

Esta exaltación de la palabra contradice todo el drama de la salvación cristiana, con su unión trascendente de acto y símbolo. Si las palabras fueran suficientes para atraer los seres humanos hacia Sí, Dios no hubiera

---

es que sus oraciones se dirigen al Padre a través de Cristo. Quizá sea así, pero estos académicos gastarían mejor su tiempo estudiando el contenido doctrinal de la liturgia.

necesitado hacerse hombre y morir por nosotros: podría haber fundado un periódico. Pero el pensamiento moderno está empapado del verbalismo que la práctica protestante introdujo en la cultura occidental, y permitió a los innovadores crear un rito diametralmente opuesto a la primitiva idea, un rito en que las palabras han llegado a serlo todo y el acto, la realidad sagrada, no es nada. Esto ha sido facilitado por el hábito burocrático, según el cual la vida ordinaria de la gente se le entrega a ciertos individuos en sus escritorios gubernamentales. Lo que vemos en el *Novus Ordo* es la creación de un oficialismo "siglo XX", una especie de esperanto litúrgico, obra de quienes conocen la ciencia del lenguaje pero están muertos a su espíritu: un artefacto que sólo un burócrata podría considerar como sustituto de la voz viva de la Iglesia.

Esta mentalidad, moderna hasta el exceso, es lo que deteriora el propósito declarado de los reformadores de regresar a la liturgia temprana y de restaurar la comprensión de la misma. El resultado ha sido el opuesto, un pantano en que se ha perdido el sentido auténtico de la liturgia. Los principios esenciales de la liturgia fueron, de hecho, enérgicamente preservados por la Iglesia tradicional, y entre ellos tuvo máxima importancia la comprensión del altar que, mucho más que cualquier texto, es central al sentido cristiano del culto. Esta idea ha sido destruida por los cambios modernos. El altar fue reemplazado por una mesa, siguiendo las especulaciones de un amateur a partir de la arqueología eclesiástica, y todo el sentido de lo que es un altar desapareció con la alteración. Lo que vemos en las iglesias modernas es, efectivamente, no un altar sino una plataforma para la parafernalia del sacerdote. Todos hemos visto altares en que el objeto más prominente es un micrófono -apto símbolo de la comunicación mecánica a que la liturgia ha quedado reducida-. Yo mismo he visto un altar que servía de base al siguiente conjunto de cosas: tres cirios gruesos puestos en grandes cuencos, el misal en su soporte, dos crucifijos, uno mirando al sacerdote y otro al pueblo, un gran arreglo floral que traía a la mente una sala de velatorio, y una lámpara de Sagrario. Imposible decir cuál es la idea detrás de esto: no, ciertamente, la de un altar de sacrificio. El modernista comenzó insistiendo en la mesa primitiva, contra lo desarrollado por Trento, y el resultado que vemos es una base para objetos que jamás figuraron en el altar tradicional, sobre el cual las únicas cosas que se permitía eran los vasos sagrados y el misal, a menos que exceptuemos las sacras, que podían estar puestas de pie, afirmadas el borde de atrás. En la liturgia tradicional, tal como en la Iglesia primitiva, ni el crucifijo ni los cirios estaban puestos sobre el altar mismo[33], y

---

[33] Una excepción fue la basílica de San Pedro, es que en el siglo XVII el altar fue

menos, todavía, se permitía un espacio para las flores, que son ajenas a la tradición litúrgica: las flores fueron introducidas en el siglo XVIII como un ornamento ocasional de días de fiesta, y el único lugar en que se las permitía no era el altar, sino las repisas detrás de éste. Poner en el altar candelabros y, más todavía, flores, es precisamente el tipo de uso tardío que los liturgistas profesaban estar reformando. Pero el resultado de su trabajo ha sido producir aberraciones que, en el antiguo orden, incluso el sacerdote más ignorante no hubiera cometido.

El sacerdote moderno, carente de genuinos conocimientos litúrgicos, llena la superficie del altar, poniendo sobre él todo lo que se le viene a la mente. Y lo que se le viene a la mente son los accesorios de una sala de estar moderna. Con ellos, el carácter entero de la liturgia católica se ha banalizado. La decoración del altar moderno despliega las ideas del ama de casa de clase media acerca de lo que es apropiado para decorar una mesa de comedor: algunas velas y un vaso con flores. Al aislar la vida de la Iglesia de la tradición inmemorial, los modernistas la han sumergido en el entramado social contemporáneo. La moda es especialmente notoria en Alemania, donde el radicalismo de los reformadores ha producido una Misa parroquial de estilo cómicamente burgués; pero tal es el tono de la moderna liturgia en todos los países occidentales. En una Misa corriente de hoy, la sensación que se tiene no es la del ofrecimiento de un sacrificio eterno, sino de una conferencia dada por el sacerdote, más dos o tres mujeres, tipo bibliotecarias, a quienes se encarga las lecturas y otros deberes de iglesia. La verbosidad y carácter homilético de la liturgia son, en sí mismos, característica de clase media, con el que muchos parroquianos sienten poca sintonía, y la alienación de los fieles de clase obrera ha llegado a ser un rasgo peculiar destacado de la reforma litúrgica, hasta un punto tal que no se dio jamás en la antigua Misa de las parroquias pobres.

Junto con la degradación del altar se da la pérdida del concepto de presbiterio, principio que se remonta a la más antigua liturgia cristiana, y a la judía, antes de ella. Se ha olvidado el carácter de ámbito separado que tiene el presbiterio, si es que no se lo ha deliberadamente suprimido del todo. Además de ser formalmente violado, existen abusos, debidos a ignorancia, que los católicos modernos dan por normales: los párrocos instalan árboles y decoraciones de navidad en el presbiterio, se usa las iglesias para conciertos en que cantantes y orquestas revolotean cerca del altar, y se trata a la iglesia como una sala de reuniones, un lugar de entretención,

---

guarnecido con un crucifijo y seis candelabros de proporciones arquitectónicas. Esta es una de las anomalías que derivan del abandono del principio de la orientación litúrgica, tal como se lo había practicado excepcionalmente en San Pedro.

una tienda. Los liturgistas, con esto, al tiempo que cuelan el mosquito del rito tradicional, se tragan el camello de la ignorancia moderna.

El más fundamental de todos los principios litúrgicos es el respeto por lo sagrado. Esto debe expresarse en el modo en que se celebra la Misa tanto por el sacerdote como por los laicos, en la forma en que se trata la iglesia y el altar, en el respeto por los paramentos de la Misa y en el modo como el celebrante se los reviste y saca, en la manera cómo se trata a los sacerdotes no sólo por los laicos sino cómo se tratan ellos a sí mismos por su modo de conducirse -los sacerdotes deben respeto a su propio carácter sagrado-. La falsedad de la reforma litúrgica moderna se muestra en el desprecio por todas estas cosas. Por muy ignorantes que los sacerdotes viejos puedan haber sido respecto de los detalles, tenían sin embargo una clara percepción de lo esencial: respeto por la santidad del altar, del presbiterio, y de los vasos y paramentos sagrados. A ningún sacerdote se le hubiera ocurrido, revestido con sus paramentos, ponerse a conversar con los fieles después de la Misa. Como paramento con que se celebra la Misa, la casulla tiene un significado sacrificial que la excluye de todo otro uso litúrgico, incluso para acciones como el traslado del Santísimo después de la Misa ni, mucho menos, debe ser usada mientras se charla socialmente. Detrás de toda esta ignorancia están las deliberadas aberraciones de la práctica modernista, que pronto dio en suprimir la casulla del todo. En lugar de ella, que data de los siglos más antiguos y es común a las liturgias de Occidente y de Oriente, los innovadores diseñaron un "alba-casulla", túnica con anchas mangas y un capuchón, concebida para dar vagamente la idea de un monje medieval, aunque la noción de monje no tiene nada que ver con la de celebrante de la Eucaristía. Vemos aquí el enfoque tipo Cecil B. DeMille de la liturgia, que ha dominado en los cambios modernos, y ha transformado la práctica litúrgica en una mescolanza de ignorancia y de invenciones al azar. Sin embargo, los eruditos todavía dicen que el cambio se justificó porque los principios de la liturgia del período tridentino habían decaído.

3. La abolición del latín

Apelando, en parte, a la práctica primitiva, se introdujo la liturgia en vernáculo, con el argumento de que los primeros cristianos no usaron una lengua muerta en el culto. Esto también puede considerarse una falsificación de la realidad primitiva. Aunque se puede aceptar que las liturgias cristianas más antiguas usaron probablemente el arameo y, con certeza, el griego de la época, no es verdad que los apóstoles hayan rechazado el principio de un lenguaje sagrado tradicional. No sabemos si, mientras permanecieron en Jerusalén, usaron una liturgia en hebreo para la Fracción del Pan, pero sí sabemos que siguieron asistiendo al Templo y a la sinagoga, en cuya liturgia las oraciones principales se decían, en aquel tiempo, en hebreo. El Señor condenó en muchos detalles el formalismo de los escribas y fariseos, pero no encontramos en El un rechazo de esta tradición, por la cual los judíos preservaban el lenguaje sagrado de la era mosaica.

San Pedro y San Pablo llevaron a Roma una liturgia en griego, y en Occidente el culto cristiano siguió usando esta lengua por más de trescientos años. La explicación convencional que se da, en el sentido de que la Iglesia romana estaba compuesta por hablantes de griego, es verdadera sólo para las primeras generaciones[34]. La conservación del griego demuestra el tradicionalismo litúrgico de la primitiva Iglesia. Uno de los beneficios de su uso fue que todos los grandes centros de la Cristiandad pudieron compartir un mismo lenguaje eclesiástico. El clero de Occidente, educado en la liturgia en griego, podía leer el Nuevo Testamento en su lengua original, y el Antiguo Testamento en la versión de los Setenta, y podía comunicarse con otras Iglesias en todo el Oriente.

No se conoce con certeza la fecha en que se adoptó la liturgia en latín en Roma. Hacia el año 360 el Canon de la Misa todavía se decía en griego. El cambio al latín ocurrió dentro de los siguientes veinte años, y fue probablemente obra del papa Dámaso (366-384). La hipótesis común es que el cambio se debió a una política deliberada, pero ello no es necesariamente cierto. Hay que considerar la situación al momento en que Dámaso accedió al papado, en medio de una grave crisis en la Iglesia: en los trece años anteriores la Iglesia occidental había sido desgarrada por el arrianismo impuesto por el emperador Constancio, por cuyo mandato se había desterrado al papa Liberio; el episcopado y el clero arriano adquirieron preeminencia; los ortodoxos se dividieron a propósito del reconocimiento de Félix, que reemplazó a Liberio como obispo de Roma, y como consecuencia, Dámaso se vio enfrentado, en su elección, a un cisma que abarcaba a gran parte de la grey cristiana. Puede que haya habido una escasez de clero ortodoxo y, en particular, de hombres con suficiente educación como para preservar la antigua liturgia en griego. Puede también que, en medio del desorden, las oraciones comenzaran a decirse sin autorización en vernáculo, porque en partes de la Iglesia occidental, como Africa, la liturgia se había celebrado en latín desde el comienzo[35]. La decisión de adoptar el latín puede haber sido motivada

---

[34] Hasta 222 vemos que la mayor parte de los obispos de Roma tienen nombres griegos. Después de esa época, en su mayoría son latinos. Se puede pensar que el cambio refleja probablemente, con el pasar de una generación, el cambio lingüístico de la colectividad cristiana.

[35] Vale la pena advertir que, en Africa, el latín no era vernáculo sino la lengua de los funcionarios y de las clases educadas.

por el deseo de regularizar una situación de indisciplina. Otra conjetura posible es que, contra las inclinaciones esotéricas de los arrianos, los ortodoxos hayan preferido una clara exposición de la doctrina en el culto católico. Así, puede que hacia aquella época, por una u otra causa, la Iglesia se haya visto forzada a cambiar al latín.

Debiera advertirse también que el espíritu del nuevo vernáculo fue absolutamente opuesto a aquél en que los vulgarizadores de 1960 hicieron su trabajo. El propio Dámaso fue un gran latinista, y se preocupó de escribir oraciones para la liturgia en un estilo que tomó como modelo a la tradición retórica romana. El Canon romano, cuyo texto, tal como lo tenemos, se formó hacia esta época, puede que sea composición suya, y lo mismo ocurre con las colectas que, como el propio Canon, reflejan las finas cadencias de la prosa clásica. Algunos convencionalismos paganos sobre la oración, que se remontan a Virgilio y Homero, se reflejan en las oraciones cristianas, y en su cuidado por dignificar el lenguaje del culto, Dámaso sustituyó en alguna ocasión algún término cristiano por una antigua palabra pagana. Su liturgia latina fue, pues, un vernáculo refinado, que hizo uso deliberado de arcaísmos para expresar la santidad del culto. A nosotros se nos ha transmitido el resultado de su arte en el rito tradicional de la Misa, que es una distinguida expresión de la última época de la civilización antigua.

Cualesquiera hayan sido las razones para el cambio al latín, el resultado final fue el quiebre de la unidad entre Oriente y Occidente. Un presagio de esto tuvo lugar cuando los enviados de León I al Sínodo de Efeso, en 449, no pudieron intervenir porque no hablaban griego. A medida que la barbarie se apoderó de la educación en Occidente, el clero de Roma quedó aislado de la Cristiandad oriental, y las incomprensiones que nacieron de esta división lingüística fueron en parte responsables de las disputas doctrinales que ocurrieron en los siglos siguientes. La misma ignorancia privó al Occidente de parte de la influencia espiritual e intelectual de la Cristiandad oriental. Quizá la pérdida del griego hubiera ocurrido de todos modos después de la caída del imperio de Occidente, pero su comienzo podría haberse retrasado si el papa Dámaso hubiera luchado contra las dificultades de su tiempo e insistido en la liturgia en griego, que vinculaba a la Iglesia romana con la edad apostólica.

Esta primera caída en el vernáculo ejemplifica, pues, dos de los defectos de semejante cambio: pérdida de unidad y pérdida de cercanía con la edad apostólica. Fue debido a la preocupación del papa Dámaso que no se vio en aquella oportunidad el otro defecto de los tiempos modernos: la pérdida de belleza y de dignidad. Ciertamente no se pensó, por entonces, en mancharlo con la desacralización y corrupción doctrinal que ha distinguido al cambio en la modernidad. Debiera recordarse también que el latín del siglo IV no era por sí mismo, como lo son los vernáculos modernos, un quiebre con los tiempos de Cristo. Los liturgistas tradicionales solían decir que el hebreo, el griego y el latín fueron las tres lenguas escritas sobre la cruz y, por tanto, son los únicos tres idiomas en que debiera celebrarse el sacrificio del Calvario. Cualquiera sea el peso que asignemos a este simbolismo, debemos reconocer que el griego y el latín (podemos dejar de lado el hebreo y al arameo, que perdieron su lugar en la tradición cristiana) son hoy los únicos idiomas que nos vinculan con los tiempos de la crucifixión. Desde el punto de vista de la autenticidad, tienen un estatuto especial, constituyen un continuo flujo desde las primeras épocas de la enseñanza cristiana, y debieran ser valorados por todos los que reconocen la necesidad de aprender la doctrina y la espiritualidad cristianas en sus fuentes.

Con el tiempo, el latín dejó de ser una lengua vernácula. La Iglesia se mantuvo independiente de la declinación que se produjo, en el Mediterráneo, hacia los dialectos romances, y de las lenguas bárbaras en el Norte. El latín se asoció, así, con la santidad de la oración. La separación del culto respecto de la lengua común por el empleo de una lengua sagrada es, psicológicamente, el beneficio más importante de este conservacionismo, incluso más valioso que las finalidades de la tradición y de la unidad. Tanto lingüística como físicamente, el fiel que ora en una iglesia entra en un espacio sagrado. Y esa es la razón por la que el fin principal de quienes han querido desacralizar el culto, desde los protestantes hasta los reformadores modernos, ha sido rebajar la liturgia hasta el nivel del lenguaje cotidiano.

En la adopción del latín por Occidente hay que advertir la existencia de una compensación: aunque produjo un cisma lingüístico con el Oriente, consolidó la uniformidad en la Iglesia occidental. Esto contrastó con el Oriente, donde, después de los primeros siglos, la liturgia se dividió en una multitud de lenguas, correspondientes a las Iglesias en que se desintegró la Cristiandad oriental. En vista de ello, podemos leer con ironía la filípica pronunciada en el Concilio Vaticano II por el patriarca melquita Máximos Saigh, que presentó el uso de su propia Iglesia como un ejemplo para Occidente. Refiriéndose al uso de la liturgia vernácula por los apóstoles, declaró que "Jamás podría habérseles ocurrido la idea de que, en las reuniones cristianas, el celebrante debiera leer los textos de la Sagrada Escritura, o cantar los salmos, o predicar o partir el pan, usando al mismo tiempo una lengua diferente de la de la comunidad ahí reunida". De hecho, como hemos hecho notar, el uso de una lengua sagrada en el culto fue algo perfectamente familiar para los apóstoles. Y no parece haber sido el propósito de ellos poner la liturgia cristiana en todos los vernáculos del imperio romano; la intención, por el contrario, fue usar los lenguajes más universales, y quizá los que tenían una más alta aprobación cultural. Así, a lo largo de los siglos siguientes, encontramos lenguas eclesiásticas que influyen en los vernáculos y aún los desplazan. El griego se transformó en la lengua de Capadocia desde el siglo IV en adelante debido a su uso por la Iglesia y por eminentes figuras cristianas de esa provincia; y se piensa que la liturgia cristiana tuvo más influencia en hacer del latín la lengua común de las Galias, durante el bajo imperio, que los cuatro siglos anteriores de gobierno romano.

Mientras la Iglesia unificó a la sociedad secular mediante el uso de su propio lenguaje, vemos cómo influye, en la desintegración de la propia Iglesia, su derrota frente a los vernáculos. Al leer al presuntuoso melquita Máximos Saigh, podemos reflexionar que, con sus imponentes títulos de "Patriarca de Antioquía, Alejandría y Jerusalén", no representa más que una jurisdicción sobre 250.000 almas -tamaño de un obispado mediano-, un fragmento en el mosaico oriental que incluye, además de su propia Iglesia uniata, una Iglesia cismática del mismo rito, otras dos Iglesias uniatas (la maronita y la siria) que usan el título patriarcal de Antioquía, y varias Iglesias ortodoxas o heréticas que reclaman los mismos patriarcados. Estos son elocuentes restos de la desunión en que la diferencia lingüística ha sumido a la Cristiandad oriental, una desunión en que han influído el mero parroquianismo y la estrechez cultural. El mismo destino pende ahora sobre la Iglesia católica. En el pasado, la Iglesia se mantuvo unida por el lenguaje común que la unificaba desde Irlanda a las Filipinas. Hoy, casi no hay clérigos católicos que puedan leer los escritos tradicionales de la Iglesia, o dirigir reuniones internacionales en latín, algo que, en el antiguo orden, podía hacer casi cualquier sacerdote. Puede uno imaginarse la confusión a que dará lugar esto cuando se convoque al próximo concilio de la Iglesia. Los Padres sin duda oirán los discursos traducidos en las casetas de traductores simultáneos, pero ¿cómo se va a encontrar traductores que tengan la versatilidad y el conocimiento teológico suficiente para realizar todas las diferentes permutaciones que se requerirá? Para escapar a estas limitaciones, es probable que el próximo concilio general se realice en inglés, una nueva lengua universal impuesta a la Iglesia en lugar de la heredada de la tradición.

El papel unificador del latín no se restringe sólo al clero. El latín fue la lengua común que hizo que el católico, en lo relativo al culto, se sintiera en su casa en cualquier parte del mundo. Es una ironía que, en una época de comunicaciones sin precedentes, la Iglesia haya echado por la borda su gran medio de unión. Los católicos que viajan hoy al extranjero a menudo dejan de asistir a Misa porque no la entienden. Los sacerdotes nunca pensaron, en lugares turísticos, en preservar el latín, y hoy ya no pueden usarlo como la lengua que une a todos los que asisten al culto. Los grandes centros de peregrinación, en vez de exhibir la unidad del mundo católico, son ahora paradigmas de la Babel que se ha creado buscando inteligibilidad.

Muchas razones se combinan, pues, para apoyar el tradicional uso del latín por la Iglesia: el potencial de devoción de un lenguaje sagrado, el vínculo con los primeros tiempos de la Cristiandad, la belleza y esplendor de la antigua liturgia y de su música, la fijación de la verdad doctrinal contra el cambio lingüístico, la unidad mundial preservada por el latín, y la identidad que el latín proporciona a la Iglesia, tal como cualquier nación deriva su identidad de su idioma y de la cultura que él encarna. Cuando Dios se reveló a la humanidad escogió una nación para ser su vehículo, una nación cuya vigorosa cultura individual se hizo cada vez más firme con el paso de los siglos. Y lo hizo así porque, hablando a lo humano, la fidelidad a Dios se fortalece por la lealtad patriótica a su nación elegida, sentimiento que la cultura moderna, en su guerra contra la fe y la unidad, trata de desprestigiar y destruir. La Iglesia católica, que es la sucesora del Pueblo Elegido, necesita distinguirse por costumbres tradicionales que sean amadas, y por un lenguaje particular que sea querido al modo como los patriotas aman estas cosas.

Todas estas consideraciones han sido barridas con el alegato de la necesidad pastoral, de hacer la liturgia inteligible. Sólo se puede señalar la incoherencia entre ese propósito con la catástrofe que va implicada en la pérdida de la tradición litúrgica. En cuanto a inteligibilidad, la lectura diaria de la Epístola y del Evangelio en vernáculo podría ser aceptada como principio general, pero en cuanto al Ordinario de la Misa, habría bastado una Misa en vernáculo cada cierto tiempo para familiarizar a los fieles con el significado de las oraciones. Con tal familiarización habrían quedado equipados para comprender (si no la comprendían ya) la liturgia tradicional en latín. Eso es lo que previó el Concilio Vaticano II al disponer que se adoptara el vernáculo sólo cuando existiera para ello una necesidad pastoral, y que el laicado se familiarizara con el canto gregoriano tradicional y se le enseñara a cantar en latín las principales oraciones de la Misa. Se abandonó estos objetivos porque la reforma litúrgica cayó en manos de aquellos para quienes los propósitos pastorales eran un pretexto para destruir la tradición.

Debido a ese espíritu destructivo languidece hoy la vida católica, pero hay algo que se puede profetizar: cuando la Iglesia recupere su auténtico carácter, se devolverá el latín a su lugar central en la liturgia. Hay muchos, incluso entre quienes son fieles a la ortodoxia, que dicen que la causa del latín está perdida, que es inútil esperar que el mundo moderno vuelva a aprender latín. Pero la historia nos muestra ejemplos de naciones que han revivido lenguajes antiguos por lo que ellos significaban, como patriotismo, para ellas. Hace doscientos años, ¿quién hubiera predicho que el hebreo y el gaélico serían un día idiomas vivos, idiomas oficiales de estados soberanos? Y ello ha sucedido porque los judíos y los irlandeses han querido afirmar su identidad nacional y el lugar de su lenguaje ancestral en ella. Cuando los católicos recuperen un amor leal por la Iglesia, podemos esperar que se restaure el latín, que se lo estudie devotamente, que se lo aprecie como el lenguaje de la oración, que unifica a los fieles de hoy con las grandes épocas de la Iglesia.

LA MISA DE PABLO VI COMO RECHAZO DE LA TRADICIÓN

Como hemos demostrado, en la liturgia diseñada con la autoridad de Pablo VI pululan defectos mucho más graves que los que se le puede achacar al rito antiguo. Sin embargo, esto no es el único fundamento para condenar la reforma litúrgica. La idea de inventar una nueva liturgia, aun si hubiera estado libre de los defectos que vemos en ella, es una idea cuestionable en sí misma, una idea que no tiene precedentes en la historia de la Iglesia, ya sea de Occidente o de Oriente. Las alteraciones en el lenguaje, que se hicieron en diversas ocasiones, no estuvieron jamás acompañadas por una re-creación de los ritos. Siempre los cambios litúrgicos han asumido la forma de lenta acreción y de gradual desuetudo de las partes menos importantes. Ello ha sido así porque la norma que guía de la Iglesia ha sido la tradición, y porque los cambios litúrgicos han sido desarrollos naturales de la vida de devoción de la Iglesia. La diferencia entre esos cambios y la revolución de Pablo VI es la que existe entre el diseño y crecimiento gradual de un jardín y la destrucción del mismo y la plantación de otro nuevo.

Este hecho es negado por los apologistas de la nueva liturgia, quienes presentan la revolución como un paso más en una serie de reformas litúrgicas que han tenido lugar en la Iglesia antes del siglo XX. En esto, como en otros aspectos, los apologistas se aprovechan grandemente de la ignorancia de quienes los oyen. Así, el Misal de Pío V es descrito como la introducción de una nueva liturgia, que reemplazó la más auténtica – eso es lo que se sugiere– que existía antes. La legislación papal sobre los ritos, que siempre ha afectado sólo cuestiones periféricas, es también presentada como si fuera comparable con la de Pablo VI. De hecho, como hemos notado anteriormente, el Misal de Pío V no fue más que la codificación de un rito que ya había estado fijo durante muchas generaciones. Los cambios que llevó a cabo fueron, en su mayoría, la supresión de acreciones recientes. Lo que Mons. Bugnini y sus asistentes hicieron fue totalmente diferente, e implicó no sólo una completa alteración de la liturgia de la Misa, sino también un nuevo leccionario de lecturas de la Misa, un nuevo calendario del año litúrgico, con el cambio de nombre de varias fiestas tradicionales, y nuevos ritos para todos los sacramentos, especialmente la ordenación de sacerdotes y la consagración de obispos. Es imposible un mayor rechazo de aquel espíritu tradicional que ha guiado siempre a la Iglesia. Citemos aquí las palabras del liturgista, el P. Joseph Gelineau, sj, que fue él mismo uno de los primeros abogados de los cambios: "Hay un hecho que debe ser establecido de modo inequívoco: el rito romano, tal como lo conocimos, ya no existe más. Ha sido destruido"[36]. Esto lo admite un reformador que tuvo la honestidad de ver las cosas tal como son.

A veces, los innovadores argumentan que el Misal de S. Pío V no materializó la reforma que previó el Concilio de Trento, que a los liturgistas encargados del trabajo se les impidió, de algún modo, llevarla a cabo y que, a no ser por ello, hubieran realizado una puesta al día tan radical de la liturgia como la del siglo XX. Más frecuentemente se dice que esos expertos no pudieron realizar una debida reforma porque eran ignorantes del pasado litúrgico. Con enseñanzas como éstas, dos generaciones de clérigos han absorbido una versión falsa de la historia litúrgica. De hecho, la reforma de S. Pío V se basó en un acucioso estudio de los libros litúrgicos de la Iglesia romana desde el siglo VI, y de documentos de apoyo provenientes de todas partes. Cuando Pío V codificó este trabajo, preservando los desarrollos de la liturgia medieval, lo hizo reconociendo la comprensión más profunda de la Misa de que ellos daban cuenta. De lo que los expertos romanos de aquel tiempo no tuvieron conocimiento -hay que reconocerlo- es de las liturgias no romanas de Occidente, y mucho menos de las liturgias orientales, pero no se pensaba, en aquel tiempo, que los ritos de otros patriarcados tuvieran que ser una mesa de *hors d'oeuvre* con la cual hubiera que enriquecer la de Occidente. Esa idea, que va contra las auténticas normas del desarrollo litúrgico, fue la que adoptaron los modernistas para hacer cambios que supuestamente convergían con los ritos orientales, cuyo espíritu, sin embargo, se rechazó y se contradijo en el *Novus Ordo*.

La tradición de la Iglesia en materia de reforma litúrgica excluye toda reconstrucción radical. Esto no es meramente una cuestión de precedentes, sino de los poderes inherentes en el oficio jerárquico. Ningún papa ni patriarca en toda la historia ha creído jamás tener el poder de abolir el

---

[36] Joseph Gelineau, *The Liturgy of Today and Tomorrow* (Darton, Longmann and Todd, 1978), pp. 9-10.

rito de su jurisdicción y de reemplazarlo por otro. Jamás ningún teólogo ha mencionado, entre los poderes del papa, semejante competencia. La suposición de Pablo VI de que la tenía fue una extensión de hábitos papales de autoridad, la que, en todos los demás campos, dejó culpablemente de usar. Los papas anteriores legislaron, efectivamente, con un elevado sentido de autoridad, pero lo hicieron conscientes de que se trataba de una autoridad al servicio de la tradición y de la doctrina establecida. El papa Pablo fue el primero que perdió esa conciencia y que consideró a la opinión contemporánea -en la práctica una opinión occidental liberal y secular- como el único tribunal que debía juzgar sus actos.

Plantear las cosas de esta manera, sin embargo, es tratarlas sólo de modo técnico. Legalmente, la responsabilidad de haber echado por tierra la tradición litúrgica de la Iglesia le corresponde a Pablo VI, pero la idea no fue suya. La revolución litúrgica no tiene fundamentos ni en la intención del Concilio Vaticano II ni en las directivas de un papa. Para darse cuenta de esto, debemos volver la mirada hacia la investigación hecha por el papa Pablo el 25 de octubre de 1965 acerca de si Mons. Bugnini estaba planeando cambios menores o reformas litúrgicas sustanciales. La decisión de destruir la liturgia de la Iglesia romana se dejó entregada a una camarilla de radicales que no habían sido designados con ese fin, incluso suponiendo que alguna autoridad hubiera tenido poder para ello. Este abuso del poder papal fue aceptado por Pablo VI, aunque no se originó en él, ya que ni siquiera se dio cuenta de lo que estaba haciendo.

No hay teólogo -repitámoslo- que atribuya al papa la competencia para rediseñar la liturgia, pero no se trata solamente de silencio al respecto. Tenemos también la doctrina de Suárez quien, al analizar las limitaciones de la autoridad del papa, sostiene que uno de los modos en que un papa podría ser cismático sería "si tratara de echar por tierra todas las ceremonias eclesiásticas establecidas por la tradición apostólica"[37]. Esta doctrina no es simplemente un *obiter dictum*, sino que deriva de la naturaleza de la autoridad papal, cuya función es preservar el depósito de la fe.

A las palabras de un teólogo antiguo podemos añadir las de uno nuevo. El P. Karl Rahner, sj, en un libro de 1965, plantea el punto siguiente: "Imagínese que el papa, como supremo pastor de la Iglesia, promulgara hoy un decreto exigiendo que todas las Iglesias uniatas del Oriente Medio renunciaran a su liturgia oriental y adoptaran el rito latino... El papa no se saldría, con ese decreto, del ámbito de la competencia de su jurisdicción primacial, y el decreto sería legalmente válido. Pero podemos plantear también una cuestión totalmente diferente: ¿Sería moralmente lícito que un papa dictara semejante decreto? Cualquier hombre razonable

---

[37] Francisco Suárez, *Tractatus de Charitate*, disputación nº 12.

y cualquier cristiano verdadero tendría que responder "no". Cualquier confesor del papa tendría que decirle que, en la actual situación concreta de la Iglesia, tal decreto, a pesar de su validez legal, sería subjetiva y objetivamente una ofensa moral extremadamente grave contra la caridad, contra la unidad de la Iglesia, rectamente entendida (la cual no exige uniformidad), contra la posible reunión de la Iglesia ortodoxa con la católica, etc.; un pecado mortal del cual el papa sólo podría ser absuelto si revocara semejante decreto"[38].

Resulta curioso que Rahner, unos pocos años después de condenar semejante atrocidad, no la objetó cuando Pablo VI la cometió contra el rito occidental. Pero incluso las suposiciones del P. Rahner son discutibles. Al decir que un papa tendría legalmente el derecho de suprimir una liturgia Oriental, un radical como él parece sumergirse en actitudes sorprendentemente papistas, surgidas de la declinación de la Cristiandad oriental y de la exaltación de la Iglesia tridentina. El caso que Rahner plantea pone en tabla el problema de cómo miramos las liturgias orientales. Podríamos -quizá con más realismo que generosidad- considerarlas como reliquias conservadas por privilegio papal para el beneficio de algunas comunidades que todavía subsisten en Oriente. Desde tal punto de vista, resultaría natural aceptar el derecho del papa a abolirlas. Por otro lado, si las vemos como la tradición primitiva de antiguos patriarcados preservada hasta hoy, sería aplicable la doctrina de Suárez, y tendríamos que decir que el papa no tiene en absoluto derecho a enfrentar la tradición, ni en el caso de la liturgia de Occidente ni en la de Oriente, y no sólo cometería un pecado, como plantea Rahner, sino un acto cismático contra la tradición de la Iglesia, para el cual no tiene competencia ni moral ni legal.

Este argumento, como alegato, no tiene nada de especial. El mero hecho de que la obra vandálica de Pablo VI no tenga precedentes -no podría tenerlos-, nos hace imposible citar ejemplos, pero podríamos imaginarnos la respuesta si tal cosa se hubiera intentado anteriormente. En la Antigüedad y en la Edad Media la idea de que el culto de la Iglesia pudiera tener profundos defectos y de que necesitara ser remodelado completamente hubiera sido tomada como un sacrilegio. Si un papa, con este fundamento, se hubiera atrevido a cambiar la liturgia, se hubiera encontrado con fuerte resistencia de parte de Iglesias orgullosas de sus costumbres locales. Con la codificación de la Misa hecha por Pío V las opiniones se hicieron todavía más firmes: su Misal fue considerado para siempre inalterable, hasta el punto de que cuando Juan XXIII insertó el nombre de San José en el Canon, se cuestionó su derecho a hacer incluso

---

[38] Karl Rahner, *Studies in Modern Theology* (Burns and Oates, 1965), p. 394

un cambio tan menor. Con ser tan importante la doctrina del poder del papa, es todavía más importante la inviolabilidad del rito de la Iglesia. A la luz de estos hechos, resulta claro que sostener que se careció de competencia para reemplazar el rito antiguo por el *Novus Ordo* no es una improvisación, sino que, por el contrario, representa la clara tradición de la historia de la Iglesia a lo largo de los siglos.

Si la acción misma fue no tradicional, mucho más lo fue el modo en que se hizo la reforma, es decir, encomendando la remodelación de la liturgia a un comité de "expertos". En esto se advierte cómo la Iglesia se rindió, en sus procedimientos, a una cultura de racionalismo, una cultura capaz de tratar la oración de la Iglesia como un mero texto susceptible de ser diseccionado y enmendado. A lo largo de la historia, la liturgia ha surgido del uso cotidiano de la Iglesia, unida inseparablemente a la vida de devoción de los fieles, y ha sido producto de la oración viviente y no de la pedantería y las normativas.

También vimos que el no tomar en cuenta la tradición estuvo en la intención de los reformadores. Ya hemos analizado la vacuidad de sus argumentos de que lo que hacían era restaurar la liturgia primitiva, pero aunque dichos argumentos hubieran sido verdaderos, aun así la reforma hubiera sido no tradicional. Tradición significa transmitir un legado de generación en generación, no desecharlo o revivir formas remotas, incluso si éstas fueron genuinas. En los hechos, los reformadores evidenciaron desprecio por la auténtica liturgia primitiva. Hemos mencionado algunos detalles, como el cambio arbitrario del *Kyrie eleison*, pero la iconoclastia alcanzó hasta el corazón mismo de la Misa. En la propuesta original de reforma, Mons. Bugnini y sus radicales quisieron abolir el Canon romano, que en lo sustancial data del siglo IV: es el Canon más antiguo en uso en todas las Iglesias de la Cristiandad, y su autoridad se funda no en ser una recuperación de textos antiguos sino en un uso ininterrumpido desde los primeros años del rito latino. Ningún hurgamiento en la historia de la liturgia es capaz de producir algo tan auténtico, no obstante lo cual la intención de los innovadores fue abolirlo absolutamente. El hecho de que el papa Pablo VI haya prevalecido en este punto no altera en nada esa intención. La reforma de la liturgia de Pablo VI fue un ultraje a la tradición tanto por los métodos como por las intenciones de quienes la perpetraron.

Ningún papa ni patriarca del pasado hubiera podido idear razón alguna para cambiar radicalmente la liturgia, y aquí reside el núcleo de la revolución de Pablo VI: la única razón para un cambio semejante no fue reformar los textos, sino cambiar la doctrina. El primero que, en la historia de la Cristiandad, se propuso reconstruir la liturgia fue Martín Lutero, junto con iniciar el cambio de la teología de la Misa. Y la misma intención estuvo detrás de la acción de los innovadores al dar forma a la nueva liturgia. Este propósito se muestra en la Instrucción Doctrinal que publicó Mons. Bugnini junto con el *Novus Ordo*: el efecto de ella fue desechar la doctrina tradicional de la Misa y reemplazarla por una interpretación protestante, en que la Misa es descrita como "la cena del Señor", como una comida comunitaria, como un memorial y no como una re-actualización del sacrificio de Cristo. El hecho de que la Instrucción haya sido revocada posteriormente no altera esta evidencia, ni el modo cómo, en la Iglesia post-conciliar, han prevalecido completamente las nuevas doctrinas. La doctrina de la Misa que se enseña hoy en los seminarios por la mayor parte del actual clero modernista supone la versión de Bugnini y va aún más allá de ella: el retiro de aquella Instrucción se interpreta como no más que un saludo hecho a los reaccionarios. En la nueva enseñanza, se presenta a la Eucaristía como una comida comunitaria, cuyo significado y validez se fundan en la participación de los fieles, de modo que se condena las Misas privadas como un error, e incluso se les niega validez: la naturaleza de la Misa como el sacrificio del Calvario es ignorada o despreciada. Esta es la doctrina que se ha enseñado desde la reforma litúrgica porque es la única exégesis posible del *Novus Ordo*: de ningún otro modo son inteligibles los cambios contenidos en él.

Otro aspecto de la fabricación del nuevo rito es la parte que desempeñaron los asesores protestantes. Podemos, por el momento, dejar de lado la naturaleza herética de esa influencia y considerar solamente su naturaleza no tradicional. Al *Consilium* se agregó seis observadores, escogidos de entre las iglesias anglicana y luterana, los cuales tomaron parte en la formulación del *Novus Ordo*. Después de la presentación del nuevo rito y cuando comenzó a ser atacado, sus defensores dijeron que los protestantes no habían tenido un papel importante, pero por aquella época hubo quienes sostuvieron todo lo contrario. Mons. William Baum (posteriormente cardenal) dijo en 1967: "No están ahí simplemente como observadores, sino también como consultores, y participan plenamente en las discusiones sobre la renovación litúrgica católica. No hubiera importado mucho si hubieran escuchado, solamente; pero contribuyeron"[39]. Este dato fue confirmado a Michael Davies por uno de los observadores anglicanos, el canónigo Ronald Jasper, quien le dijo que ellos recibían todos los documentos y asistían a los debates, aunque sin tomar parte en los mismos. "Después de almuerzo, sin embargo, tenían siempre una reunión informal con los *periti* que habían preparado los borradores, y en estas reuniones ciertamente se les permitía comentar y criticar y hacer sugerencias". De esta manera, quedó en manos de los *periti* decidir si valía

---

[39] Entrevista en *The Detroit News*, 27 de junio de 1967, citado por Davies.

o no la pena incorporar cualquiera de sus observaciones al momento de reanudarse los debates en el *Consilium*. Pero, resumía el canónigo Jasper como conclusión, estos encuentros informales eran un total desorden, y se producían intercambios de opinión muy francos"[40]. Hay que hacer notar cuán incongruente con la tradición de la Iglesia es esta forma de encarar la reforma litúrgica. Menos tradicional todavía es el diseño de una liturgia con el consejo de herejes, de aquéllos cuya herejía consiste precisamente en negar la naturaleza de la Misa. No hay para qué decir que cualquier teólogo, prelado o papa en la historia de la Iglesia se hubiera horrorizado con esta idea, y hubiera considerado como sacrilegio toda liturgia compuesta de este modo.

Ya hemos examinado lo espurio de la reforma en sus detalles, pero necesitamos considerar el fundamento de los argumentos de los reformadores, es decir, la idea de que el rito tradicional se alejaba de los principios de la ciencia litúrgica. Esta argumentación es injustificada prácticamente en toda su extensión. En la Misa tridentina hay sólo dos cosas que se puede genuinamente decir que son o un error o están mal ubicadas. Una de ellas es el Ultimo Evangelio, una adición a la Misa hecha cuando ella ya ha formalmente terminado, sin relación estructural con la liturgia que la precede. La otra es la inserción de repetidos *Amen* después de las fórmulas conclusivas (*per Christum Dominum nostrum* etc.) de diversas oraciones del Canon. Este uso falta, con mucha lógica, en el rito original, porque el Canon no fue nunca un diálogo entre el sacerdote y los laicos, y se deslizó en el Canon durante la Edad Oscura por la ignorancia de los sacerdotes que repetían las oraciones mecánicamente y, finalmente, se introdujo en los Misales escritos. La eliminación de ambos elementos habría sido un inobjetable ejemplo de corrección litúrgica. Pero no hay acuerdo alguno en este sentido por lo que se refiere al resto del rito. Podría discutirse algunas adiciones superfluas, como el salmo *Iudica me*, o acerca de si la inserción del *pro quibus Tibi offerimus* en la Conmemoración de los Vivos es apropiada, pero tales cosas no son una violación clara de ningún principio litúrgico[41]. Menos todavía se podría considerar

---

[40] Michael Davies, *Pope Paul VI's Mass*, p. 587.
[41] Los reiterados signos de la cruz que el sacerdote hace sobre la hostia después de la consagración no carecen de lógica, como alegan los reformadores, sino que parecen originarse en la costumbre, prescrita por las antiguas reglas retóricas, de indicar con un gesto lo que uno menciona en el discurso. La transformación de ese gesto en algo sagrado es coherente con el carácter especialmente sagrado del Canon. Hay que recordar que, aunque el uso corriente del signo de la cruz es como bendición, su significado primero es simbolizar el sacrificio del Calvario. La abolición de los signos de la cruz en el *Novus Ordo* ilustra el hecho de que la supresión de un desarrollo posterior no es, necesariamente, un regreso a la práctica primitiva.

como corrupciones, solamente porque son tardías, las adiciones a la Misa hechas durante la Edad Media: casi todas ellas son enriquecimientos del rito tanto en belleza como en profundidad doctrinal. Su supresión no remite a principio litúrgico alguno, sino al odio de los modernistas por aquellas dos cualidades. Sobre esta base, se abolió adiciones "superfluas", y se restauró elementos anteriores, tales como el salmo responsorial, que se había suprimido en la liturgia. Sin embargo, el salmo responsorial no añade nada a la comprensión doctrinal de la Misa, y su restauración es un arqueologismo sin sentido. Lo opuesto es verdad en el caso de las oraciones medievales del Ofertorio: su supresión muestra que, para los radicales, el concepto de superfluidad comprende cualquier cosa que contribuya a la comprensión sacramental de la Misa.

Para hablar en términos más generales, se podría señalar que casi todas las liturgias son el resultado de adiciones más o menos casuales: la búsqueda de una liturgia pura, "correcta", es una quimera de pedantes. Si se compara, paso a paso, el rito Tridentino con el *Novus Ordo*, resulta claro que los cambios no pueden justificarse con el pretexto de corregir errores litúrgicos. La verdad es que, una vez que se consiguió el objetivo de inventar un rito nuevo, no hubo cánones lógicos o necesidades que pudieran aplicársele. Como lo admitió el propio Mons. Bugnini, su equipo podría haber seguido debatiendo *ad infinitum*. El texto que produjeron en 1967 no fue una corrección necesaria a un rito defectuoso, sino el producto arbitrario de dos años de auto-complacientes intromisiones.

Así, pues, se puede discutir punto por punto la defensa que se hizo de los cambios, pero el carácter espurio de la reforma litúrgica no es cuestión de detalles. La verdad fundamental es que las críticas que se hizo al antiguo rito fueron pedantes trivialidades, mientras que los defectos de la práctica litúrgica moderna son fundamentales y tocan al corazón de la liturgia. Tales defectos incluyen la pérdida del concepto de sacrificio, de la verdadera comprensión del altar y de la separación del presbiterio, del principio litúrgico de la orientación, de la celebración jerárquica y, sobre todo, de las realidades sacramentales y doctrinales sin las cuales la ciencia litúrgica es pura insensatez.

LA MISA DE PABLO VI COMO EXPRESIÓN DE HEREJÍAS

Todo esto nos conduce a lo que es esencial en el tema de los errores cometidos por los innovadores: tales errores no surgen meramente de principios falsos, de mal respaldo académico, de una concepción de la oración litúrgica empobrecida y racionalista. Sin duda todos estos defectos existen, aunque jamás se hubieran dado todos juntos en académicos que, no obstante estar equivocados, hubieran tenido una concepción honesta de su cometido. El hecho central es que, en los dos años que siguieron a la clausura del Concilio, Mons. Bugnini y sus acompañantes abandonaron el objetivo de una reforma litúrgica válida, y se dedicaron a rehacer la Misa de acuerdo con doctrinas heréticas que comenzaban a campear, rampantes, en la Iglesia. El primer elemento fue la asimilación al protestantismo, que vamos a examinar a continuación; pero el rechazo de la tradición fue mucho más allá del protestantismo, y estaba contenido en la avalancha de publicaciones modernistas, que apelaban a la idea imaginaria de una Cristiandad primitiva y que sumergían la realidad sacramental de la Misa en la acción humana. Es sólo a la luz de esos conceptos que puede interpretarse el *Novus Ordo*, que es su expresión litúrgica.

Esto podría haberse deducido del rito mismo, pero Mons. Bugnini nos evitó la molestia de tener que hacer interpretaciones. El mismo definió su nueva teología en la Introducción General que se publicó con el *Novus Ordo* el 3 de abril de 1969. La comprensión de la Misa que él propone está contenida en el artículo 7: "La cena del Señor, o Misa, es la asamblea sagrada o reunión común del pueblo de Dios que, presidido por un sacerdote, celebra el memorial del Señor. Por esta razón, la promesa de Cristo es especialmente verdadera de la reunión local de la Iglesia: donde dos o más están reunidos en mi nombre, ahí estoy yo en medio de ellos". He aquí un compendio de las doctrinas modernistas sobre la Misa: la aceptación de la noción protestante de la Eucaristía como "la cena del Señor", sin atender al uso correcto que la Escritura da a este término; el concepto espurio de que el sacerdote "preside" la Misa en vez de ofrecer el sacrificio por su poder sacerdotal *in persona Christi*; la presentación de la Misa como un "memorial" en vez de como una re-actualización del sacrificio de Cristo; la consecuencia de que la esencia de la Misa reside en la asamblea del pueblo y no en su carácter de sacrificio de Cristo, y, lo peor de todo, la sugerencia de que Cristo está presente en la Misa en virtud de la reunión del pueblo y no por su presencia real en el Santísimo Sacramento. En cuanto a esto último, la disparidad entre las dos formas de presencia es tal que nadie que creyera en la verdadera naturaleza de la Misa podría haber verosímilmente escrito semejante error a su respecto. En esta doctrina de Bugnini vemos la culminación del pensamiento protestante, que rechaza la doctrina de la Eucaristía como sacrificio y que pierde la convicción, sostenida por la humanidad desde los tiempos más remotos, de que es necesario ofrecer sacrificios a Dios. La doctrina del sacrificio queda reducida a una pura alusión; el celebrante pierde su carácter sacerdotal y se convierte en el "presidente" de la reunión. Todos los elementos del *Novus Ordo*, partiendo por el error de hacer al sacerdote orar de cara al pueblo en vez de en la orientación tradicional, convergen para producir un ethos auto-contemplativo, en que vemos a una congregación que se adora a sí misma, perdiéndose, en una aberración centrada en el hombre, los principios de la liturgia católica.

La Instrucción que precedía al *Novus Ordo* fue retirada unos meses después y alterada de modo de salvaguardar la ortodoxia doctrinal, acción que Mons. Bugnini en su libro descarta como "innecesaria". Pero su publicación con la firma del papa sigue siendo una prueba de cuál es la ideología implícita en el rito. Michael Davies ha señalado que se omitió en la Instrucción todas las doctrinas sobre la Misa que fueron objetadas por los protestantes, y que fueron definidas por el Concilio de Trento. El oscurecimiento que la Instrucción hizo de la doctrina sacrificial, tiene su correspondencia en el rito mismo. La Primera Plegaria Eucarística que querían los innovadores (y que ahora es la Segunda) no contiene referencia alguna a la doctrina del sacrificio, la cual se excluyó asimismo del resto de la Misa. Las oraciones del Ofertorio del rito tridentino, que expresan con plenitud la doctrina del sacrificio, fueron enteramente abolidas. El *Orate, fratres*, con su referencia al sacrificio del sacerdote y del pueblo, también se eliminaba en el esquema original. Así era el *Novus Ordo* que Mons. Bugnini y sus amigos radicales pretendían. Por insistencia de Pablo VI se modificó su creación, restaurándose el Canon romano y el *Orate, fratres*. El resultado es que ya no se puede decir que el nuevo rito, en su estado actual, excluye la idea del sacrificio; pero ello no altera la cuestión de cuál fue la intención de sus autores.

Los apologistas oficiales se escandalizan con estas críticas, y argumentan que el silencio sobre ciertos puntos de doctrina no constituye herejía, y que no hay ninguna enseñanza afirmada positivamente por la Instrucción General que pudiera acusarse de contradecir el dogma definido. Sin embargo, incluso esto se puede cuestionar. Nadie puede leer las normas establecidas para la Misa por la Introducción sin advertir los contrastes que presenta con la enseñanza del Concilio de Trento. En el artículo 12 de la Instrucción General se lee: "La naturaleza de las oraciones presidenciales [espuria descripción del Canon que usan los reformadores] exige que sean pronunciadas en voz alta y clara y oídas atentamente por todos". Esto refleja la doctrina según la cual el Canon no es el ofrecimiento de un sacrificio a Dios sino un discurso hecho en beneficio de los laicos. Y también implica que, en el pasado, la normativa de la Iglesia exigía decir el Canon contrariando la naturaleza de éste, lo cual constituye un buen ejemplo del desprecio de los innovadores por la Iglesia tradicional. Puede compararse el texto citado con el anatema del Concilio de Trento: "Si alguno dice que debe ser condenado el rito de la Iglesia romana que prescribe que una parte del Canon y las palabras de la consagración sean recitadas en un tono bajo de voz; o que la Misa debe celebrarse sólo en vernáculo; o que no debe mezclarse agua con el vino en el cáliz porque ello sería contrario al decreto de Cristo, sea anatema"[42]. En lo referente a los puntos segundo y tercero, se puede decir que los revolucionarios litúrgicos han ciertamente obrado como si la Misa debiera celebrarse sólo en vernáculo, y que la mezcla de agua con vino debe ser opcional en el nuevo rito. La contradicción más directa, con todo, es con el primero de los errores condenados. Parece difícil eludir la acusación de que Mons. Bugnini y sus asociados fueron explícitamente sostenedores de una herejía anatemizada por el Concilio de Trento.

Aunque la Instrucción de Mons. Bugnini fue retirada, no lo fue su doctrina, que se ha hecho general en la Iglesia. Por tanto, para quienes han crecido con la enseñanza moderna, las definiciones de Trento son letra muerta: se explica ese Concilio como una reacción contra las doctrinas de los reformadores [protestantes], que se considera ahora ser mucho más cercanas a la verdadera esencia de la Eucaristía. Hay que advertir que tratar las definiciones conciliares como prescindibles porque son respuestas a ciertas herejías, sería echar por tierra la razón misma de ser de los concilios: históricamente, casi todos los concilios han sido convocados para oponerse a alguna herejía.

El otro defecto en el argumento, sin embargo, es que se trata de un mito histórico. La idea de que el Concilio de Trento es una reacción antiprotestante es, en sí misma, una idea protestante. De hecho, probablemente no hay ningún otro concilio en la historia que haya tenido tanta conciencia como éste de los defectos que dieron origen a la revuelta herética: desde el comienzo se quiso encontrar un terreno común con los protestantes para adoptar las reformas que estuvieran de acuerdo con la doctrina católica. Se convocó al Concilio en Trento para estar cerca de los reformadores protestantes. Se invitó repetidamente a los protestantes a participar en el Concilio, y el fracasó se debió a la intransigencia de los propios disidentes. El espíritu con que se reunieron los católicos quedó expresado en el discurso con que el obispo de Bérgamo clausuró el Concilio en 1563: "Vinimos a Trento para estar más cerca de los protestantes, y aquí nos despojamos de un cierto ánimo defensivo: confiamos en los protestantes y los miramos con añoranza". Las objeciones hechas por los reformadores fueron cuidadosamente analizadas, y cuando el Concilio definió algo, lo hizo con la debida fidelidad a la tradición católica: en lo tocante al culto, se definió la naturaleza de la Misa como sacrificio de la Nueva Alianza y no como una mera reunión de los fieles para orar. Fue debido a que los actuales

---

[42] Concilio de Trento, 9° Canon de la sesión 22, 1562.

innovadores litúrgicos rechazaron esta doctrina que establecieron un modo de celebrar la Misa que es opuesto al del Concilio de Trento.

Llegamos así a la cuestión de la influencia protestante en la composición del nuevo rito. Como dijimos antes, este rasgo, aunque minimizado por los apologistas oficiales desde que el *Novus Ordo* comenzó a ser atacado, fue visto como esencial en la atmósfera de ecumenismo que prevaleció en la década de 1960. Parte integral de la reforma litúrgica fue el objetivo de hacer la Misa más aceptable para los protestantes. Cuando terminó el trabajo, se le encomió especialmente por haber eliminado las diferencias doctrinales. Al ver cómo se practicaba el *Novus Ordo*, los comentadores protestantes lo recibieron en términos como los siguientes: "No hay nada en la Misa renovada que deba inquietar al protestante evangélico", y "Si se toma en cuenta la decisiva evolución de la liturgia eucarística de la Iglesia católica -la opción de reemplazar el Canon de la Misa por otras plegarias eucarísticas, la expurgación de la Misa de la idea de que es un sacrificio, y la posibilidad de recibir la comunión con las dos especies-, no queda ninguna razón para que las iglesias reformadas prohíban a sus miembros asistir a la Eucaristía en una iglesia católica"[43]. De hecho, las Misas "interdenominacionales" con protestantes y las "concelebraciones" con clero protestante se hicieron cosa común, y se las exhibió por los modernistas como signos de los esfuerzos ecuménicos de la Iglesia. Desde esa época, ha desaparecido la doctrina tradicional de la Misa de la enseñanza sobre ésta que se imparte a los fieles, especialmente de la enseñanza con que han crecido dos generaciones de niños de colegio, y pocos católicos creen -y muchos no la han oído jamás- en la doctrina de la Presencia Real o en el carácter de la Misa como sacrificio del Calvario. Incluso si no hubiera sido ésta la intención de los reformadores litúrgicos, serían igualmente responsables de esta pérdida de la fe católica.

Pero la protestantización de la liturgia no es sólo un rasgo del detalle de los cambios hechos, sino que constituye la razón misma de ser de la reforma. El ideal, reconocido en la década de 1960, fue lograr una liturgia más "ecuménica", en favor, supuestamente, de la unidad de la Cristiandad. Pero la unidad con otras Iglesias no implica la convergencia de sus liturgias. Jamás se tuvo en vista semejante cosa cuando se llevaron a cabo reuniones de negociación entre las Iglesias romana y bizantinas, o cuando algunas Iglesias, como la ucraniana, aceptaron la unión con Roma. No se la tuvo en vista porque no era necesaria: no había diferencia en la doctrina eucarística de esas Iglesias, y las diferencias litúrgicas eran naturales y legítimas. La noción misma de una convergencia litúrgica sólo apareció cuando se

---

[43] Michael Davies, *Pope Paul VI's New Mass*, p. 264, donde cita las declaraciones de dos teólogos protestantes a *Le Monde*, de 22 de noviembre y 10 de septiembre de 1970.

trató de un acercamiento con las iglesias protestantes, precisamente porque en este caso las diferencias no eran meramente litúrgicas, sino que se trataba de diferencias de doctrina, surgidas del rechazo protestante de la comprensión de la Eucaristía sostenida hasta ese momento por todas las Iglesias cristianas. Así, pues, el involucramiento de asesores de otras iglesias en la recomposición del rito no es una mera aberración litúrgica, sino que se justifica sólo por la intención de cambiar la doctrina, y de cambiarla en el sentido de negar la naturaleza de la Misa. La Instrucción General de Mons. Bugnini es la formulación impresa de esa negación.

Cuando se formularon acusaciones al nuevo rito en esta línea, los liturgistas las desecharon por simplistas: ellos entendían su ciencia como algo más amplio que un mero copiar al protestantismo. Y así era, en realidad, porque tal ciencia fue producto de una corrupción doctrinal muchísimo más amplia. Así, junto con reconocer al protestantismo como un ingrediente de la reforma, necesitamos ver además los otros aspectos de ésta. Uno de ellos es el hecho de que la revolución litúrgica es un movimiento basado en un cierto conocimiento histórico o, para ser más exactos, en un conocimiento histórico defectuoso. Esto determinó su tendencia a ver la liturgia de la Iglesia como un fenómeno sociológico, como la expresión de prácticas que crecieron en la Iglesia cristiana primitiva. La atención que los liturgistas estuvieron dispuestos a prestar a la teología sacramental y al patrimonio de los períodos medieval y tridentino, fue la que se podía esperar de su idea de ser estas épocas instancias de decadencia litúrgica. Su enfoque, además, estuvo empapado de un cierto pensamiento humanista, a cuya luz vieron la liturgia histórica como centrada en los agentes humanos. Que estos agentes estuvieran llenos de un profundo respeto por el sacrificio trascendental y por los poderes sacerdotales, es algo de que los liturgistas podían prescindir al examinar los textos y las costumbres. De aquí que la Misa pudiera ser definida por Bugnini, con ignorancia de su significado sacramental, como "la sagrada asamblea o reunión del pueblo de Dios, presidida por un sacerdote". Esto suena a esa sacralidad humanista con que la ideología jeffersoniana reviste al Pueblo. En el espíritu del moderno catolicismo, el "pueblo de Dios" es una entidad privilegiada por la divinidad, más que una que se define por su sumisión a la divinidad. Cuando los judíos hablaban de sí mismos como el Pueblo de Dios, lo que querían decir es que adoraban a un Ser de tremenda majestad, a cuyo temible castigo estaban sometidos, un Ser a quien podían acercarse sólo por medio de sacrificios ofrecidos por intermediarios, por sacerdotes a quienes estaba reservado lo más interior del Templo, por un Sumo Sacerdote que, de modo exclusivo, podía entrar al Santo de los Santos una vez al año. Muy diferente es el espíritu de la liturgia católica moderna. Se rechaza la separación sagrada. Los fieles se dirigen a Dios cara a cara, con una relajada familiaridad; se ha perdido el significado del sacrificio, se desprecia la penitencia. La noción de que Dios tiene algo que ver con castigos no es tomada muy en serio, y quienes Le piden algo están dispuestos a criticarlo por Sus fallas en otorgarles los beneficios esperados. En la Iglesia conciliar, la práctica litúrgica abunda en auto-celebraciones: "somos el Pueblo que Dios ha salvado". Aunque el protestantismo, en su revolución, vio la necesidad de dirigirse a Dios en un lenguaje elevado y bello, los católicos de hoy insisten en su derecho a orar con las vulgaridades de las traducciones litúrgicas modernas. "Lo que es bueno para mí, lo es también para Dios" es el lema del día. Resulta inadecuado, pues, criticar la liturgia moderna como meramente protestantizante: es, más bien, resultado de una ideología que, por su misma naturaleza, exalta lo humano y conduce a un estilo de asamblea donde se prescinde de la doctrina de la Misa, de su significado sacramental, del sentido del culto, y que se centra en la acción de la gente.

Se defiende estos errores con un argumento pastoral, y hay muchos que, aceptándolo irreflexivamente, creen que es de lo más correcto pensar en las necesidades de las personas. Y se refieren a un estilo de celebración que, antes del Concilio Vaticano II, se había transformado, excesivamente, en un asunto privado del sacerdote en el altar y había perdido la participación de los fieles. Pero el remedio para ello era revivir un estilo de liturgia verdaderamente expresivo, que sacara a la luz el carácter propio de la parte instructiva de la Misa, el esplendor de los cantos litúrgicos y el sagrado respeto que debe rodear el corazón del misterio. El remedio no era rechazar la comprensión sacramental de la Misa y dar preeminencia a su carácter comunitario. Si los reformadores hubieran tenido una auténtica finalidad pastoral, el fiel que debieran haber tenido presente hubiera sido uno genuinamente piadoso, genuinamente humilde ante Dios. Toda intención pastoral supone comprender que la devoción se vivifica por una liturgia centrada en lo divino, y se la mata con una que se centra en la asamblea humana. Una oración que se concibe así centrada resulta tan vacía como la del fariseo mencionado en la parábola del Señor: adaptar la liturgia a mentalidades como la de éste, es componer una liturgia de los arrogantes, de los que se ponen a sí mismos antes que a Dios. Y tal es la liturgia que tenemos hoy en la Misa de Pablo VI.

EL ESTATUTO JURÍDICO DE LOS RITOS ANTIGUO Y NUEVO

Hasta aquí nos hemos preocupado de las cualidades del nuevo rito que lo hacen indigno de ser liturgia de la Iglesia católica, y de las razones por que no debiera habérselo introducido. Debemos ahora considerar un rasgo igualmente grave de la revolución litúrgica, su intento de abolir el rito antiguo. Las futuras generaciones, cuando consideren este punto, quedarán estupefactas no sólo por haberse intentado semejante cosa, sino por no haberse reconocido de inmediato las intenciones heréticas de los innovadores, que quedan a la vista en tal intento. El intento mismo ha sido hoy abandonado, y se ha reconocido oficialmente el derecho de celebrar la Misa tradicional. Pero tenemos que examinar los conatos que se realizaron, por casi cuarenta años, de extirpar lo que, con anterioridad, había sido considerado como sagrado patrimonio litúrgico de la Iglesia católica.

La ilegalidad de semejante política puede analizarse desde diferentes puntos de vista. Siempre ha sido norma de la Iglesia que las liturgias tradicionales tengan derecho a prolongarse en el tiempo y sean valoradas como tesoros, incluso si, por los cambios eclesiásticos, carecen ya de actualidad. El Derecho canónico, tanto el antiguo como el actual, protege expresamente las liturgias que acrediten más de doscientos años de uso. El espíritu con que se defendió este derecho se ve en la actitud del cardenal Jiménez, a comienzos del siglo XVI, quien fundó una capilla en la catedral de Toledo para mantener vivo el antiguo rito mozárabe, aunque para entonces la liturgia romana ya se había establecido como el uso ordinario de España. El mismo principio se confirmó por el Concilio Vaticano II que, en la Introducción a la Constitución sobre la liturgia declaró: "Este sagrado concilio declara que la Santa Madre Iglesia sostiene que todos los ritos legítimamente reconocidos tienen igual derecho y dignidad, y desea que se los preserve en el futuro y se los fomente por todas las vías".

Aparte de estas consideraciones, está el estatuto de la liturgia tridentina según fue reformada por San Pío V. La codificación de la Misa realizada por este papa cumplió con los decretos del Concilio de Trento sobre la liturgia, y se la incluyó solemnemente en la bula *Quo primum* de 19 de junio de 1570, la cual ordena, mediante una disposición de validez perpetua, que la Misa por ella definida debe preservarse, en todo tiempo, sin cambios[44]. Adicionalmente, la bula concede el privilegio, igualmente perpetuo, de que cualquier sacerdote en todo el mundo pueda usar la liturgia del Misal de Pío V, no obstante cualquier costumbre en contrario, sin que ninguna autoridad eclesiástica le pueda impedir hacerlo[45]. Y con-

---

[44] "*huic Missali nostro nuper edito, nihil umquam addendum, detrahendum, aut immutandum esse decernendo, sub indignationis nostrae poena, hac nostra perpetuo valitura constitutione statuimus et ordinamus*".

[45] "*Atque ut hoc ipsum Missale in Missa decantanda, aut recitanda in quibusvis Ecclesiis absque ullo conscientiae scrupulo, aut aliquarum poenarum, sententiarum et censurarum incursu, post hac omnino sequantur, eoque libere et licite uti possint et valeant, auctoritate Apostolica, tenore praesentium, etiam perpetuo concedimus et indulgemus. Neve Praesules, Administratores, Canonici, Capellani et alii quocumque nomine nuncupati Presbyteri*

cluye invocando la ira de Dios y de los apóstoles sobre quienquiera que contravenga ya sea los preceptos de la bula sobre la Misa o los permisos y privilegios que incluye[46].

Todo esto no implica que la bula de Pío V no pueda ser revocada por un papa posterior, pero es un principio elemental de legislación el que un decreto promulgado de un modo tan explícito y solemne sólo puede ser alterado por otro de igual claridad y solemnidad. No existen normas de este tipo en la Constitución *Missale romanum* de 3 de abril de 1969, mediante la cual Pablo VI introdujo el nuevo rito. Primeramente, en contraste con *Quo primum*, que declara exactamente qué clero tiene la obligación de usar el misal y en qué celebraciones, *Missale romanum* no llega a definir a qué clero u ocasiones se aplica el nuevo rito. Sus disposiciones legales se limitan a la frase siguiente: "Deseamos dar fuerza de ley a todo lo que hemos establecido respecto del nuevo Misal romano" -referencia a su presentación puramente descriptiva-. Menos todavía encontramos ninguna norma que revoque la bula de Pío V en ninguno de sus aspectos. La declaración de que la Constitución ha de ser "firme y efectiva ahora y en el futuro, no obstante las constituciones apostólicas promulgadas por nuestro antecesores", pone en vigor el uso del nuevo rito mismo, pero no constituye una abrogación de ninguna otra liturgia ni legislación. Mediante la siguiente sentencia se declina explícitamente la posibilidad de darle vigencia universal: "Aunque se permite en el nuevo Misal, de acuerdo con lo dispuesto en el Concilio Vaticano II, "legítimas variaciones y adaptaciones", esperamos, sin embargo, que el nuevo Misal será recibido por los fieles como un instrumento que da testimonio de la fe de todos y que afirma la común unidad". La aparente liberalidad de esta norma contrasta con el totalitarismo con el que se impuso el nuevo rito. Por último, la bula de Pío V, al definir con exactitud la obligación legal de usar su misal, reconoce explícitamente el derecho a existir de otras antiguas liturgias. En cambio, la Constitución de Pablo VI no dice nada sobre la relación del nuevo rito con ninguna otra liturgia. Podemos ver en la Constitución *Missale romanum* un ejemplo del amateurismo en la legislación papal introducido por Pablo VI, cuya vaguedad de forma contrasta con la rigidez de su puesta en vigor.

saeculares, aut cujusve Ordinis regulares, ad Missam aliter quam a nobis statutum est, celebrandam teneantur: neque ad Missale hoc immutandum a quolibet cogi et compelli, praesentesve litteri ullo umpuam tempore revocari, aut moderari possint, sed firmae semper et validae in suo exsistant robore, similiter statuimus et declaramus".
[46] *"Nulli ergo omnino hominum liceat hanc paginam nostrae permissionis, statuti, ordinationis, mandati, praecepti, concessionis, indulti, declarationis, voluntatis, decreti et inhibitionnis infringere, vel ei ausu temerario contraire. Si quis autem hoc attentare praesumpserit, indignationem omnipotentis De, ac beatorum Petri et Pauli Apostolorum ejus se noverit incursurum".*

En los años posteriores, tanto Pablo VI como la jerarquía universal procedieron a tratar la antigua liturgia como si hubiera sido abolida, desafiando la tradición, el Derecho canónico, el privilegio de Pío V, los principios del Concilio Vaticano II y la ausencia, en la Constitución *Missale romanum*, de toda norma sobre abolición. Se dio permiso, a algunos sacerdotes ancianos, para seguir diciendo la Misa tridentina en celebraciones privadas, pero no se contempló su uso público, y se supuso que el rito se extinguiría a medida que fueran muriendo los sacerdotes privilegiados. Una excepción se hizo, sin embargo: a pedido del cardenal Heenan, se dio permiso en 1971 para que la Misa tridentina se dijera ocasionalmente en Inglaterra, pero se pidió a dicho cardenal usar el privilegio lo menos posible, y en la práctica las celebraciones en el rito antiguo, auspiciadas por la *Latin Mass Society*, fueron sometidas a severas restricciones. Fuera de este caso, el uso del rito tradicional fue visto con implacable hostilidad, e incluso un tradicionalista tan duro como el cardenal Siri, arzobispo de Génova, se sintió obligado a prohibirlo. El principal punto de fricción en la actitud oficial del seminario del Arzobispo Lefebvre en Ecône fue su adhesión a la Misa tridentina.

Se mantuvo vigente esta política a pesar del fracaso de sucesivos intentos de darle una base legal y doctrinal. Hubo portavoces oficiales que declararon que la bula *Quo primum* de Pío V había sido abrogada por la Constitución *Missale romanum*. Los partidarios de la nueva liturgia continúan pensando que ello es así, y que los leales sostenedores de la reforma así debieran reconocerlo. Pero si los decretos solemnes de los papas pueden considerarse abrogados por documentos que no expresan la intención de abrogarlos, las palabras de toda legislación papal pierden su sentido. Hubo varios intentos de hacer oficial la abolición pero, uno tras otro, fracasaron. El 15 de noviembre de 1972, la Congregación para el Culto Divino no dio lugar a la petición de que la Pontificia Comisión para la Interpretación de los Documentos Conciliares, emitiera un pronunciamiento jurídico en orden a si la nueva Misa era obligatoria u opcional. El 31 de agosto de 1973, Mons. Sustar, secretario del Consejo de Conferencias Episcopales Europeas, solicitó un pronunciamiento público sobre si la Misa tridentina estaba prohibida, pero el cardenal Villot, encargado de la Congregación para el Culto Divino, rechazó también la petición, e instruyó al Arzobispo Bugnini para que respondiera en privado. En vistas de esta oportunidad que se le daba de canonizar su propia creación, Bugnini procedió a pronunciar la declaración más oficial jamás hecha sobre la ilegalidad del rito tradicional, y el 17 de octubre de 1973 escribió a Mons. Sustar: "El Misal de Pío V fue definitivamente abrogado por la Constitución apostólica *Missale romanum*". Esta declaración es, por cierto, totalmente inválida, como lo han mostrado las decisiones papales tomadas con posterioridad. Un año después, el 28 de octubre de 1974, la Congregación para el Culto Divino emitió una notificación, aprobada personalmente por Pablo VI, en que no se dice que la bula de Pío V haya sido abrogada, aunque sí se dice que a los ordinarios se les prohíbe permitir el uso del rito tridentino en las Misas celebradas con fieles. El cardenal Villot rechazó de nuevo, en otra oportunidad, una propuesta de que la Pontificia Comisión para la Interpretación de los Documentos Conciliares emitiera una declaración sobre el tema[47].

Durante el pontificado de Juan Pablo II se intentó modificar esta política. Luego de su fracaso de regularizar la Sociedad de San Pío X, Juan Pablo II sondeó a los obispos de todo el mundo sobre la cuestión de permitir la celebración de la Misa tridentina, pero abandonó el tema cuando se le aseguró que no había demanda para ello. La demanda, sin embargo, existía, y en 1984 la Congregación para el Culto Divino publicó su carta *Quattuor abhinc Annos*, en que pedía a los obispos de todo el mundo que libremente concedieran indultos para la antigua Misa a los grupos de fieles que lo solicitaran. Esta instrucción fue completamente ignorada, y la mayor parte del clero y de los fieles no tuvo conocimiento de su existencia. En 1986, el papa estableció una comisión de nueve cardenales, incluyendo al cardenal Ratzinger, la que concluyó que no existía norma legal que aboliera el antiguo rito, y en la primavera de 1988 recomendó, por una mayoría de ocho a uno, que el papa promulgara un decreto autorizando su uso; pero la propuesta fue paralizada por varios cardenales[48]. Más tarde en aquel año, después de la excomunión del Arzobispo Lefebvre, comenzó el proceso de reconocimiento de algunos grupos, como la Fraternidad San Pedro, que se mantenían fieles a la antigua liturgia, y el *motu proprio* de Juan Pablo II *Ecclesia Dei*, de 7 de julio de 1988, declaró que todos los sacerdotes tenían el derecho de usar el rito tridentino sin permiso especial. Esta declaración tampoco hizo mella en la implacable oposición que las jerarquías de todo el mundo habían hecho en los últimos veinte años. Finalmente, Benedicto XVI promulgó, el 7 de julio de 2007, el *motu proprio Summorum Pontificum*, en que deja en claro que la liturgia tradicional tiene plenos derechos en la Iglesia. Como resultado de esta declaración, se ha vuelto más difícil para sus enemigos sostener que la antigua liturgia es ilegal y cismática, pero la actitud de hostilidad hacia ella persiste con

---

[47] Véase Bugnini, *op.cit*, pp. 288-9.
[48] Esto fue revelado por el cardenal Stickler, uno de los miembros de la comisión, en una conferencia de *Christi Fideles* en Fort Lee, New Jersey, el 20 de mayo de 1995. También mencionó que Pablo VI había impedido que el cardenal Giovanni Benelli, su mano derecha en la Curia, hiciera una declaración pública de que la Misa tridentina no estaba prohibida, aunque él sabía que ello era así, porque quería que se dijera la nueva Misa.

pocos cambios. Sin embargo, la nueva legislación ha creado un mecanismo por el cual cualquier sacerdote puede obtener la libertad de usar el rito antiguo a pesar de los intentos de los obispos para impedirlo.

Uno de los aspectos de la anterior política que todavía sobrevive es la tesis de que el derecho a usar la antigua liturgia tiene como fundamento a las decisiones de Juan Pablo II y Benedicto XVI, y no está garantizado, con independencia de ellas, ni por los principios litúrgicos de la Iglesia, ni por el Derecho canónico, ni por lo decretado por el Concilio Vaticano II ni por el siempre válido privilegio concedido por Pío V. Aunque no se ha hecho en este sentido ninguna declaración que cuente con el respaldo de las autoridades, sigue siendo atesorada, en ciertos círculos eclesiásticos, la creencia de que la legislación solemnemente promulgada por un papa puede ser tenida como nula por la declaración de los funcionarios del Vaticano.

Hay que decirlo claramente: al tratar de suprimir la liturgia tradicional de la Iglesia, Pablo VI y, a imitación suya, las jerarquías de todo el mundo, han obrado de acuerdo con una política absolutamente ilegal. Esta afirmación no es un mero tecnicismo jurídico, ni tiene como fundamento una benévola omisión por parte de la Constitución *Missale romanum*. Pablo VI quiso, positivamente, relegar al olvido el rito tradicional, pero se dio cuenta de que no tenía potestad para ello. El caso es que aun las intenciones legítimas de los legisladores necesitan ser expresadas en formas jurídicamente válidas, y cuando la intención es efectivamente legítima, jamás se da ninguna dificultad para hacerlo. Esto es sólo una parte de la verdad, más general, de que toda la reforma litúrgica está empapada de ilegitimidad e ilegalidad de comienzo a fin, como lo muestra el que Bugnini y asociados hayan creído tener un cometido que iba más allá de lo autorizado por el Concilio; el desprecio que mostraron por la Congregación de Ritos; su ignorar los procedimientos legales en la introducción de las reformas; el no tomar en cuenta el Sínodo de Obispos cuando éste se opuso a la nueva Misa; la imposición al *Consilium* del nuevo rito por Bugnini con el pretexto de que era voluntad personal del papa; la desobediencia al papa cuando se le instruyó que sometiera la Instrucción General a la Congregación para la Doctrina de la Fe. Cuando se presentó el nuevo rito, el intento de acompañar su introducción con la abolición del antiguo fue también parte del mismo camino de ilegalidad. Por tanto, debemos reconocer lo que, actualmente, es verdadera ley de la Iglesia: no existe jurídicamente necesidad de restaurar el rito tradicional. Lo único que necesitamos para recuperarlo es que la Iglesia vuelva a la legalidad. En términos jurídicos, ningún sacerdote está obligado a usar el misal de Pablo VI en celebración alguna, y la única liturgia que tiene derechos universales en la Iglesia latina es la decretada por Pío V en la bula *Quo primum*.

12
La destrucción del sacerdocio

EL RECHAZO MODERNISTA DE LAS ESCRITURAS

En la revolución Modernista, la destrucción de la Misa ha estado íntimamente asociada con la destrucción del sacerdocio, calamidad que ha privado a la Iglesia de la guía sacramental esencial para su conducción. Igual que la degradación de la liturgia, ello se ha hecho en parte por una falsa erudición, que pretende regresar a una normativa primigenia. Aunque esta alegación es menos central aquí que en la revolución litúrgica, es resultado de una corrupción más fundamental. Los documentos usados por los Modernistas para desfigurar la liturgia primitiva rara vez son anteriores al siglo IV, y nunca anteriores al siglo II. Pero el carácter original del sacerdocio cristiano puede ser rastreado hasta el Nuevo Testamento, y su comprensión depende de una idea de la Iglesia apostólica cuya ortodoxia doctrinal difiere radicalmente de las interpretaciones hechas por la escuela Modernista de crítica bíblica.

Llamo Modernista a esa escuela porque me refiero a sus manifestaciones al interior de la Iglesia católica; pero, en sus orígenes, se trata de la escuela de crítica bíblica protestante liberal, que los Modernistas han asumido *en bloc*. Necesitamos, por tanto, comprender los orígenes de esa escuela, que surgió a mediados del siglo XIX bajo la conducción del profesor Ferdinand Baur, de Tübingen. Por un lado, la escuela adoptó una visión del Antiguo Testamento que lo transformó en un caso de mitología primitiva; pero lo que aquí nos interesa es su tratamiento del Nuevo. Este consistió en asignar a los libros del Nuevo Testamento la fecha verosímil más tardía posible, de modo de negarles su carácter de testigos contemporáneos de la vida de Cristo. Se comenzó con el supuesto de que el Cuarto Evangelio es un documento demasiado griego como para atribuírselo a un galileo del siglo I; su redacción fue postergada, pues, hasta alrededor de los años 160 o 170 d.C., y se afirmó que refleja una forma "johanina" de cristiandad, en contraste con la línea "paulina" que se origina en las interpretaciones de San Pablo. Estas dos escuelas de doctrina, en agudo conflicto inicialmente, se dice que se fundieron en una síntesis que puede advertirse en la época constantiniana. Entre los hallazgos que erosionan esta visión está el de un fragmento del Evangelio de San Juan que data de alrededor de 120 d.C. y el de los Rollos del Mar Muerto, que demuestran la afinidad del Evangelio con las escrituras de los esenios del siglo I. Por otras vías se ha privado también a la tesis de Tübingen de gran parte de su fundamento; pero se libra una pelea de retaguardia para preservar un enfoque de crítica bíblica que, en cualquier otra disciplina, se consideraría totalmente desacreditado.

Este es el fundamento de la escuela Modernista, que ahora domina en los seminarios católicos y ha dado forma a la comprensión de la Biblia que tiene el clero actual. Uno de sus principios cardinales es la negación de la autoría johanina del Cuarto Evangelio; otro es que se puede demostrar (mediante procedimientos que ninguna otra disciplina intelectual tomaría en serio) que el Evangelio de San Marcos es anterior al de San Mateo. Dada la clara interdependencia de los tres Evangelios sinópticos, resulta de ello que el Evangelio de San Mateo no fue escrito por el apóstol Mateo, ya que un testigo ocular no habría fundado su narración en un relato secundario. Mediante otra pirueta de la imaginación, la composición de este Evangelio se fecha alrededor del año 85, en Antioquía. Una fecha parecida se da a las Actas de los Apóstoles, a las que se niega el carácter de narración contemporánea de los hechos acaecidos entre 30 y 62 d.C. La teoría Modernista se apoya también en la suposición de la existencia de un documento, no comprobado, llamado Q, que sería origen del material de los otros Evangelios que no siguen a Marcos. Los críticos más decididos niegan que el segundo y el tercer Evangelio hayan sido escritos por San Marcos y San Lucas, pero como no hay cuestión aquí de autoridad apostólica, algunos eruditos se dignan aceptar este punto. Finalmente, es axiomático que sólo unas cinco de las epístolas de San Pablo son auténticas (concesión que resulta necesaria para la tesis Modernista de que la cristiandad fue inventada por San Pablo). Se sostiene que ellas anteceden a los Evangelios y constituyen los documentos más antiguos de la enseñanza cristiana; se considera que las demás epístolas paulinas, como casi todo el Nuevo Testamento, son pseudónimas. En resumen, la interpretación Modernista es que ninguno de los libros del Nuevo Testamento es narración de testigos oculares; representan, por el contrario, no la enseñanza de primera mano de Cristo, sino tradiciones desarrolladas en las comunidades divergentes, la "mateína" y la "johanina", que componían la primitiva Iglesia. Se atribuye a las muy diferentes doctrinas existentes en esas comunidades el contraste entre los Evangelios de San Mateo y de San Juan, más que a una autoría personal de los mismos. Entre los partidarios más decididos, se considera una ingenuidad creer no sólo que los hechos descritos en los Evangelios tuvieron efectivamente lugar, sino incluso que los diversos grupos que los redactaron hayan creído que sucedieron.

Este enfoque descarta la narración de la redacción del Nuevo Testamento derivada de fuentes históricas, sobre la cuales se fundamenta la versión tradicional. Los testimonios de los escritores cristianos de los tres primeros siglos recogidos por Eusebio apuntan a las siguientes posibilidades: el primer Evangelio, que representa la enseñanza de todos los apóstoles, fue escrito por San Mateo durante los doce años que van entre 30 y 42, cuando los apóstoles permanecían en Jerusalén después de la Ascensión; fue escrito en su versión aramea, que hoy se ha perdido (aunque la conoció San Jerónimo) y traducida por un desconocido al griego, que es la versión que hoy conocemos; constituye la primera manifestación de las enseñanzas cristianas al mundo judío. Aunque hay dos o tres sentencias en el Evangelio que sugieren (muy vagamente) que podrían haber sido escritas durante la revuelta judía de los años 60, de ello no se deriva seriamente ninguna otra conclusión que el que nuestra actual versión se completó en aquella época[1]. El segundo Evangelio, que en casi todo sigue de cerca a Mateo, fue escrito en griego por San Marcos, sobre la base de la prédica de San Pedro en Roma, y es el primer Evangelio cristiano dirigido a un mundo más amplio que el palestino. El tercer Evangelio fue escrito por san Lucas, y parece haber sido planeado en secuencia con los Hechos de los Apóstoles, libro que (para aquéllos que carecen de la heroica preferencia de los Modernistas por lo improbable) fue escrito en 62, que es el año en que la narración se interrumpe. En contraste con los dos primeros Evangelios, que son textos para uso litúrgico, el de San Lucas es una obra literaria e histórica. El cuarto Evangelio fue escrito por el apóstol Juan; los escritores antiguos ubican su redacción, extremadamente tardía, hacia el año 96, y ésa puede ser la fecha del capítulo final, que alude a la longevidad de Juan y al martirio de San Pedro (entre 64 y 67)[2]; sin embargo, se piensa por lo general que ese capítulo es una especie de postscriptum del Evangelio, que terminaba originalmente con el capítulo 20, y nada impide creer en la posibilidad de que el grueso del Evangelio de San Juan hubiera sido escrito y circulado durante la vida de San Pedro. Existe un desacuerdo menor entre los primeros escritores sobre si el Evangelio de San Marcos fue escrito antes que el de San Lucas o viceversa, aunque hay más apoyo para lo primero; pero hay acuerdo en que el Evangelio de San Mateo fue el primero y el de San Juan, el último.

Debe reconocerse que no existe ni la más mínima prueba que haga implausible esta cronología y, mucho menos, que la refute; no obstante, es enteramente ignorada por la enseñanza bíblica actual. Incluso se considera ultra-conservadora la interpretación alternativa (y menos probable) de las

---

[1] El Sermón de la Montaña (capítulos 5 a 7), que es en parte una compilación de enseñanzas que se encuentra en otras partes del Evangelio, sugiere que éste es resultado de dos etapas de composición.

[2] Se sabe que San Juan vivió al menos hasta los primeros meses de 98 AD, en que se cree que cumplió alrededor de 90 años de edad.

pruebas existentes que ubicaría la redacción de los primeros Evangelios a comienzos de los años 60. De acuerdo con la tesis Modernista, los Evangelios sinópticos datan de entre los años 70 y 90, igual que la mayoría de las epístolas, dejando unas pocas epístolas de San Pablo como las únicas escritas en los primeros cuarenta años del cristianismo. Así, la redacción de casi todo el Nuevo Testamento es desplazada desde la primera generación hacia la segunda. Una implicancia de esta posición es hacer que los documentos no escriturales de aquel período sean más auténticos que los escriturales, al no ser pseudónimos. No se explicita este corolario, ya que se sigue manteniendo la convención de otorgar un estatuto especial a los libros de la escritura[3]; pero, según las premisas de la escuela Modernista, la creencia en la autoridad del Nuevo Testamento como testigo de la Iglesia apostólica y, sobre todo, de la enseñanza de Cristo, se transforma en una mera superstición. Esta idea ha llegado a ser parte integral de la formación doctrinal del sacerdocio moderno. El amor a Cristo, que es la base esencial de un ministerio viviente, debe emanar de la confianza en que los Evangelios nos presentan sus palabras y personalidad auténticas, transmitidas con ágil inmediatez por quienes lo conocieron. Cuando al clero, sacerdotes y monjas, se le enseña a ver estas narraciones como elaboraciones teológicas de intérpretes más tardíos, la fe en Cristo se disuelve en aproximaciones intelectuales, o se precipita en piadosas supersticiones. Así, la corrupción de la fe escritural es un elemento fundamental de la superficialidad espiritual que aflige hoy a la Iglesia.

Si sostenemos la autenticidad histórica del Nuevo Testamento, necesitamos comprender el terreno sobre el que se erige. Primero, hay que darse cuenta de que la narración tradicional de su autoría no es resultado de una vaga tradición, sino que reposa sobre el trabajo de los primeros siglos hecho por Orígenes, Eusebio y Jerónimo, quienes fueron excelentes eruditos, profundamente preocupados por la autenticidad. Ello no quiere decir que hayan sido infalibles, pero sí que merecen ser leídos como se lee a cualquier buen historiador. La estrategia Modernista es tratarlos como lastrados por excepcionales deficiencias. En las escrituras, igual que en cualquier otro tema, un sano método histórico exige que no se acepte sólo la tradición como fundamento de una atribución [de autoría], pero exige también que no se rechace pruebas históricas en favor de meras teorías. Un ejemplo de este principio lo da la Epístola a los Hebreos, cuya atribución a San Pablo fue considerada por la Iglesia cristiana como autorizada durante

---

[3] Entre los absurdos que así se producen está el rechazo de algunos acontecimientos, como los viajes de San Pedro a Roma, que no están descritos en el Nuevo Testamento, como lo está la visita de San Pablo; lo cual es un solapado reconocimiento de la autenticidad bíblica.

siglos. Esta bella Epístola, que enseña la doctrina del sacerdocio de Cristo, es notablemente diferente tanto en estilo como en doctrina del resto de las cartas paulinas. Esto no es un argumento decisivo, aunque el argumento es más poderoso aquí que en el caso de los indicios que los Modernistas usan, en general, para negar la autenticidad de las Epístolas de San Pablo. Pero el caso de Hebreos está respaldado por pruebas históricas: Orígenes, que escribe en Oriente hacia 240, no supo quién escribió la Epístola, pero supuso que fue un discípulo distinguido de San Pablo, que se guió por sus instrucciones. Tertuliano, que escribió en Cartago una generación después, consideró como un hecho que su autor había sido San Bernabé, y Eusebio, a comienzos del siglo IV, nos dice que muchos en la Iglesia de Occidente seguían negando su autoría paulina. Esto es una prueba, que cualquier erudito honesto está obligado a tomar en cuenta, de la que podemos concluir que la atribución de la Epístola a San Pablo fue una tradición oriental (que data de Clemente de Alejandría) que llegó a ser erradamente aceptada por toda la Iglesia. Hay que suponer que el papel de Bernabé, como compañero de San Pablo en Roma, fue olvidado más rápidamente en Oriente que en Occidente. Deberíamos reconocer, también, que la inclusión de la epístola en la secuencia de cartas de San Pablo fue algo muy natural: la Epístola parece haber sido escrita en Italia, y menciona la salida de Timoteo de la cárcel, a quien San Pablo había estado esperando para que viniera a Roma (2 Timoteo 4, 21). Hay otras dos cosas que señalar: la primera es que es el único libro del Nuevo Testamento para el que existe una atribución contraria a la "tradicional"[4]; y la segunda es que la Epístola misma no declara la autoría de Pablo, por lo que no se da el caso de una redacción bajo pseudónimo atribuída por los Modernistas, sin prueba y aun contra las pruebas, a los primeros cristianos.

Si la crítica bíblica se apoyara en métodos de este tipo, sus conclusiones merecerían respeto; sin embargo, la versión contemporánea de ella descansa en una colección de hábitos y teorías peculiares, a las que se da primacía por sobre las pruebas históricas. Más adelante proporcionaremos un ejemplo detallado del tipo Modernista de erudición, en relación con la teoría de Eamon Duffy sobre la sucesión papal en Roma. Por ahora, baste hacer ver que la narración que nos da Eusebio de la redacción del Nuevo Testamento es propiamente historia, fundada en pruebas; la narración de la escuela Modernista es especulación, basada en el rechazo de las pruebas.

---

[4] Cuando algunos antiguos escritores atribuyeron el Apocalipsis a un Juan diferente del autor del Cuarto Evangelio, lo que hacían no era constatar una tradición positiva, sino hacer una deducción a partir de la diferencia de estilo entre ambos. Sin embargo, ella se puede explicar por el hecho que San Juan escribió el Apocalipsis él personalmente, en tanto que para la redacción del Evangelio recurrió a un secretario (tradicionalmente Papías).

Incluso de acuerdo con sus propias premisas, el intento de probar que el Evangelio de San Marcos es anterior al de Mateo no resiste un examen detenido. Es una de las muchas teorías que se levantan como axiomas en una disciplina en que la capacidad de crítica independiente está notablemente ausente. Así, el clero católico educado en esta escuela ha aprendido a aceptar sin cuestionamientos una idea del Nuevo Testamento que, además de destruir la comprensión de la misión de Cristo, implica un relato no histórico de la vida de la primera Iglesia y de los orígenes del ministerio cristiano.

LA TERGIVERSACIÓN DEL SACERDOCIO PRIMITIVO

La docrina cristiana tradicional nos dice que el sacerdocio fue instituído en la Ultima Cena, cuando Cristo ordenó sacerdotes a los apóstoles con las palabras "Haced esto en conmemoración mía" (Lucas 20, 19). Este sacramento se transmite por los obispos, que reciben su poder en línea directa desde los apóstoles. Todo sacerdote, por tanto, tiene un oficio sacramental que lo vincula, en una sucesión humana ininterrumpida, con Cristo y con la institución del sacrificio redentor. En el pasado de la Iglesia esta doctrina fue esencial para comprender que todo sacerdote tiene un oficio sagrado y una cercanía con Cristo, y la actual desacralización del sacerdocio se debe, en parte, a la pérdida de esta doctrina. Una de las muchas incoherencias de la teología Modernista es que, al degradar la Misa, que identifica exclusivamente con la Ultima Cena, degrada el sacerdocio al divorciarlo de ese origen. En su lugar fomenta un enfoque sociológico del ministerio, enraizándolo en la comunidad cristiana, tal como aparece en sus estudios de los primeros siglos. Esos estudios son en sí mismos coloreados con vagas especulaciones que alejan la historia de la Iglesia primitiva de lo que se ha enseñado tradicionalmente.

Para describir los rasgos del ministerio primitivo, hay que comenzar con la cuestión de la institución divina. El Evangelio nos dice que Jesucristo fundó dos órdenes de ministerios: los doce apóstoles y los setenta discípulos que fueron enviados de a dos a enseñar (Lucas 10, 1-24). Estos órdenes hay que entenderlos a la luz del simbolismo del Antiguo Testamento que subyace a la dispensación de Cristo. Así como los doce apóstoles representan a los doce patriarcas de la Antigua Ley, los setenta discípulos representan a los setenta ancianos que fueron elegidos por Moisés para asistirlo en el gobierno de Israel, sobre quienes el espíritu de Moisés descendió después de muerto. El doble ministerio de apóstoles y de setenta discípulos fue, de este modo, parte integral del gobierno del nuevo Israel, tal como Cristo quiso que fuera después de su ascensión.

A pesar de esto, hay que evitar identificar esos órdenes con la actual jerarquía de obispos y sacerdotes. No parece que Cristo haya nombrado sacerdotes a los setenta discípulos, con poder de celebrar la Eucaristía. Si lo hubiera hecho así, sólo podría haber sido celebrando una Eucaristía con ellos después de la Resurrección. Los Evangelios no hacen mención alguna de ello, y de hecho la teología católica ha enfatizado siempre la exclusividad de la Ultima Cena como origen del sacerdocio[5]. Si los setenta se convirtieron en sacerdotes, tiene que haber sido mediante la ordenación para ese oficio recibida de los apóstoles. Puede que ello haya ocurrido así, pero no tenemos información alguna sobre si todos, algunos de ellos o ninguno, recibió ese don.

El modo Modernista de manejar este vacío de pruebas es llenarlo con especulaciones dirigidas a prescindir del sacerdocio en la narrativa de la primitiva Iglesia, o a pintarlo como una institución humana. Por ejemplo, se ha argumentado que el envío de los setenta, tal como lo encontramos en San Lucas, es en realidad la narración del envío por Cristo de los doce apóstoles, multiplicados por seis, por lo cual el segundo orden del ministerio no fue fundado por Cristo. Como las Actas de los Apóstoles describen a los cristianos, después del primer Pentecostés, "partiendo el pan de casa en casa" (2, 46), se supone un cuadro de la Iglesia primitiva en que la Eucaristía era celebrada por el jefe de cada hogar, sin un ordenamiento sacerdotal. Los Hechos describen, posteriormente, la institución del diaconado, cuando los apóstoles ordenaron siete administradores para ayudarlos en su tarea (6, 1-6), pero se ha sugerido que las funciones de estos siete "suenan más" como las de los sacerdotes, de modo que, de nuevo, el sacerdocio es presentado como una institución humana.

Hay que advertir que, con métodos como éstos, se puede argumentar cualquier necedad. Por ejemplo, se podría decir que el episodio del envío de los setenta encubre la narración de la fundación de la primera orden misionera; o que, si San Pedro fue el primer papa y los apóstoles los primeros obispos, la posición que tenían Santiago y San Juan demuestra que fueron los primeros cardenales. El único mérito de estas invenciones sería reforzar las estructuras de la Iglesia moderna, tal como el mérito de las que mencionamos antes, es socavarlas. La refutación de ellas difícilmente cabría, en realidad, dentro del ámbito del análisis histórico. A la sugerencia de que la Eucaristía fue celebrada por dueños de casa no ordenados, sólo se puede responder que las palabras de San Lucas no implican nada de eso en absoluto, y se puede agregar que es muy improbable, en un período en que todos los apóstoles permanecían en Jerusalén, que hubieran hecho celebrar la Eucaristía por individuos al azar que no habían estado presentes

---

[5] San Juan nos dice (20, 19-23) que después de la Resurrección, Cristo dio a los discípulos poder para perdonar los pecados, lo que es actualmente prerrogativa del sacerdocio, pero que no fue necesariamente así en la Iglesia primitiva.

en la Última Cena. En lo que se refiere al método histórico, esta sugerencia está teñida por las condiciones modernas, en que el poder de celebrar la Eucaristía está ampliamente distribuído; pero no hay razón alguna para suponer lo mismo en la Iglesia primitiva. Los documentos de los tres primeros siglos contienen pocas pruebas, como se verá en seguida, de la existencia de un poder de celebrar la Eucaristía fuera del grupo de los obispos, y eso significaría que originalmente estuvo limitado al grupo de los apóstoles[6]. Y se podría terminar diciendo cuán improbables son todas las teorías de un régimen democrático en la Iglesia primitiva, y que se puede entender fácilmente que una práctica primeramente restringida pudo haber sido extendida por la presión de las necesidades pastorales, pero es difícil comprender que se hubiera restringido con posterioridad ciertas prácticas iniciales supuestamente muy inclusivas, o cómo podría haberse hecho tal cosa sin provocar protestas e incluso cismas.

Hay otro punto que mencionar, relacionado más con la doctrina que con la historia. Como se dijo antes, la enseñanza católica sostiene que el sacerdocio, el poder de ofrecer el sacrificio de la Eucaristía, fue instituído en la Última Cena. Puede que los apóstoles hayan extendido rápidamente este don a otros ministros o (como es posible) puede que no lo hayan transmitido hasta que nombraron a sus propios sucesores; pero no se trata en absoluto de una institución separada. Sea que haya sido poseído sólo por los apóstoles y los obispos o también por un orden inferior de ministros, el único sacerdocio que puede existir en la Iglesia cristiana es el fundado por Cristo en torno a la mesa pascual.

Tenemos que examinar ahora un ataque más fundamental: el que sostiene que la noción de sacerdocio cristiano fue desconocida por la primera generación de la Iglesia, y es un desarrollo de edades posteriores. Se afirma que en el Nuevo Testamento sólo se habla de que el propio Cristo y el pueblo cristiano tienen carácter sacerdotal. Sin embargo, los apoyos para esa doctrina son muy limitados: en cuanto al sacerdocio de los fieles (1 Pedro 2, 9), se trata simplemente de una aplicación al nuevo Israel de la tradición de los judíos de considerarse como una nación sacerdotal (tradición que no excluyó el sacerdocio jerárquico del Templo); y, en cuanto al sacerdocio de Cristo, esta doctrina se basa sólo en un libro, la Epístola a los Hebreos. Junto con estos textos, encontramos también que en el Nuevo Testamento se habla de un sacerdocio cristiano y de sacrificio litúrgico, aunque ello es también infrecuente. Así, San Pablo habla de su ministerio como de un sacerdocio (Romanos 15, 16: *hierourgounta*, oficiar de sacerdote), y en la

---

[6] La Didaché (capítulo 9) implica que algunos, al menos, de los profetas en la Iglesia primitiva poseían el sacerdocio eucarístico. Puede que ello sea verdad, pero la autenticidad de la Didaché es dudosa.

Epístola a los Hebreos se enseña la doctrina del sacrificio cristiano: "Nosotros tenemos un altar [*thusiasterion*]del que no tienen derecho a comer los que ofician el culto del Tabernáculo" (13, 10). Del mismo modo, cuando San Clemente, contemporáneo de los apóstoles, habla de que el ministerio cristiano "ofrece dones"[7], asimila la ofrenda cristiana a los sacrificios de la religión judía. La palabra "eucaristía" es el nombre de un sacrificio, e interpretar la Eucaristía como una mera comida ritual es leer superficialmente el Nuevo Testamento, pasando por alto el simbolismo sacrificial que es entreverado por los evangelistas en su narración de la Pasión.

Los Modernistas juegan también con otras pruebas del ministerio cristiano. En la primera generación de la Iglesia, los dos primeros órdenes del ministerio, como los llama San Pablo alrededor de 57 d.C., fueron los apóstoles y los profetas (1 Corintios 12, 28, y cf. Efesios 4, 11). La existencia del orden de los profetas está también atestiguada por los Hechos de los Apóstoles (e.g. 15, 32) y por fuentes no escriturales. Se ha usado su nombre por algunos para argumentar que la Iglesia primitiva incluía un ministerio carismático que, atribuyéndose inspiración directa, entró en conflicto con la jerarquía ministerial de los apóstoles y fue eliminado finalmente por ésta. De nuevo triunfa, en esta teoría, la especulación sobre las evidencias. Es un error básico interpretar el significado de un título por lo que la palabra sugiere a la mente moderna: imagínese un futuro historiador que supusiera que la función del Moderador de la Iglesia de Escocia fuera reprimir el fervor calvinista de sus seguidores. Hay que advertir que en Hechos 9, 6, el ministerio de profetizar está en directa relación con la imposición de las manos por San Pablo. Se puede también reflexionar en que la prueba más plena que tenemos de la voz de los profetas en la Iglesia primitiva es la que proporciona el Pastor de Hermas, y esa obra, curiosa y modesta, no sugiere en parte alguna el liderazgo anárquico que quieren ver los teóricos. Sería más natural concluír que el título de profeta, tal como lo sugiere su alusión mosaica, perteneció a los setenta discípulos que formaron el segundo orden del ministerio fundado por Cristo. Es verdad que en el Evangelio no son llamados "profetas" sino "discípulos", pero se puede comparar el cambio [de denominación] con el caso de los apóstoles, que en los Evangelios son siempre llamados "los doce", pero que aparecen con su nuevo título desde el comienzo de los Hechos de los Apóstoles.

Las teorías descritas son un ejemplo de cómo no hay que hacer interpretaciones históricas; y son también ejemplo del tipo de especulación mal fundamentada en que se ha educado al clero moderno, so capa de erudición bíblica. Todo aquél que busque una imagen confiable del primitivo ministerio cristiano debe apartarse de tales fantasías y atenerse a

---

[7] 1 Clemente 44, 4: *prosenenkontas ta dora*.

las pruebas. En esto hay que evitar dos errores contrarios: uno es leerlas a la luz de la práctica moderna, como sería el caso, por ejemplo, si supusiéramos que los apóstoles y los setenta fueron el equivalente de los obispos y sacerdotes; el otro es hacer suposiciones arbitrarias sobre cuándo se originó tal o cual rasgo del ministerio o, peor todavía, describir la Iglesia primitiva con imágenes tomadas de una ficción fantástica. El enfoque Modernista se las arregla para combinar ambos errores, pero se inclina especialmente por el segundo.

Puesto que las pruebas del primer siglo no son fáciles de interpretar, puede ser útil comenzar por considerar qué fue el ministerio cristiano en los siglos II y III. Ello no quiere decir que tenemos que suponer una identidad entre los dos períodos, pero sí que podemos esperar continuidad entre ellos. En el siglo II, encontramos un orden tripartito de obispos, presbíteros y diáconos que ya estaba firmemente establecido. Se lo define en las cartas de San Ignacio de Antioquía, tradicionalmente datadas en 107 d.C. Quienes miran esas pruebas a su luz natural las interpretan como muestra de la estructura de la Iglesia cristiana, tal como era al comienzo del siglo II. Otros se apegan a la creencia de que los documentos de la cristiandad primitiva son un tejido de falsificaciones únicas, pero incluso éstos aceptan que el orden descrito existió en toda la Iglesia hacia la segunda mitad de ese siglo. En este régimen, el obispo era el gobernante monárquico de su iglesia y concentraba en sus manos casi todas las funciones sacerdotales: no sólo el nombramiento del clero inferior sino la administración de la Eucaristía, del bautismo, de la penitencia y de la absolución; tenía todo el control de la recepción de neófitos, de su instrucción, y de su castigo y readmisión a la comunión en el caso de relapsar. El papel del obispo como celebrante ordinario de la Eucaristía contrasta con la práctica posterior. San Ignacio escribe: "Considérese Eucaristía válida la que es celebrada por el obispo, o por quien él designe. Donde quiera que aparezca el obispo, que se presente la congregación"[8]. Y enseña que aquéllos que menosprecian al obispo "no se congregan válidamente de acuerdo con lo dispuesto", y anima a que se sea "celoso de hacer todas las cosas en armonía con Dios, presidiendo el obispo en lugar de Dios y los presbíteros en lugar del concilio de los apóstoles"[9]. En los primeros siglos de la Iglesia no existieron los curas párrocos; los fieles que no vivían donde residía el obispo debían ir a la ciudad para asistir a su Eucaristía. Este régimen se prolongó durante la época de las persecuciones, y sólo comenzó a cambiar en el período constantiniano, cuando la expansión

---

[8] Ignacio de Antioquía, Epístola a los Esmirneanos, capítulo 8.
[9] Ignacio de Antioquía, Epístola a los Magnesios, capítulos 4 y 6, e iguales instrucciones en Esmirneanos. *loc. cit.*

de la Iglesia exigió el desarrollo del ministerio secundario. Los ministros que atendían a los fieles fuera de la sede episcopal fueron llamados, al principio, *chorepiscopi*, obispos campestres. Compartieron varios poderes sacramentales con los obispos, incluso el de celebrar la Eucaristía, pero no el de conferir las órdenes sagradas. Su título refleja la suposición de que, en la Iglesia primitiva, un ministro que encabezaba una reunión de fieles y ofrecía la Eucaristía debía ser alguna especie de obispo.

Estos hechos plantean la cuestión de cuál fue el papel de los presbíteros en la Iglesia primitiva. Como lo sugieren las palabras de San Ignacio, sirvieron como concejo del obispo. También era función litúrgica suya asistir al obispo en la Eucaristía y ofrecer el sacrificio con él; pero "aquél que él nombre" para celebrar en lugar suyo era un oficiante solamente temporal. No parece, por tanto, que los primeros presbíteros, o la mayoría de ellos, hayan sido sacerdotes en el sentido moderno. Aun el haber sido ordenados por un obispo no era siempre un requisito. Era usual que los confesores -los que habían sufrido un castigo legal por su fe- fueran admitidos al presbiterado sin ordenación, aunque si alguno de ellos era elegido obispo, se requería la consagración del modo ordinario. A la luz de la doctrina Tridentina, es especialmente significativo que la fórmula para la ordenación de un presbítero que nos da Hipólito hacia 217 no menciona el poder de celebrar la Eucaristía. Se ha conjeturado que cuando se nombraba a un presbítero para que celebrara, se usaba, para darle ese poder, la misma oración que en la consagración de los obispos. En la fórmula de Hipólito para la consagración episcopal, se habla del obispo como sumo sacerdote de Dios. El título *sacerdos* en los primeros siglos se aplicó a los obispos, no a los presbíteros, y sólo se extendió a éstos desde el siglo IV en adelante, cuando se convirtieron en pastores que celebraban sus propias Eucaristías locales. La conclusión que hay que sacar es que en los siglos II y III el presbiterado no debiera identificarse con el sacerdocio, tal como lo entendemos hoy, sino que correspondía más bien, en términos modernos, al capítulo catedralicio, un concejo para el que el oficio sacerdotal no es esencial.

El uso que los iconoclastas hacen de estos hechos ha sido lo contrario de lo que debiera haber sido. Advirtiendo que la función sacerdotal en el sentido moderno es raramente encontrada en el primitivo presbiterado, han llegado a la conclusión de que la primitiva Iglesia no tenía mucha idea del sacerdocio. Sin embargo, su investigación busca en el lugar equivocado. No hay cómo enfatizar suficientemente que si queremos conocer la idea del sacerdocio tal como se la entendió en la Iglesia primitiva, debemos estudiar el episcopado, y no el presbiterado ni ningún otro rango.

Queda, pues, por verse si el orden eclesiástico que hemos delineado tiene alguna relación con lo que existió en el siglo I. Podemos empezar mirando la Iglesia de Jerusalén después de la partida de los apóstoles en 42 d.C. Esta Iglesia fue gobernada, durante los siguiente veinte años, por Santiago, el hermano del Señor, hasta su martirio en 62[10]. Además, los Hechos de los Apóstoles nos muestran que existió en Jerusalén un concejo de presbíteros aun antes del año 42, y continuó con Santiago (11, 30; 15, 2-23; y 21, 18). Y podemos suponer que continuaron algunos de los siete diáconos ordenados anteriormente por los apóstoles, o todos ellos. Así, desde los años 40 del siglo I, la más antigua Iglesia cristiana incluía todos los elementos que San Ignacio declaraba esenciales sesenta años después: una única cabeza monárquica, un concejo de presbíteros y un grupo de diáconos, que eran administradores del obispo. Hay que tener presente, sin embargo, que esto no excluye otras órdenes, como la de los profetas, y también que la cabeza de la Iglesia en aquella época no se llamaba obispo sino pilar (ver Gálatas 2, 9 en relación con esto).

El título de pilar terminó luego de la primera generación, y hacia comienzos del siglo II las dos primeras órdenes de la Iglesia no fueron ya los apóstoles y los profetas, sino los obispos y los presbíteros[11]. El ministerio de apóstoles y obispos difería en que el primero era universal y el segundo, limitado a una iglesia particular y, por analogía, se podría sugerir que había igual diferencia entre los profetas y los presbíteros. Aparte de ello, siempre ha sido doctrina cristiana que los obispos fueron sucesores de los apóstoles, heredando de ellos su poder de gobernar la Iglesia. Esta doctrina es cuestionada por quienes niegan el carácter del sacerdocio. Hans Küng sostiene que todos los cristianos son sucesores de los apóstoles. Otros, que no se sienten capaces de despachar la teología tan libremente, prefieren un rechazo menos amplio. Algunos han tomado la enseñanza de San Ignacio a los Magnesios, citada antes, a fin de argüir que en el siglo II los presbíteros eran considerados sucesores de los apóstoles. Esto es un ejemplo de la costumbre moderna de tomar un trozo de la evidencia para urdir una teoría. La simple comparación del obispo y sus presbíteros con Dios y sus apóstoles no constituye doctrina establecida, o ni siquiera doctrina, de que los presbíteros fueran sucesores de los apóstoles. En el caso del título de "obispo", ha habido un cuestionamiento más general de que significara lo mismo en la edad apostólica que en los siglos II y III. Esta duda se funda en el uso que consta en Hechos 20, 17 y 28, y en Tito 1, 5, 7, en que los términos "presbítero"

---

[10] Santiago parece haber sido hijo de Cleofás, hermano de San José.
[11] Vale la pena notar que el título "apóstol" en la Iglesia primitiva no se limitó estrictamente a los elegidos por el Señor al comienzo de su misión, sino que se extendió no sólo a Matías y a Pablo sino a otros como Bernabé (Hechos 14, 13 y 1 Corintios 9, 6). Habría que incluir entre ellos a Santiago el Hermano del Señor (Gálatas 1, 19), si no se acepta la identificación de éste con Santiago de Alfeo, uno de los Doce.

y "obispo" parecen ser intercambiables. Muchos han concluído que en la edad apostólica no hubo diferencia entre obispo y presbítero. Ello es, en algún sentido, verdad, pero creo que se puede refinar esta afirmación.

Primero tenemos que ver qué nos dice la evidencia más antigua del ministerio episcopal. En 1 Timoteo y en Tito, San Pablo describe los rasgos necesarios para ser obispo. Aquí, el obispo en que piensa es claramente el que fue, posteriormente, único gobernante de su iglesia; sólo debemos advertir que se esperaba, en tiempos de San Pablo, que aun las iglesias pequeñas e incipientes en la isla de Creta tuvieran su propio obispo. Por otra parte, en Filipenses, San Pablo se dirige a los "obispos y diáconos" de esa iglesia[12]. Esto apunta a un hecho más inesperado: en la Iglesia primitiva había a veces más que un obispo en la misma ciudad; lo que está confirmado por la evidencia en Hechos 20, 28 (en relación con Efeso), y lo mismo aparece en varias fuentes no escriturales.

De hecho, la única iglesia para la que tenemos detalles de esta costumbre es la de Roma. A mediados del siglo IV, los registros de esa iglesia mostraban que el primer obispo de la ciudad, Lino, fue consagrado en 55 AD (Catálogo Liberiano). La fecha es muy plausible ya que fue el momento en que se permitió por Nerón que los judíos regresaran a Roma, después de haber sido expulsados por Claudio. Epifanio, escribiendo una carta un poco después en el siglo IV, nos da indicaciones de que Lino ocupó su cargo junto con Cleto por algunos años, durante la vida de San Pedro (*Panarion*, XXVII, 6). Nos enteramos también por Tertuliano que Clemente fue consagrado obispo en Roma por el propio San Pedro, presumiblemente durante su estancia en la ciudad después de 62 (*De praescriptione haereticorum*, xxxii, 1-2). Parecería, pues, que, a mediados de la década de 60, la iglesia de Roma disponía de los servicios de dos apóstoles y tres obispos. Estos detalles inciden también en el origen del cargo episcopal. La primera mención de obispos en el Nuevo Testamento es la de Hechos 20, que se refiere a los nombramientos de San Pablo en Efeso alrededor de 58 (aunque no se los menciona como una innovación, y semejante iniciativa no pudo haber sido dejada a San Pablo, el último de los apóstoles). Esto puede ayudar a entender por qué no se registran obispos en Roma antes de 55, aunque la Iglesia cristiana había existido allí desde la década de los años treinta de ese siglo. No hubo obispos antes porque no los había en ninguna parte en la Iglesia; en otras palabras, parece que fue en la década de 50 que los apóstoles empezaron a nombrar sucesores.

La impresión que se deriva de estos hechos es que el cargo de obispo en la edad apostólica fue comparable con el de cura párroco de hoy, que a

---

[12] La autenticidad de estas tres Epístolas es negada por los Modernistas para facilitar su tesis de que el episcopado no surgió sino a fines del siglo I.

veces trabaja solo pero que, en las ciudades grandes, suele formar parte de un grupo ministerial. Podemos incluso suponer que el poder de transmitir órdenes estuvo latente durante la vida de los apóstoles. Así, si vemos la evidencia más antigua tal como ella es y no con las preconcepciones de épocas posteriores, ella nos sugiere que el episcopado, lejos de ser un desarrollo jerárquico tardío, fue originalmente el sacerdocio normativo de la Iglesia, y posteriormente sufrió dos sucesivas reducciones: la primera, cuando el obispo se transformó en el único sacerdote de su iglesia, y la segunda, cuando se transformó en el gobernante de un cuerpo de clérigos inferiores en que se delegaba el servicio cotidiano de la iglesia.

El descubrimiento de que el cargo de obispo no fue originalmente un cargo monárquico es relativamente reciente[13] y, naturalmente, los de tendencias radicales han hecho de él lo más posible, proponiendo, en algunos casos, que el poliepiscopado continuó en la Iglesia hasta bien entrado el siglo II. El punto no es importante teológicamente, ya que la sucesión apostólica es transmitida tanto por varios obispos como por uno solo; sin embargo, la teoría me parece dudosa: primero, porque no hay prueba positiva de ella y, segundo, por la velocidad con que el recuerdo del poliepiscopado desapareció de la Iglesia. San Ireneo, que fue a Roma por primera vez a mediados del siglo II, no tenía noticia de que hubiera habido alguna vez varios obispos en ella, y supuso que Lino, Cleto y Clemente habían sido tres obispos sucesivos, interpretación que se ha mantenido desde entonces. Ni la tradición de la misma Roma ni su experiencia anterior en Asia le hicieron pensar en la existencia de un primitivo régimen poliepiscopal, y encontramos la misma ignorancia en otros cronistas. Parece, pues, que el poliepiscopado no sobrevivió a la generación consagrada por los apóstoles, y la explicación más plausible podría ser que los primeros cristianos no quisieron agregar otros ministros a los que habían recibido de los apóstoles, y el número de estos disminuyó en cada iglesia a uno solo, hasta que la muerte del último hizo inevitable su reemplazo.

La costumbre de la iglesia romana puede arrojar luz sobre el primer uso de los términos obispo y presbítero. Eusebio relata que el hereje Marción llegó a Occidente alrededor de 140 d.C., y nos dice, al parecer citando a una fuente contemporánea, que deseaba obtener la aceptación de sus teorías por "los presbíteros de Roma", expresión que debiera suponerse que incluía al obispo. También se nos dice que el Papa Anacleto (c. 155-166), cuando fue requerido por San Policarpo para introducir la costumbre oriental de celebrar la Pascua al mismo tiempo que la Pascua judía, respondió que prefería seguir la costumbre de "los presbíteros que lo precedieron". Estas

---

[13] La prueba dada más arriba es, por cierto, antigua, pero los teólogos estuvieron tan influídos por las preconcepciones modernas que no vieron sus implicancias.

alusiones nos dan un atisbo del uso romano, en que hasta bien entrado el siglo II el término presbítero se entendió incluír al obispo. Ello fue una tradición natural en la iglesia fundada por San Pedro, quien en sus escritos se llamaba a sí mismo presbítero, igual que aquéllos a los que se dirigía (1 Pedro 5, 1). No se deriva necesariamente de este título la idea de un orden eclesiástico en que el obispo era *primus inter pares*; pero si ello se dió, se le puso fin por el Papa Víctor I (189-198), cuyo gobierno fue prácticamente autocrático. Una conclusión más amplia, con todo, es la idea de que originalmente el título de presbítero no se usó para denotar un particular cargo sacramental, sino que incluyó a todos los que tenían autoridad en la Iglesia, título que aún los apóstoles se aplicaron a sí mismos (cf. 2 Juan 1, 1, y 3 Juan 1,1). Se puede advertir el impacto de esto en la idea de que en el Nuevo Testamento los títulos de obispo y de presbítero era intercambiables: ello es verdad, en el sentido de que los obispos estaban incluídos entre los presbíteros; pero no implica que no hubiera diferencia entre un obispo y un mero sacerdote, en el sentido moderno de este término.

Teniendo presentes estos hechos, deberíamos proceder a diferenciar algunos aspectos que han sido confundidos en las teorías sobre el gobierno de la Iglesia primitiva. Primero, la presencia de obispos no implica gobierno monárquico; pero, segundo, el uso del término presbítero no implica la ausencia de obispos. Esto tiene relevancia para cierta interpretación que ha ganado terreno, la de que el gobierno episcopal en algunas iglesias existió paralelamente con el gobierno de un comité de presbíteros en otras. Pero la idea de "iglesias presbiterales" reposa en la mera ausencia de pruebas, porque no existe en los hechos ninguna descripción de la existencia de tales iglesias. Se puede creer que hubo grupos cristianos en algunas ciudades que carecían de obispos (y el énfasis que pone San Ignacio en el gobierno por un obispo implica que conocía algunas colectividades irregulares); pero es más probable que ellos se desarrollaran a partir de alguna casual obra misionera que de una fundación formal según un cierto modelo, del que no se tiene pruebas positivas.

La tesis de una iglesia presbiteral, o al menos no monárquica, ha sido propuesta especialmente en conexión con Roma. Igual que en otros casos, la teoría descansa en la ausencia de pruebas, pero en este caso dicha ausencia se da donde ciertamente deberíamos esperar encontrarlas. Los documentos en cuestión son la epístola de Clemente a los Corintios, el Pastor de Hermas, la epístola de Ignacio a los Romanos y la narración, ya mencionada, de la visita de Marción a Roma. Clemente no da señas en su epístola de un gobierno monárquico ni en Roma (habla a nombre de la Iglesia, no a nombre propio) ni entre los corintios a quienes escribe; Hermas, escribiendo también desde la iglesia romana, no da indicación alguna de un gobierno monárquico en ella y, de hecho, se refiere a disputas entre los ministros por cuestiones de precedencia; San Ignacio de Antioquía, escribiendo camino a Roma, no se dirige al obispo, en contraste con su práctica en cartas a otras iglesias, no obstante su eminente doctrina de la autoridad del obispo; y Eusebio se refiere a "los presbíteros de Roma" más que a un obispo. Esta acumulación de pruebas, aunque sean pruebas negativas, parece permitir la construcción de un cuadro de gobierno no-episcopal. Sin embargo, la cuestión de las fechas ciertamente afecta la idea que tengamos de esto.

Si tomamos el primer documento mencionado, la epístola de Clemente, ésta ha sido usualmente datada alrededor de 96 DC, en el supuesto de que cae dentro de los nueve años de episcopado, a fines del siglo I, que se atribuye a Clemente. Pero si aceptamos que Clemente fue nombrado para un orden poliepiscopal en Roma ya en la década de 60, hay que revisar dicha noción, y algunos expertos han adelantado buenas razones para datar la carta en 69-70. La fecha del Pastor Hermas también provoca muchos desacuerdos. La fuente presentada por el Fragmento de Muratori (comienzos del siglo III) es el origen de afirmaciones que dicen que esta obra fue escrita durante el pontificado de Pío I (c. 142-155), que fue, se dice, hermano del autor. Incluso quienes prefieren una datación tardía de los documentos cristianos admiten que esto puede no ser exactamente verdadero, y colocan la obra una generación antes. Sin embargo, se ha sugerido que la afirmación del Fragmento de Muratori (que atestigua, ella misma, una creencia general de que la obra era mucho más antigua) proviene de una confusión entre el autor del Pastor de Hermas y un hermano de Pío I, también llamado Pastor; si se rechaza esa afirmación, todo motivo para una data del siglo II desaparece. El autor puede ser el Hermas mencionado por San Pablo en su Epístola a los Romanos (16, 14) y la obra puede datar de cualquier fecha posterior a la crucifixión de San Pedro, a la que alude, aunque es improbable que sea anterior a la década de los ochenta del siglo I. Se ha, pues, argumentado que la epístola de Clemente y el Pastor Hermas datan de una época en que el poliepiscopado todavía existía en Roma.

Nos queda la epístola de San Ignacio, datada tradicionalmente en 107, la que sugiere no sólo que no había monoepiscopado en Roma sino que no había ningún obispo. La explicación de esta ausencia no puede ser sino una especulación, pero puede tratarse de una casualidad. Puede que Ignacio haya escrito durante el interregno que siguió a la muerte del papa Evaristo, que una cronología data también en 107, o antes de recibir la noticia de que tenía un sucesor (sus afirmaciones finales indican que hubo problemas de comunicación con los mensajeros anteriores). En todo caso, el argumento de que la Iglesia de Roma era no episcopal en aquella época tiene que enfrentarse al hecho de que tanto Clemente como Hermas mencionan obispos. Finalmente, la frase de Eusebio "los presbíteros de Roma" en el episodio de Marción no debiera ser tomado, como he sugerido, como exclusión de haber habido un obispo que presidía, dado lo que parece haber sido el uso terminológico tradicional de la iglesia romana.

Lo anterior nos remite a una de las declaraciones más extremas que se ha hecho de la teoría presbiteral en el caso de Roma. Se trata de la de Eamon Duffy en su historia de los papas, *Saints and Sinners*[14], quien ha conseguido también insertarla en varios otros lugares. Aunque Duffy escribe como erudito independiente, el modo cómo trata este período corresponde al de la escuela de historia de la iglesia primitiva derivada de la crítica bíblica Moderna: por ejemplo, acepta la idea que el Evangelio de San Mateo es una obra pseudónima escrita en Antioquía. El rasgo común de esta escuela, que retrasa la datación de casi todos los libros del Nuevo Testamento hasta finales del siglo I, es describir un amorfo ordenamiento de la Iglesia en todo ese período y mucho más allá de él. Duffy adopta esta teoría y la aplica especialmente a la iglesia de Roma, de la que afirma que tuvo un gobierno originalmente presbiteral; asume que los obispos deben ser entendidos, según el carácter más tardío que tuvieron, como gobernantes monárquicos, y sostiene que el cargo episcopal no surgió en Roma sino a mediados del siglo II. Duffy considera espuria la lista de obispos de Roma que nos da San Ireneo alrededor de 180 AD, aduciendo que "El sexto de estos obispos es llamado Sextus. Lo cual parece calzar sospechosamente". En realidad, el nombre del obispo fue Xystus (que significa "purificado", un nombre bautismal típico de los primeros cristianos); Sixtus es una latinización mucho más tardía, y en todo caso no es el término latino para "sexto". Distorsiones de esta clase son típicas de los esfuerzos hechos por los escritores Modernistas por revisar la historia de la Iglesia primitiva[15].

La tesis de Duffy plantea la cuestión de si existe en absoluto alguna evidencia del presbiterado en Roma. Si examinamos la primera vez que se menciona a los presbíteros, vemos que es en el año 140 (y esto según una narración del siglo IV), cuando Eusebio habla de la visita de Marción. Los documentos anteriores a que se refiere Duffy, cualquiera sea el año en que se los date, no indican la existencia de presbíteros. La epístola de Clemente, para la que Duffy acepta la data de 96, declara, haciendo una definición general del orden eclesiástico, que los apóstoles nombraron

---

[14] Eamon Duffy, *Saints and Sinners* (Yale University Press, 1997).
[15] Duffy también encuentra sospechoso que la lista de obispos llegue hasta el número apostólico de doce, como si Ireneo no hubiera estado en Roma en tiempos de obispos anteriores y no hubiera esperado la elección de un décimotercer obispo, etc.

"obispos y diáconos", expresión que se usa dos veces, sin la adición de presbíteros[16]. El Pastor de Hermas, que Duffy data a comienzos del siglo II, menciona "obispos, maestros y diáconos", pero no presbíteros[17]. Tampoco San Ignacio menciona presbíteros en Roma, tal como no menciona al obispo. Así, las pruebas, lejos de demostrar la existencia de presbíteros en Roma antes de mediados del siglo I y de obispos después, muestran exactamente lo contrario. A pesar de su apariencia de tesis fundada en pruebas originales, la posición de Duffy está, en realidad, condicionada por la idea moderna de que un obispo tiene que ser el prelado de un grupo grande en la Iglesia, y asume que tales prelados fueron un desarrollo tardío, precedido de un régimen presbiteral.

En otros aspectos, el manejo de Duffy es propio de los métodos de la narrativa Modernista, que consiste en descartar pruebas y llenar el vacío con invenciones de la propia imaginación. La afirmación de Duffy de que la Epístola de San Pablo a los Romanos fue escrita antes que San Pedro llegara a Roma por primera vez (acontecimiento que puede haber ocurrido tan tempranamente como 42 d.C.), es un rechazo consciente de las pruebas provenientes de los primeros dos siglos del cristianismo. También lo es también su afirmación de que "no sabemos nada en absoluto" de Clemente I; su descarte, como "novela piadosa", de las declaraciones de Hipólito sobre que San Pedro se opuso a Simón el Mago en Roma; de la afirmación de Orígenes de que fue crucificado cabeza abajo; y su presunción de que la primera lista de los obispos de Roma que tenemos, debido a que data de alrededor de 160, es una fabricación de esta fecha. Entre otras aseveraciones de Duffy que simplemente carecen de fundamento está la de que la comunidad cristiana en Roma surgió de una "constelación de iglesias independientes"[18]; la de que las dos docenas de iglesias que se desarrollaron dos siglos más tarde fueron dispares "centros comunitarios religiosos" basados en el origen nacional; y la de que éstas nombraron su clero con independencia de un gobierno central[19]. Todas estas afirmaciones son presentadas sin ningún intento de probarlas; y a ellas hay que agregar que la declaración de Duffy de que "Ni Pedro ni Pablo fundaron

---

[16] 1 Clemente, capítulo 42.
[17] Hermas, Pastor, Tercera Visión, capítulo 5.
[18] Conocemos sólo dos iglesias domésticas en Roma en el siglo I: la de Prisca y la del senador Pudens, ambas estrechamente vinculadas a Pedro y Pablo.
[19] Hay pruebas, a fines del siglo II, de una comunidad cristiana en Roma proveniente de la región de Asia (lo que hoy es Turquía occidental), a la que Víctor, con mano dura, impuso uniformidad. Es razonable, aunque sea una especulación, suponer que hubo también otros grupos parecidos. Considerar esto como origen de todas las iglesias distritales en Roma es abandonarse a la ficción histórica; y aun si ello fuera verdad, la lección que deja el pontificado de Víctor no es la independencia de las mismas, sino su sumisión al obispo.

la Iglesia de Roma, porque hubo cristianos en la ciudad antes de que los Apóstoles llegaran a ella", muestra una falta de comprensión de lo que los primeros cristianos entendieron por fundar una iglesia. Este despreocupado enfoque de los hechos, que sería inaceptable para los investigadores en los estudios históricos ordinarios, se hace posible por los hábitos que la escuela Modernista de historia bíblica y de historia eclesiástica temprana ha convertido en norma en estos temas. Su éxito ilustra la pronta aceptación que se da a tesis como éstas, que impugnan la narrativa tradicional de los orígenes cristianos, por poco históricas que sean.

Eamon Duffy presenta una versión que golpea la raíz misma del episcopado y del papado como instituciones históricas; pero necesitamos ahora volvernos hacia una tesis que distorsiona más integralmente el carácter del primitivo ministerio. Se trata de la propuesta por Schillebeeckx en su libro *Ministry, A Case for Change*[20], que ha sido influyente entre los que quieren ver el sacerdocio católico remodelado de acuerdo con el estilo de las sectas protestantes más extremas. Hay que reconocer, primero, el motivo de esa influencia. A diferencia del triste material con que Hans Küng, por ejemplo, se ha ganado su reputación entre los Modernistas, los trabajos de Schillebeeckx son de auténtica erudición -aunque sea una erudición sumamente tendenciosa-, lo que permite a sus admiradores creer que su programa se funda en una auténtica apelación a la primera cristiandad. Su libro es el *locus clasicus* de la escuela que rechaza el origen sacramental del sacerdocio y hace de él un producto sociológico. El concepto de que el ministro cristiano no ofrecía la Eucaristía como sacerdote sino que "presidía" una asamblea de fieles, es central en su tesis y tema fundamental de sus distorsiones[21]. Schillebeeckx subraya que los primeros obispos eran elegidos por su iglesia, y hace de esto la base de su idea de que los sacerdotes modernos debieran ser elegidos por sus parroquias. Asimismo, presenta la autoridad del primitivo ministro cristiano como derivada de la comunidad; el ministro era el representante elegido de ésta y "por esta razón era también la persona que claramente debía presidir la Eucaristía"[22]. Declarando que el "ministerio se origina desde abajo", trata el poder sacerdotal como algo que pertenece a los fieles y es ejercido por el ministro en calidad de delegado. "En la Iglesia primitiva, presidir la Eucaristía era sencillamente la dimensión litúrgica de una múltiple forma de presidir en la comunidad cristiana... El pueblo celebra, y el sacerdote preside simplemente como el siervo de todos". Cualquiera a quien la comunidad solicita presidir la Eucaristía se transforma *ipso facto* en ministro[23]. Tal como lo

---

[20] Edward Schillebeeckx, *Ministry, A Case for Change* (SCM, 1980).
[21] Sobre esto, ver más arriba, pp. 280-81.
[22] Schillebeeckx, *op. cit.*, capítulo 2, Parte B, Sección 1 (b).
[23] *Ibid.*, capítulo 2, Parte A, Sección 4 (a).

describe Schillebeeckx, el cristiano era miembro de la Iglesia universal por virtud de su membrecía en una comunidad local, a la cual pertenecía el derecho tanto de admitir adherentes como de llamar a uno de ellos a que la condujera. En cuanto a la base sacramental del sacerdocio, escribe: "No existen fundamentos bíblicos en parte alguna de una fundación sagrada y mística del ministerio en la Eucaristía"[24]. El origen del sacerdocio en la Ultima Cena, cuya descripción es la culminación de los cuatro Evangelio es, de este modo, desechado. Por lo mismo no existe intento alguno por explorar el significado dado en los Evangelios al sacrificio redentor y el significado que él tuvo en la vida de la Iglesia; la Eucaristía es presentada sólo como una acción comunal de los fieles.

El enfoque de Schillebeeckx es el epítome de la posición que trata el ministerio cristiano como un fenómeno meramente histórico. Su presunción radica no tanto en la premisa de que la sociología tiene precedencia sobre la comprensión doctrinal de un acontecimiento, sino en la reivindicación de tal precedencia para una visión histórica de una irrealidad casi maníaca. Para dar ejemplos de este irrealismo, comparemos con unos cuantos textos de la Iglesia primitiva las explicaciones que da Schillebeeckx. Cuando San Pablo dice a los presbíteros de Efeso "el Espíritu Santo os puso como obispos para apacentar la iglesia de Dios (Hechos 20, 28), ciertamente no está siendo expresión de la máxima "el ministerio surge desde abajo". Clemente de Roma, cuando oye que los corintios habían depuesto a sus ministros y los amonesta diciendo "Nuestro pecado no es leve cuando deponemos del episcopado a aquellos que han ofrecido los dones de manera impecable y santa" (I Clemente 44, 4), ciertamente no funda esa declaración en el principio de que el poder del ministro de celebrar la Eucaristía deriva de su posición como representante de la comunidad. Cuando leemos la orden que da Ignacio "Dondequiera que está el obispo, que ahí esté presente la congregación", podemos concluir que Schillebeeckx ha puesto la realidad de la primitiva iglesia cabeza abajo: la doctrina de Ignacio, en efecto, no es que el obispo deriva su poder eucarístico de la comunidad, sino que las reuniones litúrgicas del pueblo derivan su validez de la presencia del obispo.

La descripción que hace Schillebeeckx de la Iglesia antigua tiene poquísima relación con lo que ven los historiadores, diferencia que se debe a que el autor prefiere las generalidades a las pruebas concretas. Su evocación de comunidades cerradas, autónomas, la pertenencia a las cuales hace del cristiano miembro de la Iglesia universal, distorsiona el cosmopolitismo del mundo romano, de acuerdo con el cual Prisca y Aquila pueden estar ya en Roma, ya en Corinto, ya en Efeso, y luego en Roma nuevamente.

---

[24] *Ibid.*, capítulo 1, Sección 3 (a).

Incluso su idea del obispo como representante de su grey da una idea errada de una sociedad en que Ireneo, proveniente de Esmirna, puede llegar a ser obispo de Lyons, y Víctor, de Africa, se convierte en obispo de Roma. Sobre todo, lo que Schillebeeckx dice del ministro como creación de su comunidad está en absurda contraposición con los poderes reales del obispo y con el encumbrado tono autoritario que vemos en Ignacio, en Víctor y en Cipriano. Las distorsiones de Schillebeekx tienen su raíz en la tesis de que, porque el obispo es elegido, la fuente de su autoridad es la comunidad. Lo primero que hay que decir de esto es que, cualquiera sea la relación con la segunda época de la Iglesia, no tiene nada que ver con los orígenes del ministerio. Los apóstoles no fueron elegidos por una comunidad: fue su autoridad la que dio origen a la comunidad. La segunda generación de ministros fue nombrada por los apóstoles. Cuando esta generación desapareció, se eligió obispos, pero la fuente de la autoridad de éstos no fue la elección, sino el poder que tenían por sucesión apostólica. Desde el principio existió la norma de que el obispo debía ser consagrado por todos los obispos de las iglesias vecinas que se pudiera reunir, los cuales también tenían su cargo por sucesión de los apóstoles[25]. Después de consagrado, el obispo ejercía una autoridad que era absoluta por ser apostólica, reuniendo en sus manos todos los poderes sacramentales, docentes y disciplinarios. En ningún escritor cristiano hay nada que se parezca a la doctrina de Schillebeeckx de la autoridad proveniente del pueblo; la única autoridad de que se habla es la autoridad apostólica.

Sería superfluo analizar las propuestas de Schillebeeckx para la reorganización del ministerio moderno, ya que hay pocas posibilidades de que sean adoptadas. Hay que advertir, sin embargo, las erradas ideas que da de la elección de obispos en la Iglesia primitiva. En primer lugar, la voz del laicado, aunque era real, no debe ser confundida con el derecho formal de elección de que disfrutaba el clero -presbíteros, diáconos y otros ministros-. En segundo lugar, el laicado cuya opinión se escuchaba estaba compuesto de hombres bautizados, que en la congregación cristiana típica sería una pequeña minoría. Estos fieles recibían una completa instrucción antes del bautismo, durante un catecumenado de varios años, y a continuación eran sometidos a una disciplina pensada para mantener en alto las virtudes en la comunidad cristiana; los pecados escandalosos acarreaban la excomunión, y en la disciplina más antigua había algunos pecados, como el adulterio, que impedían aun al reo penitente ser

---

[25] La necesidad de sucesores consagrados por una asamblea de obispos podría explicar la aparente prodigalidad de los apóstoles con el eficio episcopal en la primera época de la Iglesia. El primitivo requisito se redujo a un mínimo de tres obispos consagrantes por el Concilio de Nicea en 325.

readmitido. De este modo, los bautizados constituían una élite espiritual de tal calidad que no sería fácil encontrar hoy una semejante en cualquier dispositivo moderno para elección por los laicos. El libro de Schillebeeckx exhibe una continua prestidigitación con la idea primitiva de obispo y la idea moderna de párroco. Habla a menudo como si los primeros cristianos hubieran elegido presbíteros para ser sus dirigentes litúrgicos. En realidad, los presbíteros no eran ni elegidos ni celebrantes ordinarios de la Eucaristía; si celebraban, era por encargo del obispo. Aunque Schillebeeckx reconoce que en los primeros siglos se consideraba que el poder sacerdotal pertenecía a los obispos, no a los presbíteros, eso no lo motiva a ningún estudio del oficio episcopal como modelo del primitivo sacerdocio, sino que usa el hecho para socavar el concepto de sacerdocio, no para investigarlo. Por todas estas razones el libro de Schillebeeckx no es el estudio histórico del sacerdocio que pretender ser, sino un abuso de la investigación para imponer la tesis de una democracia eclesiástica.

La lección que podemos sacar de estos ejemplos es que sólo por una consciente manipulación de las pruebas parece disminuir en la Iglesia primitiva la idea de sacerdocio. Si la miramos sin tener que probar tesis preconcebidas, nos encontramos con que el sacerdocio jerárquico estuvo muy claramente representado en los primeros tiempos. La dignidad de ese sacerdocio no fue disminuída sino exaltada al ser subsumida casi totalmente en el episcopado. Para el laicado, la membrecía en la Iglesia se definía por los sacramentos: bautismo, confirmación, comunión y penitencia; y de éstos, los obispos eran los poderosos custodios. Su propio oficio era sacramental, antes que cualquier otra cosa. Para San Clemente, era el carácter eucarístico -el hecho de ofrecer "dones de una forma impecable y santa"- lo que convertía la deposición del obispo en una impiedad. La función de los obispos, según la frase de Hipólito, era entendida como "servir a Dios como Sumos Sacerdotes", expresión que muestra la continuidad entre el ministerio cristiano y las tradiciones del Templo judío. Hay que tomar en cuenta esas indicaciones si hemos de comprender el primitivo sacerdocio, porque nos muestran la naturaleza de un oficio que, celosamente guardado al principio, fue extendido a la institución por la que los escolásticos y los teólogos tridentinos mostraron tan profunda y merecida reverencia.

EL ASALTO DEL FEMINISMO

Las teorías que hemos descrito hasta aquí demuestran algunas de las formas en que se ha usado una falsa erudición para distorsionar el origen y naturaleza del sacerdocio, ejerciendo una gran influencia sobre quienes han sido expuestos a la docencia de los seminarios en los últimos cuarenta años. Ahora necesitamos dirigir nuestra atención hacia un ataque que tiene un respaldo mucho más popular, y aun una mayor influencia en el socavamiento del modo de entender el oficio sacerdotal. Este ataque brota de la rendición de la Iglesia católica a las tendencias de la ideología moderna, especialmente, en este caso, el rechazo de la castidad y del orden natural de la sociedad. La primera etapa del ataque apareció en la época del Concilio Vaticano Segundo, cuando surgió la demanda de poner fin al celibato clerical, con el argumento que no era la disciplina original de la Iglesia. Como otras instancias de apelación del Modernismo a la antigüedad, ésta se apoyó en un alto grado de ignorancia, que incluyó la aceptación del vulgar error de que en las iglesias ortodoxas se permite a los sacerdotes casarse. En realidad, no ha existido jamás en la historia de la Iglesia alguna época o lugar en que se haya permitido a los sacerdotes casarse. La práctica primitiva de la Iglesia, que continúa en las iglesias orientales de hoy, fue conferir el sacerdocio a hombres casados, pero una vez ordenados, se les prohibía el matrimonio. Fue sólo cuando surgió la herejía protestante, con su rechazo del sacerdocio tradicional, que se dio una disciplina eclesiástica que incluye autorización de casarse a los ministros ordenados. Es totalmente imposible que se dé lo mismo en la Iglesia católica, o en cualquier otra iglesia que diga seguir la ortodoxia y la tradición. Con todo, tal fue el trasfondo con que comenzó el ataque del radicalismo a la práctica católica. Fue tal la ignorancia de los candidatos que entraban a los seminarios, que muchos creyeron que muy prontamente se permitiría a los sacerdotes casarse después de su ordenación. Entre los males que esto permitió, está la devaluación de la vocación al celibato, que condujo a los desórdenes morales que hicieron presa del sacerdocio.

Un tema diferente es el de si se podría volver a la práctica de ordenar a hombres casados. No existen objeciones teológicas, y así sigue siendo la costumbre común en las iglesias orientales, tanto uniatas como cismáticos. Sin embargo, para comprender las razones por que oponerse a ello, tenemos que considerar por qué el celibato llegó ser la norma en la Iglesia latina. El motivo esencial fue el gran valor que se le dio al ideal de la castidad, principio que se hace tan necesario en el clima moral moderno. Pero el celibato se hizo importante también por motivos de eficiencia pastoral en el clero secular, especialmente luego de que las órdenes religiosas con orientación activa se convirtieran en su competencia, a partir del siglo XIII. El hecho es que la utilidad de un conjunto de clérigos aumenta más mientras más se parezca a una orden religiosa, liberándose no sólo de lazos familiares sino también de la inmovilidad que supone la radicación en determinadas parroquias. Hacia los siglos XIX y XX la Iglesia occidental había conseguido ya ampliamente esa libertad, y el clero secular, en contraste con el carácter que tiene en las iglesias orientales, se había transformado en un instrumento sumamente flexible en manos del obispo.

El celibato, por tanto, como ideal moral y como ventaja organizacional, es un elemento crucial en la mantención de un alto estándar para el sacerdocio. Por cierto, esta afirmación parece irónica si se la refiere al clero católico actual. Tal como están las cosas, un clero casado no empeoraría mucho la actual chusma [clerical]. El estándar al que tenemos que mirar es un sacerdocio que funcione como debe, tal como fue el caso en la Iglesia antes del Concilio Vaticano Segundo. A la luz de ese modelo, un sacerdocio casado, como el de las iglesias orientales, parece adecuado para las no muy exigentes necesidades de una sociedad tradicional, e incluso en ese caso será inferior a un ministerio que se ajusta a estándares más elevados. Es por eso que nadie que se preocupe por la efectividad del sacerdocio argumentaría en favor del clero casado; el argumento lo usan quienes quieren socavar el sacerdocio, atacar su carácter teológico y asimilarlo al ministerio protestante.

El argumento comenzó a surgir ya en la década de 1960 en el partido feminista, sobre la base de que los varones son creaturas inadecuadas que necesitan la ayuda femenina para enfrentarse al mundo. A medida que el feminismo creció, la postura ha llegado a superar con mucho los modestos objetivos iniciales. El reformador actual quiere ver a la mujer no como el apoyo del sacerdote varón, sino como su sustituto. La apelación a "mujeres sacerdotes" es un ejemplo de la corrupción de la ortodoxia en la Iglesia moderna, que llega al punto de esperar que las instituciones divinas y la norma de la tradición cedan ante la ideología moderna. Estimulado por esa ideología, el feminismo repudia todo el cuadro general de la doctrina católica sobre la sociedad humana y la posición de los sexos.

Es doctrina católica que el sacerdocio está, por su naturaleza misma y por institución divina, restringido al sexo masculino: por su propia naturaleza, porque la función del sacerdote es representar a Cristo en el altar, y por institución divina, porque el sacerdocio es un don que sólo se puede transmitir al modo como lo dio Cristo, y éste lo dio a ministros varones, representados por los doce apóstoles. Puesto que ello es así, la Iglesia no confiere el sacerdocio a las mujeres porque no tiene el poder de hacerlo. Esta limitación no es una cuestión de tradición, de disciplina eclesiástica o de otras razones que se pueda aducir en su apoyo, sino de mandato divino, que no puede ser alterado por preferencias humanas.

Entre las líneas de ataque de los Modernistas a esta doctrina, la más extrema es la que permite considerar herejes a sus oponentes. Se arguye que la Encarnación no debiera considerarse materializada en un sólo sexo porque, de lo contrario, y de acuerdo con el principio de San Atanasio de que "lo que no está asumido, no está redimido", las mujeres no estarían redimidas. Este argumento fue base de la escandalosa declaración de 1991 del Arzobispo Carey, de Canterbury, de que quienes se oponen a la ordenación de mujeres son "culpables de una gravísima herejía". Pero ha sido usado también en la Iglesia católica, como lo atestigua cierto teólogo a quien se ha citado sosteniendo que, si él no creyera desde ya en la ordenación de mujeres, llegaría a convencerse por la naturaleza herética de los argumentos en su contra.

Esta línea de pensamiento ilustra la disposición de los Modernistas a usar la acusación de herejía cuando les conviene, en contraste con su indignación cuando se los acusa a ellos. Pero es fácil ver aquí la falacia. El principio "lo que no está asumido, no está redimido" se refiere, en San Atanasio, a la naturaleza humana como tal. Se puede entender que, por un desarrollo de la doctrina, se podría dar a ese principio una ampliación referente a divisiones en la naturaleza humana; pero se requeriría que semejante ampliación fuera reconocida por la autoridad. No se la puede sencillamente suponer, ni mucho menos usarse para lanzar acusaciones de herejía. Y la ampliación sería una necedad en este caso específico. El punto de quién puede representar a Cristo como sacerdote es diferente del de quién está redimido. Hay varias clases de varones que están excluidos del sacerdocio, y nadie sugiere que ellos no están redimidos. Más básicamente, este argumento muestra la disposición de los Modernistas a fragmentar la doctrina católica y separarla de su contexto: en este caso, a tratar el principio del sacerdocio *in persona Christi* como algo humanamente interpretable, como si no estuviera ya resuelto, en realidad, por la institución del sacerdocio por Cristo como un ministerio masculino.

Estas jugarretas con la doctrina son recursos de una minoría. Más numerosos son lo que, sin saber teología, entienden el sacerdocio masculino como una norma que puede ser cambiada por decisión humana. Aunque este enfoque brota por lo general más de la ignorancia que de una determinada doctrina, ha producido numerosos desafíos al argumento ortodoxo. Entre los más triviales está la objeción de que el criterio de Cristo en la selección de sus apóstoles limitaría el sacerdocio a judíos. De hecho, no es seguro que todos los apóstoles fueran de raza judía: por lo menos uno de ellos, Simón el Cananeo, probablemente no lo fue. Lo que ciertamente fue un requisito es que fueran judíos de religión. Del mismo modo, en la Nueva Ley los sacerdotes son elegidos entre los hijos que Dios ha dado a Abraham entre los gentiles; es decir, deben ser cristianos bautizados. Estos dos requisitos religiosos son independientes de accidentes humanos. San Lucas nos narra la revelación por la que San Pedro fue conducido a terminar con la limitación del bautismo a los judíos y a extenderlo a los gentiles. Además, se dio la oportunidad de corregir, si ello hubiera sido necesario, la limitación del sacerdocio a los varones, haciéndolo extensivo a las santas mujeres que Cristo reunió en torno a sí y que recibieron la inspiración del Espíritu Santo en el primer Pentecostés; pero no se lo extendió en este aspecto.

Otro error muy común es pensar el sacerdocio como si fuera un camino de perfección, y decir que, por ello, debiera estar abierto a las mujeres -y denunciar a la Iglesia, al cabo, por despreciar históricamente a las mujeres y por sostener que no son capaces de santidad-. Esto es un ejemplo de la usual confusión del sacerdocio con la vida religiosa. Debido a que el sacerdocio ha llegado a estar tan fuertemente representado por las órdenes religiosas, los católicos y otras personas han confundido, de muchos modos, sus características. Pero la cuestión del sacerdocio no es lo mismo que la de la perfección cristiana. Se puede advertir la diferencia en los primeros siglos de la Iglesia cuando, aunque el ideal de pobreza, castidad y obediencia era reconocido como ideal, no existió ningún intento de exigir ni siquiera celibato para el sacerdocio. Asimismo, hasta la Edad Media muy pocos monjes fueron sacerdotes, porque el sacerdocio no forma parte del ideal de la perfección moral. La asimilación entre los dos modos de vida es un fenómeno moderno, que hace errar a quienes se guían por opiniones impresionísticas en los asuntos de la Iglesia. La función del sacerdote, en esencia, no es llevar una vida de perfección, sino representar a Cristo en el altar y gobernar a los fieles. No se afirma que los varones calcen mejor con el sacerdocio por su mayor virtud y santidad (por importantes que sean estos rasgos); ello es entender mal la doctrina católica. En lo que toca a la santificación personal, el ethos de la Iglesia siempre ha puesto a varones y mujeres en un pie de igualdad; la vocación a la perfección cristiana se ha ofrecido siempre a las mujeres exactamente igual que a los varones. La santidad de las mujeres fue reconocida desde el nacimiento del cristianismo, y en realidad desde las heroínas del Antiguo Testamento, como Judit y Débora, quienes fueron tenidas como modelos femeninos de virtud. Pero la posesión del sacerdocio es cuestión diferente de la de las cualidades personales o de la perfección de la vida.

Algunos han tratado también de justificar un ministerio femenino apelando a la historia, y señalan el hecho que el Señor mostró gran consideración por las mujeres que lo rodeaban, como María Magdalena, Marta y su hermana María. Ello es muy cierto, pero no las eligió para el ministerio, y esta omisión subraya el significado del sacerdocio masculino: no se funda en una desigualdad de valor, y así lo entienden Cristo y su Iglesia. Hay otros que afirman que en tiempos primitivos existió un ministerio femenino, y hacen fuerza a las pruebas para demostrarlo.

Pero el único ministerio femenino fue el de diaconisas, cuya autoridad se restringía a los miembros femeninos de la congregación. Estos ministros femeninos no fueran nunca presbíteros, y mucho menos obispos, y las diaconisas estaban subordinadas a los diáconos masculinos.

Otro tipo de crítica es tratar el sacerdocio masculino como reliquia de hace dos mil años, fuera de sintonía con nuestras ideas actuales. Hay muchos que, arrullados por la moderna auto-estima, creen que si Cristo hubiera gozado de los beneficios de la ilustración del siglo XXI, habría fundado un ministerio compuesto de los dos sexos. Es superfluo comentar esta idea, excepto para hacer notar que constituye un respaldo muy frecuente al feminismo y sus argumentaciones. Otros, arguyendo un poco más racionalmente, sostienen que, al fundar el sacerdocio de la Nueva Ley, Cristo se vio obligado a ceder a los prejuicios de su época, tomando decisiones que no expresaban exactamente su voluntad. Lo que esto supone es que el Maestro, que fustigaba a los fariseos, que derribó las nociones judías de valor moral al afirmar que los ricos difícilmente entrarían al cielo, que asombró a los apóstoles enseñando que era mejor no casarse, que se declaró a Sí mismo señor del sábado y más grande que el Templo, que escandalizó a sus oyentes diciéndoles que debían comer su carne y beber su sangre, que se expuso a ser lapidado por blasfemia al decir a los judíos "Antes de que Abraham existiese, Yo soy" y "Yo y el Padre somos uno", cuando llegó el momento de tratar del ministerio femenino, sucumbió a una súbita timidez y no pudo evitar someter sus planes a los prejuicios de la época.

Pero anterior a estas incoherencias es la falsa premisa que las apoya. De hecho, no existió un prejuicio general contra el sacerdocio femenino en tiempos de Cristo. Las religiones de Europa, Asia y Egipto estaban perfectamente acostumbradas a un sacerdocio femenino. Fue sólo la religión judía la que adhirió a una tradición masculina del sacerdocio, junto con el precedente de los doce patriarcas y los setenta ancianos mosaicos, que Cristo tomó como modelos para construir su Iglesia. Podemos, pues, suponer que la Raza Elegida, la única que fue desorientada por la guía divina, desarrolló un ethos tal de autoridad masculina que la nueva dispensación sólo pudo fundarse violando la justicia entre los sexos. Los feministas no analizan esta paradoja, porque la idea general de los Modernistas, a pesar de su aparente apelación a la religión escritural, supone que el Antiguo Testamento no es más que un preludio mitológico del Nuevo, sin valor profético alguno para éste.

Sin embargo, el verdadero error del argumento feminista no está en absurdos como los mencionados, sino en la blasfemia contra la justicia divina que implica que el Señor fue responsable, por mero respeto humano, de privar a media humanidad, durante dos mil años, del más precioso don que persona alguna puede recibir.

Estas ideas son pertinentes sólo si se supone que la posición feminista parte de una auténtica creencia cristiana; pero tenemos que rendirnos a una verdad más común: como todo Modernismo, el desafío feminista a la tradición rechaza, demasiado frecuentemente, la realidad de la revelación divina, y trata el cristianismo como un legado inevitablemente imperfecto del Maestro, que necesita ser mejorado por la ilustración moderna. Explicar por qué valdría la pena reformar esta fe defectuosa, en vez de abandonarla al común destino de las religiones folclóricas, es algo que sometería la lógica Modernista a una prueba demasiado difícil; el punto de vista feminista, antes que someterse a tal prueba, se apoya en la opinión moderna, satisfecha de sus propias certezas. Así, ni los feministas ni los Modernistas en general necesitan preocuparse de la lógica de una religión revelada en que la verdad es un don de Dios al hombre, no una mejora de la ley de Dios por el hombre.

Los argumentos contra el sacerdocio masculino quedan incluidos en un ataque feminista más general contra el cristianismo, que lo acusa de odio histórico a las mujeres y de someter las mujeres al dominio masculino. El argumento se ha desarrollado latamente en la Iglesia católica en los últimos sesenta años, y se funda en una serie de vulgares leyendas. Una de ellas es la tesis de que el mensaje de Cristo fue deformado por el espíritu misógino introducido por San Pablo, con cuyos estrictos preceptos sobre el papel de las mujeres el pensamiento feminista se siente ofendido. Pero si se examina las máximas generales de San Pablo, ellas son simplemente una expresión de las convenciones judías sobre la posición y comportamiento de las mujeres en la sociedad; porque cuando San Pablo habla de las mujeres en tono personal, lo hace con gran afecto y aprecio (ver Romanos 16, 1-13; Filipenses 4, 2-3; 2 Timoteo 1, 5; Filemón 1, 2). Lo mismo puede decirse de otras acusaciones al cristianismo de ser una religión que odia a las mujeres. No se justifica citar aquí a uno o dos eminentes misóginos y tratarlos como si fueran portavoces del cristianismo. Si queremos saber cómo fue el auténtico ethos cristiano, tenemos que mirar a cómo se ve en la sociedad cristiana histórica. Y lo que ésta nos muestra es que, lejos de rebajar a las mujeres, la Cristiandad elevó su posición más alto que cualquier cultura anterior; de hecho, es clarísimo que la Cristiandad es la cultura de la que nació el feminismo, y la única de la cual podría haberlo hecho. Fue sólo en una sociedad que afirmaba el valor espiritual de cada varón y de cada mujer que se pudo concebir una filosofía de la igualdad femenina, luego de milenios en que las sociedades se habían basado, antes de que la edad de las máquinas surgiera y las desplazara, en la inevitable diferencia de fuerza física entre varones y mujeres.

No traemos aquí a colación el vínculo del cristianismo con el feminismo para alabar ni uno ni otro, porque la sociedad que dio nacimiento al feminismo fue una de cristianismo corrompido. Esa corrupción será examinada en breve. Lo que necesitamos advertir aquí es el crecimiento de la valoración de las mujeres que se ve en las épocas de genuino cristianismo. La tendencia pudo notarse desde temprano, cuando la Iglesia fomentó la vocación de las vírgenes consagradas y de las viudas, liberando a las mujeres de las convenciones que se apresuraban a ponerlas bajo la autoridad de un marido. La misma tendencia se vio en los efectos sociales apenas el cristianismo se convirtió en la religión imperial. A fines del siglo IV vemos, alrededor de San Jerónimo, un círculo de mujeres piadosas y cultas, con un formidable conocimiento escritural e influencia sobre laicos y clérigos; vemos también la nueva prominencia de las mujeres cercanas al trono. El ejemplo fue dado por Santa Elena, la madre de Constantino. En tiempos de Teodosio II, la hermana de éste, Pulqueria, así como su mujer Eudocia, fueron poderosas en la corte imperial. A la muerte de Teodosio en 450, Pulqueria, que es venerada como santa, se convirtió en la primera mujer en la historia romana que subió al trono como emperatriz por derecho propio, aunque la convención la obligó a poner junto a sí un marido, en un matrimonio puramente formal; Marciano, su consorte, fue el primer emperador que gobernó gracias a la elección matrimonial hecha por una mujer. Aquella época fue también la del aumento del culto a la Virgen María, que debió mucho a la protección de ciertas matronas imperiales, y que contribuyó a formar y promover el respeto de las cualidades femeninas.

Aquel temprano rumbo fue seguido en la sociedad medieval. Tanto en el caso de mujeres como de varones, la vida religiosa alcanzó, con el tiempo, un estatus más alto que el de la independencia [personal]. Muchos conventos se enriquecieron y adquirieron brillo; en Alemania algunas abadías obtuvieron que las encabezaran mujeres con rango de princesas del imperio, con sus correspondientes derechos de gobierno territorial. En otros países, muchos grandes conventos tuvieron estatus y jurisdicción similares. La Europa católica nos muestra una sociedad que, en teoría, debería ser el ideal feminista, en que se otorgó rango y poder a las comunidades de mujeres por el hecho mismo de alejarse de la dependencia de los varones. De hecho, ese privilegio es hiel en la lengua de los feministas por una importante razón: en la Edad Media, la *raison d'être* de la vocación de las monjas no fue la exaltación de su sexo, sino el servicio de Dios (cosa que no se puede decir hoy).

Considerando ahora un liderazgo más moral, vemos la influencia de las grandes fundadoras religiosas de la Edad Media, como Santa Clara, o Santa Brígida de Suecia. Ninguna sociedad en la historia del mundo ha alentado a las mujeres a fundar tales comunidades independientes o, ya fundadas, a darles tanta influencia, y en esta muestra de respeto podemos ver el sentimiento que se tenía por la santidad femenina. En la cúspide de la Edad Media hubo más iglesias dedicadas a las mujeres que a los varones, sobre todo iglesias dedicada a la Virgen María, cuyo culto fue la fuerza más poderosa en el aumento del respeto a las mujeres.

Estos logros no son del gusto de los feministas, cuyas ambiciones para las mujeres se detienen ante las puertas del cielo. Observemos, pues, la escena mundana, y aun allí es imposible formarse de la Cristiandad la idea de una sociedad represiva de las mujeres. Hacia la época en que nació la literatura de los trovadores, el ethos de Europa otorgó a las mujeres una idealización que ninguna cultura anterior llegó a conocer. En un ámbito tan frívolo como el del vestido, las modas de Europa igualan a cualesquiera otras en riqueza y lujo, y quizá dejan atrás a cualquier otra sociedad en la complacencia en la figura femenina, porque en Asia la seducción de la mujer se ha expresado más en la belleza de los materiales que en la figura misma. Los vestidos de los siglos XV y XVIII alcanzaron en Europa tal fantasía que a menudo son escogidos por los ilustradores para vestir a las doncellas de los cuentos de hadas. ¿Acaso las líneas varoniles que se han desarrollado [en la moda] en el siglo XX exhiben un mayor amor por la femineidad?

Pero las señales más elocuentes de esa idealización habrían de verse cuando el espíritu caballeresco y trovadoresco puso su impronta en Europa, creando unas relaciones tan refinadas entre los sexos que revirtieron todo lo que se había aceptado anteriormente en la historia humana. Surgió la convención de tratar a la mujer como a persona de más elevado rango, de ponerse de pie cuando ella, de besar su mano, de cederle la precedencia, de tratarla en la conversación como alguien que merece mayor respeto que un varón, como alguien cuya delicadeza es indigno ofender y cuyas virtudes es vergonzoso tomar a la ligera. Con estas formas de comportamiento el cristianismo enseñó a la fuerza bruta a respetar las cualidades humanas más delicadas y a afirmar su valor. Estas señales de homenaje, inimaginables en las sociedades paganas, y hoy en retroceso con el regreso del paganismo, son el fruto del ideal cristiano jerárquico, ideal que depende no del poder material sino de la consideración moral, que afirma no la igualdad sino lo valioso. Una cultura que habla de valores engendra el respeto, el refinamiento en el trato y la devoción caballeresca. Una que habla de igualdad, se reduce a empujones de cerdo y cerda ante el comedero.

Pero sería un error hablar como si la civilización cristiana hubiera invertido la relación entre los sexos. El ethos caballeresco fue posible sólo en una sociedad en que se reconocía plenamente la jerarquía en la autoridad humana. Esa jerarquía nace de la estructura natural de la familia, que hace del hombre el gobernante de la mujer; la caballería no fue una negación de ese gobierno sino una afirmación de su naturaleza moral. Este modo de entenderla se remonta a los escritos más antiguos de San Pablo sobre el matrimonio: "Las mujeres estén sujetas a sus maridos como al Señor, porque el marido es cabeza de la mujer, así como Cristo es cabeza de la Iglesia, que es su cuerpo, del cual él es el salvador. Pues como la Iglesia está sujeta a Cristo, así también las mujeres a su marido en todo. Maridos: amad a vuestras mujeres como Cristo amó a la Iglesia y se entregó a sí mismo por ella (...) Así deben los maridos amar a sus mujeres como a su propio cuerpo. El que ama a su mujer, a sí mismo se ama" (Efesios 5, 22-28). Se podría considerar este texto la carta de fundación de la caballería: porque si la sujeción de la mujer al varón es vista no como lograda a la fuerza sino voluntariamente, ello permite a los varones endulzarla con la deferencia y la devoción. Y este impulso eminentemente cristiano se transformó en la marca distintiva de los modales europeos. Hay que reconocer la caballería como el código de aquéllos para los cuales la fuente de que surge el comportamiento no es la demostración de poder, sino la delicadeza de sentimientos; y por esta razón es que los bárbaros del mundo moderno la detestan.

Esta diferencia en lo que se refiere a la relación entre los sexos es un paralelo de la diferencia entre autoridad y fuerza en la esfera política. En ambos casos no se excluye una base material de la autoridad. La Divina Providencia da a su dispensación moral una base material natural, y de ahí que en la sociedad humana el tradicional gobierno de los varones corresponde a su superioridad en fuerza corporal. La jerarquía de los sexos, pues, tiene su fundamento visible en la Creación. Este hecho hace difícil para las feministas reconciliar reivindicaciones igualitarias con la teoría de un diseño divino, por lo que generalmente se desplazan hacia una ideología irreligiosa o hacia cultos de primitivos poderes femeninos, en los que no hay lugar para el sistema racional. Los feministas que permanecen cristianos se ven reducidos a tener que atacar la doctrina tradicional sobre la naturaleza de la jerarquía humana.

En este aspecto, la doctrina cristiana sobre los sexos no afirma una disparidad de naturaleza entre ellos, sino que establece entre ellos una jerarquía. Podemos ver esto en la doctrina de Santo Tomás de Aquino cuando, luego de sostener que las mujeres no puede ser sacerdotes "porque es imposible para el sexo femenino significar eminencia de grado", agrega que la esclavitud es un impedimento todavía mayor, puesto que la posición de la mujer no es la del esclavo en relación con el varón[26]. Así, también la teología del matrimonio cristiano nos dice que éste es, por esencia, una unión voluntaria en el caso de cada uno de ambos esposos. En la práctica, en la Europa cristiana la costumbre en el matrimonio cambió hacia la unión de varones y mujeres de igual edad, en tanto que la costumbre de Roma había sido entregar niñas apenas en edad de casarse a maridos de edad madura. Tampoco pretende el cristianismo someter uno de los sexos como tal al otro, sino salvaguardar el organismo familiar. La doctrina cristiana no es que toda mujer está sujeta a todo varón, sino que se remite a la precedencia que necesita existir en la familia, si ésta ha de tener una estructura ordenada. En el caso de viudez, la madre sucede en la autoridad al padre, y ese derecho abarca el ámbito de la propiedad y el de la política. La sociedad cristiana no ha tenido nunca problema alguno con el estatus de una viuda que administra el patrimonio de su marido, aunque éste sea un reino. En las reiteradas ocasiones en que la corona de Francia fue encomendada, durante los períodos de minoridad, a la regencia de una Reina Madre, la situación se justificó por la natural autoridad de la madre sobre su hijo.

También se hace presente una jerarquía análoga en la vida religiosa, en que los sexos ya no forman parte del orden natural de la familia. El fundamento de esto ya se vio en los primeros días de la Iglesia, en que se nombró diaconisas como mediadoras de la autoridad del obispo sobre las mujeres fieles; litúrgicamente, su función era dirigir a las mujeres que, según la disciplina de la época, rendían culto en un sector de la iglesia separado del resto. Las primeras comunidades de célibes, ya sea varones o mujeres, fueron sociedades independientes con sus propios superiores. Más adelante, cuando algunas órdenes como los benedictinos o los dominicos se sujetaron a la regla de un fundador común, las ramas de varones y de mujeres normalmente constituyeron órdenes separadas. Hubo algunas, como las órdenes militares, que incluyeron conjuntamente a varones y mujeres. Así, los Caballeros Hospitalarios, que admitían vocaciones femeninas, estaban agrupados en divisiones territoriales sometidas a un caballero prior, y en algunos prioratos hubo conventos de monjas; en esos casos, los derechos del prior varón se limitaban a la visitación, es decir, a asegurarse de que las monjas observaran sus estatutos propios. Al interior del convento, las monjas elegían a su priora y se gobernaban sin interferencia masculina. De este modo se preservaba la precedencia de los sexos, pero no existió un gobierno directo de un sexo sobre el otro, como ocurre en la institución del matrimonio. La misma independencia podía extenderse a los sacerdotes, cuyo papel en el Hospital era

---

[26] Sto. Tomás de Aquino, *Summa*, Suplemento, Q. 38, art. 1 y Q. 39, art. 3.

el de capellanes de los caballeros y de las monjas: en el convento real de Sijena, en Aragón, los capellanes formaban un grupo sometido a su propio prior. La autonomía de cada sexo se preservó, pues, mediante ordenadas gradaciones, y estas reglas constituían el marco legal de una realidad moral, de una natural deferencia que, en esta orden de caballería, distinguía a los sexos en su relación recíproca.

Gracias a estas costumbres, el cristianismo tradicionalmente preservó la estructura de las relaciones humanas. La premisa era que todas las cosas creadas a imagen de Dios poseen igualdad moral, pero están subordinadas a una jerarquía que proviene también de Dios. En la sociedad humana, el propósito del Creador para la humanidad está representado por el orden natural de la familia, y ese orden está sostenido y santificado por el cristianismo. En los casos en que los sexos se separan en vista de una finalidad más elevada, su relación es de autonomía, pero también de jerarquía. Lo que es abominable a los principios cristianos es el desorden del paganismo moderno, que derroca la jerarquía, que repudia la familia y la castidad, y que hace competir indiscriminadamente a los sexos en la vida social.

Lo que el orden natural contempla no es igualdad, en el sentido de uniformidad, sino complementariedad entre las funciones del varón y de la mujer. La sociedad tradicional dio a la mujer del campesino o del artesano un papel muy necesario en el manejo del hogar, fabricando las ropas de la familia, dando de comer a los ayudantes de su marido, y a menudo haciéndose cargo de ellos como alojados y aprendices. Además de esas funciones materiales, había ritos propios de la práctica católica que investían a la mujer con una especie de sacerdocio doméstico, dirigiendo la vida de devoción de la familia. Este orden tradicional fue corroído por la menguada religión producida por el protestantismo y la vida artificial que introdujo el capitalismo; y sólo entonces comenzó la revolución feminista. Comenzó no entre las mujeres que cargaban con el verdadero peso de la vida, sino en los salones de la clase media, la clase que, alejada del trabajo físico, quiso que sus mujeres se dedicaran a imitar el ocio de la aristocracia. A medida que el capitalismo del siglo XIX aislaba a los hogares de clase media de Gran Bretaña y de los Estados Unidos de América [del resto de la sociedad], sus mujeres, alejadas de la fe y vueltas ociosas por la riqueza, comenzaron a pensar en su inútil destino, y el resultado de ello fue no reivindicar su papel de mujeres, sino el papel de los hombres. Su principio fue el que uno esperaría de mentes formadas en la masculinizada cultura del protestantismo: despreciar los logros verdaderamente femeninos, valorar los signos del poder masculino, y poner éstos como meta a que las mujeres debían aspirar. El feminismo moderno es heredero, no corregido, de esa concepción.

Así, pues, una ideología artificial de los sexos ha llegado a desplazar al orden natural. Dos siglos de racionalismo han producido una interpretación de la naturaleza en que la diferencia sexual es un mero accidente físico en una sociedad de ciudadanos uniformes. Esta concepción es ajena a toda filosofía cristiana de la creación. La Revelación nos enseña que la sociedad humana refleja a la sociedad divina de Dios, Padre, Hijo y Espíritu Santo. En esta sociedad no hay diferencia de sexos, a menos que sigamos a esos entusiastas que ven en el Espíritu Santo un principio femenino en Dios (un tipo de antropomorfismo que los Modernistas ridiculizan cuando no sirve a sus propósitos). La teología cristiana, enseñada por su mismo Fundador, sólo usa el lenguaje de las relaciones masculinas en relación con la Santísima Trinidad: habla del Padre y del Hijo, y del Espíritu Santo que es el esposo de la Virgen María. En las relaciones de la Santísima Trinidad vemos el tipo divino del cual las relaciones humanas son una imagen. El Hijo es engendrado por el Padre, y San Agustín enseña que el amor entre ellos se personifica en el Espíritu Santo. Pero hay una diferencia con la sociedad humana. Una persona humana no es engendrada sólo por un padre, sino que viene a la existencia gracias a un padre y una madre. Esta es una relación que no existe en la Trinidad, y necesitamos preguntarnos por qué ello es así, por qué existe en la humanidad una progenitura dual que no tiene un prototipo divino. Ello es así porque se orienta a la Encarnación. La razón por la que todo ser humano deriva su naturaleza por igual de un varón y de una mujer es que ello es el único modo en que podía nacer al mundo un Ser que es por naturaleza tanto Dios como hombre. La Encarnación no es un expediente improvisado a partir de accidentes de la creación; la raza humana fue diseñada para hacer posible la Encarnación. La dualidad de los sexos es la precondición natural para la dualidad sobrenatural de la Encarnación.

De ello se sigue que la diferencia entre los sexos no es un mero accidente físico, sino que es algo propio de la naturaleza humana en su relación con Dios. El varón es el tipo de ser humano que Dios diseñó para que en él se realizara la Encarnación; la mujer es el tipo de ser humano que Dios diseñó para que fuera el vaso de la Encarnación. Dios sólo podría haberse encarnado como hombre, porque el sexo masculino fue formado para representarlo; y sólo podría haberse encarnado como hijo de mujer, porque el sexo femenino fue formado para portarlo. Sólo un varón puede representar a Cristo en el gobierno de la Iglesia; pero sólo una mujer podía ser elevada a Madre de Dios, privilegio al que el sacerdocio ni siquiera se aproxima. La participación en la divinidad que Dios ha querido concedernos mediante la Encarnación no se da sin discriminación de los sexos, sino con congruencia y complementariedad entre ellos.

Estos son los principios tradicionales que dan sentido tanto a la sociedad humana natural como a la sociedad sobrenatural de la Iglesia. Sin ellos, es imposible comprender por qué Cristo instituyó el sacerdocio sólo para varones; con ellos, es posible aceptarlo razonadamente. No es coherente adherir al igualitarismo sexual en el mundo, como lo ha hecho la Iglesia en los últimos sesenta años, y tratar de conservar el orden tradicional del ministerio cristiano. Una Iglesia que obra de ese modo, abre un flanco al disenso femenino y a la incomprensión de aquéllos que, aceptando la moral moderna, ven la resistencia de la Iglesia ante ella como un ciego conservadurismo. De ello resulta que la Iglesia, mientras impone una conformidad exterior, es vista como una institución injusta que ha perdido su autoridad moral.

Por estas razones, la cuestión del sacerdocio masculino no puede ser tratada como algo entregado a la opinión. Después de la negación de dogmas definidos, no hay caso más claro de herejía que la defensa de la ordenación de mujeres, que rechaza no sólo la tradición de la Iglesia desde sus orígenes, sino la propia institución divina; que ignora las condenaciones que han declarado herética la ordenación femenina, y que implica una visión blasfema de la sabiduría y justicia de Cristo al instituir el sacerdocio para el sexo masculino. No hay otra herejía que deseche de modo tan amplio todos los principios según los cuales se decide la doctrina cristiana. La doctrina ortodoxa ha sido reiterada recientemente por la Carta Apostólica de Juan Pablo II *Ordinatio sacerdotalis*, de 1994, en la que escribe: "Declaramos que la Iglesia no tiene en absoluto autoridad para conferir la ordenación sacerdotal a las mujeres, y este juicio debe ser definitivamente aceptado por todos los fieles de la Iglesia". Como era de esperarse en la Iglesia moderna, esta norma ha sido totalmente ignorada. En junio de 1997 la Sociedad Teológica de América votó, por 216 votos contra 22, que el papa debía reconsiderar la ordenación de mujeres. Esta prueba de que nueve de cada diez teólogos oficiales en los Estados Unidos son herejes no debiera sorprender a nadie; no imaginemos tampoco que su heterodoxia se restringe a sólo este punto. En 2011, doscientos clérigos austríacos firmaron también una declaración exigiendo la ordenación de mujeres. En la enseñanza normal de los seminarios, los profesores rechazan la doctrina ortodoxa en privado y a menudo también en público, y los sacerdotes a quienes forman la consideran, sencillamente, como otra reliquia conservadora que ya toca cambiar. Vemos ejemplificado aquí el desprecio, en la Iglesia actual, por la escritura, por la tradición y por la autoridad y vemos, también, la cosecha de sometimiento a la ideología moderna que la Iglesia sembró en el Concilio Vaticano Segundo, y que hoy se ve recogiendo a pesar suyo.

LA TRAICIÓN OFICIAL DEL SACERDOCIO

Los anteriores son ejemplos de tendencias heréticas que el Concilio Vaticano Segundo ha dejado entrar en la Iglesia, pero que no brotan directamente de sus enseñanzas. Tenemos que mirar ahora la traición de la que el Concilio mismo es responsable. Fue propósito explícito del Concilio -o, más bien, de los innovadores que se aprovecharon de la ingenuidad de la mayoría- romper con la doctrina católica tradicional del sacerdocio y acercarse a la noción protestante. Su programa explícito fue rechazar el formalismo y el sacerdotalismo en la comprensión del sacerdocio y reemplazarlo por una doctrina de inspiración más pastoral. Los resultados están hoy a la vista en nuestro entorno. Durante siglos la Iglesia católica disfrutó de una inmensamente fructífera tradición de sacerdocio que transformó la espiritualidad de Europa y proyectó empresas misioneras de extensos resultados. La obra del Concilio ha sido privarla de ese legado y darle el lamentable ministerio que vemos hoy: ineficiente, vacío de doctrina y de espiritualidad, y corrompido por las más profundas fallas morales. Una de las acusaciones más graves contra el Concilio Vaticano Segundo es el desastre que ha causado al sacerdocio por cortejar el favor de herejes.

La nueva doctrina ecuménica del Concilio Vaticano quedó expresada en el decreto *De Presbyterorum Ministerio et Vita* (conocido también como *Presbyterorum Ordinis*). Una parte de sus objetivos fue el deseo de adular a la doctrina protestante del sacerdocio de todos los fieles. Existe una doctrina católica legítima sobre el sacerdocio de los laicos, pero ésta jamás menoscabará el sacerdocio sacramental. La doctrina neo-protestante es un ejemplo del ethos auto-afirmativo de los tiempos modernos, más interesado en las reivindicaciones que en los deberes. En el pensamiento cristiano, nadie es sacerdote para sí mismo. El sacerdocio de los fieles, en su sentido genuino, significa el deber que tiene el laico de transmitir a sus prójimos el conocimiento y la gracia de Dios; pero no es esto, en absoluto, lo que entienden los Modernistas, que lo han convertido en una usurpación del lugar de los clérigos, y en el descuido por parte de los clérigos de su propio deber. Se puede decir con verdad que jamás en la historia de la Iglesia el laicado tuvo menos espíritu sacerdotal que hoy, en el sentido de amor por la doctrina y la vida sacramental de la Iglesia y el deseo de transmitirlas; lo que hay, en cambio, es la afirmación de derechos y el acrecentamiento del yo, que son la marca del humanismo moderno.

El propósito del Concilio, visto con más detalle, fue un acercamiento a la teología protestante del ministerio. También aquí el pensamiento del Concilio fue dictado por los ecumenistas, que no concebían ningún ecumenismo que no fuera un acercamiento al protestantismo alemán y holandés, y a un volverse, por tanto, a las doctrinas que Lutero y Calvino habían introducido en el pensamiento cristiano. En su disquisición sobre el significado de la salvación, Calvino definió el papel de Cristo como el de un profeta, rey y sacerdote; con ello se alejó de la tradición patrística que habla de Cristo sólo como sacerdote y rey. El análisis de Calvino refleja el enfoque racionalista, funcional del protestantismo, y es un empobrecimiento de la Cristología tradicional, que dedica atención a los conceptos de Cristo como Palabra Encarnada, como Cordero de Dios, como Cabeza del Cuerpo Místico, como *Caput Martyrum*. La doctrina de Calvino se extendió luego a los luteranos y otras sectas protestantes, y hacia el siglo XX había adquirido una cierta resonancia en la teología católica, aunque algunos intérpretes reordenaron la frase de Calvino, [hablando de Cristo] como sacerdote, profeta y rey. El Concilio Vaticano Segundo quiso dar un paso más en su deferencia a las formulaciones protestantes, y declaró en su decreto sobre el sacerdocio que los ministros "son promovidos para el servicio de Cristo, maestro, sacerdote, profeta y rey". Como en el caso de otros pronunciamientos del Concilio, éste se presta a diferentes interpretaciones, ya sea la de los que lo consideran inocuo, ya sea la de los que lo saludan como una reivindicación de la teología protestante.

Tanto en el catolicismo como en el protestantismo, la doctrina del ministerio nace de una base Cristológica; por eso, en su definición de los deberes sacerdotales, el Concilio refuerza su gesto al protestantismo poniendo primero la proclamación del Evangelio, antes de los sacramentos y del sacrificio de la Misa. Aunque declara que la evangelización "deriva su poder y fuerza del sacrificio de Cristo" y menciona el ofrecimiento de la Eucaristía como un don "especial", el enfoque usado ha permitido a los intérpretes Modernistas proclamar, por la autoridad del Concilio, que la función magisterial del sacerdote es más alta que su oficio sacramental, y argüir que el ofrecimiento de la Eucaristía es "especial" sólo en relación con el segundo deber, el sacramental. De modo igualmente deliberado, el Concilio excluyó de su decreto la teología tradicional del sacerdocio, familiar desde la escolástica, y la enseñanza de Trento. Esto ha sido aducido -muy justificadamente- como prueba de que el Concilio quiso desautorizar esa teología. Otra semilla de herejía fue sembrada por la referencia que hace este decreto al poder del sacerdote de "presidir" la Eucaristía. En esta expresión, la mala erudición Modernista fue endilgada a la mayoría de los obispos, que la aceptaron ignorando totalmente sus implicancias para una doctrina falsa de la función del sacerdote en la Misa.

Pero tenemos que analizar el revés del argumento. La constitución sobre el sacerdocio no dice explícitamente que el ministerio de la predicación del sacerdote es más importante que su ministerio sacrificial ni repudia la doctrina tradicional del sacerdocio, ni declara que la función del sacerdote en la Misa no es ofrecer el sacrificio sino presidir una reunión de fieles. Sin embargo, se puede interpretar que enseña todas esas cosas, y esta interpretación ha corrompido la formación de los sacerdotes durante los últimos cincuenta años. Por eso, decir que la constitución *De Presbyterorum Ministerio et Vita* tiende a la herejía es, simplemente, reconocer hechos del devenir de la Iglesia desde que se proclamó este decreto.

Quienes ignoran las corrientes que existieron en el Concilio Vaticano Segundo, pueden leer la constitución sobre el sacerdocio y ver en ella una impecable guía para el ministerio cristiano. Es de semejantes individuos que procede el rechazo de la crítica tradicionalista. Por cierto, nadie que lea la constitución en un estado de inocencia teológica podría pensar que fue redactada con el fin de provocar una convulsión en el sacerdocio; en realidad, una de las primeras sensaciones que produce su lectura es de cuán completamente ignorada fue su enseñanza en la revolución que siguió[27]. Pero el significado del decreto no es lo que parece *prima facie*. En apariencia, él tiene la forma de un manual de pastoral, que proporciona consejos prácticos; pero, muy hondo en su interior, están las semillas de doctrinas no tradicionales que el partido Modernista ha plantado, tal como lo querían quienes las pusieron, para avanzar hacia una concepción protestante del ministerio.

Según la forma católica tradicional de entender las funciones del sacerdote, expresadas en el antiguo rito de ordenación, ellas son "ofrecer, bendecir, gobernar, predicar y bautizar"[28]. El predicar no sólo está puesto después de ofrecer la Misa, sino también después del ministerio esencial de gobernar la Iglesia, función a que el decreto conciliar no se refiere en absoluto. Se puede, pues, decir que el Concilio Vaticano Segundo pone las bases doctrinales para la abdicación de la autoridad por parte del sacerdocio moderno. Pero el error más grave es el cambio de ubicación del Santo Sacrificio en la valoración de las funciones del sacerdote, error que impacta directamente a la doctrina de los sacramentos. Los sacramentos, y en especial la Misa, son dones cuya eficacia proviene del intrínseco poder de Dios. La predicación no tiene esa garantía; puede

---

[27] Esto no exonera a la constitución de enseñanzas que operan en contra de la práctica tradicional. Así, ella declara que "Las ceremonias, por muy bellas que sean, y las asociaciones, por muy florecientes que resulten, no tendrán ningún valor si no se las dirige hacia la educación de los hombres en la madurez cristiana". Se podría leer esto como una obviedad, pero en verdad muestra en principio una visión utilitaria de la liturgia, que ignora su carácter en cuanto manifestación de la gloria de Dios. En la práctica, lo que ha hecho es alentar al clero a deshacerse de las ceremonias y a descuidar las asociaciones católicas tradicionales, afirmando que el Concilio aprueba tales cosas.

[28] El sacramento del bautismo aparece en último lugar; lo cual es correcto, porque el poder de conferirlo no depende del sacerdocio.

ser ineficaz, y aun positivamente perniciosa. Además, es un ministerio que no depende del carácter sacerdotal, y no puede ser, por lo mismo, parte de su esencia. Poner la función de predicar del sacerdote antes de su función sacramental es una monstruosa antítesis de las realidades religiosas. Pero el sólo condenar ese error sería desconocer su verdadera significación: la intención del Concilio al enseñar esto fue mover a la Iglesia hacia la concepción protestante del ministerio, una doctrina que rechaza el oficio sacramental del sacerdote y lo sustituye por un ministerio de la palabra. Esta novedad ha sido usada por los Modernistas para promover una doctrina evangélica (en el sentido sectario del término) que vacía el sacerdocio de significado teológico.

Así, la constitución *De Presbyterorum Ministerio et Vita* se destaca como uno de los principales desmentidos de la noción de que los documentos del Concilio Vaticano Segundo, como arguyen sus apologetas, son de una impecable ortodoxia. Sus enseñanzas no son las tradicionales, y nunca se quiso que lo fueran. Con un mal entendido propósito de ecumenismo, el Concilio permitió que lo dominaran aquéllos cuyo programa era menoscabar la teología católica del sacerdocio. Las intenciones de ese partido se han desarrollado en la práctica, produciendo sacerdotes cuya idea de su oficio es un completo rechazo de la doctrina católica. Cuando la Iglesia juzgue el Concilio Vaticano Segundo a la luz de la auténtica tradición, la constitución sobre el sacerdocio será uno de los documentos que más rechazo y condena provocarán.

El segundo modo, más práctico, en que el Concilio traicionó al sacerdocio fue su rechazo de las intenciones de Juan XXIII en este tema. Estas se habían expresado en el sínodo del clero romano reunido en enero de 1960, cuyo propósito fue reafirmar y fortalecer la disciplina del clero. El Sínodo Romano reiteró las normas de Derecho canónico de que los sacerdotes debían ser tonsurados, vestir siempre sotana, y mantenerse alejados de costumbres mundanas, como el asistir al teatro. La necesidad de una formación educacional propia fue confirmada por las medidas que Juan XXIII desarrolló al año siguiente en *Veterum Sapientia*, que apuntaba a un fortalecimiento del conocimiento del latín. Otras de sus disposiciones se referían a la salvaguarda del carácter sagrado de las iglesias, a la prohibición de su mal uso para conciertos, venta de baratijas, indiscriminada toma de fotografías y a la exclusión de las mujeres del espacio del presbiterio. Juan XXIIII declaró públicamente que el sínodo tenía el propósito de ser un ensayo del propio Concilio Vaticano, lo que demostró dando la orden de que sus textos se tradujeran a todos los principales idiomas.

Estas medidas permiten atisbar la verdadera reanimación que podría haber tenido lugar si se hubiera respetado las intenciones de Juan XXIII, con una reafirmación de la disciplina sacerdotal y una elevación de los estándares de su educación. En los países anglosajones, habría sido cosa excelente suprimir la obsoleta precaución de vestir a los sacerdotes católicos como clérigos protestantes, y hacerlos claros testigos, como era ahora posible, de la presencia católica. En el pasado de los países católicos, la vestimenta de sacerdotes y religiosos fue una bendición visible para esas sociedades, mostrando la penetración del mundo secular por el mundo sagrado. Hoy día, la adopción por el clero de vestidos laicos, muestra la penetración del mundo circundante en la Iglesia, y la secularización de ésta. Si se hubiera hecho la reforma siguiendo las líneas de Juan XXIII, el Concilio Vaticano Segundo podría haber conducido a una verdadera regeneración de la Iglesia: un clero disciplinado, una liturgia renovada pero tradicional, y una teología ortodoxa podrían haber hecho mucho por restaurar la vida católica en las sociedades en que se debilitaba. En cambio, el Concilio rechazó esos ideales y optó por la anarquía disfrazada de reforma.

La ruina del sacerdocio tradicional causada por el Concilio se completó de manera sacramental con el nuevo rito de ordenación introducido en 1968. Igual que el *Novus Ordo* de la Misa, ello fue obra del grupo de radicales de Mons. Bugnini en el *Consilium* litúrgico, y refleja el mismo impulso anti-tradicional. Tal como el *Novus Ordo* abolió oraciones que expresan la naturaleza sacrificial de la Misa, así también el nuevo rito de ordenación abolió oraciones que expresan los poderes característicos del sacerdote. En el rito tradicional, las oraciones pronunciadas por el obispo sobre el candidato dejan claro que el sacerdote tiene el poder "de transformar el pan y el vino, mediante una bendición inmaculada, en el cuerpo y la sangre de Tu Hijo"; que sus manos son consagradas para que "cualquier cosa que bendigan, queden benditas, y cualquier cosa que consagren, queden consagradas y santificadas"; que recibe el poder de "ofrecer el sacrificio a Dios, de celebrar Misas por los vivos y los difuntos", y que es ordenado "para ofrecer sacrificios aceptables por los pecados y ofensas del pueblo a Dios Todopoderoso". En la nueva versión, se ha suprimido todas estas palabras; los poderes del sacerdote, como dice ahora el rito, son "celebrar los misterios de Cristo" y "ofrecer el sacrificio a Dios" -vaguedades que satisfacen a quienes buscan la interpretación más laxa-. Mientras que el antiguo rito decía explícitamente que el candidato era hecho sacerdote con el poder de ofrecer el sacrificio de la Eucaristía, con el nuevo rito se necesita un acto de fe para creer tal cosa. Hay que juzgar estas omisiones a la luz de la condenación de las Ordenes Anglicanas en la encíclica de León XIII *Apostolicae Curae*, de 1896. El rito anglicano de ordenación, introducido en el siglo XVI, fue considerado inválido tanto por la insuficiencia de lo que dice y por lo que deliberadamente se omite. El mismo criterio se puede aplicar a la Iglesia católica de los últimos cincuenta años: hay buenas razones para dudar de la validez de muchas ordenaciones hechas según el nuevo rito, conferidas por obispos sin intención de transmitir el sacramento tradicional a candidatos sin intención de recibirlo.

Por ello es que cuando el Arzobispo Mons. Lefebvre, en 1971, fundó su seminario de Ecône para preservar la tradición católica, lo que lo motivó fue ver la profanación de la Misa y la avalancha de herejías que se dejó entrar a la Iglesia pero, sobre todo, la destrucción del sacerdocio. Su propósito fue preservar una enseñanza que preparara a los hombres jóvenes espiritual y moralmente para su difícil vocación, que instilara la auténtica teología del sacerdocio, y que se completara con la ordenación, según el rito tradicional, como verdaderos sacerdotes, en el sentido antiguo de la Iglesia. La visión de Mons. Lefebvre fue que, sin ese trabajo de preservación, el sacerdocio católico moriría; y la historia de la Iglesia en los siguiente cincuenta años ha justificado claramente su creencia.

EL COLAPSO DEL SACERDOCIO EN LA IGLESIA POST-CONCILIAR

Todavía no se clausuraba el Concilio Vaticano Segundo cuando ya el nuevo concepto pastoral y liberado del sacerdocio comenzaba a mostrar sus resultados. En la década de 1950, como se ha dicho antes, las vocaciones al sacerdocio y a la vida religiosa habían sido muy abundantes en países como los Estados Unidos, y también en Europa tuvieron un alza en medio del entusiasmo causado por Juan XXIII. Desde mediados de la década de 1960 esta tendencia sufrió un grave colapso. El efecto fue peor en países como Holanda, que alardeaban de ser líderes del nuevo espíritu. En 1965, treinta sacerdotes abandonaron la Iglesia en ese país para casarse, cifra correspondiente anteriormente a un período de cinco años. Los jóvenes abandonaron por centenares los seminarios. En 1970, en Holanda no se ordenó ni un solo sacerdote, en circunstancias de que trece años antes, 420 lo habían sido. En un plazo de doce meses, todos los seminarios del país cerraron. En Francia, el número de seminaristas disminuyó, entre 1963 y 1971, en casi dos tercios, de 23.713 a 8.931, y las ordenaciones, en el mismo período, cayeron de 573 a 237, y seis años después, a 99. Se cerró la mitad de los seminarios, y en veinte años el número de sacerdotes en el país descendió de 41.000 a 30.000. En los Estados Unidos, entre 1965 y 1988, el número de seminarista cayó de 49.000 a 11.000. Hacia 1974 se había cerrado uno de cada cuatro seminarios. En un país más sólidamente católico, Irlanda, el colapso se retrasó algunos años; pero entre 1980 y 1994 el número de ingresos a los seminarios diocesanos disminuyó en un tercio, y a las órdenes religiosas, en casi la mitad. La decadencia en la educación fue mayor: hacia 1988 sólo un 10% de los seminaristas de Maynooth reunieron los requisitos para cursar un grado universitario, según la norma de aceptación de veinte años antes. En todos los países de Europa occidental, en los países de habla inglesa y en Hispanoamérica la tendencia fue igual. En todo el mundo la huída del sacerdocio fue tumultuosa. En los veinte años posteriores a 1964, cerca de 50.000 sacerdotes abandonaron su vocación. Como observaba Mons. Lefebvre, "fue el mayor desastre no sólo del siglo actual, sino de cualquier otra época desde la fundación de la Iglesia".

Incluso hoy, cuando la decadencia sigue descontrolada, estos números no permiten todavía ver la crisis del futuro inmediato. En nuestra Iglesia conciliar y rejuvenecida, el sacerdocio se ha mantenido vivo gracias a los que se ordenaron antes de la década de 1960. El vaciamiento de los seminarios y la deserción de los sacerdotes jóvenes ha convertido el sacerdocio en el reducto de una generación que va a desaparecer en los próximos diez o quince años. En Francia hoy hay sólo 4.000 sacerdotes de menos de 65 años -un décimo del número total de hace quince años en ese país-. En los campos, la tradición cristiana de Francia ha disminuido casi hasta la extinción. Algunos sacerdotes atienden hasta 30 parroquias; la mayoría de las iglesias carecen de Misa semanal, y la experiencia normal para los fieles ha sido la de una asamblea sin sacerdote. El Concilio Vaticano Segundo ha logrado lo que seis generaciones de revoluciones y anticlericalismo no pudieron: despojar a Francia de su sacerdocio católico.

Estas son las estadísticas, pero los números no traducen el verdadero mal, que es la peste espiritual y moral que sufre el sacerdocio. La señal más conocida de ésta es el escándalo que, habiéndose potenciado durante los últimos 25 años, tiene hoy casi paralizada a la Iglesia como fuerza moral: el escándalo del clero católico como corruptor de menores, que supera los límites nacionales. En los Estados Unidos, cerca de 4.000 sacerdotes han sido acusados, y más de 700 han abandonado el sacerdocio luego de ser condenados. Los mismos escándalos, en cifras proporcionales, han impactado a muchos países europeos. Tenemos que advertir que, no obstante la moda moderna de desenterrar acusaciones del remoto pasado, casi todas ellas se refieren al período transcurrido desde el Concilio Vaticano Segundo y, la gran mayoría, a sacerdotes formados después del Concilio[29]. Ello no se explica porque antes se hiciera vista gorda con tales delitos, ya que en una época el clero anglicano fue notorio por las mismas debilidades. Pero no existía entonces una percepción parecida del clero católico. Cuando se quería expresar escepticismo sobre la devoción de los sacerdotes católicos al celibato, se hacía chistes sobre los párrocos adúlteros o los

---

[29] Este hecho queda a menudo oscurecido por confundirse bajo el mismo término "abusos" los crímenes sexuales y los rudos métodos que solían ser comunes en algunos lugares de la Iglesia en la educación de la juvenud.

cardenales padres de muchos hijos. Las denuncias sobre el acoso infantil entre los clérigos católicos comenzaron a aparecer hacia fines de la década de 1980, y se referían a hechos de los 20 o 25 años previos, el mismo período típico, del que hoy siguen apareciendo revelaciones. Aquellos fueron los años en que la jerarquía, inquieta por el abandono en masa del sacerdocio, se embarcó en una política de silenciar las acusaciones, trasladando a los acusados de parroquia en parroquia o de diócesis en diócesis, y protegiéndolos de ser procesados. En tiempos anteriores, la Iglesia tuvo pocas dudas sobre si expulsar o no a los sacerdotes culpables de mal comportamiento (y en general esas faltas, si eran sexuales, tendían a ser de un tipo menos antinatural). Pero en la multitud de renegados que abandonaron el sacerdocio desde la década de 1960, hay pocos que lo hicieron por un castigo impuesto por la Iglesia.

Sin embargo, esto es sólo parte de la corrupción total. El acoso de niños es sencillamente la forma de inmoralidad sexual que el mundo moderno acostumbra vilipendiar; mucho más comunes son la formas que condona y pasa por alto. Desde el Concilio Vaticano Segundo, se ha producido un inmenso cambio en el carácter del clero católico, algo ya familiar en los círculos anglicanos. En 1946, Evelyn Waugh dio a conocer su opinión de la facción anglo-católica de esa iglesia cuando dijo a John Betjeman, con palabras que son lamentablemente aplicables a la Iglesia católica actual, que era absurdo "señalar a un puñado de curas homosexuales y decir "Esa es la verdadera Iglesia"". La misma mancha ha ensuciado hoy al clero católico y por el mismo motivo: se ha convertido en un orden ficticio, sin disciplina, sin un ethos de castidad y sin un verdadero sentido del sacerdocio.

El mal está hoy tan repartido que ha llegado, de modo inevitable y escandaloso, a invadir la Curia y el Colegio de Cardenales, y a formar, de este modo, una barrera institucional contra todo intento de reforma. Como explicación del cambio hay, en parte, una razón ética, la subversión de la autoridad que caracteriza a la religión Modernista. Antiguamente, ser un sacerdote, como ser un marido, era visto como una posición de autoridad, y tendía a atraer hombres de personalidad análoga. Actualmente, la situación insulsa del sacerdocio atrae inadaptados y marginados. Una causa más directa, con todo, ha sido la pérdida de la formación tradicional. En el pasado, la vida de los seminarios estaba cuidadosamente calculada para formar ministros devotos y virtuosos. Sin duda algunos hombres de sexualidad desajustada entraban a ellos, pero eran sometidos a una formación que servía como disuasivo o como remedio, que enseñaba hábitos de auto-disciplina y de piedad, que acentuaba la importancia de la vocación al celibato y la virtud de la castidad, y que infundía respeto por la santidad de los sacramentos, la Misa y el propio sacerdocio. Estas lecciones eran reforzadas por una vida ascética y recoleta. Los seminaristas vivían en una casa de estudio, cuya disciplina era la de una casa de religiosos; podían salir sólo con permiso, en grupos de al menos tres, como era la costumbre y debían, naturalmente, usar traje clerical. La confesión era una estricta exigencia. Con tal régimen, los individuos que tenían grandes tentaciones contra la castidad encontraban muy dura esa vida y o bien abandonaban la carrera, o bien aprendían la disciplina de la virtud y de las cosas sagradas. En todo esto el seminario moderno es el exacto opuesto. Se comienza con una selección diseñada para excluir candidatos piadosos y ortodoxos. Desde el Concilio Vaticano Segundo se ha creado comités de selección para interrogar a los candidatos a la admisión; se ha hecho *de rigueur* nombrar uno o dos feministas obsesivos en estos comités, normalmente monjas inconformistas, que han producido, más que ningún otro elemento, el emasculado sacerdocio que tenemos hoy. En seguida, el propósito de los examinadores ha sido excluir todo postulante que tenga simpatía por la doctrina o las devociones tradicionales; el programa Modernista del seminario debe ser administrado a quienes están predispuestos a recibirlo. Con un ingreso tamizado de este modo, el seminario rechaza los caminos del pasado. No se espera que el candidato a sacerdote se someta a una vida de obediencia y disciplina; el lugar de la piedad lo toma una vaga conciencia pastoral; el celibato es visto no como una vocación difícil para la que se necesita una cuidadosa preparación, sino como una norma vieja que será pronto descartada; la castidad es despreciada como una reliquia de inhibiciones, la auto-indulgencia es apaciguada con engañosas palabras sobre el "reconocimiento de su sexualidad por el sacerdote"; no se enseña el carácter único, sacramental del sacerdocio; y en especial, el respeto y la devoción a la Misa, que solía ser el sustento de los sacerdotes se pierden en una teología que hace de la Misa una reunión parroquial, un espacio para dar saltos y hacer ruído.

Ya va siendo tiempo de comparar el producto de los seminarios modernos con los del pasado, y evaluar los perdidos méritos de un sistema que fue tan arrogantemente arrojado por la borda; pero se trata de una evaluación a la que los defensores del *statu quo* han cerrado su mente, apuntalados por la creencia, propia de quienes ignoran a la verdadera Iglesia, que atribuye la actual inmoralidad a la ley del celibato y a un modelo arcaico de sacerdocio. La verdad es todo lo contrario: cuando se respetaba la vocación a la castidad, esos crímenes eran pocos; los delincuentes no han sido forjados por el ethos tradicional del sacerdocio sino por el descuido del mismo; y la Iglesia está cosechando hoy los frutos de sesenta años de relajo e indisciplina.

Pero todo esto no es más que el comienzo. Aunque el sacerdocio católico se ha convertido en un escandaloso nido de perversiones, los culpables siguen cayendo también en pecados más corrientes. Actualmente, las relaciones de un sacerdote católico con una mujer rara vez atraen la atención de la prensa, a menos que haya algún hijo ilegítimo involucrado, pero no han dejado de producirse. A partir de la década de 1960, lo que antes había sido una caída personal se transformó, para muchos, en una declaración de rebeldía. Los sacerdotes han tenido deliberadamente relaciones con mujeres como expresión de su rechazo a la ley del celibato, y esta línea de protestas no da señas de debilitamiento. Tales hábitos han llegado prontamente al nivel del episcopado. En 1981, el cardenal Cody, de Chicago, fue investigado judicialmente luego de que la Conferencia Nacional de Obispos Católicos perdiera más de cuatro millones de dólares mientras él fue tesorero. La investigación se extendió a su amistad con una divorciada, a quien el cardenal dio empleo pagado en la Iglesia; se dice que ella tenía un patrimonio de un millón de dólares y era beneficiaria de una valiosa póliza de seguro de vida tomada por Cody. En 1992, el obispo irlandés Eamon Casey tuvo que renunciar luego de que pagara 115.000 dólares a una mujer divorciada que era la madre de su hijo. El obispo Casey se había destacado como activista de los "derechos humanos", exhibiendo una estridente hostilidad hacia las políticas de los Estados Unidos, y había declarado en una ocasión que "Todo clérigo que tenga fondos de más de cuatro cifras en el banco, ha perdido la fe". La generosísima pensión alimenticia que se las arregló para sacar de los fondos que tenía a su cargo como obispo, muestra, al menos, su preocupación por la redistribución de la riqueza. Otras parecidas costumbres de obispos izquierdistas ha exhibido Fernando Lugo, ex obispo de San Pedro, en el Paraguay y posteriormente presidente de ese país, hasta que fue depuesto por el parlamento en 2012. Se cree que combinó sus funciones episcopales con relaciones con varias mujeres, y reconoció la paternidad de uno de los varios hijos que se le atribuyeron. En 1996 el obispo escocés Roderick Wright desapareció de su diócesis para no enfrentar la revelación de ser padre de un hijo ilegítimo. Cuando se lo capturó y apareció ante el público, sacó provecho del acontecimiento vendiendo su historia a la prensa. En 2014, el obispo inglés Kieran Conry, que había sido dirigente de la desintegración "progresista" de la Iglesia, renunció cuando sus aventuras con mujeres, ampliamente conocidas desde hacía varios años, se convirtieron en un escándalo público.

Si la Iglesia busca restaurar su disciplina moral, necesita recuperar la tradicional sabiduría de la formación de los clérigos, que reconocía que el sacerdocio es una vocación difícil, que necesita cuidadosa preparación. A los sacerdotes se les enseñaba que su función esencial era ser instrumentos de la gracia sacramental, gracia que era efectiva, cualesquiera fueran las torpezas de sus ministros. A fin de formarse bien para ese servicio, los sacerdotes necesitaban construírse una vida en torno a cosas simples, cosas que todo el mundo pudiera entender: las devociones de la Iglesia, la espiritualidad del breviario, la disciplina de la vida sacerdotal. En algunos de ellos, la disciplina podía producir rutina y formalismo, pero podía ser también un marco de santidad. Debido a que a los sacerdotes se les proporcionaba una base sólida, podían dar grandes saltos a partir de ella, o descansar sobre ella y llevar una vida de tranquila piedad. El breviario, con el que la espiritualidad monástica enriqueció la vida del clero secular, fue central en el ethos del sacerdocio medieval y tridentino, permitiendo al sacerdote transformarse en un claustro ante el mundo y un refugio contra sus tentaciones. Hoy día, la obligación canónica de recitar el breviario es casi universalmente ignorada, porque se supone que los sacerdotes deben estar inmersos en el mundo. La locura de la Iglesia conciliar la ha llevado a arrojar por la borda el encuadramiento de la vida sacerdotal y a proponer a los jóvenes la meta de ser héroes religiosos según un estilo mal definido. El resultado de este nebuloso ideal, como vemos por todas partes, ha sido dejar caer a muchos en los más profundos abismos del fracaso humano.

Lo primero y más importante, lo que fue esencial en la vocación al sacerdocio y sigue siendo esencial para su reconstrucción, es infundir el sentido de la vida sacramental, de la sacralidad del oficio mismo sacerdotal y, sobre todo, la santidad única de la Misa, de la que los sacerdotes son ministros consagrados. Cuando se enseña a los sacerdotes a verse a sí mismos como trabajadores sociales, con una obligación accesoria de celibato, se ha perdido la más preciosa defensa contra la mediocridad moral. Recordemos que, cuando el mundo condena a los acosadores de niños hablando del abuso de su posición de confianza, para una conciencia católica el verdadero horror de tales crímenes es que los individuos culpables de esos atroces pecados siguen celebrando el Santo Sacrificio y profanando el sacerdocio.

Esa reforma, sin embargo, no llegará sin que termine el actual negacionismo, que no oye ninguna de las críticas a lo que se ha hecho en los últimos sesenta años. Cuando los dirigentes de la Iglesia comiencen a ver las cosas tal como son, se darán cuenta de que en ninguna otra época de la historia de la Iglesia ha estado tan bajo como ahora el nivel moral del sacerdocio católico. Comenzarán a darse cuenta de lo que dice del estado de la Iglesia el hecho de que es práctica estándar de las diócesis católicas contratar pólizas de seguro contra los juicios motivados por la inmoralidad de su clero. Hay que retroceder hasta la época inmediatamente anterior a la Reforma protestante o a la Revolución Francesa para encontrar el crédito moral del clero en un nivel tan bajo. Pero hay que advertir la diferencia: en aquellos períodos la corrupción del clero se originó de muchas generaciones de relajo y autoridad; en el nuestro, proviene de una alardeada renovación inaugurada por el Concilio Vaticano Segundo. Hay que aprender las lecciones que nos da la historia de la Iglesia: las reformas del período Tridentino y del siglo XIX produjeron el efecto de dar a la Iglesia un sacerdocio de estándares morales excepcionalmente elevados, y esos estándares han sido desechados por la arrogante presunción de quienes rechazaron la tradición.

Hoy hay pocas señas de algún deseo de ir a la raíz del mal. Se puede imaginar que, en diez o veinte años más, cuando suficientes abusadores de niños hayan sido encarcelados y otros tantos hayan sido expulsados del sacerdocio, este escándalo disminuirá en el clero. Pero podemos estar seguros de que, sea lo que fuere que haga la Iglesia por miedo al juicio de la opinión pública sobre esos culpables, no hará nada, por faltar ese miedo, contra otros culpables que avergüenzan al clero. El privilegio de relajación y secularidad que el clero moderno asumió luego del Concilio Vaticano Segundo, es lo último que se negará a sí mismo.

Pero a pesar de esto, sería un error ver el fracaso del clero sólo en términos de debilidades sexuales. El veneno es mucho más poderoso, y ha sido deliberadamente inyectado por vías oficiales, mediante la formación en los seminarios durante los últimos cincuenta -y más- años. Ha sido inyectado por profesores que se dedicaron a denigrar y destruir el sacerdocio sacramental en que ellos mismos fueron formados, y luego por sus discípulos, que han degradado la vida de la Iglesia: sacerdotes que no han hecho esfuerzo alguno por mantener la doctrina moral católica sino que la han socavado activamente, que han buscado popularidad por su aceptación de la moderna auto-indulgencia; que han tratado la doctrina de la Iglesia sobre la castidad como una irrelevancia indigna de tomarse en cuenta, y han considerado el aborto mismo como tema de "conciencia" individual; que han predicado abiertamente la sodomía como modo de vida; que han dejado a los fieles en la ignorancia sobre la verdadera naturaleza de la Misa y de los sacramentos; que han educado a los niños sin darles conocimiento de la fe y reemplazándola con insulseces profanas; que han descuidado el papel de pastores cristianos por asumir el de activistas políticos; que se han transformado en celebridades como el P. Leonardo Boff y Mons. Bruce Kent, que usaron su oficio como plataforma para causas políticas y abandonaron el sacerdocio cuando la caída del imperio soviético les demostró que habían estado perdiendo el tiempo; sobre todo, que, como obispos y superiores, son tolerantes de herejías e impiedades que han destruido la vida espiritual de la Iglesia. Es por estos falsos pastores, mucho más que por los pecadores individuales, que la Iglesia ha sido traicionada.

Todo esto se ha hecho en nombre de una renovación que estuvo desde el principio marcada por la falsedad de sus objetivos. La nueva doctrina definió un sacerdocio cuyo primer deber fue predicar, y ha producido un ministerio que no se atreve a anunciar la verdad cristiana; proclamó una prioridad pastoral, y sus sacerdotes han perdido fieles por millones; enseñó un regreso a la religión bíblica, y ha formado un clero para el cual la Biblia es una colección de leyendas; llamó a la sinceridad, y produjo un sacerdocio de disimuladores, hundidos en secretas faltas de castidad.

Necesitamos también reconocer las debilidades tanto personales como doctrinales en la trastienda de este amplio fracaso. Es difícil ir contra el pelo de la época, y muchos sacerdotes han eludido el esfuerzo: piensan que serán mejor oídos si hablan de un medioambiente limpio más que de una conciencia limpia, de justicia social más que de esa justicia que excede a la de los escribas y fariseos, y le dicen a su auditorio lo que éste quiere oír. Así, el sacerdote, despojado del tradicional respeto que se le tenía, siente su aislamiento. Mortificado por los rigores del celibato, busca la compañía femenina, y piensa que debiera permitírsele contraer matrimonio; lo justifica todo como un "salir al mundo", perdiendo de vista que el sacerdote es un hombre separado del mundo. A estas presiones, podemos añadir la simple desorientación. Cuando el caos de la década de 1960 los abrumó, muchos clérigos no supieron dónde estaban; se encontraron sirviendo a una Iglesia que había perdido su identidad y su confianza en sí misma. Hay que reconocer el hecho básico de todo lo que hemos descrito: la huída desde el sacerdocio, el vaciamiento de los seminarios, las caídas sexuales, la cobardía moral en la docencia, apuntan a una sola lección: el sacerdocio moderno es un conglomerado que está en la última etapa de la desmoralización profesional.

Habiendo dado la espalda a las guías del pasado, el clero de hoy lucha por encontrar un papel, pero cualquiera que éste sea, es un papel definido por el propio actor, que toma sus orientaciones no de un cristianismo auténtico sino de vagas nociones populares de religiosidad. El culto católico se ha transformado en una presentación de actores que se dirigen a sí mismos, con su improvisada liturgia, sus ritos inventados, en que se incluye el curioso fetiche de la "silla presidencial", y sus vestimentas que sugieren disfraces inventados por un cineasta para chifladas sectas religiosas. Comparado con el auténtico sacerdocio del pasado, se ve a los clérigos católicos modernos, en el mejor de los casos, desempeñando el papel de sacerdotes según un texto escrito por sentimentalistas de Hollywood.

Hay mucha gente que no ve nada extraño en este estado de cosas, que no ha tenido la experiencia de algo diferente y, viendo un clero hundido en el mundo moderno, no se imagina otro mejoramiento que una inmersión más profunda. Pero la lección que los últimos sesenta años nos han enseñado es que este ministerio de lo profano se derrota a sí mismo. Una liturgia para quienes se adoran a sí mismos en vez de Dios, un sacerdocio para los que no conocen la doctrina del sacerdocio, acarrea el colapso que hemos visto desplegado desde el Concilio Vaticano Segundo. La Iglesia no puede sobrevivir de este modo, y ya podemos ver que no está sobreviviendo. El impresionismo ignorante de la práctica reciente está comenzando a ceder ante un estudio en forma del pasado católico, con sus lecciones sobre liturgia y ministerio: dichas lecciones anuncian un sacerdocio cuya primera función es la de ofrecer el sacrificio y comunicar la gracia sacramental; un sacerdocio cuya vocación es gobernar la Iglesia, y cuyos distintivos deben expresar su autoridad; un sacerdocio para cuya vocación la castidad es parte integral; un sacerdocio que requiere que sus miembros estén separados del mundo y bien preparados en piedad y buena disciplina para su sagrado oficio. Ninguna de estas cosas, rectamente cumplidas, están en conflicto con un servicio pastoral y misionero. En las épocas en que ellas fueron reconocidas, los logros pastorales del sacerdocio católico fueron sobresalientes; desde que fueron desconocidas, su fracaso ha sido catastrófico. Hay sólo un camino que la Iglesia puede tomar con integridad: el regreso a su auténtica tradición de sacerdocio.

13
El repudio del Reino de Cristo

"*DIGNITATIS HUMANAE PERSONAE*"

La liturgia moderna y el sacerdocio secularizado son dos ejemplos de la religión antropocéntrica que el Concilio Vaticano Segundo ha introducido en la Iglesia; pero tenemos que abordar la más directa expresión de ella, contenida en la Declaración Sobre la Libertad Religiosa del Concilio, *Dignitatis Humanae Personae*. Hay que hacer una primera observación sobre este documento: se lo objeta no por su declaración de libertad religiosa en sí misma, ni por el gesto de reconciliación con el mundo que fue su intención hacer, sino por los principios ideológicos que se materializan en esa Declaración. El efecto de tales principios es sustituir la auténtica filosofía de la Iglesia por una concepción humanista; esos principios representan una sumisión a la república del Hombre en lugar de al reino de Cristo, a quien la Iglesia ha declarado siempre soberano de los asuntos humanos.

Conviene subrayar que, durante su discusión, la Declaración sobre Libertad Religiosa, fue la más controvertida de los documentos del Concilio. Se hicieron de ella seis borradores, fue presentada en cada una de las sesiones del Concilio y devuelta reiteradamente para ser corregida. Analizada por primera vez en 1962, sólo se la vino a aprobar en noviembre de 1965, prácticamente al terminar el Concilio. En el voto final, el voto minoritario de rechazo, de 70 padres, fue uno de los mayores votos negativos recibidos por ningún otro documento conciliar: como el supuesto era que los documentos debían expresar una virtual unanimidad, la mayor parte de ellos fue aprobada con sólo un puñado de votos disidentes. De hecho, el voto sobre el sexto borrador tuvo en un comienzo 1.954 votos a favor y 249 en contra, y éstos sólo disminuyeron a 70 por obra de Pablo VI, quien añadió una declaración de que no había intención alguna de cambiar la doctrina tradicional. Así, pues, la idea de que esta Declaración es incompatible con la doctrina católica no es simplemente propia de una postura extrema, sino que fue sostenida, a pesar de todos los argumentos contrarios, por setenta padres conciliares. Tenemos que analizar ahora el contenido que dio origen a semejante oposición.

El primer punto (el punto crucial) que hay que señalar en esta Declaración es que enseña una doctrina contradictoria. Comienza afirmando que la fe católica es verdadera revelación de Dios, y que "todos los hombres deben buscar la verdad, especialmente en lo que concierne a Dios y a su Iglesia, y adherir firmemente a ella". Prosigue diciendo que el tema de la libertad religiosa "deja intacta la doctrina católica tradicional sobre el deber moral de los hombres y de las sociedades hacia la religión verdadera y hacia la única Iglesia de Cristo". La Declaración reconoce, pues, al menos implícitamente, que no existe un derecho humano objetivo de adoptar una religión contraria a la revelación divina. Pero, a continuación, dedica largas páginas a exhortar a las sociedades humanas, en los términos más solemnes, a que actúen como si existiera ese derecho.

Se podía esperar que la Declaración dedicara algún espacio a resolver esta paradoja, pero no lo hizo. Puede aducirse un par de motivos para ello. La primera es que esa tarea es imposible; la segunda es que la declaración introductoria, aunque es lo único que salva a la Declaración de ser una herejía explícita, fue introducida sólo para tranquilizar a los conservadores antes de que comenzara la exposición de la doctrina propia del documento. Así, la Declaración sobre la Libertad Religiosa no puede ser considerada como enseñanza de una doctrina equilibrada que armoniza la tradición con legítimas intuiciones nuevas. La oposición entre estas dos partes es directa, y no fue resuelta. La declaración de Pablo VI sobre que no hay cambio en la doctrina tampoco clarifica nada, puesto que el cambio de la doctrina es manifiesto. La única consecuencia de estos rasgos en conflicto es, si se los toma a todos en consideración, privar a la Declaración de sentido.

Los tradicionalistas que desean sostener la autoridad del Concilio han argüido que se puede aceptar la Declaración si se la interpreta, como debe ser, en el contexto de la tradición católica y, en efecto, los párrafos salvadores que mencionamos proporcionan base para ese enfoque. Sin embargo, no es ésta la forma en que la Iglesia ha abordado tradicionalmente las doctrinas sospechosas, sino que se parece a aquella especial forma de argumentar que usó Newman, en su época tractariana, para procurar defender que los Treinta y Nueve Artículos podían intepretarse como parte de la tradición católica, ignorando el hecho de que ellos son el documento fundacional de una iglesia hereje y protestante. La Iglesia católica ha descartado siempre semejantes evasivas, ejemplificadas por los intentos de husitas y jansenistas por desconocer las doctrinas heréticas que se les atribuían. Contra tales sutilezas, la postura de la Iglesia ha sido que la doctrina de un texto es lo que parece ser y lo que es en la práctica, en el sentido del uso que le dan sus seguidores. Según este criterio, la enseñanza de *Dignitatis Humanae Personae* es la contenida en la parte principal del documento, no en la sección introductoria ni en la declaración que hizo Pablo VI para salvar la situación. El grueso de los católicos entiende esa enseñanza como una declaración del derecho absoluto de libertad religiosa, y se escandalizaría si se le dijera que el documento comienza con una declaración de que tal derecho no existe. Porque tal es la lectura humanista de la Declaración que se ha propagado de hecho; más todavía: la filosofía que conlleva, al poner al hombre antes que Dios, ha sido el principal agente de la corrupción del catolicismo causada por el Concilio Vaticano Segundo, de la devastación de la vida espiritual de la Iglesia y de la destrucción de su coherencia intelectual.

Se ha dicho que la exigencia de la Declaración sobre Libertad Religiosa es meramente pragmática, y no implica esencialmente una filosofía de derechos humanos. Si ello fuera así, podría resultar aceptable, pero este argumento es claramente falso. La Declaración apela a principios que son patentemente humanistas, y su intención fue apelar a ellos. No se limita a pedir a los gobiernos que apliquen la libertad religiosa, sino que declara que ésta es su principio intrínseco: "Este Sínodo Vaticano declara que la persona humana tiene derecho a la libertad religiosa... El Sínodo declara además que el derecho a la libertad religiosa tiene su fundamento en la dignidad misma de la persona humana, tal como esa dignidad se conoce por la palabra revelada de Dios y por la razón misma". Analizaremos en breve el concepto aludido de dignidad "que se conoce por la palabra revelada de Dios", pero tenemos primero que hacer notar el deliberado humanismo que empapa a la Declaración: se lo anuncia en la primera de sus frases, *Dignitatis humanae personae*, y se lo reenfatiza por el uso reiterado de la frase "persona humana" en todo el documento, haciéndose eco y acentuando el humanismo que encontramos en *Gaudium et Spes*. Esta formulación refleja la intención de Pablo VI y de otros, de introducir en la filosofía de la Iglesia un humanismo cristiano, de acuerdo con un programa maritainiano o pseudo-maritainiano, y evidencia un deliberado corte con la tradición de docencia conciliar y papal.

Otro de los hilos explicativos corresponde a la génesis americana del documento. Su fuente ideológica está en los escritos del P. John Courtney Murray, s.j., que deseaba presentar el catolicismo como en total armonía con los principios de la constitución de los Estados Unidos, basando la libertad en la misma argumentación usada por otras religiones. Este planteamiento, que llevó a que, durante Pío XII, se le prohibiera al P. Courtney escribir, justificó los temores de León XIII, en *Testem Benevolentiae*, de un exceso de celo por adaptarse a los usos nacionales. El mismo error subyace a la disposición de Bossuet a acatar el regalismo de Luis XIV. En realidad, cuando se discutió la Declaración sobre Libertad Religiosa en el Concilio, los obispos estadounidenses argumentaron a favor de ella sobre una base innegablemente humanista, y fueron respaldados en Europa por convencidos Modernistas como Hans Küng y Mons. de Smedt, obispo de Brujas. En su avidez por hacer un gesto generoso al mundo, el Concilio se sintió obligado a abrazar esta filosofía, ya que sólo una declaración absolutamente convincente era capaz de hacer justicia a los ideales de apertura y de ecumenismo, y con esa errónea intención se lo condujo a adoptar una doctrina que destruye los fundamentos de toda religión coherente.

LOS DERECHOS HUMANOS Y LA DIGNIDAD HUMANA

La idea de que la libertad religiosa es un derecho humano esencial es uno de los principales fundamentos del liberalismo moderno, que el Concilio Vaticano Segundo quiso incorporar a la doctrina de la Iglesia. Necesitamos, por tanto, examinar esta idea y estudiar su relación con la verdad católica. Hay que comenzar considerando qué es un derecho humano esencial y cuáles son las implicancias filosóficas del concepto. Un derecho esencial es aquel que es necesario para la plenitud de la naturaleza humana; y la idea de un derecho así en los seres humanos depende, por tanto, de la idea que se tenga de la naturaleza humana. Aquí nos encontramos con una necesaria oposición entre la idea humanista y la cristiana. Para el humanista, un hombre es un ser autónomo, que desarrolla valores morales y religiosos a partir de su propia voluntad y su propia razón, y sus derechos están dirigidos a conseguir la plenitud de esa autonomía. La idea convencional del humanismo moderno es que el desarrollo de las creencias religiosas es un modo como el hombre expresa su naturaleza moral; por tanto, el hombre tiene derecho a esas creencias y a comportarse de acuerdo con ellas, y su derecho se extiende a cualquier forma de religión a que su espíritu dé origen.

Contra este concepto se yergue el concepto de hombre en la doctrina cristiana. Según ésta, el hombre es un hijo de Dios, es decir, un ser creado para conocer a Dios, reconocerlo como Padre, cumplir Su voluntad y darle culto, y disfrutar de la vida eterna con El. Igual que en la premisa humanista, los derechos esenciales del hombre son los necesarios para realizar su naturaleza. Por tanto, la doctrina católica afirma la existencia de diversos derechos humanos: el derecho a la vida, a recibir el conocimiento de Dios, a ser instruído en la verdadera religión y la recta moral, a vivir de acuerdo con esa instrucción, a adorar libremente a Dios y hacer lo que mandan Sus leyes, y a vivir una vida valiosa, como corresponde a seres de dignidad moral. Estos son los derechos necesarios para realizar nuestra naturaleza de hijos de Dios. Esos derechos no incluyen ningún derecho opuesto a dichos fines, como serían el derecho a rechazar a Dios y su revelación, a formarse falsos conceptos de Dios, a obrar contra Su voluntad o a negar el destino eterno del hombre. Se puede concebir derechos secundarios o condicionales a hacer tales cosas; pero claramente no son derechos intrínsecos, fundados en la naturaleza esencial del hombre.

De la misma fuente que derivan los derechos del hombre deriva también su dignidad: ésta se funda en su naturaleza de hijo de Dios, y no tiene ningún otro título a ella. La dignidad del hombre se eleva en la medida en que se conforma a su Padre, y se degrada a medida que cae, alejándose de El. La dignidad humana es la de alguien que ha sido creado a imagen de Dios. El hombre es una expresión del propósito divino de crear seres que pudieran compartir Su naturaleza en la medida propia de su realidad de creaturas, compartiendo Su bondad y Su santidad. Un ser humano que se conforma en santidad a su Creador y lo adora es, después de los ángeles, la creatura más semejante a Dios que Este pudo hacer. Pero quien ha despreciado a su Creador y se ha puesto en su contra es la cosa más degradada que puede existir, situándose por debajo incluso del mundo de los brutos. No hay igualdad de derechos entre ambos tipos de hombres; para unos, la justicia divina reserva la eterna felicidad; para otros, no queda más que el infierno de su auto-afirmación.

De ahí que sólo con relación a Dios se puede entender los derechos y la dignidad humanos. El es su fuente, y el valor que tales cosas tienen depende de su conformidad con su fuente. Es un error considerar absolutos los derechos o la dignidad humanos sin tomar en cuenta a Dios; esa es la falsificación que el humanismo ha hecho de la idea cristiana del valor humano. En efecto, ha tomado en préstamo el principio "no hay ni esclavo ni libre, sino que Cristo lo es todo en todos", y ha suprimido de él a Cristo, substituyéndolo por un estándar humano. Considerado en sí mismo, dicho estándar no es despreciable; es mejor que la ignorancia, sin valor, de quienes jamás conocieron la palabra transformadora de Cristo. Pero no es éste el estándar cristiano, y no debe confundírselo con él. Degraciadamente, el mundo humanista ha dispuesto de dos siglos para instilar esta confusión, aunque la Iglesia católica constantemente ha prevenido a sus fieles de cuidarse de este error. Con el Concilio Vaticano Segundo, faltó la luz de la enseñanza católica, y se introdujo la confusión del mundo. Y así, la Declaración sobre la Libertad Religiosa presupone derechos humanos que no distinguen entre quienes aceptan a Dios y quienes lo rechazan, y entiende que esos derechos se fundan en una dignidad humana independiente del sometimiento a Dios.

La mención de derechos humanos y de dignidad humana que se hace a lo largo de toda la Declaración se refiere a la concepción humanista de ellos, y la frase "persona humana", que se repite insistentemente, se refiere implícitamente a la concepción humanista del hombre. Para probar este punto, podemos sustituir la frase "persona humana" por "hijo de Dios" cada vez que la primera aparece en el documento, y el planteamiento inmediatamente pierde toda su fuerza lógica. Se ha empleado en la Declaración una fraseología humanista para implantar una filosofía humanista.

Es necesario tener presentes los fundamentos lógicos tanto del concepto humanista de hombre como del concepto cristiano. Ninguno de ellos se sustenta sin referencia a la realidad objetiva. La validez del concepto humanista depende del hecho objetivo -si es que lo es- que no hay Dios que imponga su soberana voluntad al hombre o que modifique la idea que el hombre tiene de su propio valor. El concepto cristiano depende del hecho objetivo -si es que lo es- que existe un Dios verdadero que ha creado al hombre y se le ha dado a conocer de un modo específico. Ninguno de estos conceptos puede ser una simple forma de ver las cosas; no se puede sostener coherentemente ninguno de ellos sin presuponer explícitamente su premisa, y los dos son contradictorios entre sí. Si Dios existe, el hombre no puede referir primariamente a sí mismo su idea de valor moral; si Dios no existe, o si en realidad no se ha dado a conocer al hombre, ninguna religión puede ser punto de referencia de nadie, por muy noble que sea su objetivo.

Así, pues, el pensamiento cristiano no puede dar cabida al concepto de dignidad humana enseñado por el humanismo: pensar que sí puede, es una incoherencia filosófica. Se podría comparar esta divergencia con dos exploradores que descubren un niño criado por monos en la selva. Uno de ellos trata de persuadirlo, contra la negativa animalesca del niño, de que no es un mono sino el heredero del título y la fortuna de Lord Greystoke, en tanto que el otro protesta por considerar que ese intento es una violación de los derechos del niño mono expósito. Un hombre no es un mono y no tiene derechos de simio y, del mismo modo, no tiene derechos humanos que entren en conflicto con su naturaleza de hijo de Dios. Tratar a un hombre como si fuera un mono es traicionarlo como hombre; y tratar a un hombre como si fuera menos que hijo de Dios, no sólo injuria a Dios sino también al propio hombre. La idea de que con tomar en préstamo las intuiciones humanistas enriquecemos el cristianismo con un concepto más elevado de la dignidad humana, es una grave perversión; lo que hacemos con ello es perder el verdadero concepto de valor humano que el cristianismo ha dado a la humanidad, y reemplazarlo por una copia inferior.

La mente católica liberal, entrampada en una confusión del pensamiento, no capta esta contradicción. Algunos apologetas tratan de escapar de ella practicando una imposible distinción entre lo que es bueno en sí mismo y lo que, en su benignidad, Dios permite, o entre lo que es intrínsecamente valioso y lo que es valioso para una sociedad humana. Este error permea la religión humanista introducida por el Concilio Vaticano Segundo, vista a la luz de su condescendencia con la irreverencia en la oración y con el modo de hablar acerca de lo sagrado. Se imagina a Dios como un monarca constitucional que bondadosamente permite a sus súbditos terrenales tratarlo con una fácil familiaridad, renunciando a su justa soberanía; la nueva religión del hombre corrompe el culto igual como corrompe la filosofía. De este modo, el punto de vista que adopta la Declaración de Libertad Religiosa (si es que se le puede acreditar que hace tales distinciones) es que, aunque no existe objetivamente un derecho a rechazar la revelación, y aunque la dignidad humana efectivamente disminuye, como por cualquier otro pecado, por el rechazo de Dios, Dios ha constituido la sociedad humana con un sistema autónomo de derechos y de dignidad que sus miembros deben respetar, aunque no sean absolutamente los propios de la realidad. Esta noción no resiste el examen de la lógica. Un monarca humano puede renunciar a sus derechos y aceptar la independencia en una constitución, pero Dios no puede querer nada que no sea justo en sí mismo ni ser autor de cualquier valor contrario a lo que es intrínsecamente valioso. La sociedad humana no puede ser ubicada en una categoría que esté exenta de los dictados absolutos de la verdad; una idea semejante constituye una contaminación humanista. Ello no quiere decir que no haya una teoría válida de la autonomía de la sociedad civil, pero estamos frente a una teoría que está lógicamente fundada en principios teístas, no en una independencia humanista. En concreto, la teoría tiene que estar fundada sobre la filosofía católica tradicional, no sobre una ideología concebida históricamente para derrocar el orden cristiano.

La lección de esto no es que la disparidad entre creyentes y no creyentes dé a los primeros un privilegio absoluto. Los integristas católicos han argumentado en el pasado como si ello fuera así, alegando que "el error no tiene derechos". A esto los liberales han respondido, correctamente, que no se trata de los derechos del error sino de los derechos de la gente que está en el error. Sin embargo, ese *dictum* expresa mal un principio verdadero, que es que la verdad tiene derechos que le son propios. Establecer que las religiones equivocadas tienen derecho a ser tratadas en un pie de igualdad con la fe católica es aprobar constitucionalmente una falsedad. Los católicos deben, por principio, rechazar esa doctrina, aunque puedan aceptarla en la práctica. En las sociedades mixtas, los católicos se satisfacen con trabajar con otros en pie de igualdad; en países de tradición y mayoría católicas es natural que deban existir medidas para preservar el carácter heredado por la sociedad. También en esto el catolicismo está a la par con cualquier otra religión. En países musulmanes o budistas, ninguna persona razonable (descripción que no abarca a los liberales doctrinarios) podría considerar extraño que el estado privilegie su propia tradición religiosa; pero tal cosa es un derecho debido a la antigüedad de la situación, no a un predominio momentáneo. En este aspecto, el catolicismo ha sido siempre más respetuoso de los demás que la ideología que se autodenomina liberalismo. No ha existido nunca un caso en que, habiendo el catolicismo tomado el poder, haya comenzado inmediatamente una vengativa guerra contra las tradiciones milenarias de la nación, cosa que el liberalismo ha hecho una y otra vez en las revoluciones, desde la Revolución Francesa en adelante. La explícita fe que tiene la religión del hombre en su derecho a derrocar el orden cristiano, a despojar a los gobernantes cristianos, a perseguir a sus sacerdotes, y a imponer su propia educación secular en vez de la del cristianismo, exhibe unos niveles de arrogancia que la religión de Cristo no ha tenido jamás.

Otra de las erróneas doctrinas de la Declaración sobre Libertad Religiosa está tomada de preconcepciones liberales que son preconcepciones del humanismo. Se trata de la doctrina de que el hombre está obligado a asentir a Dios de un modo acorde con su dignidad humana, un modo que implica obediencia a la propia conciencia, y de que una ley que le es impuesta suprime el valor moral de sus decisiones. En esto hay que hacer una distinción. Primero, el argumento de que la obligación legal suprime el valor moral de una decisión, convence sólo a quienes están predispuestos a ser convencidos. Nadie podría sostener que los hombres sólo pueden formarse una justa concepción de la vida humana si se suprime las penas legales contra el homicidio; pero los castigos legales son un agente importante en la formación del sentido moral de los ciudadanos. Del mismo modo, que el Estado haga de la fe católica la fe de una sociedad, es avalar su autoridad, lo cual es un deber del Estado. Pero necesitamos preguntarnos qué clase de libertad es la que se exige para tomar una decisión moral. No implica, como lo supone la Declaración sobre Libertad Religiosa, una libertad civil ilimitada, que incluya el derecho de los disidentes a perturbar una sociedad cristiana. Sólo un argumento forzado hasta el extremo podría entender ese derecho como una ayuda para que el individuo preste su asentimiento moral a Dios; lejos de ser ese derecho algo necesario para tal asentimiento, sus consecuencias implican un grave peligro de impedirlo.

El lugar propio de la libertad en el asentimiento religioso es lo que la Cristiandad ha fomentado históricamente en la sociedad. Cuando los países eran gobernados por príncipes cristianos, no encontramos casos en que la religión fuese forzadamente impuesta al pueblo. Nunca se intentó, por ejemplo, imponer la asistencia a la iglesia o ningún patrón rígido de comportamiento; los individuos podían elegir entre una auténtica dedicación a la religión y un ateísmo privado, y la cosa pública no intervenía en la decisión. En ese sentido, el estilo de los países católicos contrasta con las teocracias puritanas de Ginebra y de Massachusetts, aun en asuntos más mundanos. En el siglo XVII la Roma papal gozaba de un espíritu más libertario que el absolutismo secular de Richelieu y Luis XIV; la Austria de María Teresa era más libre que el estado policial volteriano implantado por José II. Y esto es así porque el ethos católico refleja naturalmente el principio *fides suadenda, non imperanda*. Pero este principio no excluye, como un instrumento primario de persuasión, la construcción de un entorno favorable a la fe y, sobre todo, la resistencia a movimientos que podrían romper la comunidad de fe. De ahí que, cuando las sociedades católicas se han enfrentado con amenazas graves a su unidad religiosa, como en el caso de las revueltas cátara o protestante, hayan usado con toda justicia la fuerza contra ellas.

Necesitamos ahora considerar la concepción liberal desde un ángulo más axiomático, el de su apoyo a la conciencia religiosa, y al hacerlo veremos que su idea de la decisión humana individual es irreal. El cristianismo sostiene la naturaleza social de la fe, pero en realidad prácticamente toda creencia es social. La noción que evoca el liberalismo de individuos de mentes independientes que toman una decisión religiosa a partir de una revisión imparcial de las diversas opciones es, en términos generales, una imposible quimera. En la mayor parte de lo que cree, sea en cuestiones religiosas o no, la mayoría de la gente simplemente sigue la opinión común. Este hecho debe modificar la noción de creencia como expresión de la dignidad personal, y hacer que se reconozca el papel de la sociedad en la formación de esa creencia. Uno de los indicios de la naturaleza no tradicional de la Declaración sobre Libertad Religiosa es que trata las creencias como meros asentimientos individuales; toma nota de la expresión social de la fe, pero no del papel de la comunidad en la formación de la fe. El aspecto moral de esto es todavía más importante. No es realista pensar que la gente está guiada por el desinterés, como lo supone el liberalismo en su exaltación de la libertad de la decisión religiosa. Por muy lamentable que sea, tenemos que reconocer que, por lo general, la influencia básica en la conducta humana no es la razón sino el interés propio; este hecho debe modificar la noción ideal de la decisión como afirmación de la dignidad personal. Al ignorar este rasgo poco heroico, el liberalismo eleva la ingenuidad a la categoría de los principios morales. Denunciar esto no significa confundir las motivaciones humanas con un cinismo generalizado, sino sostener que cada decisión tiene que ser, caso a caso, evaluada como lo que es. En religión como en otras cosas, las decisiones de los hombres están movidas por una cantidad de pasiones inferiores, intelectuales o carnales, incluso por la más degradada de las pasiones, el odio a Dios. En el cristianismo, como en toda ética realista, el valor moral de una decisión depende de lo virtuoso de su motivación y del mérito intrínseco de la decisión tomada. El liberalismo, en cambio, le otorga una validez absoluta derivada de la esencia inmutable del agente, pero con ello constituye al ser humano en soberano sobre el bien objetivo. Proceder de este modo es justificar el *non serviam* de Satanás e investirlo de una espuria dignidad. Al afirmar el valor absoluto de la elección religiosa, la Declaración sobre la Libertad Religiosa propone una moralidad falsa, humanística[1].

CONCIENCIA Y LIBERTAD

Un error parecido comete la Declaración sobre Libertad Religiosa al recurrir a la conciencia: "En todas sus actividades el hombre está obligado a seguir su conciencia fielmente, a fin de que pueda llegar a Dios, para quien fue creado". Aunque esta declaración afirma correctamente que el fin propio de la conciencia es llevar el hombre a Dios, el uso que de ella se hace se propone justificar la libre elección de religión. De nuevo aquí necesitamos, partiendo de una concepción subjetiva de la conciencia, llegar a una concepción objetiva de ella. Tenemos que rechazar la perversión humanista de este término, que hace de la conciencia un derecho absoluto a juzgar por sí misma. Hay muchos que, en la Iglesia moderna, la tratan así, desenfadadamente y, sobre esta base, lanzan un grito de libertad. No hay para qué reiterar la doctrina católica de que la conciencia necesita ser sinceramente formada e instruida adecuadamente. Pero hay también un error conexo sobre la conciencia que tenemos que examinar.

Al decir que "el hombre está obligado a seguir su conciencia" la Declaración sobre Libertad Religiosa implica un falso concepto de deber, a saber, que una persona tiene siempre el deber de seguir su conciencia, aun cuando esté equivocada. A los liberales este principio les parece sacrosanto, pero es una falsedad. El principio verdadero es que una persona obra siempre mal si lo hace contra su conciencia, lo cual no es lo mismo. La noción liberal parece imbatible cuando suponemos que las varias opciones en una decisión religiosa son buenas en sí mismas, pero la falacia se

---

[1] La afirmación está hecha en la declaración siguiente: "Por tanto, el derecho a la libertad religiosa tiene su fundamento no en la disposición subjetiva de la persona sino en su naturaleza misma. En consecuencia, el derecho a esta inmunidad [de toda coacción religiosa] sigue existiendo aun en quienes no cumplen su obligación de buscar la verdad y adherir a ella".

revela si abandonamos este supuesto. Tomemos el ejemplo real de un chiflado religioso que cree que su hija está poseída por el demonio y que sólo matándola puede librarla de la posesión. Son pocos los que estarían dispuestos a sostener que tiene el deber de matarla, y menos todavía los que dirían que tiene derecho a ello. Sin embargo, desde un punto de vista subjetivo, el tipo tiene ese deber y, lógicamente, si tiene el deber, tiene el derecho a cumplirlo. El error está en tratar un deber subjetivo igual que un deber real. Los deberes reales otorgan derechos reales, pero los erróneos, no. Podemos hablar laxamente del derecho subjetivo de la gente a seguir una religión falsa, pero no debemos tratarlo como un verdadero derecho, como lo hace la Declaración sobre Libertad Religiosa.

Por eso es que una persona obra erróneamente si deja de hacer lo que cree que es su deber, pero ello no significa que obre bien si lo cumple. Podemos tomar el ejemplo de un hugonote francés que, coercionado, se convierte al catolicismo en el reinado de Luis XIV. Subjetivamente visto, el individuo ha obrado mal si se convirtió por motivos mundanos, contra su conciencia, y objetivamente obra mal si deja de entrar a la Iglesia católica. Esto puede parecer un predicamento riguroso, pero tal es la pena de estar en el error. No se puede tratar la verdad y el error en un pie de igualdad, como lo hace el humanismo; hacerlo, es el camino que lleva a una moral intrínsecamente falsa. La inmunidad de coerción a que el hugonote tenía derecho no se basa, como implica la Declaración sobre Libertad Religiosa, en un derecho a seguir la religión elegida, sino en el deber de los católicos de aplicar el principio *fides suadenda*, cuando no hay un grave peligro para el carácter religioso de la sociedad.

El humanismo liberal rechaza esta distinción y denuncia la arrogancia e intolerancia del catolicismo, que reivindica su religión como la única verdadera. Pero, en cuanto a se refiere a sus propios presupuestos, el humanismo no es menos arrogante e intolerante. La tendencia actual en los países occidentales es a imponer el ethos humanista liberal, acotado sólo por una convencional tolerancia de la religión. En Francia en 1993 una mujer africana fue condenada a prisión por someter a sus hijas a la circuncisión femenina, aunque dicha práctica era una exigencia de su religión ancestral y aunque no tenía conocimiento de la ley francesa que la prohibía. Este acto muestra que hay ciertas religiones que el liberalismo occidental considera no tolerables; y, más específicamente, apunta a imponer una doctrina según la cual la circuncisión femenina es una blasfemia contra el sagrado dogma de los derechos femeninos. El que aquella madre fuera enviada a la cárcel por su error demuestra que los métodos de las dragonadas todavía tienen vigencia en la Francia liberal cuando se trata de imponer una religión secular. Pocos países occidentales tolerarían la circuncisión femenina, aunque su reacción no sería quizá tan brutal como la de los franceses. En la práctica, la tolerancia está condicionada por aquello a que la gente está acostumbrada y considera normal. En las sociedades occidentales han surgido varias sectas religiosas que son suprimidas sin vacilaciones, como por ejemplo aquéllas que incitan a sus adeptos a suicidarse. Existen muchas prácticas, como el canibalismo, los sacrificios humanos, la prostitución sagrada, la auto inmolación de viudas, que han sido promovidas por algunas religiones y que el liberalismo no considera tolerables. El derecho a la conciencia demuestra, en la práctica, ser tan selectivo en un régimen liberal como lo es en uno católico. La diferencia está en que los principios católicos se basan en una filosofía coherente y en la realidad de un Dios que es el autor del bien, en tanto que la arrogancia e intolerancia de los liberales depende de prejuicios, de un sectarismo que otorga una validez absoluta a los supuestos de la cultura contemporánea, y de la incapacidad de someter a juicio los fundamentos de su propio pensamiento.

No es necesario, pues, que nos afecte demasiado que los liberales, presumiendo de morales, denuncien la arrogancia de alguien que cree que sus creencias son aprobadas por Dios. En realidad, si alguna vez ha existido una escuela comparable con las más fanáticas corrientes del cristianismo, ella es la liberal, con sus dogmas moralizantes que, cambiando con cada época, son siempre impuestos con una certeza digna de Moisés. La confianza ciega en los estándares de la propia época y lugar no es base suficiente ni para la tolerancia ni para la moral racional. Si queremos un guía para la tolerancia, él no se encuentra en un principio absoluto de libertad religiosa con algunas excepciones ilógicas, sino en un principio absoluto de verdad religiosa con criterios justos de respeto por los que están en el error.

La falta de lógica del liberalismo moderno es la condición necesaria para que pueda funcionar. Puesto que nadie propone revivir la autoinmolación de viudas o los sacrificios humanos, el mal calafateado navío de la tolerancia puede evitar el naufragio. Ello puede ser útil en las circunstancias normales, pero la doctrina de la Iglesia católica exige estándares no tan contingentes. Por su incorporación a la Declaración sobre Libertad Religiosa, el liberalismo ha sido trasladado de la esfera de la política a la de los principios religiosos. De acuerdo con lo que enseña explícitamente la Declaración, el derecho humano sigue siendo absoluto sea que el hombre se vuelva hacia Dios, sea que le dé cínicamente la espalda. Si se aplicara esta lógica, la Iglesia católica podría -causando con ello repugnancia al liberal común- exigir tolerancia para las más degradadas prácticas religiosas o irreligiosas.

Pero hablar de poner en práctica su lógica sería rendir un excesivo homenaje al Concilio Vaticano Segundo. Cuando alguno de sus miembros, como Mons. Lefebvre, le pidieron definir su filosofía, el Concilio contestó con alegre despreocupación que no era un concilio dogmático, desembarazándose de este modo de las complicaciones del pensamiento racional. La Declaración sobre Libertad Religiosa no se ha propuesto ser comprendida desde la lógica; sólo pretende ser entendida, hasta donde quiera hacerlo, por la sociedad contemporánea, con sus preconceptos y prejuicios. En esto podemos comprobar el quiebre radical del Concilio con la tradición católica. Durante diecinueve siglos la Iglesia enseñó principios absolutos, principios que sostenía a pesar del mundo, principios que, durante los primeros tres siglos, estuvieron en aguda oposición con los del mundo pagano. Correspondió al Concilio Vaticano Segundo cocinar una doctrina que no puede ser, ni se ha tenido jamás intención de que sea, llevada hasta sus últimas consecuencias lógicas, y que se diseñó sólo para ganarse los aplausos de una época de mentalidad confusa.

IMPOSICIÓN Y PRESERVACIÓN DE LA FE

Tenemos que tomar nota, en la Declaración sobre Libertad Religiosa, de otra línea, menos ideológica, de argumentos falsos. La Declaración menciona muchos casos en que la Iglesia, en los primeros siglos, rechazó la fuerza como medio de traer los no creyentes a la grey, y los usa como prueba de que la Iglesia, en sus comienzos, renegó de la coerción. Pero esos ejemplos se refieren a la imposición del cristianismo a un mundo pagano. Como hemos dicho antes (capítulo 3), la Iglesia no usó la compulsión en sus primeros siglos, y el cambio en esa política tuvo lugar cuando la fe ya estaba sólidamente establecida en Europa y se topó con desafíos: en ese momento la Iglesia trató, con razón, de preservar lo que ya tenía. La distinción entre los dos casos es tan fundamental como la que hay entre una guerra de agresión y una guerra defensiva.

Lo que enseña la práctica de la Iglesia lo enseña también la teología. Santo Tomás arguye que los no creyentes que no han recibido nunca la fe, no deben ser obligados a someterse a ella, aunque se los puede coercionar "para impedirles que obstaculicen la fe de Cristo", como en el caso de la toma por los musulmanes de los lugares santos, que provocó las Cruzadas. Pero aun si los infieles son conquistados en una guerra justa, no deben ser obligados a creer. Distinto es el caso de los apóstatas, que pueden rectamente ser obligados a volver a la fidelidad[2].

---

[2] Sto. Tomás de Aquino, Summa, II-II, Q. 10, art. 8, "Si los no creyentes deben ser compelidos a la fe", Objeción 3.

El punto puede ser ilustrado con el caso de San Agustín a comienzos del siglo V. San Agustín se enfrentó a los herejes donatistas que se habían hecho fuertes en el Norte de Africa: en un comienzo creyó que los ortodoxos debían recurrir sólo a la persuasión para ganárselos. Pero tuvo que cambiar de idea, como él mismo nos cuenta, debido a la experiencia, porque descubrió que había un elemento de simple mala fe en la resistencia donatista, que no podía ser vencido por ningún esfuerzo misionero. Aquí vemos la distinción que hace Santo Tomás entre los que están simplemente en la ignorancia de la doctrina cristiana y los que están predispuestos contra ella. La ignorancia sincera debe ser abordada mediante una sincera persuasión, pero la mala fe puede ser enfrentada con la fuerza, y es improbable que se la pueda superar de otro modo. Tampoco necesitamos admitir el argumento de que esa victoria es puramente material, si falta una auténtica convicción. Eso puede ser verdad a corto plazo, pero como lo muestra el ejemplo de Austria, la recuperación por la fuerza de un país puede ser el fundamento de muchos siglos de fidelidad católica.

Así, pues, como enseña Santo Tomás, la distinción en justicia entre los que jamás han conocido la fe y los que la han rechazado, es la base para la diferencia en el trato. Sin embargo, no parece que la caída moral en que incurren los apóstatas, aunque es real, sea lo que determina la justicia de la coerción. Las sociedades cristianas no han sido nunca muy dadas a actuar contra los cínicos irreligiosos, que están en una situación moral peor que quienes son herejes de buena fe; de lo que se trata es sencillamente de un peligro real para la Iglesia. Volvemos así al justo derecho de toda sociedad a resistir los ataques contra su identidad de larga data. Ese derecho es general, pero pertenece más claramente a una comunidad de fe cristiana, que es el reino de Cristo establecido entre los hombres. Una comunidad así es una realidad preciosa, que no debe aceptar verse obligada a rendir su integridad a las demandas del individualismo liberal.

Estos principios no deben oscurecer el hecho de que la coerción debe ser siempre un último recurso, por una razón muy esencial. En toda ocasión en que la Iglesia enfrenta un estallido herético, hay que examinar los fracasos que han conducido a él y poner la casa en orden. Ningún cristiano verdadero se daría por satisfecho con que la ortodoxia fuera mantenida sólo por la fuerza, sin el compromiso de los ministros de la Iglesia. Ello fue el error que hizo del catolicismo una forma vacía en la Francia del *ancien régime*. Deberíamos reconocer, sin embargo, que, en la práctica, la herejía y la ortodoxia no son posiciones meramente intelectuales. La lucha de la Iglesia contra la herejía ha sido siempre contra poderes materiales y no contra ideas abstractas, contra príncipes, señores y ejércitos en los campos de batalla. La exigencia de que la Iglesia no combata a tales enemigos con sus propias armas, la hacen quienes desean que la Iglesia fracase.

TOLERANCIA Y ESCRITURA

El argumento más poderoso en favor de la tolerancia, según pretenden algunos, es que está respaldada por la escritura y por el ejemplo del mismo Cristo. Si se demuestra que el deber de ser tolerantes está impuesto por la escritura, todo intento de contradecirlo queda derrotado. La creencia de que tal imposición está demostrada está muy arraigada en la mente común. Hay una cosa que el católico de hoy sabe acerca de la Biblia, y es que ésta apoya los principios de la democracia y el liberalismo modernos. Y eso no lo sabe porque haya leído la Biblia, a cuyo espíritu le gusta recurrir indiscriminadamente, sino que, para ser exactos, lo sabe porque no ha leído la Biblia, y lo seguirá sabiendo mientras no lea la Biblia y siga recibiendo ideas tamizadas por el filtro de la ideología contemporánea. La Declaración sobre Libertad Religiosa del Concilio apela también a la escritura, y tenemos que hacer un análisis para ver la fuerza de los textos en que se basa la interpretación al uso.

Un bien conocido pasaje que se dice que ordena tolerancia, y que es citado por la declaración del Concilio, es la parábola de la cizaña sembrada junto con el trigo (Mateo 13, 24-30). Ella nos manda, se nos dice, que no coercionemos a los herejes o, que al menos, no los extirpemos de entre los fieles. Esta lectura adopta un enfoque más bien sectario. La explicación de la parábola del Señor dice que "La buena semilla son los hijos del reino, y la cizaña son los hijos del Malo" (Mateo 13, 38). Por cierto, se requiere una interpretación estrecha para identificar a los hijos del reino con la grey católica, y a los hijos del Malo con quienes no pertenecen a ella. Se puede encontrar rastros del Malo incluso en el Condado de Kerry, y no necesariamente entre los miembros de la Orden de Orange. Lo que nos enseña esta parábola del Señor es la existencia del mal humano en medio de las virtudes e, incluso, la mezcla de ambos en la misma alma. Hay que tener cuidado con cómo nos largamos a combatir el mal, pero ciertamente no estamos obligados a tolerarlo, y esto es verdad cuando el mal asume la forma de un rechazo de la fe.

Otro pasaje que se cita a menudo para probar la tolerancia de Cristo es la historia de la mujer sorprendida en adulterio (Juan 8, 3-11). Aquí también es errónea la lectura de esta historia como lección de tolerancia. La conclusión correcta de la historia es la que está incorporada en la tradición jurídica cristiana, o sea, el principio de que la muerte es una pena excesiva para el adulterio, y que el linchamiento no es pena apropiada para ningún delito. Esto puede parecer trivial debido a que lo damos por sentado, pero tal es precisamente la razón por la que es la conclusión correcta. Esta es la lección que la Cristiandad ha sacado del ejemplo de su Fundador y ha consagrado en su práctica. Esta historia es también una representación del precepto del Señor "No juzguéis y no seréis juzgados, porque con el juicio que juzgareis, seréis juzgados": máxima que no se aplica a los magistrados que obran según los procedimientos legales, pero que sí se aplica a los individuos que se ponen a castigar por sí mismos. Pero la lección de esta historia no es la tolerancia. Jesús no dijo "No tiene, en realidad, importancia" ni "Entiendo cuán frustrante puede ser encontrar que se está unida de por vida al hombre equivocado"; lo que dijo es "Vete, y no peques más". En lo que toca a la tolerancia, lo que vemos en la enseñanza de Cristo es un reforzamiento de las severas normas de los judíos contra el adulterio, e incluso su ampliación a aquéllos que cometen adulterio en su corazón (Mateo, 5, 28. 32).

La Declaración sobre Libertad Religiosa invoca también otro texto bíblico que se aplica al Mesías: "No disputará ni gritará, nadie oirá su voz en las plazas. La caña cascada no la quebrará y no apagará la mecha humeante hasta hacer triunfar el derecho" (Mateo 12, 18-20). Con estas palabras se quiere decir que la misión terrenal de Cristo es de pura bondad, que no hace violencia a hombre alguno. Lo mismo se expresa en las palabras del propio Cristo, "El Hijo del hombre no vino a condenar almas sino a salvarlas", luego de que los apóstoles le pidieran vengarse de quienes rechazaban Sus palabras (Lucas 9, 56), profiriendo palabras del mismo tenor en otras ocasiones. Esto es verdad, ciertamente: era conveniente que la obra redentora de Cristo se llevara a cabo solamente con bondad. Sus milagros fueron realizados sólo para probar su divinidad y para bien de los afligidos; no existe ningún caso de manifestación terrible de su poder, tal como la muerte de Ananías y Safira, con las que San Pedro probó su autoridad en el período apostólico –"Gran temor se apoderó de toda la iglesia" (Hechos 5, 1-11)–. Sin embargo, aunque la redención se hizo amorosamente, no podemos evitar los juicios que implica, y hay muchos pasajes que equilibran la bondad con severas advertencias. San Juan Bautista saluda a Cristo diciendo "He aquí el Cordero de Dios, el que quita los pecados del mundo", pero este anuncio va acompañado de una terrible advertencia sobre el significado de Su venida: "En su mano tiene el bieldo para limpiar su era y almacenar el trigo en su granero, mientras la paja la quemará con fuego inextinguible" (Lucas 3, 17); "el que rehúsa creer en el Hijo no verá la vida, sino que permanece sobre él la cólera de Dios" (Juan 3, 36).

Las palabras de San Juan son confirmadas por las del propio Señor, que no sirven para sustentar la ilusión liberal de un Cristo tolerante, que no exige obediencia a sus mandamientos. Dichas palabras afirman que la redención del hombre es sólo por medio de Cristo: "Nadie viene al Padre sino por Mí", y también afirman el juzgamiento de quienes lo rechazan: "El que me rechaza y no recibe mis palabras, tiene ya quien le juzgue; la palabra que Yo he hablado, ésa le juzgará en el último día" (Juan 14, 6 y 12, 48). Y queda clara la naturaleza de ese juicio: "todo el que me negare delante de los hombres, Yo le negaré también delante de mi Padre, que está en los cielos". "El Hijo del hombre enviará a sus ángeles y recogerán de su reino todos los escándalos, y a los que cometen la iniquidad, y los arrojarán en el horno de fuego; allí será el llanto y el rechinar de dientes". El reino es sólo para los justos: "Toda planta que no haya plantado mi Padre celestial, será arrancada", "Todo árbol que no produce buen fruto, es cortado y echado al fuego" (Mateo 10, 33; 13, 41; 15, 13 y 7, 19). "Si alguno no permanece en Mí, es arrojado fuera como los sarmientos, y se seca; después los recogen y los echan al fuego, y se queman" (Juan 15, 6). Se invoca el juicio sobre las ciudades de Corozaín y Betsaida por no haber aceptado las enseñanzas de Cristo: "Por eso os digo, que el día del juicio será más soportable para Tiro y Sidón que para vosotras. Y tú, Cafarnaum, ¿acaso habrás de ser exaltada hasta el cielo? Hasta el abismo serás abatida (...) Por eso te digo que el día del juicio será más soportable para la tierra de Sodoma que para ti" (Mateo 11, 22-24).

Del mismo modo, las palabras con que Cristo envía a sus apóstoles no sugieren que haya un derecho a admitirlos o rechazarlos libremente: "Y si alguno no quiere recibiros ni escuchar vuestras palabras, salid de aquella casa o de aquella ciudad y sacudid el polvo de vuestros pies. En verdad, os digo que el día del juicio será más tolerable para la tierra de Sodoma y Gomorra que para aquella ciudad" (Mateo 10, 14-15). Cumpliendo este mandato, los apóstoles nunca creyeron que su misión fuera una de suave conciliación. San Juan enseña: "Si alguno ama al mundo, el amor del Padre no está en él". Santiago dice: "¿No sabéis que la amistad con el mundo es enemistad contra Dios? Quien, pues, quiere ser amigo del mundo, se constituye enemigo de Dios" (Santiago 4, 4). San Pablo advierte: "No os acomodéis a este siglo", y enseña una doctrina de separación con el paganismo: "No os juntéis bajo un yugo desigual con los que no creen. Pues ¿qué tienen de común la justicia y la iniquidad? ¿O en qué coinciden la luz y las tinieblas? ¿Qué concordia hay entre Cristo y Belial? ¿O qué comunión puede tener el que cree con el que no cree? ¿Y qué transacción entre el templo de Dios y los ídolos? Pues templo de Dios vivo somos nosotros, según aquello que dijo Dios: "Habitaré en ellos y andaré en medio de ellos; y Yo seré su Dios y ellos serán mi pueblo. Por lo cual salid de en medio de ellos, y apartaos, dice el Señor, y no toquéis lo inmundo, y Yo os acogeré"" (Romanos 12, 2 y 2 Corintios 6, 14-17).

Quienes ponderen estos pasajes en conjunto verán cuán pocos e impresionísticos son los textos que se puede aducir para sugerir un mensaje de tolerancia y liberalismo, y cuán abundantes son los que enseñan lo contrario. Los documentos fundantes del cristianismo nos muestran una religión estricta, e instilan el deber de obedecer a las enseñanzas de Cristo y no tener trato con las religiones falsas. Si alguno busca en el cristianismo ejemplos de moderación y acomodo, debe considerar la historia de la Iglesia católica y la sobriedad que su prudencia ha fomentado en las relaciones humanas, y no apelar a la Escritura para encontrar en ellas lecciones de liberalismo que la Iglesia, supuestamente, ha pasado por alto.

LA AUTORIDAD DE "DIGNITATIS HUMANAE PERSONAE"

Entre las muchas incoherencias de la Declaración sobre Libertad Religiosa, la más patente es la que sostiene que su enseñanza es compatible con la tradición católica. Es claro que el deber de tolerar otras religiones contradice lo que la Iglesia ha creído siempre. La práctica de la Iglesia supone, desde hace siglos, el derecho de suprimir la herejía, y se lo ha enseñado explícitamente por los teólogos, partiendo por Santo Tomás y siguiendo con otros menores. Las doctrinas del liberalismo, incluída la de libertad religiosa, fueron inequívocamente condenadas por la Iglesia cuando se hicieron comunes después de la Revolución Francesa. El Papa Gregorio XVI condenó tajantemente la doctrina de la libertad religiosa en su encíclica *Mirari Vos* (1832). La condenación más directa se encuentra en la encíclica *Quanta Cura* (1864) del Papa Pío IX, que condena varios postulados del liberalismo, en particular que "la libertad de conciencia y de formas de culto es un derecho propio de todo hombre... que debe ser proclamado y garantizado en toda sociedad rectamente establecida", y que "La libertad de conciencia y de culto es derecho propio de cada hombre, que debe ser proclamado y afirmado en toda sociedad rectamente constituída; y que los ciudadanos tienen un derecho a la libertad absoluta, que no debiera ser restringido por autoridad alguna, eclesiástica o civil". Con esto podemos contrastar la doctrina de *Dignitatis Humanae Personae* de que este derecho de la persona humana a la libertad religiosa debe ser reconocido como algo fundamental por el orden jurídico de la sociedad, de tal modo que constituya un derecho civil". En cuanto a la autoridad con que Pío IX quiso revestir su enseñanza, hay que leer el anatema con que concluye: "Con nuestra autoridad apostólica reprobamos, proscribimos y condenamos todas y cada una de las perversas opiniones y doctrinas mencionadas en esta carta, y deseamos y ordenamos que todos los hijos de la Iglesia católica las tengan enteramente por reprobadas, proscritas y condenadas".

Se necesita una inusual deshonestidad intelectual para eludir la directa contradicción entre la enseñanza de Pío IX y la del Concilio Vaticano Segundo, pero se ha realizado muchos esfuerzos con este fin. Entre ellos figura la sugerencia, hecha por algunos teólogos, de que los papas del siglo XIX se opusieron a la libertad religiosa porque la asociaron con regímenes anticlericales, y que esa oposición no debiera, en principio, considerarse absoluta. Vemos en este argumento la ignorancia que se ha transformado en la condición normal del clero moderno. Si estos apologetas captaran la filosofía católica comprenderían que la condena del liberalismo forma parte de una doctrina coherente que considera la sociedad humana en relación con Dios, y que afirma la realeza de Cristo como el principio soberano de la vida humana. La confusión de la razón por causa de los accidentes del mundo contemporáneo es una falla del pensamiento católico moderno, no de la tradición.

Otro intento, que ya hemos hecho presente, de escapar al significado herético de la Declaración sobre Libertad Religiosa es decir que la declaración tiene que ser interpretada dentro del contexto de la tradición católica, invocando la sección inicial que niega, implícitamente, que haya un derecho de libertad religiosa, y la declaración de Pablo VI de que la Declaración no cambia la doctrina católica tradicional. No negaré que estas matizaciones producen una modificación, que consiste en transformar la Declaración en una autocontradicción carente de sentido. Con el mencionado intento se puede, por cierto, reconocer legítimamente la autoridad e, incluso la infalibilidad, de *Dignitatis Humanae Personae*; pero, como ya he dicho, no creo que la Iglesia vaya finalmente a tomar esta vía de escape. La doctrina de la Iglesia no puede ser la diferencia [-en sentido aritmético-] de una serie de declaraciones contradictorias; tiene que ser la expresión inteligible de una filosofía coherente, y esa filosofía es la contenida en la tradición católica, no en las inepcias del Concilio Vaticano Segundo.

El conflicto entre *Dignitatis Humanae Personae* y *Quanta Cura*, del Papa Pío IX, plantea la cuestión de la autoridad de cada uno de estos textos. Primeramente, tenemos que excluir toda idea de que las enseñanzas del Concilio Vaticano Segundo sean *de fide*. Ninguno de los textos del Concilio se escribieron con la intención de que tuvieran fuerza dogmática, y mucho menos *Dignitatis Humanae Personae*, que, en contraste con las constituciones y decretos que contienen las principales enseñanzas del Concilio, tiene el estatuto de una mera "declaración". La diferencia de peso entre una declaración conciliar y una encíclica papal es un tema que la teología católica no ha abordado nunca, pero sería difícil defender las pretensiones de las declaraciones, especialmente en vista de la aclaración del Papa Pablo VI sobre que concretamente esta Declaración no deroga la doctrina anterior. Habrá que considerar la fuerza interna de cada uno de estos tipos de documentos. La encíclica de Pío IX invoca la autoridad apostólica para reprobar, proscribir y condenar las doctrinas de la libertad religiosa mencionadas en ella. La Declaración sobre Libertad Religiosa no invoca autoridad alguna y no condena nada. De hecho, considerada desde un punto de vista formal, difícilmente se la puede considerar como una declaración propiamente tal de doctrina católica, aun desprovista de autoridad. El documento en muchas partes pone énfasis en la intención de reconocer ciertas tendencias contemporáneas de pensamiento, de adaptar la doctrina de la Iglesia al pensamiento del mundo. Lo más que se acerca a fundar su doctrina en principios cristianos esenciales es su fundamentación del derecho de tolerancia sobre "la dignidad misma de la persona humana, tal como esta dignidad es conocida mediante la palabra revelada de Dios". En contraste con la creencia tradicional, se concibe esa dignidad como absoluta, sin referencia a si el hombre se acerca a Dios o se aleja de El. Puede que los defensores de la Declaración quieran explicar que esta innovación debe ser tomada como la nueva ortodoxia, relegando la enseñanza antigua al rango de las herejías. Si ello no es así, no parece haber nada en la Declaración que exija aceptación de la tolerancia como tema básicamente doctrinal. Parecería, pues, legítimo decir que la Declaración sobre Libertad Religiosa no debe ser considerada como formulación propiamente tal de doctrina cristiana sino, más bien, como expresión de la intención de admitir, al interior de la enseñanza católica, una máxima del pensamiento secular y, en realidad, una evaluación humanista del hombre.

Si se acepta estas ideas, podemos preguntarnos, a continuación, si hay derecho a esperar que los católicos prefieran una declaración así a la autorizada condenación hecha por el Papa Pío IX. Ni la autoridad formal, expresada en los documentos respectivos, ni los principios de doctrina, dan pie para suponer la existencia de semejante derecho. Por tanto, se puede decir con justicia que la política oficial, seguida durante los últimos cincuenta años, de exigir a los tradicionalistas que acepten la Declaración sobre Libertad Religiosa, figura entre los muchos abusos de autoridad que la religión Modernista del Concilio Vaticano Segundo ha cometido.

En la contradicción entre la Declaración sobre Libertad Religiosa y la doctrina tradicional católica nos encontramos con un conflicto de autoridad, pero se da también un conflicto total entre esa Declaración y cualquier teísmo lógicamente coherente. La razón por la que la Declaración no puede ser tratada como hecha simplemente por una escuela de otra teología diferente, es que apunta al corazón mismo de toda creencia religiosa. Es un enfrentamiento entre una idea religiosa inteligible y una idea humanista. Lo que vemos en la Declaración sobre Libertad Religiosa es auténticamente irracionalidad en la religión. La irracionalidad no consiste aquí en creer en la Trinidad, o en los milagros, o en la Concepción Virginal, sino en profesar fe en Dios y enseñar una doctrina que supone la independencia del hombre. El defecto va aquí más allá de la teoría: mientras los teólogos Modernistas hacen malabarismos con el teísmo y el humanismo en sus confundidas mentes, en la práctica se elabora la lógica de una religión humanista, en un marco intelectual que hace de la religión una mera creencia humana en lugar de un sometimiento a la verdad absoluta, una irreverencia que exalta al hombre y es ciega a la majestad de Dios. Lo que encontramos en el humanismo introducido por el Concilio Vaticano Segundo es la manifestación filosófica de la traición que el Señor imputó a los judíos de su época: "En vano me rinden culto, pues enseñan doctrinas que son mandamientos de hombres" (Mateo 15, 8-9).

LOS MODERNISTAS Y LA LIBERTAD

Los argumentos precedentes se refieren a los principios expresamente expuestos por la Declaración sobre la Libertad Religiosa; pero la Declaración se basó en supuestos del liberalismo que van mucho más allá, y que la crítica a que se los sometió en cuatro sesiones del Concilio morigeró gradualmente. Desde el Concilio, esa ideología ha tenido rienda suelta en la Iglesia, y es necesario examinar los aspectos más amplios del liberalismo católico, que forman el contexto en que se sitúa la Declaración.

Los teólogos Modernistas han desarrollado una ideología de la libertad que abarca tanto la política como la religión, y han argumentado que la Iglesia tradicional descuidó el bien de la libertad, que sólo hoy ha recibido el lugar que merece. La premisa es que la libertad es un atributo de Dios, que exige ser reconocido como un bien en sí mismo. Sin embargo, nos topamos aquí con esa teología cuya falta de rigor es lo típico del pensamiento Modernista. Los atributos de Dios son un terreno minado para los pensadores poco estrictos, y pueden llevar a un descalabro cuando se trata de extraer de ellos conclusiones generales. La libertad de Dios, así como la necesidad de Dios, es un atributo relativo, casi antropomórfico. Dios es necesario sólo en relación con la realidad que depende de Él, incluídas las leyes de la razón; asimismo, Él puede ser llamado libre en relación con Su creación, ya que no existe cosa alguna que pudiera constreñirlo. Considerado en Sí mismo, es más apropiado hablar de Dios como absoluto. De ahí que los atributos intrínsecos de Dios, como su sabiduría, su belleza o su santidad, son bienes que las creaturas pueden amar y tratar de realizar por sí mismas, pero la libertad no es un bien que el hombre pueda realizar por sí mismo, tal como no puede tratar de ser un ente necesario. En ambos casos, se trata de maneras de decir que el hombre, a diferencia de Dios, no es absoluto.

Como creatura, el hombre es parte de la realidad, con el resto de cuyas partes se encuentra en una multitud de relaciones. Así, cuando se trata de la idea de libertad, debe considerársela siempre juntamente con la cuestión "¿libertad en relación a qué?". No se trata solamente de invocar la responsabilidad y la ley moral: a lo que se refiere es a la cuestión conceptual de si la libertad puede ser en absoluto llamada un bien. Esta verdad se refleja en el lenguaje ordinario: no hablamos en ser libres del amor, de la sabiduría, o de la belleza; sólo hablamos de ser libres de cosas que consideramos males.

Esto no significa, sin embargo, hacer de la libertad un mero sometimiento al bien exterior: semejante idea privaría al concepto de lo que es su carácter propio. La libertad consiste en la plenificación de la propia naturaleza mediante el pleno ejercitamiento de las fuerzas humanas. Puesto que su propósito es la plenificación, su objeto propio son las cosas que hacen pleno al hombre. En esto se puede comparar la libertad con la función ordinaria del comer, en cuanto bueno y correcto. El bien de comer comprende el comer cosas que nos son necesarias para vivir; no abarca una voracidad indiscriminada en la ingesta de cosas que no debiéramos comer. Semejante definición puede parecer demasiado mezquina tanto a los gourmets como a los libertarios, pero a ambos se les aplica los mismos estándares. Un gusto superfluo por el caviar puede ser excusable, pero no justifica que lo reclamemos como un derecho, ni justifica tampoco el que nos creamos insuperablemente virtuosos por gustar de él. La confusión entre libertad como objeto de deseo y libertad como derecho es uno de los principales errores del libertarismo moderno.

En la filosofía cristiana, por tanto, sólo se puede considerar la libertad en relación con la propia naturaleza humana, con el fin para el cual el hombre fue hecho, e incluye el rechazo de lo que es hostil o dañino, incluso el mal moral y la coerción por otros. Pero no puede incluír el rechazo de las leyes a que el hombre está rectamente sometido: su deber para con Dios como su creador, la ley moral, y los vínculos naturales que constituyen el tejido de la vida humana. Semejante cosa no forma parte de la noción de libertad que encontramos en la tradición cristiana o en la tradición judía anterior a ella. El libro del Exodo enseña que la liberación de los judíos desde Egipto fue seguida inmediatamente por la entrega de la ley a Moisés, ley que los judíos atesoraban como emblema de su identidad. El amor de la libertad que distinguió a los judíos fue un llamado a la ley, no a la anarquía. El mismo concepto informa la tradición cristiana: en ésta, los patriotas se rebelan justificadamente contra la dominación extranjera; los súbditos no se rebelan justificadamente contra su legítimo rey. Ser libre es rechazar lo que es ajeno y vivir de acuerdo con las leyes propias, ya sea una constitución política o la ley moral que define a la naturaleza humana.

Contrariando esta concepción tenemos la introducida en la ideología occidental por las revoluciones americana y francesa, que es hoy día parte del amoblado de la mente moderna. Esta concepción tiene al humanismo y al individualismo como sus premisas fundamentales, y rechaza el sometimiento a Dios y los lazos sociales. Con ella, el individuo se transforma en un absoluto, y la libertad se convierte en la afirmación del individuo. Esta afirmación está limitada sólo por los intereses de la sociedad, entendida no como un tejido de relaciones naturales sino como una asociación utilitaria de individuos.

A través del Concilio Vaticano Segundo, esta falsa ideología ha invadido el pensamiento católico. A su luz, una idea de libertad que incluye como elementos integrales la subordinación y la restricción, parece ser la negación misma de libertad. Pero el equilibrio entre los diferentes bienes que gobiernan el comportamiento humano es cosa familiar para toda filosofía. Sólo el tirano se quejará de que el principio de autoridad le es inútil a menos que le permita desconocer las leyes de su país, y sólo el libertino se quejará de que el principio de libertad le es inútil si no le permite desobedecer la ley moral. Lo cual no impide que el apego al Derecho se dé conjuntamente con un gran respeto por la autoridad, ni que la obediencia a la ley moral se dé junto con el respeto por la libertad como un bien.

Imbuídos de este concepto humanista de libertad, los Modernistas apelan a un mensaje primitivo del cristianismo que, según argumentan, la Iglesia tradicional ha sofocado, un mensaje en que el significado de la redención es un mensaje de liberación. Ciertamente lo es, pero liberación en el sentido que le da el Nuevo Testamento. La única libertad de que el Señor habla en toda su enseñanza es la libertad del pecado: "Jesús dijo entonces a los judíos que le habían creído: "Si permanecéis en mi palabra, sois verdaderamente mis discípulos, y conoceréis la verdad, y la verdad os hará libres. Replicáronle: "Nosotros somos la descendencia de Abraham, y jamás hemos sido esclavos de nadie; ¿cómo, pues, dices Tú: llegaréis a ser libres?" Jesús les respondió: "En verdad, en verdad os digo, todo el que comete pecado es esclavo del pecado. Ahora bien, el esclavo no queda en la casa para siempre; el hijo queda para siempre. Si, pues, el Hijo os hace libres, seréis verdaderamente libres" (Juan 8, 31-36).

Los Modernistas abusan también del lenguaje de libertad que usa San Pablo, convirtiéndolo en la doctrina antinómica contra la que previno su mismo autor. San Pablo habla de dos tipos de libertad, la libertad respecto de la ley mosaica que los cristianos disfrutan por la fe, y la libertad respecto de la muerte: "porque también la creación misma será libertada de la servidumbre de la corrupción para participar de la libertad de la gloria de los hijos de Dios" (Romanos 8, 21). En San Pablo encontramos también la doctrina de la libertad como una vía hacia la obediencia: "Pero gracias a Dios, así como erais esclavos del pecado, habéis venido a ser obedientes de corazón a aquella forma de doctrina, a la cual os entregasteis; y libertados del pecado, vinisteis a ser siervos de la justicia" (Romanos 6, 17-18).

He aquí una noción de libertad que es incomprensible desde el punto de vista humanista, que hace de la libertad un fin en sí mismo. En el cristianismo, la libertad no es un fin en sí sino una condición que da a los actos humanos su valor moral, ya que la acción recta sin libertad es comportamiento de autómatas. Así, libertad y obediencia no son opuestos, sino que se necesitan mutuamente. La obediencia sin libertad es un acto sin valor moral, pero la libertad sin obediencia es un instrumento que no tiene un uso que le sea propio. Podemos volver a la analogía del comer, entendido como un bien que es un medio para un fin: los soldados no ingresan al ejército a fin de comer, pero necesitan comer para poder marchar. Del mismo modo, el hombre no ha sido creado a fin de ejercitar la libertad, pero necesita tener libertad para obedecer a Dios meritoriamente. Una teología que glorifica la libertad por sí misma es tan grotesca como una teoría de la ciencia militar que glorificara el estómago del ejército.

Siguiendo a su Maestro, San Pablo enseña una doctrina de la liberación respecto del pecado y de la libre elección de obedecer a Dios; y usa esto para remitirse al significado de la venida de Cristo a la luz de la tradición judía. Para los judíos, el Mesías era el rey que habría de revertir la desobediencia de los descendientes de David, por la cual Israel había incurrido en el castigo de Dios; y San Pablo dice: "se humilló a sí mismo, tomando la forma de siervo, hecho semejante a los hombres. Y hallándose en la condición de hombre, se humilló a sí mismo, haciéndose obediente hasta la muerte, y muerte de cruz" (Filipenses 2, 8-9). El concepto que ha gobernado el pensamiento cristiano, y que fue modelo para los santos y los mártires, es el del supremo acto de la libertad de Dios, por el que se hizo obediente hasta la muerte. En oposición a él tenemos la ideología autoafirmativa que el Modernismo ha tomado de la rebelión atea y que ha falsamente glorificado con el nombre de libertad cristiana.

LA RELIGIÓN DE LA HUMANIDAD

Con todo, la mayoría de los católicos no se guía en sus ideas ni por el americanismo de *Dignitatis Humanae Personae* ni por las alegaciones antinómicas de la teología moderna, sino que se contenta con que la religión toque su vida con un poco de sentido espiritual una vez a la semana, sin tomarla en cuenta en la formación de su idea del mundo. Por tanto, los católicos no se dan cuenta del daño que se produce cuando el catolicismo se rinde a las corrientes de pensamiento de moda, y consideran superfluas las objeciones filosóficas, especialmente en temas como las exigencias absolutas de una sociedad católica ubicada fuera del campo de la política práctica moderna. Para tales mentes, el liberalismo contemporáneo es un sistema agradable, incluso una exigencia moral, y fue esta creencia el trasfondo de la falta de reflexión con que muchos obispos aceptaron la Declaración sobre Libertad Religiosa del Concilio. Esta actitud calza fácilmente con la complaciente práctica religiosa moderna, vacía de adoración y repleta de consoladoras seguridades del favor divino. El católico moderno se siente en casa con la ideología occidental, y la considera como una sólida garantía de la libertad de la Iglesia y, en realidad, como una influencia que, tarde o temprano, purgará a la Iglesia de sus deplorables prejuicios. Tenemos, por tanto, que analizar esa ideología, y estudiar su relación con el modo cristiano de pensar.

El principio del humanismo liberal es que la sociedad secular es un sistema autónomo, preocupado del bien del hombre en este mundo, sea que exista otro mundo futuro o no. Cualesquiera sean las creencias religiosas de los individuos, ellas quedan excluídas de la esfera política. Estos principios protegen al ciudadano de las perniciosas certezas de aquéllos que proclaman ser guiados desde lo alto. El mundo de la realidad política pertenece al mundo de la razón, en tanto que las creencias religiosas pertenecen al ámbito irracional de la fe. Sin embargo, vemos que la ideología secular enseña muchas verdades sagradas, entre las que se encuentra la libertad y la igualdad, que han sido proclamadas como evidentes. Respecto a ellas, existen terribles pecados para los que no hay perdón. Por ejemplo, es perverso creer que una raza o un sexo es superior a otro, o mencionar alguna diferencia entre ellos. La libertad de palabra es un dogma, pero algunas teorías totalitarias no son adecuadas para oídos piadosos. Lo cual es cierto únicamente si se trata de teorías fascistas, basadas en la afirmación de la nación, pero no si se trata de teorías socialistas, basadas en la afirmación de la clase (el creyente tiene que aceptar estos misterios). Quien quiera salvarse no debe confundir ambos totalitarismos como si fueran lo mismo. Si bien todos los hombres y mujeres son iguales, existen ciertas vocaciones que gozan de especial sacralidad, y así, sería impío sugerir que las naciones debieran ser gobernadas de otro modo que no sea por sagradas congregaciones de políticos profesionales. Estas, como corresponde a su estatus hierático, deben conservarse especialmente puras de los delitos del pensamiento; si cometen alguna transgresión, deben ser instantáneamente excomulgadas. Igualmente sagrado es el sacerdocio de periodistas y de otros que vigilan que no surjan herejías como las mencionadas.

La teología de esta iglesia es rica y compleja, y no debe pensarse que la miro en menos al resumirla tan brevemente; pero conviene hablar de su "revelación", el momento en que su luz amaneció en este mundo. Con ciertos desarrollos doctrinarios, esta fe debe datarse en la Ilustración del siglo XVIII, en los principios que sus fundadores acertadamente llamaron religión de la humanidad. Esta religión, que compite con el cristianismo, ha tomado préstamos del depósito moral cristiano. Así, el ethos protestante le proporciona la superioridad moral que da al liberalismo moderno su fuerza; le proporciona también el masoquismo moral que impulsa a los liberales a abrazar a sus enemigos y a golpearse el pecho por delitos con los que no tienen nada que ver.

Las revoluciones americana y francesa ayudaron a que esta fe se estableciera políticamente. Durante el siglo XX ella hizo grandes progresos, señalados por hitos como los Catorce Puntos de Woodrow Wilson y la Declaración de Derechos Humanos de las Naciones Unidas. Con la Unión Europea, ha construído su Tibet, su teocracia política. Y advirtamos cuál es el desarrollo doctrinal que le ha proporcionado estas ganancias: él ha consistido en archivar el proyecto de *ecraser l'infâme* y en abrirse a otros credos. Simplemente les pidió a éstos que se consideraran como partes de la religión de la humanidad, como expresión de los esfuerzos morales del ser humano. Con este predicamento se dio a esos credos la bienvenida y, en verdad, el humanismo ha estado dispuesto a hacer en su favor las más elevadas declaraciones.

La religión de la humanidad es una iglesia amplia, que abarca miembros cuyas opiniones suelen ser difíciles de reconciliar con los dogmas oficiales. Su ala evangélica, sus efectivos de élite, son aquéllos que se enorgullecen de su estricto racionalismo, que incluye una visión materialista y atea del mundo; pero la senda por la que el racionalismo lleva a la exaltación del hombre es más emocional que estrictamente lógica. El humanismo es una religión diseñada para combatir la religión que subordina el hombre a Dios y, como tal, es un arma útil para el ateo; pero no se ve por qué tendría éste que adoptarla con un criterio racionalista, o por qué debería considerarla con menos escepticismo que otras religiones, por qué debería creer en derechos sacrosantos, o por qué debería considerar la igualdad de las razas como una cuestión ética y no científica. Ante una concepción espiritual de la humanidad, el ateo es un converso poco plausible. "¿Qué es el hombre, que Te preocupas por él?" es una pregunta que habría que hacer a todos los escépticos.

Una evaluación positiva de la religión es algo todavía más difícil de hacer calzar en el esquema racionalista. De acuerdo con la opinión liberal convencional, la fe religiosa es una expresión de la naturaleza moral del hombre y, por ello, es un valor que merece protección, por muy equivocada que esté a la luz de la pura razón. Pero semejante ecuanimidad no es el camino que toma el humanista en otros temas. Por ejemplo, no se le verá a menudo excusando la doctrina de la *Herrenrasse* como expresión, por más equivocada que esté, del patriotismo alemán. En este caso no se hace tan benévolamente la distinción entre la verdad y sus perversiones. De hecho, la doctrina de la libertad religiosa parece útil al humanista sólo como un obstáculo oponible a la autoridad religiosa. Cuando no está en esa barricada, el humanista es más propenso a denunciar la religión como sentina de males, como instigadora de odios, persecuciones y guerras, como enemigo de la ciencia, como responsable de malignos grilletes impuestos a la psiquis humana, como engaño que impide al hombre levantarse sobre sus pies. No se ve, en realidad, cómo semejante enfermedad podría ser buena para otros fines, ni como podría constituir un bien cuya búsqueda es uno de los derechos humanos fundamentales.

Junto con este principio va la doctrina del secularismo, de la neutralidad del Estado en asuntos religiosos. Se supone que ello es una sabia ausencia de interferencias en materias en que las diferencias no tienen solución; pero, de hecho, nos encontramos con que el humanista le reconoce a la religión un estatuto peculiar. En comparación con otros objetos de desacuerdo, la religión experimenta una descalificación única: ningún Estado ha establecido jamás que se permite a la gente creer en el socialismo, a menos que se quiera transformarlo en principio de gobierno o encarnarlo en las leyes estatales; tal cosa sería vista como un obvio subterfugio para anatematizar el socialismo. Pero, desde una base racionalista, ¿qué diferencia hay entre creer en el socialismo y creer en Dios? Si la religión es una mera creación humana, no tiene ni más ni menos derechos que cualquier otra creación humana. Es ilógico sostener que una creencia humana, debido a que es religiosa, debe tener menos autoridad que otras creencias humanas. Ello no tiene otro propósito que imponer el dogma secular de que el dogma religioso no puede ser impuesto. Por eso es que la doctrina del secularismo, de hecho, no es una instancia de neutralidad, sino un medio por el que la religión del hombre se afianza contra la religión de Dios. Si revisamos la historia humana, encontraremos que las leyes y las instituciones de todas las sociedades están determinadas por las creencias de sus miembros, cualesquiera sean éstas: racionalistas, religiosas, filosóficas, supersticiosas, cínicas o mesiánicas. Esto no quiere decir que en una sociedad de muchas religiones hay una entre ellas que tiene el derecho de imponerse a las demás. Pero la ilogicidad del liberalismo consiste en decir que, aunque lo que exista en una nación sea el consenso religioso, se le debe negar a éste toda expresión nacional; y tal falta de lógica ha sido proclamada como cuestión de principio por el Concilio Vaticano Segundo, en su afán por ser agradable al punto de vista secularista.

Los humanistas liberales están, de este modo, aferrados a la idea de que la religión es, por una parte, la expresión esencial de un valor humano y, por otra parte, algo a lo que, de modo excepcional, se debe negar toda influencia pública. Puede que esto sea otro de los misterios de la religión de la humanidad, o puede que el compromiso de los racionalistas con esta fe sea más táctico que lógico. Pero la fuerza de la religión sobre el racionalista o humanista declarado no depende de ellos mismos; cuando investigamos quien es el que adhiere típicamente a ella, nos encontramos, más bien, con un cristiano informe, que se ha arropado cómodamente en la cama que le ha preparado el humanista. Este tipo de cristiano tiene su origen en el protestantismo liberal, que se ha adaptado a los gustos de la sociedad occidental; pero, desde el Concilio Vaticano Segundo, semejante cristiano se ha transformado en el tipo oficial del católico, y al delinear aquí sus rasgos me restrinjo al ejemplo católico: es un tipo de creyente que no está familiarizado, por cierto, con el marco filosófico de la doctrina católica o, si lo conoce, lo considera una camisa de fuerza de la que el pensamiento cristiano necesita librarse; que no tiene mucha relación con ideas que han perdido vigencia en el pensamiento moderno, y las nociones de pecado original, redención, sacrificio y gracia sacramental significan muy poco para él; que puede que acepte a Cristo como maestro que enseñó algunos sublimes conceptos morales y que padeció una muerte que parece ser suprema expresión del amor; pero las historias de que nació de una virgen, que resucitó de entre los muertos y de que ascendió a los cielos son demasiado mitológicas como para interpretárselas literalmente. Y si Cristo es verdaderamente, en algún sentido, Hijo de Dios, la multiplicidad de sectas a que esta revelación se ha reducido nos indica que no deberíamos buscar verdades precisas en ninguna iglesia. Pareciera que la Iglesia católica, a pesar de ciertos rasgos incómodos, tiene buenos títulos de autenticidad, pero hay que admitir que se ha encerrado históricamente en sí misma al adoptar ciertas posturas falsas: por ejemplo, durante la Reforma, su actitud defensiva fue responsable de que rechazara algunas ideas que, en realidad, son mucho más acordes con el genuino cristianismo. Por tanto, es claramente injusto que la Iglesia se arrogue, con exclusividad, la enseñanza de la verdad y persiga a las otras iglesias, por lo que la Declaración sobre Libertad Religiosa del Concilio Vaticano Segundo viene a ser un tardío reconocimiento de lo que es justo. En el mismo espíritu, el católico informe da la bienvenida a la religión de la humanidad, con sus doctrinas de libertad, igualdad y dignidad humana, que nacieron del cristianismo y han sido liberadas de concreciones sectarias. Para espíritus como éste, el Concilio Vaticano Segundo es un programa para la remodelación de la Iglesia de acuerdo con la ilustración moderna. Es inútil razonar con estos espíritus sobre la lógica de los derechos humanos, porque parten de premisas diferentes: el papel esencial de los sacramentos en la economía de la salvación, el sacerdocio como representación de Cristo, la Iglesia como presencia encarnada de Dios entre los hombres, y todo lo que da a la fe católica su sanción sobrenatural, tiene para ellos, a lo más, un significado difuso, y con mayor razón rechazan el sistema filosófico que reúne tales doctrinas en un todo luminoso.

Esta es la bruma a que el Concilio Vaticano Segundo ha llevado a la Iglesia, abandonando la tradición católica. En la Declaración sobre Libertad Religiosa los guías ciegos del ecumenismo insistieron, durante cuatro años, en sus fórmulas humanistas. Los tradicionalistas propusieron reiteradamente borradores y enmiendas que el Concilio podría haber adoptado sin perjuicio para la doctrina, pero fueron derrotados. Podría incluso haberse reconocido los pecados cometidos por los católicos en el pasado contra la justicia debida a los no creyentes (cosa que la Declaración, a pesar de toda su adulación al mundo, no hizo). Hay que advertir que los oponentes a la Declaración no defendían ciegamente la doctrina de *Mirari Vos* y de *Quanta Cura*; de hecho no pedían regímenes de persecución ni la intolerancia de otras religiones; sólo argumentaban en favor de una filosofía coherente. Se puede defender la tolerancia, apelando a los principios de la caridad y de la prudencia en favor de *fides suadenda* o, simplemente, considerando las circunstancias prácticas del mundo moderno; pero en ningún caso se la puede defender sobre la base de un supuesto derecho del hombre a elegir su propia religión, o sobre la base de la dignidad del hombre independiente de Dios o de una concepción humanista de lo que es el hombre. Al tomar este último camino, el Concilio Vaticano Segundo hundió a la Iglesia católica en un estado de imbecilidad filosófica que no había conocido jamás en su historia.

LAS REIVINDICACIONES DEL REINO DE CRISTO

Hay que reconocer con claridad que la Declaración sobre Libertad Religiosa es un documento radicalmente antitradicional. Ello se comprueba no sólo por su abierta contradicción de las enseñanzas de Pío IX sino también por su alejamiento de la esencia de la tradición de la Iglesia, que consiste en enseñar principios eternos, independientemente de los accidentes de la historia. En contraste con esto, la Declaración exhibe una dependencia cultural del tipo más provinciano. Sus presupuestos de individualismo en la religión y funcionalismo en el gobierno están tomados de la escuela jeffersoniana de filosofía política; así, sostiene que "La función del gobierno es preocuparse del bienestar colectivo. Sin embargo, transgrediría claramente los límites de su poder si pretendiera dirigir o inhibir actos religiosos"[3]. No cabe sino señalar que esta afirmación carece de sentido en relación con los momentos históricos en que surgió la cuestión de la coerción religiosa, por ejemplo, la Europa del siglo XVI, cuando los protestantes se apoderaban de beneficios eclesiásticos, destrozando imágenes y afianzando su poder político.

En la tradición católica, el gobierno tiene el papel funcional de proteger el orden público y el Derecho, pero tiene también un papel moral, el de representar a la nación, de ser el foco de la lealtad y del patriotismo. Como el entusiasta chovinismo de Francia o de los Estados Unidos lo demuestra, ese papel perdura en la práctica, por mucho que la teoría constitucional procure ignorarlo. Como símbolo de su pueblo, el gobierno representa todos los aspectos de la identidad nacional, que a menudo ha incluído históricamente una identidad religiosa. En muchos países -claramente en los Estados Unidos- que se distinguen por la variedad de sus religiones, es justo que el gobierno refleje ese hecho, pero no lo es que privilegie la visión anti-religiosa de una minoría, que es lo que se ha llegado a suponer; pero en países con una clara tradición religiosa la demanda de que la fe se excluya de las expresiones nacionales es una imposición indebida, instrumento de una teoría que ha sido ajena a la humanidad en la mayor parte de la historia.

La idea de un pueblo unido por el culto no es una invención del cristianismo, sino que responde a los más antiguos instintos de la humanidad. Para los antiguos sumerios, el dios de la ciudad, adorado en el principal de sus templos, era dueño de su ciudad como monarca feudal. Igual sentimiento coronó a Atenas con templos, y fue causa de que los Estados griegos observaran una tregua durante los juegos de Zeus Olímpico. Para los romanos, Júpiter era "rey de los dioses y de los hombres". Adorar a los dioses públicamente es lo que surge naturalmente en la mente de quienes no están confundidos por teorías, porque si la religión no es el principio rector de los asuntos humanos, carece de todo sentido. Una

---

[3] Concilio Vaticano Segundo, *Dignitatis Humanae Personae*, párrafo 3.

religión que sostiene la doctrina de que hay un solo Dios creador del mundo y que la vida humana es una preparación para unirse con El, no puede menos que sostener con claridad tal creencia. Por ello es que constatamos en el reino de Israel la existencia de la doctrina del Pueblo de Dios, que sirve a Dios no con un culto abstracto sino observando una ley divina que los judíos consideraron su pacto nacional: "Pondré mi ley en su mente, y la escribiré en su corazón, y serán mi pueblo" -texto que Hebreos toma de Jeremías y aplica a la Iglesia cristiana-. La unidad y soberanía de la Raza Escogida fue el ideal del nuevo Israel desde los comienzos del cristianismo. No obstante el rechazo inicial que sufrió, la Iglesia supo que era un "sacerdocio real, una nación santa (...) que en un tiempo no erais un pueblo, ahora sois pueblo de Dios" (I Pedro 2, 9-10). Aun en la época de las persecuciones, los cristianos supieron, como nos lo muestran los escritos de San Ireneo, que la Iglesia tenía un destino regio. Desde el momento en que el cristianismo se convirtió en la religión del Imperio Romano, se transformó naturalmente en la base de la legislación y en la garantía de la sagrada majestad del emperador.

Tal aceptación brota inevitablemente del sentido de nación como una entidad moral, no como mera combinación de individuos; pero adquiere un significado más elevado debido a la idea cristiana de lo que es la sociedad humana y de su camino en el mundo. La humanidad es una raza caída, separada de su Creador pero devuelta a El por una unión parcial que habrá de perfeccionarse en la resurrección. Mientras aguarda ese término, la meta por la que la humanidad debe luchar es volver lo más cercanamente posible al estado que conoció en el Jardín del Edén, cuando el hombre caminaba familiarmente con Dios; disipar la nube alienante que sume en oscuridad al hombre irredento, y hacer que Dios esté luminosamente presente de nuevo entre sus hijos. Esa divina presencia debe ser tanto pública como social; necesita manifestarse en sociedades unidas en el reconocimiento de su Creador; sociedades en que la realidad de Dios parezca tan cierta como el sol, sus leyes tan obviamente buenas como el pan; sociedades en que la doctrina de la religión sea la lengua cotidiana, en que Cristo, su Madre y los santos estén en los labios del aldeano y del pícaro de la calle; sociedades en que las leyes de la virtud y de la sumisión religiosa sean conocidas sin lugar a dudas. Tal es la imagen que el Señor nos pone delante cuando nos enseña a rezar "Venga a nosotros tu reino, hágase tu voluntad así en la tierra como en el cielo". Rechazar este ideal y aceptar un mundo vuelto a la ignorancia y al escepticismo es traicionar la enseñanza divina y reemplazarla, no por un regreso al paganismo, sino por una invención de ateos que despojan a la religión de su fuerza.

El mundo que reconoce a Dios como su legislador, reconoce a Cristo como su Rey. Lo hace por su natural comprensión de la sociedad como una unidad, y de la realeza como símbolo de esa unidad. Contra esa comprensión, los conceptos de la sociedad humana como una asociación utilitaria y del gobierno como un expediente funcional, son artilugios para hacer desaparecer la visión cristiana. Las mentes que están imbuídas de ellos, proclaman vanamente estar en línea con la tradición cristiana de pensamiento, proclamación que se puede ver en las insinceras palabras de la Declaración sobre Libertad Religiosa: "El Concilio aspira a desarrollar la doctrina de los papas recientes sobre los derechos inviolables de la persona humana y del orden constitucional de la sociedad". Ningún papa había tomado a la "persona humana" como fundamento de una filosofía ni enseñado una doctrina de derechos diferente de la auténtica concepción cristiana del hombre. Por el contrario, lo que vemos en la Declaración es desconocimiento de los principios que encontramos en la enseñanza social de los papas, desde León XIII en adelante, sobre todo la doctrina de la Realeza de Cristo proclamada por Pío XI en la encíclica *Quas Primas*. Repudiando los ataques del liberalismo, el papa enseña que "No sólo los individuos particulares sino también los gobernante y príncipes están obligados a rendir honores públicos y obediencia a Cristo… Su regia dignidad exige que el Estado tome en cuenta los mandamientos de Dios y los principios cristianos".

La realeza de Cristo, como nos lo muestra el Evangelio, está inseparablemente unida a las enseñanzas de Cristo y a su aceptación por el hombre: "Le dijo entonces Pilato: ¿Luego tú eres rey? Respondió Jesús: Tú dices que soy rey. Yo para esto he venido al mundo, para dar testimonio de la verdad; todo el que es de la verdad, oye mi voz" (Juan 18, 37). Tal es el desafío que Cristo presenta al mundo: que reconociendo sus derechos regios, formemos nuestra mente de acuerdo con su verdad y con las auténticas enseñanzas de su Iglesia. A quienes buscan sus opiniones y teorías en otras constituciones, debe aplicarse el rechazo del Señor a una nación que traicionó su fidelidad ancestral: "En vano me adoran, enseñando doctrinas y mandamientos de hombres".

14
Por sus frutos los conoceréis

LAS SECUELAS DEL CONCILIO VATICANO SEGUNDO

Mientras sesionó el Concilio, los teólogos mantuvieron su discurso dentro de los límites de la ortodoxia. Proclamar abiertamente la herejía en esa etapa habría asustado a los obispos moderados cuyo apoyo era necesario para llevar el Concilio a sus conclusiones liberales. Pero en círculos no oficiales, comenzaba a verse los signos de la anarquía. Se los vio en los "experimentos" litúrgicos con los que los radicales profanaban la Misa; en la agitación del clero que abandonaba el sacerdocio y la vida religiosa, y en los escritos de periodistas que habían husmeado los nuevos aires de rebelión. Las organizaciones IDOC e ICI construían una red de periodismo católico y publicaban en muchos países con el propósito de difundir las ideas del ala radical de la Iglesia. El Papa Pablo VI no sólo había hecho ver su extremada predilección por ese partido sino que, lanzando la Curia a los lobos, había desbaratado el instrumento que tenía para ejercer su autoridad, en caso de querer hacerlo. Con la finalización del Concilio, las amarras se relajaron y el sonido de voces de segunda categoría que buscaba el aplauso del vulgo se convirtió en el ruido dominante en la Iglesia. Los líderes fueron teólogos como Schillebeeckx, Küng y Rahner, que se embarcaron en una campaña demagógica, felices con la aprobación que lograban con su iconoclastia. Quienes controlaban la prensa y la educación católicas competían en sus ataques a la fe que, hasta entonces, se había considerado fundamental. Se escribieron nuevos catecismos para promover la religión conciliar. El catecismo holandés, obra principalmente de Schillebeeckx, apareció en 1966 con la aprobación del cardenal Alfrink, uno de los progresistas más extremos del Concilio, y fue rápidamente publicado por IDOC en Francia. Su heterodoxia aumentó con las variantes que aparecieron en otras partes, especialmente en el catecismo canadiense de 1970, notable por su obsesión con el sexo.

La formación de un nuevo clero para promover tales concepciones tuvo lugar en seminarios cuya docencia se revolucionó. Los antiguos sistemas católicos de filosofía y teología fueron rápidamente descartados; en su lugar, Boenhoffer, Teilhard, Rahner y cualquier otro que resultara agradable fueron incluídos en un cóctel de moda, cuyo principio clave era el deber de desembarazarse de los modos eclesiásticos y abrazar el pensamiento moderno. Se revivió en todos sus aspectos el Modernismo de la época de Pío X[1], incluído el rechazo de la religión como sistema de verdades objetivas. En los estudios bíblicos se recibió sin reservas las enseñanzas de la escuela protestante liberal. Según éstas, como se dijo anteriormente, los Evangelios no son testimonios presenciales de la vida de Cristo, sino interpretaciones teológicas reunidas entre cuarenta y cien años después. Un reconocido académico de Oxford, en una revisión del estado de la docencia católica que se desarrolló prontamente, describe los puntos característicos de esta escuela del siguiente modo: "En los seminarios católicos romanos... es común hoy día enseñar que Jesús de Nazaret no hizo ninguna de las reivindicaciones mesiánicas que los Evangelios le atribuyen, y que murió sin creer que El fuera el Hijo de Dios ni, mucho menos, el fundador de una nueva religión. Sería muy difícil encontrar un investigador católico que sostenga que Jesús creyó que El era el divino Hijo de Dios que preexistió desde toda la eternidad como Segunda Persona de la Trinidad, antes de convertirse en ser humano"[2]. No hace falta describir el efecto de estas enseñanzas en la vida sacerdotal. Al suprimirse el fundamento de la creencia en la divinidad de Cristo, o en el cristianismo como revelación divina, se socava el amor a Cristo, que debe ser la principal fuente de la vocación sacerdotal. Del mismo modo desaparece la Misa como corazón de la espiritualidad sacerdotal. La Ultima Cena deja de ser la oblación del eterno sacrificio, y se transforma en la celebración de la Pascua por un rabí judío con un grupo de amigos. Estos últimos habrían comenzado a contar el cuento de la resurrección no como un acontecimiento que ellos mismos hubiesen experimentado, sino como una expresión de su fe en su maestro muerto. Tales ideas implican, naturalmente, rechazar las afirmaciones fundamentales de la doctrina cristiana; pero tratarlas como fundamento de un esquema lógico sería tratarlas de un modo excesivamente literal; ellas son, más bien, los medios por los que la religión se transforma en un sistema de aproximaciones, unidas por una vaguedad de pensamiento que se considera señal de sutileza y sofisticación intelectuales.

Con tal liderazgo, la fe del laicado se quebró rápidamente. Hacia 1970 las encuestas de opinión en muchos países mostraban que gran cantidad de católicos, incluso mayorías de ellos, habían dejado de creer en dogmas ya definidos, tales como la infalibilidad papal y la Presencia Real. Y mucho más frecuente fue la desobediencia a las enseñanzas de la Iglesia sobre moral sexual; el rechazo de *Humanae Vitae* en 1968 no hizo más que dar voz al repudio de las enseñanzas sobre la contracepción, que ya era cosa

---

[1] El juramento anti-Modernista, que desde el reinado de Pío X todo sacerdote estaba obligado a hacer en su ordenación, se abolió por Pablo VI en 1968.
[2] Profesor Michael Dummett en *The New York Review of Books*, 14 Junio 1984.

habitual. En concordancia con el abandono de las restricciones morales, la práctica de la confesión disminuyó vertiginosamente, transformándose en algo propio de una pequeña minoría. Los fieles abandonaban devociones -al Santísimo Sacramento, a la Virgen, al Sagrado Corazón- que habían sido características de la vida católica. Cuando entró en vigencia la liturgia renovada del pueblo, fue recibida con una multitudinaria deserción. En los Estados Unidos la asistencia a Misa cayó en once años (1964-1975) de 75% a 50%. En Francia, en el mismo período, cayó de 44% de la población del país a 14%, o sea, disminuyó en dos tercios. La proclamación de Holanda de ser líder de la renovación coincidió con su liderazgo en el colapso: la asistencia disminuyó en tres cuartos, a sólo 20% de la población católica. En Inglaterra cayó de 2.100.000 a 1.135.000 en los treinta años siguientes a 1966, o sea a casi la mitad, y una caída de la misma magnitud se vio en Irlanda, donde en la década de 1960 la asistencia a Misa alcanzaba a 90%.

Estas tendencias coinciden con la caída ya mencionada del sacerdocio, y exhibe el mismo patrón: en las décadas previas, un saludable aumento, hasta el fin del reinado de Juan XXIII, y una violenta caída inmediatamente después. La caída, que alcanzó su punto más grave en los quince años del reinado de Pablo VI, ha seguido desde entonces, aunque más gradualmente. Todo esto se ha dado en paralelo a pérdidas en todas las áreas de trabajo de la Iglesia. La vida religiosa cayó aún más violentamente que el sacerdocio. De 180.000 monjas que había en 1965 en los Estados Unidos, 35.000 abandonaron su vocación durante los siguientes diez años. Igual deserción se vio en América y Europa, con gran cierre de conventos y extinción de órdenes enteras. La educación evidenció la misma tendencia, arruinando los grandes logros del esfuerzo católico que habían caracterizado a las generaciones anteriores. En los Estados Unidos, setenta *colleges* y universidades cerraron en los años 1965-1980, la matriculación en las escuelas primarias y secundarias cayó desde 5.600.000 a 3.200.000, y se cerró más de 3.600 escuelas de ese tipo[3]. La influencia que el catolicismo había adquirido en la vida nacional, con su cumbre en la presidencia de John Kennedy (1961-1963), disminuyó en la misma medida en que disminuyó la cohesión que la había causado. Un instrumento bien conocido de esa influencia, la *Legion of Decency*, dejó de existir en 1965, cuando su misión de sostener la ética sexual fue barrida por el nuevo ethos.

La caída en el número de sacerdotes y de religiosos fue acompañada por la disminución del laicado. El crecimiento de la comunidad católica en los Estados Unidos hasta el Concilio había mostrado una asombrosa vitalidad,

---

[3] Las estadísticas de la Iglesia norteamericana están tomadas del libro de James Hennesey, s.j., *American Catholics* (Oxford University Press, 1981), capítulos 20 y 21.

con 120.000 conversiones al año y un aumento de doce millones de fieles en sólo nueve años (1954-1963); hacia 1963 el número de católicos había alcanzado los 44.000.000. A partir de entonces, el crecimiento interno se detuvo totalmente. El aumento hasta los 68.000.000 que se ha dado en la actualidad se debe enteramente a la inmigración hispanoamericana, que hoy constituye un tercio de los católicos[4]. Tampoco puede el clero de hoy adjudicarse el mérito de este incremento, ya que los hispanos, alejados por la falta de vigor del culto católico moderno, han estado abandonando a millones su fe ancestral y convirtiéndose a las sectas evangélicas.

La crisis de la década de 1960 estuvo caracterizada por el colapso de actividades que habían sido el faro del nuevo catolicismo. El movimiento litúrgico en el laicado había sido uno de los movimientos más vigorosos desde 1940 en la Iglesia norteamericana, representado por una Semana Litúrgica anual que atraía una inmensa participación. Ese movimiento cambió cuando la nueva liturgia comenzó a hacerse presente en la Misa, concebida ya no como un acto de culto, sino como una reunión de fieles. La nueva concepción, centrada en el hombre, fue proclamada por el director de la Conferencia Litúrgica, James Colaianni, quien declaró que "Culto es una palabra que la religión debe tratar de olvidar"; y se cambió el nombre de la revista *Worship* por el de *Liturgy*. Hacia 1969 la Semana Litúrgica se había transformado en una exposición de las payasadas más recientes. El liturgista jesuíta, P. C. J. McNaspy, comentaba en las actividades de aquel año: "Este sentido de una experiencia artificiosamente inducida obscurecía toda genuina celebración, al menos para la gran mayoría", y lo describía como obra de "cowboys entusiastas que teológicamente no tienen ni idea, disparando al azar". Poco después de aquella reunión, la mesa de la Conferencia Litúrgica se quebró con acritud, renunciando cinco de sus miembros. Al año siguiente la Semana Litúrgica fue cancelada debido a la drástica caída en las inscripciones[5].

Este final de algo que había sido alabado como una corriente pionera de renovación, ejemplifica el destino del movimiento conciliar, destruído por sus propios falsos principios. Con su proclamación de estar rejuveneciendo una Iglesia envejecida, destruyó prometedoras expectativas que habían sido reales. En la década de 1950, la Iglesia en los Estados Unidos había sido considerada como un brillante ejemplo de fuerza y confianza en sí misma, aportando una bien definida nueva influencia a la cultura nacional. La promesa se frustró cuando esa cultura comenzó a seguir

---

[4] Este aumento de 55% en el medio siglo pasado desde 1963 puede compararse con el aumento de tres veces esa cantidad, 15.000.000, en el medio siglo anterior.
[5] James Hitchcock, *The Decline and Fall of Radical Catholicism* (Herder and Herder, 1971), pp. 59, 67, y 216.

el camino de un nuevo paganismo, contra el cual la Iglesia católica no pudo oponer resistencia.

Hay muchos partidarios del Concilio que permanecen impávidos ante el colapso descrito. Cuando se los confronta con los datos del vigor de la Iglesia antes del Concilio y de la decadencia que sobrevino después, su respuesta es mofarse; la verdadera religión, sugieren, no es cuestión de números. De hecho, no lo es para los Modernistas. Su ideal no es una Iglesia fuerte, dotada de condigna autoridad y, mucho menos, una Iglesia de masas, con fe descomplicada y devociones sencillas. Se sienten en casa con una Iglesia disminuída, en que la voz de una asertiva clase media adquiere un nuevo poder. En consecuencia, ridiculizan las estadísticas de la pérdida de apoyo y de influencia que sufre la Iglesia, y seguramente están satisfechos en su mente con tal actitud; pero son incapaces de señalar un solo progreso tangible de la Iglesia que pueda atribuirse al Concilio Vaticano Segundo. Cualesquiera sean los criterios que se use, las consecuencias del Concilio constituyen un modelo de decadencia sin atenuantes. Si juzgamos ésta por la cantidad de fieles y de instituciones católicas que se ha perdido, el Concilio Vaticano Segundo es comparable históricamente sólo con la Reforma protestante. De hecho, ha ido mucho más allá, porque sus efectos han repercutido no sólo en las periferias de la Cristiandad, sino en el corazón mismo del mundo católico y en los países donde el catolicismo había crecido en fuerza e influencia en los años previos.

EL PAPADO DE PABLO VI

Quien preside este escenario de devastación es la remota figura de Pablo VI. Hay dos modos cómo la evaluación del carácter de este papa ha sido teñida por algunas actitudes hacia la revolución en la Iglesia que todavía perduran. En primer lugar, los admiradores de los cambios se ven impedidos de realizar las críticas que un gobernante merecería naturalmente en tales circunstancias; y en segundo lugar, la suposición de que los cambios fueron correctos e inevitables ha oscurecido la medida en que Pablo VI fue personalmente responsable de ellos. Ambos puntos de vista han impedido hacer un balance realista de lo que, según cualquier examen objetivo, debería ser calificado como el pontificado más desastroso de la historia. Para dar fundamento a esta opinión tenemos que examinar, primeramente, la personalidad de Pablo VI.

Hijo de una familia de profesionales del norte de Italia, Giovanni Battista Montini eligió desde joven la carrera eclesiástica. A la edad de 25 años, pronto después de su ordenación, se convirtió en funcionario de la Secretaría de Estado, en la que continuó hasta ser nombrado arzobispo de Milán, treinta y dos años más tarde. Esta formación claramente curial no ha sido inusual en los papas, pero el simultáneo nombramiento de Montini como capellán de la asociación italiana de estudiantes universitarios y como profesor de diplomáticos del Vaticano consolidó su vinculación con círculos más intelectuales que pastorales. Desde el punto de vista filosófico, Montini se distinguió por una afición, típica de los círculos liberales italianos, a la cultura francesa; fue admirador de Maritain, aunque como papa habría de dirigir la Iglesia hacia un punto que Maritain repudiaba vigorosamente. En 1950, Montini conoció al filósofo francés Jean Guitton, que se convirtió en su más cercano amigo laico, y que dejó un retrato íntimo del papa en su libro "Pablo VI Secreto". En círculos eclesiásticos, la amistad más decisiva de Mons. Montini fue el cardenal Roncalli, quien al ser elegido papa lo hizo su más cercano confidente. Como hemos visto, Montini fue nombrado arzobispo de Milán por Pío XII, y su desempeño, desde 1954 hasta 1963, se caracterizó, entre otras cosas, por una valiente decisión de llevar la Iglesia a la clase trabajadora urbana.

Sin embargo, quizá más característicos fueron los vínculos del arzobispo con un mundo burgués progresista con el que se sentía emocionalmente en casa. La influencia de éste habría de advertirse posteriormente en el personal que se llevó consigo a Roma y en su estilo cultural. En su pastoral de Cuaresma de 1962, el cardenal Montini delineó para los fieles milaneses lo que veía como la nueva dirección en que se movía el catolicismo, tal como lo señalara su amigo Juan XXIII: "La Iglesia se despojará, si es necesario, de todo ornamento monárquico que todavía pese sobre sus hombros, de modo de revestirse de las formas más sencillas que exige el gusto moderno". En sintonía con ello, el Papa Pablo, al entrar al Vaticano, comenzó a reformar los esplendores barrocos que habían sido del agrado de príncipes y aldeanos, y a redecorar el palacio con los tonos grises y rosados que habían sido últimamente del gusto de la gentil clase media milanesa. Este cambio fue un símbolo de su pontificado: "¡Has vencido, refinado milanés; tu buen gusto ha vuelto gris a la Iglesia!"[6].

A nivel personal, el Papa Pablo llevó consigo a un grupo de sus asociados más cercanos, el principal de los cuales fue Don Pasquale Macchi, su secretario privado desde 1954. Macchi fue la principal figura de lo que comenzó a llamarse "la mafia milanesa", frase que resultó más apropiada que lo que previeron por entonces sus inventores. El secretario conservó una influencia sobre Pablo VI mucho mayor que lo que suponía su cargo[7];

---

[6] Alusión a las palabras que dirige a Jesucristo Julián el Apóstata en su lecho de muerte, en el poema de Algernon Swinburne: "Has vencido, pálido galileo; tu aliento ha vuelto gris al mundo".
[7] Se puede citar, en relación con esto, que en 1968 Pablo VI tomó la extraordinaria medida de negar públicamente los escabrosos rumores que circulaban sobre sus

a mediados de la década de 1970, ya como Monseñor, Macchi fue nombrado miembro de la "Gran Logia Vaticana" de masones, cuya iniciación masónica databa de 1958 mientras era secretario del arzobispo Montini.

Más allá de su círculo personal, el Papa Pablo se distinguió por favorecer al círculo de cardenales liberales, especialmente los cardenales Lercaro, Suenens y Döpfner, que habían ilícitamente conspirado antes del cónclave para lograr su elección[8]. Estos, que según el Derecho debieran haber sido privados de su cardenalato, fueron promovidos a los cargos más influyentes de la Iglesia. Ya hemos visto cómo se dio a estos tres cardenales la supervisión del Concilio, que usaron para hacer aprobar el programa radical, y hemos visto también cómo la reforma de la liturgia se le entregó al cardenal Lercaro y a Mons. Bugnini, quienes formaron un equipo a su medida. Esto último es un ejemplo de las camarillas a las que los métodos de gobierno de Pablo VI entregaron crecientemente el control, que en el campo de las finanzas de la Iglesia llevaron al Vaticano al mayor escándalo de la época.

En el estilo de gobierno de Pablo VI fue decisiva su idea del estado de la Iglesia. En este sentido, compartía la confianza de los liberales en la época moderna como una edad de ilustración y racionalidad, como si se hubiera derrotado las crudas pasiones del pasado. En su carta pastoral de Cuaresma de 1962, el cardenal Montini había dicho a los milaneses: "hoy no existen en la Iglesia ni errores ni escándalos ni desviaciones o abusos que corregir". Esta declaración, de la que todo su papado es una glosa, nos muestra el grado de perspicacia con el que juzgaba la escena contemporánea. Si Pablo VI no se dio cuenta personalmente de los peligros latentes en las nuevas tendencias teológicas, podría al menos haber sido alertado por las señales de la década anterior, en que Pío XII había clausurado el seminario de la *Mission de France* y depuesto a tres provinciales dominicos en Francia, en su arremetida contra el incipiente marxismo del movimiento de sacerdotes obreros. Se puede vincular la despreocupación del Papa Pablo con una impresión que dejó escrita el Profesor Guitton: "Con él, no estaba uno en presencia de un clérigo, sino de un laico que parecía haber sido súbitamente elevado al papado". Aparte del optimismo proveniente de su visión liberal, se puede sugerir que el Papa Pablo, al hacer la evaluación de la Iglesia que fue llamado a gobernar, sencillamente no entendió suficientemente su oficio como sacerdote católico.

---

relaciones con otro sacerdote en Milán algunos años antes. Probablemente el escándalo no es investigable, pero sugiere que Pablo VI se expuso a malas interpretaciones por su notable dependencia de los que le eran cercanos.

[8] Ver p. 212.

La calificación del carácter del Papa Pablo no fue fácil ni siquiera para él mismo. "¿Soy Hamlet o Don Quijote?" se preguntó una vez. Oscilar entre la indecisión y la irrealidad podría ser creativo en un pensador particular, pero no es el mejor rasgo de un papa. Su estilo hesitante coexistió con otro rasgo, que advirtió Jean Guitton: "Una vez que tomaba una decisión, era totalmente imposible lograr que la modificara en ningún sentido". Esta firmeza "del estribo"[9] revela a un hombre que no tolera que se cuestione sus juicios cuando ha llegado a la etapa del escrutinio público. Estos detalles de su carácter ayudan a explicar por qué Giovanni Battista Montini, una vez elevado al papado, proporcionó un ejemplo del perfecto subordinado que resulta ser un fracaso cuando se le confía la suprema autoridad.

La debilidad más importante del Papa Pablo consistió en su mal juicio para elegir subordinados, como se vio en el desastroso asunto de las finanzas vaticanas. El punto álgido fue su nombramiento del cardenal Jean Villot como Secretario de Estado. La relación con éste databa del tiempo en que Villot, como secretario del episcopado francés, mantuvo correspondencia con Mons. Montini, en la Roma de Pío XII. Figura lejana y reservada, Villot era el típico *énarque*, partidario de la condescendiente misión de la élite ilustrada de hacer progresar a la multitud. Cuando el cardenal Roncalli fue elegido papa, Villot no creyó en absoluto que este jovial campesino pudiera ser el hombre adecuado para conducir a la Iglesia por caminos debidamente liberales; si el papa hubiera vivido uno o dos años más, Villot podría haber visto confirmados sus temores. El papel de Villot en el Concilio Vaticano, durante el que fue arzobispo coadjutor de Lyons, ha sido ya descrito[10]. Pablo VI lo elevó al cardenalato en 1965, lo trajo a la Curia dos años después, y en mayo de 1969 lo nombró Secretario de Estado, en reemplazo del cardenal Cicognani. Villot permaneció en el cargo hasta su muerte en 1979. Ahí se benefició de una medida tomada por Pablo VI -en claro contraste con su propósito de despolitizar la Iglesia- por la que se daba al Secretario de Estado una autoridad general sobre todos los departamentos de la Curia, e inició una secularización del gobierno de la Iglesia, que desde entonces la hacer gemir. Villot se convirtió en el motor de la campaña para suprimir el catolicismo tradicional, política que el Papa Pablo, por sí solo, habría dudado llevar tan lejos. Sin embargo, sus esfuerzos por persuadir al papa de excomulgar a Mons. Lefebvre no tuvieron éxito. El cardenal Villot fue incluído entre los masones prominentes en el Vaticano, en los listados

---

[9] N. del Tr.: ingenio "del estribo" es una expresión que se refiere a la respuesta ingeniosa que se le ocurre a alguien cuando ya ha pasado la oportunidad de darla; aquí el autor aplica la idea al concepto de firmeza.
[10] Ver p. 204.

que comenzaron a aparecer hacia fines del reinado de Pablo VI, según los cuales fue iniciado en 1966.

Como cabeza de la Administración del Patrimonio de la Santa Sede, Villot fue responsable formalmente de la guarida de ladrones en que ese departamento se transformó durante el papado de Pablo VI. Las iniciativas, sin embargo, deben atribuírse a Mons. Macchi. Desde la década de 1950 éste había tenido conexiones con figuras principales del mundo financiero milanés, entre las que estaban Roberto Calvi y Michele Sindona. Este último fue el más claramente delincuente del círculo: era un siciliano que se mudó a Milán después de la guerra e hizo fortuna como agente de la Mafia en lo relativo a la evasión de impuestos, y comenzó hacia fines de los años 50 a adquirir una cadena de bancos. En el mismo período se ganó la amistad del arzobispo de la ciudad, el cardenal Montini. En la década de 1960, Mons. Macchi introdujo a Calvi y Sindona en el mundo de las finanzas vaticanas, y a un personaje asociado, Umberto Ortolani que, como los otros dos, era miembro de la Logia Masónica P2, y cuyo estatus como mano derecha del cardenal Lercaro lo puso cerca del centro de los negocios durante Pablo VI.

El equipo se completó, desde el lado eclesiástico, con el arzobispo Paul Marcinkus, un clérigo de trato vulgar proveniente de Chicago que gozaba de gran favor con Pablo VI desde el comienzo del pontificado de éste. Marcinkus era también compinche de Mons. Macchi, y en 1971 fue nombrado presidente del *Istituto per le Opere di Religione*, conocido popularmente como Banco Vaticano. Esta institución ya era usada por Sindona para transferir grandes sumas de dinero desde sus bancos italianos a Suiza, actividad que acompañó con especulaciones monetarias. Sin embargo, en 1974 un banco estadounidense que era de su propiedad colapsó en lo que se conoció como *il crack Sindona*, y la Santa Sede perdió una suma estimada en treinta millones de dólares. El desenlace de este *affair* sólo se produjo después de la muerte de Pablo VI, cuando Sindona fue condenado a presidio perpetuo por el homicidio del abogado que liquidaba sus bancos, y terminó siendo él mismo asesinado en prisión por sus acreedores de la mafia. Mientras tanto, Mons. Marcinkus había comenzado a ser investigado en 1972 por el FBI en relación con un fraude de bonos falsificados, pero el caso no prosperó. Igual que con los delitos de Sindona, el conocimiento de ello se produjo después de la muerte de Pablo VI. En 1981 Roberto Calvi fue condenado por delitos monetarios, pero Mons. Marcinkus siguió haciendo negocios con él, citando al respecto algo que había oído en alguna parte, "si no te pillan, es que no vales nada". El castigo merecido llegó al año siguiente, cuando quebró el Banco Ambrosiano de Calvi con deudas gigantescas. El IOR había sido su principal accionista, y Mons. Marcinkus, su director, había sido usado como canal para sacar al extranjero los fondos del Ambrosiano. El drama se prolongó luego cuando la Mafia asesinó a Roberto Calvi, quien fue encontrado colgando bajo el puente de Blackfriars en Londres. En 1984 el Vaticano accedió a pagar 224 millones de dólares a los acreedores del Ambrosiano, reconociendo su responsabilidad en el colapso. Mons Marcinkus, sin embargo, no renunció como presidente de IOR y seguía rehusando hacerlo, amparado por la soberanía del Vaticano, cuando en 1987 se expidió una orden de arresto en su contra. Sólo en 1989 el Papa Juan Pablo II se inspiró y lo depuso de su cargo. El epílogo de la historia llegó en 1992, cuando Licio Gelli, cabeza de la P2, y Umberto Ortolani, su diputado en la Logia, fueron condenados a largas penas de cárcel por fraude, en relación con la quiebra del Banco Ambrosiano.

Estos acontecimientos son importantes en la evaluación del Papa Pablo VI en cuanto administrador de la Iglesia. Los que lo encuentran no culpable de la pérdida de muchos millones de fieles quizá encuentren que la pérdida de muchos millones de dólares no es una buena señal de su sabiduría. Las vinculaciones criminales comenzadas en su época tuvieron lugar no por causa de una Curia sin control, sino de ciertos hombres -Villot, Macchi, Marcinkus- que el propio Papa Pablo había traído al Vaticano, y que contaban con su especial confianza. Por otra parte, este caso arroja luz sobre las alegaciones, por parte de la reforma conciliar, de estar recuperando un cristianismo más fresco, sin mácula. Los escándalos en que involucró a la Iglesia hacen parecer pálidas las recriminaciones que se hicieron a Pío XII por los intereses materiales excesivos que actuaron durante su pontificado. El agente financiero de la Iglesia en aquel tiempo, el cardenal Canali, fue acusado de relaciones muy poco espirituales con el banquero papal, el conde Enrico Galeazzi. En esa época, sin embargo, el Vaticano todavía no elegía sus consejeros de entre las periferias criminales de Milán y Sicilia, y no se puede en realidad imaginar al cardenal Canali asociado a tales especímenes: lo habría considerado impropio de su dignidad eclesiástica. En los años 1960, sin embargo, la voz de la nueva democracia predicaba que los pastores de la Iglesia necesitaban ensuciarse las manos, cosa que sin duda hicieron.

El círculo cerrado de las finanzas vaticanas fue unificado por los vínculos masónicos de muchos de sus miembros, y esa red se extendió, durante el papado de Pablo VI a todos los sectores de la Curia, especialmente a los departamentos de finanzas, a la Secretaría de Estado y al departamento de liturgia. Las revelaciones públicas de más de cien nombres de clérigos que eran masones comenzó en 1967, y fueron confirmadas, después de la muerte de Pablo VI, al Papa Juan Pablo I por el periodista

Mino Pecorelli, que había dejado su membrecía de la logia P2. Pecorelli fue un reconocido experto en las secretas ramificaciones de la sociedad italiana, y fue asesinado unos meses más tarde por quienes se sentían amenazados por sus revelaciones. Pecorelli dio a conocer a Juan Pablo I la existencia de una "Gran Logia Vaticana", a cuyos miembros conocía personalmente, la que incluía algunos de los nombres más influyentes de la Curia[11]. Entre ellos estaba el cardenal Villot, Secretario de Estado desde 1969 hasta 1979, Mons. Casaroli, el segundo dentro de la Secretaría de Estado desde 1967 y sucesor de Villot en el cargo, Mons. Macchi, Mons. Marcinkus, el cardenal Suenens de Malinas, motor de muchas de las campañas modernistas durante el papado de Pablo VI, Mons. Bugnini, arquitecto de la revolución litúrgica, el cardenal Poletti, presidente de la Academia Litúrgica y miembro de la Congregación para el Culto Divino, y el cardenal Baggio, quien como presidente de la Congregación de Obispos inició el procedimiento para suspender *a divinis* a Mons. Lefebvre en 1976.

Cuando éstos y otros nombres se hicieron públicos, la respuesta de algunos fue calificar el listado de "invención lefebvrista". Esa explicación puede ser descartada. Aparte de los individuos mencionados, existía muy poca correlación entre los nombres del listado y los enemigos del tradicionalismo[12]. La información proporcionada -sólo una lista de nombres, apodos y fecha de admisión- no contribuía en nada a sustentar la creencia lefebvrista en una infiltración de agentes masónicos en el clero, entrenados para hacer carrera hasta la cumbre y subvertir a la Iglesia. Todas las fechas de iniciación que da la lista son de los veinte años anteriores, cuando los clérigos en cuestión ya estaban bien posicionados en la Iglesia; y se puede suponer que la mayoría de ellos ingresó a la masonería con la intención de beneficiarse en su carrera[13]. En realidad, la revelación parece ser una filtración de las listas confidenciales de sus miembros que, según la ley italiana, las sociedades secretas tenían que entregar al gobierno. La mayoría de los eclesiásticos mencionados probablemente no se habían hecho masones por razones ideológicas, y mucho menos por fines conspirativos. Sin embargo, su membrecía muestra desprecio por la ley de la Iglesia, que en aquel tiempo establecía la excomunión *ipso facto* por adherir a la masonería; y en algunos casos, como el del cardenal Villot, revela una

---

[11] Ver David Yallop, *In God's Name* (Cape, 1984), p. 175.
[12] Un eminente tradicionalista, el ya fallecido Michael Davies, me expresó incluso su creencia de que la lista era una cortina de humo creada para para obscurecer la genuina afiliación masónica del arzobispo Bugnini.
[13] Un ejemplo más típico de teoría conspirativa de la derecha se encuentra en la poco creíble denuncia de que el cardenal Liénart, de Lille, había sido masón desde una fecha tan temprana como 1912, muchos años antes de iniciar su carrera de campeón de los derechos de los trabajadores dentro de la jerarquía francesa.

adhesión al ethos masónico del humanismo liberal, que era dispensado al populacho retrógado por un escogido círculo de dirigentes políticos.

Se dice que una de los propósitos incumplidos del Papa Juan Pablo I en sus treinta y tres días de pontificado (agosto a septiembre de 1978), fue expulsar de la Curia a algunos o a todos los nombres señalados como masones. Como muchos detalles de este *affair*, ello sólo se podrá comprobar cuando algún día la Iglesia decida revelar los aspectos internos de la vasta subversión que la afectó en el reinado de Pablo VI. Sin embargo, se sabe que los cambios propuestos por el Papa Juan Pablo I consternaron al cardenal Villot, que los describió como "una traición a la voluntad de Pablo, un triunfo de la restauración"[14]. La restauración no tuvo nunca lugar, porque Juan Pablo II optó por ignorar la información, y mantener el gobierno de la Iglesia con los hombres del Papa Pablo VI.

Podemos contrastar estas líneas del pontificado de Pablo VI con las evaluaciones convencionales que han hecho los biógrafos en otras obras. La premisa de éstas es ignorar hechos obvios de su reinado -el abandono del ministerio por decenas de miles de sacerdotes (facilitado por la política de Pablo VI de otorgar la reducción al estado laical automáticamente a quienes la pidieran), la pérdida de miles de vocaciones religiosas, la tumultuosa deserción por los laicos de la Misa inventada en beneficio suyo, el colapso de la autoridad papal- y presentar el período como un catálogo de reformas. Eamon Duffy, en *Saints and Sinners*, se las arregla para describir el papado de Pablo VI como el más grande del siglo XX. Juicios de este tipo traen a la mente las alabanzas hechas a las dotes políticas del Mariscal Pétain en la época álgida del régimen nazi; género literario en que el reconocimiento de la realidad es reemplazado por la deferencia a la ideología imperante.

Sin duda Pablo VI fue responsable, en parte por su inacción, de la revolución en la Iglesia que tuvo lugar durante sus quince años, pero gran parte de esa revolución tuvo lugar por su falta de iniciativa y contra su voluntad. Si analizamos su gobierno, encontramos algunas políticas que, ciertamente, son suyas. La primera de éstas fue la entrega del control de Concilio al partido Modernista, decisión de la que derivó toda la orientación de su pontificado. Pero incluso en esto la influencia del Papa Pablo fue sólo procedimental: no existió una orientación doctrinal como la que un gran papa maestro podría haber dado; ni siquiera se llevó a efecto el estructurado plan para un concilio que Montini había diseñado en 1962. La segunda política fue la revolución litúrgica, que Pablo VI impulsó personalmente de comienzo a fin; también en esto su papel consistió simplemente en entregar el *Consilium* litúrgico al cardenal

---

[14] Yallop, *op. cit.*, pp. 296-97.

Lercaro y a Mons. Bugnini, pemitiéndoles hacer lo que quisieran. El Papa mismo no era competente en liturgia; en octubre de 1965, como vimos, no sospechaba que se estaba encaminando la reforma a la composición de una nueva liturgia[15]; y la única contribución personal suya en el proceso fue podar algunos de los detalles más radicales del *Novus Ordo*.

Dicho lo anterior, se puede, por cierto, reconocer a Pablo VI el que la Curia se transformara, del sindicato italiano que había sido, en una organización internacional, escogida de entre la Iglesia entera. En otras circunstancias, ello habría sido digno de elogio, pero en la práctica no fue muy útil reformar el gobierno al mismo tiempo que se le disminuía su poder efectivo. El haber mantenido al cardenal Ottaviani como secretario del Santo Oficio (denominado, en 1965, Congregación de la Doctrina de la Fe) demuestra la convicción del Papa Pablo de que tanto el dicasterio como su cabeza eran reliquias obsoletas. No consideró el Papa Pablo poner a un teólogo bien informado a la cabeza de la Congregación, para dar a la Santa Sede los medios efectivos con los cuales tomar el pulso a la teología moderna. La inoperancia de ese departamento es un ejemplo de la impotencia que, durante su reinado, experimentó la Curia, en tanto que, en el mismo período, los funcionarios vaticanos aumentaron de 1.322 a 3.150, lo que trae a la memoria el conocido análisis del crecimiento burocrático como indicio de la decadencia de una institución.

Por otra parte, hay que reconocer al Papa Pablo el haber comenzado el programa de viajes papales por el mundo que hoy nos resultan familiares, política que Pío XII había considerado vetada, y para la cual Juan XXIII resultó demasiado anciano. Sin ese contacto personal del papa con el mundo, la campaña de recuperación popular que Juan Pablo II llevó a cabo en su pontificado hubiera sido imposible.

Otro cambio que ciertamente fue una expresión de la voluntad de Pablo VI fue la creación de instituciones destinadas a promover el gobierno compartido de la Iglesia. La más importante de éstas fue el Sínodo de Obispos, que comenzó a reunirse en Roma desde 1967. Con todo, hay que decir que su carácter como órgano de control por los obispos es uno de los mitos de las reformas conciliares. Esto quedó claro especialmente con la primera reunión del sínodo, cuando se ignoró sin tapujos su oposición a la nueva Misa de Bugnini: la nueva liturgia fue impuesta, casi sin cambios, en la misma forma que el sínodo había rechazado, y los procedimientos que se usó para introducirla tuvieron buen cuidado de no consultar nuevamente a los obispos[16].

---

[15] Ver pp. 267-68.
[16] Ver pp. 273-74.

No se puede considerar a Pablo VI como el inspirador, para bien o para mal, de los movimientos doctrinales que caracterizaron su reinado. Sus rasgos más importantes, como el revolucionario modelo de sacerdocio y la aceptación de la crítica bíblica protestante liberal, no deben nada a enseñanza alguna de Pablo VI, quien, por otra parte, no hizo nada para evitarlos o imponerles normas. Después de la publicación de *Humanae Vitae* en 1968, el Papa Pablo quedó tan desmoralizado por la adversa recepción que a ésta se le dio, que ya no se atrevió a publicar ninguna otra encíclica en el resto de su reinado. Incluso la declaración sobre la doctrina social de la Iglesia, que se publicaba tradicionalmente cada diez años en conmemoración de *Rerum Novarum*, se hizo en 1971 no en forma de una encíclica sino de una carta pública al cardenal Roy. La parálisis de la autoridad docente del papado en tiempos de Pablo VI asumió, así, carácter constitucional.

Se puede evaluar las implicancias de estos hechos si se piensa que, si la concepción Modernista de la Iglesia fuera verdadera, sería posible que un papa fuerte -una especie de Gladstone o Franklin Roosevelt eclesiástico- hiciera cambios radicales. Pero no encontramos nada parecido en la figura de Pablo VI. Lo que vemos en su reinado no es un liderazgo ilustrado sino una anarquía que cunde, movida por líderes Modernistas y por una opinión "pública" (en realidad, opinión periodística) aceptadas por Pablo VI con abundantes señales de vacilaciones y reticencias. Sus sentimientos se expresaron en algunos pronunciamientos famosos, como el de diciembre de 1968, cuando se lamentó por la "autodestrucción" de la Iglesia o el de junio de 1972, cuando habló en un sermón de un "poder adverso, el diablo, a quien el Evangelio llama el misterioso enemigo del hombre, algo preternatural que ha venido a sofocar los frutos del Concilio Vaticano"[17]. Esta evaluación poco positiva de los movimientos de su época sugiere falta de habilidad, de parte suya, para guiarlos. De hecho, si nos preguntamos por qué quienes creen en la revolución conciliar aprueban a Pablo VI, lo hacen principalmente porque no hizo nada por controlarla. No se puede evitar pensar en cuán impopular hubiera sido el Papa Pablo si hubiera resultado ser un conservador al mando de la Iglesia según las líneas acostumbradas. Su falta de eficiencia, su lejanía del sentimiento popular y su falta de conocimientos doctrinales son defectos fácilmente reconocibles; pero es sólo con un papa de estas características que podía

---

[17] Hizo un juicio parecido cuando, al final de su vida, declaró a Jean Guitton "Hay gran inquietud en este momento en la Iglesia y lo que se cuestiona es la fe. Me alarma pensar que, en el mundo católico, lo que parece imponerse dentro del catolicismo es un pensamiento no católico ...". Esta reflexión es como si alguien, en 1916, hubiera comentado "Es casi como que Europa estuviera en guerra"".

llevarse a cabo la revolución, y lo que ello nos enseña es que el ideal de papa es, para los liberales, un papa que no gobierna la Iglesia.

Sin entrar al tema de la doctrina, hay pocos papas en la historia que hayan ostentado una falta de requisitos para el cargo tan grande como Pablo VI: exclusiva dependencia de la opinión de los intelectuales de Europa occidental, unilateralidad en el favorecimiento de un único partido, confianza en un reducido círculo de confidentes, mal juicio en la selección de subordinados, falta de profesionalismo en doctrina y legislación, debilidad e indecisión y, además, absolutismo en la ejecución de una política partidista; todos estos rasgos distancian decididamente a Pablo VI de sus predecesores; ciertamente habría que retroceder a alguno de los oscuros papas del siglo XVIII o anteriores para encontrar alguna lejana semejanza. Pero no se concedió oscuridad a Pablo VI: por el contrario, le tocó gobernar la Iglesia cuando se había convocado a un concilio, y cuando la necesidad de conservar la visión cristiana frente al mundo contemporáneo era especialmente urgente.

Es del caso, pues, preguntarse cómo es que Pablo VI se ha librado de la evaluación que se merece, cómo es que es considerado como promotor del gobierno colegiado cuando su decisión más típica, la nueva liturgia, se impuso con desprecio del estilo colegiado, cómo es que los comentadores ignoran que el rasgo distintivo de su época fue el colapso de la autoridad papal, que su pontificado fue una serie de escandalosos nombramientos y de inauditas pérdidas. Pablo VI se ha librado porque todo lo que hizo, o dejó de hacer, tendió al sometimiento de la Iglesia al mundo. Puesto que el mundo quería una Iglesia sin autoridad, un papa sin autoridad pareció lo adecuado. Con cada error de Pablo VI la opinión secular, en vez de achacárselo, vio con satisfacción el triunfo de los estándares modernos, es decir, el debilitamiento de la Iglesia. En vez de juzgar sus fallas, los observadores le habrían reprochado si hubiera seguido una dirección diferente, si hubiera favorecido el término medio en el Concilio en lugar de los radicales europeos, si hubiera escuchado a los obispos en vez de a los vándalos litúrgicos, si hubiera entregado menos el patrimonio de la Iglesia, si lo hubiera dañado menos.

Así, pues, a corto plazo Pablo VI elude una evaluación realista, pero los ídolos de la época actual no han de durar para siempre, ni en el mundo ni en la Iglesia. Y cuando se hayan ido, será juzgado a la luz de la anarquía que promovió en la Iglesia, reflejo de sus propias divisiones espirituales. Incluso al imponer la aceptación de la nueva Misa, lo hizo con compungidas frases; dice: "Ya no es el latín, sino la lengua común, la lengua principal de la Misa. Para quienes conozcan la belleza, el poder del latín, su aptitud para expresar las cosas sagradas, habrá de ser seguramente un gran sacrificio verlo reemplazado por la lengua vulgar. Estamos perdiendo la lengua de siglos de cristianismo; estamos siendo como intrusos y afuerinos en el ámbito literario de la expresión sagrada. Así, perdemos en gran medida la admirable e incomparable riqueza artística y espiritual que es el canto gregoriano. Hay motivos, ciertamente, para sentir remordimientos y casi confusión a causa de esto"[18]. La confusión es, por cierto, lo propio de un hombre que se dio cuenta del tesoro de que, con su decisión, privaba a los fieles, pero que, no obstante, siguió adelante; que siguió adelante, además, con ciega intolerancia, proscribiendo la tradición litúrgica de la Iglesia; y lo hizo al tiempo que invocaba las necesidades pastorales de un laicado que, por millones, abandonaba el culto.

Las peculiaridades psicológicas de Pablo VI, vistas a la luz cruda de un examen moderno, iluminan quizá los fracasos de papas anteriores cuyo carácter se pierde en la oscuridad de los tiempos. No sabemos nada de las debilidades de Honorio, cuya sumisión al emperador de Oriente le ganó, cincuenta años más tarde, la dura condena del Papa León: "Anatematizamos a Honorio, que no buscó purificar esta Iglesia Apostólica con las enseñanzas de la tradición apostólica, sino que permitió, con una profana traición, que su fe inmaculada se sometiera". Sin embargo, puede que algún día la Iglesia censure a Pablo VI, como a Honorio, como a alguien que "no sofocó la llama de las doctrinas heréticas, como le correspondía por su autoridad apostólica, a medida que se acrecentaba, sino que la avivó con su negligencia".

LA DEVASTACIÓN ESPIRITUAL DE LA IGLESIA

El hecho central de los últimos sesenta años es el gran empobrecimiento de la vida espiritual de los católicos como resultado de la revolución litúrgica. La tradición de la Iglesia había enriquecido la vida de los fieles con un gran caudal de ayudas espirituales; la íntima devoción de la Misa rezada y el esplendor de la Misa solemne en las grandes fiestas; los ritos concomitantes de la devoción eucarística; la Bendición con el Santísimo; las procesiones con el Santísimo Sacramento; las Cuarenta Horas; la devoción al Sagrado Corazón con sus oraciones domésticas y las comuniones de los primeros viernes; el via crucis; la devoción a la Virgen en todas sus formas; el rezo del rosario; la devoción a los santos, con conocimiento de su vida y amor de sus personalidades individuales y, fomentando todo esto, los sodalicios y fraternidades que congregaban a los devotos en verdaderas comunidades. La iconoclastia de los liturgistas barrió con todo, dejando al católico común virtualmente sin experiencia

---

[18] Discurso de Pablo VI de 26 de noviembre de 1969, citado por Mons. Lefebvre en *They Have Uncrowned Him* (Angelus Press, 1987), p. 227.

alguna de oración, excepto la Misa semanal de la parroquia, reducida a su más chata expresión.

Un profesor estadounidense de sociología, Peter L. Berger, luterano, observaba en 1978 acerca de este fenómeno: "Si un sociólogo absolutamente mal intencionado, empeñado en dañar a la comunidad católica todo lo posible, hubiera sido asesor de la Iglesia, no podría haberlo hecho mejor"[19]. Este observador se refería a las influencias psicológicas ejercidas por la costumbre, la cultura y la sensibilidad popular, que los reformadores pisotearon con su reforma radical; otros comentadores han hecho notar que los supuestos literalistas y uni-dimensionales de la nueva liturgia se aplicaron justo en el momento en que la psicología social comenzaba a criticar esos modos de pensar y a descubrir una visión más holística de la comunicación. Incluso en ámbitos más simples que la religión, las personas no se conmueven con sólo el significado literal sino que con otros métodos, anclados en todas las dimensiones de la naturaleza y la cultura humanas. El empobrecimiento del culto fue, pues, una causa principal de la desintegración que afectó a la Iglesia en las décadas de 1960 y 1970. Si miramos la Iglesia como una organización secular, se podría decir que fue víctima de un plan de negocios fatalmente simplista; pero ello es un modo profano de ver las cosas. La esencia de la Iglesia no dice relación con su eficacia mundana sino con su papel como lugar de encuentro entre el hombre y Dios. El gran crimen de la revolución Modernista es que ha alienado al hombre de Dios y lo ha vuelto hacia adentro de sí mismo, destruyendo el sentido de lo sagrado, del respeto y del culto.

Esa destrucción puede ser vista por quien quiera que mire el actual carácter de la oración católica. El contraste que se da entre la atmósfera de una iglesia católica moderna y la de una antigua es el contraste entre dos religiones diferentes. Sobre el espíritu antiguo, conviene citar la descripción que hace Michael Davies, que se convirtió a la Iglesia en la década de 1950: "Recuerdo bien, como converso con gran experiencia de los servicios evangélicos protestantes, muy hablados y emocionales, que la primera experiencia que tuve de un auténtico culto fue la que tuve en la Misa rezada de una parroquia obrera. Sólo el acólito daba las respuestas en una iglesia atestada de fieles, muy pocos de los cuales tenían misal, pero la atmósfera de reverencia y, en la consagración, de una palpable adoración, fue algo que yo nunca había experimentado antes y que jamás olvidaré"[20]. Así es el espíritu de la oración católica tradicional, como también de las Iglesias orientales, que han conservado su auténtica liturgia.

---

[19] *The Homiletic and Pastoral Review*, febrero 1979, citado por Michael Davies en *Pope Paul's New Mass*, p. 80.
[20] Michael Davies, *Pope John's Council* (1977), p. 20.

Su culto es el resultado de muchos siglos en que la oración cristiana fue elevándose, a medida que su significado interior comenzó a prevalecer sobre su expresión verbal. Esto fue así especialmente en la Iglesia católica, en que la interpretación tradicional de la Misa se refinó con una rica tradición teológica. La comprensión de la Misa como el eterno sacrificio, obrando conjuntamente con el genio propio de la liturgia misma, sacó al culto del ámbito de la superficialidad humana y lo elevó a la trascendencia. Lo que la nueva liturgia ha hecho es revertir este proceso, y aquéllos que pertenecen al ámbito de la superficialidad humana se aferran a ella por esta misma razón. Hablan de un enfoque pastoral, cuando en realidad temen que una liturgia trascendente anime al pueblo a encontrar algo más allá de las banales lecciones que le da la vida cotidiana; temen que las nubes se abran y permitan tener un atisbo del cielo.

Entre esa banalidad y la reforma litúrgica existe una natural afinidad. El literalismo que tomó la Misa como un mero texto que había que revisar, se expresó en una liturgia unidimensional, humana. La pedantería de los liturgistas y su nueva ciencia probó ser arrogante ante el pasado, como es característico de la cultura del siglo XX. Un paralelo de ello lo encontramos entre los arquitectos puristas que se destacaron luego de la Segunda Guerra Mundial. Le Corbusier y sus discípulos experimentaron tal repugnancia con el desorden de la planificación urbana tradicional que aspiraban a destrozar el centro de las ciudades históricas y reconstruírlo según su reluciente nuevo estilo. Con el mismo espíritu, Bugnini y sus técnicos destrozaron la vieja Misa y la reemplazaron con su propia creatura. Pero el defecto de ambos conceptos es la esterilidad de espíritu, la lejanía de la sensibilidad humana, que los hace inadecuados para la tarea que se propusieron. Lo último que quisiera una persona corriente es habitar en alguna de las *machine à habiter* de Le Corbusier, y lo que la máquina de orar de Pablo VI menos permite, es orar. Lo que encontramos en la liturgia moderna es el equivalente de las torres habitacionales que, en la década de 1960, fueron bienvenidas como faros de una nueva época: desangeladas, de mala calidad e inspiradas en un totalitarismo más detestable aún por sus pretensiones democráticas. Es sólo cuestión de tiempo y la liturgia habrá de sufrir la misma suerte que las torres habitacionales, que son hoy demolidas en medio de grandes nubes de polvo y con una satisfacción pública todavía más grande.

La degeneración del culto católico es tanto visual como espiritual, como su equivalente arquitectónico nos lo recuerda. El tipo de iglesias que se construye hoy para la nueva liturgia es un hangar sin Dios, por razones que se vinculan con la esencia misma de la arquitectura moderna, la cual rechaza deliberadamente los valores de la tradición y del simbolismo, que forman parte integral del culto cristiano. Sin embargo, aún más triste es la ruina producida por la nueva liturgia en las iglesias que ya existían, especialmente en las grandes obras maestras de la tradición eclesiástica. Los peores daños son los que sufre el presbiterio, donde un nuevo altar, de bárbaro diseño, berrea insultos contra quienes habían querido crear un espacio para gloria de Dios. Las atrocidades que se ha infligido al patrimonio cristiano son conocidas por todos los que han viajado a conocer las grandes obras del arte cristiana; entre ellas se cuentan la horrenda modernización de Notre Dame y la criminal profanación de la iglesia universitaria de Fischer von Erlag, en Salzburgo. Tales barbaridades revelan un rasgo particular de la actual Iglesia, en que el clero se ha despojado de todos los estándares culturales que alguna vez tuvo. En el pasado, cualesquiera fueran sus limitaciones personales, los sacerdotes se mantenían dentro del límite de las tradiciones de la liturgia y del arte de la Iglesia. Una vez que esos límites se violaron, no existió ya ningún gusto monstruosamente malo que no fuera acogido por el clero católico moderno. La nueva religión del Modernismo exige que se reprima enérgicamente todo instinto de belleza y armonía, y los resultados de ello están a la vista hoy por todas partes en el culto: arquitectura desfigurada, paramentos estridentes, vasos sagrados que parecen diseñados para una cantina, e imaginería religiosa en que el arte y la naturaleza son insultados por igual[21].

Concebida en medio de la discordia, la nueva liturgia está en guerra no sólo con el pasado sino consigo misma; una discordia que brota de la falsedad de sus objetivos declarados. Los reformadores se pusieron a crear una liturgia del pueblo, y la han hecho de clase media. Hablaban de dar expresión a la comunidad, y han reemplazado el antiguo modo de comulgar, unos junto a otros, por otro que conlleva tanto sentido comunitario como una cola para comprar boletos de tren. Quisieron imponer la participación, y su liturgia ha perdido más fieles que nunca; son millones los que, simplemente, se marcharon; en algunos lugares los feligreses se han vuelto tan apáticos que el sacerdote, cuando celebra sin acólito, está reducido a responderse a sí mismo. La liturgia tiene versiones infantilizadas para atraer a los niños, pero los jóvenes católicos abandonan la práctica tan pronto como egresan de la escuela.

---

[21] Se puede traer a colación el comentario de Robert Hughes sobre la escultura de la Cruxifixión que se ha puesto en la fachada de la iglesia de la Sagrada Familia en Barcelona: "la más chillona masa de clichés modernistas a medio digerir que, desde que hay recuerdo, se le haya implantado a un edificio notable... Los futuros historiadores del arte la señalarán, sin duda, como el momento exacto en que el arte religiosa pública de la Europa católica murió por falta de nada mejor que hacer, casi exactamente dos mil años después de sus inicios". Ver Robert Hughes, *Barcelona* (Harvill, 1992), p. 540.

Con todo, a pesar de lo doloroso que es todo esto, el principal mal de la revolución litúrgica no es ni la paralización de la Iglesia ni el duelo que aflige a los fieles, sino el sacrilegio objetivo contra la Misa cometido por la *jacquerie* litúrgica. No se trata solamente de una liturgia indigna, sino de abusos que la profanan, abusos que se extienden hasta sus aspectos más esenciales. En pos del cambio litúrgico, muchos sacerdotes y aun diócesis enteras en la década de 1960 comenzaron a rechazar las hostias confeccionadas para el altar y a usar preparaciones que no son, de hecho, pan, sino bizcochos. En tales casos, la Misa es necesariamente inválida por defecto de materia. Muchos sacerdotes reconstruyen una liturgia a su amaño y celebran sin creer en la Presencia Real, ni tener intención de ofrecer el sacrificio del Calvario. En Hispanoamérica, el clero marxista ha transformado la Misa en un gesto político, vacío de contenido espiritual. El relativismo Modernista ha socavado el respeto hacia el Santísimo Sacramento. Se sostiene que los elementos [sagrados] conservan su "significación" sólo durante la Misa y, teminada ésta, pueden ser tratados como desechos. El Camino Neocatecumenal es un movimiento que ha promovido especialmente este sacrilegio. Se ha destruído entre los fieles en general el respeto por el Santísimo Sacramento debido a la pérdida de prácticas que estuvieron alguna vez en el corazón de la piedad católica; con la desaparición de la confesión y de toda otra preparación espiritual, la comunión se ha transformado en parte de la rutina de oír Misa. Las antiguas y reverentes costumbres han sido reemplazadas por la recepción de la comunión en la mano y de pie -imponiéndose esto último con tal fanatismo que, en algunos países como los Estados Unidos, la jerarquía ha tratado de prohibir oficialmente el ponerse de rodillas para comulgar (proyecto paralizado por el Vaticano)[22]-. No es fácil creer que estos pastores mercenarios hayan tenido preocupación alguna de fomentar la religión de Cristo u otra cosa que no fuera la arrogante religión humana establecida por el Concilio Vaticano Segundo.

---

[22] Como trasfondo de esta actitud impía, hay que tener presente la subversión que sufrió la jerarquía católica en los Estados Unidos. En la década de 1980, ella fue obra en gran medida de Mons. Jadot, delegado apostólico, quien, designado por Pablo VI a sugerencia del cardenal Suenens, se mantuvo en el cargo desde 1973 hasta 1980. Durante su período en los Estados Unidos, Jadot dio impulso al partido Modernista, recomendando la designación de 103 obispos y el ascenso de 15 arzobispos. Este último grupo incluyó a los Modernistas extremos Gerety, arzobispo de Newark desde 1974 hasta 1986; Hunthausen, arzobispo de Seattle desde 1975 hasta 1991, cuya administración fue intervenida por el Vaticano, que le impuso un coadjutor; y Weakland, que nombrado arzobispo de Milwaukee en 1977, renunció a su sede en 2002, poco después de pagar 450.000 dólares, provenientes de fondos diocesanos, a un antiguo amante masculino que lo amenazaba con llevarlo a juicio. A continuación de la destrucción de la Misa, el más funesto legado de Pablo VI a la Iglesia fue arruinar jerarquías en todo el mundo mediante una política de nombramientos según estas mismas líneas.

Estos son los detalles de la inconmensurable catástrofe espiritual que se ha causado a la Iglesia católica. Por mucho que los pedantes la ataquen, la liturgia católica tradicional, con las devociones que la acompañan, creó un todo de poderosa belleza y de imaginativa persuasión, que ata almas a la fe como no lo puede hacer ninguna invención racionalista. En su lugar, la nueva Misa ha instalado una experiencia de secularidad, destructora de almas, en el corazón mismo de la experiencia de fe del católico corriente. La frase "destructora de almas" no es una exageración, porque el más claro logro de la nueva liturgia ha sido el alejamiento de millones de fieles. La antigua liturgia alimentaba las almas, la nueva, las hambrea. Los que se han ido han sido en su mayoría jóvenes y, más encima, a causa de las versiones litúrgicas creadas especialmente para ellos. Fue la antigua Misa la que, mostrando un mundo más elevado, capturó la imaginación de los niños y los retuvo durante toda su vida.

En el pasado la Iglesia conservó sus fieles porque les ofrecía cosas que producen inequívocamente convicción: verdad moral, doctrina clara y liturgia bella y auténtica. Incluso quienes la abandonaban, rara vez la despreciaban u olvidaban. En su historia de un mal católico que recuperó la fe de su juventud, G. K. Chesterton hace decir al Padre Brown: "Lo atrapé con un anzuelo invisible y un hilo invisible, lo suficientemente largo como para dejarlo vagar hasta el fin del mundo, y para recogerlo de vuelta con un movimiento de la caña". De un modo menos evocador, se solía expresar el poder de la educación católica con el dicho "Una vez católico, católico para siempre". La tarea del Concilio Vaticano Segundo fue echar por tierra esa realidad; hoy, todo lo que se puede decir es "Católico, una vez".

LA PERVERSIÓN DEL ECUMENISMO

El caso del ecumenismo es un privilegiado ejemplo de la perversidad con que la Iglesia postconciliar corrompió una causa legítima. En los últimos sesenta años la Iglesia católica ha hecho, en relación con el ecumenismo, todo lo que no debía hacer, y ha dejado de hacer todo lo que debía haber hecho. Desde un punto de vista auténticamente católico, que es el que sostuvieron los papas mucho antes del Concilio Vaticano Segundo, el primer objetivo del ecumenismo es remediar el escándalo de la división cristiana. Puede también, en la esfera intelectual, aportar el beneficio de ver más allá de los hábitos de pensamiento occidentales y de redescubrir elementos de la tradición cristiana que pertenecen a toda la Iglesia. Teniendo presentes estos fines, el ecumenismo debe dirigirse, primeramente y sobre todo, a las tradiciones representadas por los antiguos patriarcados, las iglesias que han preservado la comprensión eclesial y sacramental de los primeros tiempos. El máximo galardón del acercamiento a esas iglesias es la reunión en un solo cuerpo, como ha sido efectivamente alcanzada muchas veces en el pasado.

Estos objetivos no se aplican al caso del protestantismo. En este caso, la convergencia doctrinal significaría aceptar las innovaciones introducidas al cristianismo en el siglo XVI, o las ideas occidentales modernas a las que, en todo caso, los católicos ya están demasiado expuestos. Además, puesto que el protestantismo carece de jerarquías sacramentalmente válidas, no es posible la unión eclesial en el sentido que lo es con las iglesias orientales[23]. Esto está lejos de significar que no puede haber amistad ecuménica con el protestantismo. No es necesario aceptar la dicotomía Modernista según la cual el individuo, o bien se aparta de la doctrina católica sobre lo que constituye una iglesia, o bien adhiere a un fanatismo y un exclusivismo incondicionales. Con el protestantismo son otros los objetivos posibles: puesto que el acuerdo doctrinal es imposible en la práctica y la unión eclesial imposible en principio, es una pérdida de tiempo dialogar sobre ambos. Lo que hace diferente el caso de las iglesias protestantes es que la Iglesia católica está inmersa junto con ellas en una misma sociedad occidental, que se hace cada vez más anticristiana. La tarea aquí es sumar fuerzas para defender los principios cristianos esenciales. Puede que un entendimiento mutuo sea una recompensa de ello; pero en caso de que lo fuere, es más probable que sea el resultado de una cooperación práctica que de negociaciones doctrinales. Hay que tener presente que el propósito último del ecumenismo no es diplomático, preocupado con la relación entre las iglesias, sino evangélico, interesado en la presentación del cristianismo al mundo. Desde el comienzo, la premisa del ecumenismo, incluso en Oriente pero, sobre todo, en Occidente, debiera haber sido que las iglesias cristianas no se sentaran a conversar, sino ponerse de pie juntas para luchar.

Pío XI hizo un esfuerzo por establecer relaciones con el mundo Ortodoxo en los primeros años de su pontificado, pero se frustró por la hostilidad de las propias iglesias orientales. Después de 1945, cuando la mayoría de las iglesias Ortodoxas cayeron bajo el dominio comunista, surgieron nuevas oportunidades para que la Iglesia católica se convirtiera en el campeón no sólo de sus propios fieles sino de todos los cristianos oprimidos por el ateísmo. Esto fue un signo de los tiempos que, junto

---

[23] El único grupo protestante con el cual, mirada con realismo, fue posible una reunión en un solo cuerpo, fue la comunión anglicana, tal como ésta era hace cuarenta o cincuenta años atrás, e incluso en tal caso sólo con la rama anglo-católica. Pero aun si una porción importante de ésta hubiera deseado la reconciliación con Roma, no se habría dado una unión eclesial propiamente tal, ya que los obispos y el clero habrían tenido que ser ordenados nuevamente para que fuera posible reconocer esa jerarquía.

con otros, Pío XII no fue capaz de reconocer. Sin embargo, mucho más pronunciado fue el error de Juan XXIII cuando asumió la causa del ecumenismo. El interés del Papa Juan surgió, en un comienzo, de sus tiempos como enviado papal a Bulgaria y Turquía, y debiera haberse referido lógicamente, en primer lugar, a las iglesias orientales. Pero, como hemos visto, cometió el error de entregar el movimiento ecuménico a figuras como Bea y Willebrands, que lo entendieron simplemente como una respuesta al protestantismo occidental. En lo referido al Oriente, el Papa Juan hizo girar la Iglesia hacia una política de diplomacia superficial, carente de auténtico conocimiento. Y su peor equivocación fue permitir que el cardenal Bea tratara de enmendar su torpeza al acercarse a las iglesias orientales mediante una alianza oportunista con la iglesia títere de Rusia, paso que desvió el movimiento ecuménico hacia una actitud cómplice con la propaganda soviética[24]. El nuevo compromiso con el ecumenismo se dio conjuntamente con un ablandamiento de la política de la Iglesia hacia el comunismo que, según se ha calculado, significó un millón de votos para el partido comunista italiano en las elecciones de 1963, e implicó, entre otras cosas, el debilitamiento de la posición de los cardenales Wyszynski y Mindszenty contra las dictaduras polaca y húngara respectivamente[25]. La oportunidad histórica se vio así netamente invertida. Si la Iglesia católica, durante los años de dominio soviético, hubiera hecho causa común con las iglesias de Europa oriental y hubiera hablado por todos los cristianos en su denuncia de la tiranía, habría ganado prestigio moral y quizá habría ayudado a quebrar las barreras con los Ortodoxos. En cambio, la Iglesia adhirió a la radical incoherencia de buscar la amistad de los cristianos de Oriente y, al mismo tiempo, de someterse servilmente al régimen que los oprimía.

Estas consideraciones no deberían llevar a identificar el cristianismo oriental con las iglesias bizantinas, descuidando las de Asia. Tal cosa fue el segundo error del pensamiento de los ecumenistas, luego de su inclinación a las iglesias protestantes de Occidente. Ciertamente, el tamaño de las iglesias de tradición bizantina, tanto en Europa como en algunos países de inmigración, les da título para ser consideradas en primer lugar. Desgraciadamente ello se contrapesa con una seria dificultad: en comparación con las iglesias asiáticas, las del rito bizantino son unas fortalezas

---

[24] Sobre estos acontecimientos, ver pp. 199-200.
[25] La elevación al cardenalato del arzobispo Woytyła de Cracovia en 1967 fue señal de la intención de establecer una figura más conciliadora en la iglesia polaca, en lugar del firme anticomunismo del cardenal Wyszyński. En 1973 el Papa Pablo depuso al cardenal Mindszenty de su puesto de primado de Hungría, aunque la solemne promesa que se le hizo de que ello no se efectuaría fue el único motivo por el que el cardenal aceptó salir de Hungría.

de sentimientos anti-romanos, comparables sólo con lo que se dio antes en Irlanda del Norte[26]. Esto no significa que sean fútiles los intentos de superar tales prejuicios; pero sí implica que no es realista pensar en la reunión institucional con esas iglesias en un futuro previsible.

En cuanto a las iglesias de Asia, la atmósfera es diferente. En Asia, el hecho que Oriente haya estado en cisma respecto de Roma durante los últimos mil años es en gran medida desconocido, y los obstáculos son más bien de cultura y de costumbres. También en esta región la escena política después de 1945 dio a Roma una oportunidad histórica. El término de los gobiernos coloniales, el surgimiento del fanatismo musulmán, y el conflicto con Israel, dejaron a las minorías cristianas de Medioriente en una situación cada vez más peligrosa, en que el apoyo de Occidente adquirió un nuevo valor. Del mismo modo, en India el término del dominio imperial favoreció el chovinismo hindú contra las iglesias cristianas que han sido parte de la cultura del país durante siglos. Todo esto dio a la Iglesia católica oportunidades sin igual en su historia, pues hay que recordar que, en el pasado, la unión de las iglesias fue siempre ocasionada por necesidades políticas y prácticas. Lo que hacía falta para favorecer estas oportunidades era prestar una cuidadosa atención y tener objetivos prácticos, no vagas profesiones de buena voluntad. La Santa Sede necesitaba poner en Asia diplomáticos muy conocedores de esos países y atentos a ofrecer la ayuda de la Iglesia cada vez que fuera posible. Podemos darnos cuenta de lo que era, en la realidad, la diplomacia católica en el Medioriente cuando advertimos que el cargo de pro-nuncio en Irán se utilizó como castigo para un Bugnini caído en desgracia. Sería excesivo decir que la diplomacia vaticana pudo haber hecho mucho por remediar el caos del Oriente Medio; pero una Iglesia católica fuerte, con sentido de su responsabilidad como voz de la unidad cristiana en esos países, pudo haber ganado una influencia que, de hecho, se perdió. La débil e incoherente voz de la Iglesia imposibilitó lo que pudo haber sido un ancla poderosa, a la que se podrían haber aferrado los cristianos de la región. Si hubo también posibilidades de unión eclesial, es algo que hay que dejar a los especialistas; pero tal como se dieron las cosas, hay que notar la total nulidad de la acción de la Iglesia en tiempos modernos, que contrasta con su éxito en el pasado. A lo largo de toda su historia la Iglesia romana logró la reunificación con muchas iglesias orientales, de las

---

[26] Un ejemplo de ello se vio en la protesta del clero griego contra la visita del Papa Pablo VI a Grecia en 2001. Es difícil imaginarse un fanatismo semejante desplegado por los cristianos de las sociedades occidentales, y ya puede calcularse la dura crítica que recibirían de la opinión pública si lo hicieran. La enemistad que le tienen a la Iglesia latina otras iglesias Ortodoxas europeas, como la serbia o la rumana, es igualmente declarada.

cuales la más importante fue la iglesia ucraniana en 1596. Después de ella, se puede decir que en diversas partes del mundo tuvieron lugar repetidas reunificaciones con pocas décadas de distancia; las más recientes incluyen la de la Iglesia católica etíope en 1846, y la Iglesia sirio-malankara en India en 1930, además de acuerdos menores con pequeños grupos de búlgaros, macedonios y rusos. Pero desde el Concilio Vaticano Segundo no se ha producido ni una sola reunificación con Roma de una iglesia separada: desde la perspectiva de las colectividades a las que hace gestos amistosos, la nueva y ecuménicamente bien dispuesta Iglesia católica no parece ser algo a que valga la pena unirse.

Veamos el caso de las iglesias protestantes, la alianza con las cuales pudo haber hecho mucho por defender los principios cristianos en un mundo secularizado. La oportunidad de hacerlo fue desaprovechada por un enfoque que ignoró los objetivos de una acción conjunta, perdiéndose en discursos ecuménicos. Los proyectos de reunificación se fundaron en premisas doctrinales falsas que, en vez de construír amistad, no hicieron más que dañarla. Un ejemplo de ello lo dio el Papa Juan Pablo II cuando visitó oficialmente Noruega en 1989, oportunidad en que su encuentro con luteranos en el palacio real fue boicoteado por siete de los once obispos del país debido a la negativa de la Iglesia católica a ceder en una serie de puntos, entre los que estaba la intercomunión y el reconocimiento eclesial de la Iglesia Luterana; uno de los objetores declaró que el proceso ecuménico se había detenido con el acceso al trono de Juan Pablo II. Esta demostración contra un papa que se pasó su reinado arrastrándose ante cada pequeña colectividad religiosa, sea de cristianos o no cristianos, demuestra que en círculos protestantes -y también católicos- el ecumenismo se entendía como un rendirse la Iglesia católica indiscriminadamente a las demandas protestantes. Es fácil darse cuenta de que si la Iglesia, en los veinticinco años anteriores hubiera hablado de colaboración, en vez de concesiones, el papa podría haber viajado a cualquier parte encontrando respeto y amistad, no rechazos fundados en falsas expectativas.

En todo caso, habría habido cierta dificultad en las relaciones de la Iglesia con el carácter algo inflexible del protestantismo continental.[27] Hubo menos dificultades en la colaboración con el anglicanismo, cuyo temperamento ha estado siempre más cerca de la Iglesia de Roma que otros protestantes, igual que los cristianos bizantinos. En la década de 1960, una alianza entre la Iglesia católica y los anglicanos en los países de habla inglesa tenía innegables posibilidades; pero ella necesitaba basarse en la idea de mantener los principios cristianos, no de esquivarlos. La Iglesia

---

[27] N. del Tr.: el autor se refiere aquí al protestantismo de las regiones continentales de Europa, que se diferencian de las Islas Británicas.

debió haber tendido la mano no a los algodones del irenismo liberal, ni a los encajes del anglo-catolicismo, sino a algo capaz de estrecharla con fuerza, es decir, a quienes se mantenían fieles a la esencia de la doctrina y la moral cristianas. Si se hubiera hecho eso, el propio anglicanismo habría quizá tomado un curso diferente en los siguientes quince años, en vez de derrumbarse ante las tendencias del liberalismo moderno, con las varias secesiones que ello ha traído como consecuencia. El hecho de que estas últimas beneficiaron al catolicismo no fue previsto ni, mucho menos, querido. Es irónico que una política de convergencia amorfa haya conducido a que el anglicanismo se haya ido desintegrando poco a poco, mientras la Iglesia católica engullía los márgenes que se desprendían de éste.

El mismo enfoque pudo haber sido fructífero con otros protestantes. Por la necesidad de sostener los principios básicos en un mundo postcristiano, la alianza entre las confesiones, sin intentos de escamotear las diferencias doctrinales, habría sido oportuna. La expresión más práctica de ello hubiera sido la resistencia al aluvión de moral neo-pagana que ha arrasado a las sociedades occidentales. En la práctica, no es seguro que todas las colectividades cristianas hubieran estado dispuestas a conversar con los católicos en defensa de sus principios, pero, al menos, se debiera haberles dado la oportunidad de rehusar ir a la guerra. Este objetivo del ecumenismo ha sido, de hecho, ignorado por sus partidarios, que se han dedicado a las relaciones internas entre las iglesias, no a la defensa de la verdad cristiana frente al mundo. El resultado es que hoy encontramos a la Iglesia católica aislada en cuanto defensora de la moral tradicional. La preservación de la doctrina cristiana en materias como el aborto o la homosexualidad es considerada una peculiaridad del catolicismo, cuando en verdad pertenece a toda la tradición cristiana, e incluso a la judía. Los únicos grupos que le permanecen fieles son los protestantes fundamentalistas, y la Iglesia católica ha fracasado notoriamente en unirse con ellos.

Las anteriores son los lineamientos de un auténtico ecumenismo que la Iglesia católica pudo haber seguido, lo que hubiera fortalecido al cristianismo como un todo y dado fruto en algunas reunificaciones aquí y allá. Pero fueron ignorados y reemplazados por una política que, aunque hubiera sido genuina, habría sido débil. Las iglesias que combaten juntas en la defensa de la moral cristiana son reconocidas como una fuerza en el mundo; en cambio, las iglesias que se afanan por publicar declaraciones conjuntas de acuerdos doctrinales se convierten en una irrelevancia vacía. Esta ineptitud brotó de la fundamental falsedad de lo que propuso el Concilio Vaticano Segundo. Al declarar que su objetivo era pastoral, dio lugar a un ecumenismo absorto en hacer gestos inter-confesionales; protestando su amistad con las iglesias orientales, facilitó el camino a sus opresores;

proclamando la libertad, se rebajó ante las dictaduras. El resultado, poco sorprendente, ha sido un amplio fracaso del movimiento ecuménico, un eclipse tan total que pocos se pueden imaginar hoy las grandes esperanzas que provocaba en los años 1960, o la preponderancia que alcanzó en el pensamiento de la Iglesia. El abismo entre la Iglesia católica y los protestantes se ha ensanchado. La comunión anglicana se ha alejado con la ordenación de las mujeres y con su incapacidad para hacer frente a los males morales de nuestro tiempo. Así se perdió una oportunidad histórica, que no ha de volver. Tanto en Oriente como en Occidente, la Iglesia católica ha perdido demasiado crédito como para seguir siendo un socio efectivo.

Más graves, por cierto, que el fracaso práctico son los principios heréticos que han penetrado en el movimiento ecuménico, con los que se corrompió el entendimiento de los fieles. El indiferentismo que acechaba en varios de los documentos del Concilio se hizo explícito con los ecumenistas liberales. El concepto de ecumenismo proclamado por Juan XXIII en su Encíclica *Ad Petri Cathedram* (1959), que era el de una vuelta a la unidad de la Iglesia católica, se reemplazó por otro en que la Iglesia romana es una de una multitud de iglesias que buscan una reconciliación mutua. Esta noción es presentada como una verdad ya establecida por la actual *Encyclopaedia Britannica*. El P. John L. Mackenzie, s.j., un afamado académico, seleccionado para escribir el artículo sobre el catolicismo romano, declara que desde el Concilio Vaticano "la Iglesia católica romana ha abandonado oficialmente su posición de única iglesia verdadera"[28]. Con esto expresa lo que la mayoría de los católicos ha sido llevada a creer, especialmente lo que el consenso de los teólogos Modernistas de la Iglesia ha estado enseñando. La idea de que la Iglesia ha adoptado oficialmente una idea herética de sí misma es uno de los productos del Concilio Vaticano Segundo, y constituye la premisa de la cual deriva el programa ecuménico. Quienes confían en una exculpación legalista de la Iglesia protestarán diciendo que tal idea herética no tiene base doctrinal; pero el asunto, en el fondo, no es la inocencia de las palabras de la Iglesia, sino su culpa en la promoción de hecho de la herejía.

Sin embargo, no hemos llegado todavía a la mayor iniquidad del movimiento ecuménico. En ella, de manera excepcional, la culpa no es del Concilio Vaticano Segundo ni de Pablo VI, sino que se encuentra en la perversión introducida en el movimiento ecuménico por Juan Pablo II, que convirtió la búsqueda de la unidad cristiana en una convergencia general de las religiones del mundo. En varias oportunidades durante su reinado esta falsa orientación lo llevó a escandalosas asociaciones con el

---

[28] John L. McKenzie SJ, "Roman Catholicism," in *Encyclopaedia Britannica*, 15th edition, vol. 26, p. 912.

paganismo. Así, durante su visita a la India en febrero de 1982, permitió que una sacerdotisa hindú le impusiera la marca de Telak, y que otra, pocos días después, le pusiera cenizas sagradas en la frente durante un rito hinduista. En 1995, en Australia, dirigió la Misa de beatificación de Mary of the Cross McKillop, durante la cual el rito penitencial fue reemplazado por un ritual aborigen de adoración del fuego. Pero estas exhibiciones fueron superadas por el proyecto del papa de convocar a los líderes de todas las religiones del mundo a reunirse con él en Asís, en octubre de 1986, con el propósito de orar unidos por la paz mundial. En esta reunión, bajo la presidencia del papa, los representantes de muchas iglesias cristianas, junto con un surtido de hindúes, lamas tibetanos, bonzos japoneses, aborígenes adoradores de serpientes y animistas de todo tipo, celebraron sus respectivos ritos, causando no poca vergüenza a los oficiantes de corrientes menos conocidas por tener que exhibir sus usos fuera de la privacidad de sus bosques nativos. Por un día, la ciudad de San Francisco fue entregada a la realización de cultos paganos. El cardenal Silvio Oddi informó que un grupo de budistas entró en la iglesia de San Pietro, puso una estatua de Buda sobre el tabernáculo del altar y la veneró con rollos de oraciones e incienso; cuando un sacerdote benedictino protestó por el sacrilegio, fue arrestado por la policía[29]. Estas actividades, realizas a pedido del papa, provocan la pregunta de qué significado Juan Pablo daba al Primer Mandamiento, primero según su orden y su importancia: "No tendréis dioses extraños ante Mí".

Pero antes de analizar este punto de moral, veamos la racionalidad de la política del Papa Juan Pablo de una unión de todas las fes, incluído el paganismo. La primera cuestión que surge es cuán obligados están los cristianos por esa política. Lo que debemos a los paganos es buena voluntad, como seres humanos y, como cristianos, caridad; pero ninguna de estas cosas implica tratar al cristianismo y a las religiones mitológicas como partes de una realidad espiritual subyacente. Un amigable encuentro entre el papa y el Dalai Lama no causa daño, pero ello no implica tener que comportarse como si el budismo fuera una expresión legítima de la verdad divina ni, mucho menos, alentar su práctica. Podemos preguntarnos, a continuación, qué beneficio puede obtener la Iglesia católica de un acercamiento a los budistas, hinduístas y chamanes tribales. Estas doctrinas no tienen definido un código moral o doctrinal con el que el cristianismo pudiera hacer causa común, y las finalidades prácticas que se puede esperar de una colaboración con los protestantes no tienen sentido aquí.

---

[29] Cardinal Oddi, en una entrevista con Tommaso Ricci en *30 Días*, noviembre 1990, p. 64.

Desde un ángulo más conceptual, podríamos preguntar qué argumentos podrían mover al cristianismo a considerarse en pie de igualdad con religiones de mitología ancestral. No es común que haya médicos que asistan a congresos junto a doctores brujos tribales sobre la base de que comparten un compasivo impulso de curar a los enfermos. Para ello hace falta un propósito más analítico, y no se ve en el gesto de Juan Pablo cuál podría ser éste. El fundamento de la fe cristiana no es el instinto humano religioso sino la objetiva revelación de Dios. Puede que sea exagerado decir que el cristianismo preferiría a los filósofos irreligiosos como compañeros suyos en la búsqueda de la verdad; pero ello tendría un fundamento más lógico, y causaría menos falsas impresiones. Desde un punto de vista conceptual, Juan Pablo se habría justificado mejor si hubiera tenido reuniones con filósofos y científicos más que con adoradores de dioses antropomórficos y teromórficos.

Así, pues, podemos preguntarnos qué motivo ineludible movió al Papa Juan Pablo II a convocar a estas reuniones de oración, descartando la tradición de la Iglesia, que es contraria al hermanamiento con religiones falsas. Si el encuentro de oración hubiera sido provocado por el regreso de la Peste Negra, algunos podrían haberse preguntado qué falta hacía en tal coyuntura la intercesión de adoradores de culebras. Pero la reunión fue convocada para orar por la paz mundial, cliché de concursantes a Miss Universo, y con esta elegante justificación se quiso apaciguar la voz del Sinaí. Vinculado con éste hay otro punto: el particular modo de Juan Pablo II de llegar a otras religiones. Podríamos preguntarnos por qué se detuvo en los ritos hindúes o en las ceremonias australianas del fuego; ¿por qué, por ejemplo, jamás lo oímos declarar su admiración por la poligamia como expresión, aunque no totalmente cristiana, de la bondad del estado matrimonial, ni alabar la circuncisión femenina como afirmación de la virtud de la castidad -según un idiosincrático estilo de buscar la verdad-? La respuesta no está en los principios de la hermandad religiosa sino en las convenciones de la opinión corriente en el Occidente moderno. La poligamia y la circuncisión femenina son prácticas que los liberales sofisticados se sienten autorizados a despreciar; en cambio, celebrar la igualdad de todas las religiones es una postura que merece sus irrestrictos aplausos.

Para ilustrar lo anterior podemos volver a un hecho que hicimos notar antes: el fracaso de la Iglesia en su búsqueda de una alianza con los protestantes fundamentalistas en causas morales. Con esto se pone a prueba la afirmación de que el ideal del ecumenismo es la amistad con todas las religiones. Ciertamente, no lo es en absoluto. El ecumenismo, tal como lo entienden los liberales, es amistad con las religiones políticamente correctas. Para los ecumenistas de la casta más alta, los fundamentalistas protestantes son intocables, cuya vecindad nos contamina. Para Juan Pablo II y la Iglesia dirigida por él, el ecumenismo se enraíza en las convenciones del liberalismo occidental, que indican que el movimiento no busca en ningún caso políticas prácticas de fortalecimiento del cristianismo sino exclusivamente gestos de hueca amistosidad. Juan Pablo II convocó al encuentro de oración en Asís porque tal era el tipo de demostración que la opinión occidental aplaudía. Puede que el papa no se haya dado cuenta de ello, y los ecumenistas celosos rechazarán la acusación, pero ello es porque tienen más unción que conciencia de la realidad. Naturalmente, nada agrada más a los no creyentes que ver a la Iglesia católica ponerse al mismo nivel que las religiones supersticiosas, y condenan rápidamente la arrogancia y fanatismo de quienes se oponen a esta idea. La política de Juan Pablo estuvo en armonía con esta postura: tomó el ecumenismo en el sentido que todo enemigo del cristianismo desearía; lo desvirtuó haciendo de él una moción destinada a unificar a los cristianos en una fe confusa y desorientada. En cuanto a los efectos prácticos, la influencia del encuentro de Asís sólo podía ser alentar la creencia, ya bien arraigada en católicos de mente confundida, de que todas las religiones del mundo son manifestaciones de una misma gran verdad, por lo que deberíamos elegir de entre ellas la que mejor nos proporcione una cálida sensación interior.

Esta evaluación seguramente ofenderá a los adeptos al liberalismo, quienes dirán que es un ejemplo del fanático absolutismo que el Concilio Vaticano Segundo repudió. Quienes piensan así creen que la Iglesia muestra una humildad como la de Cristo mientras más se rebaja y se rinde a las exigencias que ellos hacen. Habrá muchos que están sinceramente convencidos de esto, sin considerar que también es deber de la Iglesia darse a conocer como voz de la autoridad divina. Aquel punto de vista es fomentado también por los que no quieren que esa autoridad se reconozca, y prefieren oscurecer la diferencia que hay entre la humildad cristiana y la degradación de la Iglesia, que sus enemigos le aconsejan.

Con todo, tenemos que considerar una cuestión todavía más grave. Se apeló abundantemente al Concilio Vaticano Segundo para justificar el encuentro de oración de Asís, y quisiéramos refutarlo diciendo que no hay nada en los documentos del Concilio que proponga un acto así o que autorice a los católicos a asociarse con la idolatría. Eso es lo que uno quisiera decir, si no fuera porque fue el propio Papa Juan Pablo quien hizo la apelación. El, que había asistido a todas las sesiones del Concilio, afirmó enfáticamente que el encuentro de Asís era una culminación del espíritu del Concilio. He aquí, pues, una interpretación hecha por el propio papa. El significado del Concilio Vaticano Segundo es que los católicos deben fomentar el culto idolátrico y asociarse a él en sus plegarias. Si eso fuera verdad, se trata de una acusación al Concilio más grave que ninguna otra que yo haya hecho hasta ahora. El subjetivismo religioso implícito en la Declaración sobre Libertad Religiosa da sus frutos en el sincretismo de la reunión de Asís. El fundamento de la religión ya no es el Dios que se revela a Sí mismo al hombre, sino el instinto religioso del hombre, que busca a tientas la fe, cualquiera sea su contenido. Es tarea de futuros papas y concilios decidir si tal cosa fue lo que el Concilio quiso decir o si la aberración es propia, exclusivamente, del Papa Juan Pablo II.

No hace falta decir que el papa tiene sus defensores oficiales, incluso desde la ortodoxia. Ahí están los que reprenden la mala intención de sus críticos, y protestan que se lo ha interpretado mal, que no hubo nada más ajeno a su intención que formular un concepto indiferentista o sincretista del culto. Comprender lo que Juan Pablo quiso decir es, en verdad, tarea ardua, en esto como en otras cosas[30]. Sin embargo, rechazarlo no nos lleva muy lejos; sería igual que protestar que también se ha interpretado mal a Alejandro VI como favorable al concubinato clerical y al nepotismo. Los actos de un papa son lo que son, y no desaparece el escándalo porque se hagan distinciones entre lo que hizo y lo que supuestamente quiso hacer. Por muy buenas que fueran las intenciones de Juan Pabo II, estuvieron contaminadas por una filosofía humanista que hace del hombre el punto de referencia de la expresión religiosa, y olvida que el deber que tenemos para con el Dios uno y verdadero es infinitamente mayor que cualquier otra consideración.

Digámoslo claramente: lo reprochable del encuentro de oración de Asís no consiste en la reunión con religiones no cristianas, sino en los actos de culto idolátrico a que el papa dio ocasión de realizarse, como elemento intencional de su gesto. Durante siglos la enseñanza de la Iglesia condenó la participación de los cristianos en las oraciones de una religión falsa, y con mayor razón la aprobación de cultos idólatras. Esto no implica arrogancia por parte de una Iglesia ya instalada, sino que se remonta a los primeros tiempos del cristianismo. En la disciplina de la Iglesia primitiva, la idolatría era pecado imperdonable, que impedía que incluso el penitente arrepentido fuera admitido a comulgar. En sus esfuerzos por atraerse a los cristianos, el imperio pagano les hizo accesibles gestos fáciles

---

[30] Un estudio de los escritos del Papa Juan Pablo, con una inquietante evaluación de su trasfondo doctrinal en general, lo proporciona el Rev. Johannes Dörmann en *Pope John Paul II's Theological Journey to the Prayer Meeting of Religions in Assisi* (Angelus Press, 1995). Se puede estar en desacuerdo con la interpretación del autor, pero vale la pena advertir que él no fue ningún seguidor del movimiento tradicionalista ni, mucho menos, de las tendencias extremistas del mismo.

y formales de lealtad: jurar por el genio del emperador, ofrecer un grano de incienso ante su estatua. Pero la Iglesia no aceptó nada de esto: un grano de incienso ofrecido a un dios falso era una atrocidad, que había que evitar aun a costa del martirio. Cuando los cristianos adquirieron poder en el imperio, no se dedicaron a imponer el cristianismo, pero en un punto fueron inflexibles: la prohibición de la idolatría y de los sacrificios a los dioses paganos. Los sacerdotes [paganos] conservaban sus riquezas y honores, y los paganos podían seguir enseñando sus mitos, pero los cristianos no toleraban la práctica de la idolatría cuando tenían poder para impedirla. Puede imaginarse la incredulidad y horror de esos primeros cristianos, incluyendo los muchos que derramaron su sangre por el Dios verdadero, si se hubieran enterado de que un día el obispo de Roma reuniría a adoradores paganos y los invitaría a realizar sus ritos idolátricos confundidos con los propios de cristianismo.

Pero supongamos que se rechace el ejemplo de la Iglesia primitiva, y que admitamos aquí que ella estuvo en esto completamente equivocada. Podemos volvernos hacia las Escrituras y preguntarnos dónde encontramos en ellas un atisbo, siquiera, del deber de amistad con las religiones paganas. La enseñanza es exactamente la contraria. Oigamos de nuevo a San Pablo: "No os juntéis bajo un yugo desigual con los que no creen. Pues ¿qué tienen de común la justicia y la iniquidad? ¿O en qué coinciden la luz y las tinieblas? ¿Qué concordia entre Cristo y Belial? ¿O qué comunión puede tener el que cree con el que no cree? ¿Y qué transacción entre el templo de Dios y los ídolos? Pues templo del Dios vivo somos nosotros, según aquello que dijo Dios: "Habitaré en ellos y andaré en medio de ellos, y Yo seré su Dios, y ellos serán mi pueblo". Por lo cual salid de en medio de ellos, y apartaos, dice el Señor, y no toquéis lo inmundo; y Yo os acogeré" (2 Corintios 6, 14-17).

Pero supongamos que la virtud ecuménica es tan evidente por sí misma que no puede ser negada por prohibiciones apostólicas; veamos, entonces, qué ejemplo nos da Cristo mismo a su respecto, ese Cristo omni-tolerante cuyo espíritu, según los liberales, ha sido negado por una Iglesia ensimismada. Este Cristo, según la misma doctrina liberal, fue el *rabbi* estrictamente ortodoxo que no pensó jamás en desviarse del judaísmo tradicional. Y esta idea no carece de fundamentos. La razón por la que los Evangelios nos dan la impresión de una comunidad puramente judaica, es precisamente que Jesús y sus apóstoles fueron sumamente cuidadosos en evitar la contaminación pagana. Los gobernantes helenizantes de Palestina habían llenado el territorio de teatros, gimnasios, baños e incluso templos paganos que mostraban cuán inmerso estaba el país en la cultura cosmopolita de su época. Si Jesús hubiera querido enseñar una lección de concordia con todas las religiones, tuvo a su disposición todas las oportunidades de hacerlo. Pero, en cambio, enseñó que "la salvación viene de los judíos" con tal estrictez que hizo falta una especial revelación a San Pedro, después de la Ascensión, para persuadir a los apóstoles de que los gentiles podían ser admitidos al bautismo. En el curso de su misión, el Señor sólo predicó a los judíos, y sólo a ellos envió sus discípulos. Cuando se le aproximó la mujer cananea a rogarle que curara a su hija de una posesión, en un primer momento se negó a hablar con ella, diciendo "No he sido enviado sino a las ovejas perdidas de la casa de Israel. Ella, no obstante, vino a postrarse delante de El y dijo: "¡Señor, socórreme!". Mas El respondió: "nos está bien tomar el pan de los hijos para echarlo a los cachorros" (Mateo 15, 24-26). Esto no fue, por cierto, una exhibición de fanatismo, sino una lección sobre la exclusiva verdad de la divina revelación. San Juan nos da la respuesta de Cristo en el análogo encuentro con la mujer samaritana: "Vosotros adoráis lo que no conocéis, nosotros adoramos lo que conocemos" (Juan 4, 22).

Por tanto, cuando los ecumenistas insisten que todos estos textos quedan superados por el deber de caridad y comprensión, recurren a un estándar humano que está contradicho por todas las pistas que nos dan la tradición y las Escrituras. Pero, al cabo, esto no es una cuestión de textos y de argumentos; es una cuestión del mandato absoluto de Dios. En lo que se refiere al errado gesto de Juan Pablo II en Asís, se puede señalar su contradicción con la perenne doctrina de la Iglesia; podemos comentar la confusión mental del pensamiento que condujo a Juan Pablo II a convertir el ecumenismo en un acercamiento a las religiones paganas; podemos lamentar el daño hecho al reconocimiento de la verdad divina; pero el principal mal no está en estas cosas, sino en el hecho de que en Asís, en 1986, el Papa Juan Pablo II se apartó del ejemplo de Cristo, de quien era representante en la tierra, y cometió un grave y público pecado contra el primer mandamiento.

Antes de que Cristo comenzara su misión de enseñar, fue sometido a tres grandes tentaciones, referidas no a pecados sino a tres errores esenciales en que podía incurrir al atraer la humanidad hacia su verdad (Lucas 4, 1-13). No hubo testigos de su encuentro en el desierto, pero el Señor se lo contó a sus discípulos para precaverlos contra una caída en esos falsos métodos. El diablo se le presentó y, primero, le sugirió que ganara seguidores ofreciéndoles las cosas materiales que anhelaban; pero El respondió que hay que persuadir a los hombres no con pan sino con la verdad de su doctrina divina. Luego el diablo lo tentó diciéndole que debía derrotar la increencia mediante milagros tan grandes que no dejaran a los espectadores otra alternativa que aceptarlo; pero Cristo replicó que no deben los hombres poner a Dios a prueba, de modo de hacer depender su fe de demostraciones deslumbrantes. Finalmente, el diablo apostó a una asombrosa manera de someterlo: "Después lo condujo a una altura, le mostró todos los reinos del mundo, en un instante, y le dijo: "Yo te daré todo este poder y la gloria de ellos, porque a mí me ha sido entregada, y la doy a quien quiero". Le ofreció así hacer cesar para siempre toda oposición a El; a cambio, pidió no más que un gesto: "Si, pues, te prosternas delante de mí, Tú la tendrás toda entera". La recompensa que ofrecía era incalculable; el precio no era más que un gesto. Pero Cristo respondió que ningún bien, por inmenso que sea, puede justificar negar a Dios el culto que sólo a El se le debe. Desde el Concilio Vaticano Segundo hemos visto a la Iglesia caer en cada uno de estos errores contra los que su Fundador la previno: gritar que las piedras se conviertan en pan para alimentar a los pobres; arrojarse abajo desde la casa de oración para que el mundo admire su rebajamiento en las cloacas, y asociarse con falsos cultos, esperando con ello ganar la humanidad por la humildad y la amplitud de mente.

ESTA TEMPORADA SE USARÁ EL ROJO

El ecumenismo es un estupendo ejemplo del sometimiento de la Iglesia a las modas intelectuales de Occidente. Pero, en segundo lugar, tenemos la importación del marxismo como una línea de teología postconciliar que se transformó en el estandarte de la acción de la Iglesia en Hispanoamérica. Recurriendo a una típica voltereta lingüística, este impulso de llenar ese continente de Estados títeres de la Unión Soviética fue conocido como Teología de la Liberación. La caída de su modelo imperial ha llevado a dicho movimiento a una aguda decadencia, pero se prolonga, como una enfermedad, entre los jesuítas y algunos otros sectores de la Iglesia reacios a reformarse.

En Hispanoamérica, la existencia de un radical liderazgo católico en la acción social, hacia la época del Concilio Vaticano Segundo, no sólo era necesaria sino que estaba ya atrasada. Hacia los años sesenta, la sociedad hispanoamericana constituía el resultado de dos siglos de salvaje *laissez-faire*, iniciados por Carlos III de España, con su supresión de las Reducciones Jesuítas, y llevados a un punto culminante por los liberales. La situación era un ejemplo objetivo de los males de un capitalismo sin restricciones, que la enseñanza social de la Iglesia, desde León XIII, había criticado pormenorizadamente. Un peculiar rasgo de la sociedad hispanoamericana era el difundido sistema de esclavizante endeudamiento, que encarnaba los peores males que la Iglesia había condenado en su doctrina sobre la usura. Pero los ataques que la Iglesia, durante más de un siglo y medio, había sufrido de parte del anticlericalismo, la habían dejado sin posibilidades de iniciativa social y necesitada de todo el apoyo que pudieran darle los conservadores.

Una de las posibilidades abiertas al Concilio Vaticano Segundo, si se le hubiera dado una conducción legítima, tradicional, fue la de apelar a los ideales sociales católicos. Centrales, en esas ideas, son los objetivos de armonía y cooperación sociales, que deben ser respetados por las actividades de la clase trabajadora y por cualquier otra, y el principio de favorecer la pequeña propiedad y el tipo de economía que ésta fomenta: en otras palabras, algo diametralmente opuesto a los objetivos marxistas. Había además otro punto con el que lidiar: muchos de los males de Hispanoamérica se debían al egoísmo y a la incompetencia económica de la clase dirigente. Correspondía a los católicos proponer una doctrina equilibrada dirigida a todas las clases, que combinara la defensa de los pobres con el esfuerzo, que podían realizar las escuelas de la Iglesia, de inculcar estándares de profesionalismo y de responsabilidad social en la clase propietaria. Junto con esto, la acción social católica necesitaba adquirir un renovado filo; el estilo morigerado, propio de las encíclicas papales, le había dado un tono como en sordina; pero lo conveniente habría sido resaltar que los males infligidos por el capitalismo a la sociedad clamaban por remedios, y dejar en claro, al mismo tiempo, que el peor modo de remediarlos era adoptar el programa socialista, es decir, la proletarización de la sociedad al servicio de una ideología materialista y antinatural.

La concepción tradicional de la doctrina social católica sostenida por Juan XXIII proporcionaba las bases para esta iniciativa, aunque carecía de fuerza para impulsarla a actuar más enérgicamente. Lo ideal habría sido que el camino fuera señalado por un papa que hubiera evitado el descarrilamiento del Concilio Vaticano Segundo y alentado un auténtico movimiento católico de reforma social, tanto en Hispanoamérica como en otras partes. Pero no había ningún *papabile* que estuviera a la altura de las exigencias -ni siquiera el cardenal Siri-. En el ámbito social, igual que en otros, el Concilio dirigido por Pablo VI promovió una amplia destrucción de la auténtica doctrina católica. El mundo hispanoamericano carecía de independencia intelectual respecto de Europa, y los radicales, como Mons. Helder Camara, de Brasil, no se dieron cuenta de que las preocupaciones de los liberales europeos estaban a años luz de distancia de las necesidades del mundo subdesarrollado. Igual que en el caso de los países de misión, cuyas preocupaciones los europeos ignoraron tan notablemente, los hispanoamericanos (o, más bien, los progresistas de entre ellos) cayeron en la trampa de identificar la causa propia con la de los liberales occidentales. Como resultado, el impulso de la reforma social se pervirtió al ponerse a tono con el marxismo de moda. Hay que advertir que, si se le hubiera dado un auténtico liderazgo, el radicalismo hispanoamericano podría haber producido algo totalmente diferente; por ejemplo, Mons. Helder Camara era un ex miembro de la derechista Legión de Octubre, inspirada por el pensamiento político de Salazar (que, por cierto, no es idéntico a la clásica doctrina social de la Iglesia). Muchos otros obispos y sacerdotes pudieron haber sido estimulados a promover una preocupación legítima por los pobres dentro de las líneas propias de la moral y la doctrina espiritual católicas[31].

La falsa orientación de la reforma comenzó a verse en un encuentro de teólogos en Petrópolis, Brasil, en 1964. Un rasgo del movimiento fue su captura por parte de ideólogos entrenados en círculos progresistas europeos, acallando la voz de quienes sí entendían la misión con los pobres de América. Como en muchas otras cosas, tenemos que reconocer la funesta influencia del propio Pablo VI. El Papa Pablo no era socialista, quizá sólo porque no tenía los suficientes conocimientos de economía que hacía falta, pero sentía la difusa tendencia hacia el socialismo típica de los liberales europeos. Esta tendencia se expresó en su encíclica *Populorum Progressio* de 1967, que descartó la enseñanza tradicional de los papas y se inclinó, en terminología e ideas, hacia el admirado marxismo de la época. La encíclica fue aclamada por los que promovían nuevas formas de pensamiento en Hispanoamérica, y el Papa Pablo ayudó a avanzar el proceso con su visita de 1968. En Medellín, Colombia, presidió un encuentro de los obispos hispanoamericanos que decidió que los problemas de pobreza del continente exigían una solución de corte marxista. Los obispos adoptaron el término clave de "liberación" y declararon su "opción por los pobres". Con estos eslóganes cerraron la puerta a un programa equilibrado de acción social, y se comprometieron con un manifiesto tendencioso, supuestamente dirigido a empoderar a la clase trabajadora. Pero a quienes más empoderó fue a algunos clérigos politizados que empezaron a jugar a ser los Castro y los Guevara del continente americano.

La creencia en que la preocupación por los pobres sólo admite una expresión socialista está tan arraigada que merece un análisis de cómo el movimiento de la Teología de la Liberación se diferencia de la auténtica acción católica. En primer lugar, el ideal del pensamiento católico es que, cualesquiera sean las necesidades de cambio, deben dirigirse a fomentar las formas naturales de sociedad, cohesionadas por sus vínculos tradicionales, y sobre todo las relacionadas con la localidad y con la familia. Excluye

---

[31] Se podría mencionar al papa actual como ejemplo del eclesiástico hispanoamericano que tuvo una auténtica preocupación por los pobres, rechazando el marxismo que adoptaban otros, especialmente sus hermanos jesuitas. Sin embargo, nunca se distinguió por promover coherentemente doctrina social de la Iglesia.

absolutamente, por tanto, considerar a los seres humanos en términos de colectivos económicos, de pertenencia de clase y, especialmente, de conflicto social, y rechaza encajar a la sociedad en el marco de un sistema político no natural.

En segundo lugar, la norma del pensamiento católico, como el de cualquier doctrina racional, debe consistir en ver los problemas sociales tal como son. No puede adoptar la ficción, propia de la Teología de la Liberación, de tratar toda pobreza como injusticia, cualesquiera sean sus causas. La pobreza *per se* no es una injusticia; al contrario, esa idea ha sido usada para promover la injusticia de despojar a quienes tienen derecho a tener lo que les pertenece. En los casos en que la pobreza es auténticamente producto de una injusticia, como en el caso del esclavizante endeudamiento por usura, la ética cristiana demanda ciertamente un remedio. Pero la pobreza puede ser consecuencia de causas que tienen que ser estudiadas en sí mismas, las cuales abarcan desde malos sistemas económicos hasta escasez de recursos. Del mismo modo, es irreflexiva la suposición de que encerrar la sociedad en el pulmón artificial de la economía socialista es un medio para acabar con la pobreza.

La Teología de la Liberación se permite estas licencias de pensamiento debido al mesianismo que toma en préstamo a las fuentes marxistas. Su premisa es que todo cristiano está moralmente obligado a indignarse hasta tal punto con los males de los pobres, que se le excusa de no pensar las soluciones racionalmente, en tanto que el sólo preguntarse si el socialismo será el mejor modo de ayudar a los pobres significa hacerse cómplice de las "estructuras sociales de pecado".

El resultado de todo esto es el rechazo a actuar equilibradamente, que es lo que los problemas de Hispanoamérica piden. En vez de una misión dirigida a todas las clases, se produjo una polarización de la Iglesia entre quienes defienden a los pobres con gritos de guerra socialistas, por un lado y, por otro, quienes se han transformado en contumaces capellanes del capitalismo. Paradojalmente, la única institución de la Iglesia que se ha fortalecido con la Teología de la Liberación es el Opus Dei, con su aceptación acrítica del ethos de negocios capitalista. El Opus Dei ha seguido un programa, que debiera haber sido el de la Iglesia en su conjunto, de producir una clase media competente, dotada de conciencia social; y su éxito ha sido considerable, pero a pesar de la Iglesia oficial, no debido a ella. Los jesuítas han sido los conspicuos ausentes de este proceso: ellos tuvieron, al comienzo, las mejores oportunidades en él, pero prefirieron abotagar a sus alumnos con las fatuidades de su retórica izquierdista. En contraste con la decadencia del resto de la Iglesia, el Opus Dei ha florecido en Hispanoamérica. La buena reputación de sus escuelas de negocios en Ciudad de México y en Buenos Aires se extiende por todo el continente. El clero del Opus Dei ha aumentado notablemente, y está encabezado actualmente por más de veinte obispos, incluídos tres arzobispos y un cardenal. El arzobispo de Lima, el cardenal Cipriani Thorne, se ha destacado como enemigo de las tendencias marxistas en la Iglesia y de sus partidarios, los jesuítas.

Hacer estas comparaciones, con todo, corre el riesgo de fomentar la ilusión de que la Teología de la Liberación fue en algún momento un programa social serio. De hecho, la principal característica de este movimiento fue su hipocresía. Hubo, por una parte, intelectuales europeos, convencidos de ser profundamente virtuosos por apoyar la causa de los pobres, sin considerar que su propuesta suponía una burocracia totalitaria. Por otra parte, hubo ejecutores que soñaban con convertir a sus países (o, más usualmente, a los países de otros) en segundas Cubas y experimentar la delicia de desafiar a los Estados Unidos. Que un movimiento comunista sea servil frente Rusia no llama la atención de nadie, pero los activistas en este caso no hicieron esfuerzo alguno por disimularlo. Cuando el Papa Juan Pablo II viajó a Puebla para presidir la reunión de los obispos hispanoamericanos, los héroes de la liberación protestaron por la presencia de "Ayuda a la Iglesia que Sufre", organización dedicada a ayudar a los cristianos víctimas de la opresión soviética en Europa. Pero el rasgo más notable de hipocresía fue el modo cómo se dio la espalda al caso de necesidad humana más grave de todos en Hispanoamérica: las decenas de millones de niños abandonados en las calles de las ciudades del continente. La ayuda para ellos ha sido entregada exclusivamente por organizaciones católicas conservadoras y por sectas protestantes, mientras los marxistas se dedicaban a politizar a la clase obrera. Los niños no son útiles como carne de cañón en la guerra de clases, e incluso existe el peligro de que, si se hace algo por ellos, se transformen en miembros agradecidos de la sociedad, en vez de revolucionarios insatisfechos.

Otro abuso consistió en que el clero transformó su sagrado oficio en plataforma para la acción política, actitud que a menudo lo condujo a abandonar el sacerdocio y a continuar su actividad en calidad de agitador marxista. Algunos clérigos dieron ese paso tempranamente, otros sólo después del colapso del imperio soviético, por cuyos intereses habían trabajado. El P. Leonardo Boff, uno de los líderes de la Teología de la Liberación, dejó el sacerdocio en 1992 en protesta por lo que él calificó de falta de libertad en la Iglesia, al modo del mayordomo que declara que el puesto que ocupa no está a su altura, justo después de haber sido sorprendido robando la platería. A la luz de semejantes decisiones, la alegación de estos apóstoles de estar siguiendo el imperioso llamado del mensaje de Cristo adquiere un nuevo aspecto.

Poner la *nouvelle vague* marxista en su contexto histórico puede ayudar a evaluar este fenómeno. Hoy en día, cuando el proletariado ha sido desviado de su senda hacia la Aurora Roja mediante vacaciones baratas e ilimitadas cantidades de cerveza, las reivindicaciones del materialismo dialéctico se han debilitado; pero en la década de 1960 la necesidad de reconocer las nuevas fuerzas sociales parecía una obligación a la *intelligentsia* occidental. Volviéndose a ellas, la *intelligentsia* se aliaba con una clase que parecía a punto de obtener una arrolladora victoria. Esta idea tuvo una dimensión estratégica en Europa, donde pocos se habían dado cuenta de que la dictadura rusa estaba llegando a su última y artrítica etapa; pero ello fue más así en Hispanoamérica, donde Cuba daba ejemplo de un Estado comunista que, con el patrocinio soviético, desafiaba a los Estados Unidos. Así, aunque los seguidores de la Teología de la Liberación pensaban que lideraban la causa de los oprimidos, mirados con una larga perspectiva sociológica puede considerárselos tan parásitos del poder contemporáneo como los *abbés* que hacían la corte a Luis XIV o se deleitaban en los salones de las condesas. Su Bastilla está hoy por el suelo, y se ven expuestos a una nueva evaluación de su comportamiento.

Hay otro punto que considerar en el tema de las alegaciones marxistas de un compromiso radical. Hay que reconocer que la acción tradicional de los católicos en pro de la clase trabajadora y de los pobres no había sido nunca ardorosa. Necesitaba más fuerza, pero existía una competencia en la que no podía en ningún caso tomar parte. Un programa que propone un ideal de armonía social y que mide sus logros por soluciones colaborativas, por la extensión de la pequeña propiedad y por el fortalecimiento de las instituciones familiares, difícilmente tendrá triunfos revolucionarios que ostentar. Los que anhelaban la sensación del poder, preferían unirse a la marcha del proletariado en su camino hacia la dictadura. Sin embargo, la cuestión de la eficacia cambia cuando consideramos los resultados, cuando nos preguntamos qué logran efectivamente para la clase trabajadora los regímenes socialistas revolucionarios, sin mencionar siquiera al resto de la sociedad. Una respuesta nos la da la toma del poder por los sandinistas en Nicaragua, de cuyo gobierno, controlado por sacerdotes renegados desde 1979 hasta 1990, el país consiguió aliviarse con el programa, auténticamente católico, de Violeta Chamorro. Este es el tipo de comparación que hay que hacer si queremos juzgar por los resultados; pero necesitamos también tener presente que los fines de la acción social católica no son los de la convulsión social, y que la prueba de su eficiencia tiene que ver más con objetivos morales y espirituales que con revoluciones políticas y reordenamientos del estatus social.

Esto nos lleva al más fundamental de los males del evangelio marxista, que no es su equivocado conjunto de criterios sociales sino el desastre espiritual que ha producido en Hispanoamérica. La Teología de la Liberación reinterpretó el cristianismo, de modo que palabras como "justicia" y "esperanza" se convirtieron en eslóganes seculares, cuyo significado se relaciona con la lucha de clases; se repudió el pecado personal y se lo proyectó a las instituciones. Se organizó al laicado en "comunidades eclesiales de base", modeladas según el ejemplo de los soviets bolcheviques, en que se predicó doctrinas de una religión revolucionaria. Se prohibió las devociones tradicionales, y sólo se aceptó como buena la oración colectiva. Cuando la gente iba a la iglesia, sólo oía vociferaciones políticas, que suponían que las únicas necesidades del pueblo eran materiales. El resultado es que grandes masas del pueblo abandonaron la Iglesia. El vacío creado fue llenado por las sectas protestantes, cuya evangelización reconocía, al menos, que el pueblo tenía un alma que salvar. En un continente que, a comienzos de los años sesenta, era sólidamente católico, las sectas protestantes -por lo general del tipo más grotesco- se cuentan hoy por centenares, y sus seguidores, por decenas de millones. Un punto de inflexión en el éxodo tuvo lugar cuando el arzobispo de El Salvador, Oscar Romero, fue asesinado en 1980, luego de lo cual surgió una agresiva campaña para presentar esta politizada figura como un mártir[32]. Su resultado fue el opuesto al *sanguis martyrum semen Ecclesiae*, pues ha sido seguido por una conversión en masa de católicos a las sectas, que ha hecho de América Central la fortaleza más poderosa del protestantismo en el continente, donde el catolicismo está reducido a más o menos la mitad de la población. En Brasil, también en la avanzada de la transformación marxista, la población católica ha disminuido a cerca del setenta por ciento del país, cifra sólo nominal; la asistencia a Misa está en sólo veinte por ciento de los 140 millones de católicos declarados, y éstos han llegado a disponer de sólo 18.000 sacerdotes para su atención.

Los efectos de la Teología de la Liberación nos dan la medida con que los movimientos postconciliares en la Iglesia pueden ser mensurados. Cuando consideramos el caso del ecumenismo, sólo podemos señalar la esterilidad de sus resultados tangibles, sin poder calcular su verdadero daño; cuando se trata de la Teología de la Liberación, el daño a la Iglesia puede medirse por la pérdida de millones de almas. Si semejante éxodo se hubiera producido por haber asumido la Iglesia una ideología fascista,

---

[32] La glorificación del arzobispo Romero, promovida por la propaganda católica de izquierda en todo el mundo, contrasta con el olvido en que ha caído el obispo Benjamín de Jesús en las Filipinas, que fue asesinado por musulmanes en 1997, víctima de odios no políticos sino religiosos.

buscando la modernidad, las opiniones vanguardistas estarían prontísimas a reconocerlo como uno de los disparates históricos el catolicismo, y despreciable, además. Con la Teología de la Liberación, estamos muy lejos de esa percepción. La benevolencia con que sus *ignes fatui* son juzgados todavía es una reliquia de la misma ilustración que llevó a los liberales, en las décadas de 1960 y 1970, a admirar los regímenes de Mao y de Pol Pot, y a ser ciegos a su verdadero carácter.

LOS JESUÍTAS: UN PARADIGMA DEL COLAPSO RELIGIOSO

El caso de la Teología de la Liberación nos lleva naturalmente a mirar a la Compañía de Jesús, la institución de la Iglesia que más se ha identificado con ella. Además de esta cercanía, la Compañía proporciona el ejemplo *par excellence* de los males en que ha caído la Iglesia postconciliar: la declinación del sacerdocio y de la vida religiosa, la perversión de la doctrina por herejías sin control, la sequía espiritual, la pérdida de la educación católica en las escuelas y la obstinada adhesión a una línea de acción cuyas funestas consecuencias son más que obvias.

Hasta el Concilio Vaticano Segundo no hubo indicios de tendencias en esa dirección. Es cierto que a mediados del siglo el evolucionismo de Teilhard de Chardin fue la novedad conceptual más radical del mundo católico, pero las ideas de Teilhard eran demasiado individuales y demasiado inocentes (por no decir ingenuas) como para ser indicio de una revuelta general. La Orden reunía a un considerable número de pensadores originales, como el canadiense Bernard Lonergan, pero hubo uno solo, Karl Rahner, cuyo radicalismo mostró signos de una actitud rupturista con la ortodoxia[33]. Durante el gobierno de su cauto general, el P. Janssens (1946-64), la Compañía dió la impresión de ser una de las fuerzas más conservadoras de la Iglesia.

La institución que fue más causa de preocupación en esa época fue la Orden de Predicadores. Como se ha señalado, el élan de los dominicos franceses fue motivo de una poco exitosa incursión disciplinaria por el P. Garrigou-Lagrange ya en 1942[34]. Los dominicos fueron pioneros de la *Théologie Nouvelle*, especialmente en la persona de Yves Congar, un pensador fundamentalmente menos tradicional que Lubac. Para muchos lo más claro fue el involucramiento en el movimiento de los sacerdotes obreros, que hacia 1950 parecía arrastrar a toda la Orden en Francia a

---

[33] Henri de Lubac, aunque fue uno de los líderes de la *Théologie Nouvelle*, no entra en la misma categoría. Lubac tuvo la desgracia de ser censurado por *Humani Generis* por un oscuro punto sobre la gratuidad del orden de la gracia, pero no contemplaba para nada una revolución en la ortodoxia católica, como lo demostró rápidamente cuando comenzaron a imponerse las aberraciones del Concilio Vaticano Segundo.
[34] Ver p. 192.

una revuelta apenas disimulada. El intelectualismo de la Orden la inclinó hacia el rigor clínico del marxismo, comparable en espíritu, aunque directamente opuesto en la substancia, al tomismo tradicional. Un ejemplo de esta tendencia fue el belga Edward Schillebeeckx, cuya influencia radical en el Concilio Vaticano Segundo ya ha sido descrita, y que pronto se transformó en el ideólogo europeo de la Teología de la Liberación.

Con estas y otras figuras, los dominicos parecían ser, a comienzos y mediados de los años sesenta, el sector más radical de la Iglesia. Era menos claro qué orientación habrían de tener los jesuitas en el nuevo clima, pero ello se aclaró con la elección del P. Pedro Arrupe como General en mayo de 1965. Este hombre amable pudo haber sido, en circunstancias normales, un buen superior de su Orden. En la sesión final del Concilio pronunció un discurso sobre el bien y el mal en la Iglesia que fue interpretado, y atacado, como una advertencia a las tendencias Modernistas. El P. Arrupe inmediatamente echó pie atrás, diciendo que sólo había querido recurrir a la imagen de los Dos Estandartes de San Ignacio. Ciertamente, si tuvo consciencia del surgimiento de alguna tendencia peligrosa en la Iglesia, suprimió toda señal de ella en su período como General, el cual consistió en una aceptación sin reservas de todas las corrientes del Modernismo.

La iniciativa de los cambios fue tomada por los profesores y escritores de la Compañía. Los jesuitas, que son una Orden intelectual, vieron rápidamente que era imposible aceptar la lógica del Concilio Vaticano Segundo sin rechazar todo el ethos histórico del catolicismo, incluso el espíritu y las normas dadas por el fundador de su Orden. Desgraciadamente no fueron lo suficientemente intelectuales como para rechazar la lógica del Concilio. El camino tomado por la Orden en los siguientes cincuenta años muestra en plenitud "el espíritu del Concilio Vaticano Segundo". Lo cual incluye asumir la causa de la Teología de la Liberación y la "opción por los pobres", usada como nuevo eslogan de la Orden. Las consecuencias pueden ilustrarse con un ejemplo estadounidense. El seminario de Maryknoll, cerca de Nueva York, se había dedicado por más de cincuenta años a la formación de misioneros para Hispanoamérica y otros lugares; su dirección por jesuitas lo transformó de la noche a la mañana en una academia de revolución marxista. Se fundó un centro propagandístico, Orbis Books, uno de cuyos fundadores fue Miguel d'Escoto. Este sacerdote llegó a ser miembro del movimiento rebelde sandinista en Nicaragua y, cuando llegó al poder en 1979, fue nombrado ministro del gobierno de Ortega, ganando en 1986 el Premio Lenin de la Paz. Otros heraldos del ideal jesuita se conformaron con recompensas más privadas. Un grupo de sacerdotes y monjas de Maryknoll fue enviado a misionar en Nicaragua, y al poco tiempo abandonaron la Iglesia, se casaron y se transformaron en activistas de izquierda. Como otros florecientes motores del esfuerzo misionero de la Iglesia, el seminario de Maryknoll cerró pocos años después, debido a un paralizante descenso de las vocaciones.

La suerte interna de la Compañía de Jesús siguió un camino análogo. Se remodeló sus instituciones para que calzaran con el nuevo ethos; la necesidad de involucramiento urbano se transformó en un principio de su política, y de acuerdo con ello, el colegio Woodstock, el más antiguo y famoso de los seminarios jesuítas de los Estados Unidos, se cerró en 1970 y sus miembros fueron transferidos a Nueva York. Su participación en el mundo urbano quedó en evidencia cuando veintiocho profesores y alumnos del colegio hicieron una declaración pública atacando a la diócesis de Nueva York por su oposición a una norma del Concejo de la ciudad que favorecía la homosexualidad. Con la desaparición de novicios y la deserción de estudiantes, el colegio tuvo que cerrar a los pocos años. El provincial que había ordenado el traslado desde Woodstock, el P. Sponga, dejó la Iglesia para casarse con su secretaria, y también abandonó el sacerdocio el P. Cardegna, que había sido rector del colegio en Nueva York. Otros jesuitas dieron prueba de que las ideas morales ejemplificadas por la situación del seminario no eran una excepción. El P. Dinan, Decano de la Escuela de Derecho del Boston College, fue un exitoso candidato al Congreso en la década de 1970 y apoyó legislación que favorecía el aborto y la pornografía. En todo el país, los jesuítas que se opusieron a las tendencias de los tiempos fueron silenciados por sus superiores y se censuró sus escritos. El mismo cuadro se repitió en todo el mundo, con el colapso del ingreso a las escuelas y seminarios de la Orden y su posterior cierre. El carácter de la formación jesuíta cambió, a medida que sus educadores descartaban los valores espirituales tradicionales y favorecían los de la modernidad izquierdista. Las congregaciones de María en las escuelas y otros lugares, que la Compañía había fomentado desde su fundación, desaparecieron a vista y paciencia, o fueron transformadas en "comunidades de vida cristiana", que recordaban las "comunidades eclesiales de base" por su falta de fondo devocional.

El *affair* amoroso de la Compañía con el marxismo llegó a su cumbre en la congregación general de 1974, que decidió que había llegado el momento de abandonar la concepción religiosa de San Ignacio y de conducir a la Orden por caminos contemporáneos, seculares. Este fue uno de los pocos excesos cuya aceptación fue demasiado para Pablo VI, quien intervino personalmente tres veces para prohibir los cambios que se había propuesto a las constituciones de la Orden. Sin embargo, la veloz decadencia continuó adelante: en los once años que median entre 1965 y 1976 los miembros de la Orden en todo el mundo cayeron de 36.000 a

28.000, anulando todo el crecimiento experimentado en los veinte años anteriores, desde fines de la Segunda Guerra Mundial. Algo muy parecido ocurría en las demás órdenes religiosas, pero las extravagancias de la Compañía de Jesús causaron escándalo a muchos al interior de la Orden y fuera de ella. Cuando en 1981 el P. Arrupe quedó incapacitado por un derrame cerebral, el Papa Juan Pablo II decidió intervenir y, pasando por sobre el gobierno normal de la Compañía, nombró al conservador P. Paolo Dezza como su delegado personal para gobernarla, en espera de la siguiente elección de un nuevo general. Este paso, sin embargo, quedó neutralizado por los métodos habitualmente equívocos de Juan Pablo. El P. Dezza tenía ochenta años y, como asistente, el papa le nombró al P. Pittau, admirador sin reservas del nuevo espíritu. Cuando en 1982 la congregación general se reunió para elegir al nuevo general, escogió al P. Kolvenbach, moldeado también por los últimos diecisiete años, y se decidió por todos que se llevara adelante la obra del P. Arrupe. Siguió siendo *de rigueur* alabar a aquel general, que había presidido la pérdida de un cuarto de los miembros de su Orden, como el más grande de los superiores de la Compañía desde San Ignacio.

Puede que la intervención del Papa Juan Pablo haya evitado que las cosas empeoraran, pero no contribuyó en nada a que mejoraran. Los jesuítas actuales se han creado un mundo de fantasía, en que los fracasos del presente son tratados como si fueran triunfos de un audaz esfuerzo. Recurren a algún detalle marginal de la vida de San Ignacio para justificar lo que hacen, en tanto que ignoran los ideales del Santo, en especial su profunda lealtad a la ortodoxia católica, a la Iglesia y al papado. Sus modernos seguidores se glorían de una fidelidad a su fundador que fue descuidada por cuatro siglos de predecesores. Los logros históricos de la Compañía, sus santos y la influencia que su espiritualidad tuvo en la Iglesia universal son tratados como productos de una distorsión, en tanto que se supone que el triste balance de los últimos cincuenta años está más cerca de lo concebido por San Ignacio. Esta postura de cuidadosa deshonestidad intelectual mantiene a la Compañía de Jesús como el máximo ejemplo en la Iglesia de una institución que ha traicionado a sus normas y a Cristo, y la esterilidad es la consecuencia natural de esa traición. Su posición en la educación y su influencia en los fieles han sido descartadas, y las ha recogido el Opus Dei; sus aventuras con la Teología de la Liberación están hoy desacreditadas; y la Compañía perece lentamente, año tras año.

Desde este escenario podemos echar una mirada de reojo a la Orden de Predicadores, que comienza a mostrar señales de recuperación. A pesar del liderazgo que tuvieron en los años cincuenta y sesenta, los dominicos se quedaron atrás en la lucha por la dictadura del proletariado; a medida que ese ideal se fue disipando, se ha emprendido un regreso a la filosofía tomista. Los dominicos sufrieron una decadencia comparable a la de los jesuítas, pasando de 10.000 frailes en 1963 a menos de 6.000 en la actualidad, pero hay indicios de que este proceso se está revirtiendo, y en los Estados Unidos la Orden está recuperando su vigor. No ocurre lo mismo con la Compañía de Jesús. Cuando el P. Kolvenbach murió en 2008, fue sucedido por el P. Adolfo Nicolás, de 72 años, un pertinaz seguidor de la antigua línea marxista[35]. La estructura de mando de la Compañía tiene por consecuencia que todos los nombramientos siguen una misma tendencia. Los miembros de la Orden han caído hoy a menos de 19.000, poco más de la mitad de su fuerza en 1965. La edad promedio de sus sacerdotes es casi de setenta años, y las pérdidas en números continuarán siendo grandes a medida que mueren los sobrevivientes que ingresaron antes del Concilio. Está por verse si ello despejará el campo para una generación preparada para rechazar las fallidas políticas del pasado.

No conviene causar la impresión de que nadie en la Compañía de Jesús ha escapado de esta maquinaria de conformismo. Hay algunos que lo han logrado, aunque han sido mantenidos lejos por el liderazgo Modernista de la Orden. Uno que merece mención es el californiano P. Joseph Fessio. Este hombre notable ha resistido las presiones de la Orden, que fueron especialmente fuertes en su propio país. Fessio fundó la Ignatius Press en 1978 y comenzó a colaborar con el movimiento italiano *Comunione e Liberazione*, que publica *Trenta Giorni*. En 1991 dio un campanazo lanzando *Catholic World Report*, un periódico que combina la ortodoxia con un inteligente análisis de los asuntos dentro y fuera de la Iglesia. El P. Fessio es cofundador de la sociedad *Adoremus*, que pugna por la revisión de la reforma litúrgica, y patrocina moderadamente la Misa tradicional. Su experiencia es, sin embargo, un ejemplo de las limitaciones de una postura "conservadora" en la Iglesia. En 2008 fue nombrado cabeza de la nueva Universidad Ave María, fundada por el millonario de las pizzas, Tom Monaghan, pero fue despedido casi inmediatamente después por su desacuerdo con su gobierno. Este infortunio de una alianza capitalista apunta a una verdad más general, la de que entre una moderna militancia de derechas y los auténticos principios tradicionales existe una amplia diferencia. Sería una ironía que uno de los seguidores del P. Fessio fuera

---

[35] Recurrir a un hombre de esa edad es un ejemplo del modo en que la Iglesia Modernista se aferra a una generación fracasada. Contrasta con el ejemplo de los grandes generales de la Compañía a lo largo de la historia: Aquaviva actuó entre 1581 y 1616, luego de ser elegido a la edad de 37 años, o Ledochowski, que fue general desde 1915 hasta 1942, elegido a los 48 años.

elegido como próximo general de la Compañía de Jesús y la Orden se convirtiera en lacayo del capitalismo neoconservador estadounidense, tal como fue lacayo del marxismo.

La historia de los jesuitas ha experimentado un vuelco con la elección de uno de ellos como papa en 2013. Visto superficialmente, esto ha contribuido a la mitología de los últimos cincuenta años: el hecho de que el Papa Francisco sea no sólo jesuita sino además sudamericano, ha permitido a los Modernistas de la Orden aclamarlo como a uno de los suyos. Esto es sumamente irónico, porque este papa se ganó el odio de sus politizados hermanos en los años setenta y ochenta, y sólo escapó del aislamiento al ser destinado a la carrera episcopal, exento de la jurisdicción de la Compañía. El Papa Francisco conoce mejor que nadie el terrible estado de su Orden, y una de las tareas que podría emprender es la reforma que se trató vanamente de realizar por Juan Pablo II. Si lo hace, quizá veamos algo parecido al inesperado resurgimiento de los dominicos en los últimos años. Tal como la Orden de Predicadores está hoy volviendo a Santo Domingo y a Santo Tomás, no hay futuro posible para la Compañía de Jesús a menos que recupere la inspiración que tuvo San Ignacio y sus grandes filósofos y teólogos. En el siglo XVIII el P. Ricci rechazó la propuesta de desviar a la Compañía de su propia naturaleza con las siguientes palabras: *aut sint ut sunt, aut non sint*; que se puede parafrasear hoy del siguiente modo: *aut sint ut erant, aut non erunt*.

UNA TORRE EDIFICADA SOBRE ARENA

La Iglesia que vemos hoy es esencialmente producto del largo pontificado del Papa Juan Pablo II (1978-2005). No se puede comenzar la evaluación de este papa sin reconocer en él, de muchos modos, al salvador de la Iglesia desde el abismo hacia el que la condujo Pablo VI. Sin embargo, Juan Pablo II está muy lejos de ser un papa según el modelo tradicional. Su mayor fuerza fue su enraizamiento en una sólida base de catolicismo polaco popular, pero las otras influencias que recibió son menos satisfactorias. El medio intelectual en que se formó, la Polonia de las ocupaciones nazi y soviética, puede ser descrito equitativamente como poco propicio, y las fuentes de que bebió no fueron las mejores que había disponibles. Karol Wojtyła se especializó, de joven, en filosofía, pero escogió estudiar a algunos de los menos distinguidos pensadores del siglo XX, y devino un converso a la fenomenología, fundamento que, como muchos han advertido, haría de sus encíclicas la más enredada expresión de la doctrina cristiana que haya producido papa alguno. Por muchos elogios que muchos católicos conservadores hayan hecho a la estatura intelectual de Juan Pablo II, éste no pudo evitar ser arrastrado hacia abajo por la barbarie del siglo XX. Sus gestos a las modas ideológicas contemporáneas dieron a su pontificado unas características que las futuras generaciones, una vez que hayan caído los actuales ídolos, contemplarán seguramente con total incredulidad.

Durante el Concilio Vaticano II, Wojtyła, en su calidad de joven arzobispo de Cracovia, fue un decidido reformista, y tuvo una especial admiración por innovadores como Congar, Rahner y Küng. No adquirió la fama de Josef Ratzinger en el partido progresista, pero hacia 1965 un bien informado observador lo habría clasificado entre los de más moderna mentalidad en el episcopado católico. Si un progresista de avanzada hubiera recibido la profecía de que Wojtyła y Ratzinger habían de ser los dos siguientes papas, lo hubiera considerado como respuesta a las plegarias de su partido. El hecho de que sean ambos considerados conservadores y, por muchos, vigorosamente reaccionarios, es una medida de la anárquica disolución que los siguientes trece años del Papa Pablo VI produjeron en la Iglesia.

Si Wojtyła hubiera tenido en 1963 edad para ser elegido, podría en realidad haber sido un muy buen papa. Probablemente no hubiera obrado según la política de Pablo VI de nombrar a un trío de europeos occidentales para dirigir el Concilio, y no se le hubiera ocurrido jamás entregar la reforma litúrgica a una camarilla de extremistas radicales; la erupción de la herejía Modernista se hubiera topado con una firme respuesta; no habría tolerado la precipitada huida del sacerdocio y de la vida religiosa, ni ninguna de las otras corrientes que destrozaron la Iglesia. El caso es que llegó al papado después de quince años de tales infortunios, que habían corrompido en todos el sentido de lo que era bueno y tolerable en la religión católica. El propio Juan Pablo fue una excepción sólo hasta cierto punto. Es verdad que tomó medidas para remediar los males más visibles, que detuvo la concesión de laicizaciones a todo sacerdote que la pidiera; Küng, Schillebeeckx y Boff recibieron reprimendas (y posaron de mártires como consecuencia de ello); se eligió a obispos de los sectores moderados de la Iglesia en vez del ala modernista; y algunas instituciones conservadoras, como el Opus Dei, dejaron de tener la mala fama que habían sufrido en tiempos de Pablo VI. Pero estas medidas fueron solamente superficiales. No se hizo nada por detener el torrente de herejías y veleidades que, para entonces, abrumaba a los seminarios, ni por corregir la perniciosa formación del clero y de los religiosos mediante el fomento de algunos pocos seminarios debidamente dirigidos, que pudieran haberse opuesto a la marea. El flujo (o al menos el chorreo) de clero Modernista aseguró que los fieles siguieran bebiendo doctrina de una fuente sucia.

Una de las cegueras más importantes de Juan Pablo II fue su falta de interés en la liturgia. En esto siguió la actitud corriente en Polonia y otros países católicos, que daban a la Misa por asegurada. A diferencia de Josef Ratzinger, Juan Pablo II no tenía sensibilidad ante la herida que se había infligido a la Iglesia por la falsa reforma litúrgica y así, aunque hizo esfuerzos (frustrados por la jerarquía) por eliminar la prohibición del antiguo rito, no consideró necesario promover la recuperación de un verdadero sentido litúrgico en la Iglesia en general[36]. El peor de los males que afligían a la Iglesia, siguió sin remedio durante veintisiete años.

La principal debilidad de la visión del papa fue, por cierto, su creencia en que el Concilio Vaticano Segundo era un auténtico mandato de renovación, y que su espíritu había sido sencillamente distorsionado por la indisciplina y los abusos. En cierto sentido, como se ha visto, él mismo aumentó la distorsión: su perversión del concepto de ecumenismo incrementó el daño hecho a la comprensión de la divina revelación por parte de los fieles, ya debilitada, y causó un daño a la Iglesia del que ni siquiera Pablo VI se había hecho reo.

Otro error de Juan Pablo II, que será abordado en el siguiente capítulo, fue su fracaso en restituir a los tradicionalistas, representados por Mons. Lefebvre y sus seguidores, a una posición regular dentro de la Iglesia. Ello se podría haber hecho muy fácilmente por un papa dotado de una visión clara del problema, y hubiera significado la recuperación del auténtico catolicismo, al menos en parte de la Iglesia. La actitud de Juan Pablo II fue, en cambio, expulsar hacia la periferia a quienes consideró extremistas, y apelar a los católicos de centro. Esto último lo hizo mediante sus viajes internacionales, que fomentaron la lealtad, más bien débil en el reinado anterior, a la persona del papa. Indudablemente Juan Pablo II obtuvo muchos logros con sus métodos, revirtiendo la desintegración de la Iglesia causada por el liberalismo de Pablo VI. Pero no hay nada más absurdo que la admiración de algunos católicos conservadores que, juzgándolo en comparación con el caos de los quince años anteriores, aclaman a Juan Pablo II como uno de los grandes papas de la historia. Aun desde un punto de vista personal, quienes tienen una visión de más largo plazo tienen que reconocer que Juan Pablo II no está a la altura de Pío X o Pío XII en santidad personal, y está muy por debajo de León XIII y de Pío X en el ámbito intelectual. Sobre todo, Juan Pablo II no entendió su época a la luz de la tradición plena, y por tanto la juzgó de un modo completamente equivocado. La restauración que hizo fue superficial, fundada no sobre roca sino sobre la arena del Concilio Vaticano

---

[36] La indiferencia de Juan Pablo II permitió la exclusión del canto gregoriano y de la polifonía clásica en las Misas papales, con la consiguiente cuasi destrucción del coro de la Capilla Sixtina -un ejemplo del filisteísmo que este papa fomentó en el ámbito de la liturgia-.

Segundo, restituyendo simplemente la piedad y la lealtad a la Iglesia y, por ello mismo, dio la errónea impresión de que el catolicismo podía ser restaurado sobre esa base. Pero incluso la sencilla piedad y la lealtad necesitan, en último término, un fundamento intelectual, y lo que distinguía al grueso de la Iglesia por entonces no era piedad ni lealtad sino un corruptor naturalismo religioso que sustituyó a la fe cristiana tradicional.

El sesgo del naturalismo desvía la comprensión sobrenatural de la religión hacia una comprensión puramente natural, que a la inteligencia vulgar parece más accesible, menos mitológica. Según este modo de entenderlo, el cristianismo no es la revelación objetiva de Dios sino el producto de una fe religiosa humana; la Crucifixión no fue un sacrificio redentor (puesto que redención y sacrificio significan muy poco para el hombre moderno) sino una expresión de amor y de auto-donación; la Iglesia no es una maestra infalible de la verdad divina, sino un guía para quienes eligen creer en ella; el sacerdocio no es representación de Cristo sino una estructura institucional, sujeta a las mismas leyes que las demás estructuras humanas; la Misa no es el sacrificio del Calvario, sino una reunión de fieles para orar; los sacramentos no son medios para recibir la gracia santificante sino símbolos de la vida de la Iglesia; el dogma es una expresión inapropiada del papel docente de la Iglesia y debiera reemplazárselo por una doctrina adaptable, que se amoldara a los sentimientos de los fieles. Muchas inteligencias siguen la senda del naturalismo porque no se les ha enseñado otra cosa; otras, porque piensan que sería ingenuo y primitivo tomar lo sobrenatural demasiado literalmente. Este tipo de mente se ve alentado por una liturgia que prohibe lo trascendente y permanece amarrada a lo banal y lo obvio; y semejante liturgia es defendida por aquéllos que no quieren que los fieles se sacudan sus usos convencionales, vulgares. Tal es la religión con que se ha reemplazado la fe católica en millones de personas y, vista desde un punto de vista puramente moral y espiritual, no puede sino llevar a la descomposición de la Iglesia.

Si la piedad y la lealtad requieren un fundamento sólido, más todavía lo necesita la vida intelectual de la Iglesia; pero ésta ha sido socavada por el Concilio Vaticano con su objetivo de combinar la fe católica con la ideología moderna. La falsedad de este objetivo quedó a la vista en las contradictorias posturas del Papa Juan Pablo II. Este predicó al mundo la libertad, y fue atacado por sus esfuerzos por disciplinar a la Iglesia; alabó el feminismo, y rechazó su extensión al ministerio católico; trató de reconstruir la ortodoxia católica, al tiempo que ponía el hacha del liberalismo secular a sus raíces. La misma falsedad se advierte en la Iglesia como un todo por el declinar de los grandes ideales de los años sesenta. ¿Quién entiende hoy el respeto que se tuvo entonces por el pensamiento de Teilhard de Chardin? Y ahí está, además, el movimiento carismático, que se pensó que era la gran esperanza del futuro espiritual de la Iglesia, convertido hoy en día en el refugio de unos pocos miles de católicos lo suficientemente simples como para tomar como modelo al revivalismo protestante. El ecumenismo es otro ejemplo, muerto por un incesante historial de derrotas. En la misma línea, llegó la Teología de la Liberación, que es hoy un credo tan obsoleto como el estalinismo. Uno tras otro los faros que iluminaban el futuro se han convertido en cenizas del pasado. Como el protestantismo, el Modernismo sobrevive gracias a que va sustituyendo las enseñanzas de la Reforma original por otras, siempre que no sean las de la ortodoxia tradicional.

Estos fueron los callejones sin salida en que el Concilio Vaticano Segundo metió a la Iglesia por su vacuidad intelectual, que rechazó todo pensamiento sistemático en nombre de una intención pastoral. Lo cual queda ejemplificado sobre todo en *Dignitatis Humanae Personae*, filosóficamente viciada, y en *Gaudium et Spes*, que adhiere a la ideología moderna. No pueden sino reblandecerse los sesos de un clero al que se ha forzado a acomodar en su cabeza tales documentos; el daño consiguiente ha sido causado por la revolución, impuesta por el Concilio, en la formación de los sacerdotes. Con el sistema tridentino, la formación para el sacerdocio exigía dos o tres años de estudio de la filosofía, seguidos por tres o cuatro de teología. En la formación moderna de los sacerdotes, se ha abandonado el propósito de enseñar filosofía, en tanto que los estudios teológicos dan la espalda a los modelos escolásticos y, a veces, sencillamente recurre a cursos dados por universidades no católicas. El resultado es un clero tan ignorante como intelectualmente incapaz. El período siguiente al Concilio Vaticano Segundo ha visto la muerte de la teología católica. Decir que no ha producido un Tomás de Aquino o un Suárez sería no decir nada; ni siquiera ha producido un Rahner ni un Schillebeeckx. Ha sido estéril tanto desde una perspectiva radical como desde una tradicional. Desde la década de 1960 nadie con suficiente capacidad ha entrado al sacerdocio católico, o si lo ha hecho, ha tenido que disimular su inteligencia con cautelosas reservas respecto de la dirección que ha tomado el movimiento postconciliar.

Este hecho ha sido ampliamente voceado en los pronunciamientos de los portavoces de la Iglesia. Por ejemplo, en los risibles esfuerzos que se escucharon cuando se trató de refutar la posición tradicional de Mons. Lefebvre. Otro, de significación más general, salió a la luz en 2010, cuando se publicó una entrevista con el Papa Benedicto XVI que incluía, entre otras cosas, algunas obscuras observaciones sobre el uso de condones por los prostitutos homosexuales. La primera causa de sorpresa fue que estas observaciones fueron aclamadas como la apertura de una brecha en la oposición de la Iglesia, hasta entonces incondicional, al uso de condones; y la segunda, fue cuando se hizo claro que no sólo el mundo, sino todo el clero católico y la jerarquía, tenían la impresión de que la moral sexual de la Iglesia impide el uso de condones en actos sexuales inmorales.

Vale la pena destacar aquí los principios involucrados. La doctrina de la Iglesia sobre la contracepción se refiere a las condiciones en que las relaciones sexuales son propias y permisibles. La primera de ellas es que deben tener lugar dentro del matrimonio. Si esa condición no se cumple, la cuestión de la contracepción resulta irrelevante; más bien, su significado moral se vuelve al revés. Debe quedar claro, en efecto, que en todo acto de relaciones extramaritales el no usar contraceptivos constituye un elemento agravante, porque implica el peligro de una concepción fuera del matrimonio, o de una infección, o de ambas cosas. Lo que no quiere decir que la Iglesia "acepta" el uso de contraceptivos fuera del matrimonio, como no acepta tampoco los métodos indoloros de cometer un homicidio; lo que importa es el hecho de que se evita de este modo un mal mayor. Es difícil entender cómo se puede llegar a pensar que, porque los actos maritales deben estar abiertos a la concepción, es deseable que los actos de fornicación y adulterio lo estén también. Es todavía más sorprendente que se piense que la doctrina de la Iglesia sobre la contracepción tiene que ver también con el uso del condón en la sodomía. Sin embargo, esa es la impresión que el clero moderno ha dado, por cuanto no comprende el fundamento de la doctrina católica y sólo puede repetir mecánicamente que la Iglesia se opone al uso de condones. Hay en esto una confusión adicional: el libertinaje moderno ha engañado a los católicos, incluso al clero, haciéndolos pensar que las debilidades extramaritales son un comportamiento sexual normal, que pide ser regulado por la enseñanza de la Iglesia. Se advierte aquí no sólo la huella de la incapacidad intelectual sino también la huella de la corrupción moral. Así, el clero ignorante de hoy ha llevado al mundo a creer que la enseñanza de la Iglesia sobre contracepción impide el uso de condones por sodomitas, prostitutas y gente sexualmente promiscua. Esta errónea comprensión, inmensamente dañina, es un ejemplo del hecho que el sacerdocio moderno no solamente causa grandes males al abandonar la doctrina de la Iglesia, sino que la transforma en motivo de risa, justo cuando cree estar compartiéndola.

Errores como éstos ilustran los estándares intelectuales del moderno clero católico, que son los más bajos que ha conocido la Iglesia desde la reforma tridentina; de sus estándares morales, ya hemos dicho suficiente; y su eficiencia espiritual ha sido socavada por una liturgia sin profundidad y por la pérdida de las antiguas formas de devoción. La fe de Juan Pablo

II en que la vida de la Iglesia podía restaurarse con semejante liderazgo reveló ser una comprensión no realista del estado de la Iglesia católica, y nos apremia a hacer un balance de los "frutos del Concilio Vaticano Segundo", de que tanto se ufanan sus partidarios. Podemos comparar los últimos sesenta años con las grandes épocas de renovación en la Iglesia y preguntarnos cuánto se parecen. ¿Dónde hemos visto hasta ahora una nueva escuela de teología que conquiste el ámbito intelectual, o grandes maestros de espiritualidad, o el florecimiento del arte religiosa y de la música, o impulsos edificadores de catedrales y abadías como las que distinguieron a la Edad Media, o el surgimiento de universidades y escuelas, o el incremento de las órdenes religiosas que enriquezcan la vida de la Iglesia? Lo que hemos visto es lo opuesto de todo esto, una masiva decadencia tanto de las altas manifestaciones de la vida de la Iglesia como de los canales cotidianos de actividad y observancia religiosas.

Los católicos modernos dicen que esto no es culpa de la Iglesia, que vivimos en un mundo profano en que es inevitable la decadencia de la práctica religiosa. De hecho, hay muchos -especialmente en el mundo del periodismo- que se asombran de que la Iglesia conserve tanto poder como el que tiene y piensan, incluso, que tiene demasiado poder. Para esos espíritus es paradojal la queja de que el Concilio Vaticano Segundo haya reducido la influencia de la Iglesia. Podemos desentendernos de semejante opinión; no resulta útil refutar el punto de vista que toma al mundo como su estándar, donde la fe religiosa es un epifenómeno. Hay otros que reconocen que la Iglesia ha perdido influencia, pero piensan que intentó adaptarse y no puede culpársela si el éxito, en una sociedad profana, ha sido limitado. Tenemos que examinar esta excusa y la época moderna o, como la han llamado algunos, postmoderna, en la que hemos vivido desde la década de 1960.

Todos conocen la revolución ética que se atribuye, normalmente, a los "años sesenta" y que fue, en realidad, resultado de un período, quizá de una década y media, cuyo comienzo puede datarse en 1963. Fue un movimiento que reflejó algunos desarrollos sociales ocurridos en Estados Unidos y en Europa occidental. El primer hito fue el asesinato del presidente Kennedy, que abrió una brecha en el ethos, seguro de sí mismo aunque superficial y materialista, que había caracterizado a los Estados Unidos de postguerra. Vino a continuación una convulsión de la unidad nacional vinculada con las protestas contra la guerra de Vietnam, movimiento en que una de las influencias más importantes fue la actitud de la recientemente radicalizada Iglesia católica, con sus cuarenta y cuatro millones de fieles en el país. Junto con estas adversidades se dio una insurrección moral. El uso de las drogas y la promiscuidad sexual echaron por tierra el legado puritano en la vida estadounidense, en tanto que los modelos beatnik y hippie comenzaron a repudiar deliberadamente la vida civilizada. Iguales tendencias se dieron en Europa, con el surgimiento de la moda de congregarse los adolescentes en espectáculos electrónicos de histeria masiva.

Paralelamente, en ambos lados del Atlántico se dio una revolución legal en que se derribaron las barreras contra males tales como el aborto, la sodomía y la pornografía, cuya aceptación se convirtió en la piedra de toque de la virtud liberal. Los nuevos modelos en la literatura y el espectáculo hicieron de la pornografía moneda corriente en la cultura occidental, tranformando los antiguos estándares de lo aceptable. La resistencia a estas tendencias se vino abajo con el colapso de la visión ética católica en países como los Estados Unidos, Francia e Italia. Esto conllevó el avance del secularismo, y los jueces comenzaron a interpretar las constituciones políticas de sus países en el sentido de exigir el afianzamiento de principios anticristianos y la exclusión de la religión de la vida nacional.

Pero la autodestrucción de Occidente fue mucho más allá, tomando la forma de un espíritu frenético que llenó a muchos de odio hacia sus propias sociedades. Esto se vio en los grupos terroristas como la banda Baader-Meinhof en Alemania y la *Symbionese Liberation Army* en los Estados Unidos[37]. Una generación acostumbrada en pensar en el terrorismo como una amenaza foránea necesita que se le diga que el terrorismo fue, en sus orígenes, una invención occidental, que representaba un odio a la propia sociedad tan psicopatológico como el mostrado más recientemente por Osama bin Laden. Lo típico de esta *trahison des clercs* fue que sus agentes provenían de los círculos acomodados de Occidente. Baaden y Meinhof fueron ambos hijos de familias acomodadas. La recluta "symbionesa" Patty Hearts era hija de un millonario de la prensa, y otros miembros de la banda fueron típicos productos de la rebelión de la clase media. El fenómeno se vio previamente en los desórdenes estudiantiles de 1968 en París, en que los hijos mimados de la burguesía francesa clamaban por que se aplicaran en Europa occidental las políticas de Rusia y de China. Las universidades de Europa y de los Estados Unidos se transformaron en campos de batalla, a medida que la juventud de las décadas siguientes seguía el ejemplo. El clima intelectual, el mismo del que nació la Teología de la Liberación, se volvió hacia los ideólogos marxistas de moda, como Gramsci y Marcuse, y reflejó el adoctrinamiento liberal de los últimos veinte años, que se había dedicado a presentar a

---

[37] "Symbionese" es una palabra inventada. Tampoco términos "liberación" y "ejército" se aproximaban más a la realidad.

los regímenes derrotados en 1945 como ejemplos del mal totalitario, al mismo tiempo que daba su bendición a las tiranías que todavía dominaban medio mundo. Esta visión llevó a los fanáticos alemanes a la lógica de justificar su violencia con los males del nazismo, mientras idolatraban a los dictadores contemporáneos como Mao y Ho Chi Min. En Alemania, Baader comenzó su carrera terrorista en 1968, y por más de una década su banda fue responsable de atrocidades que causaron la muerte de treinta y cuatro personas. En América, las "guerrillas urbanas", que tuvieron al Che Guevara como su héroe, se entregaron a un desenfreno de robos y homicidios. Los asesinatos cometidos por la "familia Manson" en 1969 evidenciaron el tipo de acción que la nueva cultura juvenil era capaz de inspirar, al mismo tiempo que reaparecía el demonismo en el mundo cristiano, luego de haber desaparecido durante dos o tres siglos.

Al recibir este Caballo de Troya dentro de sus muros, la sociedad occidental quedó expuesta a sus enemigos interiores y exteriores. Su autodestrucción refleja el sino de la Iglesia católica, infiltrada por herejías en su doctrina y por traiciones morales y espirituales. Y el parecido no es fortuito. Cuando quienes hacen la apología del fracaso de la Iglesia se remiten a las adversas condiciones del período, muestran su ceguera ante el lugar central de la Revelación en la historia humana. La Iglesia católica no es el peón de su época; aun hoy sigue siendo la fuerza moral individual más poderosa en lo que fue la sociedad cristiana. Por ello, cuando una tendencia a la corrupción profunda la desvió de su esencia, el mundo quedó convulsionado por la traición: "La tierra sintió la herida, y la naturaleza, en su sitial, gimió en todas sus obras, dando signos de dolor"[38]. La revolución moral que comenzó en la década de 1960 no es un azar con que la Iglesia se ha topado, sino que es en gran medida resultado de la falsa orientación que se dio ella misma.

Esa revolución inaugura una nueva época en la historia de Occidente, y es un paso en la decadencia de la civilización occidental comparable a la revolución francesa y a la primera guerra mundial. Cabe aceptar el calificativo "postomoderno" que ha sido usado por algunos comentaristas para describir nuestra época y explicar su significado: con los años sesenta, hemos entrado en una época postcivilizada. Algunos de los elementos de esa pérdida de civilización responden a desafíos en la propia Iglesia católica: la abolición de la antigua liturgia privó a millones de un poderoso vínculo con el pasado y de una experiencia de belleza y sabiduría tradicionales; el abandono del latín rebajó la cultura general del clero; la pérdida de la filosofía católica conllevó un declinar de las capacidades intelectuales de modo que, en vez de enfrentar las idiocías

---

[38] Líneas de John Milton sobre la caída del hombre en el Jardín de Edén.

de la época, la Iglesia se lanzó a una agotadora carrera por estar al día con ellas; donde el clero, en el pasado, había mantenido el eco de una civilidad más antigua, ahora habló en los crudos términos de la barbarie moderna; un filistinismo del tipo más grosero se convirtió en característica de la Iglesia, como se aprecia en la destrucción de la belleza en las artes religiosas, en la arquitectura y en la música. Estas cosas configuran la decadencia cultural, pero mucho más graves son los fracasos morales y espirituales. Donde mejor se aprecia la íntima relación entre religión y civilización es en que las dos cayeron juntas. Los efectos se experimentaron no sólo en la grey católica sino también en otras iglesias cristianas. La comunión anglicana, que siempre ha ido a la sombra del catolicismo, perdió sus débiles defensas frente a las presiones de la época. Otros cristianos comenzaron a ceder al nuevo relativismo y a la debilidad moral, aunque en los Estados Unidos el fundamentalismo protestante resistió[39]. El inicio del nihilismo ético y social fue posible por el debilitamiento de las fuerzas sociales que deberían habérsele opuesto, colapso que se originó en la Iglesia católica. Así, lo que se presenta como excusa en favor de la Iglesia constituye la más grave acusación contra ella.

Hay quienes son incapaces de creer que la Iglesia pudo haberse extraviado tan gravemente como acusa el juicio de los tradicionalistas, y sienten que su postura está garantizada por la indefectibilidad de la Iglesia, enseñada por la doctrina cristiana. Pero la misma doctrina contiene graves advertencias sobre las aflicciones que la afectarán. San Pablo escribe: "Has de saber que en los últimos días sobrevendrán tiempos difíciles. Porque los hombres serán amadores de sí mismos (...) Tendrán ciertamente apariencia de piedad, mas negando lo que es su fuerza (...) Así como Jannes y Mambres resistieron a Moisés, de igual modo resisten éstos a la verdad, hombres de entendimiento corrompido, réprobos en la fe (...) porque vendrá el tiempo en que no soportarán más la sana doctrina; antes bien, con prurito de oír se amontonarán maestros con arreglo a su concupiscencia" (2 Timoteo 3,1-4,3). Quienes han vivido estos últimos sesenta años han podido ver claramente a qué se refería San Pablo. Tenemos también la profecía de Cristo de un tiempo en que vendrán falsos profetas "que seducirán (si fuera posible) hasta a los elegidos" (Marcos 13, 22). Hay quienes suponen que estas advertencias se refieren a un tiempo crepuscular del futuro, no al suyo propio; es precisamente por

---

[39] En cambio, las iglesias ortodoxas han seguido apegadas a la tradición y no han experimentado la decadencia del catolicismo y del protestantismo, incluso en los Estados Unidos, además de su natural renacimiento en los países de la ex Cortina de Hierro. Con esto se puede ver lo falso que es aquello de "fuerza mayor", alegado por la sociedad moderna.

estas suposiciones que, en cada ocasión, los fieles han sido atrapados desprevenidos. Al discenir los falsos profetas de los buenos, tenemos derecho a aplicar el examen que nos da Cristo: "Por sus frutos los conoceréis". Si fuera posible detectar algún florecimiento espiritual o alguna obra de la Iglesia que haya brotado del Concilio Vaticano Segundo, sería posible reconocerlos, no obstante su novedad, como obra del Espíritu; pero lo que vemos es justo lo contrario. Vemos cumplido lo que la doctrina de la Iglesia siempre enseñó, cuando sostuvo que la doctrina cristiana se apoya en la tradición, cuando insistió en que la doctrina es invariable, cuando condenó la ideología del liberalismo secular por ser destructiva de la sociedad cristiana. Ignorando esas advertencias, hemos visto al Concilio Vaticano Segundo cambiar la doctrina, inequívocamente en *Dignitatis Humanae Personae*, y probablemente en otros documentos, y adherir a la ideología liberal y humanista en *Gaudium et Spes*; hemos visto que el papa y la jerarquía juzgaron que no era incongruente perseguir la tradición en la liturgia y en la doctrina, y el resultado ha sido lo que la Iglesia siempre predijo: la ruina de la fe y de la práctica católicas.

Sin embargo, nos encontramos con una resistencia, digna de mejor causa, a esta clarísima lección. Persiste la mentalidad oficial que se imagina que el Concilio Vaticano Segundo inauguró un período de maravilloso renacimiento. La atmósfera dominante en la Iglesia hoy parece la del campo de concentración nazi de Theresienstadt, donde se permitía a ciertos judíos favorecidos vivir una existencia privilegiada, con la condición de fingir que no había nada inusual, que disfrutaban de los beneficios de un establecimiento modelo de un Tercer Reich ilustrado. En el mismo estilo, hay católicos que hacen caso omiso de las iglesias vacías, de la desaparición de las vocaciones, de las órdenes religiosas moribundas, de los teólogos que no pretenden en absoluto aceptar las enseñanzas de la Iglesia, y se consuelan con una estructura exterior que parece ser en gran medida lo que siempre ha sido. Pero esa estructura es una fachada que oculta una extensa pudrición. La realidad subyacente es la gran pérdida de creencias ortodoxas entre quienes se llaman católicos. Entre los dogmas ignorados, los más importantes son los de la infalibilidad papal, la Presencia Real y el carácter de la Misa como sacrificio del Calvario, aunque esto último ha sido objeto más de un rechazo consciente que de una enseñanza; otras doctrinas, como el pecado original y la reparación significan poco para los católicos modernos, si es que no son explícitamente repudiadas. En el campo moral, las enseñanzas de la Iglesia sobre contracepción, e incluso sobre aborto, es ampliamente ignorada, y se rechaza cada vez más la condena de actos sexuales *contra natura*. La práctica religiosa es una sombra de lo que fue. La proporción de católicos adultos que siguen confesándose es minúscula, menos del diez por ciento, en tanto que se comulga sacrílegamente, a menudo sin creer en la verdadera naturaleza [del sacramento]. Lo que estos hechos significan es que los católicos plenamente ortodoxos y activamente participantes son una pequeña minoría. En la Iglesia jerárquica el vacío detrás de la fachada es aun mayor. El sacerdocio ha experimentado una gran hemorragia y la generación ordenada antes del Concilio está pronta a desaparecer. Las órdenes religiosas están marchitas, salvo unas pocas que están redescubriendo su primera vocación. Entre los laicos está también comprometida la ortodoxia, siendo las herejías bíblicas y la ordenación de las mujeres las principales manías del clero. Hasta hace poco, el episcopado no estaba mejor, aunque con Benedicto XVI empezó a verse algunos esperanzadores brotes; pero en materia de doctrina, el clero ha estado mostrando apenas una conformidad externa, mientras sostiene en privado sus herejías. Si se relajara la vigilancia, quedaría a la luz la pudrición que hay debajo. Para quienes tienen ojos para ver, la Iglesia moderna es una cáscara vacía, y no pasará mucho tiempo antes de que su colapso sea imposible de ignorar. Detrás de esta fachada de ilusiones, los únicos elementos sanos son los que han rechazado la dañina herencia del Concilio Vaticano Segundo y siguen inspirados por la inalterable tradición de la Iglesia.

15
La restauración de la Tradición

EL TESTIMONIO DE MONSEÑOR LEFEBVRE

Aun sesionaba el Concilio Vaticano Segundo cuando comenzaron a aparecer diversos grupos espantados por el abandono de la tradición, que ya era evidente en la Iglesia. Uno de los primeros fue el *Opus Sacerdotale*, asociación de sacerdotes franceses fundada por el Canónigo Etienne Catta, en 1963. Su actual director, el P. Pierre Lourdelet, ha estado diciendo la Misa tradicional desde la década de 1960, sosteniendo el principio de que la bula *Quo Primum* de Pío V no ha sido jamás abrogada[1]. La sociedad internacional *Una Voce* se fundó en 1964, en un comienzo para preservar el uso del latín y del canto gregoriano, y desde 1969, para defender el antiguo rito de la Misa. Un distinguido miembro de sus primeros días fue Messiaen, cuya obra musical está basada en una visión profundamente católica.

Con la brecha que se abrió entre los teólogos progresistas apareció una corriente más intelectual. Un grupo de ella había fundado en 1965 la revista *Concilium*, cuyas principales luminarias incluyeron a Congar, Rahner, Schilleebeckx y Küng, respaldada por IDOC, la organización holandesa encargada de la propaganda progresista durante el Concilio. Sus colaboradores fueron nombrados también en la Pontificia Comisión Teológica Internacional, fundada para dar una voz oficial a la escuela de teología moderna; pero cuando sus tendencias Modernistas se hicieron más claras, el movimiento se dividió en dos corrientes. Entre los que dieron la alarma estuvieron el alemán Josef Ratzinger y el suizo Hans Urs von Balthasar quienes, hacia 1970 y con el patrocinio del cardenal Höffner, de Colonia, uno de los pocos conservadores en la jerarquía alemana, fundaron una nueva revista, que apareció en 1972 con el título *Communio*. Sus colaboradores incluyeron a Henri de Lubac y al liturgista Louis Bouyer, además del arzobispo Wojtyła, de Cracovia. No se puede subvalorar una escuela que ha producido dos papas, pero hay que decir que la influencia de *Commmunio* ha estado limitada al ámbito académico, y ni siquiera en él ha sido muy extensa. Hay pocos grupos conservadores en la Iglesia que se puede decir que la han experimentado, y la teología mayoritaria, presente en los seminarios, la ha ignorado y ha favorecido

---

[1] Se puede considerar el Opus Sacerdotale como padre del actual Instituto de Cristo Rey, cuya cabeza, Mons. Wach, es uno de sus antiguos miembros; el intento de *Opus Sacerdotale* por fundar en 1988 un seminario en Francia fue impedido por la jerarquía francesa, y se estableció en Gricigliano, donde el Instituto es su sucesor.

la tendencia común más Modernista, señal de que, en la Iglesia de hoy, la vida intelectual ha descendido inexorablemente a los niveles más bajos.

A fines de la década de 1960, al hacerse masiva la deserción sacerdotal y al caer los seminarios en una autocomplaciente anarquía, se hizo clara otra necesidad, la de salvar el sacerdocio de la destrucción que lo amenazaba. Esta necesidad fue lo que motivó a actuar al arzobispo Marcel Lefebvre, cuyo apostolado iba a hacer de él el salvador de la tradición en la Iglesia actual, al modo como lo fue San Atanasio en el siglo IV. Nacido en 1905, Marcel Lefebvre se hizo sacerdote de los Padres del Espíritu Santo en 1931 y pasó veintiocho años como sacerdote misionero y luego como obispo en Africa. Después de ser rector de los seminarios de su congregación en Gabon y en Francia, fue nombrado Vicario Apostólico de Dakar para el Africa francoparlante, un área que abarcaba cuarenta y seis diócesis. En ese cargo presionó por la transición de los países de misión al estatus plenamente jerárquico, nombrando obispos y fundando las jerarquías nacionales de Madagascar, el Congo, Camerún y el Africa Occidental francesa. En 1957 actuó de consejero de Pío XII en la redacción de la encíclica *Fidei Donum*, sobre las misiones. Cinco años más tarde fue nombrado obispo de Tulle, en Francia, pero no fue bien recibido por el resto de la jerarquía francesa. Lefebvre fue firme adherente de la escuela integrista, que profesaba la línea del papa de su juventud, San Pío X, tradición de la cual la iglesia francesa, tal como era desde la Liberación [del dominio nazi], buscaba distanciarse. Más tarde, ese mismo año, en julio de 1962, tuvo la satisfacción de trasladarse a Roma, al ser elegido superior de los Padres del Espíritu Santo. Durante sus seis años en ese cargo prestó especial atención a la sólida formación de los sacerdotes.

Como General de una congregación misionera, con el respaldo de muchos años de distinguidos servicios, Mons. Lefebvre tenía suficiente preparación para evaluar los espurios planteamientos pastorales propuestos por el Concilio Vaticano Segundo. Durante él, se hizo miembro del *Coetus Internationalis Patrum*, que luchó por oponerse al liderazgo de los liberales europeos. Dirigió sus críticas más duras a *Gaudium et Spes* y *Dignitatis Humanae Personae*, los dos documentos del Concilio en contra de los cuales había votado. En los años siguientes, se sintió incapaz de resistir las corrientes modernizadoras en su propia congregación y renunció como Superior de los Padres del Espíritu Santo en 1968. Como permaneció en Roma, se dio cuenta de los problemas de muchos seminaristas de tendencia tradicional, y les aconsejó mudarse a la Universidad de Friburgo, en Suiza, que había preservado una reconocida tradición tomista. Pronto fue él mismo a Suiza a hacerse cargo de su formación, y debido a su amistad personal con el obispo Charrière, de Lausana, aceptó respaldar su trabajo estableciendo, en noviembre de 1970, una fraternidad o *pia unio* para la formación de sacerdotes, consagrada a San Pío X. Tales asociaciones de derecho diocesano son algo corriente en la Iglesia, de lo cual es ejemplo la Congregación del Sagrado Corazón, a la que perteneció Juan XXIII en sus tiempos de sacerdote. Al cabo de un año, en octubre de 1971, la Sociedad San Pío X abrió su seminario en Ecône, en la diócesis de Sion, con la aprobación de su obispo.

Además de la disciplina de la formación que ofrecía, el rasgo distintivo de Ecône fue el uso de la liturgia tradicional, lo que pronto le significó que se descargara sobre él la ira de la Iglesia Modernista; pero hay que tener cuidado con la caricatura que se ha hecho de Mons. Lefebvre como un reaccionario litúrgico. Como participante en el Concilio Vaticano Segundo, Mons. Lefevbre votó a favor de la Constitución sobre la Liturgia, y habría aceptado la reforma litúrgica si ésta hubiera encarnado auténticamente los principios a que esa Constitución se refería. La decisión de usar el misal de 1962 de Juan XXIII en Ecône fue de carácter pragmático, ya que no existía otra etapa de la reforma en torno a la cual pudieran unirse los tradicionalistas. La tradición litúrgica era un elemento de la Iglesia que Ecône quería preservar, pero no fue su principal objetivo. Las motivaciones más importantes de Mons. Lefebvre pueden entenderse del siguiente modo: la primera era la de defender la auténtica filosofía de la Iglesia, que había sido comprometida por el Concilio Vaticano Segundo. Quienes lean el libro de Lefebvre "Lo han destronado"[2] se encontrarán con cuatro capítulos (25 a 28) de cuidadosos argumentos que critican la doctrina del Concilio sobre la libertad religiosa, objetándola sobre la base de la racionalidad objetiva y de su oposición a la enseñanza anterior de la Iglesia. Mons. Lefebvre quiso preservar el legado filosófico de la Iglesia, específicamente el sistema tomista, al cual hizo fundamento de la docencia en su seminario. Su interpretación de este legado en su libro no es ni original ni cerrada, ni brillante ni necia: es simplemente la posición que ha sido aceptada como lo normal en la Iglesia durante muchas generaciones. Los que lean el libro podrán decidir por sí mismos si hay más inteligencia en una apelación a esa filosofía que en una ciega insistencia en la palabra de un concilio modernizante.

La segunda de las motivaciones de Mons. Lefebvre fue el deseo de preservar la buena formación de los sacerdotes, ideal que le había sido muy querido en los dos seminarios que había dirigido y en su calidad de Superior de los Padres del Espíritu Santo. Durante su gobierno, Ecône se transformó en modelo del seminario católico según la tradición tridentina. Y lo tercero que lo movió fue su horror a la profanación de

---

[2] Archbishop Marcel Lefebvre, *They Have Uncrowned Him* (Angelus Press, 1987).

la Misa que comenzó con Pablo VI, y que se prolongó bajo el amplio manto del *Novus Ordo*. El reconocimiento de la Misa como el sacrificio de Cristo y el respeto que le es debido fueron elementos fundamentales en el ethos de la Sociedad.

Estas posturas de Mons. Lefebvre no parecieron destacarse en aquella época de las del ala conservadora de la Iglesia. Hubo muchos otros en la Iglesia, como el cardenal Browne, que fueron más rígidos en su teología; muchos otros, como el cardenal Bacci, que fueron más incondicionalmente adherentes al antiguo rito; muchos otros, como el cardenal Oddi, que subscribieron un conservadurismo más crudo; muchos otros, como el cardenal Staffa, que fueron más adictos al ritual; muchos otros, como Mons. de Proença Sigaud, que se situaron políticamente más a la derecha. Ninguno de ellos, sin embargo, se sintió capaz de desafiar la abrumadora política de la época. Pero hay que hacer notar cuán poco preparado estaba Mons. Lefebvre, por su mismo carácter, para ser un agitador: era un hombre morigerado, de maneras corteses, muy querido por sus subordinados por su gobierno paternal; no era intrigante, ni inclinado a las maniobras políticas, y en algunas ocasiones cometió importantes errores de juicio. Lo que lo sostuvo a lo largo de su carrera fue su fuerte adhesión a la filosofía y teología católicas tradicionales, representadas especialmente por los Papas Pío IX, Pío X y Pío XII, y a la disciplina y espiritualidad sacerdotales que les eran afines. Al cabo, lo que lo distinguió fue una serena fuerza de carácter, que ejemplificaba el ideal romano de un carácter firme: "Iustum et tenacem propositi virum/ Non civium ardor prava iubentium/ Non vultis instantis tyranni/ Mente quatit solida…" ["ni el ardor de las gentes malhechoras/, ni la amenaza del tirano/, conmueven el alma fuerte/ del hombre justo y tenaz de carácter"; Horacio, Odas, Libro III, I)]. Esta firmeza había de permitirle resistir todos los esfuerzos que hizo la Iglesia oficial por suprimir su tradición intelectual y espiritual.

Hay que tener presente que la fundación de Ecône por Mons. Lefebvre no implicó una desobediencia a la Iglesia. No existía declaración alguna de que el rito tridentino hubiera sido abolido[3], y quienes conocían el Derecho canónico pensaban, con fundamento, que jamás se permitiría semejante barbaridad. La idea de una sociedad de sacerdotes, formados en su propio seminario, para servir a la Iglesia en general era algo perfectamente normal. Los seminaristas de Ecône estaban todos incardinados en sus respectivas diócesis, como lo exigía el Derecho canónico. De hecho, el propósito de Mons. Lefebvre en aquella época se limitó a la formación de sacerdotes, sin tener mucha idea de qué trabajo se les daría una vez ordenados; lo que suponía que se marcharían a trabajar en diversas

---

[3] Sobre este tema, ver. p. 313.

diócesis a las órdenes de sus obispos[4]. En 1974, compró el seminario diocesano de Albano (que había estado cerrado, como muchos otros en aquella época, por falta de vocaciones) para tener una casa en que los sacerdotes recién ordenados pudieran estar un año familiarizándose con la tradición romana. El obispo vendió la propiedad a la Sociedad San Pío X como a una asociación reconocida por la Iglesia, y la casa se estableció canónicamente como seminario. La Sociedad tenía una serie de apoyos en Roma, que incluían al cardenal Wright, Prefecto de la Congregación del Clero quien, habiendo sido líder de los liberales entre los obispos estadounidenses durante el Concilio, puede ser incluído entre los arrepentidos del partido progresista. Este cardenal escribió a Mons. Lefebvre una carta de apoyo en 1971, y en los años siguientes alentó activamente a los jóvenes a que entraran a Ecône. El cardenal Antoniutti, *papabile* conservador en el cónclave de 1963, también ayudó a la Sociedad en su calidad de Prefecto de la Congregación de Religiosos.

Naturalmente, por otra parte, surgió una fuerte oposición, claramente advertida por Mons. Lefebvre. El cardenal Villot, nombrado Secretario de Estado en 1969, fue un feroz enemigo. La jerarquía francesa en su totalidad no le había sido favorable en 1962, y no había hecho más que endurecer su oposición desde entonces. Para superar estas dificultades, se necesitaba una activa diplomacia, y se puede reprochar a Mons. Lefebvre sus fallas en este aspecto: parece haber sido poco diligente en el cultivo de apoyos entre los cardenales y, habiendo vivido la mayor parte de su carrera en Africa, no tenía en la jerarquía francesa amistades que cultivar. Su desinterés por las maquinaciones de la Curia se debía a una razón especial: con su visión enraizada en la antigua escuela francesa de catolicismo tradicional y con su temor a las conspiraciones masónicas, Mons. Lefebvre y quienes lo rodeaban en Ecône adherían a una idea de la masonería tal como había sido en el siglo XIX en Francia e Italia, es decir, una sociedad política dedicada a derribar a la Iglesia, y daban por supuesta la antigua concepción de una doctrina católica inmutable que enseñaba, entre otras cosas, un firme rechazo a los principios del liberalismo secular; y con esa honrosa convicción, les resultaba incomprensible que tantos dirigentes de la Iglesia, en Roma y en otras partes, pudieran haber lanzado por la borda sus antiguas creencias, a menos que fueran agentes deliberadamente infiltrados. Como sabemos, sus sospechas de una camarilla masónica en el Vaticano estuvieron impresionantemente cerca de la verdad, aunque no se haya tratado probablemente del tipo de

---

[4] Esto lo dijo Mons. Lefebvre en *Un Evêque Parle*, traducido como *A Bishop Speaks* (Scottish Una Voce, 1975), pp. 186-7. Lo mismo se me dijo a mí sobre las expectativas de los seminaristas cuando visité Ecône en la Pascua de 1975.

conspiración subversiva que se imaginaban; pero ello reafirmó la convicción de Mons. Lefebvre de que no valía la pena negociar con hombres que estaban conscientemente dedicados a traicionar a la Iglesia.

Es interesante recordar, en este punto, una resistencia análoga que tuvo lugar en Brasil por parte del obispo de Castro Meyer, que había sido colega de Mons. Lefebvre en el *Coetus Internationalis Patrum*. Mons. de Castro fue el único obispo diocesano en todo el mundo que abiertamente rehusó aceptar el nuevo orden de cosas[5]; hasta su jubilación en 1981 siguió manteniendo la Misa tradicional, con amplio apoyo de los sacerdotes en su diócesis de Campos, como asimismo ordenando según el rito tradicional. Este obispo colaboró con Mons. Lefebvre hasta que culminó su participación en la consagración de obispos en Ecône en 1988.

A diferencia de los seminarios corrientes, Ecône comenzó a recibir un aluvión de candidatos. Ya en su segundo año, tenía sesenta estudiantes; en octubre de 1974, cuarenta jóvenes fueron seleccionados cuidadosamente de entre 130 candidatos, y los estudiantes del seminario se elevaron a más de 100, con trece profesores. Hay que evaluar estos números a la luz del hecho que en Francia el promedio de sacerdotes ordenados en todo el país venía cayendo a alrededor de cien por año desde seiscientos antes del Concilio; los seminarios se estaban vaciando y muchos ya habían cerrado o estaban en vías de hacerlo. El resentimiento de la jerarquía francesa contra este *séminaire sauvage*, como lo llamó, era agudo, y el cardenal Villot desde Roma la alentó a que se opusiera a él[6]. En noviembre de 1974 los obispos franceses acordaron que ya no incardinarían en el futuro a los seminaristas de Mons. Lefebvre, y ese mismo mes dos sacerdotes belgas fueron enviados por Roma a Ecône en una visita oficial. Estos estuvieron tres días en el seminario y realizaron su trabajo con equidad, pero durante él hicieron algunas observaciones que escandalizaron a los estudiantes, afirmando que pronto habría un clero casado, que no creían que existiera una verdad inmutable y que tenían dudas sobre la concepción tradicional de la resurrección del Señor. Cuando Mons. Lefebvre se enteró de esto, supuso que los visitadores habían venido con el propósito de acabar con su obra. Aunque ello hubiera sido así, hubiera hecho mejor guardando silencio y esperando que Roma diera el primer paso. De hecho, se dice que los visitadores quedaron impresionados por lo que vieron y, al cabo, hicieron un informe favorable. Pero pocos días después de que se marcharan, Mons. Lefebvre hizo una fervorosa declaración a sus seminaristas,

---

[5] Sin embargo, hubo obispos que, clandestinamente, apoyaron a los grupos tradicionalistas e incluso realizaron en ellos ordenaciones ilícitas.
[6] El proceso contra Mons. Lefebvre está descrito por Michael Davies en su *Apologia pro Marcel Lefebvre*, vol. 1 (Angelus, 1979).

que estaba destinada sólo a ellos, pero que se filtró y mal usó, por lo que la hizo publicar en la revista tradicionalista francesa *Itinéraires* en enero de 1975. En la declaración, atacó el Modernismo de la época y afirmó que "La única vía de salvación para los fieles y la doctrina de la Iglesia es un categórico rechazo a aceptar la Reforma [esta palabra escrita con mayúscula en francés alude a la reforma protestante]". Ciertamente, tenía toda la razón, pero la idea se podía haber expresado más moderadamente. Pocos meses después admitió a *Itinéraires*, que sus comentarios habían sido hechos "indudablemente con exceso de indignación". Dichos comentarios dieron a sus oponentes la ocasión que necesitaban; pero es dudoso que, sin ellos, las medidas oficiales que se tomó se hubieran evitado; sólo habría sido más difícil tomarlas.

Para entender lo que vino a continuación debemos tener presente el asesinato de imagen de Mons. Lefebvre que se estaba realizando oralmente y, en algunos sectores de la prensa. Se decía que negaba la validez de la nueva Misa (falsamente, aunque es verdad que muchos de sus seguidores sí la negaban); que pretendía ser papa; que había sido un colaborador durante la Segunda Guerra Mundial y había entregado luchadores de la Resistencia a los nazis (Lefebvre estuvo en Africa durante la guerra; su padre fue arrestado por su trabajo para la Resistencia y murió en un campo de concentración). En el clima imperante en aquel entonces, alguien que se opusiera a las reformas del Concilio Vaticano Segundo sólo podía ser un lunático peligroso. Del lado de Roma, había amateurismo y abiertas irregularidades, que se habían convertido en rasgo de la práctica de la Iglesia con Pablo VI. En esto, las acciones contra Mons. Lefebvre fueron análogas a las que impusieron la nueva liturgia. Pablo VI estaba decidido a realizar una revolución en la Iglesia, y se prestaba poca atención a la legalidad de los métodos.

En enero de 1975, el sucesor de Mons. Charrière en la diócesis de Lausana informó a Mons. Lefebvre de su intención de revocar la aprobación a la Sociedad de San Pío X dada por su antecesor; esto se debió a las órdenes de Roma, donde se había nombrado una comisión de cardenales para analizar el caso de Mons. Lefebvre. Cuando éste fue citado a conversaciones en febrero, la posición de la comisión estaba bien clara. El cardenal Wright había sido llamado al orden y había retirado su anterior apoyo a la Sociedad. El cardenal Garrone, antiguo obispo de Toulouse, representaba la actitud de la jerarquía francesa, y como prefecto de la Congregación para la Educación Católica, había expresado su hostilidad en los años anteriores[7]. El cardenal Garrone había sido responsable de

---

[7] El papel del tercer miembro de la comisión, el cardenal Tabera, parece haber sido tan poco notable como lo fue su paso por la Prefectura de la Congregación para el Culto Divino.

algunos actos arbitrarios durante el Concilio Vaticano Segundo, especialmente en la cuarta sesión, cuando la enmienda a *Gaudium et Spes* presentada por Lefebvre y otros fue ilegalmente archivada[8]. Por su parte, Mons. Lefebvre no llegó preparado para los métodos de la nueva Roma. Había esperado los antiguos usos acostumbrados cuando los príncipes de la Iglesia se reunían, y se encontró con la misma atmósfera de interrogatorio esperable en una poco refinada estación de policía de Marsella; en el curso del interrogatorio el cardenal Garrone lo trató de necio. Cuando Mons. Lefebvre puso por escrito su versión de las reuniones, no pudo sino advertir la anomalía de los procedimientos: "No se hizo nada por ayudarme a llegar a un compromiso o una solución amigable. No se me entregó por escrito nada que detallara las acusaciones, ni tampoco una advertencia escrita. Nada se me dio durante cinco horas de discusiones, excepto el argumento de autoridad, acompañado de invectivas y amenazas". No se le permitió llevarse una transcripción de las grabaciones, y cuando ella se filtró en 1976, se quejó de que había sido alterada.

Sin embargo, Mons. Lefebvre no cambió su posición y, en mayo de 1975, el obispo Mamie de Lausana retiró la aprobación a la Sociedad de San Pío X. Mons. Lefebvre apeló a la Signatura Apostólica, apelación que fue rechazada al cabo de cinco días. Apeló entonces al Tribunal Supremo de la Signatura Apostólica, la corte de justicia más alta en Roma, y no recibió respuesta. Estas escuetas manifestaciones no reflejan todo el conjunto de ilegalidades que se cometió. En primer lugar, jamás se redactó un documento papal que estableciera o definiera los poderes de la comisión que juzgó a Mons. Lefebvre, ni se le formuló en ella cargos formales. Si el asunto se hubiera examinado legalmente, parece seguro que el juicio habría sido declarado no canónico y nulo; y lo mismo se aplica a la supresión de la Sociedad San Pío X por el obispo de Lausana, que actuó por instrucciones de la comisión. En una carta de junio de 1975 del Papa Pablo VI a Mons. Lefebvre, le confirmó la supresión, pero la implicancia de ello ello fue que aprobó personalmente un procedimiento no canónico[9]. Nunca se demostró la legalidad del juicio y de la supresión, porque la Signatura Apostólica rechazó la primera apelación de Lefebvre sobre la base de que su condena había sido aprobada *in forma specifica* por el papa; pero jamás se exhibió un documento que confirmara esto. Cuando Mons. Lefebvre apeló por segunda vez al Tribunal Supremo, una carta manuscrita del cardenal Villot al cardenal Staffa, prefecto de

---

[8] Ver p. 219.
[9] Mons. Lefebvre señaló que las cartas enviadas con la firma de Pablo VI habían sido escritas por el cardenal Villot, hecho confirmado por la biografía del cardenal escrita por su gran amigo, Antoine Wenger.

la Signatura Apostólica, le prohibió aceptar la apelación, so pena de ser despedido, acción que no puede sino sugerir que las medidas contra Mons. Lefebvre no resistían un análisis jurídico. Durante el curso de esta correspondencia, se rechazó dos peticiones de Mons. Lefebvre de una audiencia con el papa. Como él mismo lo dijo, fue inaudito que se disciplinara a un obispo sin un proceso justo ni en la Congregación de los Obispos ni en el Santo Oficio, y que se dictara sentencia en nombre del papa sin que el acusado hubiera comparecido ante el juez.

Estos abusos son un ejemplo de los métodos que usa la Iglesia Modernista en su política de terminar con la tradición católica. Se los había ensayado en una ocasión anterior, cuando el P. Coache, uno de los líderes del movimiento tradicionalista en Francia, fue privado de su parroquia por realizar, en Corpus Christi de 1969, una procesión con el Santísimo Sacramento que había sido prohibida. El sacerdote informó a su obispo de su intención de apelar a la Congregación para el Clero, y pocos días después el Vicario general le mostró una carta recibida de la Congregación comunicando que la apelación había sido rechazada. El sacerdote respondió que él no había apelado todavía: no había podido enviar la carta por correo postal debido a una huelga en Italia. En la práctica es fácil ver por qué la Iglesia pudo actuar de tal modo; toda acción, por correcta que sea, que hubiera tomado contra Modernistas como Hans Küng, que negaba verdades fundamentales de la fe, habría creado un temporal de protestas; pero las autoridades sabían que ningún periodista alzaría la voz en defensa de los católicos tradicionalistas, y se violó los derechos de éstos una y otra vez durante los reinados de Pablo VI y de Juan Pablo II. Ninguna apelación por cuestiones de liturgia o de doctrina tenía posibilidades de fructificar en el régimen de absolutismo Modernista que prevaleció en aquel tiempo.

En cuanto a la intención con que actuó, sin embargo, vale la pena reflexionar sobre por qué la Iglesia lo hizo de ese modo. Podemos comenzar con la decisión ilegal de Pablo VI de suprimir la antigua Misa que, en lo que respecta a la mayor parte de la jerarquía, sigue vigente en la actualidad. Como hemos visto, los motivos del Papa Pablo fueron claros: quería que se usara exclusivamente su Misa, pero se dio cuenta de que no tenía derecho a abolir la liturgia tradicional. Impuso, por tanto, un régimen eclesiástico en que la política oficial se ponía por sobre la ley litúrgica de la Iglesia. En ese punto, la desobediencia de Mons. Lefebvre y sus seguidores tiene una bien sencilla defensa: fue desobediencia a una decisión ilegal. Podemos pasar luego a la cuestión, más matizada, del reconocimiento del Concilio Vaticano Segundo. Desde un punto de vista disciplinario, la cuestión que abordamos aquí es si un concilio tiene autoridad para pasar por encima de las enseñanzas anteriores de la Iglesia: si la tiene, se podía pedir sumisión a documentos tales como *Gaudium et Spes* y *Dignitatis Humanae Personae*, en sustitucion de la enseñanza de los papas desde Gregorio XVI hasta Pío XII. Esta es una pregunta que ni Pablo VI ni la Iglesia oficial quisieron que se planteara, porque el tribunal al que respondían no era la doctrina católica sino la opinión secular contemporánea. Ante este tribunal, la cuestión no necesitaba defensa, ya que había sido decidida por la modernidad, y la tradición podía ser tratada con desprecio. Pero ante el tribunal de la doctrina católica, el asunto es diferente: ningún concilio, especialmente cuando renuncia a declararse dogmático, puede cambiar la enseñanza de la Iglesia, y toda aparente innovación ha de interpretarse de acuerdo con la tradición. Esta es la razón de por qué Mons. Lefebvre, frente a la vaga acusación de rechazar el Concilio Vaticano Segundo, quiso que el punto se discutiera públicamente. Ante su condena por una comisión privada de cardenales, protestó: "Exijo ser juzgado por el único tribunal competente en estas materias, la Sagrada Congregación para la Doctrina de la Fe". Y por ello es que obstinadamente se rehusó hacerle justicia.

Recientemente se ha oído hablar de la doctrina de Benedicto XVI (y de un puñado de católicos que están de acuerdo con él) de que el Concilio Vaticano Segundo no hizo innovación alguna y que sus enseñanzas pueden ser fácilmente interpretadas a la luz de la tradición, pensamiento que habría movido a Mons. Lefebvre, de estar vivo todavía, a entablar una demanda por violación de los derechos de autor[10]. Pero no era ésa la postura corriente en la década de 1970. En aquel tiempo la idea era que el Concilio constituía una ruptura radical, "la Revolución Francesa de la Iglesia", en palabras del cardenal Suenens. Como dijo el cardenal Ratzinger en 1988, "hay quienes lo tratan como si se hubiera constituído en una especie de superdogma, que le quitara importancia a todo lo demás". Tal como la supresión de la antigua Misa, esta idea revelaba una política oficial de la cual no se toleraba disentir, y del mismo modo se consideraba la crítica de los abusos como rechazo del Concilio. Debido a que esta política era teológicamente indefendible, sólo podía ser impuesta a Mons. Lefebvre por medios ilegales. Así, se le acusó de no querer aceptar el Concilio, pero la acusación no fue probada en ningún tribunal. De hecho, Mons. Lefebvre, como uno de los padres del Concilio, había votado en favor de la mayoría de sus documentos. Cuando el Concilio concluyó,

---

[10] Cuando Lefebvre expuso este argumento, Pablo VI replicó insistiendo que aceptara la doctrina del Concilio Vaticano Segundo "en su sentido obvio". Esto implica que el sentido obvio de los documentos del Concilio no es compatible con la tradición, lo cual es, precisamente, la tesis sostenida en el presente libro.

Mons. Lefebvre no tenía propósito alguno de fundar un movimiento rebelde. Hacia la década de 1970, a medida que se fueron conociendo los resultados prácticos de las doctrinas del Concilio, Mons. Lefebvre decía: "Si esto es lo que el Concilio quiso, lo repudio". Eso es, en esencia, lo que decía Benedicto XVI durante su pontificado, aunque no habría dicho "lo repudio" sino "tengo serias reservas al respecto". Podemos advertir que el Papa Pablo VI también tuvo serias reservas, porque sólo así se puede interpretar lo que dijo acerca de la autodestrucción de la Iglesia y de la influencia diabólica que amagaba los frutos del Concilio; pero sus escrúpulos no incluyeron el aceptar alguna medida para remediarlo. Apenas unas pocas semanas después de castigar a Mons. Lefebvre, el papa se encontró con que tenía que destituir al supremo arquitecto de la reforma litúrgica, luego de recibir pruebas de que había sido masón desde hacía doce años; y tres años después confió a Jean Guitton sus temores de que, ante el aumento del pensamiento no católico en la Iglesia, los católicos ortodoxos se redujeran a una pequeña grey "que debe sobrevivir, por muy pequeña que sea"[11]. Estos pensamientos, sin embargo, no sugirieron al papa reconsiderar sus medidas contra Mons. Lefebvre y sus seguidores, ni sospechar que ésa podría ser la pequeña grey a que él mismo se refería. Se puede traer a colación la observación de Guitton de que, una vez que Pablo VI tomaba una decisión pública, era imposible hacerlo cambiar de opinión.

Así, pues, la postura de la Iglesia oficial ante Mons. Lefebvre fue de franca denegación de justicia, ya sea en su apelación al Tribunal Supremo de la Signatura Apostólica -donde no se la llegó a rechazar porque, simplemente, no se la admitió a tramitación- o en su petición de ser juzgado por la Congregación para la Doctrina de la Fe. Estos métodos condenan a quienes se tomaron el derecho de gobernar a la Iglesia ilegalmente, pero no constituyen la base para juzgar la causa tradicionalista: el caso en favor de los tradicionalistas no es que tuvieran probablemente la razón en el terreno legal, sino que tenían eminentemente la razón en el ámbito moral y doctrinal. El hecho central del pontificado de Pablo VI es que él y su jerarquía Modernista se dedicaron a borrar la tradición católica en liturgia, doctrina y filosofía, en tanto que los tradicionalistas los resistieron como a ejecutores de una política herética. Si Mons. Lefebvre se hubiera equivocado todavía mucho más y su desobediencia hubiera sido mucho menos razonable, el veredicto final habría sido que quien tenía la razón era él, y no la Iglesia oficial. En este sentido, Mons. Lefebvre brilla como el sucesor de San Atanasio cuando éste defendió la recta doctrina contra la

---

[11] Jean Guitton, *Paul VI Secret* (Desclee de Brouwer, 1979).

Iglesia hereje de su época. Como comenta Michael Davies, "Hoy Atanasio es un santo, y en cuanto a los otros obispos de su tiempo, ¿hay alguien que pueda recordar siquiera el nombre de uno solo de ellos?".

Como hemos visto, Pablo VI rehusó en aquel período recibir en audiencia a Mons. Lefebvre, y parece que recibía informes sumamente sesgados sobre el seminario de Ecône. Cuando Mons. Lefebvre pudo finalmente ver al papa en septiembre de 1976, quedó atónito al enterarse de que Pablo VI creía que los seminaristas pronunciaban un juramento contra el papa. Por el contrario, la Sociedad de San Pío X siempre rezó por el papa como todos los demás católicos, y Mons. Lefebvre expulsó de ella a todos los que rehusaban hacerlo. Hay que suponer que todas estas noticias le llegaban al papa distorsionadas por el cardenal Villot, quien fue ciertamente responsable de la decisión de negar audiencia al arzobispo; con ello Pablo VI fue llevado a ver la posición tradicionalista en términos fuertemente personales. Cuando Jean Guitton le planteó el tema de una audiencia, el papa respondió: "Mons. Lefebvre está en abierta rebelión. Es la revuelta de un obispo que educa a los sacerdotes en mi contra. Si le doy aquí la bienvenida, probablemente me va a insultar y, posteriormente, a distorsionar mis palabras". Cuando finalmente recibió a Mons. Lefebvre, lo primero que le dijo fue: "¿A quién recibimos, a un hermano o a un adversario del papa?". El cardenal Villot impuso a toda la Iglesia su propia visión de la Sociedad de San Pío X. En octubre de 1975, escribió una carta a los presidentes de las Conferencias Episcopales, diciendo que prontamente, luego de su fundación, la Sociedad había "rehusado ser controlada por las autoridades legítimas", y sugiriendo que se la había fundado mañosamente con esa precisa finalidad. Esto hacía caso omiso del patrocinio dado a la Sociedad por figuras como el cardenal Wright, de la fundación del seminario en Albano bajo la supervisión del cardenal obispo, y del hecho de que hasta noviembre de 1974, cuando los obispos franceses acordaron una política contra ella, todos los seminaristas habían sido canónicamente incardinados en las diócesis de Francia.

Argumentando que la supresión de la Sociedad era ilegal, en junio de 1975 Mons. Lefebvre ordenó a los tres primeros candidatos que habían cursado sus estudios exclusivamente en Ecône. Esto no motivó una respuesta disciplinaria, pero al año siguiente, había que ordenar a doce individuos, y con el rápido crecimiento del seminario, la cantidad iba en aumento. Poco antes de las ordenaciones de 1976, Mons Lefebvre recibió de Roma una prohibición formal de realizarlas, y cuando su petición de revocarla fue rechazada, las llevó a cabo en junio. De acuerdo con la advertencia recibida, Mons. Lefebvre fue suspendido *a divinis* el 22 de julio. La confrontación con la Iglesia oficial se hizo pública y reveló la existencia de un inesperado grupo de partidarios suyos. Una encuesta de opinión de agosto mostró que veintiocho por ciento de los católicos franceses aprobaban su postura[12]. El 29 de agosto, Mons. Lefebvre celebró una Misa en el auditorium de la *International Fair* en Lille, a la que asistieron unas 10.000 personas. Señales como ésta causaron inquietud en Roma, o más exactamente en Castel Gandolfo, donde el Papa Pablo VI pasaba sus vacaciones de verano, y con notable rapidez, el 11 de septiembre, Mons. Lefebvre obtuvo la audiencia que se le había negado por tanto tiempo. Ella fue posible por la ausencia del cardenal Villot, que sólo se enteró la noche anterior. Con la aprobación de Mons Macchi, el sacerdote tradicionalista Don Domenico La Bellarte había visto al papa unos pocos días antes y le había pedido la audiencia. Durante ésta, los insultos de Mons. Lefebvre resultaron menos horribles que lo que el papa había temido; lo que tuvo lugar fue un diálogo realista, y cuando el arzobispo preguntó si se podía dar a Ecône una plena aprobación, el papa respondió que debía consultar al consistorio y a la Curia.

A los pocos días, la maquinaria papal ya estaba en operación para reparar los daños. El 14 de septiembre la oficina de prensa del Vaticano publicó una historia, apoyada por el mismo Mons. Macchi, sobre que no se había concedido la audiencia, pero que Mons. Lefebvre se había presentado inesperadamente y había amenazado con quedarse sentado en su automóvil en las afueras de Castel Gandolfo, rodeado de periodistas[13]. Pocos días después, el papa regresó a Roma con el Secretario de Estado al lado, y se restituyó a Mons. Lefebvre su condición de paria de la Iglesia. Se ordenó a la Congregación para la Doctrina de la Fe que estudiara su caso (sin someterlo a juicio, como él pedía), pero en los dos años que le quedaban al pontificado de Pablo VI no hubo ningún cambio efectivo. En Ecône, Mons. Lefebvre siguió ordenando a un creciente número de seminaristas, y la obra de su Sociedad se extendió por todo el mundo. La elección de Juan Pablo I en agosto de 1978 podría haber producido importantes desarrollos si, como se decía, el papa pensaba despedir del Vaticano al cardenal Villot y a los demás masones, pero su súbita muerte dio lugar a una nueva elección, que elevó al cardenal Wojtyła al papado como Juan Pablo II.

Antes de pasado un mes desde la elección, a instancias del cardenal Siri, el papa Juan Pablo II concedió una audiencia a Mons. Lefebvre el 18

---

[12] Ver Yves Congar, *La crise dans l'église et Monseigneur Lefebvre* (Les Editions du Cerf, 1976), p. 12. Se puede comparar este libro con el de Michael Davies en su tratamiento del caso.
[13] Ver Antoine Wenger, *Le Cardinal Villot* (Desclee de Brouwer, 1989), pp. 147-51, que proporciona también un relato verdadero de cómo se obtuvo la audiencia.

de noviembre. El encuentro fue extremadamente amigable, y Juan Pablo II dispuso que el caso del arzobispo fuera revisado inmediatamente por la Congregación para la Doctrina de la Fe, en cuyo prefecto, el cardenal Seper, amigo personal suyo, tenía confianza. A pesar de ello, el cardenal Seper enfocó su trabajo como rigorista que era, y quizá ese es el motivo del rumbo que tomó la investigación, que puede describirse como una chapuza burocrática. El 11 y 12 de enero de 1979, Mons. Lefebvre tuvo una reunión en Roma con los funcionarios de la congregación, pero sus interrogadores fueron abogados que parecían creer que su cometido era sorprender al arzobispo, sin dar señal alguna de comprender que se trataba de un proceso de reconciliación; se ignoró, asimismo, el propósito de investigar la ortodoxia de las críticas de Mons. Lefebvre al Concilio Vaticano Segundo. Las preguntas apuntaron, casi exclusivamente, a exponer la ilegalidad de lo que Mons. Lefebvre y la Sociedad Pío X estaban haciendo[14]. En una carta al cardenal Seper entregada el segundo día, Mons. Lefebvre escribió "Debo decir que la negativa a permitirme presentar testigos ante los cinco interrogadores, y el modo como se me tendieron trampas, especialmente hoy, cuando se intentó que hiciera declaraciones que me negué a hacer, no me dan confianza en el resultado del juicio". Es seguro que si el prefecto de la congregación hubiera sido el cardenal Ratzinger, como llegó a serlo dos años después, el *affair* habría sido manejado más hábilmente. Mons. Lefebvre habría tenido toda la razón si hubiera pedido que se cambiara sus jueces por otros que comprendieran qué se esperaba de ellos, pero se retiró por otra razón: al terminar la reunión el segundo día, leyó un comunicado de la oficina de prensa del Vaticano que informaba que su examinación era el preludio de un juicio sobre su caso entregado a los mismos prelados que habían sido responsables de las medidas tomadas anteriormente contra él, los cardenales Villot, Garrone, Wright y Baggio. En la carta que hemos citado recién protestó al cardenal Seper que no era eso lo que se le había anunciado: él había entendido que su caso iba a ser decidido directamente por el papa. A continuación se retiró a Suiza y no volvió a tener comunicación con la Congregación para la Doctrina de la Fe, excepto por carta[15].

---

[14] A pesar del mojigato legalismo del trato dado por el Vaticano a Mons. Lefebvre entre 1979 y 1988, nunca se oyó la apelación de éste al Tribunal Supremo de la Signatura Apostólica, que había sido ignorada, lo cual habría revelado las irregularidades del proceso que se le siguió durante Pablo VI.

[15] La transcripción del interrogatorio de Mons. Lefebvre por la congregación puede verse en internet, en el capítulo 32 del libro de Michael Davies *Apologia pro Marcel Lefebvre*, Vol. 2. El lector puede también consultar en el capítulo 33 las posteriores cartas al cardenal Seper y al papa, y juzgar si se trata de algo escrito por un hombre que respiraba desconfianza de la autoridad.

Dos nuevos acontecimientos, en los dos años siguientes, la muerte del cardenal Villot en 1979 y la designación en 1981 del cardenal Ratzinger como Prefecto de la Congregación para la Doctrina de la Fe, deberían haber revivido el proceso de reconciliación; pero, lamentablemente, se sacó poco provecho de ellos. Puede ser que Mons. Lefebvre no se dio cuenta de la oportunidad, pero el motivo subyacente fue la ausencia de una real voluntad por parte del Papa Juan Pablo II. Cuando éste llegó al papado, lo que quería era levantar la suspensión de Mons. Lefebvre, y no seguir con la política de Pablo VI de prohibir la liturgia tradicional; pero no tenía el concepto de la necesidad de restaurar la tradición en la Iglesia. Objetivamente, hay que decir que lo que cualquier papa debería haber hecho en esa coyuntura era darse cuenta de que los tradicionalistas constituían el elemento de la Iglesia que más le convenía apoyar, y hacerlo incondicionalmente. Dado que semejante cosa era demasiado esperar de Juan Pablo II, debería al menos haberlos restaurado en términos aceptables para la política postconciliar; y eso habría sido facilitado perfectamente por la voluntad de Mons. Lefebvre de reconocer la validez de la nueva Misa y de aceptar el Concilio Vaticano Segundo a la luz de la tradición. Pero desde su punto de vista el Papa Juan Pablo II no dio importancia a ninguno de esos aspectos. Su entusiasta fe en el Concilio y su falta de interés por el tema litúrgico hicieron que manejara el caso de los tradicionalistas como cuestión menor, y el resultado fue que la condición de la tradición en la Iglesia siguió siendo, durante su pontificado, sustancialmente la misma que había sido con Pablo VI: una dura exclusión.

Esto quedó en evidencia con el destino de los tradicionalistas que procuraron una reconciliación separada con la Iglesia. Entre ellos estaba el monasterio benedictino de Flavigny, que había sido fundado en colaboración con Mons. Lefebvre en 1976. En 1985 el abad procuró independientemente someterse a las autoridades romanas, pero sencillamente se obligó a la comunidad a aceptar el *Novus Ordo*, que usa hasta hoy. Hubo también dos intentos de alejar de Ecône a seminaristas que deseaban la obediencia a la Iglesia oficial. El segundo de ellos fue el seminario Mater Ecclesia fundado en Roma en 1986; pero, igual que en los casos anteriores, los seminaristas fueron tratados con tal desprecio que el experimento fracasó después de dos años. Quedó así en claro que incluso las pocas figuras de la jerarquía que estaban dispuestas a negociar con los tradicionalistas -la actitud de la gran mayoría era de una rígida intolerancia- estaban más preocupados de dividir la tradición que de reconocer sus derechos en la Iglesia, y aprovecharon cada debilidad para imponer sumisión. Lo mismo se puede ver en las relaciones que Mons. Lefebvre siguió teniendo con el cardenal Ratzinger, que demostró tener una preocupación gubernativa (comprensible desde su punto de vista) por que se reconociera las posturas del Concilio Vaticano Segundo lo más completamente posible.

En medio de este clima, Mons. Lefebvre comenzó a mediados de los años ochenta a considerar la posibilidad de consagrar uno o más obispos. Los motivos para ello fueron, fundamentalmente, de orden práctico. Al llegar a la edad de ochenta años en 1985, sus fuerzas empezaban a declinar. A fines de ese año, se sintió incapaz de viajar a América a ordenar sacerdotes (se había fundado un segundo seminario de la Sociedad San Pío X en Michigan en 1973) o de celebrar miles de confirmaciones que se le pedían, tanto en América del Norte como del Sur. Pero en la decisión de consagrar había también consideraciones sobre el futuro: mantener viva la colectividad tradicionalista era una obra que no debía cesar con su propia muerte. Si consagraba sin permiso, el desafío a la Iglesia era mucho más serio que la ordenación de sacerdotes, y lo más probable era que fuera excomulgado. En este sentido hay que destacar que Mons. Lefebvre no haya dado este paso con anterioridad. Si la autoridad de la Iglesia no le hubiera importado nada, si su propósito hubiera sido fundar y liderar un movimiento rebelde, podría haber consagrado obispos a placer. Pero ello no había sido en caso alguno su intención. Desde el principio su objetivo había sido formar sacerdotes dentro de la Iglesia, en una institución aprobada jurídicamente por la Iglesia. El haber sido empujado hacia la ilegalidad no fue algo deseado por él, sino que fue la obra de un papa y de unos prelados que hicieron caso omiso del Derecho de la Iglesia. Incluso cuando se le expulsó, procuró de buena fe recuperar su condición jurídica. No fue, pues, con contumacia que pensó ahora en consagrar un obispo. Las esperanzas que habían surgido a comienzos del pontificado de Juan Pablo II empezaban a debilitarse, mientras el Modernismo seguía rampante, recibiendo de parte de la Iglesia sólo débiles reproches por sus peores excesos.

En el cambio de opinión de Mons. Lefebvre hay que ver el impacto causado por el encuentro de oración de las religiones del mundo, convocado por Juan Pablo II en Asís en octubre de 1986. Los que han hecho del ecumenismo -en su sentido no cristiano- su nueva fe, debieran al menos reconocer cuán escandaloso fue este acontecimiento para los fieles que no habían desechado los sentimientos cristianos de muchos siglos: el escándalo de un papa reunido con los paganos para realizar un acto idolátrico, la profanación de la ciudad de San Francisco, la profanación de la iglesia de San Pedro en la que -con intencionado simbolismo- se instaló la estatua de Buda en el altar de San Pedro. Como exhibición de la apostasía de la Iglesia moderna, Mons. Lefebvre consideró tan graves estos actos que los tomó como la señal de Dios por la cual había rezado que autorizara la consagración (también le había pedido a Dios que la impidiera, enviándole la muerte, si ella iba contra Su voluntad). Comparada con la traición de un papa a su calidad de testigo de Cristo, la creación ilícita de un obispo era una infracción meramente formal y plenamente justificada por las necesidades de la Iglesia.

Lo anterior, con todo, puede dar la falsa impresión de que lo que Mons. Lefebvre tenía pensado era desobedecer. Si bien estaba dispuesto a ello, no era ésa su finalidad primordial. Todavía estaba en contacto con la Congregación para la Doctrina de la Fe, y desde hacía ocho años venían cojeando las negociaciones para regularizar la Sociedad San Pío X. Tenía clara conciencia de que el Vaticano moderno podía ser presionado -su audiencia con Pablo VI era una prueba de ello- y la amenaza de consagrar obispos podía darle el impulso que necesitaba. La consagración era una espada de dos filos: por un lado, era una amenaza de proceder independientemente; por otro, era una propuesta que podía llegar a formar parte de los términos en que sería aprobada de la Sociedad. En carta de julio de 1987 al cardenal Ratzinger, Mons. Lefebvre suplicó, por tanto, al papa que, como forma de evitar una ruptura final, se le autorizara a él y a Mons. de Castro consagrar auxiliares. La petición tuvo un efecto mágico: antes de fin de mes el cardenal Ratzinger respondió con la declaración: "La Santa Sede no puede dar auxiliares a la Sociedad de San Pío X a menos que tenga una apropiada estructura jurídica y a menos que las relaciones con la Sede Apostólica se resuelvan con anterioridad". Esto fue acompañado de "La Santa Sede está dispuesta a designar sin demora y sin condiciones previas un cardenal visitador con el fin de encontrar un estatuto jurídico para la Sociedad San Pío X". No se podría acusar al cardenal Ratzinger de poca perspicacia; sintió y entendió que la espada tenía dos filos.

Esos dos filos hacen surgir varias cuestiones independientes, de carácter tanto moral como diplomático: ¿se justificaba que Mons. Lefebvre realizara ilícitamente consagraciones? Y ¿fue justo y adecuado que utilizara la amenaza de realizarlas para obtener la regularización? Sobre el primer punto, permítaseme decir que, en aquella época, yo creí que estaba equivocado. Veinte años después de su muerte, pienso que tenía la razón. Sin la acción de Mons. Lefebvre, los tradicionalistas serían hoy un ineficaz puñado de sacerdotes a merced de la Iglesia Modernista. Si hoy se reconoce plenamente la liturgia tradicional, y si hay institutos tradicionales plenamente legitimados en la Iglesia, es, Dios mediante, gracias a Mons. Lefebvre y a los obispos que consagró. Decir "Dios mediante" es decir que Mons. Lefebvre fue el instrumento de Dios para que ello se hiciera realidad, aunque haya sufrido la excomunión por hacer lo que hizo.

La segunda pregunta es si Mons. Lefebvre pudo haber obtenido la regularización que buscaba, incluida la autorización para consagrar un obispo. En realidad, parece bastante claro que sí pudo, pero hubiera necesitado habilidades de negociador de que carecía. El aspecto moral se refiere a si obró bien al realizar esa acción. En principio, parece escandaloso que un obispo extorsione a la Santa Sede con la desobediencia para obtener concesiones; pero, en las circunstancias de aquella epoca, los principios eran, precisamente, lo que costaba descubrir en la Iglesia. Mons Lefebvre se enfrentaba a una Iglesia que, en el sentido antiguo de la palabra, era falsa, una Iglesia que cambiaba sus respuestas según las circunstancias. ¿Tenía la tradición católica derecho al respeto, o se debía incondicional sumisión al Concilio Vaticano Segundo? Si la sumisión incondicional era la norma, ¿por qué sólo los tradicionalistas estaban obligados a ella, en tanto que los Modernistas vivía en total libertad? ¿Tenía derecho a existir la liturgia centenaria, o estaba todo el clero obligado a usar el *Novus Ordo*? Si el *Novus Ordo* era absoluto, ¿por qué se permitía a los radicales profanarlo a voluntad? ¿Era la enseñanza de la Iglesia un sistema claro de doctrinas sostenidas desde siempre, o era una aventura intelectual en que los Modernistas podían hacer caso omiso del dogma? ¿Por qué se permitía atacar ilimitadamente todo lo que la Iglesia había hecho, desde San Pablo hasta Pío XII, en tanto que el único pecado imperdonable era criticar lo que había ocurrido desde 1962? ¿Era el papa un humilde peregrino que admitía el valor de todas las creencias, o era un severo pontífice que exigía obediencia a la ley? Puesto que la Iglesia no se había decidido por ninguno de estos extremos, su política se materializaba en dobles estándares, mediante medidas ilegales. Mons. Lefebvre se enfrentaba una Iglesia dispuesta a entrar en compromisos porque era una Iglesia comprometida. Y hay que tener presente el principal motivo de Mons. Lefebvre: su objetivo no era ninguna ventaja personal, sino afirmar los derechos de la tradición, de la doctrina clara, de la verdadera ley y, al cabo, de la auténtica autoridad.

La propuesta de Mons. Lefebvre dio a las negociaciones una agilidad que no se había visto durante ocho años. En noviembre, se designó como visitador apostólico de la Sociedad San Pío X al cardenal canadiense Edward Gagnon, con responsabilidad por su disciplina hasta que se arribara a un acuerdo sobre su estructura legal. El cardenal realizó una visita de un mes a las obras de la Sociedad en Ecône y en Francia. Todo se dio en una atmósfera de cordialidad y el 8 de diciembre, el cardenal asistió a la solemne Misa pontifical celebrada por Mons. Lafebvre en Ecône. Prosiguieron las negociaciones del reconocimiento de la Sociedad como un instituto sacerdotal de la Iglesia; los términos incluían la consagración de un obispo, para lo cual Mons. Lefebvre propuso una lista de cuatro nombres para que el papa eligiera. Pero Mons. Lefebvre flaqueó en los detalles prácticos: aceptó que la fecha de la consagración del obispo se aplazara. Pasó el 17 de abril, que él había pedido inicialmente; propuso entonces del 30 de junio, pero a comienzos de mayo, el cardenal Ratzinger le pidió dejar abierta la fecha. El protocolo que se firmó el 5 de mayo tuvo una serie de defectos, especialmente en relación con el obispo: no se mencionó quién iba a ser, ni cuándo sería consagrado, o qué poderes iba a tener. Todo esto quedaba entregado a la buena voluntad del papa. Habiendo llegado hasta ese punto gracias a la amenaza de una consagración ilícita, Mons. Lefebvre decidió a último momento, no aprovecharse de su ventaja; sin embargo, por duro que sea decirlo, eso era lo que debía haber hecho. En una noche de insomnio, luego de firmado el protocolo, se dio cuenta de que no le habían dado garantías. Al día siguiente, insistió al cardenal Ratzinger que había llegado al acuerdo sobre la base de que se le autorizaría consagrar un obispo el 30 de junio, y que si para entonces no se designaba a nadie [por la Santa Sede], él seguiría adelante por su cuenta. No quiso que esto significara una ruptura, sino sólo que fuera una demostración de que hablaba en serio. La respuesta del Vaticano no fue bien pensada: el 30 de mayo el cardenal Ratzinger escribió a Mons. Lefebvre una carta proponiendo una nueva fecha para la consagración, el 15 de agosto. Al mismo tiempo, pedía a Mons. Lefebvre que propusiera nuevos candidatos para que el papa eligiera, acompañando un dossier sobre cada uno de ellos; pero no explicó por qué no eran aceptables los cuatro nombres que ya se había propuesto, ni cuántos más se requería, o qué criterios los harían más aceptables. Un diplomático profesional seguramente criticaría esta *démarche* y señalaría que ella no podía sino alimentar los temores de Mons. Lefebvre de que lo estaban poniendo a prueba. Con todo, hay que decir que ciertamente debiera haber aceptado la nueva fecha: de este modo, si no tenía un obispo designado hacia el 15 de agosto, podría haber alegado una clara violación del acuerdo. Ello era tanto más conveniente porque Mons. Lefebvre había dado un paso en falso al tratar de esquivar el protocolo que ya había firmado. Pero así como había sido demasiado débil a comienzos de mayo, Mons. Lefebvre fue ahora demasiado obstinado. La impresión que causan estas negociaciones es que la prisa lo ofuscó, y por ello es, quizá, que accedió a firmar demasiado pronto el protocolo. Lefebvre se acercaba ya a los ochenta y tres años y pensó que podía morir antes que las negociaciones finalizaran, a menos que adoptara una posición firme. Por su parte, era comprensible que el papa y los funcionarios pensaran que Mons. Lefebvre se había mostrado intratable y poco confiable. Le advirtieron que si realizaba la consagración, iba a ser excomulgado.

El *impasse* que condujo a la consagración ilícita el 30 de junio plantea la cuestión de por qué el Vaticano no la evitó aprobando alguno de los cuatro candidatos propuestos por Mons. Lefebvre. Una posibilidad es que haya propuesto cuatro candidatos totalmente inadecuados. Eso parece improbable desde cualquier punto de vista, especialmente si se considera el estándar de los mercenarios que habían sido nombrados pastores en la Iglesia desde que Pablo VI accedió al papado. Más sencillo es pensar que el Vaticano estaba decidido a mostrar que, habiendo sido presionado hasta ese punto, no estaba dispuesto a aceptar nuevas presiones. Por su parte, Mons. Lefebvre había aprendido la lección, como lo dijo a un periodista en mayo, que "Era necesario amenazar continuamente a fin de obtener algo", pero no había descubierto los límites de semejante táctica. En el mes que restaba, ambos lados rehusaron ceder. Mons. de Castro Meyer apoyó a Lefebvre y vino desde Brasil para consagrar junto con él; cuando ambos consagraron el 30 de junio, la sentencia de excomunión ya había sido dictada por Roma. Para el mundo exterior, parecía un desafío gratuito planteado por los tradicionalistas; en realidad fue el resultado de una negociación trágicamente mal manejada.

Aunque Mons. Lefebvre había estado dispuesto en las negociaciones a aceptar sólo un obispo, desde el principio había dicho que necesitaba varios auxiliares. Por eso él y Mons. de Castro consagraron cuatro obispos. Hubo varios motivos para ello. El primero fue pastoral; los cuatro obispos, un francés, un suizo, un inglés y un español, iban a hacerse cargo de ramas distintas de la Sociedad establecidas en todo el mundo. El segundo motivo tuvo que ver con la cuestión de la sucesión: se esperaba que, por muchos años, ninguno de los cuatro tuviera que ser reemplazado, siendo su juventud un rasgo notable de los cuatro individuos elegidos; el mayor tenía 48 años y el más joven, sólo 30[16]. Si uno de ellos moría, su sucesor podría ser consagrado por los otros tres, el número canónico normal[17]. Así, pues, lo que podría parecer una exceso fue, de hecho, el número mínimo exigido para fundar una línea viable, en el supuesto de que la Sociedad San Pío X tuviera que tomar un rumbo independiente.

El deseo de Mons. Lefebvre era asegurar la sucesión después de su muerte, pero en ningún caso fundar una iglesia cismática. Creyó estar

---

[16] Sólo dos de los consagrados habían sido incluídos en la lista de candidatos que Mons. Lefebvre había presentado al papa. El nombre de los otros dos sigue siendo un secreto, pero se puede suponer que se trataba de hombres mayores, que se soslayó ahora en favor de una elección de más larga duración.

[17] El sacramento del orden es válido por la consagración realizada por sólo un obispo pero, para evitar el peligro de que se hubiera interrumpido la sucesión apostólica por algún vicio inadvertido, la Iglesia exige que sean tres quienes consagran, siendo ello posible.

tomando medidas de emergencia exigidas por las excepcionales circunstancias de la Iglesia, y apeló a la doctrina de los teólogos de la Iglesia, desde Santo Tomás de Aquino en adelante, sobre el derecho a resistir al papa por una causa justa. San Roberto Bellarmino, escribiendo durante la cúspide de la autoridad tridentina, opinó que "Es legítimo no obedecer las órdenes del papa e incluso impedir la ejecución de su voluntad si pone en peligro a las almas, especialmente si procura destruír la Iglesia"[18]. Igual que otros teólogos que defendían ese derecho, Bellarmino no se imaginó, sin duda, que se llegaría a circunstancias tan extremas como para hacer uso de él; pero si alguien le hubiera expuesto las causas de la rebelión de Mons. Lefebvre -una liturgia armada por protestantes, y una declaración que negaba el derecho de la Iglesia a castigar la herejía- habría seguramente respondido que el problema era demasiado fácil de resolver y que no hacía falta teólogo alguno que pudiera justificar la resistencia. Pero si se puede admitir esto en teoría, habría que considerar, con todo, la necesidad práctica, y habría que reconocer entonces el triste hecho que si las negociaciones entre Mons. Lefebvre y el Vaticano hubieran sido mejor manejadas, la necesidad de desobedecer, si es que hubo desobediencia, no se habría presentado.

Lo que Mons. Lefebvre fundó no fue, por tanto, una jerarquía formal. No se planteó el tema de obispos que tuvieran una jurisdicción diocesana, cosa que sólo el papa puede conceder; la división de su trabajo por países es solamente pragmática. Del mismo modo, en contraste con lo que ocurrió en el cisma de los Viejos Católicos, por ejemplo, no se ha planteado la cuestión de asumir un rango arzobispal después de la muerte de Lefebvre. La función de los obispos se entendió solamente como sacramental, no jurisdiccional. Según el Derecho canónico (cosa que puede sorprender) la consagración de obispos contra las órdenes del papa no es por sí misma un acto cismático, y nada de lo que la Sociedad San Pío X ha obrado apunta al cisma o al deseo de él. La Sociedad ha seguido siempre orando por el papa y condenando como cismáticos a los "sedevacantistas", que rechazan por ilegítimos a los papas modernos. La Sociedad considera que está preservando la verdadera identidad de la Iglesia Católica, y no ha dejado jamás de desear la aprobación oficial, si se puede obtenerla sin sacrificar los principios. Es en las iglesias tradicionalistas donde se puede escuchar el vigoroso canto "*et unam, sanctam, catholicam et apostolicam ecclesiam*", frase que, para grandes sectores de la Iglesia, suena a mera formalidad. Desde las primera medidas de Pablo VI contra Ecône, los actos de repudio han provenido siempre de Roma,

---

[18] *De Romano Pontifice*, Libro II, Capítulo 29.

y corresponde a la jerarquía oficial reflexionar sobre cómo es que llegó a excluír a aquéllos cuya fe se apoya en la lealtad a la Iglesia de siempre.

Corresponde también reflexionar sobre el manejo del caso por el Papa Juan Pablo II. La excomunión de Mons. Lefebvre no fue un castigo a una descarada rebeldía sino el producto de una malograda negociación que estuvo a un paso del éxito. En ella, la razón principal de por qué, durante diez años, no se hizo ningún progreso por parte del Vaticano, fue el deseo de hacer que los tradicionalistas reconocieran el Concilio Vaticano Segundo y la nueva liturgia. Desde el punto de vista del Papa Juan Pablo II y de sus funcionarios, se puede entender perfectamente, por cierto, por qué ése fue su propósito. Pero en el futuro, cuando ese punto de vista haya sido desacreditado, son el papa y los funcionarios quienes serán severamente juzgados, y Mons. Lefebvre será mirado con indulgencia. Mientras llega ese momento, hay que aceptar que el Papa Juan Pablo tenía jurídicamente la razón al excomulgar a Mons. Lefebvre, ya que esa era la sanción automática de la consagración ilícita. El papa podría haberla fácilmente evitado si hubiera designado oportunamente a uno de los candidatos que se le presentaron; pero, alguien podría decir que un papa no está obligado a conceder obispos a nadie. En circunstancias normales eso sería verdadero, pero no en las circunstancias del reinado del Papa Juan Pablo II. Desde un ángulo moral, Juan Pablo sí tenía la obligación de designar a un obispo, y no la cumplió. Así, la excomunión que decretó en 1988 fue la culminación de diez años de fracasos en la preservación de la unidad de la fe católica, y no es, por tanto, una condenación de Mons. Lefebvre sino de sí mismo: *Petrus autem coepit anathematizare, et iurare: Quia nescio hominem istum, quem dicitis.* Algunos defensores de los tradicionalistas se han preocupado de dar razones de por qué la excomunión fue inválida según el Derecho canónico. Pero su invalidez no es cuestión de tecnicismos, sino de moral. Se la puede comparar con las excomuniones que los papas en tiempos pasados lanzaban a sus enemigos políticos, que eran formalmente válidas pero que nadie hoy consideraría dotadas de valor moral. De hecho, su peso es menor, porque la excomunión fue causada no por una política secular sino por una que buscaba excluír de la Iglesia la tradición, u obligarla a pactar con principios falsos. Un precedente más apropiado de la excomunión de Mons. Lefebvre podría ser la de Juana de Arco, que murió excomulgada, pero que fue rehabilitada una generación después de su muerte y, finalmente, canonizada.

Dado que luego de las consagraciones de junio de 1988 no se dio paso alguno para solucionar el quiebre producido, Mons. Lefebvre siguió excomulgado hasta su muerte el 25 de marzo de 1991. Seis meses más tarde, el cardenal Oddi, figura vaticana con la que siempre había tenido cordiales relaciones, visitó Ecône y oró de rodillas ante su tumba, y cuando se levantó, dijo en voz alta: *"Merci, Monseigneur"*. En 2009 el Papa Benedicto XVI levantó la excomunión a los cuatro obispos consagrados en Ecône, pero no quiso aceptar la petición de declarar nulas las excomuniones originales, las de Mons. Lefebvre y Mons. de Castro.

LOS MOVIMIENTOS CONSERVADORES AL INTERIOR DE LA IGLESIA

El programa del Concilio Vaticano Segundo se apoyaba en la premisa de que él habría de producir un gran rejuvenecimiento de la Iglesia, haciendo saltar las amarras impuestas por el formalismo y el sacerdotalismo. El hecho sobresaliente hoy es que no hay una sola institución de la Iglesia guiada por la ideología conciliar que no esté en aguda decadencia. Sea que miremos a las iglesias nacionales, como la de Holanda, o al reclutamiento del clero secular, o al estado de las órdenes religiosas como los jesuítas, encontraremos que mientras más dedicadas estén al *ignis fatuus* de los años sesenta, más desesperada es su situación. En cambio, las instituciones que dan signos de salud son las que puede llamarse, en términos amplios, conservadoras. Esto es verdad no sólo de los tradicionalistas, que preservan la antigua liturgia, cuyos seminarios y casas religiosas están desbordantes, sino de una variedad de movimientos que se apegan a la ortodoxia tradicional o, al menos, a una moral y enseñanzas sociales conservadoras.

Para empezar con la más importante de éstas, el Opus Dei ha sido ampliamente reconocido en los últimos treinta años como la más floreciente e influyente fuerza en la Iglesia. Fundado por el español Josemaría Escrivá de Balaguer, tiene una membrecía mixta de sacerdotes y laicos, cuyo ideal es impregnar la vida ordinaria en el mundo con la práctica de la religión. En teoría, es un tipo de apostolado innovador, con una poderosa participación laica y una inusitada apertura al mundo, que el Concilio Vaticano Segundo profesó alentar. En la práctica, su ethos lo pone en conflicto con el verdadero espíritu del Concilio, que favoreció esos objetivos sólo si tenían un sesgo Modernista. Por ello es que el Opus Dei vivió en una incómoda posición durante Pablo VI, y Mons. Escrivá sufrió cruces parecidas a las de Mons. Lefebvre, incluídas las frecuentes negativas de audiencias con el papa. Después de la revolución litúrgica, Mons. Escrivá continuó diciendo privadamente la Misa tradicional hasta su muerte en 1975, y aconsejó a sus seguidores no deshacerse de los viejos misales y paramentos, porque los iban a necesitar de nuevo algún día. Evitó, sin embargo, hacer de su institución una fortaleza de la tradición católica en plenitud. En 1982 recibió el estatuto de Prelatura Personal, en virtud de la cual su cabeza es un obispo que tiene control directo de los sacerdotes del instituto (un estatuto que se ha, recientemente, negociado para la Sociedad de San Pío X). Josemaría Escrivá fue canonizado en 2002.

El Opus Dei ha demostrado tener el mismo instinto de alcanzar posiciones de poder e influencia que alguna vez caracterizó a los jesuítas. Actualmente tiene a su cargo quince universidades alrededor del mundo y once escuelas de negocios. Sus obras incluyen también treinta y seis escuelas primarias y secundarias con un contingente de 25.000 alumnos, y 176 residencias universitarias con 6.000 estudiantes. En Roma tiene la Universidad de la Santa Cruz, además de un seminario para preparar a los sacerdotes de la Prelatura, que son alrededor de 2.000. La gran mayoría de sus seguidores está formada por laicos, que suman alrededor de 90.000, con un núcleo de miembros célibes con votos religiosos.

La ortodoxia del Opus Dei y su eficiencia en la lucha contra la desintegración de la Iglesia le ha ganado por doquier la enemistad de los Modernistas, incluídos varios miembros de la jerarquía. Con todo, su capacidad de actuar como un motor del catolicismo, en su versión plenamente tradicional, no es tan grande como podría ser. La razón de ello está en la falta de auténtica perspicacia en la visión original de Mons. Escrivá. Este fue excesivamente producto de su medio social, y se podría decir que el apostolado que fundó demuestra una comprensión del mensaje cristiano de tonalidades algo burguesas. En especial, el grado en que el Opus Dei se siente en casa en el mundo capitalista evidencia una falta de profundidad conceptual. Se saluda con una respetuosa inclinación la doctrina social de León XIII y de Pío XI, pero no se comprende que ella constituye un desafío radical a los fundamentos éticos del capitalismo. Con su inclinación al acomodo, Mons. Escrivá no se atrevió a defender, en los últimos años de su vida, la antigua liturgia; no obstante, su ejemplo personal está ahí, a disposición de sus hijos espirituales, si éstos quisieran seguirlo. Si el Opus Dei regresara a la intención de su fundador en este aspecto, se convertiría indudablemente en una de las fuerzas más poderosas para la restauración de la plena vision católica en la Iglesia moderna.

Otros dos movimientos, basados fundamentalmente en Italia, se han destacado asimismo como oponentes de la tendencia Modernista. Uno de ellos, Comunione e Liberazione, se originó en un movimiento estudiantil católico en la década de 1960, cuando la previa Azione Cattolica abandonó sus fines tradicionales y se dedicó a la política de izquierdas, siguiendo el estilo de la época. Su fundador, Mons. Luigi Giussani, profesor de la Universidad del Sagrado Corazón de Milán, tuvo una inspiración más intelectual que la de otros líderes mencionados aquí. Comunione e Liberazione se involucró estrechamente, desde el comienzo, con la publicación de la revista teológica *Communio*, como también con el periódico *Trenta Giorni* tanto en Italia como en sus ediciones en otras lenguas, y mantuvo un discurso claramente contrario al Modernismo y a las tendencias izquierdistas en la Iglesia. El movimiento incluye a una Fraternidad religiosa, que ofrece a los laicos una vocación en el mundo, e incluye a sacerdotes y laicos célibes; en este sentido, es parecido al Opus Dei, al que supera en fuerza en Italia.

El otro movimiento es el de los Focolares, creado por la maestra de escuela Chiara Lubich. Basada en la devoción a la Virgen, se enfrenta con la impiedad y secularismo de la Iglesia moderna. En Italia tiene muchos miles de adherentes, algunos de los cuales tienen votos religiosos; sin embargo, la descripción hecha por un ex miembro de las reuniones del movimiento, en que los seguidores profieren eslóganes y agitan al aire libritos amarillos con los pensamientos de Chiara Lubich, para no mencionar las referencias a los caros hábitos personales de dicha señora, parecen ubicarla, como fundadora religiosa, muy por debajo de Mons. Escrivá o de Mons. Giussani[19].

Hay también otros dos movimientos de fundación hispánica. La Legión de Cristo fue fundada por el sacerdote mexicano Marcial Maciel en 1941, y resultó ser extremadamente exitosa en su resistencia al colapso de vocaciones sufrido después del Concilio Vaticano Segundo. Actualmente tiene unos 800 sacerdotes y un movimiento laico, *Regnum Christi*, que reúne a unos 70.000 miembros; en los Estados Unidos tiene numerosas escuelas. A pesar de su postura conservadora, los Legionarios de Cristo se han distinguido por un agresivo rechazo de la liturgia tradicional, y han dejado atrás al Opus Dei en sus relaciones con los centros capitalistas. En 2010 el movimiento fue sacudido por las terribles revelaciones sobre la vida privada del fallecido fundador, de las que la profunda inmoralidad sexual fue sólo un aspecto. La Legión ha experimentado numerosas deserciones, y hoy su futuro, o al menos su vigor, parece en duda.

El Camino Neocatecumenal es un peculiar movimiento fundado en 1964 por el artista español Kiko Argüello. Entre quienes sufren de mala información (incluídos periodistas católicos), se ha descrito a veces esta organización como tradicionalista; pero, de hecho, constituye una importación a la Iglesia católica de algunas de las más crudas nociones del fundamentalismo protestante. De acuerdo con este modelo, los neocatecúmenos predican una moral estrictamente personal y se ubican políticamente a la derecha, siendo especialmente hostiles a la Teología de la Liberación. En otros aspectos, refleja las ideas de su fundador. El principio fundante del movimiento es el renacimiento del catecumenado, una preparación

---

[19] Gordon Urquhart, *The Pope's Armada* (Bantam, 1995), pp. 19 y 300.

de varios años antes de que el laico pueda ser considerado cristiano comprometido. Argüello ha llamado al período que va desde el año 314 hasta el Concilio Vaticano Segundo, un "paréntesis" en la historia cristiana en que, por el abandono de la preparación catecumenal, la Iglesia cayó en una condición de "religión natural", y ha considerado sorprendente que el cristianismo no se haya extinguido en esas circunstancias. Por cierto, la práctica del catecumenado no se suspendió en 314 ni mucho después, y la idea de la suspensión es simplemente una expresión de la opinión -anticristiana- de que sólo es aceptable una Iglesia sin poder. Un teólogo ha recopilado, en un estudio fulminante, las erróneas enseñanzas del movimiento sobre una cantidad de temas, incluída la redención, el sacrificio del Calvario y la Eucaristía[20]. Son especialmente atroces las prácticas litúrgicas del movimiento que, además de ignorar el espíritu católico y de adoptar el revivalismo protestante, se caracterizan por una sacrílega falta de respeto hacia el Santísimo Sacramento.

Con su acostumbrado mal juicio, el Papa Juan Pablo II prodigó favores tanto a la Legión de Cristo como al Neocatecumenado, imaginando que estos temerarios movimientos, intelectualmente vacíos, eran el medio para restaurar la Iglesia; más de ochenta parroquias en Roma han sido entregadas a las prácticas neocatecumenales. El Neocatecumenado es una excepción a los otros movimientos conservadores descritos en cuanto no se funda en la ortodoxia católica tradicional; y, por otra parte, no puede ser descrito como hijo del Concilio Vaticano Segundo, ya que Kiko Argüello se inspira más en Billy Graham que en Rahner o Schillebeeckx. Al menos el movimiento prueba que la auténtica sinceridad cristiana, que nadie le puede negar, tiene el poder de luchar contra la inercia del liberalismo y del secularismo en la Iglesia moderna.

Las instituciones como el Opus Dei y Comunione e Liberazione hacen un concienzudo esfuerzo por mantener la ortodoxia tradicional de la Iglesia, al mismo tiempo que adhieren a la nueva liturgia. No quisiéramos mirar en menos sus buenas obras, que atraen a miles a una sana moral y a una genuina devoción religiosa. Sin embargo, alojan una fundamental incoherencia en el corazón de su vida religiosa; la *lex orandi* está en ellas en una irreconciliable guerra con la *lex credendi*. Los esfuerzos por acomodar una revolución litúrgica con un esquema de tradición doctrinal están destinados al fracaso. Para los conservadores, como para todos los católicos, el desastre que se infligió a la vida de oración de la Iglesia en la década de 1960 exige un reexamen de todos sus aspectos.

La oposición a la antigua liturgia, sostenida por los conformistas, es víctima de las arenas movedizas en que se apoyan. Hasta hace unos pocos

---

[20] Enrico Zoffoli, *Heresies of the Neocatechumenal Movement*, 1991.

años, ellos condenaban absolutamente la liturgia tradicional, insistiendo en la reforma de Bugnini como el único santo grial de la ciencia litúrgica. Con los nuevos aires, comienzan a admitir que el antiguo rito es aceptable, y empiezan a preguntarse de dónde salió la idea de que estaba prohibido: el tema entero es víctima de una errónea comprensión; pronto habrán de empezar a considerar la suspensión o la excomunión de Mons. Lefebvre como alucinaciones de éste. Esas tergiversaciones quizá diviertan al observador, pero hasta ahora no han cambiado la actitud hacia el rito antiguo de instituciones que, como el Opus Dei, se arremangan las faldas para saltar al otro lado del camino. Sin embargo, lo propio de los que están encadenados a su época es que siguen la dirección que su maestra señala. Dentro de pocos años, a medida que la vacuidad de la reforma conciliar se haga más y más evidente, los conservadores van a despertar a la realidad de que lo único que los separa de la tradición plena, es la supuesta necesidad de sostener una liturgia estéril y sin raíces, impuesta en mala hora en sustitución de la verdadera oración de la Iglesia.

LOS INSTITUTOS TRADICIONALISTAS DENTRO DE LA IGLESIA
1. *La Sociedad de San Pío X*

La defensa de la tradición católica hecha por Mons. Lefebvre fue apoyada en Francia, desde comienzos de 1970, por gran cantidad de sacerdotes, como el P. Coache, con quien la Congregación para el Clero tenía una relación telepática[21]. Probablemente el más distinguido del grupo fue Mons. François Ducaud-Bourget[22], quien había sido soldado, tenía la Cruz de Hierro y la Medalla de la Resistencia, era poeta y una figura bien conocida en los círculos literarios franceses. Este permaneció fiel al antiguo rito y, para acomodar al creciente número de fieles que asistían a su Misa privada, comenzó en 1971 a tomar en arriendo una vasta sala de reuniones en París, donde los asistentes pronto llegaron a contarse por miles. Concibió, entonces, la idea de apoderarse de alguna iglesia, aprovechando el Derecho francés, según el cual las iglesias son propiedad del Estado y mantenidas por éste para los fines del culto católico. Se le informó de la bella iglesia barroca de Saint-Nicolas-du-Chardonnet que, igual que muchas otras, había quedado vacía debido a las nuevas prácticas litúrgicas. El 27 de febrero de 1977, Mons. Ducaud-Bourget se tomó la iglesia con un gran número de fieles. Durante varios días realizaron ininterrumpidamente ceremonias en ella para evitar ser arrojados por la policía, y una vez que pasó ese peligro, resistieron con igual éxito los esfuerzos

---

[21] Ver p. 462.
[22] Este no era prelado, pero usaba el apelativo de Monseñor, según la costumbre francesa, por ser capellán de honor de la Orden de Malta.

de las autoridades eclesiásticas por desalojarlos. Desde el comienzo, Saint-Nicolas-du-Chardonnet se repletó en cada Misa con católicos parisienses leales a un rito por el cual, según la jerarquía, no había en absoluto demanda. Mons. Ducaud-Bourget reclutó nuevos sacerdotes ordenados en Ecône, y desde su muerte en 1984 Saint-Nicolas-du-Chardonnet ha sido atendida por la Sociedad de San Pío X, constituyéndose en el principal centro de la Misa tradicional en la capital francesa. La iglesia, ubicada en la ribera sur del Sena y no muy lejos de Notre-Dame, cuenta hoy con seis o siete sacerdotes que dicen cinco Misas cada domingo. En comparación con la típica iglesia católica de hoy, la congregación es notable por incluír gran proporción de jóvenes y familias con niños de todas las edades. La liturgia es bellamente celebrada, con buen canto llano en las Misas cantadas. La congregación, que es hoy tan grande como lo era cuando por primera vez Mons. Ducaud-Bourget la atrajo a Saint-Nicolas-du-Chardonnet, produce un sentido de comunidad que la Iglesia moderna predica pero no logra conseguir, en tanto que la popularidad de los pañuelos monárquicos que cubren la cabeza de las mujeres informan de una corriente de simpatías a la vez políticas y litúrgicas.

La toma de Saint-Nicolas-du-Chardonnet proporciona un infrecuente ejemplo de brío en las acciones de los tradicionalistas; lo que generalmente más exhiben es poca iniciativa, cosa que los ha limitado seriamente. No obstante esta debilidad, la Sociedad de San Pío X fue, durante casi veinte años, la única organización de la Iglesia que se mantuvo leal a la tradición, y ha dado origen a una institucionalidad numerosa. El primer emprendimiento de Mons. Lefebvre en Ecône ha crecido a fin de atender a adeptos en todo el mundo. Además de Ecône, hay seminarios de la Sociedad en Flevigny (en un lugar oficialmente clasificado entre las aldeas más bellas de Francia); en Zaitzkofen, Alemania; en Winona, Estados Unidos; en La Reja, Argentina y en Goulburn, Australia. La Sociedad cuenta con más de 500 sacerdotes, asistidos por más de 100 hermanos legos. En contraste con lo que pasa en el clero ordinario, todos ellos se caracterizan por su juventud, siendo la edad promedio de los sacerdotes alrededor de cuarenta años; representantes, por tanto, de la generación postconciliar, perdida por la Iglesia oficial. El flujo de vocaciones se mantiene continuamente y hay cerca de 200 estudiantes en los seis seminarios de la Sociedad. La casa central de la Sociedad está situada en un bonito castillo en Menzingen, Suiza. El superior general entre 1982 y 1994 fue el P. Franz Schmidberger, y desde 1994 lo ha sido Mons. Bernard Fellay[23].

---

[23] Cuando Mons. Lefebvre buscó la consagración de un obispo, no fue con la idea de que necesariamente fuera el superior de la Sociedad, como lo prueba la elección del P. Schmidberger.

Además de la Sociedad propiamente tal, la obra de Mons. Lefebvre dio origen a gran cantidad de congregaciones de fieles masculinos y femeninos, leales a la tradición de la Iglesia. Los monasterios benedictinos derivados de Le Barroux son ahora tres, situados uno en Belleigue, Francia, otro en Nova Friburgo, Brasil y otro en Nuevo México. Hay un monasterio dominico en La Haye-aux-Bonhommes, Francia, uno capuchino en Beaujolais, y una comunidad, los Cooperadores de Cristo Rey, que ofrecen retiros de San Ignacio en un pequeño castillo rosado en Le Treilhou. Las casas de monjas son todavía más numerosas. Debe mencionarse primeramente la de las Hermanas de la Sociedad San Pío X, una congregación que Mons. Lefebvre fundó en 1977, cuya superiora fue su propia hermana, Sor Marie Gabrielle Lefebvre, quien había sido monja de las Hermanas del Espíritu Santo, de las cuales fue Asistente General. Su casa madre está en Saint-Michel-en-Brenne; tiene una membrecía internacional de más de 160 monjas en diecinueve casas, incluídos cuatro noviciados, y dirige siete escuelas. Otras comunidades femeninas vinculadas con la Sociedad incluyen carmelitas, benedictinas, dominicas, clarisas, franciscanas de estricta observancia y nueve otras. El priorato de Fanjeau, cerca de Carcassonne, tiene más de cuarenta monjas, es la casa madre de una congregación de más de 130 miembros, y dirige seis escuelas en Francia y una en los Estados Unidos.

El laicado tradicionalista que adhiere a la Sociedad San Pío X suma, según se cree, al menos 600.000 personas en todo el mundo. La Sociedad y tres comunidades religiosas vinculadas con ella dirigen cerca de noventa escuelas y dos intitutos de educación superior. La mayor fuerza de la Sociedad está en Francia, donde desarrolla muchas actividades, que incluyen a varias organizaciones juveniles y a la peregrinación anual a la catedral de Chartres, que reúne a decenas de miles de personas. En París existe un *college* de educación superior, el Instituto Universitario San Pío X, fundado en 1980, que ofrece cursos de tres años en clásicos, historia y filosofía. También merece mención, como emprendimiento educacional, St. Mary's Academy and College, en Kansas. Ahí la Sociedad posee una importante casa del siglo XIX, uno de los muchos lugares de educación abandonados por los jesuítas, y ha fundado una gran escuela junto con un *college* de artes liberales. Este último, establecido en 1989, enseña los dos años preliminares de estudios no especializados según el sistema universitario estadounidense, y ofrece un grado de Associate of Arts. Ambos *colleges*, el francés y el estadounidense, son de tamaño muy reducido.

La excomunión de 1988 no causó disminución de apoyo a la Sociedad. Para evaluar sus efectos *vis-à-vis* Roma, podemos comparar la consagración ilícita de cuatro obispos con las probables consecuencias que habría tenido el nombramiento de un obispo auxiliar por la Santa Sede. El camino ciertamente no habría sido fácil; es indudable que la política de la Iglesia habría sido limitar y obstaculizar a los tradicionalistas de todas las formas posibles, y habrían necesitado una gran habilidad para defender su postura. Sin embargo, todo ello era una exigencia de la obediencia a la Sede de Pedro. Decir que la Sociedad ganó en libertad de acción al situarse en una posición casi cismática no es implicar que ello justifica el paso dado; no obstante, continuó creciendo en número y obras. En los diecisiete años posteriores a las consagraciones no hubo acciones tendientes a reconciliarla con Roma ni tampoco a aumentar el cisma. Merece mencionarse un incidente de ese período: la anulación por la Santa Sede, en 1996, de un intento del obispo de Honolulu de excomulgar a los laicos que asistieran a las Misas de la Sociedad, reconoció explícitamente que su situación en materia de fidelidad no era cismática.

Con la elección del Papa Benedicto XVI la Santa Sede optó por una nueva política. Como miembro importante de la Curia desde 1981, el cardenal Ratzinger estaba consciente de las influencias que operaban en contra de la tradición como, por ejemplo, el rechazo, en 1988, de la propuesta de la comisión, de que él era parte, de autorizar el antiguo rito en general[24]. Las negociaciones con Mons. Lefebvre le habían dado una visión de éste que contrastaba con la propaganda oficial a su respecto. En agosto de 2005, cuatro meses después de su elección, el Papa Benedicto XVI recibió en audiencia a Mons. Fellay, y se reanudó el camino hacia el reconocimiento de la Sociedad San Pío X. Desde la época de Mons. Lefebvre, la Sociedad había hecho constantes peticiones, entre ellas la declaración de la nulidad de las excomuniones, el término de las restricciones a la celebración del antiguo rito, y la creación de una comisión en la Curia para proteger el movimiento tradicionalista. Esta última petición ya había sido respondida en 1988 con la fundación de la *Comisión Ecclesia Dei*, y a partir de 2000 comenzó a terminar con las restricciones originales; la segunda de las peticiones fue respondida por Benedicto XVI con el Motu Proprio *Summorum Pontificum*, de 2007, que reconoció formalmente que la antigua liturgia tenía en la Iglesia iguales derechos que la nueva; y en enero de 2009, el papa levantó la excomunión de los cuatro obispos de la Sociedad y de los sacerdotes ordenados por ellos.

En su mayor parte, las negociaciones entre la Sociedad y el Vaticano giraron en torno a cuestiones doctrinales, relativas a la compatibilidad de los documentos del Concilio Vaticano Segundo con la tradición, y a qué estatus puede otorgarse a la Sociedad en la Iglesia oficial. Las ordenaciones

---

[24] Ver p. 314.

hechas por los obispos de la Sociedad son, naturalmente, reconocidas, y el punto es sólo qué jurisdicción se les puede otorgar. Las dicusiones se han encontrado con escollos que habrían sido fatales para cualquier acercamiento menos sincero. En febrero de 2011 fueron interrumpidas por la Sociedad como protesta por dos actos papales que se aproximaban, la beatificación del Papa Juan Pablo II, y la convocatoria a otro encuentro de oración de las religiones mundiales en Asís, en el aniversario vigésimo quinto del primero. En relación con el segundo de ellos, merece la pena recordar que el cardenal Ratzinger en un comienzo se ausentó del encuentro de 1986, por temor de que el acontecimiento fuera "mal interpretado" (con lo cual quiso decir que sería interpretado de modo absolutamente correcto); pero la reunión de 2011 se pensó, de hecho, como corrección de la escandalosa idolatría que opacó al primero. El obstáculo más grave era la beatificación de Juan Pablo II. Presentar a Juan Pablo II como santo y como gran papa era una demostración de que, durante Benedicto XVI, seguía vigente la intención de perpetuar los mitos del período postconciliar[25]. A pesar de estas desalentadoras señales, la Sociedad reanudó las conversaciones. Las dificultades del año subsiguiente nacieron de disensos internos, en los que el obispo Williamson surgió como líder. Aquéllos que habían tenido reservas sobre el buen juicio de éste, vieron sus temores confirmados cuando la hostilidad personal de Mons. Williamson contra los dirigentes de la Sociedad quedó al descubierto en varios actos de rebeldía. Fue por ello expulsado de la Sociedad, y ha creado posteriormente un movimiento disidente, y ha consagrado otro obispo por propia autoridad.

Una consecuencia de su partida, que libera de la Sociedad de sus elementos más intransigentes, ha sido facilitar las negociaciones con la Santa Sede, y está por verse qué implicará esto para el reconocimiento oficial. Según un acuerdo del capítulo general, cualquier acuerdo tendrá que ser ratificado por un nuevo capítulo reunido para este fin. Por el momento, la Sociedad todavía está en una situación de irregularidad canónica, pero con el alzamiento de las excomuniones se ha zanjado, por la negativa, la cuestión de si la Sociedad y sus seguidores están fuera de la Iglesia. En Roma se ha permitido desde hace tiempo a sus sacerdotes celebrar la Misa en San Pedro. Las últimas conversaciones de la Sociedad con el Vaticano se reanudaron por Mons. Fellay en septiembre de 2014. Los tradicionalistas de mentalidad más burocrática siguen desaprobando a la

---

[25] Ello ha empeorado hoy con la canonización de Juan Pablo II. No hay que olvidarse que pocos, incluso entre los grandes santos -y por cierto ningún papa-, han sido beatificados y canonizados tan rápidamente como este *santo súbito*. Catapultar a Juan Pablo II al cielo aprovechando el entusiasmo popular es un ejemplo de la devaluación de las canonizaciones a que ese mismo papa dio origen.

Sociedad, y algunos puede que lo sigan haciendo aunque sea reconocida; pero eso implica poner los temas legales antes que los doctrinales. El hecho descollante en la época moderna es la monstruosa corrupción de la Iglesia comenzada por el Concilio Vaticano Segundo, y lo que primero que hay que reconocer es que, en el consiguiente conflicto, la Sociedad de San Pío X se ha ubicado esencialmente en el lado correcto, y la Iglesia oficial, en el equivocado. Ignorar este hecho, invocando el deber de una obediencia absoluta a la Iglesia, es cegarse a realidades más vastas.

2. *Fundaciones aprobadas canónicamente.*

La categoría mencionada en este subtítulo puede que quede obsoleta dentro de poco, pero responde a una diferenciación creada por las excomuniones de 1988. Durante aquel verano, el papado abandonó apresuradamente su política de tratar de suprimir la tradición, y se puso a aprobar instituciones autorizadas para hacer lo mismo que había sido causa de la persecución de Mons. Lefebvre en los trece años anteriores.

Las consagraciones se realizaron en Ecône el 30 de junio. Inmediatamente, alrededor de dieciséis miembros de la Sociedad de San Pío X, tanto sacerdotes como seminaristas, se desvincularon de ese acto y expresaron su deseo de formar una nueva organización obediente a la Santa Sede. Su líder fue el P. Josef Bisig, que hasta entonces había sido el primer asistente del superior de la Sociedad y que había sido también rector del seminario alemán de ella. El 5 y 6 de julio, ocho sacerdotes de este grupo fueron recibidos por el Papa Juan Pablo II y el cardenal Ratzinger, y la nueva institución, la Fraternidad Sacerdotal de San Pedro, se fundó con milagrosa rapidez el 18 de julio; cuatro días después fue reconocida como un instituto de Derecho pontificio. En agosto, el seminario de esta Fraternidad en Wigratzbad, en Baviera, fue aprobado por el obispo de Augsburgo, y se inauguró en octubre con 31 seminaristas. En la Pascua de 1990, el cardenal Ratzinger, como prefecto de la Congregación para la Doctrina de la Fe, fue a Wigratzbad y celebró la Misa en el rito tridentino.

La Fraternidad de San Pedro fue el primer fruto de la nueva política de reconocer el derecho de la antigua liturgia en la Iglesia, así como también de reconocer que los seminarios para la formación de los sacerdotes tradicionalistas cuentan con la debida aprobación. En la Fraternidad se ha realizado ordenaciones, también según el rito antiguo, por varios cardenales y obispos, como una especial excepción a lo que es la práctica actual de la Iglesia. Desde 2000 ha habido un promedio de doce ordenaciones por año. Actualmente el número de sacerdotes en la Fraternidad es de 250, con una edad promedio de alrededor de 37 años. Su superior es, desde 2006, el estadounidense P. John Berg, quien se formó en Wigratzbad.

Igual que su progenitora, la Fraternidad de San Pedro promueve la formación sacerdotal en la digna celebración del rito tradicional y en la filosofía y teología clásicas de la Iglesia, de acuerdo a Santo Tomás de Aquino. En Wigratzbad el rector y los profesores forman un grupo pequeño e internacional; son un grupo de hombres intelectualmente despiertos, sin la rigidez ni estrechez que algunos podrían suponer en instructores tradicionalistas. Su docencia es complementada con conferencias dadas por sacerdotes, debidamente calificados, ajenos al seminario, ya que el trabajo pastoral de la Fraternidad se está difundiendo demasiado rápidamente como para retener a muchos de sus sacerdotes en calidad de profesores. El seminario es un edificio moderno, junto a la iglesia de peregrinajes de Nuestra Señora que existía desde antes, donde la Fraternidad celebra sus principales ceremonias. El segundo seminario de la Fraternidad está en Denton, Nebraska, cuyo edificio es igualmente moderno. Los dos seminarios tienen más de setenta estudiantes cada uno, y en Wigratzbad las postulaciones son internacionales, con preponderancia de franceses y alemanes. La Fratenidad realiza actividades en dieciséis países, con una presencia mayoritaria en los Estados Unidos, con treinta y cuatro casas, y en Francia, con veinticinco. En Roma se le ha confiado la parroquia de Santa Trinità dei Pellegrini, con su hermosa iglesia barroca, en la que se celebra sin restricciones el rito tradicional. La Fraternidad tiene a su cargo más de 200 centros de Misa en todo el mundo, y varias escuelas.

Cronológicamente a continuación de la Fraternidad de San Pedro viene el Instituto de Cristo Rey, estando ambas sociedades compuestas por sacerdotes seculares sin votos. El Instituto fue fundado en 1990 por un sacerdote francés, Mons. Gilles Wach, antiguo *protégé* de los cardenales Siri y Oddi, quien abrió su seminario en Gricigliano, cerca de Florencia. El Instituto de Cristo Rey aporta un muy necesario elemento estético al movimiento tradicionalista, que es más bien espartano. Se ha concedido a los sacerdotes un estatuto similar al de los canónigos seculares, y usan un suntuoso hábito de coro de color azul, en tanto que los seminaristas tienen condignos hábitos, y los novicios, una sotana azul. El seminario mismo ocupa un *castello* con foso en una boscosa colina toscana. El sentido estético del Instituto se demuestra con la inclusión, en el programa de estudios, de un curso sobre arte religiosa, y con la existencia de un "*English room*" para aquéllos, suponemos, que han renunciado a la comodidad de los clubes londinenses. Desde hace algún tiempo, la casa ha estado repleta, con cerca de cincuenta seminaristas residentes y de otros que estudian en otras partes; la mayoría de los estudiantes es francesa, y el francés es la lengua oficial de la casa, pero hay muchas otras nacionalidades representadas, incluyendo una buena cantidad de estadounidenses.

El Instituto tiene, anexa, una comunidad de monjas, las Adoratrices del Real Corazón de Jesús. En contraste con las típicas monjas modernas, cuyo compromiso religioso más importante parece ser un voto de desaliño, éstas usan un sentador hábito azul, ciertamente digno de una esposa de Cristo. Habitan en una hermosa casa cerca de Gricigliano, que ha sido recientemente restaurada, y han fundado dos otras casas en otras partes de Europa.

Las celebraciones litúrgicas en Gricigliano son, para mi gusto, algo demasiado elaboradas, y el estilo del Instituto de Cristo Rey arriesga alentar la idea de que el movimiento tradicionalista católico es, sobre todo, ritualista. Pero, en la realidad, hay en el Instituto mucho más que ritos. Igual que en la Sociedad San Pío X y en la Fraternidad de San Pedro, la formación que da el seminario se basa en la tradición tomista. Hay conferencias dadas por sacerdotes visitantes, y también por miembros del equipo docente del seminario, y los estándares intelectuales son elevados. Puesto que el seminario es pequeño, el Instituto es muy selectivo en las admisiones, y su política es poner la calidad primero que la expansión. Como en Wigratzbad, descubrí en mi visita a Gricigliano que los estudiantes no son típicos hijos de familias tradicionalistas, sino jóvenes que han rechazado personalmente la irreligiosidad contemporánea y el Modernismo, y unen a su vocación una independencia intelectual que, ciertamente, se hará sentir en poco tiempo más en el resto de la Iglesia.

El superior sigue siendo Mons. Wach, que ocupa el cargo de Prior General. El Instituto de Cristo Rey tiene cerca de setenta sacerdotes, activos en una docena de países. En Roma usa la iglesia de Gesù e Maria, en el centro de la ciudad, una iglesia todavía más bella que Santa Trinità dei Pellegrini, pero la comparte con la actual parroquia, que sólo permite una Misa tradicional los domingos. El Instituto mantiene tres escuelas en Francia y la Escuela Católica Internacional de Bruselas, cuyo rector es un sacerdote inglés.

Hay que mencionar también las numerosas casas religiosas que conservan la tradición católica. La más importante de éstas es la abadía benedictina de Fontgombault, en el Berry, que ocupa un hermoso monasterio románico (el extremo oriental de la iglesia, con su ambulatorio y múltiples capillas, es una verdadera joya) construído en el siglo XI, y refundado por los monjes de Solesmes en 1948. Alberga a unos ochenta monjes que, siguiendo la tradición de la casa fundadora, se dedican a una digna celebración de la liturgia benedictina, cuyas grabaciones de canto gregoriano son bien conocidas.

La fidelidad de Fontgombault a la liturgia tradicional ha hecho de ella, en el último medio siglo, el miembro más prolífico de la colectividad de

Solesmes. La primera de sus fundaciones es la casa de Randol, nacida en 1971 en los oscuros días del desastre litúrgico postconciliar. La comunidad ocupa un edificio de arquitectura moderna del cual no diré palabra, pero está bellamente situado en las montañas de Auvernia. Desde su partida, Randol conservó su lealtad a la liturgia benedictina en latín pero aceptando el rito nuevo de la Misa, y es una de las comunidades que, desde 1998, han regresado en plenitud a la tradición de la Iglesia. La segunda fundación de Fontgombault es Triors, en el sureste de Francia, establecida en 1984. El núcleo de los edificios es un clásico *château*, al que se ha añadido un complejo monástico, que incluye iglesia y claustro de acuerdo con las tradiciones benedictinas. Reside ahí una comunidad de 40 monjes, divididos a partes iguales en monjes de coro y hermanos laicos. La tercera fundación de Fontgombault surgió en 1994 en Gaussan, cerca de Narbona, en una vieja casa cisterciense que conserva los restos de un hermoso claustro gótico, pero la comunidad se ha mudado ahora a Donezan, cerca de la frontera española, buscando una mayor soledad monástica. Desde 1999 Fontgombault tiene también una casa fundada en Clear Creek, Oklahoma, donde florecen las vocaciones y se está construyendo un edificio para sesenta o setenta monjes.

Igualmente famosa en el mundo tradicionalista que Fontgombault, es la abadía benedictina de Le Barroux, que está a horcajadas en la línea entre los seguidores de Mons. Lefebvre y las comunidades aprobadas por la Santa Sede. El monasterio, situado en las colinas de Provenza, fue fundado en 1970 por Dom Gérard Calvet, monje de La Pierre-qui-Vire, con otros benedictinos que no podían aceptar el rechazo de la tradición. El edificio es moderno pero sigue, de un modo necesariamente simple, las líneas tradicionales del románico monástico, y sus construcciones exteriores incluyen algunos hermosos muros antiguos. Está situado cerca del pintoresco pueblito de Le Barroux, dominado por un impresionante castillo. Desde el comienzo Dom Gérard colaboró estrechamente con Mons. Lefebvre, quien ordenó los sacerdotes de la comunidad. Rechazando el quiebre de 1988, Dom Gérard obtuvo para Le Barroux la aprobación de la Comisión *Ecclesia Dei*, y al años siguiente recibió de Roma el rango de abad; pero hacia 1994 comenzó a incomodarse por la política de engaños y represión a que la Comisión había vuelto, conducida por el cardenal Innocenti. Hubo medidas en favor de la reconciliación, que incluyeron una visita en 1995 del cardenal Ratzinger, que celebró la Misa tradicional en la abadía. Desde entonces, los cardenales Stickler, Gagnon, Mayer y Medina han honrado la abadía con su presencia, y las relaciones con el Vaticano se han calmado. No obstante, tres de las fundaciones de Le Barroux, en Brasil, Francia y

Estados Unidos, han seguido recurriendo a los obispos consagrados por Mons. Lefebvre para sus ordenaciones[26].

Pero, por otra parte, Le Barroux tiene tres fundaciones que cuentan con la aprobación de la Santa Sede. La primera es la comunidad benedictina femenina que, habiendo nacido cerca de Aviñón en 1979, se estableció cinco años más tarde en la propia Le Barroux, en un lugar no muy alejado del monasterio masculino. Sus edificios, también de un estilo sencillo pero tradicional, han ido creciendo con los años, hasta llegar a competir con la abadía de los monjes en extensión y completo equipamiento; en 1992 la Santa Sede elevó el convento al rango de abadía. Más propiamente hijos de la fundación masculina son los prioratos de monjes establecidos en 2002 en Agen y, en 2008, en Villatalla, en el noroeste de Italia. En Le Barroux mismo hay cerca de 50 monjes.

A continuación de los benedictinos hay que mencionar una comunidad de origen dominico, la Fraternidad de San Vicente Ferrer en Chémeré-le-Roi, en Mayenne, nacida como un grupo de dominicos tradicionales que se han distinguido por sus desafíos intelectuales a la ideología post-conciliar. Excluídos de su orden, fueron reconocidos, en 1988, como un instituto independiente de derecho pontificio, asumiendo entonces su actual nombre. Los monjes usan el hábito dominico y siguen usando el rito dominicano tradicional, que ha sido abandonado por la orden principal en la destrucción de la diversidad litúrgica causada por la reforma de Bugnini. La casa tiene solamente quince frailes, pero se destaca por su nivel intelectual y, desde 1987, ha venido publicando la revista *Sedes Sapientiae*, que adhiere a la tradición docente tomista. Forman parte de la vocación de esta fraternidad el ofrecimiento de cursos de catequesis, retiros y apostolados en campamentos de verano y otras actividades para jóvenes.

Entre otras comunidades tradicionalistas se cuentan los Canónigos Regulares de la Madre de Dios, que se fundaron en Gap en 1969 y que desde 2004 están establecidos en la hermosa y antigua abadía de Lagrasse, en el Languedoc. El monasterio, fundado antes del siglo VIII, atesora un patrimonio arquitectónico que va desde el gótico al barroco. En este cuadro los Canónigos imitan a la comunidad de Gricigliano en su sensibilidad estética, aunque en un estilo más parco. Su casa hermana de Canónigas sigue estando en Gap, con unas veinte monjas, y reside allí, en calidad de capellanes, un pequeño grupo de Canónigos. Estos religiosos, tanto hombres como mujeres, usan un hábito enteramente blanco.

Importante para las generaciones más jóvenes es la pequeña comunidad religiosa de Sainte-Croix de Riaumont, en el norte de Francia. Su parroquia cuenta con un numeroso grupo de *boy scouts* y niñas guías

---

[26] Ver p. 482.

tradicionalistas, que se advierten bien en la peregrinación a Chartres y en otros lugares, y existe también un *Village d'enfants* en Riaumont.

Las órdenes religiosas se diferencian de la Fraternidad de San Pedro y del Instituto de Cristo Rey en que, en su mayor parte, viven en sus propias comunidades, compartiendo la liturgia con quienes van a visitarlos, en vez de salir a las parroquias o a misiones. Otra diferencia es que, mientras el clero secular sigue el estilo de celebración tridentino, con todas las ceremonias que permiten las circunstancias, las órdenes religiosas tienden a cultivar un espíritu más medieval, apoyándose en la sencilla belleza del canto gregoriano. La diferencia se hace más clara por el estilo sin decoraciones de sus iglesias, que son o recientemente construidas o edificios antiguos rescatados del abandono.

Además de las ya mencionadas, existen muchas otras comunidades femeninas. La abadía benedictina de Jouques, en Provenza, nació a raíz de disturbios en la orden en la década de 1960, y ocupa un moderno edificio en un paisaje rural; ha fundado casas hermanas en Rosans, ubicada en las bellas colinas de la alta Provenza, y en Africa. Las Dominicas del Espíritu Santo tienen su casa general en el imponente castillo dieciochesco de Pontcalec, Bretaña, y dirigen seis escuelas en Francia. Las *Victimes du Sacré- Coeur* (una congregación del siglo XIX) viven en una gran casa, rodeada de sus terrenos, dentro de la ciudad de Marsella, y siguen una vocación cuasi-franciscana. Como las órdenes masculinas, todos estos conventos se distinguen por su capacidad de atraer gente joven a una vida de consagración religiosa que la Iglesia ha olvidado en su mayor parte.

Las anteriores instituciones fueron prontamente reconocidas por la Comisión *Ecclesia Dei*. Desde entonces, otras se les han unido. La Unión Sacerdotal de San Juan María Vianney fue fundada por Mons. de Castro Mayer para sacerdotes de su diócesis de Campos que seguían fieles, como él mismo, a la antigua liturgia. Mons. de Castro Mayer incurrió en excomunión por asistir a Mons. Lefebvre en las consagraciones de 1988, y su instituto quedó en situación irregular. Cuando Mons. de Castro Mayer murió en 1991, el P. Licinio Rangel fue consagrado como sucesor, y en 2000 comenzó las negociaciones para su reconocimiento por Roma. Su excomunión fue levantada al año siguiente, y la Unión Sacerdotal fue aprobada como Administración Apostólica Personal. Según dice el acuerdo, a la muerte de Mons. Rangel en 2002 se consagró al obispo Mons. Rifan como nuevo director de la Administración, que goza de un poderoso seguimiento en Brasil.

El Instituto del Buen Pastor es producto de una secesión de la Sociedad de San Pío X producida casi al mismo tiempo que la fundación de la Unión. Inicialmente fue dirigida por varios sacerdotes prominentes, motivados por varias limitaciones de la Sociedad en la búsqueda de sumisión a la Santa Sede. El Instituto fue aprobado en 2006 y mantiene un seminario propio en Burdeos, que hasta el momento ha tenido un moderado éxito. Puede que el ingreso a él aumente, si siguen produciéndose secesiones de la Sociedad de San Pío X.

Otro grupo que se apartó de la Sociedad es la minúscula comunidad Redentorista, establecida primeramente en la Isla de Sheppey y ubicada hoy en una remota isla escocesa. Aplicando el *Motu Proprio* de 2007 de Benedicto XVI, se la reconoció al año siguiente y es la única comunidad religiosa tradicionalista, regular o irregular, en las Islas Británicas.

Un importante aumento de fuerzas al movimiento tradicionalista ha provenido siempre de la inmigración de sacerdotes del *Novus Ordo*, ya sea sacerdotes más ancianos que vuelven a la Misa de su ordenación, ya sea otros más jóvenes que nunca conocieron el antiguo rito. La Sociedad de San Pío X experimentó este fenómeno desde la década de 1980 en adelante, y hoy crece en fuerza a medida que comunidades enteras cambian de partido. El ejemplo más notable es el de los Franciscanos de la Inmaculada, que decidieron hace poco adoptar el rito tridentino. Esta congregación fue fundada en Italia en 1970, con el nombre de Casa Mariana, por los Franciscanos Conventuales que querían preservar su devoción a María, que estaba siendo descuidada en el resto de la Iglesia. Se la reconoció como instituto de derecho pontificio en 1998. La congregación tiene frailes y monjas, cada una de estas ramas con más de 400 religiosos. Inspirados desde su origen en la piedad tradicional y en una inquebrantable ortodoxia, dio el paso siguiente en 2000 al adscribirse totalmente a la tradición de la Iglesia. Sin embargo, el cambio fue mal ejecutado, en una orden cuya prudencia política no estaba a la altura de su piedad y dedicación pastoral. Se instigó una rebelión por diecisiete disidentes entre 400 frailes, con el resultado de que se le ha aplicado las medidas disciplinarias más graves del pontificado del Papa Francisco. El Instituto fue puesto bajo la jurisdicción del cardenal brasileño Braz de Aviz, quien anteriormente se ha distinguido en su carrera como uno de los seguidores de la corrupción marxista en la Iglesia, y quien en 2014 dictó en el caso un decreto totalmente desproporcionado a la naturaleza del problema: se prohibió a los Franciscanos de la Inmaculada el uso de la liturgia tradicional (contrariando los derechos garantizados por Benedicto XVI en *Summorum Pontificum*); se cerró su seminario y se les prohibió realizar ordenaciones. Contrastan estas medidas con la suavidad del trato dado a los Legionarios de Cristo cuando se conoció el horroroso carácter de su fundador. Es una ironía que las brutales medidas mencionadas se hayan tomado contra una comunidad de franciscanos durante el reinado de un papa que se ha vuelto hacia San Francisco en busca de nombre y de inspiración. Podría pensarse que ello demuestra la vacuidad de las publicitadas palabras del papa sobre caridad y liberalidad; en realidad, lo que mejor demuestra es su fracaso en traducir su pensamiento en guía efectiva de su pontificado. En este caso el fracaso ha sido aprovechado por uno de los veteranos del totalitarismo postconciliar, pero la situación podría cambiar; no sería extraño que otros se aprovecharan de ese fracaso, incluso los tradicionalistas.

Menos desafortunados que los Franciscanos de la Inmaculada han sido los monjes de Norcia (la antigua Nursia), cuna de la orden benedictina, que en 2009 decidieron también volver a la liturgia tradicional y no han sido molestados por ello. La misma decisión fue tomada en 2008 por la Abadía de Mariawald, el único monasterio trapense de Alemania. En cuanto a fundaciones nuevas en Alemania, hay una casa filipense en Berlín que, habiendo sido excluída de la Congregación del Oratorio, ha tomado el nombre de Instituto de San Felipe Neri. Fundada en 2003, esta casa atrae a su iglesia a un creciente número de fieles por la calidad de su liturgia. Algunos pocos obispos alemanes han promovido recientemente la Misa tradicional en sus diócesis, especialmente Mons. Hanke, de Eichstätt. Como en otros países, especialmente en los Estados Unidos, los obispos están comenzando a entregar parroquias a sacerdotes tradicionalistas, dándose cuenta de que ello es la única alternativa al cierre. Esto es por sí solo un impactante avance; hace unos pocos años la mayoría de los obispos no habría dudado en cerrar las parroquias. Puede que Francia sea el mayor campo abierto a la expansión, ya que allí la mayoría de las parroquias rurales carece de sacerdote. Como decíamos antes, se cree que hoy hay más católicos franceses que asisten a la Misa tradicional que a la nueva, información verosímil en un país donde la asistencia a Misa ha descendido a apenas un once por ciento de los bautizados católicos.

Gran Bretaña no ha sido fértil en congregaciones tradicionalistas, pero la adhesión a la Misa antigua ha sido notable desde el comienzo de los cambios litúrgicos. Algunas fuentes tradicionalistas han dado el nombre de 7 obispos y de casi 200 sacerdotes que celebran ocasionalmente, al menos, la Misa tridentina. En el Oratorio de Londres, varios sacerdotes usan ahora el antiguo rito, y son precisamente los más jóvenes: todos los domingos se celebra una Misa rezada en esa iglesia. Otros Oratorios en Birmingham, Oxford y York siguen la misma política.

BENEDICTO XVI Y LOS COMIENZOS DE LA CONVALESCENCIA

Podría parecer, de acuerdo con la precedente exposición, que después de las excomuniones de 1988 el reconocimiento de la práctica tradicional en la Iglesia progresó con entera libertad (hasta el reciente golpe dado a los Franciscanos de la Inmaculada). Pero ello no es en absoluto así. La supervigilancia de las instituciones tradicionalistas dentro de la Iglesia se encargó a la Pontificia Comisión *Ecclesia Dei*, y su primer prefecto, el cardenal Mayer, aplicó una política muy liberal. Sin embargo, entre 1991 y 1995, la comisión fue encabezada por el cardenal Innocenti, interesado en la tradición sólo para poder aplastarla. La política de la Iglesia retrocedió a lo que había sido antes de 1988, justificando así las advertencias de los lefebvristas de que el propósito de Roma era liquidar la tradición. En 1998 el Secretario de Estado, cardenal Sodano, se opuso con éxito al deseo del Papa Juan Pablo II de publicar un documento en que confirmaba los derechos de la liturgia tradicional, e impidió también al cardenal Medina Estévez celebrar la Misa para la peregrinación a Chartres de los tradicionalistas obedientes a Roma. La mejoría llegó sólo cuando se nombró para la Comisión *Ecclesia Dei* al cardenal Castrillón Hoyos, que fue Prefecto de la misma entre 2000 y 2009, y que siguió una política que auténticamente fomentaba la tradición católica. En esto fue apoyado por otro sudamericano, el cardenal Medina Estévez quien, como Prefecto de la Congregación para el Culto Divino entre 1998 y 2002 trató de que los obispos, individualmente, anularan su prohibición de la Misa tridentina.

El avance más importante se produjo con la elección del Papa Benedicto XVI, cuya influencia no fue solamente litúrgica sino, además, doctrinal. Josef Ratzinger entró al cónclave de abril de 2005 teniendo en contra, para ser elegido papa, la opinión de que estaba demasiado identificado con una política autoritaria; con todo, por su gran nivel dejaba tan atrás a todos los demás cardenales que fue elegido casi obligadamente. El es el único papa en la historia reconocido con anticipación, durante cuarenta años, como uno de los teólogos más destacados de la Iglesia. También fue una figura poderosa en la Curia desde 1981, y sin él el reinado del Papa Juan Pablo II habría sido más confuso todavía de lo que fue. Desde un punto de vista intelectual, Benedicto XVI fue el papa mejor equipado para el cargo desde Pío XII, o incluso desde Pío XI, y lo lamentable es que no haya sido elegido veinte años antes. Este papa tuvo una conciencia mucho más clara que la de su predecesor sobre la naturaleza del colapso postconciliar, y vio la necesidad de desinflar la mitología responsable de él. Poco después de su elección, comenzó a ventilar la "hermenéutica de la continuidad", que desafiaba la idea del Concilio como la "revolución copernicana" en la Iglesia, proponiendo que se lo interpretara como parte de una tradición secular. La tesis fue seguida por un selecto grupo en los círculos oficiales, y ha sido promovida por el arzobispo Marchetto en su libro *The Second Vatican Ecumenical Council: A Counterpoint for the History of the Council*[27]. Benedicto XVI nos indujo a ver el Concilio como perfectamente tradicional, y a aceptar que se lo distorsionó por una interpretación exagerada, de la que derivaron los posteriores abusos.

Se puede reconocer dos grandes méritos en este punto de vista. Primero, es la base para modificar la opinión dominante en la Iglesia de que el catolicismo es una religión inventada en 1962. Si tal opinión se modifica en los grupos y seminarios más conservadores, se puede esperar en los años venideros, entre los sacerdotes y aun los obispos, mentes algo menos cerradas frente a la tradición. Segundo, fomenta el examen del abismo existente entre lo que el Concilio decretó y las corrupciones que se introdujo desde 1965 en adelante en doctrina, liturgia y práctica. En sí misma, sin embargo, esta hermenéutica sufre de algunas debilidades: no explica cómo es que un concilio impecable puede haberse prestado inmediata y universalmente a una interpretación tan errónea. En este sentido, la táctica de distinguir entre el Concilio y su puesta en práctica revela que hay un punto ciego en la mente de sus adeptos. Es comprensible que Benedicto XVI se encariñara con la idea de que la imposición de una teología alemana de vanguardia fue un objetivo legítimo del Concilio Vaticano Segundo. Pero hay quienes se atreven a desafiar esta premisa y a sugerir que, incluso si la escuela citada hubiera sido impecablemente ortodoxa, ello hubiera sido un objetivo prematuro y desequilibrado. El orgullo que de su erudición mostraban los pensadores vanguardistas fue uno de los componentes de la fundamental falta de prudencia que exhibió el Concilio; su pasión ideológica vició la intención pastoral que el Concilio proclamó en vano, y que ellos sepultaron bajo una autovaloración excesiva de su calidad de catedráticos. Si hubieran mostrado mayor humildad y moderación, el espíritu del Concilio habría sido menos iconoclasta.

Benedicto XVI trató de culpar a "los medios" por la presentación de una visión politizada del Concilio y de una visión banalizada de la liturgia, como si el Concilio no hubiera sido de hecho politizado, y como si la liturgia no hubiera sido banalizada por Mons. Bugnini y los maniáticos iconoclastas de su secretariado. Según Benedicto, los abusos que comenzaron en la década de 1960 deben achacarse a un "paraconcilio" que comenzó a tomar el lugar del verdadero Concilio inmediatamente después de la clausura de éste. No se puede negar la parte de verdad que hay en ello; pero fue el verdadero Concilio el origen del "paraconcilio", por lo que no puede exonerárselo de las distorsiones que el paraconcilio llevó a cabo. Mientras siga habiendo estas evasiones no podrá haber un análisis honesto de la enfermedad que ha afectado a la Iglesia desde los años sesenta, ni tampoco

---

[27] Arzobispo Agostino Marchetto, *The Second Vatican Ecumenical Council: A Counterpoint for the History of the Council* (University of Scranton Press, 2010).

una verdadera cura para ella. Pero la "hermenéutica de la continuidad" tiene la ventaja de abrir una puerta a ese análisis. Cuando el Concilio Vaticano Segundo comience a ser interpretado a la luz de la tradición, la etapa siguiente consistirá en encontrarlo deficitario a la luz de la tradición.

Otro elemento importante en la política del Papa Benedicto fue el litúrgico, expresado en su fomento de la "reforma de la reforma". Como hombre de buen gusto, Benedicto sintió siempre repugnancia por la fealdad y la mediocridad cultural de la nueva liturgia, y como teólogo perspicaz, consciente de las dimensiones psicológicas de la práctica cristiana, fue sensible al empobrecimiento espiritual que ella ha causado. Benedicto XVI habló sobre la liturgia en muchos lugares, pero se puede seleccionar algunas observaciones que aparecen en su autobiografía *Aus Meinen Leben*[28]. Recordando la bienvenida que dio a la reforma litúrgica en la época del Concilio, escribe: "No pude prever que el lado negativo del movimiento litúrgico habría de resurgir posteriormente con renovada fuerza, casi hasta el punto de empujar la liturgia hacia su autodestrucción". Acerca de la imposición con exclusividad del *Novus Ordo* por Pablo VI dice: "Me desilusionó la prohibición del antiguo misal, ya que en toda la historia de la liturgia no había ocurrido jamás algo semejante... La prohibición del misal decretada ahora... produjo un quiebre en la historia de la liturgia, cuyas consecuencias no podían menos que ser trágicas". Más en general, deja en claro el vínculo entre la revuelta litúrgica y la situación moderna de la Iglesia: "Estoy convencido de que la crisis en la Iglesia que estamos experimentando hoy se debe en gran parte a la desintegración de la liturgia, que incluso es concebida a veces *etsi Deus non daretur*, en el sentido de que es para ella indiferente si Dios existe o no, o si habla y escucha o no. Pero cuando la comunidad de fe, la unidad universal de la Iglesia y de su historia y el misterio del Cristo viviente no sean visibles en la liturgia, ¿dónde podrá la Iglesia hacer visible su esencia espiritual? La comunidad no estará celebrándose sino a sí misma, actividad totalmente estéril... por eso es que necesitamos un nuevo Movimiento Litúrgico, que haga vivir el auténtico legado del Concilio Vaticano Segundo". Con esta última observación, Benedicto XVI apunta a un elemento más válido en la "hermenéutica de la continuidad". La Constitución del Concilio sobre la liturgia, aunque no se la puede canonizar tal como está, es una compilacion de principios que, puestos por obra con espíritu católico, podría haber producido una verdadera reforma litúrgica. Pero Benedicto XVI no explica cómo un programa legítimo se pervirtió hasta llegar a resultados cuya fuerza destructiva reconoció claramente. Sin esa explicación, la "reforma de la reforma" se convierte

---

[28] Josef Ratzinger, *Aus Meinem Leben*, traducido como *Milestones* (Ignatius Press, 1998).

en un esfuerzo por curar a un paciente al mismo tiempo que se rehúsa diagnosticar su enfermedad.

Un abuso universal del que Benedicto XVI tenía clara consciencia es el de la Misa de cara al pueblo. Esta innovación es considerada hoy un rasgo tan esencial que un obispo inglés amenazó en cierta ocasión con excomulgar a un sacerdote que la celebraba de modo correcto, hasta que se le informó por Roma que no procedía la excomunión. En abril de 1993, el cardenal Ratzinger, como Prefecto de la Congregación para la Doctrina de la Fe, condenó públicamente esta mala práctica. Y en muchos lugares explicó cuál es el principio litúrgico que ella viola y el erróneo concepto de liturgia que ella promueve: "Se corre el riesgo de que la asamblea se vuelva hacia sí misma en un círculo cerrado en nombre de una vida comunitaria. La educación litúrgica tendrá que trabajar muy vigorosamente contra el concepto de una asamblea autónoma, autosuficiente. La asamblea no se habla a sí misma, sino que habla a una sola voz al Señor que viene"[29].

Como papa, Benedicto XVI quiso restaurar el auténtico modo de celebrar la Misa, pero su modo de hacerlo ilustra la crisis de autoridad en que se debate la Iglesia. La celebración de cara al pueblo se ha transformado en un rasgo integral de la liturgia protestantizada a que se han acostumbrado los católicos, y del viciado sentido litúrgico que nos ha legado el Concilio Vaticano Segundo. La práctica fue iniciada por personas mal informadas, que apelaron erróneamente a la antigüedad, y fue seguida en todas partes por la creencia errónea de que era algo oficial. Especialmente erróneo es ubicar la mesa de comunión frente al verdadero altar; este error fue dos veces condenado por las autoridades litúrgicas incluso en tiempos de Pablo VI, pero sigue hasta hoy siendo la norma en casi todas las iglesias más antiguas. Con todo, si Benedicto XVI hubiera querido corregirla, se habría topado con una protesta universal: tal es la Iglesia que tenemos hoy, en que la ignorancia y el desaliño pesan más que la autoridad y que la liturgia auténtica.

El papa tuvo, pues, que pisar con mucho cuidado. La "reforma de la reforma" que quieren muchos liturgistas y que se transformó en tiempos de Benedicto XVI en la política oficial de Roma, contempla un retorno gradual al modo antiguo de celebrar la Misa, con la orientación tradicional y la restauración del latín[30]. Los textos de la liturgia de Bugnini permanecen en su mayor parte inalterados. Sobre esta política hay que

---

[29] Citado en el prefacio al libro de Mons. Klaus Gamber, *The Reform of the Roman Liturgy* (traducciónn inglesa publicada conjuntamente por Una Voce Press and The Foundation for Catholic Reform, 1993), p. ix.

[30] Pareciera que la Iglesia se está acercando al estilo de celebración seguido, en los últimos cuarenta años, por el Oratorio de Londres y por algunas otras pocas iglesias conservadoras.

hacer algunos comentarios. Primero, sobre los obstáculos con que se enfrenta. Durante los ocho años del reinado de Benedicto XVI resultó imposible corregir el error de la Misa de cara al pueblo, ni siquiera mediante instrucciones dadas a instituciones que, como el Opus Dei, no están irreversiblemente entregadas a la desobediencia. Segundo, sobre los efectos prácticos de esta política. Quizá algún día las iglesias más conservadoras la adoptarán, y podremos congratular a sus fieles por tener la perspectiva de una celebración menos indigna de los sagrados misterios. Sin embargo, en la Iglesia como un todo se la ha tomado por un deseo personal de un papa conservador, que su sucesor habrá de descartar, y por el momento, esta última aseveración ha tenido razón, porque el Papa Francisco ha demostrado tener menos sensibilidad litúrgica que Juan Pablo II. El sucesor de Francisco, si reanuda la política de Benedicto XVI, se verá obligado a recuperar el terreno perdido. Fuera de algunos círculos plenamente tradicionalistas, por tanto, pasarán muchos años antes de que la auténtica experiencia litúrgica esté al alcance de la mayoría de los católicos. Los últimos bastiones que la aceptarán serán los seminarios Modernistas, comprometidos con la concepción *bugniniana* de la Misa. Además, en esto el clero y el laicado tendrán la impresión de regresar a la interpretación preconciliar del culto. El hecho de que la Iglesia está corrigiendo prácticas litúrgicas no autorizadas pero dominantes en los úlimos cincuenta años no será traído a primer plano. La supresión de los falsos altares y la celebración de la Misa en su lugar propio es, por ahora, una admisión de error demasiado clara, y ni siquiera ha sido mencionada como parte de la "reforma de la reforma".

Las anteriores serán dificultades prácticas. Pero hay que considerar también los defectuosos principios del enfoque adoptado. Los errores que habrá que corregir no son ajenos al *Novus Ordo*, como sugiere la "reforma de la reforma"; todos ellos ya estaban plenamente aceptados hacia 1967, cuando se estaba armando el nuevo rito. Fueron aceptados de buen grado por los reformadores oficiales, y constituyeron el contexto en que se esperaba que se realizara la liturgia. Encarnan el mismo concepto de culto que los textos *bugninianos*, y su validez depende de iguales criterios. Al prestar atención sólo a las rúbricas, en tanto que se da al texto del *Novus Ordo* la calidad de intocable, el nuevo movimiento litúrgico deja escapar la esencia de lo que tiene que corregir, evadiendo los problemas de falta de correspondencia entre la reforma litúrgica y lo que el Concilio quiso, de ilegitimidad de los medios que se usaron para realizarla, y de falsedad de la teología que la inspiró.

¿Qué se puede esperar, en la práctica, como resultado de esta nueva política? Durante los próximos veinte o treinta años podríamos ver un vacilante progreso de la "reforma de la reforma" (dependiendo de la actitud del próximo papa), junto con un avance mucho más claro del tradicionalismo cabal, a medida que más sacerdotes redescubren el tesoro litúrgico de la Iglesia y que más congregaciones experimentan el mismo empuje que han tenido los Franciscanos de la Inmaculada y los Trapenses de Mariawald, y a medida que las ilusiones de los años 60 se vuelven más y más obsoletas. Si prospera el movimiento por mejorar la actual liturgia, los fieles podrían llegar a ver sólo una pequeña diferencia entre el rito que dicho movimiento promueve y el que, supuestamente, es tan urgente reemplazar. El siguiente paso será investigar la razón de por qué se inventó un nuevo *Ordo*, rechazando la tradición de oración de la Iglesia. Así como la "hermenéutica de la continuidad" lleva a cuestionar al Concilio Vaticano Segundo, la "reforma de la reforma" hará que la revolución litúrgica dé vuelta atrás. En cuanto a los pasos intermedios, puede que sean bienvenidos por los tímidos; pero es comprensible que los que están decididos a acabar con dicho *Ordo* prefieran llegar inmediatamente al resultado final.

Las dificultades que experimentó Benedicto XVI en liturgia fueron sólo un aspecto del clima hostil con que se encontró tanto dentro de la Iglesia como fuera de ella. Lo que heredó fue un cargo terriblemente debilitado por cuarenta años de torpe política liberal. Mostró gran habilidad al tratar de salvar su autoridad, pero a menudo ello no fue suficiente. La prensa mundial lo acosó como una horda de hienas que rodean a un león viejo, ávidas de hincarle los dientes apenas dé un traspié. Algunos periódicos, como especialmente *The New York Times* y *Le Monde*, han servido de guaridas para esas malolientes bestias. Este apoyo desde afuera es lo que da al Modernismo su gran fuerza. Como quintas columnas del mundo en el interior de la Iglesia, los Modernistas se entusiasman al ver el tamaño de los ejércitos sitiadores, aunque la resiliencia de los defensores ha comenzado a desalentarlos. Enfrentado a este enemigo, el principal objetivo de Benedicto XVI fue conservar su popularidad y, desde el ángulo de la prudencia, no tuvo otra opción; pero lo que esto dejó en claro fue que no era un papa capaz de hablar y de obrar intrépidamente, como lo hicieron los papas antes de 1958, que confiaban en su autoridad y en la obediencia de la Iglesia.

Por tanto, al dar su apoyo a la tradición, Benedicto XVI tuvo que disimular sus acciones con subterfugios. Así, la antigua Misa sólo pudo ser restaurada con el apelativo de "Forma Extraordinaria" del rito romano (frase para la que se puede diagnosticar una muy breve existencia), pretendiendo además que era la "Misa del Beato Juan XXIII" más que la liturgia católica de los siglos pasados. Estas señales son un ejemplo de la existencia en la Iglesia de una brecha entre la realidad y las posturas oficiales; pero no hay institución que pueda sobrevivir a fuerza de disimulos, y la Iglesia de Cristo menos que ninguna. Tarde o temprano la realidad eterna recuperará sus fueros porque, fuera de ella, no hay otro estándar al cual pueda la Iglesia referirse.

UN PAPADO PROVISORIO

En febrero de 2013 el Papa Benedicto anunció la decisión, casi inaudita en la historia de los papas, de abdicar a su cargo, y el motivo aducido fue que la situación del Vaticano se le escapaba de las manos, al acercarse a la edad de ochenta y seis años. El problema tenía dos aspectos: la corrupción moral personal del clero de Curia, que algunas investigaciones recientes habían revelado, y la extendida oposición de algunos funcionarios a la voluntad del propio Benedicto. La finalidad del papa fue ceder el paso a un hombre más joven que pudiera hacer efectiva su autoridad en la Curia y llevar a cabo la reforma moral de ésta.

Sus propósitos no se cumplieron. El cónclave de marzo de 2013 eligió al cardenal Bergoglio, de quien, a la edad de 76 años y sin buena salud, no se esperaba un pontificado decisivo que continuara los breves ocho años de Benedicto. En un primer momento, la abrumadora popularidad del Papa Francisco pareció infundir nuevas fuerzas al cargo y, con su personal carácter, recobró de una plumada el crédito moral que la Iglesia había perdido por culpa de tantos malos sacerdotes. Luego de dos años de pontificado, Francisco todavía se regodea con una aprobación que le viene de dos fuentes: la prensa secular, ávida de glorificar a un papa que ve como revolucionario, y el culto a la personalidad con que los católicos corrientes han estado adulando a los papas desde la época de Pío XII (en contraste con el más profundamente asentado respeto religioso de los siglos anteriores). Hay señales de que esta adulación está comenzando a producir una reacción[31]; en todo caso, una opinión con mejor perspectiva exige liberarse del ajetreo del momento.

Como arzobispo de Buenos Aires en los quince años anteriores a su elección, el cardenal Bergoglio dio indicios como para juzgar sus habilidades pastorales, que no existían en el caso de sus predecesores, aunque la opinión pública, desde su elección, no les ha prestado mucha atención. Como arzobispo encabezó una iglesia nacional en un país que es ejemplo de algunos de los peores rasgos de una sociedad postcristiana y, aunque

---

[31] Un estudio crítico digno de leerse es el reciente *Non è Francesco*, de Antonio Socci, mezcla de grandes exageraciones y de oportunas observaciones. Entre éstas últimas están los comentarios que, en el capítulo "Cronache vaticane", hace de diversos pronunciamientos del Papa Francisco.

batalló bien, no se le puede atribuír un éxito notable, ni política ni pastoralmente. La despreciable dinastía de los Kirchner siguió adelante con su política de atacar el carácter cristiano del país, y la decadencia de la Iglesia católica continuó sin atenuantes, igual que en toda Hispanoamérica, con una pérdida, en Argentina, de 10 por ciento de los miembros de la Iglesia en quince años. Para mencionar un detalle: el estado en que se encontró el equipo episcopal de Bergoglio en Buenos Aires no es un buen augurio de reformas en el clero del Vaticano. Estas debilidades no son excepcionales, al menos en la Iglesia moderna; sólo las traemos a colación por la expectación existente de que el Papa Francisco produzca un milagroso rejuvenecimieto de la Iglesia. Más útil sería apuntar a los elementos en la Iglesia por los que el cardenal Bergoglio mostró inclinación. Como jesuíta, se declaró vigoroso opositor de las tendencias marxistas de sus hermanos, resultado de lo cual fue que la Compañía lo condenó al ostracismo, hasta que el Papa Juan Pablo II lo hizo volver del exilio interno para nombrarlo obispo en 1992. Durante su período como arzobispo de Buenos Aires, los movimientos eclesiales de los que el cardenal Bergoglio fue más cercano fueron el Opus Dei y Comunione e Liberazione, y los nombramientos que ha hecho desde que es papa no sugieren que haya alterado sus simpatías.

En otras áreas, difícilmente se podría decir que, en sus dos primeros años de pontificado, el Papa Francisco ha mostrado dotes de reformador. Su primer esfuerzo ha sido tratar de limpiar el manejo de las finanzas vaticanas, que siguen siendo tan escandalosas en la segunda década del siglo XXI como lo fueron en tiempos de Mons. Marcinkus. Aunque es algo muy necesario, esto representa una prioridad en un tema meramente administrativo, y hasta ahora ha ido a la par con un aumento de la burocracia vaticana. En el otro gran escándalo de la Iglesia contemporánea, el del abuso de niños por parte del clero, el papa ha perdido oportunidades de mostrar una conducción clara, aunque ello no le ha sido representado del modo atrozmente injusto con que se le representó a Benedicto XVI. Aparte de ello, se podría haber esperado que, guiado por su propia y personal experiencia, el Papa Francisco hubiera asumido la tarea de reformar a los jesuítas, para sanar de ese modo una de las heridas más profundas de la Iglesia contemporánea; pero ha hecho declaraciones calculadas para reivindicar plenamente al partido Modernista en esa Orden. El eslógan del reinado del Papa Francisco es la Nueva Evangelización, pero muestra pocas señales de estar consciente de que la primera necesidad de la Iglesia es re-evangelizarse a sí misma, y no hay esperanzas de que lo haga sin que se reforme radicalmente el sacerdocio y el modelo pseudo-evangélico del mismo, que ha predominado en los últimos sesenta años.

El defecto que más preocupación ha causado ha sido la cadena de descuidados pronunciamientos públicos, que dan la impresión de que el Papa Francisco rechaza o menosprecia la doctrina tradicional católica. Este es un magisterio caótico, que continuamente permite a las filas del secularismo interpretarlo de la peor manera. Ello apunta a la principal debilidad de su ministerio, de lo cual ha dado una clave recientemente alguien que conoció personalmente al cardenal Bergoglio antes de ser papa, la profesora universitaria mexicana Lucrecia Rego de Planas, quien ha notado siempre con asombro las contradictorias declaraciones y gestos que caracterizaron su ministerio como Arzobispo de Buenos Aires, llegando a la conclusión de que lo que lo motivó fue un constante deseo de agradar a todo el mundo y de obtener una fácil popularidad[32]. El comportamiento de Francisco como papa avala este juicio.

Lo que estamos viendo hoy es, en realidad, un perfecto ejemplo de la esclavitud respecto de la opinión pública contemporánea a que el Concilio Vaticano Segundo condenó a la Iglesia. La sentencia en este sentido fue pronunciada por *Gaudium et Spes* y *Dignitatis Humanae Personae*, y el papado se ha humillado bajo su peso desde entonces. Una señal de esto es el modo en que los papas autores de la revolución conciliar son automáticamente transformados en santos por la maquinaria vaticana, mientras que el auténtico papa santo del siglo XIX (después de Pío X) sigue sin reconocimiento. La esclavitud de la popularidad ha sido la mancha de todos los papas desde el Concilio, despojándolos de la seguridad y autoridad con que los papas anteriores enseñaron y gobernaron. En realidad, Juan XXIII no debiera ser incluído en esta culpa, porque su popularidad fue un don personal más que algo que buscara intencionalmente, pero dejó a sus sucesores un ejemplo que todos han seguido. En el Papa Francisco esta debilidad se ha convertido en una manía que lo caracteriza especialmente, fomentada por la opinión popular que se apresura a creer, por ejemplo, que mudarse a una grande y lujosa suite en la casa de Santa Marta, dejando los viejos departamentos papales, constituye una afirmación de pobreza. Si vemos los gestos con los que el Papa Francisco ha apostado a asegurar su autoridad apostólica, es difícil ver qué los diferencia de los de un político moderno en busca de popularidad.

Por el momento no está claro si, durante el reinado del Papa Francisco, la doctrina católica será conservada o puesta en riesgo. El sínodo de obispos de octubre de 2014 proporcionó señales inciertas, como es típico. En el mejor de los casos, el sínodo dio indicios de la desorganización y falta de claridad que ha caracterizado a este pontificado; en el nivel de daños

---

[32] Ver Antonio Socci, *op. cit.*, pp. 11-12, donde cita largamente a Lucrecia Rego de Planas.

de mediana importancia - aunque graves en sí mismos-, el sínodo dio la impresión de que la intención del papa fue liberalizar la doctrina de la Iglesia en materias sexuales, intención frustrada por obra de un grupo de cardenales y obispos reaccionarios; y a nivel de los peores males, el sínodo evidenció que esa impresión es una exposición substancialmente correcta de los deseos del papa. Está por verse si éstos se cumplirán en los próximos años; pero de lo que sí hay certeza es de que no podemos esperar que un papa que carece del coraje de ser impopular dé a la Iglesia un perfil distintivo.

La duda, que involucra a la próxima generación, es si el Papa Francisco vivirá lo suficiente como para que sus ineptitudes lleguen a ser ampliamente conocidas, o si su muerte temprana sembrará la semilla de otra leyenda Modernista, como la del Papa Juan XXIII, de ser un reformador de ilimitada libertad, desaparecido antes de que pudiera completar su obra. Lo que suceda habrá de influir en el recibimiento que se dé al próximo papa, y decidirá si se lo considerará como un restaurador después de una época de confusiones, o si será confrontado por un redivivo mito Modernista, contra el cual tendrá que batallar. El problema para el futuro de la Iglesia no es tanto lo que haga el Papa Francisco, sino quién será su sucesor.

"YO HE VENCIDO AL MUNDO"

Si miramos las tendencias subyacentes en la Iglesia que definirán su desarrollo futuro, podemos ver que los únicos retoños verdes que la Iglesia institucional exhibe hoy son los de la tradición católica. Es superfluo decir que no existen movimientos inspirados por el Concilio Vaticano Segundo; no los ha habido nunca ni nunca los habrá. Pero aun entre los movimientos "conservadores", adaptados a las políticas oficiales, la generación pasada no ha producido nada nuevo; el último movimiento que apareció fue Comunione e Liberazione, formado en un ya lejano 1970. En cambio, ha sido portentoso el resurgir de las organizaciones tradicionalistas, perceptibles apenas desapareció la mano dura de la burocracia vaticana. Ello apunta a un regreso a la plenitud de la fe católica efectuado por una generación para la cual son vanas las pretensiones de una religión modernizada. El regreso es fuerte entre los jóvenes que tienen una vocación sacerdotal o religiosa, pero hace falta que prenda en el laicado en general. En éste, los escépticos dicen que los obstáculos son insuperables, al menos en lo relativo a la liturgia, y afirman que será imposible que el laicado moderno acepte regresar a la Misa tridentina. Pero incluso ahí puede que estén equivocados. En 2010 una encuesta entre católicos practicantes en Inglaterra y Gales comprobó que dos tercios del laicado están dispuestos a asistir a una Misa tridentina una vez al mes, y 43 % asistiría una vez por semana. El estudio fue hecho por una revista francesa, y se piensa que las cifras son bastante parecidas en el resto de Europa. Se puede admitir que esto sorprende, porque parece ir contra otros hechos en la Iglesia de hoy. Los estudios revelan grandes mayorías de católicos nominales que rechazan la enseñanza de la Iglesia en cuestiones doctrinales, especialmente morales[33]. Puede ser que haya menos resistencia a la antigua liturgia que a ciertos puntos del dogma. Aun así, el futuro al que miran los tradicionalistas no es de un laicado que acepta pasivamente la antigua Misa, sino uno en que crecerá una nueva generación que entenderá lo que la Misa es, lo que es el Santísimo Sacramento, qué hacen los católicos cuando comulgan y se preparan a ello por la confesión y otras formas de reverencia. Es también un futuro de plena restauración de la ortodoxia y de la moral, para que la grey de la Iglesia sea verdaderamente católica y no lo sea sólo en el nombre.

La tarea es inmensa, pero consideremos lo que significan los datos mencionados. Los católicos que desearían la restauración del rito antiguo son una minoría, pero una minoría que coincide con los que genuinamente creen y practican su fe y aun incluye algunos que no lo hacen. Podemos aceptar que los católicos plenamente ortodoxos y practicantes que, positivamente, prefieren la liturgia nueva, son en verdad un grupo muy pequeño; con excepción de algunos miembros del clero, que creen en conciencia que deben rechazar el antiguo rito, la categoría a que dan lugar puede ser llamada "categoría inexistente". Si ello es así, la nueva liturgia podría ser abolida mañana y ningún verdadero católico se sentiría perturbado. El motivo por el que no puede abolírsela es que se provocaría una abierta revuelta de los que, en privado, ya rechazan la doctrina de la Iglesia. Estos forman un grupo grande y estridente, y están bien atrincherados en la educación y en la prensa católicas, aunque ya no la monopolicen como antes. Tales católicos son aun más poderosos en el clero, y dominan totalmente los seminarios.

Mientras ese partido tenga el control, la tradición tendrá una difícil tarea, pero tenemos que mirar cuál es la base de su apoyo. Es una base que hasta ahora ha estado desorientada, después de más de cuarenta años en que las antiguas vías de la fe han sido tratadas como el único pecado imperdonable, como una desobediencia a la Iglesia. Actualmente, cuando florecen en la Iglesia los institutos tradicionalistas, esa falsedad impuesta a los católicos fieles ha decaído; tales católicos pueden mirar alrededor y ver lo que ya no se puede seguir escondiendo. Por tanto, el movimiento

---

[33] Sobre esto, ver pp. 398 y 452.

tradicionalista no tiene más que entrar a un terreno de misión que le está abierto. Pero si ha de tener éxito en él, necesita superar ciertas debilidades acarreadas por las dificultades de la época.

La primera de esas debilidades es de orden pastoral. En la formación de los sacerdotes, los seminarios tradicionalistas, comenzando con los de Mons. Lefebvre, han puesto naturalmente énfasis en la liturgia de siempre y en las costumbres tradicionales, y el resultado ha evidenciado ciertas distorsiones: a menudo se encuentra sacerdotes jóvenes que no consiguen decir Misa del modo respetuoso pero natural que fue lo normal entre los buenos sacerdotes anteriores al desastre conciliar; algunos de ellos parecen estar dedicados a la adoración de las rúbricas más que a la adoración de Dios. Entre los institutos aprobados oficialmente, se ha cultivado el liturgismo porque están impedidos de desarrollar los aspectos intelectuales de su postura. La Sociedad de San Pío X, por su parte, ha evidenciado cierta tendencia a alentar un clericalismo distante, como reacción al estilo pseudo pastoral del sacerdocio Modernista; pero la reacción contra un movimiento erróneo puede causar pérdida de equilibrio. Si los tradicionalistas invocan a figuras como San Francisco de Sales y San Juan María Vianney como modelos del sacerdocio tridentino, no debieran pasar por alto el gran ejemplo pastoral que ellos nos dan.

La segunda debilidad es mayor. Pertenece al ámbito de la filosofía, y consiste en que no se ha conseguido formular un eficaz desafío a la ideología de nuestra época, ya sea dentro de la Iglesia o fuera de ella. En la Sociedad de San Pío X la debilidad deriva del hecho que han venido "predicando a los convertidos" desde hace cuarenta años, y también de su confianza en un tomismo inmóvil como modelo de pensamiento. Entre los movimientos que obedecen a Roma, ello les ha sido impuesto por la política oficial que, como condición de aprobación, les ha prohibido criticar al Concilio Vaticano Segundo. Ello no quiere ciertamente decir que acepten la ideología del Concilio, pero hace acallar la discusión de sus errores. Esa discusión es esencial si la Iglesia ha de salir de su abismo actual, que es intelectual y espiritual. Como he sugerido, la posición "conservadora" propiciada por Benedicto XVI tiene su parte en el debilitamiento del ethos Modernista, pero es, al cabo, una posición intelectualmente evasiva, sobre la que no se puede fundamentar ningún renacimiento de la Iglesia.

Las substanciales contradicciones entre el Concilio Vaticano Segundo y lo que la Iglesia enseñó con anterioridad no pueden ser ignoradas. Los piadosos juegos de palabras destinados a probar que no hay contradicción entre los documentos conciliares y la enseñanza tradicional no tienen ningún futuro; ésta no es una cuestión de literalidad o no literalidad de la interpretación, sino de visiones filosóficas inteligibles. O se cree en los principios absolutos de la filosofía católica según la tradición escolástica, o se cree en el adaptacionismo introducido por el Concilio Vaticano Segundo. O se cree en la doctrina sobre libertad religiosa enseñada por Santo Tomás de Aquino y Pío IX, o se cree en la de *Dignitatis Humanae Personae*. O se cree en la doctrina social de León XIII y Pío XI o se acepta las nociones de *Gaudium et Spes*. Pedir a los católicos que compaginen en su pensamiento ambos conjuntos de opuestos es prescribir que la Iglesia siga para siempre siendo la mezcla de incoherencias que es hoy día. Por eso es que no se puede sino sonreír cuando los apologetas conservadores dicen, por ejemplo, que los tradicionalistas han incurrido en una lectura crudamente revolucionaria de los documentos conciliares promovidos por los Modernistas, y que han sido incapaces de captar las exquisitas sutilezas de interpretación propuestas por Juan Pablo II y Benedicto XVI. Un documento de auténtica doctrina católica no es susceptible de interpretaciones opuestas que coincidan con la perspectiva del oyente, sino que puede ser reconocido por todos como la voz viva de la Iglesia y producir consiguientemente sus frutos. Esto es aun mas importante cuando se apela a opiniones externas. Quienes buscan la verdad cristiana no van a ser captados por contorsionismos textuales, sino que quieren saber lo que realmente significa el catolicismo. Sobre todo, los circunloquios no son base para una filosofía capaz de enfrentar la ideología moderna y derrotarla con claridad y coherencia.

Si pensamos en la futura efectividad de la Iglesia, necesitamos, por tanto, tomar una postura sobre la inconfundible tradición católica. En la plenitud de su expresión, ello implica una filosofía que parte con los supremos logros de Santo Tomás de Aquino, se completa con las luces de la secular tradición escolástica, y toma en consideración el contexto total de la sociedad y de la cultura católicas. Desde esa perspectiva general, el magisterio de los papas, desde Gregorio XVI a Juan XXIII, que repudia el liberalismo y el Modernismo, surge como parte de un sistema completo de pensamiento, fruto de una filosofía católica viviente. El mal concebido *aggiornamento* del Concilio Vaticano Segundo constituye un profundo quiebre con dicho sistema, y no representa sino los errores que el pensamiento católico había rechazado durante los cien años anteriores. Este es el punto sobre el que el tradicionalismo católico tiene que insistir, porque no está llamado sólo a avanzar su propia posición sino a salvar a la Iglesia misma en la tempestad del mundo moderno; y para ese servicio necesita de rigor filosófico y de una inclaudicable honestidad intelectual.

En el camino hacia la restauración se puede distinguir cinco etapas. La primera ocurrió cuando la Iglesia, con Pablo VI, promovió una religión recién revelada y luchó sin ambigüedades por suprimir la tradición. La segunda, comenzada por Juan Pablo II y que, en teoría, todavía dura, es la de los intentos por hacer caber el Modernismo y la tradición en el mismo cajón, y de reconciliarse con los tradicionalistas a condición de que renuncien a su crítica del Concilio. La tercera etapa tendrá lugar cuando la Iglesia acepte que se puede legítimamente hacer críticas al Concilio, fundadas en principios teológicos válidos. La cuarta ocurrirá cuando reconozca que esas críticas son verdaderas, y la quinta, cuando las tome en cuenta y condene el legado del Concilio. Tenemos que darnos cuenta de que la tercera etapa ya ha llegado. Ya hay signos de desgaste en el tratamiento que se da al Concilio como a un ídolo al que hay que adorar sin reparos. Este ya se ha debilitado en el terreno de la política, y pronto lo hará en temas de doctrina. Excluyendo las definiciones dogmáticas, no forma parte de la ortodoxia católica el que no se pueda cuestionar la autoridad de un concilio. Si ello fuera así, estaríamos de vuelta en la época del arrianismo y del conciliarismo. Eso es una doctrina falsa, y la Iglesia no tiene derecho a imponerla.

En la práctica ya ha comenzado a darse cuenta de ello. Por tanto, necesitamos descartar la idea de que los tradicionalistas se dividen en, por un lado, los sigilosos, que aceptan mansamente lo que la Iglesia ha obrado desde 1963 y, por otro, los que, abiertamente críticos, se ven obligados a tomar una postura casi cismática. De hecho, los miembros de las organizaciones tradicionalistas aprobadas tienen una visión tan clara y son a veces tan francos sobre las aberraciones conciliares como los más enardecidos lefebvristas. Esta forma de ver está secretamente alojada en muchas mentes en la Curia, y lo que se dice al oído está muy próximo a ser proclamado desde los tejados. Así es que hoy hay pocos obstáculos, y pronto no habrá ninguno, para un vigoroso movimiento tradicionalista en la Iglesia, que proclame abiertamente sus verdades y prepare el día en que la Iglesia sea, una vez más, un inclaudicable vaso de tradición, como siempre fue.

Por cierto, hay peligros por delante. Estos provendrán del mundo exterior, que no dejará de ver un peligro en una Iglesia restaurada. Lo que la opinión secular quiere es ver una Iglesia desdentada, descerebrada, sin voz; en fin, una Iglesia tan decrépita como la que la renovación conciliar nos ha dado. Y cuando la Iglesia recupere su fuerza, la furia de esa opinión pública será terrible. El partido Modernista al interior de la Iglesia es aliado de esa opinión. Aunque está perdiendo terreno, dará una dura batalla. Su debilidad esencial, con todo, es su incapacidad de producir ningún tipo de movimiento espiritual, que contrasta con la fertilidad de vocaciones de los tradicionalistas.

Citemos algunas palabras escritas por un joven sacerdote francés, después de descubrir la antigua Misa en el convento benedictino de Jouques: "Confieso que quedé tumbado. Nunca había entendido tan claramente la realidad sacrificial de la Misa. El altar es verdaderamente el Calvario. Y el sacerdote, que pronuncia en voz baja las palabras de la consagración, produce este gran misterio, mientras la multitud de los fieles, vuelta, igual que el sacerdote, hacia Cristo que se ofrece a Sí mismo, está como cautiva en el movimiento de su ofrenda... todo en silencio y asombro. Al terminar esta gran emoción espiritual, me dije: ¿Cómo es que nadie me mostró esto antes?", como si se me hubiese privado de parte de la plenitud litúrgica. Este rito, como toda la liturgia latina y gregoriana, es mío, forma parte de mi herencia como cristiano y como sacerdote. ¡Estas son mis raíces espirituales, de aquí es de donde vengo!"[34].

Más y más sacerdotes y laicos están redescubriendo esto y uniéndose al movimiento que los lleva a la tradición católica. Pero no es sólo un asunto de recuperar a la Iglesia; se trata también de reparar el inmenso daño que se ha hecho al mundo por la traición de la Iglesia a su testimonio. Desde el Concilio Vaticano Segundo, con su alejamiento del reino de Cristo, el reino de Satanás ha avanzado a pasos agigantados. En los países donde existió la Cristiandad, sus enemigos han ganado victorias inimaginables hace sesenta años atrás. Sus ataques al orden moral se han atrincherado en la legislación y en las actitudes de la nueva generación. Se ha trabajado para excluír la religión de la vida pública, alegando, típicamente, que ella ofende a otras religiones. Se están reuniendo fuerzas para comenzar una abierta persecución al cristianismo, y se puede ver ya en sus primeras etapas la imposición del totalitarismo humanista. En la Unión Europea, se prohíbe a un político italiano asumir su cargo de ministro porque defiende la doctrina moral católica. En Alemania, las escuelas católicas están obligadas a impartir cursos de educación sexual contrarios a la moral; los padres que no envían a sus hijos a ellos son encarcelados. En Inglaterra, las agencias de adopción católicas son clausuradas por negarse a entregar niños a homosexuales; en 2003 la policía consideró enjuiciar a un obispo de la Iglesia de Inglaterra por sus comentarios públicos contra la homosexualidad. En los Estados Unidos los jurados imponen a la Iglesia católica el pago de exorbitantes sumas como compensación en los casos de abuso de niños, como forma de proclamar su protesta contra el celibato eclesiástico -una ilustración de que el ataque a la Iglesia puede darse tanto a través de los tribunales como de la legislación-. Muy pronto veremos sacerdotes católicos perseguidos por enseñar principios

---

[34] Citado en Thomas Grimaux, *Les Communautés Traditionnelles en France* (La Nef, 2007), p. 29.

morales que el humanismo ha decidido proscribir; veremos a médicos católicos, enfermeras y otros profesionales castigados por adherir a sus convicciones morales; veremos a la Iglesia recibir castigos legales por no inclinarse ante el principio de la igualdad sexual. Ya es muy tarde para impedir tales actos de tiranía liberal: se ha perdido ya mucho terreno, pero ello no es para caer en desesperación. Con un paso más que se dé, puede que veamos su derogación, cuando los cristianos recuperen su unidad de propósito.

Sería un error aceptar el mito de la modernidad de que hay sólo una dirección hacia la que puede moverse la historia, una dirección contraria al cristianismo y a la tradición. Es necesario reconocer que la tendencia de los últimos cincuenta años no es resultado de una irresistible corriente histórica, sino del colapso de la Iglesia católica, y que ya se están dando las condiciones para una vuelta atrás. En la esfera política, es cuestión de hacer que la opinión se dé eficazmente vuelta contra la oligarquía a la que se ha permitido apoderarse de la cosa pública. En los Estados Unidos se ha dejado a los fundamentalistas protestantes la tarea de oponerse a la arrogancia humanista durante buena parte de los últimos cincuenta años. Pero si la Iglesia católica recupera el espíritu que tuvo en los años cincuenta y en la primera parte de los sesenta, recuperará también la influencia que tuvo en aquella época. Al otro lado del Atlántico, todo el mundo entiende que la Unión Europea es un instrumento de la oligarquía humanista, pero ello es porque la Unión fue una creación de los países de Europa occidental (substancialmente los mismos que pervirtieron el Concilio Vaticano). Sus nuevos miembros todavía no se han dado cuenta de que tienen el poder suficiente para enderezar a Europa en una nueva dirección, pero cuando lo hagan, será la voz de una revigorizada Iglesia católica la que habrá de sonar con claridad. Hay que advertir que tanto en los Estados Unidos como en Europa el discurso característico del liberalismo es vilipendiar y atacar la identidad tradicional de sus sociedades. El objetivo que la restauración proclama es recuperar esa identidad, y eso se puede hacer sólo si sabemos cuál es ella. Y si buscamos las raíces de la identidad de los Estados Unidos y de Europa, las encontraremos en la tradición cristiana, y sólo los que conocen y quieren apoyar esa tradición pueden luchar contra quienes la destruyen.

La victoria del humanismo liberal de los últimos cincuenta años ha sido, fundamentalmente, política, y volcarla puede también considerarse como una finalidad política. Pero, además de ella, hay también un objetivo social, el de sanar una sociedad que ha sido profundamente desnaturalizada por el mundo moderno, corrompida por un artificial estilo de vida y, en moral, por la pérdida de la ley natural. Por ambos ha sido sido aislada del régimen de naturaleza bien regulada que define a la verdadera civilización. Si buscamos regresar a la naturaleza, ¿dónde la encontraremos sino entre quienes adhieren a las perennes enseñanzas del cristianismo? Es en éste que los votos matrimoniales todavía se hacen por toda la vida, que las madres no consideran un triunfo de su sexo el matar a los niños que llevan en el vientre, que los estándares de comportamiento que fueron alguna vez la norma de la sociedad occidental conservan su vigencia y son respetados. En la tradición católica encontramos el camino hacia la naturaleza fundamentalmente moral del hombre, hacia el *anima naturaliter christiana*, pero también el camino hacia sus más altos logros, hacia las cosas que dieron forma a la civilización europea. Repudiada por los Modernistas, la belleza de la liturgia católica, con su canto llano y su polifonía, con sus nobles oraciones heredadas de la Roma cristiana, con su armoniosa reverencia y su firme apelación al corazón humano, es un tesoro cultural y espiritual; la fe tradicional preserva no sólo el edificio de las antiguas iglesias sino también su sentido, el culto para el que fueron construidas y embellecidas; las obras del pasado europeo en poesía, en pintura, en música, exigen la tradición católica para ser comprendidas; la misma tradición guía el espíritu de la filosofía universal, tomada de la claridad de Grecia y refinada por las mentes más elevadas de la tradición intelectual europea. Si queremos elevarnos por sobre la barbarie de la sociedad moderna, tenemos que regresar a estas cosas a fin de redescubrir lo que se ha dejado de lado.

Ese redescubrimiento, conducido por una aguda visión intelectual, es lo que comienza a verse hoy en el movimiento católico tradicionalista. La fuerte impresión que se tiene al ver a los jóvenes monjes y seminaristas de las casas tradicionalistas proviene del extraordinario rechazo del mundo contemporáneo que su vocación representa. Es un no-conformismo tal que ni los "new agers" ni los budistas callejeros con sus cantilenas han concebido jamás, y es, además, efectivo. Es el fundamento de un apostolado que ha de remodelar el mundo por venir, porque tiene un sentido claro de hacia dónde se dirige. En cien años más, cuando los pseudo-defensores de la cultura contemporánea hayan desaparecido, estos jóvenes serán vistos como los constructores de un orden nuevo, que ciertamente ha de reformar a la Iglesia y que, si se le permite seguir su curso natural, ha de moldear un mundo contrario a lo que anuncian las profecías convencionales de nuestra época.

Si queremos anticipar ese futuro, podemos aprender la lección que nos enseña la historia de la Iglesia. Imaginémonos a un católico tradicionalista del año 1800, del tiempo en que la Santa Sede quedó vacante por la invasión francesa de Italia, o de después de que la elección del "ciudadano cardenal" pareció demostrar que los principios de la Revolución había conquistado el trono papal. Nuestro emblemático individuo pudo haber conversado con algún representante de la sabiduría mundana de la época, para quien era obvio que la modernidad revolucionaria seguiría cosechando triunfos. Supongamos que nuestro tradicionalista, un visionario, un espíritu totalmente indiferente a las realidades de su tiempo, describiera su visión del futuro de la Iglesia en los siguientes términos: "Mi predicción es que habrá un gran regreso de la intelectualidad a la tradición católica; que el papado recuperará una autoridad que no ha tenido durante varias generaciones; que el control de la Iglesia por parte de los gobiernos seculares dará paso a la independencia eclesiástica; que la Compañía de Jesús, recientemente execrada, será restaurada y se alzará hasta ser de nuevo la orden religiosa más poderosa de la Iglesia; que tendrá lugar un gran regreso de las devociones católicas, y la Inmaculada Concepción de María será declarada dogma de fe; que los papas condenarán y extirparán en la Iglesia el actual contagio secularista del pensamiento; y que se convocará un concilio de la Iglesia que definirá el dogma de la infalibilidad papal". El interlocutor mundano podría replicar: "Estás soñando, amigo mío. No hay probabilidad alguna de que la antigua piedad recupere su control de nuestra era moderna, racional; el papado, si es que sobrevive en absoluto, probablemente verá su ámbito de jurisdicción restringido a la Italia central, en tanto que las iglesias nacionales obtendrán su plena independencia; es decir, independencia respecto de Roma, porque los gobiernos ilustrados seguirán en su tarea de reducirlas a departamentos del Estado; lejos de restaurarse orden religiosa alguna, lo probable es que veamos su abolición, con excepción, quizá, de unas pocas, con funciones estrictamente prácticas; la fe cristiana tenderá cada vez más hacia el racionalismo, al Deísmo, y dejará atrás todas las necedades sobre la Virgen María o sobre cualquier dogma; el papa que se atreva a juzgar a la filosofía secular se convertirá en el hazmerreír de todos; y si se convocara un concilio, ciertamente no sería para engrandecer la autoridad papal sino para acabar con sus últimos fragmentos". Sin embargo, setenta años después, las predicciones del *exalté* se hicieron realidad, y se demostró que el hombre del realismo se había equivocado. Y se había equivocado porque los caminos de la Iglesia no son los caminos del hombre, porque Dios ha hecho necia a la sabiduría de este mundo, y porque la verdad espiritual y moral cristiana es más poderosa que las ilusiones del racionalismo.

Con este histórico giro como guía, me atrevo a hacer algunas pocas y pedestres predicciones. Primero, dentro de unos pocos años, se admitirá en la Iglesia que las críticas tradicionalistas al Concilio Vaticano Segundo, al Papa Pablo VI y a la reforma litúrgica, son opiniones legítimas que los católicos pueden sostener. En seguida, dentro de una o dos generaciones, esas críticas habrán causado su efecto, los falsos altares habrán desaparecido de las iglesias por doquier, la Misa de siempre habrá sido restaurada a su lugar central en la vida de la Iglesia, la Sociedad de San Pío X será una de las fuerzas rectoras en el mundo eclesiástico, y la causa del Siervo de Dios Marcel Lefebvre se habrá oficialmente iniciado, para llevarlo a la beatificación y a la canonización. Y siguiendo adelante, muy posiblemente dentro de setenta años, la Iglesia habrá pronunciado su solemne condenación del Concilio Vaticano Segundo y del reinado del Papa Pablo VI, y la pestilencia del Modernismo será sólo un recuerdo. Pero no soy un visionario: estoy dispuesto a creer que la realidad superará por mucho a mi imaginación, y que los que hoy viven verán en su milagroso cumplimiento el significado de las palabras de Cristo: "Tengan confianza, Yo he vencido al mundo".